南昌经济社会统计年鉴

NANCHANG ECONOMIC AND SOCIAL STATISTICAL YEARBOOK

2001

（总第7期）

南昌市统计局 编

（京）新登字 041 号

图书在版编目（CIP）数据

南昌统计年鉴. 2001/南昌统计局编. —北京：中国统计出版社，2001.7
ISBN 7-5037-3540-6/C·1912

Ⅰ.南… Ⅱ.南… Ⅲ.经济社会统计—统计资料—南昌市—2001—年鉴
Ⅳ.C832. 561—54

中国版本图书馆 CIP 数据核字（2001）第 029100 号

南昌经济社会统计年鉴—2001

作　者/南昌市统计局
电话/（0791）6771409　邮政编码/330008
责任编辑/陈悟朝
E - mial/yearbook@stats. gov. cn
责任校对/张　宁　余　飞　熊慧平　蔡　飚
出版发行/中国统计出版社
通信地址/北京市西城区三里河月坛南街 75 号　中国统计出版社
电　话/（010）63262295
印　刷/江西宜春资料印务有限公司
开　本/889×1240 毫米　1/16
字　数/1159 千字
印　张/35
印　数/1—3000 册
版　别/2001 年 7 月第 1 版
版　次/2001 年 7 月第 1 次印刷
书　号/ISBN 7-5037-3540 - 6/C·1912
定　价/120.00 元

《南昌经济社会统计年鉴－2001》
编 辑 委 员 会

编 者 说 明

一、《南昌经济社会统计年鉴—2001》是一本统计信息密集、综合性强的资料工具书。本书收录了2000年南昌的经济和社会各方面的统计数据，以及历史重要年份和改革开放以来的主要统计数据。

二、全书内容分为：1. 综合；2. 人口、劳动力；3. 人民生活；4. 物价；5. 固定资产投资；6. 城市公用事业；7. 对外经济贸易和旅游；8. 财政、金融、保险；9. 农业；10. 工业；11. 建筑业；12. 交通运输、邮电通信；13. 国内贸易；14. 教育、科技和文化；15. 教育、卫生、社会福利和其他；16. 企业景气调查和现代企业制度；附录。在附录部分，收集了2000年国家和江西省统计公报，全国及主要城市和全省各地主要经济指标。为了便于读者正确使用资料，多数篇章后面附有主要统计指标解释。

三、本年鉴总量指标计算所采用的价格除注明者外均为当年价格。

四、本年鉴资料主要来自年度统计报表，一部分来自抽样调查。

五、本年鉴部分数据合计数或相对数由于单位取舍不同产生的计算误差均未作机械调整。

六、本年鉴表中的符号使用说明：

“空格”表示该项统计数据不详或无该项数据；

“#”表示其中的主要项。

七、读者在使用历史资料时，凡与本年鉴有出入的，均以本年鉴为准。

八、《南昌统计年鉴》今年更名为《南昌经济社会统计年鉴》。《年鉴》公开出版以来，受到了广大读者的关心和支持，对此我们深表谢意。欢迎读者对年鉴内容、编排等方面提出宝贵意见，帮助我们进一步提高编辑水平，更好地为读者服务。

篇目索引

篇　　目　　起始页码

目 录

一、综　　合

二、人口、劳动力

目　录

三、人民生活

四、物　价

五、固定资产投资

六、城市公用事业

七、外贸和旅游

八、财政、金融、保险

九、农　业

十、工　　业

十一、建　筑　业

十二、运输和邮电

十三、国 内 贸 易

十四、科技、教育、文化

十五、卫生、体育、其他

十六、企业景气调查和现代企业制度

附 录

目　录

宣传彩页

南昌市人民代表

2001年6月30日市人大第十二届人民代表大会第一次会议

新当选的市人大常委会主任、副主任合影

市人大领导接待日本高松市议会代表团

省市人大代表在视察南昌市昌北生活垃圾处理场

省、市人大代表在“环保赣江行”活动中，视察江西纸业公司

大会常务委员会

南昌市人民代表大会常务委员会

公告

第35号

《南昌市城市公共汽车电车客运管理条例》经2000年11月10日南昌市第十一届人民代表大会常务委员会第二十六次会议通过，2000年12月23日江西省第九届人民代表大会常务委员会第二十次会议批准，现予公布。本条例自2001年3月1日起施行。

南昌市人民代表大会常务委员会

二〇〇一年一月九日

南昌市人大常委会自1982年9月成立以来，在中共南昌市委的领导下，紧紧围绕改革、发展和稳定大局，积极履行宪法和法律赋予的职权，在地方立法、监督“一府两院”，代表工作、行使决定权、任免权等各项工作中不断开拓进取，为加强我市民主法制建设，推进依法治市，保障我市改革开放和社会主义现代化建设的顺利进行，做出了应有的贡献。

市人大常委会场景

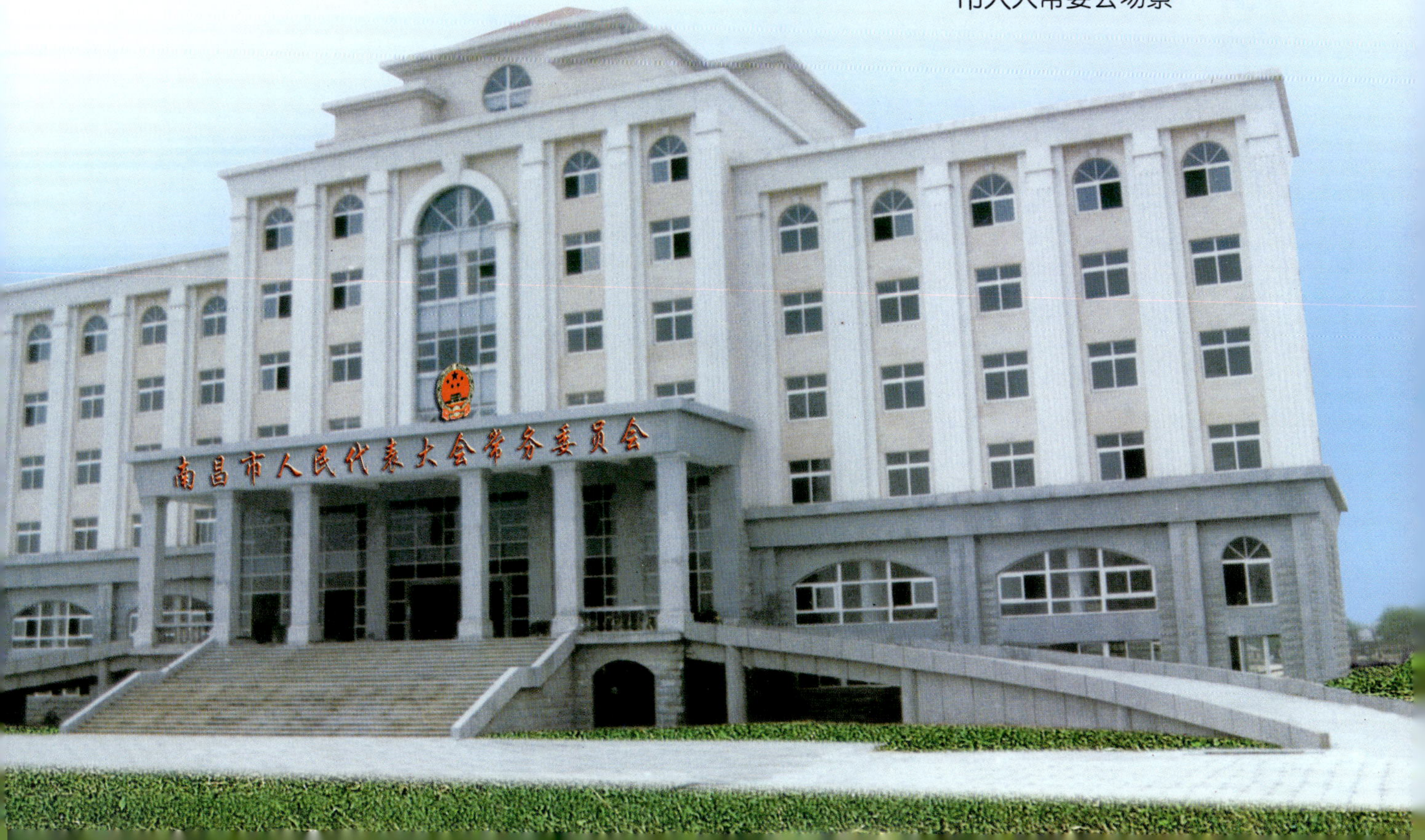

2000年1月市政协十届四次会议在南昌召开

政协南昌

市政协十届委员会主席：程金鹏

2000年，政协南昌市十届委员会在中共南昌市委的正确领导和市人民政府及有关部门的大力支持下，依靠各参加单位和全体政协委员，广泛团结各界人士，高举邓小平理论伟大旗帜，以江泽民总书记“三个代表”思想为指导，以“三讲”教育为动力，紧紧围绕市委、市政府工作部署，以经济建设为中心，突出重点，服务大局，选准角度，发挥优势，积极履行政协职能，为全市改革开放和社会主义现代化建设事业做出了新的贡献。

市政协领导班子坚持党的基本理论、基本路线和基本方针，坚持抓大事、议大事、充分发挥政协例会作用，形成全委会议总体协商、常委会议专题协商、主席会议重点协商的议政格局。在十届四次会议期间，委员们围绕全市政治、经济、文化和社会生活中重大问题提出了许多建设性的意见和建议。市政协十届20次和十届21次常委会议形成的《关于我市国有大中型企业实现产权清晰推进产权多元化的建议案》和《关于我市调整农业产业结构，促进农民增产增收情况的调查报告》，引起了市委、市政府的高度重视。

2000年，市政协通过视察、调查、提案、反映社情民意等参政议政的基本形式认真履行职责。先后就我市非公有制经济、“一江两岸”工程、中小学生减负、开展素质教育、医疗纠纷情况、农村医疗卫生保健、城区计划生育工作、宗教团体房产政策落实、“两劳”回籍人员帮教工作及安置基地建设情况，以及企业改革和发展内外部环境、招商引资、旅游开发情况等进行了深入调查、考察。全年共组织和联系市政协委员500余人次，进行调查、考察、视察等活动20余次，提出调查、考察报告和建议案12份。全年共收到政协提案275件，经审查立案办理的提案274件。截止2000年底，做到了件件有答复、事事有结果，发挥了委员提案在履行职能中的重要作用。针对全市两个文明建设中出现的一些“热点”问题，通过《南昌人民政协》和《社情民意》内刊，向市委、市政府积极反映社情民意。加强了民主监督工作力度。制定了市政协特邀监督员工作准则，形成了关于加强民主监督工作的意见，对36名特邀监督员实行了归口管理，全年共选派政协委员80余人次参与法院、检察院、公安、工商和审计等部门的行风行纪检查和测评工作。

2000年，市政协坚持团结、民主两大主题。加强与市各民主党派、工商联和人民团体的联系。规范了政协与市民主党派、工商联及各县(区)政协秘书长联席会议制度，互通情况，加强合作，推动工作。加强了对县(区)政协工作的指导。主办了全省省辖市政协横向联谊会，参加了京九沿线地市政协横向联系会议。先后组织赴省内外政协学习考察团3批28人次，接待来自全国和省内兄弟城市政协学习考察团93批874次。与全国30个兄弟地市政协建立了定期资料交流工作的联系。积极开展与港澳特区同胞、台湾同胞和海外侨胞的联谊与交往，鼓励“三胞”委员和侨属采取多种形式为振兴南昌出力，积极宣传“和平统一”、“一国两制”方针，继续揭露台独阴谋，积极推进海峡两岸的经济合作和文化交流，促进祖国和平统一大业。

2000年，按照中共南昌市委的部署，市政协县级领导干部开展了“三讲”教育，机关自身建设得到进一步加强。

市政协主办省辖市政协第八次联谊会

市十届委员会

市政协学习文史委员会组织部分委员视察南昌市旅游文化景点——天香园

市政协提案委员会召开提案工作座谈会，交流经验，积极探索如何做好新时期提案工作

市政协经济科技委员会组织部分委员进行企业改制情况的考察

市政协教卫文体委员会组织开展“庆华诞、迎回归”南昌市“齐洛瓦杯”中小学生美术书法摄影作品展览

市政协法制社团委员会召开法制社团工作座谈会，交流经验，探索如何做好新时期法制社团工作

市政协“三胞”联谊委员会组织委员在江西纸业集团开展调研活动

2000年，南昌军分区按照江泽民主席“三个代表”重要思想和“打得赢”、“不变质”的总要求，大力加强思想政治建设，充分发挥了党委的领导核心、党支部的战斗堡垒和党员的先锋模范作用，保持了部队和民兵预备役队伍政治上的坚定性和思想道德上的纯洁性；坚持以军事斗争准备为“龙头”，扎实搞好民兵组织调整改革，广泛开展科技练兵；加强人民防空和国防动员体系建设，较好地完成了军事斗争准备各项任务；注重抓基层、打基础，加强党管武装，基层武装全面建设取得显著进步，基础设施建设进一步配套完善，分区教导队、农场和各县区人武部营院建设，取得突破性进展，面貌焕然一新；积极组织部队和民兵预备役参加两个文明建设，在完成急难险重任务、维护社会稳定中发挥了重要作用。一年来，我区军事训练等六项工作受到南京军区和省军区的表彰，东湖区人武部、新建县人武部被评为全省先进人武部。

分  区

1. 市委书记吴新雄、市长李豆罗和军分区司令员周根保、政委张国华观看军事表演。
2. 原市委书记钟家明、市长刘伟平、常务常务副市长李小南观看民兵高科技分队训练。
3. 军分区首长在八一广场亲自宣传《兵役法》。
4. 民兵导弹分队苦练精兵。
5. 民兵医疗救护分队进行野战救护训练。
6. 军分区首长机关开展科技练兵。
7. 南昌航空学院武装部长匡璧民讲解国防知识。
8. 民兵移动通信分队快速通联训练。
9. 民兵配合公安机关维护社会稳定。
10. 南昌市城市民兵训练中心新貌。
11. 军分区副食品基地种植茶树菇喜获丰收。
12. 国防教育从娃娃抓起。

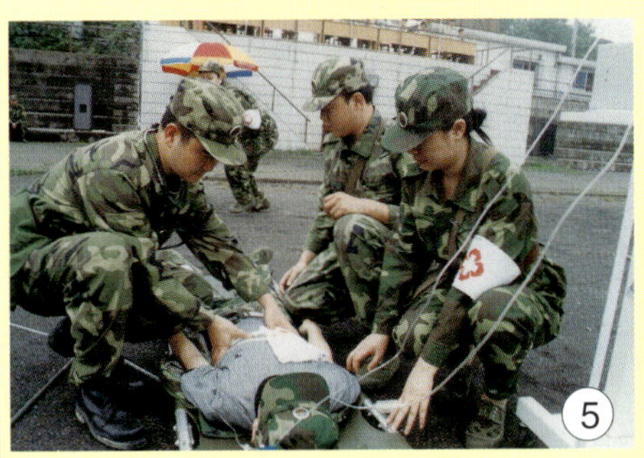

地址：南昌市八一大道418号

电话：(0791)6213636

南昌市人事局

局领导在研究工作

南昌市人事局是市人民政府综合管理全市人事工作的职能部门。主要职责是：负责推行国家公务员制度，综合管理全市国家公务员；负责全市专业技术人员队伍的建设和管理，管理专业技术人员职称；负责人才智力资源的开发和利用、人才的流动和调配；负责机关事业单位人员的工资、福利和保险工作；综合管理政府奖励、表彰工作；负责军队转业干部的安置工作；负责全市人事系统调研和人事信息及干部培训工作。内设办公室、综合计划科、考核任免奖惩科、工资福利保险科、录用流动调配科(军官转业安置科)、专业技术人员管理科(专业职称科)、教育培训科。下属业务机构有人才交流服务中心(人才市场)、机关事业单位社会保险处、干部培训中心、军转干部培训中心、专家服务中心、

市委常委、常务副市长李小南出席全市人事工作会议并讲话

市委常委、常务副市长李小南（左二）在市人事局局长何友德（左一）的陪同下，来到江西省体育馆2001年南昌人才市场“海星电脑之春”大型人才招聘会会场，了解用人单位招聘情况

编委办

党组书记、局长、编委办主任：何友德

专业技术职称评聘服务中心等。人事局局长何友德，副局长魏兵、杨荣华，纪检组长伍三根。

南昌市机构编制委员会办会室是市机构编制委员会的常设办事机构，与市人事局合署。在市机构编制委员会的领导下负责全市行政管理体制和机构改革以及机构编制管理的日常工作。内设综合科、业务科，下设事业单位登记中心。编委办主任何友德(兼)，编委办副主任沈树明、万淑华。

几年来，南昌市人事局、编委办在市委、市政府的正确领导和省人事厅、编委办的具体指导下，高举邓小平理论伟大旗帜，紧贴经济建设大局，锐意改革，立足创新，以整体性人才资源开发为统揽，以推行国家公务员制度为契机，以人才实行分类管理为抓手，狠抓公务员制度的完善和专业技术人员队伍的建设，规范机构编制管理，做大做强人才市场，加快事业单位人事制度改革步伐，多项工作取得重大突破，受到市委、市政府和上级人事部门的表彰，先后荣获江西省人事工作先进集体、江西省推行国家公务员制度过渡培训工作先进单位等光荣称号，并被评为全市包乡扶村工作、“一帮一”工作，双拥工作先进单位，省人事系统、市委、市政府系统信息工作先进单位，1999年还首次被人事部评为人事信息工作先进单位。

2001年3月10-11日，2001年南昌人才市场“海星电脑之春”大型人才招聘会在江西省体育馆举行

南昌人才市场是市人事局所属市级人才市场。主要服务范围有：为求职者和用人单位提供需见面、洽谈场地；现场咨询人才流动及管理有关政策法规，提供中介服务；为大中专毕业生择业提供服务，代理人事管理事宜；为人事代理人员办理关系挂靠、工龄计算、职称晋升、社会保险等事宜；审批人才招聘广告并提供其他人才培训业务。目前，他们已开通了南昌人才网站，网址为：WWW.rchc.net

地址：南昌市民德路411号

电话：6776627

党组书记、院长：敖庆沸

南昌市中级人民法院

2000年，市中级人民法院在市委的正确领导、人大及其常委会的监督和政府的支持，以及上级法院的指导下，高举邓小平理论伟大旗帜，以江泽民同志“三个代表”思想为指导，认真贯彻落实全省政法工作会议和省市法院院长工作会议精神，围绕党和国家工作大局，坚持以司法公正为主线，以深化改革为动力，以加强基层建设为重点，以队伍建设为保证，振奋精神，开拓进取，各项工作取得了新的进展，呈现出良好的发展态势。据统计，全市法院共受理各类一审案件11585件，审结11836件(含旧存)，受理各类二审案件1229件，审结1155件，结案诉讼标的金额38397.3万元，受理执行案件5539件，执结案件4995件，执结标的金额45534.59万元，为维护社会稳定，促进经济发展作出了积极贡献。

坚持“严打”方针不动摇，全力维护社会稳定。全市法院坚持“严打”方针，依法从重、从快地打击严重刑事犯罪活动。坚决依法惩处“法轮功”邪教组织骨干分子，维护社会治安秩序；严厉打击危害社会治安的刑事犯罪，重点打击杀人、抢劫、绑架等暴力犯罪、涉枪、毒品犯罪和带黑社会性质有组织的犯罪，积极参与“打黑除恶”专项斗争，依法从重从快地惩处了一批严重刑事犯罪分子；认真贯彻执行中央关于反腐败斗争方针，依法加大了打击贪污、贿赂等经济犯罪的力度；严惩走私、金融诈骗、非法集资等侵犯社会主义市场经济秩序的犯罪，保障了我市市场经济秩序的稳定。

依法调节社会、民事、经济关系、促进经济健康发展和社会文明进步。全市法院进一步强化审判工作的调节职能作用，切实保护公民、法人、其他组织的合法权益。坚持平等对待的原则，依法保护各类诉讼主体的合法权益，维护了法律的权威；坚持服务改革开放，积极审理涉及国有企业改革案件，确保国企改革措施顺利出台，有效地保护了国有财产。

加大执行工作力度，努力缓解“执行难”。为维护司法权威，使生效法律文书得以落实，全市法院继续加大贯彻落实中央、省市委关于解决“执行难”问题文件的力度，继续加大营造良好执行环境的力度，继续加大执行方式改革的力度。迎难而进，提高执结率，努力克服“执行难”的问题。

以实现司法公正为目标，稳步推进法院改革。按照《人民法院五年改革纲要》的要求，全市法院从有利于司法公正和人民满意出发，积极稳妥地推进法院各项改革。全面落实公开审判制度，提高公开开庭率和当庭宣判率；坚持公开、平等、竞争、择优的原则，积极推进审判长和独任审判员的选任工作；推动法律文书的改革，增强法律文书特别是判决书的说理性；进行减刑、假释案件开庭听证试点工作；把竞争机制引入干部人事管理领域，增强了干部队伍的活力。

完善内部监督机制，提高审判质量和办案效率。全市法院从完善制度入手，在强化内部监督机制方面采取了一系列重要措施。建立案件评查制度，加强审判监督；认真落实“三个分立”制度，在程序上保障司法公正；统一立案，实行案件流程管理；加大清理积案力度，努力实现收结案的良性循环；加强党风廉政建设，加大对违法审判的查处力度。以上措施，对提高审判质量和办案效率起到了积极的推动作用。

以“三讲”教育为契机，大力提高队伍的整体素质。全市法院以“三讲”教育为契机，抓班子、带队伍，不断加强自身建设，努力建设一支高素质的法官队伍。认真开展“三讲”教育，狠抓班子建设；健全政治学习制度，加强和改进思想政治工作；采取多种形式，切实加强业务建设；以人民满意为标准，深入开展“双满意”活动。

虚心接受人大监督，切实改进和完善法院各项工作。全市法院自觉增强人民法院由人大产生、受人大监督、对人大负责的宪法意识，牢固树立“监督就是爱护、监督就是支持、监督就是帮助、监督就是指导”的观念。从讲政治、讲法治的高度，充分认识人大监督的重要性，虚心接受人大及其常委会和社会各界的监督。

最高人民法院院长肖扬来我市法院检查指导工作

市中院党组领导班子认真研究工作

市中院坚持公开、平等、竞争、择优的原则，积极推进审判长选任工作

“七·一”前夕，市中院对全体党员进行重温入党誓词教育

市中院刑一庭对原江西省副省长胡长清受贿、行贿、巨额财产来源不明案一审判处死刑

市中院刑二庭在全省法院率先进行减刑、假释案件开庭听证试点工作

地址：南昌市南京西路 328 号
电话：8622612

党委书记、局长：孙乐伍

南昌市

2000年，南昌市公安局在市委、市政府和省公安厅的正确领导下，以江总书记“三个代表”的重要思想为指导，紧密结合我市公安工作实际情况，大力加强公安业务和公安队伍建设，先后开展了“打击盗窃犯罪和追捕逃犯”、“打击人贩子，解放被拐卖妇女儿童”、“打击地方流氓恶势力”、“打击盗窃、抢劫和整治夏季治安”、“打击侵财型犯罪大会战”等专项斗争，全力以赴维护南昌市的社会政治稳定，较好地完成了各项工作任务，较好地维护了全市社会政治稳定，治安秩序良好。2000年全市共立各类刑事案件17794起，破获各类刑事案件14361起，其中现案9160起，破获现案数比1999年上升85.8%;破获各类犯罪集团574个2160人，分别比1999年上升25.3%、27.5%；抓获刑事犯罪成员6730名，比1999年上升38.5%，抓获网上逃犯279名；逮捕2655人，劳教1087人，分别比1999年上升65.7%和下降4.1%。收缴各类枪支280支，子弹1419发，管制刀具811把，雷管11枚。同时，各级公安机关认真吸取萍乡特大爆炸事故的教训，对全市所有涉爆单位进行了全面检查，取缔不合格企业3家，责令停业整顿4家，停产搬迁5家，停产4家；取缔了无证经营户57户；收缴了非法生产烟花83箱，鞭炮60万响、半成品2500余万响。加大了查禁“黄、赌、毒”工作的力度。先后开展了4次禁娼禁赌禁毒专项整治，共查处卖淫嫖娼案件999起1832人；赌博案件2520起9293人；吸毒案件310起356人。清退收容陪侍小姐357名，取缔无证经营场所473家，销毁赌博机644台、电脑板1375块。进一步加大了交通和消防管理工作力度。大力实施“畅通工程”，开展了创建平安大道活动，并投入2000余万元，改善了交通设施建设，开通了“122”交通事故报警服务系统，共安装电子警察72处，比1999年增加27.78%，电子警察覆盖率达85%。同时。深化了交警勤务改革，使警力管控范围曾至53条道路，比1999年增加了13.2%，维护了全市良好的交通秩序。同时，各级公安消防部门认真吸取河南焦作、洛阳特大火灾事故的教训，加大了消防检查工作力度，先后开展了7次大规模的消防大检查，共发现火灾隐患3085处，下发各类火灾隐患整改通知书1858份，停业整顿366家，安装防火栓200个，有效地预防了重特大火灾事故的发生。

全国劳模、一级英模邱娥国同志探望辖区孤寡老人

严打一线、堵卡盘查

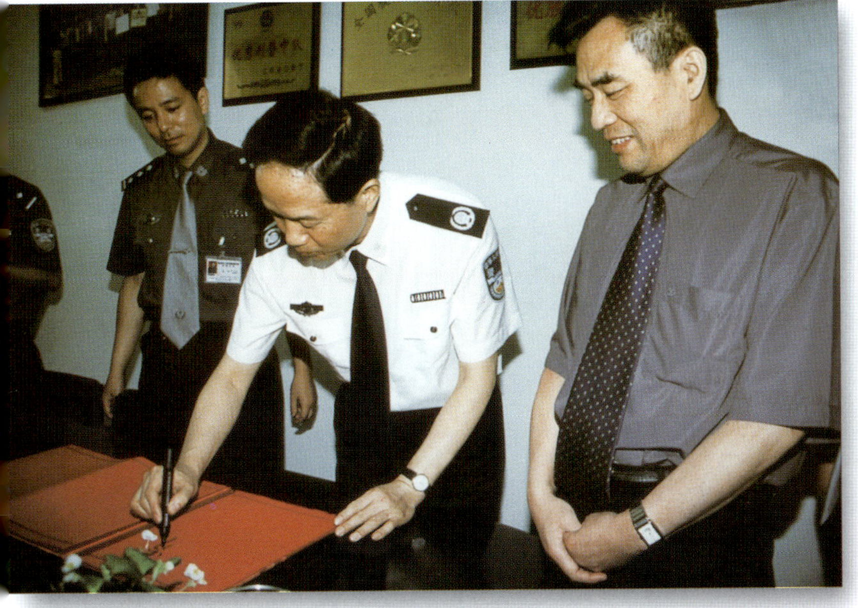

公安部贾春旺部长、省委副书记钟起煌在西湖分局刑侦六中队视察工作

全国模范刑警中队的风姿

潘堃烈士生前工作照

地址：南昌市中山路100号
电话：6230099

南昌市外事侨务

2001年6月20日，市委书记吴新雄在中日友好会馆会见香港环球实业集团公司总裁刘杨生先生

【概况】在市委、市政府的正确领导下，在省外办的业务指导下，我市外事工作紧紧围绕全市工作中心任务，积极贯彻我国对外方针、政策，使我市交往健康有序地进行。

因公出国(境)审批工作得以加强，对外友好交流活动得以发展。全年度共办理出国(境)团组172批、440人次。接待各类外宾计28批、278人次。共向日本派遣了各类研修生和留学人员计5批、30人次。

市政府、市人大领导相继出访，为配合国家的外交，拓展我市对外友好交流领域，促进对外经贸合作的发展发挥了积极作用。市长刘伟平先后率南昌市政府代表团和南昌市友好代表团赴日本高松市和马其斯科普里斯市进行友好访问。市人大常委会副主任邹剑桥、罗时杰率南昌市人大经济考察团赴芬兰瓦尔济考斯基市和托亚拉市进行了考察访问。副市长姜任保、雷武江、罗为民相继赴欧美及非洲等国进行考察访问。

【南昌——高松两市缔结友好城市10周年庆祝活动】为庆祝南昌市与日本高松市缔结友好城市10周年，南昌市和高松市举办了庆祝活动。2月，应日本国高松市增田昌三市长的邀请，以市长刘伟平为团长的南昌市政府友好代表团一行5人赴日本高松市进行友好访问。两市就结好10周年活动和今后两市友好交流事业进行了商谈并签定了备忘录。7月南昌市政府友好代表团一行8人出访高松市，出席在高松市举办的纪念活动。南昌市少年宫代表团一行20人出访高松市，在高松市举行了文艺公演。7月和10月分别在高松市举办了两次南昌摄影展。10月我市举办了纪念两市结好10周年的大型活动。以市松市市长增田昌三为团长的高松市政府、市民代表团一行130人来昌进行友好访问，参加了两市领导共植友好纪念树、两市文艺界人士的联袂演出等交流活动。通过互访和纪念活动，两市友好关系得到了进一步发展，两市人民的了解和友谊不断加深，为开拓新世纪两市友好交流新领域奠定了坚实的基础。

【南昌市友好代表团赴马其顿共和国斯科普里市访问】1998年马其顿与台湾建立所谓的“外交关系”，我国与马其顿断交，我市中止了与斯科普里市的交往。2000年马其顿政权发生重大变化，朝野主张中马复交的呼声渐高。斯科普里市市长理斯特。佩诺夫对我友好，邀请南昌市友好代表团赴斯科普里市访问。为配合外交部开展对马工作，以市长刘伟平为团长的南昌市友好代表团一行6人于12月赴斯科普里市访问。通过访问，两市就今后在文化、教育及经贸领域内的交流与合作达成了共识。此次访问受到了外交部的好评并得到斯市的积极回响，获得圆满成功。

【小西孝志等五人被授予南昌市荣誉市民称号】为褒扬日本国高松市友好人士长期以来为南昌和高松两市的友好交流所作出的贡献，进一步促进两市友好关系的发展，经南昌市第十一届人民代表大会常务委员会审议通过，授予日本国高松市小西孝志、梶村传、山野善正、松本恭辅、中山武信等5人南昌市荣誉市民称号。

【我市外国专家分获国家“友谊奖”和省“庐山奖”】江西茂昌实业有限公司董事、总经理加拿大籍专家伦景良(ALBERTKINGLUN)荣获国家外专局颁发的2000年度外国专家“友谊奖”、江铃汽车公司聘请的日本专家永冈哲夫荣获江西省人民政府颁发的2000年度江西省外国专家“庐山奖”。

2000年10月6日，南昌市和日本高松市联合在省艺术剧院举行庆祝两市结好十周年文艺演出。图为演出结束后南昌、高松两市政府、人大(议会)领导登台与参加演出的中日艺术家合影留念

2000年11月5日，刘伟平市长在中日友好会馆会见美国嘉伦市政府代表团一行

办 公 室

党组书记、主任：张知明
副主任：刘笃安　黄小燕

2001年6月20日，代市长李豆罗在中日友好会馆会见香港环球实业集团公司总裁刘杨生先生

2001年6月20日，市委书记吴新雄、代市长李豆罗等市领导出席市土地局与香港环球实业集团公司合同额为12亿港元土地购让签字仪式

地址：南昌市民德路411号
电话：6781347

2000年5月19日，刘伟平市长会见芬兰瓦尔济考斯基市艺术家代表团一行

2000年11月18日，刘伟平市长、李小南常务副市长会见香港环球实业集团公司总裁刘杨生先生，并出席其在南昌市捐资兴建国际梅花林仪式

2000年12月，以刘伟平市长为团长的市政府代表团出访马其顿共和国。图为刘市长拜会马其顿前总统戈利格罗夫时合影留念

南昌市工商行政管理局

党组书记、局长：杜志刚

2000年，在省工商局和市委、市政府的正确领导下，全市工商行政管理机关认真学习贯彻党的十五大和十五届三中、四中、五中全会和江泽民总书记关于“三个代表”的重要讲话精神，按照国家工商局、省工商局关于集中开展“整顿市场秩序、整顿队伍作风”的部署，广泛深入开展“学理论、抓整顿、树形象”活动，在深化体制改革、提高队伍素质、强化监管执法等方面取得了明显进步，为维护市场秩序，促进地方经济发展作出了贡献。

为优化经济环境，促进地方经济发展，我们本着“发展南昌经济，就是发展工商自己”的原则，加强对干部、职工尤其是“窗口”单位的教育管理，提出“人人都是投资环境，事事关系南昌形象”，要求所属单位，充分发挥职能作用，服务当地经济建设。

以企业登记管理的有关法律、行政法规为依据，认真履行工商登记注册职能，严把市场主体进入关。严格审批制度，对依法需要取得资格证书的经营项目，坚持先办证后发照；大力支持国有企业改革、改制、改组，优质高效地为关、停、并、转企业提供了登记注册服务；并提出了监管创新，职能到位，为企业服务措施29条。同时，加强外商投资企业登记管理，为改善外商投资环境提供良好服务。截至2000年11月20日，全市登记注册的内资企业达23318户，注册资本(金)1500855万元；全市新登记外商投资企业38户，投资总额3920.39万美元，注册资本3349.40万美元，其中外方1490.46万美元，分别比上年增长了12%、11.8%、12.5%。

进一步解放思想、转变观念，坚持以公有制为主体，多种所有制经济共同发展的基本经济制度。2000年，新发展私营企业1413户，从业人员10991人，注册资金93500万元，分别比去年同期增长24.2%、16.5%、28.4%。截止2000年11月底止，全市个体工商户有53949户，从业人员130666人，注册资金77893万元；私营企业7211户，雇工人数97954人，注册资金41.1亿元，比上年底分别增长23.5%、16.7%、25%。

严厉查处商业贿赂等违法行为，整治医药购销中不正之风。全年共查处医药购销中商业贿赂案件24件，案值达2000余万元，罚没款92万余元，有力地打击了药品购销活动中的违法行为。同时，我

发展南昌经济

“七一”前夕，南昌市工商系统组织文艺汇演，歌颂党的丰功伟绩，庆祝中国共产党成立80周年

杜志刚局长陪同国家工
领导检查洪城大市场

局对全市医药购销市场进行了全面的清理整治，取缔了南昌朝阳农资兽药综合市场等3个非法药品集贸市场和200余户无证经营摊点。从而杜绝了非法药品交易活动。同时，认真开展“扫黄”、“打非”的专项整治行动。取缔无证电子游戏室、电脑游戏室204家，收缴电脑主机工作站77台、硬盘14块、电脑游戏板570块，非法音像制品1650张。

加强合同行政监管力度。全年鉴证合同5600份，鉴证标的金额总计160640万元，调解各类争议纠纷36起，为当事人挽回或避免经济损失200余万元。

紧紧围绕“明明白白消费”年主题，与省消协联合举办了“明明白白搞装修”和“明明白白购家电”现场咨询、服务展示会。依据《消法》及其相关法律法规，全年共受理投诉2088件，解决2047件，解决率达到98%以上，为消费者挽回经济损失98.57万元。同时，接待来访、咨询投诉2895人次，发布“3.15”忠告3期，收到消费者感谢信28封，维护了消费者的合法权益。

2001年5月19日中央政治局候补委员、国务委员吴仪在省委书记孟建柱、省长黄智权陪同下视察洪城工商分局

朝气蓬勃的市工商局领导班子

为庆祝建党80周年，市工商局组织40年党龄的老党员进行座谈，共叙党的光辉历史

就是发展工商自己

地址：南昌市丁公路737号
电话：6222437

为加大市场整治力度，市工商局在洪城大市场查假销假共销毁假冒伪劣商品总值130余万元

洪城工商分局积极组织查假。图为执法人员正对部分个体进行检查

查获劣质果冻400多箱

中国人民武装警察部队南昌市支队

支队长　蔡卫卫

政治委员　刘小林

中国人民武装警察部队南昌市支队主要担负南昌地区看守、看押、警卫、守护、警备纠察、城市武装巡逻和处置突发事件等任务。支队自1983年初重新组建以来，在总队党委和南昌市委、市政府的正确领导下、坚持以马列主义、毛泽东思想和邓小平理论为指针，按照江主席“政治合格、军事过硬、作风优良、纪律严明、保障有力”的总要求，继承和发扬我军的革命优良传统，按照支队党委提出的“树军旗下军人形象，做英雄城忠诚卫士”的建队主题，艰苦创业，奋发进取，不怕牺牲，无私奉献，圆满完成了党和人民赋予的各项任务。支队连续三年被武警总部评为落实《纲要》先进支队；98年在抗洪抢险战斗中表现突出，荣立集体三等功；连续9年被评为南昌市精神文明建设先进单位、文明单位标兵。

新的世纪催人奋进，新的世纪前景光明。支队新一届党委班子决心在总队党委和南昌市委、市政府的正确领导下，紧密团结在以江泽民同志为核心的党中央、中央军委周围，高举邓小平理论伟大旗帜，按照邓小平新时期军队建设思想和江主席“五句话”总要求，团结一心，开拓进取，为南昌市的社会稳定和经济发展做出新的更大贡献。

抗洪抢险

城市武装巡逻

国旗护卫队在八一广场举行升国旗仪式

积极开展学雷锋为民服务活动

地址：南昌市洪都北大道296号
电话：8501816

南昌市科学技术委员会

NANCHANGSHI KEXUEJISHU WEIYUANHUI

南昌市科学技术委员会是市政府综合管理全市科技工作的职能部门。主要负责全市科技发展规划和政策的制定、各类科技计划的组织实施、技术创新和科技体制改革、科技成果的鉴定、管理和推广、专利和技术市场管理等工作。内设机构有：办公室、组织人事科、计划外事科、工业科技科、农业科技科、社会发展与法规科、科技成果管理科、财务审计科。下属二级局(办)有：市专利管理局、市地震局、市技术市场管理办公室；直属事业单位有：市工业技术研究院(下设机械、自动化、电子信息、化工四个研究所)、市科技信息中心；直属企业单位有：市科学器材公司。

市科委主任：陈喜民

2000年，全市科技工作在市委、市政府的正确领导和省科技厅的指导下，在各有关部门的大力配合下，以“三讲”教育为契机，紧紧围绕全市经济和社会发展的总体目标，大力实施“科教兴昌”战略，加强科技法规建设，深化科技体制改革，加速科技成果转化，有力地推动了科技与经济的结合。全市共组织实施各类科技计划项目182项，其中：国家级5项、省级100项、市级77项；获科技进步奖37项，其中：国家级2项(南昌有色冶金设计院研制的“常温变量喷射－动力 波洗涤闪速炼铜技术”和江西日月明实业有限公司与南昌大学共同研制的“EBG系列架桥机”分别获国家科技进步奖一等奖和二等奖)；专利申请量522项；全市技术合同认定登记数1728份，成交额4.14亿元，比上年增长64%，新增技贸机构53个。

2000年全市科技工作会

全市送科技下乡活动

全市有各级各类科研开发机构137个，其中省级科研机构52个、市级科研机构25个，企业技术开发机构60个；技贸机构300余家。建立了南昌高新技术开发区、市效区星火技术密集区两个国家级科技园区和南昌民营科技园、进贤县星火技术密集区、市郊区扬子洲蔬菜科技园三个省级科技园区。

全市各类专业技术人才约8万人，拥有国家级有突出贡献的中青年专家4人，享受国务院特殊津贴的专家66人，享受省级政府特殊津贴的专家31人，省级优秀中青年专家45人，市级专业技术拔尖人才90人。

地址：南昌市民德路411号

电话：6781210

传真：6780907

南昌市土地管理局

2001年3月30日，江西国际信托投资公司受让红谷滩新区195亩土地合同签定仪式在江信国际大厦举行，市委常委、常务副市长李小南出席并致贺词

全市土地管理系统工作会议召开，省国土资源厅副厅长吕细保、市委常委、常务副市长李小南到会并作重要讲话

南昌市土地管理局是南昌市人民政府负责全市土地、城市地政统一管理的职能部门和行政执法部门，主要职责是：

(一)负责贯彻执行国家、省、市、有关土地管理法法律法规和方针、政策；拟订我市地市性土地管理的政策和行政规章，并组织贯彻执行和实施监督检查。

(二)统一管理全市土地、城乡地籍地政和地产市场；主管全市土地的调查、统计、定级、登记、发证工作；制订土地登记办法，统一查处土地权属纠纷；主管土地估价工作，负责制定全市土地定级、估价标准及全市土地调查计划；建立健全土地统计制度和土地动态信息监测体系。

(三)加快土地信息建设，研究制订全市土地管理事业发展规划，预测中长期全市各类用地需求，做到土地总需求和总供给的大体平衡；根据全市国民经济和社会发展规划、计划，组织编制全市土地利用规划、计划和土地后备资源开发规划、计划，并按计划管理程序上报下达，对规划、计划执行情况进行督促检查；负责全市土地复垦工作；主管全市基本农田保护和城市蔬菜基地的保护工作；参与城市和村镇等规划的编审工作。

(四)负责全市的土地征用、划拨、出让和农村集体土地使用权转的管理工作；统一审核、征用、划拨建设用地，承办由市政府审批的建设用地的审查、报批；负责土地使用权出让的组织、协调、审查、报批和出让方案的落实；承办本市城市规划区的所有建设用地的审查、报批工作和地籍地政管理工作，组织编制各类建设用地定额指标；主管国家建设征用土地拆迁、补偿、安置管理工作。

(五)管理土地市场，会同有关部门制订土地市场管理的法规和规章，规范全市土地市场；代表政府垄断土地一级市场，负责建设用地统一规划、统一征用、统一开发、统一出让和统一管理的日常工作；负责承办国有土地使用权的转让、出租、抵押等的审核、报批；负责统一收缴土地资金，协助财税部门做好土地税费的征收管理工作；负责全市土地对外招商引资工作。

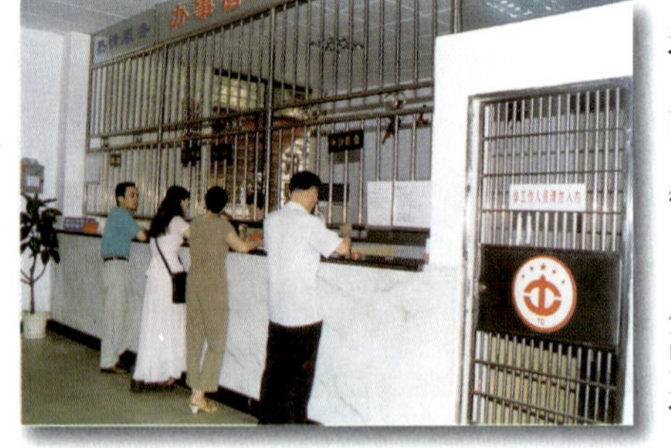

2000年，市土地管理系统开始全面推行公开办事，窗口服务制度，图为市土地局东湖分局便民服务窗口正在接待办事群众

(六)负责全市土地监察工作，依法查处土地违法案件；负责依法收回的土地使用权和闲置的土地的管理工作；受理土地行政复议案件。

(七)主管全市土地管理科学技术工作、土地管理普法、宣传教育工作和全市土地系统干部的业务培训工作。

(八)指导、监督、检查市辖县的土地管理业务工作，领导管理市辖区土地管理分局和直属事业单位，抓好全市土地管理系统的机构队伍建设。

(九)承办市政府交办的其他工作。

根据上述职责，市土地管理局机关设7个职能科(室)和市土地管理局东湖分局、西湖分局、青云谱分局、郊区分局、局属两个事业单位：南昌市土地监察大队、南昌市土地估价交易所，并在郊区、青云谱区所有的乡镇设立土地管理所，实行人、财、物垂直管理。

昔日黄沙一片，今日崛起新城。图为红谷滩中心区基础设施及“三大中心”建设施工现场

今年6月25日第十一个全国土地日，主题是“规划用地、利国利民”。图为省国土资源厅、市土地管理局在人民广场联合举行第十一个全国土地日暨民主评议行风大型宣传活动

地址：南昌市民德路255号
电话：6772221

南昌市民政局

——民政事业驶入规范发展快车道

党委书记、局长：余根水

“九五”以来，南昌市民政工作紧紧围绕党和政府的中心工作，坚决贯彻“上为党和政府分忧，下为人民群众解愁”的宗旨，切实履行社会行政事务管理职能，全面推进基层民主政治建设，强化民间组织和区划管理，建立健全社会救助和社会福利制度，逐步走出一条民政事业发展的新路子，民政事业驶入规范发展的快车道。市民政局连续八年被评为“全省民政工作先进单位”；市民政局机关连续四年被评为“全市文明机关”，并被市委、市政府授予“全市文明单位”光荣称号。

双拥优抚安置狠抓各项政策的落实，精心组织了“爱心献功臣行动”和“一帮一”帮扶活动，广泛深入地开展了以“我为军旗添光彩”为主题的双拥活动，军政军民关系更加巩固。我市成功蝉联全国双拥模范城“四连冠”，成为全省唯一、全国也仅七家荣获此殊荣的城市。退伍军人和军休干部接收安置任务全面完成，“三老”优抚对象“三难”问题基本解决。

救灾救济有效保障了灾民和困难居民的基本生活。城镇居民最低生活保障制度建立并不断规范和完善，牢牢筑起社会保障最后一道“安全网”。社区服务走出了一条具有南昌特色的城市基层工作的新路子，被誉为“南昌经验”向全国推广。福利彩票到2000年底累计销售1.9亿元，筹集福利资金3990万元，资助福利建设项目415个。基层民主政治建设全面推进，顺利完成全市第三、四届村(居)委会换届选举工作，深入开展了以“四个民主”为主要内容的村民自治示范工作。民间组织管理严格实行双重管理体制，认真开展清理整顿，使全市社团整体质量上了一个台阶，社团组织已走上了“优存劣汰”的市场经济轨道。为维护社会稳定作出了积极贡献。

五年勘界任务全面完成，为经济和社会发展创造了良好环境；殡葬改革认真贯彻落实有关政策法规，丧葬习俗改革也初见成效。婚姻登记和收养登记也逐步走上了规范发展轨道。

民政事业单位一手抓创优，一手抓创收，“两个效益”协调发展。民政直属福利企业改革改制进一步深入，逐步走上了稳定发展的道路。“规范、廉政、高效”的民政工作运行新机制逐步建立。市民政局从97年8月1日开始在全市民政系统自上而下全面推行了“政务公开、服务社会”举措，赢得了群众的赞誉和上级的肯定。

南昌市长刘伟平(左一)、市民政局长余根水(右一)、副局长刘晓平(右二)向灾区发放救灾大米

地址：南昌市象山北路129号
电话：(0791)6794185
传真：(0791)6794570
邮编：330008

南昌市民政局每年都召开军政联席会

团结、奋进的南昌市民政局领导班子

南昌市计划生育委员会

全国婚育新风进万家活动汇报会暨现场会在昌胜利召开

坚持以人为本，面向群众、服务群众的方向，为群众开展了多种形式的计划生育服务活动

二000年南昌市计划生育工作紧紧围绕市委、市政府提出的“打基础、创特色、提高整体水平、树立南昌形象”的总体思路，以中央《关于加强人口与计划生育工作稳定低生育水平的决定》为指导，以“三讲”教育为动力，广泛开展了婚育新风进万家活动和优质服务活动，基层基础工作得到了加强，综合治理人口问题取得了进展，人口与计划生育目标管理责任制继续得到有效落实，圆满地完成省下达的人口计划。根据统计部门提供的五普数据显示，全市人口出生率为15.49‰。

加强对流动人口的计划生育管理，已纳入我市计生工作的重点

地址：南昌市民德路411号
电话：6793143

计生委和计生协密切合作，优势互补，形成合力，真正成为“车之两轮”、“鸟之两翼”，使我市人口与计划生育事业充满勃勃生机。

南昌市旅游局

南昌市旅游事业管理局成立于1990年3月，是主管全市旅游资源开发利用和旅游行业管理的职能部门。10年来，在市委、市政府的直接领导下，通过全局干部职工的奋力拼博，南昌旅游业取得令人瞩目的成绩，先后被全国总工会和国家旅游局评为全国旅游行业先进集体，被省委授予“文明庭院”先进单位，被省政府授予全省“文明窗口”示范单位，被市政府授予全市文明单位称号、创卫创优先进单位。

2000年，我局以创建“中国优秀旅游城市”为契机，扎实推进机关作风建设，全力推动我市旅游业大踏步向前迈进，全年共接待国内旅游者391.78万人次，创汇收入21.90亿元人民币，接待境外旅游者37010人次，创汇2578.16万美元，旅游产业总收入达到全市GDP的5.5%。元旦刚过，喜讯传来，为了加快旅游产业的发展，南昌市人民政府决定把旅游产业作为我市国民经济的支柱产业加以培育；由我局担负主要责任的“创优”获得成功，南昌市荣膺“中国优秀旅游城市”称号；同年，滕王阁管理处被中央文明委、国家建设部、国家旅游局评为国家文明风景旅游区示范点；2001元月，国家旅游局授予滕王阁旅游区为全国首批AAAA级旅游区。

地址：南昌市仿古街58号
电话：(0791)6703767
传真：(0791)6700294

局长：孙华逊

与无锡市旅游局签定促进旅游业务合作与发展的协议

滕王阁荣获全国文明风景旅游区示范点

历史名城　旅游胜地

南　昌　市

党组书记、局长：曾文明

2000 年 10 月 19 日，国家统计局朱之鑫局长(左二)等领导在昌听取我市统计工作汇报

局 领 导 班 子

纪念中国共产党成立八十周年知识竞赛

统　计　局

南昌市统计局是南昌市行政区域内社会经济信息的主体和国民经济核算的中心，是组织领导和综合协调行政区域内统计和国民经济核算的政府职能部门，承担着提供信息、提供咨询、对国民经济运行情况进行监督的重任。

第五次全国人口普查入户登记

南昌市统计局忠实地履行党和政府赋予的职责，高质量完成统计和各项普查、专项调查任务，"快、精、准"地为党政机关提供统计信息、统计咨询、统计监督服务，热忱地为企业、为基层、为社会各界提供所需服务，受到普遍好评。

全市统计局长会议

1993—2000年连续8年在全省统计工作考核评比中获得一等奖，并在全国统计工作4年一次的评比中，于1996年和2000年连续两次被国家统计局、人事部授予"全国统计系统先进集体"的荣誉称号。1995年以来，市统计局共荣获国家、省、市综合及单项奖励283项。

地址：南昌市民德路411号
电话：(0791)6771409
邮编：330008
E-mail:nctjjzhk@263.net

向塘开发区城市建设总体规划 2000-2010 年

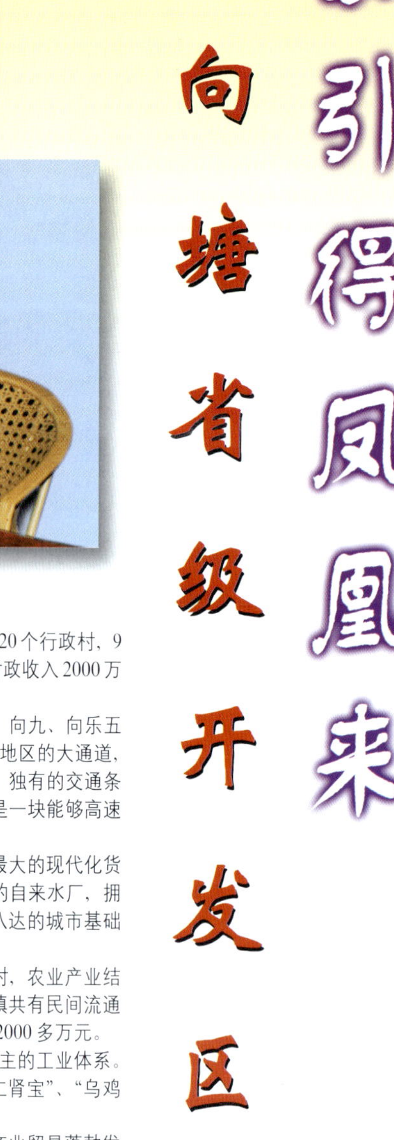

镇党委书记：杨保根

镇长：陈勇

向塘镇是南昌市最大的一个建制镇，距省会南昌市中心28公里，属南昌市南大门。镇域面积150平方公里，辖20个行政村，9个居委会，现有人口15万。境内有中央、省、市、县驻镇科研院所、大中型企业33个，年社会生产总值20亿元，财政收入2000万元。1999年4月经江西省人民政府批准向塘为省级开发区。

向塘是中国南方最大的交通中枢，京九铁路和浙赣复线在向塘形成“黄金十字架”，境内有京九、浙赣、皖赣、向九、向乐五条铁路线经过，加上105、320、316、国道和温厚高速公路在境内交汇，使之成为内地连接港澳，东部沿海连接西部地区的大通道，形成承东启西的大区位战略优势。向塘东临抚河，西傍赣江，距昌北机场四十公里，有着全方位立体对外交通优势。独有的交通条件和独特的地理位置，使其在全国交通网络和全省社会经济发展战略上占有至关重要的不可替代的特殊地位。向塘是一块能够高速集散和传递人流、物流、信息流的热土宝地。

向塘具有优良的基础设施，随着京九铁路的建设，基础设施建设得到快速推进。向塘拥有铁路路网中长江以南最大的现代化货运编组站和一级客运站。拥有容量四万门的程控电话可直拨全国和世界各大城市。拥有三个日供水量总和4.5万吨的自来水厂，拥有变电站两座，富余电量10万千伏安，拥有中小学40所，中等专业学校1所，医院 4所，电影院4座，拥有四通八达的城市基础道路和排污设施，拥有各类专业综合批发市场9个，现代化的小城镇已初见端倪。

向塘现有耕地面积94156亩。农作物以水稻为主，蔬菜油料次之。镇党委、政府依托优势，面向市场，服务农村，农业产业结构调整初具规模，建有蔬菜、瓜果、水产、生猪等十大商品基地。农副产品的科技含量和商品率正在不断提高。全镇共有民间流通协会20个，会员3000多人，果蔬产品运输服务公司2个，参与农产品营销流动的专业户500多户，年营销金额达2000多万元。

向塘现有镇办工业企业37家，已初步形成了以化工、铸造、针织、服装、机械、电子、建材、制药、食品加工为主的工业体系。一批有实力的骨干企业如汇仁制药、六建公司、南翔化工、向塘机械厂已形成“四驾并驱”的态势走向全国，“汇仁肾宝”、“乌鸡白凤丸”等品牌唱响全国市场。

近年来，镇党委、政府本着“大思路、大手笔、大动作抓经济”的指导思想，立足于变区位优势为经济优势，商业贸易蓬勃发展、金融、保险、文化、教育、卫生、城市管理等服务建设日新月异。

随着向塘省级开发区的特批设立，向塘的对外开放条件日益优越，投资环境日趋完善。展望未来，向塘人们敞开胸怀，热忱欢迎社会各界有识之士共创向塘的千秋伟业。

地址：向塘镇建新路1号　电话：5032011　5034433　传真：5032021　邮编：330201

党委书记：邹祥仁

镇长：卢仁贵

Wen Gang Zhen

江西省进贤县文港镇地处赣抚平原，距南昌市50公里，东靠316国道，北邻温厚高速公路，西有抚河川流而下，是北宋宰相、著名词人晏殊的故里，是闻名遐迩的毛笔之乡，被誉为"华夏笔都"。全镇辖9个行政村、4个居委会，总面积23.53平方公里，耕地面积12670亩，总人口32000人（含暂住人口6000人），其中城镇居住人口18000人。

沐浴着改革开放春风，文港各行各业，欣欣向荣，春意盎然，乡镇企业飞速发展，小城镇建设日新月异，社会事业长足进步，经济建设扶摇直上，各项经济指标分别比20年前增长上百倍。先后被列为全国小城镇建设试点镇、江西省小城镇综合改革试点镇，被评为全国村镇建设先进单位、全国创建文明村镇工作先进单位。

改革开放以来，文港镇确立了"农业稳镇、工业强镇、商业活镇、财政富镇、环境美镇、科技兴镇"的发展战略，坚持以发展乡镇企业和小城镇建设为龙头，推进农村城镇化、工业化、产业化、非农化进程，成立了文化用品集团，开发了工业科技园。到目前为止，以文化用品为主导产业，全镇发展私营企业518家、个体工商户2122家，具有高水准的钢笔、圆珠笔、毛笔生产能力达国内领先水平，形成了强大的产业优势，文化用笔被列为国家星火计划支柱产业，被评为国家星火计划优秀项目，工业开发区被列为全国中西部合作试验区。形成了家家办厂开店、人人务工经商，四千子弟闯市场，销售网点遍布全国的产、供、销格局。全镇80%的农村剩余劳力进入城镇从事二、三产业，加快了农村产业化、非农化进程。

日出抚河红似火，春来笔都美如画。勤劳智慧的文港人，依靠"一支笔"描出了一座新城，15年来，文港镇累计投资3.7亿元用于小城镇建设，镇区面积由原来的0.06平方公里扩大到现在的3.2平方公里，兴建了江南之最、全国第二大的皮毛毛笔等数个专业市场，已成为全国文化用品集散中心。开通了10000门程控电话，兴建了日供水10000吨的自来水厂和日处理720吨的污水处理厂，基础设施一应俱全。如今的文港，象一颗璀灿的明珠镶嵌在抚东大地。

华夏笔都，已张开她的双臂，热忱欢迎四海客商、八方宾朋来文港投资、经商、共创辉煌。

96年开辟的"笔都街"

电话：(86-791)5582315
传真：(86-791)5582317

明珠璀璨 放眼蛟桥

——国家级南昌经济技术开发区蛟桥镇人民政府

党委书记：胡觉荣

镇长：黄宜顺

蛟桥镇地处国家南昌经济技术开发区的中心，是省会南昌的北大门，省、市“一江两岸”战略格局的首发地，西邻梅岭，南傍赣江，自古有“人杰地灵”之美誉，是江南“昌盛之地”。

蛟桥镇总面积96.53平方公里，全镇辖15个行政村(场)，共有人口18万，其中常住人口12万。2000年全镇可实现财政收入726.3万元，人均纯收入可实现2500元。1-10月份引进镇外资金5130万元。

改革开放以来，尤其是经济技术开发区建区8年和市政府开发建设“红谷滩”以来，倚天时，得地利，蛟桥镇各项基础设施建设日趋完善，宏伟的新八一大桥横贯南北，105、320国道纵横交汇，京九铁路、昌九高速公路尤如两条巨龙穿境而过，水运可沿赣江，越鄱阳湖进入长江入海，铁路货运年吞吐量达120万吨；4D级昌北国际机场距我镇中心仅10公里；镇内电信发达，拥有2座新建成的电信大楼，总装机容量5万门；全镇电力充裕，现建有变电站四座，总容量20.3万伏，镇内供水充足，日供水能力达18万吨。

目前，全镇商业网点布局趋于合理，工业园区建设形成规模，围绕城区服务的特色农业、苗木花卉业发展迅速，城郊型经济明显加强。凭借区内三十余所大中专院校，二十几个大中型企业，七十多家中外合资、民营企业的经济优势、人力优势、信息技术优势，蛟桥镇已形成了建筑、建材、机械、电子、化工、食品、饲料、印刷、包装、宾馆、旅游、综合市场等工业、三产体系，加上享有国家级开发区一切优惠政策，为内外客商来我镇投资兴业营造了一个良好的投资环境。

在新的一年里，蛟桥镇党委、政府热忱欢迎海内外有识之士来我镇投资兴业，携手共创美好明天。

地址：南昌·下罗枫林大道　电话：3819886

罗家镇人民政府

党委书记：魏根金

镇长：罗时民

罗家镇隶属南昌市郊区，地处南昌市东郊，素有“南昌东大门”之称。集镇为南昌市陆路交通东部咽喉，是东部近远郊十二个乡镇五十余万人进出市区的必经之地，更是久负盛名的小商品及农副产品集散地，农民逢农历三、六、九日赶集的习惯延续至今，有近百年的历史。

全镇总面积80.6平方公里，小城镇规划面积4.25平方公里，辖28个行政村，2个居委会，驻镇中大型企业13家，主要有江氨公司、南钢公司、江南材料厂、电力修造厂、省林业汽车公司等，是南昌市重要的工业区，全镇总人口12.3万，其中农业人口7万余人，城镇人口近4万，近年新增小城镇人口超5000人，集镇街道人口逾万。

自1995年以来，先后被列为“全国500家小城镇建设试点单位”、“江西省20个小城镇综合改革试点镇”、“江西省京九沿线内50个重点乡镇”以及“南昌市小城镇综合改革试点镇”、“全国小城镇综合改革试点镇”。镇党委、政府围绕建设“农业重镇、工业强镇、市场大镇、繁荣新镇”的总目标，实施“一城先行、两点同增、三业并举”的发展战略，把小城镇建设作为各项工作的“龙头”，通过小城镇建设推动全镇经济和社会发展的全面进步。

2000年，全镇实现社会总产值21.93亿元。工农业总产值13.78亿元，其中工业总产值12.87亿元，农业总产值9174万元，乡镇企业总产值21.01亿元，财政收入1229万元，农民人均纯收入2960元。特色农业唱大戏，一村一品的发展局势基本形成，京川的罗氏虾，佛塔的佛纹蛙，楼付的肉兔，坝桥的山羊为结构调整和农民增收开辟新路，成为全镇农业的窗口与亮点。

民营经济显强势，以个体私营企业为主的民营经济占据半壁江山。2000年其总产值已占全镇企业总产值75%，形成了针织、砖瓦、粮食加工等三大支柱产业。市场建设活商贸，专业性批发市场与综合性农贸市场，并驾齐驱。佛塔生猪批发交易市场，罗家木材市场，在全市、全省乃至全国都具有相当影响。

南昌市沸塔生猪批发交易市场

罗家针纺城

地址：南昌郊区罗家集街
电话：0791-8370481

白兰小康示范村

湾里区招贤镇

镇长：徐建和

党委书记：李立华

招贤镇位于南昌市的西北方，距市内仅14公里，是湾里区的城关镇、南大门。东南与本市郊区、新建县接壤，西北与本市的红星、梅岭毗邻。全镇土地面积58.6平方公里，耕地面积8650亩，山林面积60772亩，下辖15个行政村68个村小组，农业人口1.3万人，辖区人口2万余人。2000年工农业总产值3.4亿元，地方财政收入252万元，农民人均收入2540元。

境内的交通主干道与320、105国道相连，昌北机场离本镇仅10公里，京九铁路岔线直达镇内。位于海拔150多米的乌井水库为该镇提供了充裕的水资源，程控电话覆盖全镇15个行政村和60个村小组。便利的交通条件和丰富的山林资源为特色农业的发展提供了优越的条件，花卉苗木，养殖、果业已成为该镇农业的主导产业，工业已拥有机械、纺织、食品、包装、彩印等众多企业，并多次荣获国、部、省优质产品奖，梅岭这座历史名山是南昌市的绿色生命，为该镇发展休闲旅游业提供了独特的条件，现在旅游业正蓬勃发展，第三产业方兴未艾。

近年来，城关镇招贤以解放思想为先导，以招商引资为主线，大力优化经济发展环境，突出"优良项目，优良环境，优质服务"的举措，吸引了众多海内外客商前来投资兴业。目前江中制药厂区、创世纪学校、大宇工商学院、江西理工财经学院等二十余个项目已在我镇落户并快速发展。

最近，省、市委提出做好"两篇文章"的战略和南昌市"一江两岸"的实施，给具有独特位置的招贤带来了历史上最好的发展机遇。二十一世纪的招贤镇将遵照省、市、区委的指示，把解放思想置于万物发展之先，以思想大解放促经济大发展，策应省、市、区委的战略部署，着力营造经济发展的优良环境，把花卉苗木作为全镇的支柱产业来抓，把招贤镇建成花卉苗木大镇、休闲游乐的名镇。

地址：南昌市湾里区招贤路261号
电话：0791-3760690　　3760602

新建县长堎镇

县委常委、镇党委书记：勒世标

镇长：吴维宝

长堎镇属新建县城关镇，是全县政治、经济、文化中心。地处320国道、昌九高速公路、昌樟公路交汇处，南昌大桥北桥头，与省会城市南昌隔江相邻，同南昌市“一江两岸”建设、“红谷滩”开发区连为一体。面积9.15平方公里、总人口9.28万，辖4个村委会、10个居委会。水、陆、空交通便利，土地、矿产、旅游资源丰富，国际国内通讯直拨，基础设施完备，区位优越，宜工宜农，也宜旅游项目开发。改革开放以来，长堎镇党委、政府紧紧围绕经济建设和社会稳定，按照乡镇“创六个好，争六个一”、村级“五个好，四个上等级”要求，解放思想重创新，优化环境促发展，走发展城郊型经济的路子，加快工业化、城镇化，城镇建设投资1600万元，兴建长堎综合市场和对礼步湖公园一期改造，农村水利投资年均100万元，形成了多功能水利网系，大力创办特色农业，已形成了“一村一品”的发展格局，村级集体经济年均80万元；工业企业挖潜改造，有镇属企业8家，个私企业6家，南昌海洋、东升箱包、华丰纺织等3家个私企业年产值超千万元。至2000年，全镇工农业产值完成5.54亿元，完成企业利润5000万元；财政收入765万元，引进外资5600万元，农民年人均纯收入3100元，连年被评为县综合考核先进集体。

地址：新建县长堎镇解放路189号　　电话：3752450

南昌海洋石油有限公司

长堎镇交通

长堎镇礼步湖公园

新建县北郊乡政府

党委书记：熊家云

乡长：陈南平

新建县北郊乡即南昌市北郊林场，是一乡吻合一性质的单位，位于南昌市郊，与新建县城长堎镇相邻，面积3.8平方公里，经济以工商业为主，拥有一批优良的乡镇企业，1993年获“江西省百强乡镇”称号，1994年获“江西省致富奔小康示范乡镇”称号，2000年人均国民生产总值13443元，人均财政收入965.5元，年人均纯收入2830元。

近年来，乡党委、政府按照“依托县城，建设县城，发展自己”的工作思路，努力做好经济发展这篇文章，首先是在企业改革工作中勇于开拓，大胆创新，先后在一九九三年推出了“国有民营”，一九九七年推出了“股份租赁”，一九九八年推出了“公司加农户”，二000年推出了“产权置换”，“退公进私”等改革模式，企业改革工作始终走在全县前列，推动了国有企业逐步发展壮大。

其次是招商引资工作成效显著，个体私营经济发展迅速。乡党委、政府做出了“资金不限多少，规模不限大小，只要你来，我保证提供最多的优惠”的承诺，吸引了大量资金流入，仅2000年，全乡就吸纳“四外”资金1110万元。这其中有投资360余万元的华星农业科技开发项目，也有投资5万余元的奶牛专业户。到2000年底全乡企业已形成食品，建筑建材，轻化，商贸四大产业类型，拥有鱼、禽、蛋、奶、乳制品、生猪、奶牛、果、茶、酱油、饮料、家俱、紧固元件、印刷、油脂等几十个主导产品。

乡党政班子在开会

第三，基础设施日臻完善。区内的“新建大道、文化路、长麦路、兴国路”四条大街成“井”字形布局，成为全乡的主体框架，以此为辐射，最北边是高效农业示范区，中间是民营工业区，最南边是商贸住宅区。辖区面积60%已城镇化，与县城长堎镇融为一体，成为县城的重要组成部分。水、电、电话等网络覆盖了全乡每一个角落，大街小巷高楼林立，座落有置，是一处投资经商的好地方。

鹌鹑皮质检车间

地址：新建县北郊乡新建大道27号

电话：3702409

北 郊 一 角

中国储备粮管理总公司南昌分公司

地　址：省政府大院南一路5号
邮　编：330046
电　话：(0791)6255905

省委书记孟建柱在副省长蒋仲平的陪同下视察中央储备粮共青城直属库

中国储备粮管理总公司南昌分公司于2000年9月26日正式成立，负责管理江西、福建两省中央储备粮油和中央储备粮直属库。

主要职责是：受总公司委托，负责辖区内中央储备粮油的购销、进出口、轮换、调运和信息统计，中央储备粮油安全保管工作，粮油科技项目的研究与开发；负责辖区内直属库仓库建设、设施维修、技术改造计划和项目投资的具体组织落实，中央储备粮油财政补贴资金的管理和监督，直属库的财务管理和监督，所属国有资产经营管理的审计监督；负责指导辖区内直属库企业改革工作，直属库领导班子的考核、任免和人事、劳资的管理；负责委托地方粮库和社会仓库代储中央储备粮油的管理等。

中储粮南昌分公司下设福建联络处、综合处、业务处和财务处。已上收萍乡、共青城、贵溪、泰和、昌北、上高、福州、漳州、泉州、莆田、三明、邵武等12个直属库。

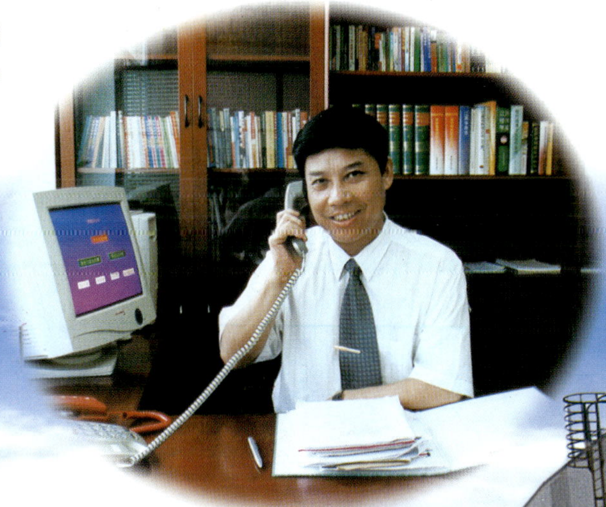

党组书记、总经理：华有良

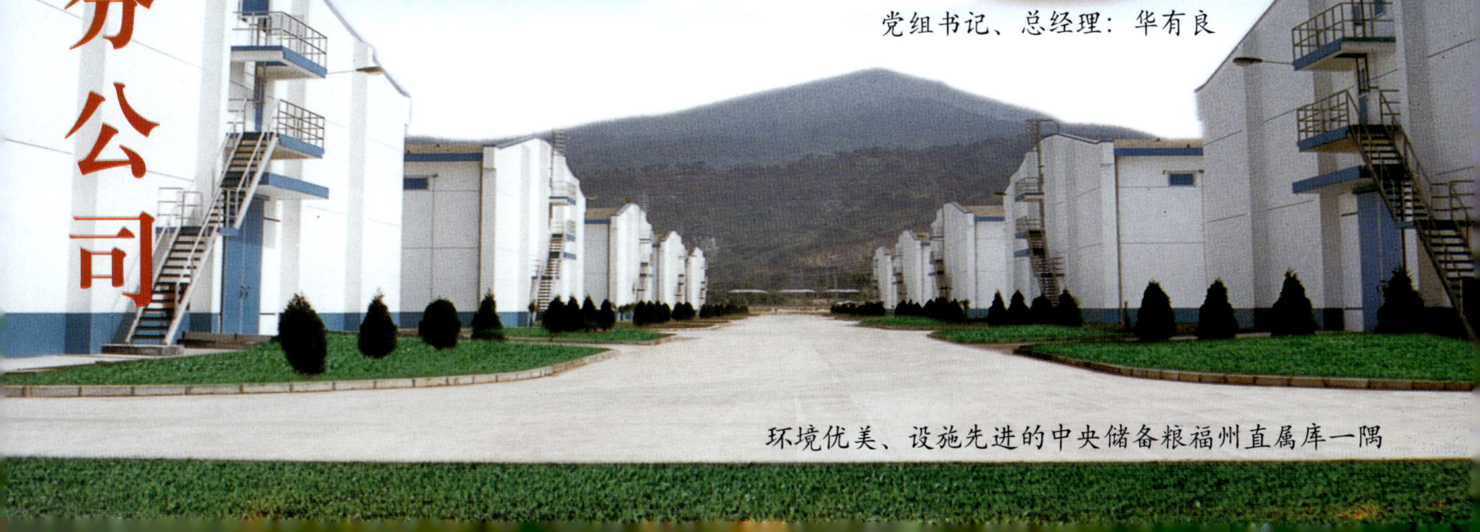

环境优美、设施先进的中央储备粮福州直属库一隅

南昌有线电视台

有线时空

无限沟通

台长：马健

大型“创卫”节目直播现场

南昌有线电视台从1991年6月开始筹建，1994年1月正式建台，发展到目前已拥有20万用户，开通25个电视频道，节目覆盖四县五区。去年，我台在完善传统线性编辑设备的基础上，又加大投入配备了非线性编辑系统、数字摄录编系统，同时还投入400多万元引进了全省首台全数字电视现场转播车。先进的采编播设备为我台制作精彩纷呈的节目提供了可靠保证。

目前，南昌有线电视台现设自办栏目16个，一套综合频道的《十分新闻》、《三维镜头》、《新生活》、《晚闻开讲》等栏目以多角度、深层次、新感觉令观众耳目一新，同时二套文体频道的文体娱乐节目与一套节目互为补充，相得益彰。这两套节目不仅各有侧重，而且风格鲜明，使我台的荧屏更加丰富多彩。

全省首台全数字电视现场转播车

车内配置先进的全数字电视转播设备

江西食品博览会直播现场

地址：南昌市孺子路241号
电话：6626269

南昌亚洲啤酒有限公司

NANCHANG ASIA BREWERY CO.,LTD.

南昌亚洲啤酒有限公司成立于1994年9月，年生产能力25万吨，利税额在江西同行业中居首位。是江西省最大的啤酒企业。

公司主导产品南昌啤酒、天星啤酒、浪潮啤酒在南昌市场上独占鳌头，并先后荣获亚太地区国际贸易博览会金奖江西市场饮品类十大畅销王牌殊荣。被南昌市标准局定为三年免检产品，评为江西用户购物首选品牌和市场占有率最高品牌。

同时，强强联合，于1999年成功与洪都啤酒厂合并，并投资与萍乡啤酒厂合作，成立了萍乡亚洲啤酒有限公司。投资贵溪啤酒厂，成立了贵溪亚洲啤酒有限公司。

NAN CHANG

地址：南昌市三店西路183号 电话：0791-5231461

南昌百货大楼集团公司

法人代表：左井林

南昌百货大楼集团公司旗下拥有——大众购物中心、新生活超市公司，是江西省大型国有商业企业，它以零售为主，集批发、连锁超市、餐饮、休闲娱乐为一体。2000年集团公司实现销售5.5亿元，实现利润150万元，比去年同期增长66.66%，经济效益位于全省同行业之首。营业面积近6万平方米，经营品种达六万余种，购物环境达到国内先进水平。集团公司在进、销、存等方面全部运用现代化计算机系统管理。多年来，集团公司被评为南昌市职业道德先进单位、南昌市模范职工之家、“南昌市百城万店无假货”示范店、南昌市文明单位、南昌市“五一”劳动奖状、江西省“双争”立功先进单位、全国“三无”商场之首、全国“投入产业”先进集团、江西省优秀内联企业等殊荣。

“完善自我、争创一流”在新的世纪里，企业将以更高、更新、更强的目标不断强化自身，努力把集团公司建设成为全国一流的商业企业。

完善自我 争创一流

地址：八一大道278号
电话：6222592 6262031

百货大楼

百货大楼集团分公司——大众购物中心

江西省电信公司南昌分公司

团结一致，奋进向上的公司领导班子成员

经理：许叶茂
地址：孺子路 36 号
电话：6224151
传真：6272200

江西省电信公司南昌分公司是在原江西省南昌电信局分离了寻呼、移动后，组建的国有大型通信企业，下辖南昌、新建、进贤、安义四个县电信局。有职工 2017 人，固定资产 21.42 亿元，拥有本地市内程控电话交换网容量 104 万门，长途程控交换网容量 5 万路端，数据通信网容量 1.56 万门。可向客户提供市话、国际和国内长话、公众电报、用户传真、数据、图像、多媒体通信与信息服务，以及相关的系统集成、技术开发等业务。2000 年，企业讲究投资效益，注重投入产出，完成固定资产投资 3.76 亿元，实现电信业务总量 7.63 亿元。业务收入 7.2 亿元，市、农话装机放号 18.58 万户，来电显示业务发展 21.4 万户，装设 IC 卡公话 2118 部，数据增值业务发展客户 8.6 万户，上网时长累计 3.15 亿分钟；获省、市“行风评议”优秀单位，连续七届 14 年获省级文明单位称号，获省级“用户满意”企业重新认定。

随着信息化的发展，南昌电信将在南昌市信息化工程建设中发挥主力军的作用，通过技术引进，加快光纤接入网建设，优化网络结构，增强 Chinanet 网、宽带多媒体网服务，为南昌市早日铺架起快捷、宽阔的信息高速公路。

南昌电信通信枢纽大楼

江西电信公司南昌分公司
荣获二000年江西省
用户满意企业
有效期三年
江西省质量管理协会
二000年十二月

2000 年继续被认定为江西省“用户满意”企业

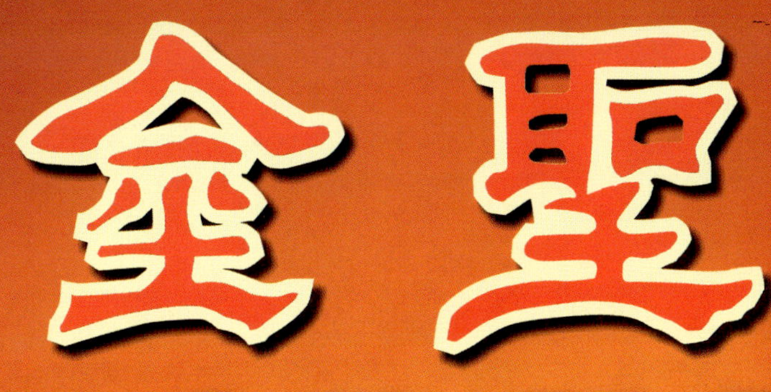
金聖

NCCF

南昌广播电视信息网络有限公司

公司办公大楼

公司成立仪式

南昌广播电视信息网络有限公司成立于2000年12月8日。公司是由南昌广播电视网络传输中心、成都聚友网络发展有限公司、江西广播电视网络有限公司共同投资1亿元人民币组建的有限责任公司。公司具体负责南昌市行政区域范围内的有线广播电视网络的建设、经营、维护。公司现有员工150名，拥有23万有线电视用户。公司拟利用2年的时间对现有网络进行升级改造，把南昌有线广播电视建设成750MHz带宽的双向宽带综合信息网，并逐步在网上开展视频点播、远程教学等多功能业务。公司在管理上遵循市场经济规律，秉承用户至上的经营理念，按照现代企业管理模式科学管理，在注重经济效益的同时，以不断提高自身服务水平和满足广大有线电视用户日益增长的精神文化生活需要为宗旨。

设备先进的前端机房

公司营业大厅

法人代表：徐荷娣
地　　址：孺子路241号
电　　话：6648759

外线施工

江西民星农业科技股份有限公司

MINXING

董事长：孟　枋
总经理：李清源
地　址：南昌市高新技术产业开发区火炬大街125号
邮　编：330029
电　话：(0791)8106998
传　真：(0791)8106958

农业部推荐产品
871猪用预混料
中华人民共和国农业部
一九九六年四月

江西民星农业科技股份有限公司成立于1999年12月，由江西民星企业集团公司、中国农业科学院饲料研究所、江西财经大学、江西农业大学、江西三星咨询有限公司五家，本着强强联合、优势互补的原则，以各自的优质资产进行合并重组而发起设立，是院企联姻的重大成果。

江西民星农业科技股份有限公司座落在南昌市高新技术开发区内，下辖江西饲料厂、美多灵分公司、预混料厂，是江西省通过中科院、国家科技部"双高"论证的拟上市的企业之一。民星科技拥有总资产1.16亿元，净资产6000多万元，注册资本为500万元，现有员工叁百人，其中大中专以上的技术、管理人员占60%以上。经营范围植酸酶、饲料添加剂、畜禽水产复合预配料、特种饲料、浓缩饲料及配合饲料。

江西民星农业科技股份有限公司的主导产品为植酸酶和民星宝丰871畜禽饲料。作为民星集团与国家饲料研究所联姻成果之一的具有世界尖端科技水平的转基因工程产品——植酸酶，是国家"863"(高科技研究发展计划)攻关课题，先后于1998年和1999年通过了国家科委鉴定和国家计委认定，并已被列入国家高科技发展计划项目。宝丰871猪用浓缩料曾多次被评为省优、部优产品；93年被列为国家级科技成果重点推广计划项目；95年被列为江西省首批名牌产品；99年被评为江西省十大明星产品(企业)。

民星农业科技股份有限公司，本着"高科技、大市场"的发展战略思路，坚持以市场为导向，服务畜牧业为宗旨，以经济效益为中心，抓住机遇锐意进取，在市场经济大潮中不断发展壮大，为促进畜牧业发展和民族饲料工业的腾飞作出贡献。

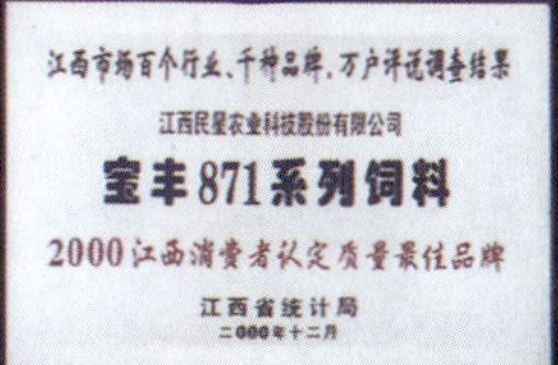

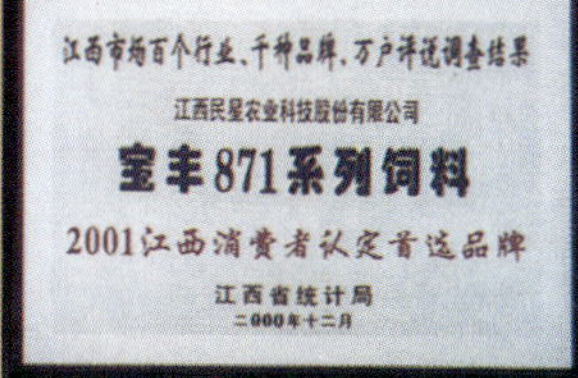

南昌“曼哈顿”——国贸广场

江西巨成实业发展有限公司是香港巨成投资有限公司在江西投资组建的一家专业性房地产公司。该公司有着丰富的房地产开发管理经验，专业技术力量强，实力雄厚。一九九六年，招商引资进入南昌，在高新开发区投资兴建火炬大道二期工程。同年，在江西省招商引资洽谈会上，该公司签订了我省迄今为止最大的外商投资房地产开发项目——“国贸广场”。

“国贸广场”位于南昌市坛子口立交桥西南侧的洪城路段，是连接红谷滩新区与商业文化中心的枢纽地带，交通极为便利。

该广场是集办公、商贸、居家、金融、购物、宾馆为一体的现代化智能型综合性大型广场，总建筑面积为19万平方米，由商务、公寓、宾馆三个功能区五栋高楼组成，最高30层。作为南昌市标志性建筑、景观建筑、对外窗口，“国贸广场”本着“高起点、高规划，高品质、高品位”的原则，精心设计，严格施工。在外观设计中采用古典与现代相结合，充分考虑建筑与建筑，建筑与城市之间形成怡人的空间和优美的天际轮廓，整体形象积极向上，隐喻着历史名城南昌将展开向国际大都市迈进的新篇章。

为适应新经济时代事业与生活，充分体现“以人为本”的设计理念，“国贸广场”设计兴建1万平方米的空中花园，休闲场所，营造出立体绿化。二层地下停车场，423个泊位，人、车分流， 互不干扰。为满足中央商务区的功能需要，体现CBD商务典范，采用智能化管理，设有高速宽带数据网，智能报警系统、电子监控系统等。物业管理引进“融侨”金牌物业运作模式，提供星级服务。为充分体现“为居者着想、为后代留鉴”的经营理念，率先向社会公开承诺销售“放心房”，受到社会的广泛赞誉，树立了良好的企业品牌形象。

“国贸广场”被业内人士誉为南昌的“曼哈顿”，将为南昌建造文明花园城市增光添彩。

地　　址：南昌市洪城路6号(坛子口立交桥西南侧)
销售电话：0791-6421188　6408977
免费咨询电话：8008691126

远东企业
FAR EAST GROUP

江西汽车交易市场开发有限公司

品位生活
从远东开始

江西汽车交易市场开发有限公司主要以房地产开发、汽车交易为主，注册资金3000万元，现有员工60余人，其中90%有大专学历，其中拥有高级职称的10人，中级职称15人，初级职称6人。

我公司在洪城路777号兴建成跨世纪的高尚智能住宅小区——“远东世纪花园”。开创了南昌市乃至江西省新住宅建设之先河，在全省首家推出智能化住宅小区，让人赏心悦目，心旷神怡。

九八、九九、二〇〇〇年被市政府评为“先进私营企业”，九九年度江西省房地产开发先进单位，2000年优秀住宅小区，省建设厅授予2000年度“示范住宅小区”，是中国物业管理协会会员单位。

“为历史留下价值恒常的建筑精品”是我们永恒的信念，“改变居住环境，享受高品位生活，将从远东开始”是我们一贯的追求。

地址：江西省南昌市广场南路415号
中苑大厦7楼
邮编：330002
电话：6290777
传真：6271800
http: //www.infareast.com
E-MAIL. infareast @ infareast.com

鲜花、喷泉、绿草、广场

江西金球房地产

公司总裁：胡建华

江西金球房地产开发有限公司是一家中港合资的有限责任公司，成立于一九九三年，投资总额为肆佰捌拾万美元，注册资本为贰佰肆拾捌万美元，主要从事房地产的综合开发及附属配套业务，公司实行董事会领导下的总经理负责制下设行政部、经营部、保安部、策划部、工程部、计划财务部以及建材分公司、装饰分公司和物业管理公司。公司一九九三年成立至今，在社会各界的关心、支持下，得到迅速发展，人员由初创时期的壹拾贰人发展到现在捌拾壹人(其中高级管理人员6人，教授3人，高级工程师3人、高级经济师1人，工程师6人，90%是大专以上专业人才)，开发房屋面积已达30万平方米，已建、在建项目有金球高新公寓、洛阳东路（洪都大道——上海路段）南昌市洪都新村小区、市丁公路洪都皮鞋厂改建工程、昌航大学生公寓等。公司由初创时期的单一经营发展为集房产、公路、桥梁、农、牧生产加工为一体的综合经营，公司到目前累计完成销售收入达壹拾亿余元人民币，上交税收伍仟叁佰伍拾万元人民币，已形成江西地区专业性大型企业之一。

南昌市洪都新村小区鸟瞰

开发有限公司

公司成立党支部狠抓党建工作

昌峡公路签约仪式

胡总陪同省关领导考察

胡总亲临洪都新村工地(左一)

地址：南昌市南京东路238号

电话：8337338　　　8313659

和平大酒店

HEPING HOTEL

和平大酒店地处南昌市繁华的孺子路中段，交通便利、装璜典雅、环境优美，是一座高档的专业餐饮酒店。酒店菜肴以海鲜、粤菜为主，特色品种：纸包蛇、鸭下巴、蒜香骨、银芽散翅等享誉南昌，热忱欢迎各界宾朋光临和平大酒店。

和平大酒店总统套间

和平大酒店门厅

Heping Hotel

地　　址：南昌市孺子路215号
订座电话：6633777　　6630696

和平大酒店大餐厅

南昌欧亚汽车销售有限公司

江西欧亚汽车租赁服务有限公司

南昌欧亚汽车销售有限公司是1999年10月经批准成立的有限责任公司，以销售国产汽车、摩托车为主，兼营汽车配件等批发、零售。注册资金为980万元。公司座落于南昌市阳明路12号，在有关方面的大力支持下通过公司全体同仁的共同努力，赢得了客户的信赖，并得到了一些汽车厂家的肯定，业绩不断上升。

到二000年底，公司已先后与“一汽大众”、福建“东南汽车”、“长安汽车”、“重汽黄河·斯太尔”建立了经销和总经销关系，并根据汽车厂家的严格要求，相继在市内建立了不同品牌的经销网点，其中在公司总部阳明路12号设有一汽大众专卖，专门销售一汽大众的捷达、奥迪轿车；是一汽·大众捷达车南昌市唯一指定出租车销售商；在洪都北大道180-182号，设有福建东南系列汽车专卖，经销东南系列的富利卡和得利卡；在洪都北大道128-132号，设有长安汽车专卖，专营长安面包车、轻卡系列；在洪都北大道142号，设有重汽黄河斯太尔经销部，销售重汽公司的各款货车、牵引车；上述经销网点除重汽黄河斯太尔外，其余均设有装饰齐备的室内车展厅，可对经销品牌车辆进行充分展示；人员配置和管理模式也均按厂家的规定执行。

除上述网点外，在洪都中大道135号设有“江西省欧亚汽车维修服务有限公司”，该维修公司设施齐全、技术力量雄厚，可对各款车辆进行保养和维修，通过维修公司，可形成整车销售、配件供应、售后服务、信息反馈的四维一体，真正与国际市场接轨。

鉴于公司良好的信誉，建行南昌永叔支行、中行南昌青湖支行、农行象北支行、交行南昌市营业部等均把本公司列为汽车消费贷款指定经销商，配合银行全面开展汽车消费贷款业务。

公司的原则是：“平等协作、互惠互利”。公司的宗旨：“信誉第一、服务至上、欧亚服务，日日进步”。公司的长远规划目标是：以南昌为中心，向四周更广阔的领域拓展，缩短销售、服务环节，提供更精良的服务给客户，为国内、外各汽车生产厂打好定点销售基础。

中国重型汽车·南昌欧亚汽车销售有限公司
地址：南昌市洪都北大道142号
电话：8523350

重庆长安汽车·南昌欧亚汽车销售有限公司
地址：南昌市洪都北大道128-132号
电话：8505785

南昌欧亚汽车销售公司坚持以"市场是根、效益是命、团结是魂"为企业宗旨，以用户的满意为我们的追求目标，竭诚为广大客户提供优质的产品和服务。

江西欧亚汽车租赁服务有限公司
地　　址：南昌市阳明路 12 号
联系电话：6808021

江西欧亚汽车维修服务有限公司
地　　址：洪都中大道 135 号
联系电话：8220197　8222333

一汽·大众南昌欧亚汽车销售有限公司
地　　址：南昌市阳明路 12 号
联系电话：6807187　6815588

地址：中国江西南昌市阳明路 12 号
电话：0791-6807187　　6815588
传真：0791-6807756
邮编：330006

东南汽车南昌欧亚汽车销售公司
地　　址：洪都北大道 180-182
联系电话：8500688　8511766

南昌职业技

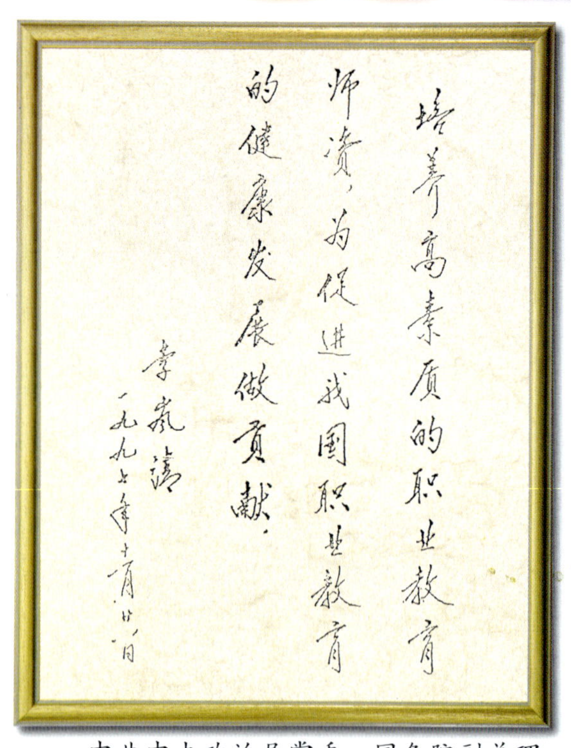

中共中央政治局常委、国务院副总理李岚清为我院二十周年校庆的亲笔题词

学院领导班子成员

南昌职业技术师范学院是一所普通师范教育和职业技术师范教育并举，文、理、工、管、外语、艺术、体育等多学科协调 发展的省属全日制本科院校，创办于1977年；2000年被教育部列为全国重点建设职业教育师资培训基地。

大学生活动中心

风雨球场

术师范学院

学院座落在南昌昌北国家级经济技术开发区，占地面积437余亩，校舍建筑面积15万余平方米，图书馆藏书28余万册，其中外文书籍、期刊800多种5万余册。拥有设备先进的教学实验楼、现代教育技术中心、体育馆、音乐楼、大学生活动中心等。校园环境幽雅，绿树成荫，是江西省园林绿化先进单位。

学院现有在编教职工613人，专任教师300余名，其中正、副教授172人；并常年聘有外籍专家任教，聘请了50多名国内外知名专家、学者为名誉教授兼职教授。学院现设中文系、政史系、外语系、工商(旅游)管理系、音乐系、艺术设计系、体育系、数学与计算机系、应用物理系、应用化学系、土木工程系、社科部等12个系部29个本、专科专业，具有文学、理学、工学、管理学、教育学等学士学位授予权，现有全日制普通在校学生5000余人。学院编辑出版公开发行的期刊有《职教论坛》、《职校生之友》、《南昌职业技术师范学院学报》、其中《职教论坛》为全国中文核心期刊。

学院坚持以提高学生的综合素质和创新能力为目标，致力于实践教学和学生动手能力的培养，已建成校内外实习实践基地39个，逐步探索建立起德、智、体、美全面发展与知识、能力、素质及学生个性协调统一的人才培养模式。经国家旅游局、省教育厅和省劳动厅批准，分别在我院设立了江西省饭店职业英语标准培训与测试中心、江西省城镇职教师资培训中心、江西省服装职业技能鉴定站。学院积极开展国际教育、文化交流与合作，与美国、加拿大、日本、德国等国职业技术教育机构建立了友好协作关系。

外专楼

图书馆

办公大楼

地址：南昌市经济技术开发区枫林大街　电话：3815352　邮政编码：330013　院长：李以镔

江西财经大学统计学系在20世纪已走过了40多年的办学历程，当新世纪的曙光普照大地时，它恰如一个朝气蓬勃的青年，奔向自己成长的目标：成为一个具有本科、硕士、博士教学权利，集教学科研与一体的办学机构，为江西财经大学的发展增光添彩，为我国的统计事业做出应有的贡献。

实现这个新目标，我们已经具备了许多有利的条件。统计学系创建于1958年，其前身是南昌市统计学校，是我校建校最早的专业。经过40多年的风风雨雨，几代江财统计人的探索与实践，我们积累了较多的办学经验，取得了不少的成绩，在统计界享有一定威望。我们为社会输送了大量优秀统计人材，为我国统计事业的发展作出了应有的贡献。目前江西财大统计学系的统计专业是我省唯一的统计重点专业，具有硕士研究生的培养资格，并且《统计学原理》课程是我校唯一的省级优秀课程。为推动统计教育事业的发展，我们锐意改革，不断创新，近年来，江西财经大学统计学系发生了许多显著的变化。主要是：1、办学层次提升，由单一本科教育转变为本科、硕士研究生教育，并逐步向本科、硕士、博士教育过度。目前我们正致力于学科的建设与发展工作，力争在2002年具有博士培养资格。我们的办学目的是：以本科教育为主体，以硕士和博士研究生教育为双翼。2、专业发展方向拓展，由传统的经济统计专业向金融统计、网络统计、市场调查与商情预测方向发展。为摆脱统计专业招生难、学生管理难、就业难的“三难”境地，我们主动出击，迎合市场的需要，根据统计学科性质，对统计专业进行改造，从而拓宽了统计的生存空间。3、办学师资优良，在现有教师中，有一名是省部级重点学科跨世纪带头人，有二名是省级中青年骨干教师，拥有高级职称的教师比例为64.23%，具有硕士、博士学历的教师比例是42.86%。为不断提高师资水平，我系40岁以下的中表年教师正在积极地参与学位的攻读工作。近三年来，全系教师完成了专著5部、教材2部撰写工作；完成国家级、省部级课题7个，其中由罗良清教授主持完成的《统计学课程建设的理论与实践》教学课题获校级优秀教学成果一等奖、省级优秀教学成果二等奖；在国内外公开发表论文近100篇。

新世纪，新的目标，为实现新目标，我们将一如既往牢记我们的办学宗旨，将主动适应科技与社会经济的发展，关注统计学科发展前沿，追求我们的办学方向，苦练内功。

千里之行，始于足下，我们愿与的所有关注江财统计事业的同仁一道，共同创造江西财经大学统计学系更加美好的未来！

联系人：罗良清

电　话：8610713（H）、3816429（O）

志在超越的航天科技园

座落在梅岭山麓下的航天科技园是一个快速发展，走产、学、研相结合道路的高科技园地。它依托南昌航天集团雄厚的资金优势，人才优势、科技优势兴办的一个占地225亩，建筑面积13万平方米，总投资近亿元的民营科技园。

园内有管理科学、设备先进、资金雄厚的航天企业，生产产品主要有获江西省科学技术成果进步二等奖的校长评估系统、HT800AACV多媒体语音系统和航天多媒体多功能电教设备。集团在全国各省市共有29个分公司，为我国科教事业的发展做出了突出贡献。

园内的江西航天科技职业学院是在1999年申办并招生1200余名的江西航天科技专修学院基础上升格组建的一所民办高等院校，从2001年起获得颁发学历文凭资格，纳入国家普通高校招生计划。学院目前分四大块即高等职业教育，国家学历文凭教育，自考大专、本科教育和大专预科教育。目前在校人数4276名，按国家已下达的普通高等职业学院招生规模4000人，三年内在校人数可以突破1万人。

邱小林 省直杰出青年创业者、省直优秀共产党员、学院院长、法人代表、硕士研究生、优秀企业家

航天科技园有如此迅猛的发展速度，不仅认真贯彻党的教育方针，而且还有一位省直杰出青年创业者，省直优秀共产党员、航天集团董事长、江西航天科技学院院长邱小林同志的强有力的领导。他以超人的智慧和胆识带领员工研制开发多项科研创新成果，被华中科技大学破格录为博士生。他以独特的人格魅力和十足的人情味凝聚了博导、硕导、军事科技专家、高中级职称教师和专家共280余人，与北京航天航空大学共建本科教育试点，与华中科技大学联办硕士教育站，与江西医学院共建博士后流动站，形成了一支真正献身于教育、科研、生产三位一体的主力军。

航天学院汇集全国29个企事业单位的科技、人才、资金优势，形成了“艰若创业、志在超越；善于学习、敢于创新；兴教办学、回报社会”的企业精神，学院正把它培植和转化成校园文化，致力于提高学生的综合素质。通过在校学习不仅可获国家统招的职业学院文凭和国家承认的毕业(结业)证书，而且还组织参加技能培训(家电培训、电工培训、经纪人资格培训、计算机等级培训、NIT培训、秘书证培训、汽车驾驶培训等)，同时还有艺术团、武术协会、演辩协会等学生社团组织火红的开展工作，繁荣校园文化，提高了学生实践能力、工作能力和市场竞争能力。正是这浓厚的校园文化，培养了一批高素质人才。在全省民办院校辩论赛上该院学生荣获一等奖；在第十一届、十二届全省电子电脑大赛中，连续两年荣获一等奖，充分证明该院学生素质和创新能力。也正是由于航天科技园内的这种文化精神，经学院申请，由上级主管部门考核、论证、批准，航天科技园已成为全省电子电脑活动基地、NIT培训基地、国家级技能鉴定所。

同时航天集团很注重社会回报，为响应科教兴国战略，它向宁都县、樟树市等学校捐赠价值几十万元的语音设备，在“美炸我驻南使馆”事件中，集团捐资十万元表示愤慨和爱国热情，在希望助学工程中，集团资助了数十名贫困的孩子。

以“航天科教、兴我中华”为办学宗旨的航天人不拘于过去的成绩，他们的奋斗目标是以教学质量求生存，以科研创新促发展，推进素质教育、培养应用型、科技型人才、力争5年内从专科院校升格为普通本科院校，努力跨入全国著名的高科技高等院校行列。相信，21世纪的航天科技园必将斐誉国内外的著名高科技园地。

地　址：国家南昌昌北经济技术开发区
电　话：3890118　3890816

航天科技　兴我中华

江西财经理工专修学院

江西财经理工专修学院座落在南昌市湾里风景区梅岭国家森林公园旁，是具有17年办学历史的著名民办高校，国家首批高等教育学历文凭考试院校，全国民办高校办学先进单位，1997、98、99、2000年连续四年被评为江西省优良学校。学院重点培养具有本科学历层次的计算机、外语、经贸、法律等复合型应用人才。

学院由著名教育家、原江西师范大学校长李佛铨教授领衔治校，组建了一支由408名正副教授、306名讲师组成的专兼职师资队伍，确保了学院办学质量和办学层次的稳步提高。

法人代表、董事长：黄玉林

文体活动丰富多彩。图为书画展一角

学院占地296亩，拥有崭新的9万平方米教学生活用建筑群，全新的微机980台，建设了现代化的校园网和先进的电教中心，全校教学、办公、生活各区均安装了卫星电视教育系统，共配套了1000万元的设备设施。

学院秉承“追求卓越、自律自强”的校训，“以回报社会，育世纪英才为已任”的办学宗旨和“待同学为朋友、育英才为已任”的新型育人理念，建立了可靠的三大就业保障体系，终身教育服务和一流的出国留学渠道，实施了独创的“健全人格＋复合专业＋现代技能”的育人模式和“全开放式现代化教学、半封闭式军事化管理”的管理模式等一系列具有开拓性和独创性的举措，使学院成为江西省首家文理兼容的综合性民办高校。

一流的微机房

雄伟壮观的校园正门

院 本 部：江西省南昌市湾里区梅岭国家森林公园入口处旁

电　　话：(0791)3760370　传 真:(0791)3760370

邮　　编：330004

办 事 处：江西省南昌市站前路81号南昌铁路局招待所2楼

电　　话：(0791) 6113440

电子信箱：E-mail:JXCJLG@163.net

网　　址：http://www.caijingligong.com 或 http://www.caijingligong.net

国 家 高 等 教 育 学 历 文 凭 考 试 院 校

江西省优良学校 赣江大学

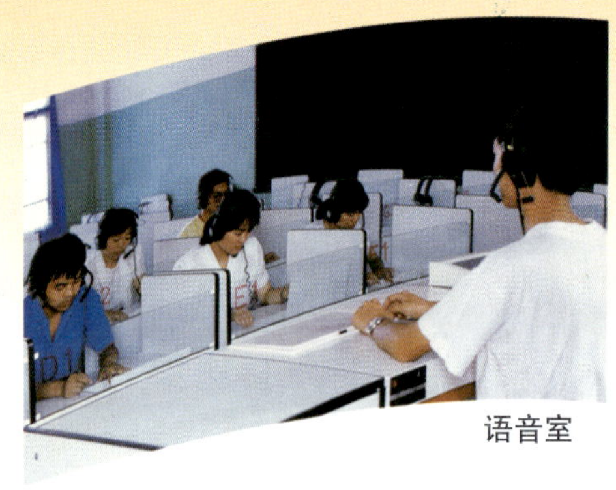
语音室

电子计算机系学生在上课

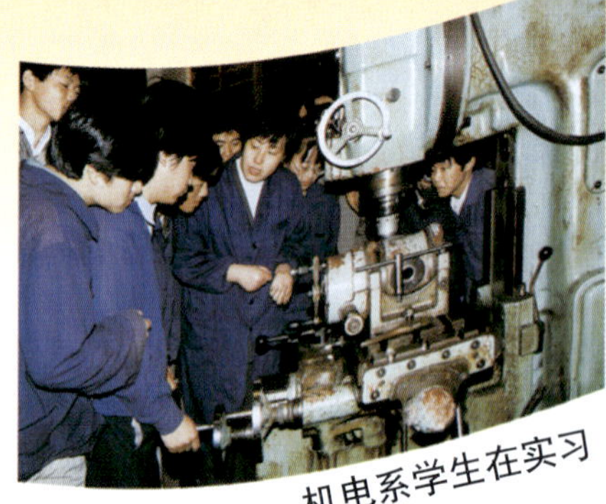
机电系学生在实习

赣江大学（现名赣江专修学院），是1988年在原江西省委书记傅雨田的直接领导下，由省经济学会主办的江西第一所综合性全日制民办大学，全省首批高等教育学历文凭考试试点院校。

十三年来，学校始终把为青年学子提供深造机会，面向经济建设，培养不同层次的具有广泛适应性的高质量应用性人才作为办学宗旨，坚持依法办学，规范管理，以德治校，全面育人，形成了“凭本事工作，下决心学习”的良好学风和校风，有较高的社会信誉，先后获全国“民办高校先进单位”、原机械工业部“机电一体化高等专科先进助学单位”、省教委“省自学考试先进助学单位”，近几年又连续被评为全省优良学校。

学校设有八个系、二十四个专业。在校生1500余名。教师132名，其中教授、副教授占68%。教学、实验、生活等设施齐全。校舍面积2.7万平方米。

学校十分重视毕业生就业工作。因教学质量好、信誉高，每年毕业生就业率均在95%以上。

董 事 长：宋醒民
名誉校长：廖延雄
校长：柯受淼
校　　址：南昌市顺外路338号
邮编：330029
联系电话：8215124　8211631
Http://www.gjdx.com
E-mail:gjdx@gjdx.com

南昌二中

校长：周心贵

南昌二中是江西省一所历史悠久、名声卓著的优秀重点高级中学。她的前身是江西杰出教育家熊育锡于1901年创办的心远中学。熊育锡在办学过程中得到中国近代伟大启蒙思想家、教育家严复的悉心指导，严复还为心远推荐数理及英语教师，亲撰并手书心远校训、校歌。心远中学以其先进的教育思想、新颖的课程结构、开放的办学风格、优秀的办学质量，开江西教育风气之先，与天津南开中学、湖南明德中学并称为"中国三大私立新学"，吸引大批优秀青年从四面八方来此求学。心远中学开办近半世纪，培养学生逾万，方志敏、邹韬奋、吴有训、傅抱石、胡先骕、蔡方荫、程孝刚、夏征农及张国焘、饶漱石、程天放、桂永清等知名人士都曾在心远任教或就读。

1949年9月10日，江西省人民政府将私立剑声中学、青年中学与心远中学合并为江西省立第二联合中学，不久，改名为江西省立南昌二中，校址设在原心远中学，1953年中学改市建制，正式定名为南昌市第二中学，是当时教育部中学教育改革、实验基地和教育部30所重点联系学校之一，由教育部直拨教学设备费，1960年被评为全国先进学校，代表江西省赴北京参加全国文教群英会。

党的十一届三中全会以来，南昌二中以她的高升学率、高重点录取率和高成材率而受到社会瞩目，多次获得江西省文明单位、江西省综合治理先进单位、江西省园林化单位及江西省优秀重点中学等荣誉称号。高考中，有8位同学夺得江西省文理科状元，升入清华、北大等全国一流大学的人数在江西省遥遥领先；学科竞赛中，获得9次江西省数学竞赛团体冠军（其中6次蝉联），6次江西省数学竞赛个人冠军，2次江西省物理竞赛团体冠军，2次江西省化学竞赛团体冠军；学生中涌现出体操世界冠军童非、羽毛球世界冠军钱萍、技巧世界冠军万迪中、印度香卡尔国际绘画大赛银奖得主李丛等优秀人才。

学校已经建设起一支德艺双馨的高素质教师队伍，现有教师178名，其中特级教师3名，高级教师68名，南昌市学科带头人10名，南昌市优秀青年骨干教师2名，有两位已获得华东师范大学研究生结业证，有一位正在攻读在职研究生。他们中很多都是在省内外有影响的知名教师，深受社会的尊重和学生的欢迎。

南昌二中寄宿制新校园是南昌市委、市政府按照"教育立市、科技兴昌"的战略思想和"一江两岸"的发展格局，投入巨资兴建而成，占地248亩，建筑面积50000平方米。新校一流完备的硬件设施、科学合理的布局，使二中的发展如虎添翼，快马加鞭。南昌二中新校的建立，是南昌二中创建示范性高中的崭新起点，是南昌二中新世纪再创辉煌的良好开端。

1999年9月6日，南昌二中寄宿制新校园正式开学，全体师生以"创一流名校，育世纪新人"为指导思想，全面推进素质教育，突出"育人好"，加强教师队伍建设；突出"教育实"，提高学生思想道德素质；突出"管理严"，培养学生自主意识；突出"教学活"，厚实学生基础，培养学生创新意识和实践能力；突出"服务全"，切实关心学生身心健康；突出"活动精"，推进校园文化建设。经过一年来的实践，南昌二中寄宿制办学取得了"师生精神面貌蓬勃向上，学校管理严格有序，校园生活丰富多彩，学生综合素质全面提高"的可喜局面，已经越来越得到社会各界的理解和支持，已经日益成为南昌市乃至江西省基础教育迈向现代化的标志，教育改革、实验基地和对外开放的窗口。

当前，南昌二中正积极参加为全面推动我省普通高中增强办学效益、提高教育质量而开展的创建示范性高中的工作，把它作为全面审视和反思我校办学实践、认真探索和建立我校全新重点高中办学模式的一次极好机会。我们决心认真学习、领会、贯彻、执行《中国教育改革和发展纲要》以及第三次全国教育工作会议精神，对照《江西省示范性高中评估验收指标体系》逐项检查和创造性地完善我们的工作，不辜负领导和社会各界的期望，力争首批跻身全国"千强"行列，以优异的成绩向2001年9月10日南昌二中建校100周年庆典献礼。

地　　址：昌北下罗麦庐大街　　邮　　编：330013
电　　话：0791-3811261

投资5000万新建的二中新校，教学、生活设施先进齐全，环境优雅清静，集中了一批优秀教职人员，是一块改革人才培养模式的"试验田"。虽然还只在起步阶段，但已透露出一抹绯红的曙光。

校长：余俭贵

南昌十中"百年华诞"校友座谈会

南昌十中

南昌十中是江西省级优秀重点中学，2002年10月26日将迎来建校百年华诞。党的十一届三中全会以来，南昌十中得到长足发展，先后被评为南昌市德育先进单位、南昌市文明单位、江西省精神文明建设先进单位。

南昌十中地处赣江之滨，滕王阁畔，环境优美，四季常青，是读书成才的好地方，该校拥有特级教师1名、高级教师46名，一级教师74名，整体水平高、实力雄厚的教师队伍。几十年来，南昌十中全面贯彻教育方针，重视学生德智体诸方面和谐发展，长期坚持"全面打好基础，发展个性特长，培养创造才能，提高人才素质"的办学思想，以"求实、求真、求新"为校训，树立了"严谨求实"的优良教风和"勤奋、刻苦、钻研、创造"的浓厚学风，开展多方面的教育教学科研，为高等学校、社会输送了大批优秀人才。1980年以来先后产生了高考省市文理科状元7人，榜眼3人，少年大学生388名。1987年以来获国家省级，市级各类学科竞赛奖累计达2100多人次。10次获集体、个人成绩全省第1名。2000年同时夺得全国高中数学联赛江西团体总分第一名和全国高中化学竞赛江西团体总分第一名，为全省中学罕见。

南昌十中，文艺、科技、体育工作也百花齐放、争奇斗艳。涌现出全国十佳希望之星、小书法家胡少诚、保加利亚世界青年发明家王志强、手风琴十级琴手丁菡，全国中运会五项全能金牌得主胡正观，国际运动健将彭林武。先后获得"全国田径体传校先进单位"、"全国冬季锻炼先进单位"、"全国体育达标先进单位"、"全国青少年体育活动先进单位"四项国家级奖励、"江西省体育传统项目先进单位"、"江西省群众体育先进单位"二项省级奖及若干市级奖。

南昌十中十分重视信息技术教育。早在80年代中期就开展了计算机教学。并在当时的计算机编程竞赛中取得过好名次，1992年由校友秦玖女士，捐赠386PC机30台组建了第一个电脑室。1997年学校为了大面积普及信息技术教育，主动争取社会力量，借助民营企业资金近百万，兴建了拥有586PC机120台的电脑教室2间，多媒体教室2间，学校信息技术教育硬件提前十年达到当时国家关于信息技术发展纲要提出的标准。使全校约有90%的学生接受了计算机教育。

目前，南昌十中正在筹划校园网建设，预期2001年实现学校人事、教学、总务、计算机管理上网，教师利用电子阅览室实施电子备课，开展广泛的多媒体教学，2002年实现图书馆计算机管理，教室双控系统配备完毕，2003年远程教学系统开通。

南昌十中正以崭新的姿态，跨入伟大的21世纪。

地址：南昌市阳明路313号
电话：6801016

江西师范大学附属中学

校长：李倩

江西师范大学附属中学是一所完全中学，系江西省首批经过评估确定的优秀重点中学之一，也是全国学习科学实验学校。座落在南昌市城东中心。学校创办于一九五四年九月，至今已有45年办学历史。校园占地面积52亩（即$34335M^2$），校舍建筑面积$37326M^2$。

学校现有42个教学班(其中初中每个年级6个班，共18个班；高中每个年级8个班，共24个班)。学生总人数为2648人(其中初中学生数为1193人，高中学生数为1455人)。教职工总数为159人，其中专职教师126人，师生比例为1:2。在126名专职教师中有中学特级教师2人；全国模范教师3人；南昌市学科带头人10人；中学高级教师56人；高级教师为专职教师总数的44.4%。一级教师46人，占专职教师的36.5%。学校下设办公室、教务处、政教处、总务处、勤工俭学办公室、团委、工会等7个办事机构。设有语文、数学、政史地、外语、物理、化学、生物、音体美、电教等9个教研组。有理、化、生实验室9间；语音室1间，多媒体教室及课件制作室3间，天文观察台1座。图书馆藏书5万册。

在几十年的办学过程中，江西师大附中形成了以下办学特点：其一，坚持三个原则，即坚持德育为首，智育为主，体育为本，德、智、体各有各的位置，相辅相成，互不挤占，以确保学生全面发展；其二，突出三个中心，即学校工作以教育教学为中心，教学工作以课堂教学为中心，课堂教学以提高45分钟的效率为中心。课堂教学注重夯实基础，发展智力，培养能力，构建自主性、活动性和创造性为特征的教学模式，教学功能发生了由单纯的知识传授向知识、能力、心理等诸方面的和谐发展的根本转变；其三，做到三个结合，即教师的主导作用和学生的主体作用相结合，教学与科研相结合，教法研究与学法指导相结合，教师正由经验型、苦力型向科研型、学者型转变，学法研究已蔚成风气。学校教育教学工作取得了显著的成绩，学生在德、智、体诸方面得到生动活泼主动的发展，整体素质有了明显的提高，多次受到上级教育行政部门的嘉奖：先后被评为南昌市“红旗学校”、“文明单位”、“德育先进学校”；全国“贯彻《学校体育工作条例》优秀学校”、“群体工作先进单位”、“优秀体育传统学校”等；并连续三年被全国千所学习科学实验总校评为“先进学习科学实验学校”。学校的教育教学质量得到社会的广泛赞誉；高考升学率一直名列南昌市第一；1985年以来，保送生近400人；考取全国重点大学的人数占上线人数的70%以上；顾刚、曹莉、林涛、朱迪、赵江勇、黄涛、涂修文等七位同学先后分别夺得江西省高考文、理科状元；学生进入大学后，素以“基础扎实，思维敏捷，创新意识强，整体素质高”为特点，得到全国名重点大学的一致好评。学科竞赛成绩突出，先后有6名学生代表江西省参加全国数学、物理、计算机、生物等学科的奥林匹克竞赛，并入选国家集训队，在省、市影响很大；在南昌市中学生田径运动会上，我校高中组获得十五连冠，初中组七次夺魁，成绩斐然。

上述办学特点，形成了江西师大附中“大面积、高质量、有个性、显特长”的办学特色。目前正在推广运用先进的计算机多媒体技术进行辅助教学，加大力度改进教学手段和方法，旨在进一步提高质量，再创辉煌。

校园一角

校领导班子在研究工作

地址：南昌市北京西路194号

电话：8513876

校长：袁淑华

前进中的 南昌市八一学校

市教委副主任周家荣(左四)出席
国家级优质教育实验课题开题会

南昌八一学校，前身为江西省军区干部子弟学校，创办于1949年，是江西省唯一一所集小学、初中、高中为一体的规模较大的综合性公立学校。

它地处赣江之滨的三径路中段，占地32.85亩，校园环境优美，设施齐全，设备先进。拥有200米跑道的田径场和风雨球场，设有微机房、语音室、练功房、多媒体综合电教室和学术报告厅。学校有45个教学班，2300余名学生，175名教工，其中高、中级职称教师103人，学科带头人3人，师资力量雄厚。

近年来，学校根据素质教育的要求，在邓小平“三个面向”和江泽民“三个代表”重要思想的指导下，锐意改革，积极进取，大力实施“科研兴校”战略，以“培训、引进、创新、联办”为办学基本思路，立足创办特色学校，逐步形成以外语和信息技术教育等为特色的全面育人机制。被联合国教科文组织中国教育学术交流中心教育实验专业委员会确立为《21世纪学校优质教育研究》项目学校。多次评为市“先进达标学校”，“学校体育先进单位”、“校园建设先进单位”，“综合治理先进单位”等，享誉一方。

新世纪，“八一”人在八一精神的激励下，昂首向前，正以崭新的姿态迎接新的辉煌。

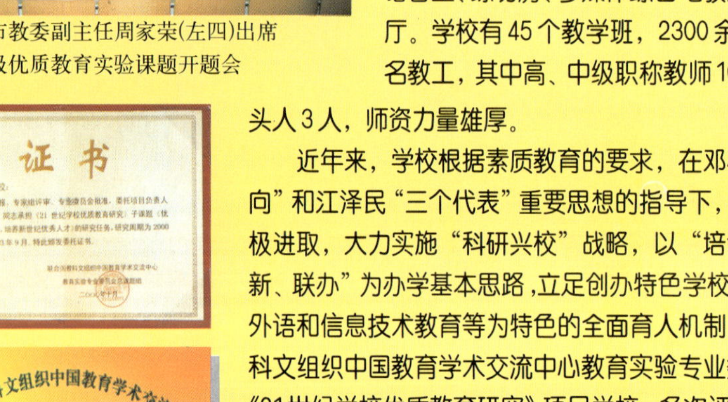

英语实验班

信息技术教育实验班

高中体育特长班

高中寄宿班

地址：南昌市三径路41号

电话：0791-6812687

教学办公楼

豫章中学位于赣江之滨，占地面积2.9万平方米，校舍建筑面积2.6万平方米。校园绿树成荫，环境幽静整洁，是一所颇有影响的大型完全中学。

学校创建于1907年，前身为教会办的南昌私立豫章中学，在漫长的办学实践中，经过几代园丁的辛勤耕耘，形成了自己的鲜明特色，历史上就以教学严谨、英语水平突出、体育运动出色而在国内外教育界享有盛誉。

解放以后，尤其是改革开放以来，学校在党的领导下更有了长足的进步和发展，目前拥有一流的教学和实验设备，设有46个教学班，(含体育特色班3个)，现有教职工168名，他们中有全国优秀教师、省优秀班主任、市劳动模范等。产生了一批全市学科带头人和青年骨干教师。老师们敬业、精业、教书育人，不断探索教育教学规律，深化课堂教学改革。在参加全国中学教师物理、英语单科教学的竞赛中曾分获一、二等奖，参加省、市优质课竞赛获奖人数之多、等级之高为全市之首。拥有优良的思想和业务素质的师资队伍是我们工作取得优异成绩的根本保证，近年来，我校先后被评为省、市先进基层党组织，江西省群众体育工作先进单位，南昌市文明单位，江西省园林绿化单位，连续四次（十年）获“学校目标管理”考核优级单位殊荣。教学效果显著，中考成绩连年位居全市前列，先后有6名同学列全市中考榜首；高中在克服诸多不利因素的情况下每年向各类高等院校输送数十名合格新生，2000年大学录取186人。课外活动丰富多彩，成绩斐然，参加全国性科技“三小活动”竞赛获等级奖项近百个，其中《航天实验》一等奖获得者盛裘飞同学，1990年免试破格上哈尔滨工业大学学习，2000年邬之琴同学被评为“全国百名科学小院士”；体育工作成绩显著，体育竞赛的各组团体总分连年获全市前三名，“豫章之春”和“豫章之秋”等校园文化、体育活动办得有声有色。

慰问教职工家属

学校坚持贯彻党的教育方针，重视推行素质教育，努力提高教育质量，形成了一套科学、有效的学校管理办法。“诚、朴、明、强”的校训深印在豫章学子的心中，豫章中学的明天会更好，一幢集教学、办公和活动为一体的现代化综合楼不久将竣工，届时，学校将以崭新的面貌、优异的成绩吸引更多的莘莘学子，历史悠久的豫章中学将在教育的改革中不断发展，为培养更多的新世纪所需要的合格人才作出自己的贡献。

运动会上学生心中的爱

地　　址：南昌市豫章路125号
校　　长：吴　勤
电　　话：6801984　6813985
邮　　编：330006

南昌二十八中

南昌市二十八中座落在叠山路东端、与八一大道毗邻，交通便利；环境优雅，闹中取静，是一所规模较大的市属初级中学。

学校始建于1970年初，沐浴党的阳光中，经过艰苦创业，她从稚嫩走向成熟，从幼年走向青年，现有教职工147人，具有专业技术职务职称138人，其中高、中级职称87人，占总数63.1%。在校学生2500余人，共设有40个教学班。学校设施齐全，拥有微机教室、语音室、多媒体教学教室、教师电子备课室、各科实验室、活动室、图书馆、阅览室、广播室、阶梯教室、校史荣誉室和教工俱乐部。学校同时拥有一批业务精、能力强、热爱学生、热爱教育事业的教师队伍，在他们当中有十多位教师被聘为南昌市教委教研室中心教研组成员和教改教研基地成员。95年该校又被南昌市教委定为南昌市初中数学教学教改基地。

法人代表、校长：卢锡宏

南昌二十八中根据国家对教育的要求，从应试教育向素质教育转化进行了卓有成效的探索，尤其是近几年，我校在市教委的领导下，坚持全面贯彻党的教育方针、勇于探索、积极进取，在学校管理、德育工作、教学质量，校园建设等方面取得了长足进步，今天的南昌二十八中愈加生机勃勃，成绩斐然。仅三年来，我校荣获“江西省现代教育技术示范学校”、“省青少年读书活动优秀组织奖”、“市级文明单位”、“市教育系统先进党支部”、“市级学校管理先进单位”、“市九年义务教育先进典型学校”、“市教育系统综治工作先进单位”、“市级先进团委”、“市级课堂展示月综合优胜学校”等，学校教学质量不断提高，中考成绩一直处于全市前列，办学规模达到历史最高水平，学生参加全国、全省、全市数学、物理、化学、英语、计算机等学科竞赛稳居团体前三名，近两年学生获市级以上各种奖次达50多项，900多人次。同时我校热忱欢迎具有各种特长的学生来我校发展，我们将向你提供良好的条件，优秀的师资，为你在成才的道路上腾飞加油助威。

地址：南昌市叠山路55号　　电话：6823742　6824454　6815294　　邮编：330006

校行政会例会

团结进取的领导班子

探索办学新路 创建特色学校

——发展中的南昌二十四中

勇于开拓、进取的校领导班子

南昌二十四中是一所市属初级中学，座落在沿江大道中段，毗邻南浦公园，学校现有在校走读生和住校生共一千二百多人，是目前南昌市经市教委批准招收寄宿学生的公办学校，形成了一校两制，走读生和寄宿生共存的新的办学模式。

学校创于一九七二年，是南昌市抚河地区一所有着辉煌历史的学校。进入九十年代以来，在上级教育行政部门的大力支持和正确领导下，学校领导班子带领全校教职员工解放思想、奋力拼搏、大胆创新、内抓质量、外树形象，使学校又再现昔日的辉煌。

语音室

近年来，学校全面贯彻"两全"教育方针，提出学校要"一切为了学生，为了学生一切，为了一切学生"的教育观念，大力推行素质教育，根据新形势的要求，提出了教学要"以学生为中心，以创新教育为主"的全新教育理念，培养了一批爱岗敬业、素质过硬的教师队伍，在学生中，形成了一种朝气蓬勃，奋发向上的良好学风。为高一级的学校培养了一大批品学兼优的初中毕业生。为适应新形势发展和现代社会对学生综合能力要求的不断提高，学校借鉴国内外成功的经验，于1998年在南昌市首开公办学校招收寄宿生之先河，对初中教育如何适应现代社会发展，促进学生综合素质的提高，创造良好的教育氛围和成长环境等方面进行了大胆的探索和有益的尝试，通过近三年的探索和实践，学校已建立了一套较完整的公办寄宿学校的管理经验并形成了具有二十四中特色"一校两制"的办学模式，取得了良好的社会效益。

随着经济形势的好转，近年来，市政府和上级教育行政部门对学校的投入不断加力，学校办学条件得到了不断改善。目前，学校建有在市属学校中都为数不多的校园闭路电视网，电视进入每一个教学班，成立了能自编自导自播节目的校园电视台，投资30多万元建起了校园计算机网络，投资700万元的校园扩建工作正在进行，一座现代化多功能的综合大楼即将破土动工。

学校现有教工104人，具有高级职称15人，近年来，有多个学科、多位教师多次在省、市学科教学竞赛中获一、二、三等奖，涌现出了一大批懂业务、肯钻研、素质高的青年教师。

发展中的南昌二十四中正朝着管理科学、纪律严明、教学严谨，学风浓厚的现代化新型学校行列迈进。

现代化多功能的综合大楼

地址：南昌市南城仓10号
电话：0791-6621063
校长：邹建生

名誉校长李盛光(左一)与中科院院士张景中(右一)合影

董事长：宋寅安

南方希望学校

NAN FANG XI WANG XUE XIAO

南方希望学校由江西省青少年发展基金会、江西教育电视台于2000年7月联合创办，是中国第一所希望中学，实施平民化办学宗旨。中国希望工程创始人、中国青少年发展基金会常务副理事长徐永光担任学校名誉董事长；著名教育专家、江西临川二中原校长李盛光担任学校名誉校长。

学校位于南昌市洛阳东路299号，与南昌大学、南昌高新产业开发区、灌城渡假村、天香园等紧密相邻，文化氛围和现代化气息十分浓厚，交通便利，28路、15路公交车直达学校。校园占地70余亩，建筑面积2万平方米，校内绿草成茵、楼路别致，清新幽雅，是读书育人的理想场所。

学校教师面向全国公开招聘，均为师德高尚、业务精良的特、高级教师和脱颖而出的教坛新秀。学校设施按国家一类学校标准建设，拥有最先进的校园局域网、电脑房、多媒体语音室、理、化、生实验室、图书馆、各类活动场所，经常组织学生开展丰富多彩的课外活动。学校实行全封闭管理，生活设施完善，安全工作落实。

我校已与江西师大附中、临川二中结为友好学校，积极开展校际交流，充分吸收其成功办学经验，成为放飞莘莘学子希望的摇篮。

我校高三“希望之星”班学生获“走进新世纪——江西希望工程1+1助学再行动”资助。图为部分受助学生与中共江西省委副书记步正发等省领导合影

地址：南昌市洛阳东路299号
电话：8331568　8331368

学校彩显语音室

学生食堂

学校建设规划图

南昌县莲塘一中

校长：胡木森

莲塘一中建于1956年春，1980年成为省重点中学，1995年评为省优秀重点中学。

学校位于南昌县县城莲塘镇“五·一”路南端，占地面积70000平方米。学校环境优雅，为省级绿化先进单位。教学区、生活区、运动场地规划合理，井然有序。教学大楼、办公大楼、学生宿舍、图书馆、体艺馆、科技馆等项建筑错落有致，气势雄伟，掩映在绿树繁花丛中，一片勃勃生机。

学校现有55个教学班，学生3700余人，教职员工240人，队伍阵营整齐，素质优良，其中特级教师1名，高级教师69名，一级教师65名。教学设施完备，教学仪器齐全，图书、报刊杂志数量多，天文台一座，计算机250余台，并已建成全县第一个校园网，为学生成才提供了优越的条件。

学校实施校长负责制，充分发挥党组织的核心领导作用，拓宽教代会民主监督渠道，形成三位一体的良性管理机制。坚持“依法治校，以制治校，以德治校”实行教职工全员聘任，竞争上岗。保证学校管理的高效运行。

学校历来十分重视全面贯彻党和国家的教育方针，注重校风、教风、学风建设、把德育工作放在首位，以教学为中心，以提高素质，培养创新人才为目标，开展丰富多彩的教育教学活动，取得了明显的社会效益，成为我县教育的一个品牌。

四十五年来，积累了丰富的学校管理和教育教学经验，为国家培养了大批建设人才。仅在办重点中学的二十一年中就为大、中院校输送合格新生10000余名。98年汤筠同学以679分荣获全省第二名，2000年熊丽同学摘取全市文科状元的桂冠。学校连续三次被评为省文明单位，多次评为省市、县德育先进单位、体育先进单位、劳动技术教育先进单位、普法先进单位、综合治理先进单位等各类殊荣二百余项。原国家教委主任李铁映同志，副主任柳斌同志曾来校视察，给学校以极大鼓舞和鞭策。

百年大计，教育为本。莲塘一中正迎着改革开放的大潮，向着全省、全国示范性高中迈开坚实步伐，为培养21世纪人才而努力奋斗。

地址：南昌县莲塘
电话：5712306

主编：钱 宏

WEEKEDD PRESS

一个美丽的双休日

《双休日》是中国第一本办给都市新贵看的休闲周刊，由江西省出版总社主管、主办，江西双休日杂志社出版，全国发行。我们的宗旨就是：帮助读者拥有一个美丽的双休日，张扬享乐资讯，引领格调消费，为紧张忙碌的都市新贵提供一片具有文化底蕴的开心乐园。

《双休日》周刊的目标是——没有压力！

为此，将出炉的《双休日》周刊全力打造以下五大版块：

《新闻故事》紧扣一周内最有趣或最重要的事做深度报道

《享乐》满足都市新贵对物质诉求的心理

《怀旧》重现昨日情怀、浪漫经典

《格调》对品位、身份表达和精神境界的重塑

《发现》探究神秘事物、历史未知、社会内幕

张扬享乐资讯

引领格调消费

随着记者时代的隐形和编辑时代的到来，我们将以全新的话语方式，用我们博大的爱与精妙的思去阐释积淀在我们血液中的传统和我们正在体验着的时尚，是谓点亮新时尚，激活真性情。

改刊后的《双休日》周刊为国际流行的全彩16开本，暂定价5元，你也可以直接登陆我们的网站 www.weekendp.com 或给我们来信来电。

我们的地址是：江西南昌市新魏路17号
邮编：330002
电话：(0791)8511377 (021)62458006

南昌通源实业总公司

南昌通源实业总公司系江西南昌供电局主办的多种经营企业。一九九三年创建。经过全局上下不懈的探索和艰难的实践，走过了安置型、福利型的漫长道路，经历了单纯从事劳务和作坊式生产的历史跨越，正朝着产业化、集团化和规模化经营奋进。

FCX99LA—40W/R 型系列阻燃电表箱

南昌通源实业总公司系建筑施工(叁级)资质和中国企业信誉AAA 级企业。2000年通过了ISO9001 质量体系认证。目前，总公司下辖的独立核算，自负盈亏和投资控股企业30多个，其中高新技术企业两个。经营范围涉及：电力设计安装、电力设备、电器产品制造、小水电开发、科技开发、专利技术、无线通讯、住宅建筑、汽车运输修理、电力物资和家用电器销售、国内旅游、宾招服务、物业管理等产业。主要产品有：户外型箱式变压器；GCS 低压抽屉式开关柜；碳素螺纹护导管(均获江西优秀新产品证书)；高低压开关柜系列；10KV 变压器系列；FCX99LA—40W/R 型阻燃电表箱(专利技术)；DZ15LE—40—63G/2901 型系列防火漏电断路器(专利技术)；以及ZL98 型单相用户窃电行为记录仪(专利技术)。总公司现有职工1286人，其中各种专业技术人员159人，资产总额达1.54亿元。2000年总收入达3.25亿元，实现利润1000多万元。

Φ60—200m/m 碳素螺纹护导管

南昌供电局多种经营近几年来适应电力体制改革，遵循国家电力公司提出的“三十六”字方针，坚持“积极推行股改，发展多种产业，注重科技创新，努力开拓市场，提高整体素质，增创两个效益”的发展思路。着实促进了全局多种经营的经济效益的增长，取得了骄人的成绩。产值、利润连年大幅度提高，在全省电力系统多经企业中连续数年排名第一。南昌供电局也连续数年被江西省电力公司评为多种经营先进单位。

地址：江西南昌市叠山路383号
(南昌供电局)
电话：6248206

DZ15LE—40—63G/2901 型防火漏电断路器

南昌民营科技园

南昌民营科技园是江西第一家经省科委批准建立的民营科技园区，并先后被国家科委、农业部评定为国家星火技术密集区、全国乡镇企业示范区、全国乡镇企业东西合作示范区和全国乡镇企业科技园区。同时，园区内还设有南昌市第一家省级台商投资区——南昌台商投资区。

民营科技园的使命在于实现科技成果商品化和产业化。建园来，南昌民营科技园以运行机制灵活和企业技术含量较高的独特优势，在经济舞台上呈强劲发展势头，成为江西省培育和发展民营科技企业的重要基地和南昌市郊区新的经济增长块，成为活跃江西经济的新亮点。

南昌民营科技园系南昌市郊区政府与南昌科委于98年3月共同创建，位于南昌城东郊结合部，毗邻于国家经济开发区——南昌高新技术 开发区，距市中心4公里，距昌北机场15公里。规划面积1.26平方公里，拟建成以中区（园区管理、服务、信息集合）为核心，南、北两个工业区相呼应的三区合一的整体格局。其产业定位是：以民营企业为主体，以食品工业及其它农副产品加工业为支柱，力求建成江西省最大的食品工业密集区。

南昌民营科技园建园以来，发展迅速，园区建设已初具规模，初现代化工业园雏形，园区的供电、供水、通信、道路、排水网络基本形成，基础设施投资完成1亿元，建设标准厂房8万平方米，供电能力达4.5万千伏安，日供水能力达5万吨，已铺设程控电话网容量3000门，园区内道路纵横交错，四通八达，并初步完成园区绿化，园区内环境优美，投资400多万元进园宾馆运营良好。

南昌民营科技园的诞生是得天时地利人和之美，江西是农业大省，为加快拉教兴赣步伐，江西省提出了实施食品工业兴省的建省战略，南昌民营科技园的产业定位正好策应省政府的战略实施，省委、省政府领导非常重视民营科技园区，它不仅享有与南昌高新技术产业开发区同等的优惠政策，同时，省、市、区三级政府出台了一系列入园投资的鼓励措施。

为使各项优惠政策落实处，成立了南昌民营科技园管理委员会与南昌民营科技园实业总公司，由管理委员会进行协调与监督，实业总公司具体执行，对园区企业进行封闭式管理，承诺“四个一”的运行服务，即：“一条龙”服务、“一个部门”管理、“一个窗口”收费、“一年一检制”，并建立联系、投拆、咨询等制度，入园企业可直接与区政府领导，园区负责人进行联系，实现有关的投诉、咨询。

完善的基础设施，优惠的政策支持以及优质文明的服务管理，吸引了一批实力雄厚的企业入驻园区。南昌川奇保健食品公司生产的“强力铁锌氨基酸”荣获首届中国国际食品博览会金奖：南昌百特生物高新技术有限公司是一家生物试剂研发生产的高新技术企业，技术在国内领先；江西济民可信集团是一家集科工贸为一体的现代企业，年产值达数亿元。与此同时，台湾统一企业等大型企业已与园区签订入园合约，投资2988万美元。

地　址：南昌市青山湖大道388号
电　话：(0791)8102300　8108108
传　真：(0791)8108108
邮　编：330039
联系人：戴　琼

南昌市洪城大市场

洪城大市场是我省唯一的全国重点联系市场，是全国九大日用工业品批发市场之一。始建于1994年7月，1995年9月正式开张营业，占地420亩，建筑面积12万平方米。拥有店面及摊位7500余个，分四大交易区，主要经营日用百货、床上用品、服装、鞋帽、布匹、针纺织品，副食品等七大类商品。市场内配有餐饮住宿、邮政通讯、金融保险、交通售票、货运客运、医疗保健等服务设施。市场内的大型停车场，可集中停放各类车近千辆。公交车、客运车由市场始发开往省内外各市、县及市区主要车站、码头、商业街，形成多方位交通网络。市场现有从业人员3万余人，日均客流量6至7万人次，高峰时达10万人次，日均车流量5000辆次，市场人气旺盛，交易活跃，商品辐射湖南、湖北、安徽、福建、广东等省市。市场运行六年，得到迅速发展，取得了显著的社会效益和经济效益。2000年商品交易额超过70亿元，截止2000年底，市场商品交易额累计261.8亿元，实现税利费累计3.5亿元，已成为南昌地区新的经济增长点。目前，洪城大市场正以全新的经营理念，通过软硬环境的改造，把市场建设成为集购物、旅游、休闲、娱乐为一体的新型的商业中心。

省委书记孟建柱(中)在省委常委、政法委书记彭宏松(左二)，省委常委、原市委书记钟家明(右一)及公司董事长胡建华(左一)陪同下视察洪城大市场

改造后的洪城大市场交易区一景

南昌铁路三力

南昌铁路三力电子发展公司是以南昌铁路局电子计算技术中心为支柱，立足铁路、面向全国的集工程设计、系统集成、培训教学、维修服务及贸易经营为一体的综合性高科技公司。公司成立于1988年，总部设在南昌铁路电子楼，占地面积1000余平方米。第一经营部地处南昌市站前西路289号三星大厦十层，占地达450平方米，第二经营部地处天佑路49号。公司现有职工70余人，90%有大专以上学历，其中高级工程师17人。

十几年来，三力公司承担了铁路内外的计算机大中型工程项目若干个，其中著名的有全国最大的计算机联网（TMIS）工程，全国重要的铁路中转枢纽车站——鹰潭、向塘等计算机网络工程，铁路火车站计算机售票工程，铁路局机关计算机无纸化办公系统、铁路医疗保险系统工程，以及涉及方方面面、大大小小的计算机工程及软件开发项目等，共获得部、省、局级成果几十项。1998年、1999年、2000年连年被评为铁路局创利超百万优秀企业，创造了良好的社会效益和经济效益。

总经理：胡春甫

三力公司不仅在铁路内部取得了丰硕的成果，还积极利用公司的技术及人才优势，涉足省内外的许多领域。如银行、学校、企事业单位等。直得一提的是享誉全国IT行业的“蓝色快车”服务站，它是江西省唯一的一家IBM 产品的售后服务网点，其高效、快捷、高质量的服务，在IT业界有口皆碑，这也是外国公司在中国的服务做得较为成功的企业。其次，COMPAQ 公司设在江西的维修网站也设在三力公司。还有金长城维修服务站——服务新干线也设在我三力公司，被IBM 、COMPAQ 二公司承认及认证的工程师就多达15人。同时，三力公司还开办各种类型的计算机培训班近500期，培训各类人员数万名，三力公司的培训基地及其管理在全省也是屈指可数的。

目前，三力公司已进驻了南昌国家高新开发区。相信在不远的将来，在全省、全国的IT百花园中，将有一朵光彩夺目、璀灿无比的奇葩——三力公司开放的格外绚丽多彩。

地　址：南昌市站前路7号铁路局内电子楼　(Tel)4121846 6110896
南昌市站前西路289号三星大厦十层　(Tel)6491350 6491059
南昌市天佑路49号　(Tel)6109045 4134636
E-mail: SanLiJT@china.com

南昌万寿宫商城

省长黄智权、省长助理凌成兴视察万寿宫商城（图中为省长黄智权、左为省长助理凌成兴，右为陪同领导视察的总经理吴有保）

南昌市万寿宫始建于晋代，比江南三大名楼之一的滕王阁还早200多年，如同南京夫子庙、上海成隍庙，是南昌市翠花街繁华市景中的景观，历来以旺盛的香火和商贾云集经营玉翠、金银、小商品闻名遐迩。

1991年，南昌市政府根据当时江西省省长吴官正同志的提议，以武汉的汉正街商品市场为模式，批准立项引资开发建设，仅用了一年多的时间，南昌市万寿宫商城拔地而起，建筑面积达3.3万平方米的全省市区内最大室内商品市场全面竣工。1992年5月1日，由省、市主要领导同志剪彩开张营业。

万寿宫商城内设日用小百货、美容化妆品、各类服装、新款时装、鞋类、童装、布匹、面料、布艺窗帘、针织品、床上用品、花卉、灯饰、玻璃器皿、不锈钢炊具、陶瓷日用品、文具、玩具、通讯器材、五金工具、电器、钟表、头饰和衣饰品、室内装饰工艺品、音像制品、挂历等营业区和专柜，批零兼营，所经营各类商品达万余种。

江西省、南昌市政府领导贯彻落实江总书记“隐患险于明火、防范胜于救灾，责任重于泰山”的重要讲话，十分重视抓好公共场所的火灾隐患整改工作，对万寿宫商城的消防安全设施建设，加大了领导力度，市委、市政府成立了以李豆罗副书记为首的万寿宫消防整改领导小组，专职领导、协调万寿宫商城的规范的自动化消防控制系统工程设施建设。

经过6个多月的奋战，万寿宫商城一区32310M^{2}建筑面积中，商场面积、地下室、仓库达31270M^2。有44家产权单，居民住户700多户。这些产权单位和居民的消防整改，包括安装、自动灭火喷淋设备、自动报警烟感器以及应急照明疏散指示标志，整个万寿宫商城消防工程投入了1500余万元，创下全国市场首例用于消防整改专项经费之最。

五区4000多平方米商场面积，产权属西湖区原二轻、商业部门的五家特困企业，无力筹措资金进行消防整改，面临关门停业的危急状况。在市区政府领导及整改办公室的协调下，五区的消防整改由我们出资250万元建设先进、规范的自动灭火报警系统工程。万寿宫商城以租赁该区形式使用15年，以租金收入支付五家特困企业职工所需的生活费用，盈余部分抵偿消防整改所投入的250万元。这样没有要政府花钱即完成了3.3万平方米的消防自动灭火、报警控制系统工程建设。从而使万寿宫商城的消防安全硬件设施跃居全省前茅。全省于2000年11月7日在万寿宫商城召开现场会，时任省委副书记、常务副省长的黄智权出席现场会并讲话，省长助理凌成兴、省防火安全委员会全体委员和全省各市分管消防工作的副市长参加了会议。会上省政府领导对万寿宫商城的消防整改工作给予肯定和赞扬。

最近，毁于“文革”中的南昌万寿宫宫殿，经宗教界人士、学术界人士和省人大代表均认为，在翠花街西面原址上重建万寿宫意义重大。

万寿宫重新建造，必然会引来境内外旅游者和商贾纷至沓来，随之会带来良好商机。江西省南昌市热情地欢迎境内外各路商贾，前来万寿宫商城进行各种方式的商品交易。

地　址：南昌市中山路396号6楼
邮　编：330009
总经理：吴有保
电　话：6621873
传　真：6613060

图为省、市领导同志视察万寿宫商城（右起前排为省委宣传部领导刘伟平、省长助理凌成兴、省长黄智权、市长李豆罗、商城总经理吴有保同志）

艺欧、解决家居空间问题的专家！

艺欧家居空间的发展商，是沉浸於现代家具研发、销售和企划推广的成功团队，已协助国内及香港等多家知名家具厂商成功进行品牌界定、形象包装、市场推广和发展规划，从踏足家具行业的那一天起，就将欧美人本主义的经营理念贯彻于推广运作中，经过市场历炼和时间洗礼，取得了骄人业绩。

艺欧作为一个在家居潮流、品牌意识、生活艺术方面均有新表达的家具经销中心，致力于以提升和改善人们的家居空间为经营宗旨，以品牌经营为支点，将家具的精良品质和艺欧的优质售前、售中和售后服务，自然体现在每一个用户的生活之中，出售风格现代的优质家居货品的同时，亦出售新时代的生活概念及服务模式。

艺欧强调“空间”概念，摆脱家具与居室环境脱节的传统购物方式，配选货品方面均有专业人士操作，并订立周详的计划，商场的购物空间，亦强化人本主义的环境概念，别具一格的家具陈列，印证了人们的生活美梦。

确立“品牌”的营创为其经营的主要方向，表明艺欧商业操作的长久、健康与良性的发展，进驻南昌家具业一年多来，艺欧不懈努力，在不以牺牲品质为代价的前提下，为用家在货品搭配、环境规划、风格引导、预算制订等方面力求提供务实高效的服务，使各种家具发挥最大功效，令寻常的家居空间幻变成轻松、简明、实用、华美的理想居室，以期使人们用较小的投资，获取最大的生活享受，成为选择家具的上上之选。这一全新的营销概念为南昌人的生活添加了精彩的一笔，成为南昌商旅中的劲将。

↑艺欧奉行“生活质素的提升，首先须改善家居空间”的经营理念。将每一式、每一款家具融入家居环境中：相映成趣，相得益彰，浑然一体，协调共融。

艺欧与深圳易家侬家具广场连锁经营，联袂推广国内外现代品牌家具及家具文化，主张以不同格调的家具营建出个性化空间，为追寻享受“优质生活”的人们提供“少装修、多装饰”的理想解决之道。不遗余力推呈“优质生活”概念，摒弃“唯有财富才可求得富裕生活”的观念，坚持透过专业品味与经营智慧的组合，以富有内涵的众多品牌，让更多的人花更少的钱购置更好的家具，享受舒适、情调、实用并举的“优质生活”！

艺欧，当之无愧是解决家居空间问题的专家。

↑艺欧家居空间·迎宾店部分内景实图：环境优雅，产品格调轻松，给予人们全新独特的感受，使人们在此获得家居布置的灵感。

解决家居问题的专家

艺欧家居空间

电子邮件：artell@163.com

（以上资料及图片均由艺欧提供）

迎宾店

电话：0791－5217968　传真：0791－5217968

地点：迎宾国际家具广场

（南昌市迎宾北大道258号　邮编：330001）

香江店

电话：0791－8609621

地点：香江家具光彩大市场A区

（南昌市青山南路147号　邮编：330077）

德兴市异VC钠有限公司

DEXING SODIUM LSOVITAMIN C CO., LTD

公司的工艺技术，设备技术和管理水平具有独创性，处于全国同行业的领先水平。公司重大技术革新成果68项和骄人的无形资产价值，具备了成套技术转让、技术输出的能力。

产品标准：
国标：GB8273——87标准
符合美国FCC(Ⅳ)标准

异VC钠，异VC酸——21世纪现代食品的“保护神”

德兴市异Vc钠有限公司

★ 年产：异Vc钠产品：4000吨
异Vc酸产品：2000吨

★ 企业年销售收入：8600万元
年实现利税：1100万元

★ 企业产品：70%出口国际发达国家，年创汇：700万美元。

★ 企业法定代表人、总经理：周强

★ 本产品为生物制品，以大米为原料经发酵精制而成。

地址：江西省德兴市新岗山
电话：0793-7790020 7790038
传真：0793-7790096
邮编：334221
E-mail: XINVC @ BJ.CHINA.COM.

- 1994年获省级新产品奖
- 1997年完成省级火炬计划
- 1998年获省级科技进步二等奖
- 1998年列为江西省高新技术五项目之一
- 1999年实施国家级火炬计划
- 1999年获犹太论证(KOSHER CERTIFICATE)
- 1999年获ISO9002质量体系认证证书
- 2000年执行食品GMP标准
- 2000年列为江西省高新技术示范工程项目
- 2000年获国家绿色食品生产资料证书
- 2000年江西省区外高新技术企业

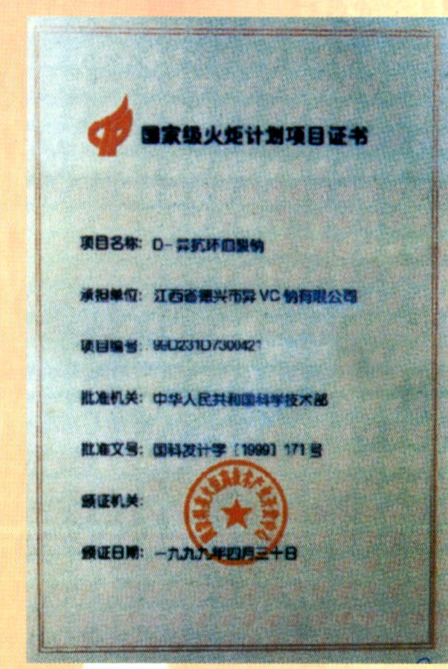
国家级火炬计划项目证书

项目名称：D-异抗坏血酸钠
承担单位：江西省德兴市异VC钠有限公司
批准机关：中华人民共和国科学技术部
批准文号：国科发计字〔1999〕171号
颁证机关：
颁证日期：一九九九年四月二十日

1999年实施国家级火炬计划

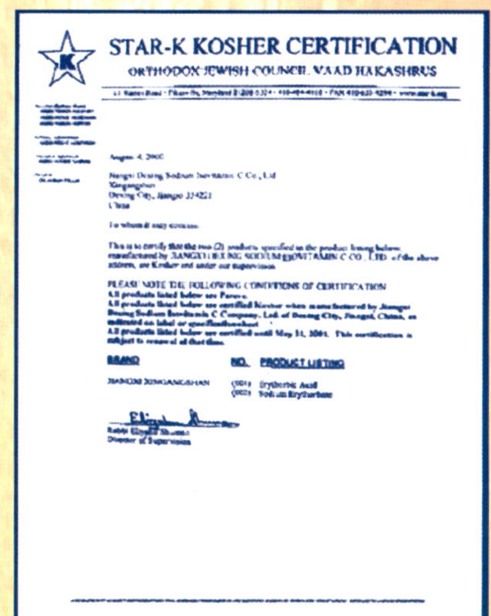
STAR-K KOSHER CERTIFICATION
ORTHODOX JEWISH COUNCIL VAAD HAKASHRUS

BRAND NO. PRODUCT LISTING

1999年度企业信用等级

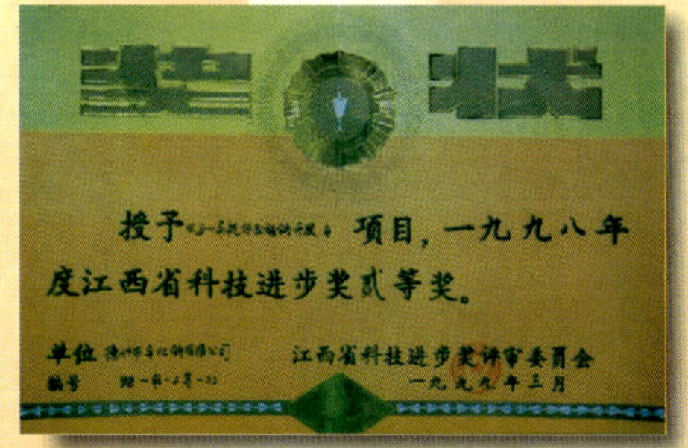

江西省科技进步奖

南昌市朝阳酿造厂

Nan Chang Shi Chao Yang Niang Zao Can

法人代表：郝立平

南昌市朝阳酿造厂是江西省同行业中生产规模最大的调味品生产专业厂家，主要生产酱油，也生产料酒、辣酱、食醋。酱油年生产能力一万二千吨。该厂一贯注重产品卫生和理化质量，在全面推行质量管理的同时，建立了较完善的质量保证体系和一整套标准化的工作网系，每批原料自采购到投入使用均进行严格检测，使产品各项化指标和卫生指标均达到国家标准，产品选用富含蛋白质高、淀粉质高的脱脂大豆、小麦、麸皮、糯米等为原料，采用低盐固态深层发酵工艺精心酿制而成，由于原料搭配得当、制作精心，酱油品质优良、营养丰富，产品具有本色鲜艳、酱香浓郁、滋味鲜美、体质醇厚、咸淡适宜等特点，深受广大消费者的喜爱。半个世纪以来，产品畅销不衰，历年来经济效益和社会效益雄居江西省同行业之冠。2000年6月朝阳酿造厂通过了ISO9002国际质量体系认证，在江西省调味品同行业中是首家通过认证的企业。

主要产品孔雀牌和丰收牌系列酱油多次获国际、国内多种奖项。该厂产品经国家权威检测机构检测认定为纯酿造产品，该厂97、99年连续两届获江西省优秀企业等。

地　　址：南昌市朝阳州万福寺6号

电　　话：6522384

南昌电业家电有限责任公司是南昌供电局下属企业，成立迄今，业务不断扩大，已有连销店多达12家。成功的开发了美的、亿达洲、金松、长虹、夏普等国内外知名品牌空调，用户遍布全省各地。公司同时经营品种如：名优空调、冰箱、洗衣机、热水器、微波灶等各类家电。

我公司本着以服务为中心的原则，配备了一支技术熟练的安装队伍和严紧的销售体系，多次被授予遵合同、守信用等先进单位称号。批发量一直名列全省第一。欢迎广大用户惠顾！

公司地址：南昌市下正街17号　电话：6817483
空调城地址：胜利路401号　电话：6249169
家电城地址：象山路308号　电话：6817083

南昌赣西家电中心

法人代表：聂龙泉

赣西电力实业总公司南昌赣西家电中心以批发各种家用空调和小家电为主、零售为辅，并借助电力系统雄厚的经济实力和快捷、精确、低成本操作及遍布全省各地的商业网络，建立了完善的销售、安装、维修、零件供应及人员培训体系，携多年家用电器专业销售的经验、秉承我们一贯以客户利益为中心的“客户至上、信誉第一”经营观念。在日益发展壮大的过程中，在众多的客户心目中，已逐渐树立了家电行业的经营典范形象。

本中心主要经营美的空调、美的小家电、海尔空调、春兰空调、并涉足世界品牌中韩合资生产的LG 空调和北京拓能科技有限公司生产的拓能浴霸在江西的经销总代理。

继往开来，承前启后，中心将形成以各种空调为中心，带动各类小家电的一个庞大的销售商业网络。

服务至上，是我们永恒的追求，以信誉广交旧友，以品种再结新朋是我们的经营宗旨，本中心诚征经销商加盟，共创繁荣，共同发展。

共创繁荣
共同发展

中心总经理：聂龙泉
业务经理：邹剑林
地　　址：南昌市福州路 268 号
邮　　编：330077
电　　话：0791-6226136 6215598
传　　真：0791-6215598

家电中心门市部：南昌市民德路 318 号
邮　　编：330006
电　　话：0791-6792118 6787977
传　　真：0791-6792118

经营场地

江西电视台电视购物商场

广告部：副主任
总经理：徐　杰

国营江西电视购物商场由江西电视台开办，属全民所有制事业单位企业化管理，实力雄厚，品种最多，汇集了国内外最新、最畅销的电视购物精品，是江西最大的电视购物商场。本商场自成立以来就建构了“高质量、中价位、物有所值、物超所值”的经营理念。

电视购物是一种新生事物，它是以电视为媒介、容宣传、组织、销售为一体的新型商业服务活动，销售的不仅仅是优质的商品，也包括优质的服务和一种新的消费理念。足不出户，只需一个电话，就可以轻轻松松把货买到家。

本购物栏目开播至今，始终坚持“快捷便利、执着服务、诚信为本、永续经营”的商业精神，被南昌市消费者协会推荐为值得信赖的电视购物商场，并被物价部门推荐为物价信得过单位；同时也有幸成为了“中国广协电视委员会电视购物协会，中国广播电视学会电视购物学会理事台。在全国同行中享有盛誉。

市内免费送货，外地免费邮寄，商品无脏、无损，七日内无条件退换。

地址：南昌市洪都大道209号（A18号）
（省彩电中心商廊）
热线：(0791)8326622　8326633　8322378
传真：(0791)8321155　　邮编：330046

分店：南昌市胜利路237号
（原胜利剧场对面）
电话：6784309
专柜：南昌洪城大厦一楼　妇儿商场一楼

嘉成包装

JIACHENG PACKING SERVICE

江西嘉成包装有限公司，是“中国200强先进包装企业”、“跨世纪江西优秀包装企业”、嘉成包装以好产品(好包装)、好质量、好生活的质量理念，始终坚持“质量就是生命，以质量求生存，追求更高品质，创造美好生活”的质量方针，贯彻“让顾客更满意”的质量目标，把创建现代企业，树立“一流品牌，创一流质量、一流管理、一流服务”作为奋斗目标；坚持以高质一流品牌，公平合理的价格和诚信第一的信用经济理念为先导，以未成生意先做人的营销理念为依托。取得了主要经济指标年年翻番的惊人的业绩，成为江西省知名的包装企业，真正树立起嘉成包装“好面子”的企业形象。

公司以三层、五层、七层瓦楞纸板和纸箱为主导产品，并建立完备的纸张、纸板、纸箱、纸盒、彩印、彩盒的生产经营体系。拥有先进的瓦楞纸板生产线、多色印刷开槽机，公司率先通过《出口商品包装<危包>容器质量许可》生产认证和ISO9002国际质量体系认证，并建立完善的质量保证体系和良好的售后服务网络，在全省同行业中占有相当的份额和实力。

嘉成包装，愿为客户更“嘉”成功而努力！

部分协作单位

公司地址：青山南路278号
电　话：0791-8654189
邮　编：330006
E-mail:njiacheng@public.jx.cn

工厂地址：南昌市庐山中大道236号
电　话：0791-3812288
邮　编：330013
传　真：0791-3812200

前进中的 江西光华塑料厂

厂长兼党委书记 谢祖庆

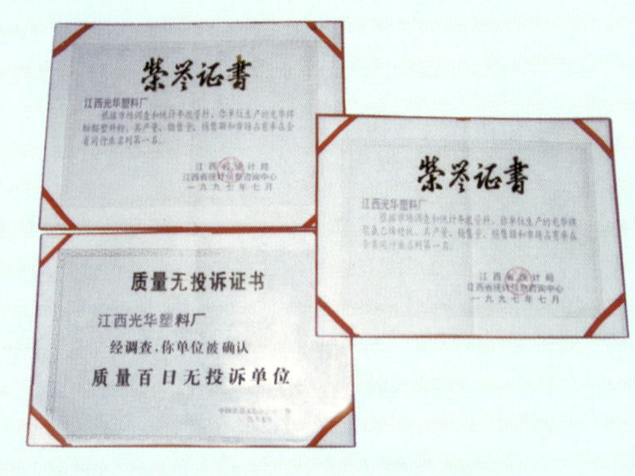

该厂始建于1951年，是江西省最早的国有塑料化工生产企业之一。现有固定资产1573万元，年销售收入1519万元，利税额100万元。主要生产聚氯乙烯板材、管材（适用于化工、农用、建筑等领域）聚氯乙烯异型材、塑钢门窗、PE、PS、PP管材、酚醛模塑料、环氧树脂及其灌封料、防腐树脂、化工防腐设备（塑料塔、罐、槽）、电磁线、服装加工等。该厂具有雄厚的技术力量，拥有一批从事树脂合成及塑料加工等产品的生产、科研工程技术人员，有较先进的生产和检测设备，严格的企业管理制度和完善的质量保证体系，产品外销广东、浙江、江苏、湖南、湖北、贵州、云南、四川等省市，深受用户好评。

97年被中国质量无投诉活动委员会确认为“质量百日无

塑料异型材生产设备

聚氯乙烯板材生产设备

服装车间生产线

投诉”单位；聚氯乙烯制品、塑钢门窗、酚醛模塑料等产品在98年中国质量检验协会、中国技术监督情报研究所共同举办的为《质量振兴纲要》颁布的两周年宣传活动中被列为质量振兴先进企业及质量达标产品；97年经江西省统计局确认PVC 硬板、酚醛模塑料产品，其产销量、市场占有率在全省同行业名列第一；塑料防腐设备及塑料焊接安装水平经国家重点工程，大型企业及中外合资企业使用验证，深受其好评。

我厂位于南昌市昌九高速公路与320、105国道交叉处，与江南名楼滕王阁隔江相望，距南昌市区仅六公里，交通极为便利，我厂严格恪守“用户至上，服务第一”的经营宗旨，竭诚为广大客户提供一流产品，一流服务，热忱欢迎各界朋友前来洽谈业务，携手合作，共创美好未来。

厂　址：南昌市新建县长堎镇
电　话：(0791)3757196
传　真：(0791)3757296
邮　编：330100

塑料焊接制品

聚氯乙烯管材

塑料焊接设备

塑料管材生产线

江西省金洪建設監理公司

江西省金洪建设监理公司的前身是南昌有色冶金设计研究院工程建设监理部（组建于1989年12月），为了适应社会主义市场经济发展和建设部关于在全国范围内大力推行建设监理的需要，进一步拓宽监理业务范围，1993年5月经院同意扩编改名为“江西省金洪建设监理公司”。

我公司是以南昌有色冶金设计研究院为依托，经建设部批准具有甲级资质的独立法人地位的技术密集型服务企业。拥有较强的技术实力，专业配套，有丰富的建设管理经验。本公司现有在册员工176人，其中具有高级职称人员67人，中级职称人员68人，初级职称30人，教授级高工5人，国家注册监理工程师51名，监理人员持证上岗率达98%，一九九五年及二000年全国监理工作会议上我公司王先锋、喻仁昌同志先后被授予全国优秀监理工程师光荣称号。另外，南昌有色冶金设计研究院有50多名高级工程师具有丰富的工程设计、施工、管理经验，参加了监理业务培训，可参予工程建设监理服务。

经国务院对外贸易经济合作部核准，以(1994)外经贸政审函字第357号文批复，我公司可以承揽国外工程的监理业务和监理劳务输出。经国家质量体系认证机构认证，我公司质量体系符合IS09001 标准。

本公司组织机构健全，管理制度严密，公司下设办公室、经营部。监理技术部和财务部。在厦门、深圳、海口、上海、杭州、台州、重庆、贵溪、赣州、吉安、景德镇等地设有驻外分公司或监理部。

总经理：欧阳伟

远东世纪花园——省优工程

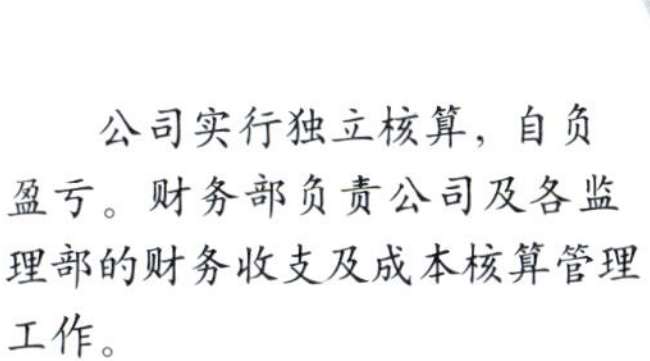

公司实行独立核算，自负盈亏。财务部负责公司及各监理部的财务收支及成本核算管理工作。

公司成立以来，共签订监理合同一百余项，监理项目建设总投资近60亿元，涉及项目有大中型公共建筑、居住小区、住宅建筑等民用建筑工程，矿山、冶炼、加工等工业建筑工程，公路工程、城市道路等交通工程和城市给排水、垃圾处理、煤气管网、机场输油管线等市政工程。部分监理工程为省、市样板工程。公司全体员工在工程监理过程中严格遵循“守法、诚信、公正、科学”的行为准则，热情服务，取得了良好的社会信誉。

我公司依托南昌有色冶金设计研究院的技术力量，在矿山、冶炼、民用建筑、市政工程方面具有较强的技术优势，闪速熔炼、冶炼烟气制酸及尾气处理、自磨选矿、氯化冶金、城市污水排海、城市垃圾处理、环境影响评价等方面的技术在国内处于领先地位，尤其是在工程爆破、高葸率采矿方法，振动放矿技术、井下充填新工艺、边坡稳定研究与治理，常现金属选别工艺、黄金选冶工艺、破碎磨矿工艺、旋流器放大设计工艺，铜铅锌锡锑秘等有色冶炼工艺、冶炼烟气制酸及尾气处理、氯化冶金、金银和稀有金属回收、稀土金属的分离与提取，冶金窑炉、电子计算机在线控制、热电工程、污水处理、区域规划及工业民用建筑工程技术等诸多方面，都属国内先进水平。

在拥有技术优势的基础上，我公司可对业主及社会各方提供工程建设全方位及全过程的工程监理咨询技术服务，形成了以质量、信誉取信于业主为主导型的技术服务企业。我公司还同国内其他41家建设监理企业联合发出“加大监理力度、确保工程质量”的联合倡仪书（见人民日报1998年12月22日5版），去年，我公司又与建设部其他知名单位提出了《贯彻建筑工程质量管理条例》，确保工程建设质量自律公约》，也表明了我公司对搞好监理工作的决心和信心。

公司成立以来，我们始终坚持质量第一、用户至上的服务宗旨，守合同、重信誉，作风纯朴、公正，得到了国内外用户的信赖和称誉。我们还将一如既往严格遵守国家有关建筑监理法规，尊重并接受主管机关的领导和监督，为业主及社会各方提供一流的技术服务，为发展我国的建设监理事业作出积极贡献。

赣南大厦——管理样板工程

地址：南昌市八一大道1号　　电话：6284940

佑民寺始建于南朝梁代，迄今已有1400多年历史。梁代天监年间(502–519)，豫章王师葛鲟私宅有一口蛟井，蛟斗甚激，为此，豫章王萧综特造一尊大佛像，以镇蛟龙。太清元年(547)，葛鲟捐宅建寺，供奉镇蛟大佛像，故寺以“大佛”命名。

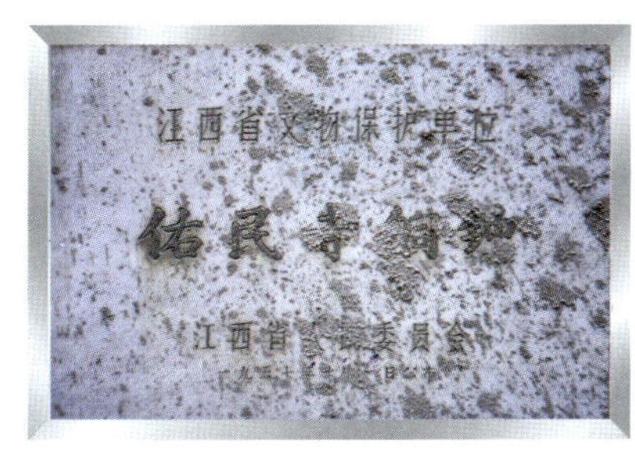

唐开元年间(713 – 741)，大佛寺奉敕改名“开元寺”，时有新罗(今属韩国)僧人金大悲入寺求法。禅宗八祖道一大师驻锡于此达十五年之久，创立丛林，开创洪州宗风，据《宋高僧传》卷11记载：“于时天下佛法极盛，无过洪州府；座下贤圣比肩，得道者其数颇众。”可见当时之盛况。784年，韩国僧人无寂入唐求法，后到洪州开元寺参礼马祖的弟子西堂智藏禅师，深得智藏禅师的赏识，将其改名为道义，传授禅门心法。智藏禅师的新罗弟子除道义外，还有洪陟、惠哲禅师，他们分别在韩国开创了实相山派、桐里山派。九世纪初，禅宗在韩国形成“禅门九山”的兴盛局面，其中“九山”中有七山与马祖道一的洪州宗有关。贞元四年(788)，西堂智藏继承其师马祖的法脉，执掌开元寺法席。在马祖和智藏师徒主持期间，寺宇规模壮观，范围甚广，南至今人民广场北界，北及下沙窝一带，故有“骑马关山门”之说。其后，历代均有高僧主持、香火兴旺、禅风远播。此后，开元寺又几易其名为：能仁禅寺、永宁禅寺、佑清寺。宋元时期，开元寺先后改称上蓝院、承天寺。

清嘉庆年间(1796–1820)，寺中供奉精铸高丈六，重达三万六千余斤的接引佛铜像，为一时之盛举。民国时期，寺改称“佑民寺”，并有佛门三宝之誉的原普贤寺宋代铜钟移挂于寺内。

新中国成立后，1953年，心道法师率众住寺。同年，佑民寺列为全省重点保护寺院。1956年，南昌市佛教协会成立于此。1957年，佑民寺列为第一批省级重点文物保护单位。1960年，全国人大副委员长班禅大师率众来寺上香礼佛，敬献哈达。

“文革”期间，佑民寺惨遭毁坏，铜佛被锯毁，寺宇被占。1986年4月，戒全法师率众驻锡寺中，重燃香火。1991年，佑民寺钟鼓复响。1996年，仿原貌、重达4万余斤，由精铜铸就的接引佛像重现昔日风采，安立于铜佛殿中。于此先后，重建的大雄宝殿，铜佛殿，法堂等相继竣工。

2000年2月1日，新任住持晋院后，寺院更新，香火复盛，僧众和合，道风严正。并进一步弘扬正法，壮严国土，利乐有情。佑民寺必将日益成为江西佛教界一颗璀璨的明珠。

地　　址：民德路181号

法人代表：纯一法师

机构名称： 南昌市土地估价交易所

法人代表： 赖凤林

成立时间： 1995 年

资质等级： 国家准 A 级土地评估资质，贰级房地产评估资质。

从业人员： 现有职工 17 人，80% 以上为大专以上学历。75% 以上具有土地估价师和房地产估价师资格。

业务范围： 基准地价评估；房地产价格评估；出让或国家收回土地的地价评估；转让、出租、抵押、作价入股土地的评估；股份有限公司或有限责任公司涉及的土地评估，司法仲裁中涉及的土地评估；征收土地税费涉及的土地估价；地价咨询以及其他依照法律、法规需要进行的土地估价。

主要业绩： 南昌市土地估价交易所成立以来，截止到 2001 年 6 月止，已完成了股份制改造的企业、中外合资、合作企业、联营及组建集团公司企业、资产抵押、企业破产、兼并，以及政府土地出让底价等近 600 个评估项目。

法人代表：赖凤林

电话：(0791)6772784　6796874
地址：南昌市民德路255号二楼
邮编：330008

院

检察长：吴成福

以班子换届为起点，以教育整顿为契机，以争先创优为动力，以人民满意为目标，新建县人民检察院在检察长吴成福带领下，忠于职守、公正执法、内强素质、外树形象、开拓进取，三年连迈三大步：九八年度首次跻身于市级和省级“先进检察院”行列，荣立集体一等功；九九年度被评为全省“五好基层院”行列，荣立集体一等功，九九年度被评为全省“五好基层院”和“人民满意的检察院”，荣立集体一等功；二０００年被最高人民检察院授予“人民满意的检察院”称号，同时，再获全省“人民满意的检察院”称号，荣立集体一等功。此外，还被评为市级“文明单位”、“园林化单位”、“抗洪抢险先进集体”、“先进基层党组织”和“模范党支部”等。成绩的取得，离不开县委和上级检察院的正确领导，离不开政府部门及社会各界的理解和支持。荣誉面前，全院上下始终保持着一颗平常心，吴成福检察长时常告诫干警：奖状 挂起，意味着一切从零开始，逆水行舟，不进则退。

最高人民检察院检察长韩杼滨同新建县检察院干警亲切握手

建立回访制度，自觉接受群众监督，图为检察长吴成福下乡听取群众意见

在抓办案的同时，不忘调研、信息、宣传工作，去年该院每三天就有一篇文章见报

图为该院正在举行微机操作比赛

办公大楼

地址：新建县新建大道

电话：3741688

县城夜景

正在建设中的居民住宅小区

新建县城乡建设局

新建县城乡建设局是县政府综合管理全县测绘规划、城市建设、村镇建设、房地产业、环境卫生、园林绿化、市政公用事业的职能部门，是城乡建设法律、法规、规章的执行机关。

近年来，为了策应南昌市“一江两岸”建设格局的实施，确定了县城建设“东连西扩”的发展战略，按照“统一规划、合理布局、因地制宜、综合开发、配套建设”的城镇建设指导方针，采取“项目推进、责任到人”的工作方法，高起点、高标准抓好城镇规划，积极推进城镇建设体制改革，加大市政基础设施和住宅建设投资比例，相继完成和启动了新建大道、文化大道、长堎路、文教路、长堎路生活小区、县城主干道路灯改造、垃圾中转站、县城防洪排涝机组扩建、城市绿化、县人民广场等一批重点工程建设，县城面貌发生了可喜的变化。小城镇建设以省重点建设镇长堎镇、西山镇、象山镇为龙头，以点带面，加快小城镇建设发展，推进农村城镇化进程，为发展农村经济奠定了坚实的基础。

该局先后获得1998~1999年市级文明单位、省测绘标志普查维护先进单位、省全民健身运动会优秀组织奖、市绿化先进单位，局属县城管大队获省城管监察先进单位。

局长：熊贤莉

宽畅的新建大道

团结奋进的领导班子

地址：新建县长堎镇建设路5号
电话：0791-3752350
邮编：330100

几年来，新祺周所努力为职工创造优美、舒适的工作、生活环境。图为办公大楼

江西省高等级公路管理局
新祺周所

所长：李红星

党支部书记：付世春

江西省高等级公路管理局新祺周所成立于1993年元月，是江西省高等级公路管理局下属单位（正科级），全所职工48人，其中男性职工32人，女性职工16人，干部7人，固定工21人，临时合同工24人。承担着昌九高速公路K21+300—K32 共10.7公里长的公路养护、路政管理和新祺周地区及安义县进出高速公路车辆的通行费征收工作。所内设党支部、工会、团支部等组织各一个，有党员5人，团员23人，现任所长李红星，党支部书记付世春。职工平均年龄27岁，年龄最小的18岁。

建所几年来，新祺周所坚持“以政治引导人，以事业激励人，以制度管理人，以感情温暖人，以环境留住人”的基本思路，以“忠心献国家，爱心献社会，关心献他人，孝心献父母，信心留自己”为基本内容，以“目标明确，中心突出，行为规范，载体实在，监督有效、创意新颖”为基本方法，紧紧围绕我所建、管、养、收各项中心工作，努力加强两个文明建设。几年来，由于我所在两个文明建设中所取得的突出成绩，我所党支部先后五次评为省高管局先进党支部，1999年分别被省直机关党委，省直属机关党委、省交通厅直属机关党委评为先进基层党支部，管理所先后四次被评为两个文明建设先进单位和先进集体，被省交通厅评为综合治理工作先进单位，连续五年被授予县级文明单位称号，一九九八年被评为市级文明单位称号，所团支部一九九七年被省直团工委评为省直级“青年文明号”一九九八年被团省委和省交通厅评为省级“青年文明号”，所工会二00一年被省交通工会评为模范职工小家，先后三次被省高管局工会评为先进基层工会。在九八年抗洪救灾战斗中，新祺周所全体职工自发成立抗洪接待站，全力支援抗洪抢险，被全国妇联授予九八全国妇女抗洪救灾先进集体和三·八红旗集体荣誉称号，分别被省交通厅和省高管局评为抗洪救灾工作先进单位。

几年来，我所共征收车辆通行费1335万元，清理边沟11万余米，抢修塌方8万余平方米，清整路面700多万平方米，处理大小路政案件3000余起，年年超额完成上级下达的各项建管养收工作任务。几年来，新祺周所全体干部职工发扬昌九精神，团结一致，勤奋工作，无私奉献，勇于拼搏，两个文明建设取得了丰硕成果，得到上级领导的好评和社会各界的一致称赞，江西电视台、南昌电视台及中国青年报、江西日报、江南都市报、信息日报、经济晚报等新闻单位多次对新祺周所两个文明建设成果进行报道，红旗出版社出版的《社会主义精神文明建设巡礼》一书中，登载了新祺周所精神文明建设先进经验。

领导班子团结协作、廉洁务实

图为被评为全国抗洪救灾先进集体及江西省三·八红旗集体

努力向花园式管理所迈进——新祺周所生活区

地　址：南昌市北郊新祺周三分场
电　话：3061222

南昌市第一医院是一所科室齐全、设备先进，承担全省医疗、教学、科研和预防保健任务的三级甲等综合性医院，并与江西医学院联合成立江西医学院第三附属医院，是全省医学教学、科研基地之一。医院占地面积3.5万平方米，建筑总面积6.4万多平方米，现有固定资产9500万元，员工1276人，其中副高级职称以上专家、教授135人，中级职称医务人员370人。医院设病床640张，有临床科室30个，医技科室10个，各专业研究室、所和实验室8个，开设了专家、专科、专病门诊20余个，年平均接诊五十多万人次。

院长：罗一湛

医院有心内科、神经内科、胸外科、骨科等重点专科。普外科、眼科、脑外科、腔镜外科、肿瘤外科、内分泌科、消化科、呼吸科、肾脏内科、耳鼻喉科在省内也颇有声望。

医院拥有目前全省最先进1.5T超导核磁共振、螺旋CT、ATL—HDI3000型全数字多功能彩色超声诊断仪、KERATOM—F型眼科准分子激光治疗仪和皮肤激光治疗仪、白内障超声乳化仪、数字式心血管造影仪、医用直线加速器、全自动生化分析仪、AK—100血液净化机、椎间盘镜、腹腔镜、自动视野等一批先进的医疗设备。

医院技术力量雄厚，多次获得国家和省、市科技进步奖和科研成果奖。医院荣获“江西省六好文明医院”、“江西省医药卫生科技先进单位”等光荣称号，被南昌市政府授予“物价收费信得过单位”，被江西省卫生厅定为“优质服务示范医院”，历年来均被评为南昌市卫生系统先进单位。目前，医院继续坚持“以病人为中心”的服务宗旨，以高质量的医疗服务，公平公开的价格，为群众提供安全、优质、价廉的医疗卫生服务。

院　址：南昌市象山北路128号
院　长：罗一湛　　书　记：孔普选
电　话：6784363　　邮　编：330008

南昌市中西医结合医院
南 昌 市 第 二 医 院

（三级甲等医院）

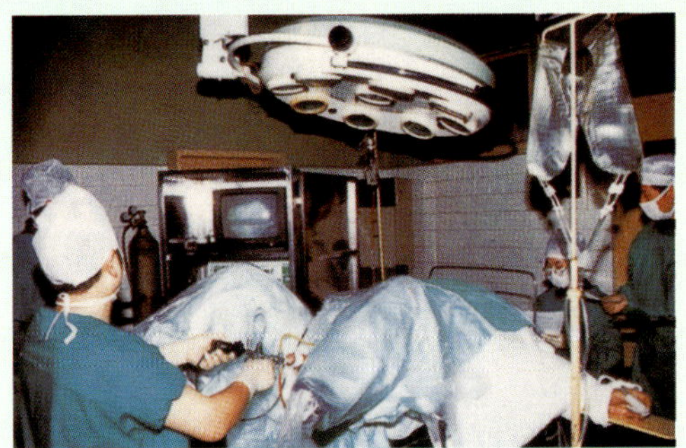

前列腺汽化电切术

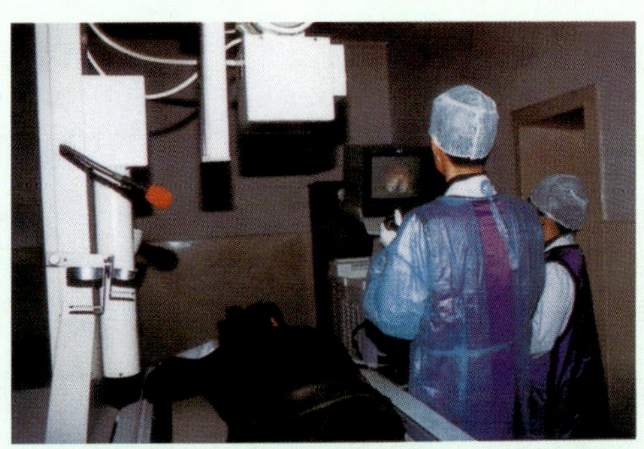

十二指肠乳头括约肌切开术

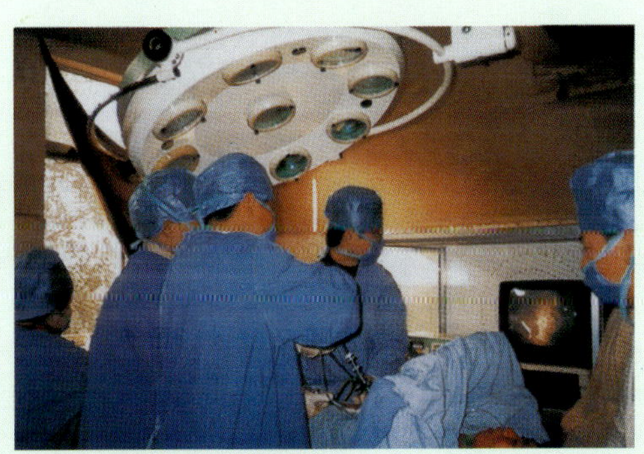

电视腹腔镜(胆囊切除)

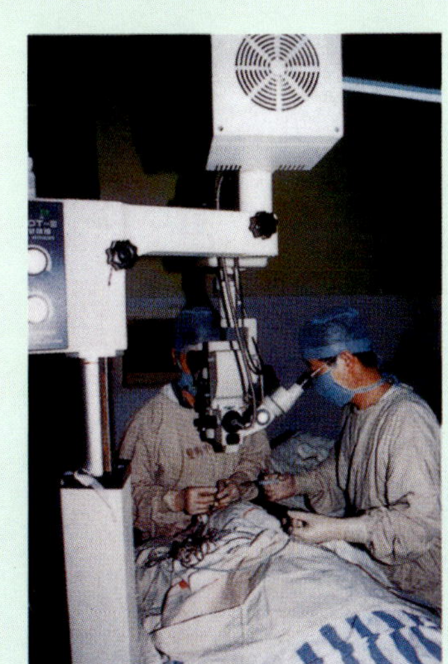

超声乳化新技术

南昌市中西医结合医院(南昌市第二医院)成立于1950年，座落于南昌市八一大道90号，老福山街心花园旁。是全国13所三级甲等医院中西医结合医院之一，是江西省中西医结合医、教、研基地。医院现有占地面积21000平方米，建筑总面积39000平方米，其中医疗用房24092平方米。

目前医院开设床位440张，分别设有临床科室：急诊科、普通外科、骨伤科、脑外科、泌尿外科、妇科、产科、肛肠科、耳鼻喉科、眼科、麻醉科、呼吸内科、消化内科、心血管内科、肾病内科、内分泌科、肿瘤内科、神经内科、儿科、烧伤整形美容科、康复科、口腔科、中医科等。

医技科室设有：放射科、检验科、病理科、药剂科、核医学科、手术室、供应室以及B超、彩超室、心功能室、心电图室、脑电图室、CT室、电子内窥镜室等。

医院现有人员716人，其中主任医师3人，副主任医师64人，主治医师200人(含医、药、技、护)，医师80人，医士30人，护士275人，行政及其他人员81人。

医院根据科室设置的功能均有较雄厚的技术实力，诊断与治疗各种疾病。尤其是电视腹腔镜行胆囊切除及妇科微创手术；关节腔镜微创手术；前列腺汽化电切及经尿道输尿管镜气压弹道碎石术；超声乳化治疗白内障；电子胃镜、十二指肠镜、结肠镜等系列消化内窥镜开展胃、胆、肠等各种检查和微创治疗。在介入诊断与治疗方面：设备、技术上已具备一定规模，目前已在心血管方面开展了风心二尖瓣狭窄球囊扩张术，冠状动脉造影，心脏起搏器安装，射频消融术，对肺、肝、肾以及外周血管的介入等。消化系统方面有ERCP、食道狭窄扩张支架和胆道支架、胆道取石等。中西医结合烧伤湿性治疗各种面积深度的烧伤等技术均在江西省内属领先水平，部分技术为我院独家拥有。

目前医院除开展系列腔镜技术设备外，还拥有一批高、新先进医疗设备。如：大C臂X线数字化减影胃肠、心血管一体机，A-85240高频乳腺X光机，4500全身CT机，8500彩色超声多普勒，7060全自动生化分析仪，500毫安X线机，400毫安X线机，血液透析仪，血气分析仪等等。

我院本着为人民服务为宗旨，欢迎广大患者来院咨询、就医。

院　长：崔维奇

地　址：南昌市八一大道90号(老福山)

电　话：0791-6262583　6263765

南昌市第九医院

院长邓见廷接受中央电视台记者采访

院领导班子

南昌市第九医院即南昌市传染病院，是一所以收治传染病为主的综合性医院，现拥有病床400张，职工460余人，其中高级专业技术人员41人，中级专业技术人员124人。医院基础设施完备，环境优美，技术力量雄厚，是江西医学院、江西中医学院的教学医院，也是全省的传染病医疗、教学、科研和人才培养的中心及肝病新药临床验证基地。

医院设有九个病区(传染科、内科、外科、妇产科)和传染科门诊部、综合科门诊部（内、外、妇、儿、五官、口腔、美容科）及泌尿生殖系疾病专科门诊部，设有一批技术设备先进的医技科室（生化科、检验科、免疫中心实验室、放射科、功能科、药剂科、器械科、手麻科、制剂室和中药加工部、防疫用品厂）。医院加入了国际医学互联网，并全面实行了微机网络化管理，开通了收费、记帐、药品、入出院、住院医嘱处理、信息管理和病人费用查询，院长查询等十个系统，实现医院管理现代化。

医院拥有大批先进医疗设备：日本产人工肝支持系统、大型C臂数字减影血管造影系统（DSA)、美国产多弹头计算机自动导航射频治疗仪、美国产全自动生化分析仪、美国产全自动酶免分析仪、PCR定量分析仪、日本产彩超、B超、大型遥控X光机及美国产血气分析仪。

医院设有肝病研究所，下设肝病特殊治疗中心、肝病介入诊疗中心、血液净化中心、多弹头射频治疗中心、肝炎国际标准试剂检测中心和远程医疗会诊中心等特色专科。同时医院引进了一批先进的医疗技术项目：应用人工肝支持系统的血液过滤、血浆交换、吸附及腹水滤过浓缩功能治疗重症肝炎、胆汁淤积性肝炎、晚期肝硬化、急慢性药物中毒等；应用Tips微创技术治疗晚期肝硬化、门脉高压，上消化道大出血和顽固性腹水、脾肿大、脾功能亢进；应用多弹头自动导航射频肝癌原位灭活技术治疗肝癌！应用光量子血氧疗法治疗急、慢性肝炎及慢性重症肝炎，疗效显著；引进三环三联自然疗法，集针、灸、药为一体，中西医结合治疗各型慢性乙型、丙型肝炎、乙肝病毒携带者、早期肝硬化，收到较好的临床疗效；运用特异性主动免疫疗法和特异性CTL疗法治疗慢性乙肝和丙肝、慢性乙肝病毒携带；引进先进全自动生化分析仪、先进的全自动酶免分析仪、PCR定量分析仪开展肝病的生化、免疫、分子生物学检测，快速准确，达到国内先进水平。

医院依靠科技进步，建立了专科优势，使医院的传染病专科在全省处于领先地位，并跨入全国大中城市传染病专科医院先进行列。近年来，医院多次被南昌市卫生局授予“卫生工作先进单位”，被南昌市政府授予“文明单位”，被卫生部授予“全国卫生系统行业作风建设先进集体”等称号。医院将继续坚持以病人为中心，全心全意为病友服务，为保障广大人民群众的身体健康作出新的贡献。

院　　长：邓见廷
邮　　编：330002
电　　话：0791－8338969
咨询电话：0791－8333398
网　　址：www.djyy.nc.jx.cn
通讯地址：江西省南昌市洪都中大道167号

全心全意为人民……

南昌钢铁责任有限公司职工医院

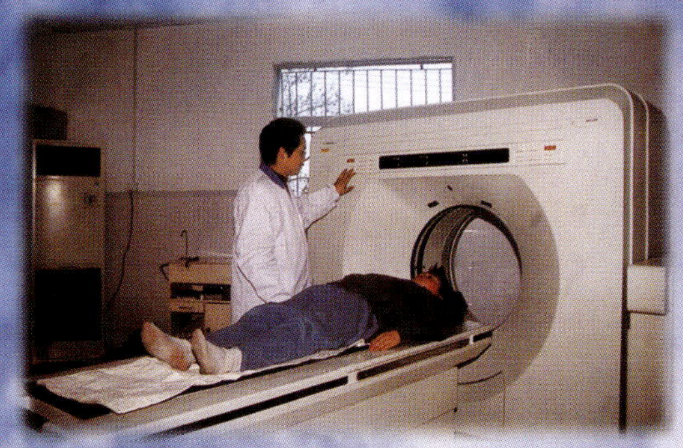

影像中心新引进的美国飞利浦LX型全身CT机的应用，促进了诊疗水平的提高

门诊观察室优质服务示范岗的护理人员正在为病人做输液治疗

南昌钢铁责任有限公司职工医院是一所省重点大型钢铁联合企业的综合性医院，简称南钢医院，始建于一九五八年，至今已有四十余年的历史。四十年的建设与发展使医院的规模、功能发生了巨大的变化。一九九六年南钢医院一举通过国家二级甲等医院的评审，并荣获WHO、国家卫生部授予的“爱婴医院”称号。而今的南钢医院已是南昌市东郊地区最大的一所综合性医院。

南钢医院位于南昌市东郊南钢公司的十里钢城境内，环境优美，风景秀丽。医院占地面积21440平方米，以住院部大楼和门诊部大楼为主体结构，建筑总面积达13250平方米，红瓦白墙的建筑群，座落在花木成荫的绿化带中，构成了钢城北区的独特风景。医院开放病床210张，有正式职工258人，其中中高级医务人员80余人。医院设有门诊部、急诊科、内科、外科、传染科、妇产科、手麻科、口腔科、耳鼻喉科、眼科、中医科、皮肤科、理疗科、功能检查科、药剂科、放射科等20个科室。医院拥有较齐全的医疗设备，万元以上的大型医疗设备50台(套)，其中美国飞利浦LX型全身CT机，500MA带影像增强系统的胃肠X光机和摄片X光机、德国Fresenius-4008系列血液透析机、日本阿洛卡B超诊断仪，全自动生化仪，血液流变学测定仪，8人高压氧舱，同位素彩色扫描仪，消化道纤维内窥境，体外反搏治疗仪等。医院年门诊量近16万人次，年住院病人3000人次。医院承担着面向南钢公司职工家属及企业、乡村10万群众的医疗保健工作。医院以重工业急诊创伤抢救治疗及妇产科专业为重点，开辟以烧伤、哮喘、中风、结核、糖尿病、骨伤科、腰腿痛、尿路结石、肝胆结石、肛肠科为专科特色的专家、专科门诊，带动和促进了医院诊疗技术的迅速发展。吸引着众多的病人来院就诊，取得了较好的社会效益和经济效益，在南钢地区及周边地带具有较好的社会声誉。在国企医院的改革中，医院坚持科学管理，从严治院。以改革为动力，以提高医疗质量为中心，狠抓医德医风和各项规章制度建设。设立职代会民主管理考核监督机制，从深化两项根本性改革入手，不断加大劳动人事制度和内部分配制度改革的考核力度，使医院的内部管理在精减效能的基础上，向优质高效低耗的现代化医院管理迈进，为国企医院的生存发展闯出了一条深化改革之路。为此，医院自一九九八年以来连年被评为南昌市卫生系统先进集体。医院坚持科技兴院的方针，重视专业技术人才的引进和培养，不断加强与医学科研院校的合作。设立科技进步奖励基金，鼓励中青年专业技术人员岗位成才、自学成才，积极引进新技术、新项目。良好的内部环境吸引着省内外医学院校的毕业生积极应聘来院工作。医院还承担着江西医学院、海联医学院、宜春医专、省、市卫校等近10所大中专院校的临床教学任务。

目前，医院正在紧锣密鼓地进行创建社保医疗定点医院的各项前期准备工作。全院上下团结一心、奋勇拼搏、强化医疗质量、推选优质服务、整顿院容院貌、更新诊疗设备，为把医院建成一座综合性医院，成为南昌市东郊医疗、教学、科研的中心而努力奋斗。

院长：皮祖辉
地址：南昌市南钢西二路96号
电话：8396714

住院部大楼

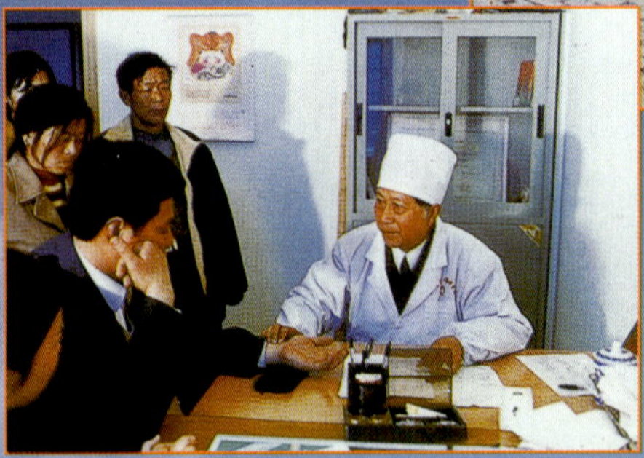

中共南昌市委政研室

室领导班子在全市县区委政研室主任
会议上听取工作汇报

市委政策研究室是市委综合性调查研究工作部门，近两年来，全室同志努力拼搏，开拓进取，在开创政研工作新局面上取得了突破：

一、在提高决策研究水平上取得突破。我们紧紧围绕市委的中心工作和全市改革、发展、稳定的工作部署，突出加大宏观性、思路性和战略性的调查研究力度，正确处理微观性调查与宏观性研究的关系，典型调查与决策研究的关系，课题研究质量与课题调查数量的关系，使决策研究水平上了一个档次，进入市委、市政府领导决策的成果明显增多。如《新建县铁河乡开展“三清”、“两改”的调查》、《向塘开放开发刻不容缓的调查》得到省里主要领导的批示、肯定；《南昌县黄马、广福的两乡镇以“两建”为突破口，开创乡镇工作新局面的调查》、《三城区市容、城建、房管三系统事业单位改革情况的调查》得到市委、市政府主要领导的批示，并下发县区委、政府贯彻执行。

二、在出“精品”上取得了突破。这些年在《江西日报》、《江西通讯》、《政策广角》等省里报刊上发表的文章增多了。《找准切入点，搞好两服务》文章，刊登在中央政策研究室、国家发展研究中心主办的《学习.研究.参考》上，这是我室精品上的又一个突破。

三、在优化机关工作环境上取得了突破。通过加强领导班子和党支部建设，真正发挥班子成员的带头作用和党员的先锋模范作用；通过加强机关民主管理和制度建设，努力建立一种富有生机和活力的机关工作新机制，形成了“团结、奉献、求是、创新”的良好室风。

主任：刘 强 **电话：6840377**
地址：南昌市阳明路154号 **邮编：330006**

南昌市公路运输管理处

南昌市公路运输管理处系对南昌市客、货运输市场、汽车维修市场、运输服务市场、搬运装卸市场及驾驶员培训行业管理职能部门。

伴随着改革开放的前进步伐，南昌市道路运输业朝着统一、开放、竞争、有序的方向发展。在交通行政主管部门及上级行业管理部门的正确领导下，南昌市公路运输管理处积极认真地履行行业管理职能，进一步加快培育和发展道路运输市场，尤其自一九九八年以来，南昌市道路运输市场全面走向规范有序、协调发展的道路。现全市共拥有道路营运客车1600辆，货车16970辆，汽车维修业户730户，运输服务业户70户，已培训各级驾驶员等技工13000人，已建立了长运客运站、青云谱客运南站、徐家坊客运站、客运北站、长运停车场及洪城大市场停车场等6个客运站场及京山货运站、洪城货运站2个货运站，由于布局合理，针对性强，做到了“车进站、人归点”。同时积极扶持、培育“快客”、“高客”、“快轿”等新型运输方式，为实现“人便于行”，繁荣南昌市商品经济活动和开发旅游市场发挥了积极的促进作用。

王健处长(左二)
二000年春运联合督查总结暨表彰大会

春运工作是全年道路运输工作之中的重中之重，在九九年和二000年春运工作中，南昌市公路运输管理处与南昌市公安局交警支队携手合作，密切配合，圆满地完成了各项任务，做到了南昌市境内在春运期间无一起重大交通事故，维护了社会稳定，保障了人民群众的生命财产安全。

王健处长(右一)与有关领导
指挥三峡移民工作

南昌市公路运输管理处在九八年的抗洪抢险、九九年及二000年的春运工作，二000年的“三峡水库”移民转运工作中，克服困难，圆满地完成任务。先后获得了省交通厅先进单位、运管局先进单位、市交通局先进单位等光荣称号。

在此，南昌市公路运输管理处将紧紧抓住机遇，克服困难，发扬运政工作的光荣传统，脚踏实地，认真履行职责，为使南昌市道路运输市场日益完善、成熟做出应有的贡献。

地址：南昌市阳明路28号
电话：0791-6809434

南昌市公安消防支队

队长：刘柏芬

南昌市公安消防支队成立于1949年12月1日，是一支担负着南昌地区消防监督和灭火救援任务的现役部队。在市委、市政府、市公安局和省消防总队的领导下，注重抓好部队建设和业务建设，出色地完成了福山地下商场、万寿宫商城、赣江油驳轮等重、特大火灾的扑救和消防监督任务，受到南昌人民的高度赞誉。连续多年被评为全省先进支队，并受到了公安部的表彰。

地址：南昌市中山路100号
电话：6230099

南昌县交通局

局长：胡启介

南昌县境地处省城"南大门"，是江西水陆交通枢纽。

赣江、抚河及其支流如叶脉状遍布全境，其中赣江干流油榨背至新洲段计42.5公里和主支孙洲头至芦洲头计6.5公里，常年可通航50-300吨级轮船，可通鄱阳湖沿岸城镇及长江各口岸。

公路有105、316、320三条国道贯通，省、县、乡、村道如蛛网般密布。全县现有公路1976.88公里，其中有国道和国道主干线温厚高速公路计87.67公里，省道29.40公里，省养县道67.79公里，县道297.93公里，乡道168.1公里，专用线4公里，村道1321.99公里。国道、国道主干线温厚高速公路、省道、专用线硬化率均达到100%，县乡道、村道硬化率分别达到60%、27%。全县100%的乡镇、58.8%的行政村通水泥公路。桥梁100座，计6473.53延米(不含温厚高速公路)。全县公路密度，按面积计算，每百平方公里有公路106.19公里，按人口计算，每万人口有公路19.38公里。一个以县城为中心，国、省道为主骨架，向各地域辐射的公路网基本形成。

京九与浙赣铁路在向塘交汇，县境内有青云谱、向塘等8个车站。

地址：南昌县莲塘镇
电话：5712196

进贤梅庄镇人民政府

党委书记：焦官印

镇长：喻龙茂

镶嵌在军山湖畔的千年古镇——梅庄镇，山青水秀，物阜民丰，地处进贤县北部，距县城49公里，土地面积96.8平方公里，人口3.5万。改革开放以来，这块古老的土地发生了翻天覆地的巨变。2000年，全镇工农业生产总值达3.2亿元，其中农业总产值已达1.1亿元，其中农业总产值增长57%，农民人均纯收入2299元，科教文卫等社会各项事业都得到了飞速发展。在新的世纪，全镇上下正以"邓小平理论"和"十五大精神"为指针，深入贯彻江总书记"三个代表"重要思想，加快改革，扩大开放，依靠科技调结构，盘活土地建市场，夯实基础促增长，落实政策促稳定。农业稳镇、工业强镇、市场活镇、引资建镇，科技兴镇，努力实现二十一世纪和"十五"计划的开门红。

地　址：进贤县梅庄镇
电　话：5492110 5492118

新建县农村信用合作社

新建县农村信用合作社是经中国人民银行批准设立的，经中国人民银行年检合格，是国家法定的金融机构，提供存款、贷款、票据贴现、国内结算、代理收付款项、代办保险及中国人民银行批准设立的其他金融服务。县联合社下辖19个农村信用社，14个分社(储蓄所)。现有员工233人，具有大、中专以上学历的员工占员工总数的41%。

新建县农村信用合作社联合社具有雄厚的经济实力。截止5月底，各项存款余额30953万元，占全县金融机构的16.8%；各项贷款余额1750万元，其中农业贷款9454万元，占全县金融机构农业贷款的58%以上；资本金总额2312万元，固定资产1086万元，已成为城乡经济建设中重要的资金支柱。

新建县农村信用合作社奉行为农民、农业和农村经济发展的服务宗旨。以高质量的服务水平、优良的服务态度，优美的经营环境，高科技的服务方式，赢得了广大客户特别是农民朋友的厚爱和信赖。农村信用社：心连心的信用，手牵手的合作，将助广大客户在致富路上再创新的辉煌。

法人代表：李冬水
邮编：330100
地址：新建县新建大道706号
电话：(0791)3758195
传真：(0791)3752344

进贤县卫生局

江西省进贤县卫生系统现有职工近2000人，有副高以上技术职称的48人，中级技术职称309人，全县共有乡镇卫生院27所，直属医疗卫生单位9个。

近些年来，特别是近六年来，该局在县委、县政府和上级业务主管部门的领导和关心下，取得了比较突出的成绩。在此期间累计投资2000多万元，完成危房改造面积17400平方米，增添医疗设备218台（件）。全县各乡镇卫生院都兴建了门诊大楼或住院部大楼，并先后配备了B超、X光机和心电图机等一大批现代化诊疗设备。县医院还添置了CT、彩超等一批高精尖仪器。同时建设安居工程290套，面积32451平方米。由于医疗条件的大大改善，为该县的卫生事业的全面发展插上了腾飞的翅膀，县医院和李渡、梅庄中心卫生院被评上“二甲”和“一甲”医院，全县基本上消灭了疟疾，麻风、丝虫、血吸虫病和基本消除碘缺乏病；国家血防试点项目顺利通过了国务院组织的考核验收；计划免疫第三年85%也顺利通过评审，农村卫生组织一体化管理正在积极推进，初级卫生保健达标已经得到实施，药品统购分销取得了可喜的成绩；在社会综合治理、形象工程、党组织建设等工作中均取得了较好的成绩，全系统共有25个单位被评为市级和县级文明单位，成为全县获此殊荣最多的部门之一。

局长：何大波

地址：进贤县民安路68号　电话：5663385

进贤县民政局

进贤县民政局设有党支部、局委会，班子成员5人，局长：吴振德，副局长：胡金火、王迪华，安置办主任：游国元，办公室主任：熊茂根。下设”两室三股”即办公室、退伍军人安置办公室、优抚股、社救股、民政股。局属事业单位有民政宾馆、殡葬管理所，救灾服务中心，福利厂。

我们的主要职责是：负责全县27个乡镇、295个村委会各类优抚对象的抚恤、优待、补助、革命烈士褒扬，拥军优属，拥政爱民和转业志愿兵安置，军休干部和退休士官安置；救灾救济、扶贫济困、扶贫开发、移民建村、接收捐赠、城镇最低生活保障和农村五保供养；民间组织审批登记、管理、年检；基层政权建设即指导村(居)委会民主选举和乡镇实施政务公开，村务公开，指导居委会社区服务，承办婚姻登记；负责乡镇社会福利和有奖募捐，收容遣送、殡葬管理、儿童收养登记；行政区划调整和县城边界线勘定等工作。

党的十五届三中全会以来，在县委、县政府的正确领导下，局班子成员团结一致，奋力拼搏，在救灾解困，“低保”为民，优抚安置、换届选举，村民自治，村务公开，有奖募捐，县界勘定，行政执法和干部管理等方面都取得了较大的成绩，维护了全县城乡社会稳定，促进县城经济发展都发挥了重要作用，得到了各级政府的好评。

局长：吴振德

1998年，2000先后两次被评为全市民政工作先进单位；1999年、2000年连续两年被县委、县政府评为县直机关目标管理考评先进单位；1999年和2000年被县委、县政府评为全县社会治安先进单位、安全单位和普法先进单位；1998年被市民政局评为抗洪救灾先进单位；1999年被命名为全国“爱心献功臣行动先进县”和省级“双拥”模范县等称号。

地　址：进贤县(民和镇)政府大楼内
电　话：5664209

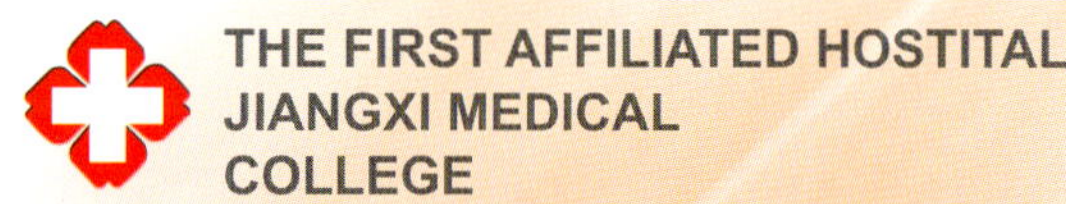

江西医学院第一附属医院

地址：中国江西南昌永外正街17号
电话：0791-8692710

江西医学院第二附属医院

江西医学院第二附属医院是一所集医疗、教学、科研、预防、康复、急救为一体的大型综合性医院，创建于1924年，前身是江西省立医院，几经更迭，195[illegible]更名为江西医学院第二附属医院。一九九五年被国家卫生部授予三级甲等医院。现有教职工1233人，其中教授、主任医师级职称64人，副教授、副主任医师级职称145人，讲师、主治医师级职称321人，助教、住院医师级职称277人，其他业务技术人员212人。现有博士6名，硕士59名。现有编制床位850张，临床科室28个，医技科室15个，其中心血管内科为省教委重点学科；心血管内科、血液科、血管外科为江西省医学领先学科；心血管内科、血液科、神经内科为国家卫生部临床药理基地。现有研究所6所，诊治中心4个。拥有联合培养博士点1个，硕士学位点15个（具有硕士研究生授予权）、专业实验室13个，教研室19个，诊治中心4个。78年以来获省级以上科技成果奖55项。每年在国内外学术刊物上发表学术论文，论著340余篇。拥有核磁共振成像系统、螺旋CT扫描机、ATL5000型彩色多普勒超声心动图仪、24小时动态心电图仪、动态脑电图、1250毫安X线血管造影机，数字减影X线机、全双能量（X线）骨密度仪、电子胃、肠镜、定量P[illegible]仪，直线加速器等先进设备。

地　址：南昌市民德路1号
电　话：6227231
院　长：陈伟高

前进中的西湖区医疗卫生事业

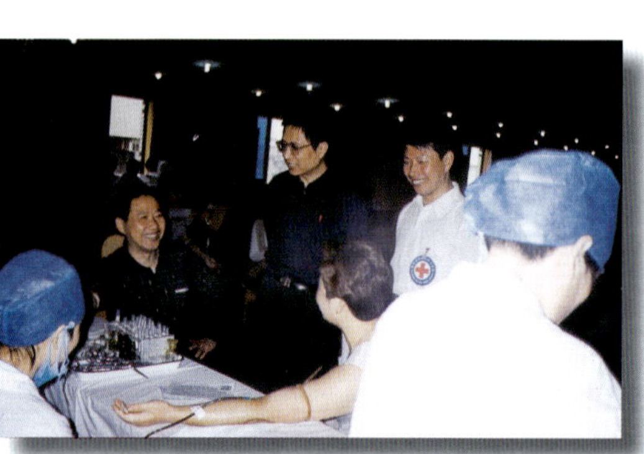

卫生局认真宣传、贯彻《献血法》，在全区组织无偿献血活动，区委、区政府及卫生局领导带头参加。图为区委副书记张平、卫生局长周东雄、副局长蔡厚伏同志在无偿献血现场，卫生局长周东雄同志正在献血。

西湖区有区属医疗卫生单位7个，其中综合性医院2所分别是南昌市第六医院、南昌市第七医院，卫生防疫机构1个，妇幼保健机构1个，卫生防治所3个。2000年，西湖区的卫生工作，通过不断深化改革和努力拼搏，医疗卫生事业有了长足发展，医疗卫生综合实力明显增强，公共卫生总体水平明显提高，全区已连续20年无脊髓灰质炎，连续15年无白喉发生，实现市政府提出的灾后三年疫病不流行目标。第六医院的中医儿科、第七医院的内病外治和中医治不育不孕症在社会上享有较高声誉，这两所医院已形成独具特色，集医疗、预防、保健、教学为一体的综合性医院。区妇幼保健所继续巩固“爱婴医院”成果，区卫生防疫站建立起了艾滋病初筛实验室，该站的档案室的档案管理达省级先进标准，全区卫生监督执法能力不断加强。在全省招商引资活动中，第七医院成功地引进医疗整形美容项目，引入资金达150万元。

2000年，卫生局分别荣获南昌市卫生工作先进单位、市红十字会先进单位、区三五普法、依法治区先进单位、计划生育达标单位等称号。

地址：南昌市孺子路266号　　电话：6625680

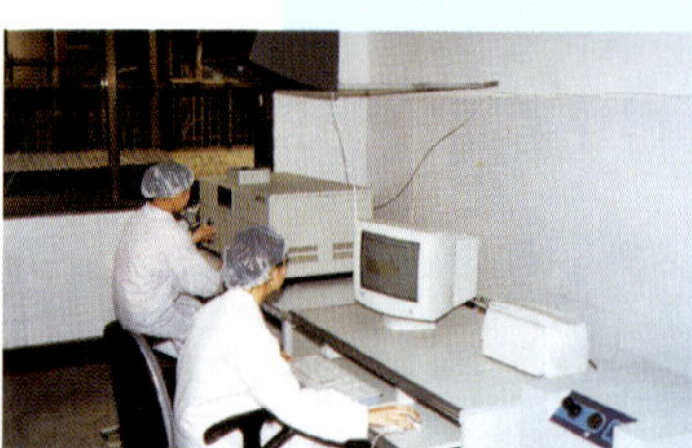

西湖区卫生防疫站投入资金近30万元，在全市城区率先建立了艾滋病初筛实验室。图为该站实验室引进的原子吸收光谱设备。

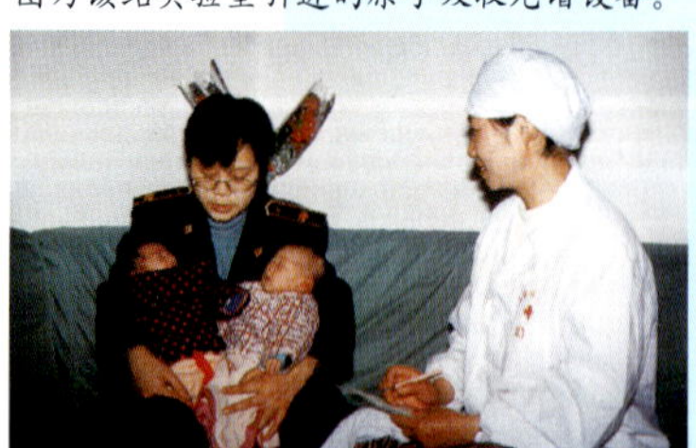

西湖区妇幼保健所为育龄妇女和孕产妇提供生殖健康和孕产期保健服务，图为保健医生上门为生育双胎的产妇进行卫生指导。

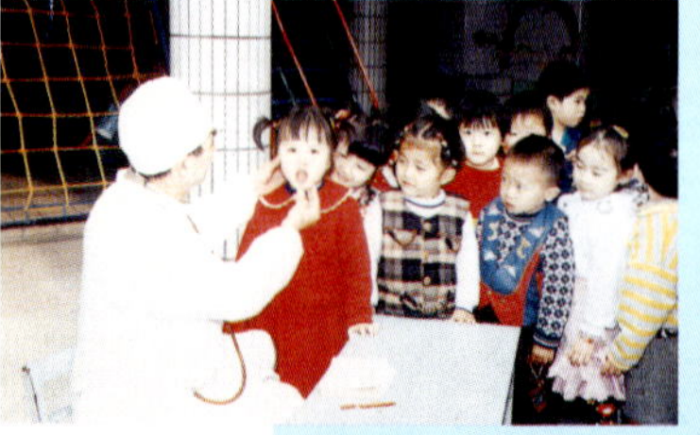

西湖区妇幼保健所按照国家教委和卫生部颁发的《托儿所·幼儿园卫生保健管理办法》，对辖区托幼机构卫生保健工作实行统一管理和监督，定期为儿童进行健康检查。

南昌市环境监测站

法人代表：张文平

南昌市环境监测站是全国重点监测站之一，属国家水、大气、酸雨、噪声一级监测网络站。该站自1978年建立开展工作以来，经过二十多年的努力，已发展成为多学科、综合性的环境监测和环境科研的技术实体。该站下设综合室、水质室、大气室、物理室、自动监测室、办公室等6个科室，现有人员70人，其中高工9人，工程师20人，高、中级技术人员占全站总人数的41.4%，拥有各种仪器设备260台／套(300多万元)和面积为2400平方米的监测大楼，已开展水、气、噪声、生物、土壤、放射性监测项目156项。

该站是国家、省环境监测优质实验室，1991年通过省计量认证；1993年被国家人事部、国家环保局评为“全国环境保护先进集体”；1997年荣获“全国环保系统先进监测站”称号。

办公大楼

地址：南昌市站前西路 65号
站长：张文平
电话：0791-6412340
邮编：330002

南昌摩托车质量监督检验所

南昌摩托车质量监督检验所是国家授权的面向全国摩托车行业的具有独立法人地位的检验机构。

本所于1988年由原中国汽车联合会批文成立。通过了国家计量认证和实验室国家认可及商检实验室国家认可，取得国家机械工业部检测机构认可证书，是国家经贸委认可的摩托车质检机构和国家环境保护总局授权的摩托车排放污染检测单位。

本所现有员工38人，科技人员占80%。拥有国产先进检测仪器设备和从日本、奥地利、美国引进的大型试验设备。共150项价值1200万元。试验室面积2500平方米，室内恒温、恒湿，吸音，隔墙操作是国内高水平的室验室。傍有2500m长、70m宽的机场跑道，检测手段完善，能满足环保、安全节能项及摩托车主要性能的检测。

认可承检范围：摩托车和轻便摩托车、助力车、发动机、前照灯、光信号装置、后视镜、燃油箱、锁止防盗装置、轻合金车轮轮辋、蓄电池、减震器等零部件检测。十余年来面向社会服务，承担了国内上百家企业、单位委托、定型和仲裁检验，先后承担摩托车排放、噪声、制动、耗油国家标准修订验证工作，历年全国统检、省质检、航空系统质检工作，围绕环保工程进行降噪降排放消声器研制工作、环保节能器装车试验工作。并开发研制检测设备，开展标准、质量、技术、认证及培训等技术咨询服务，面向社会、全方位技术服务。

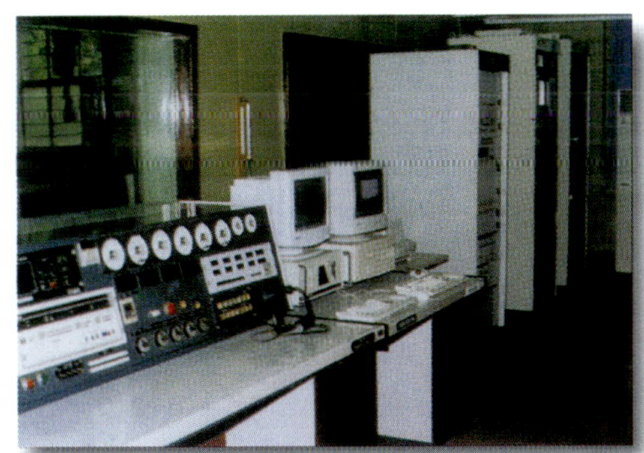

日本进口的37kwCH-DY型底盘测功机和怠速法排气测试系统

整车实验室(工况法排放试验)

所　长：钱仲明
联系人：张陆传
电　话：0791-8448694
地　址：南昌市新溪桥
邮　编：330024
传　真：0791-8448694
E-mail:ncmjs@public.nc.jx.cn

南昌市西湖区房产管理局

党委书记、局长：张春禄

物业管理是现代城市管理的重要内容，是社会系统工程，南昌市西湖区房管局为适应市场经济的发展，结合城区管理的现状，立足现在，着眼未来，满足不同层次业主的需要，积极推行物业管理，创建物业管理规范小区18个。

该局拥有13个物业管理公司(其中两个二级资质企业)，各物业公司坚持自主经营、自负盈亏、自我约束的方针，注重提高自身素质，加强业务培训，培养了一批文化素质高，服务意识强，管理经验丰富的专业管理人员。健全了内部竞争机制，强化了小区管理制度和措施。

近年来该局努力开拓物业管理市场，在南昌市率先将房管所转制为房产物业公司，按照社会化、专业化、企业化的要求进行运作，对小区实行全方位、综合性、封闭式管理，先后兴建了新世纪住宅小区、干家大屋住宅小区、船山新居等一批物业管理规范小区。为居民营造了一个安全、舒适、优美的居住环境，得到小区业主和社会各界的广泛认同，取得了良好的社会效益和经济效益。

经过几年的运作，西湖物业在社会上已树立了良好的形象，积累了丰富的管理经验，有一支高素质的管理队伍。南昌市西湖区房产管理局真诚希望能与社会各界有识之士通力合作，共同开创物业管理的新天地。

地址：南昌市前进路38号

电话：6405141

新建县长堎镇卫东村

卫东村隶属新建县长堎镇行政村，座落于南昌大桥与八一大桥中心位置。地理环境优越，昌九高速公路横穿而过，新市政府所在地红谷滩旁。卫东村委会由罗家墩、普贤、挡上，乌桥，花堎5个自然村组成，总人口2958人，耕地面积1200亩。

村长：雷平国

地址：新建县长堎镇卫东村　　**电话：3752128**

安义县交通局

安义县交通局是安义县地方交通行政管理部门，主要负责安义县地方交通建设、公路管理、运输管理、及交通行业管理。其内设办事机构有：办公室、财务审计股、综合股、法规股。其下辖行业管理部门有：安义县公路管理站、安义县拖养稽查征费站、安义县渡运管理站、安义县公路运输管理所，安义县港航管理站，各乡镇场交通管理站。其下属交通企业有：安义县汽车运输贸易实业总公司、安义县航运公司、安义县搬运公司。三个局属企业共有职工310人。

县交通局机关(含事业单位)现有在职干部职工54人，其中大中专毕业生占80%以上，是一支高水平、高素质、严格执法的交通行政执法队伍。

局长：喻德党

南昌县供电有限责任公司

南昌县是省会城市——南昌市的郊县，位于江西省中部，地处赣江、抚河下游，鄱阳湖南岸，地势南高北低，全县总面积1861.7平方公里，其中耕地占38.7%，是江南鱼米之乡。全县设10个镇，11个乡，2个县直属国营水产场，302个村委会，2400个村民小组，总人口101万。

南昌县供电有限责任公司成立于1999年3月5日，作为全省农电股份制改造试点县之一，实行股份制经营，公司注册资本金为2200万元，其中控股方省电力公司出资1320万元，南昌县出资880万元。公司现有职工1026人，其中大中专以上文化占32.4%。

我县自五十年代中期开始办电，经过四十余年的风雨历程，我县农电网络发生了巨大变化，全县现有35KV线路13条，计150KM；35KV变电站13座，主变26台，容量计105100KVA；10KV配电线路83条，计2025KM；配电变压器3866台，容量计319309KVA；农村380V/220V低压线路计8032KM，本次农网改造国家投资1.34亿元。全县所有乡、镇、场、村民委员会、村民小组都通了电，通电率达100%。

公司2000年完成购电量1.97亿千瓦时，售电量完成1.86亿千瓦时，经营收入完成9427万元，电费回收及上交基本结零，上交国家税金近500万元。

公司以创一流县级供电企业为目标，优质服务用户为宗旨，秉承"优质、规范、高效、真诚"八字方针，创建国家级示范窗口1个，省、市级示范窗口4个。已先后荣获省、市、县三级"文明单位"、省级"先进企业"及全国"电力'三为'达标单位"、"全国节能先进县"等光荣称号。

地址：南昌县南井路1161号　　电话：5713477

局长：万飞鹏

一九九八年抗洪抢险

先进单位

中共新建县委
新建县人民政府
一九九八年九月

新建县供电局担负着全县供用电管理和电力建设任务。1998年机构设置为12个职能股室和24个供电所，下辖电力建设公司、低压安装公司和电力修造厂等独立核算、自负盈亏的多经企业。全局共有干部职工360个，其中党员143人，有中级技术职称的28人，初级技术职称的58人，固定资产1000万元，拥有35kv变电站5座，主变容量30580千伏安，10kv及以上线路1200公里，配电线路2170公里，营业用户1215户（变压台区）。

经济技术指标

1998年新建县供电局完成供电量8600万度，售电量7850万度，线损率为8.72%，比上年同期下降0.17个百分点，电费回收率为88%，完成产值4000万元，上缴税利160万元。

基本建设

1998年，新建县供电局电力建设取得新进步。荣获1996-1997年南昌文明单位称号，被评为新建县抗洪抢险先进单位。年底和南昌供电局签订了代管协协，按照国务院、省政府的要求，在三年内实施大规模农网改造，逐步完成"两改一同价"工作。随着电力体制改革的不断完善和国家对农网建设的不断投入，新建县的电力建设事业将步入一个新的腾飞时期。

局领导班子正在认真学习

地址：新建县长堎镇兴华路276号
电话：(0791)3752612

南昌市西湖区房地产综合开发总公司

前进路住宅小区

南昌市西湖区房地产综合开发总公司隶属于南昌市西湖区房产管理局，在房地产开发领域苦心奋斗八年，依靠房产管理优势和日渐雄厚的技术经济力量，秉着先进的开发理念，为我们的南昌城精心打造了一批百姓新家园和商业用房，为英雄城的旧城改造做出了重大贡献。并成为西湖区国有企业的中坚力量，目前拥有固定资产1.2亿元，房地产开发二级资质，并于九九年获得江西省建设厅颁发的优秀房地产开发企业光荣称号。

公司已开发的物业有：南昌大桥十字街安置房，棉花巷商住楼，付家坡商住楼，前进路住宅小区，万寿宫灯具市场等。其中住宅现房销售率高达100%，商业用房销售率达80%以上，业户满意率达100%。正在开发的船山路路房工程也将成为我市现代化注重环境楼盘开发的新亮点。

公司上下将以先进的经营理念投入今后的开发改造，努力创建本地区房产开发百姓满意工程，树立国有企业诚信为民新形象，服务各界投资人士，回报社会厚爱。

欢迎各界人士与我公司进行房地产合资、合作开发，共创美好未来。

地址：南昌市西湘路86号　　联系电话：0791-6253658　6253798

南昌圣达电力发展有限公司高新综合大楼

地址：南昌市叠山路313号
电话：(0791)6249275　6249273
邮编：330006

公司经理：顾浩钦

南昌通达建筑工程公司

南昌通达建筑工程公司成立于九十年代初，属全民制建筑叁级施工企业。公司注册资本金500万元，拥有固定资产280万元，各类机械设备65台（套）。公司高、中、初级工程技术人员占职工总数的30%。是一家素质高，实力强的建筑施工企业。

几年来，公司在抓管理，健全制度上下功夫，使公司各项工作向规范化、标准化方向发展，全员整体素质不断提高，在竞争激烈的市场中，公司始终保持稳步发展的好势头。近期公司先后承建了南昌供电局青山湖、下正街职工集资房和江西省电力试验研究院青山湖职工集资房，总面积72672M^2、建筑造价3838.7万元，合格率为100%，以及昌北分局生产基地等品牌工程，均以速度快、质量稳定获得用户好评。2000年度被市、区建管局评为先进单位和先进施工企业以及市建协“优秀会员单位”称号。

公司经理顾浩钦率公司全体员工感激社会各界朋友热心支持，并将以更优、更好的服务质量回报于广大用户，回报于社会。

昌北分局综合楼

下正街宿舍全景

南昌供电局罗家集变电站

（本1/2版照片均由吴代贤摄）

HUAAN

江西华安针织总厂

JIANGXI HUA AN GENERAL KNITTING FACTORY

江西华安针织总厂始建于一九五四年，经过四十多年的发展，现已成为江西省最大的国有针织企业，企业注册资金1741万元，资产总额近亿元，拥有先进的织造、漂染、成衣等专业配套设备1320台（套），其中具有九十年代先进水平的进口设备有西德的大园机、细针罗纹机、提花经编机、香港立信公司的高温高压染色机、西德格罗茨公司的宽幅（3.2m）定型机、意大利法拉路公司的呢毯预缩机、日本百灵达公司的电脑绣花机、美国CAD电脑设计系统、日本兄弟公司、重机公司的各类缝纫设备等250余台（套）。拥有雄厚的技术力量，现有职工2610余人，其中各类专业技术人员368名，全厂占地面积317亩，厂房建筑面积85800m^2，其中闹市区建筑面积3640平方米。

我厂与南昌职业服装集团于一九九六年八月隆重推出了100%纯天然高支纱"虎子"系列高级针织服装，该产品一投入市场就深受广大市民的喜爱，显示出强劲的生命力。现已在本市有四家专卖店，10个销售网点，二个批发站，在市区已初步形成销售网络体系。产品已由起步时的四大系列，30余个品种发展到十大系列100多个品种，销售收入逐月递增，并于九七年荣获江西省技术监督局优秀新产品荣誉证书。

企业主要有经、纬编两条针织生产线，下设有经编分厂、漂染分厂、华燕分厂、飞燕分厂、华安进出口公司、虎子品牌发展公司、运输公司、物业管理公司等若干个经济实体。企业控股公司有南昌昌盛电脑绣花有限公司、南昌职业装集团有限公司。企业集设计、开发、工、贸、商为一体多元化经营结构，年产各类针织坯布1500吨，年产各类针织服装120万打，年销售收入达6700万元。

在此，全体员工竭诚欢迎海内外商界、企业界的新老朋友来厂洽谈业务，投资合作。

祝各界朋友生产兴隆、事业发达、万事如意！

厂长：胡立新

江西华安针织总厂 JIANGXI HUA AN GENERAL KNITTING FACTORY

地　址：南昌市上海路445号　　邮　编：330029

电　话：(0791)8331710　　传　真：(0791)8332004

厂貌一隅

"虎子"品牌生产线

"虎子"品牌服装专卖店

江西电炉厂

江西电炉厂创建于1968年至今已有30多年的历史，是国家定点生产工业电阻炉的专业热处理设备厂。本厂可生产十四大类68种品种500个规格的标准电炉，并研制了许多技术先进的大型非标热处理生产线，客户遍及国内27个省（市、自治区）及东南亚、西欧、北美等国家。

我厂有各类专业技术人员140人，中级职称人员40余人，高级职称人员8人，持专业工种合格证工人400人。年生产能力800标准台，年产值3000万元。工厂占地面积70000M^2，建筑面积40000M^2，属国有中型企业。

本厂至力于新产品开发，技术创新，为我国的国防航空、航天、冶金机械、石油化工及其他行业生产出各类工业加热设备累计一万多台/套。

江西电炉厂建厂后经二次技术改造，正以崭新的面貌和求实的精神迎接新老用户的更进一步的合作，本企业将保持"重合同，守信誉"企业的光荣称号，认真履行产品质量承诺，为振兴发展我国的热处理设备而努力奋斗！

法人代表：许荣龙　　电话：(0791)3760047　3760225　8331322　　传真：(0791)3763875

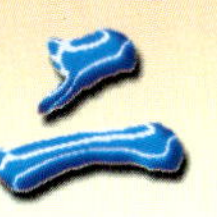

南昌第二师范学校

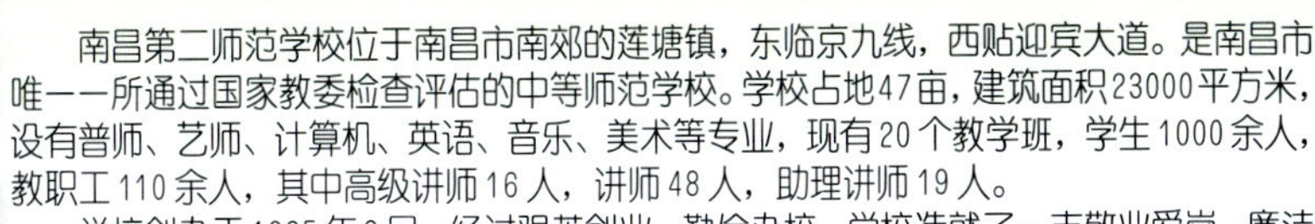

南昌第二师范学校位于南昌市南郊的莲塘镇，东临京九线，西贴迎宾大道。是南昌市唯一一所通过国家教委检查评估的中等师范学校。学校占地47亩，建筑面积23000平方米，设有普师、艺师、计算机、英语、音乐、美术等专业，现有20个教学班，学生1000余人，教职工110余人，其中高级讲师16人，讲师48人，助理讲师19人。

学校创办于1985年8月，经过艰苦创业，勤俭办校，学校造就了一支敬业爱岗、廉洁高效、乐于奉献的教职工队伍，形成了“团结、勤奋、求实、创新”的校风，“敬业垂范、精雕细琢”的教风，“勤学苦练、自强不息”的学风，学校校园美丽，校舍洁净，布局合理，生活设施齐全，教学设备完善。

学校坚持“德育为首、教学为主、育人为本”的办学思想，全面贯彻党的教育方针，面向全体学生，推进素质教育，从严治校，从严管理，学校的各项工作和教育质量明显提高。近年来，学校多次被评为省市先进单位，被省建设厅、省绿化委授予“园林化单位”称号，被省教委授予“德育工作先进单位”、“青年教师工作先进单位”等称号。97年学校顺利通过了国家教委的检查和评估，国家教委中师联检团的领导在反馈意见中说：“南昌二师是一所办学方向明确、管理严格精细、办学颇具特色的袖珍型花园式的农村中等师范学校”。

学校在抓实文化课教学的同时，非常重视对学生能力的培养和锻炼，围绕素质教育的要求，着力培养学生的创新精神和实践能力，一大批学生在全国、省、市比赛中获奖。98年，学校艺术团参加江西省第三届中师生文艺汇演暨舞蹈比赛获赛区团体总分第一名，99年，学校航模队参加江西省教委举办的省中师航空模型锦标赛荣获综合团体总分第一名。2000年，我校学生参加全国中师生书法、科技等竞赛共有31人次获一、二、三等奖。由于我们对学生能力常抓不懈，毕业生“下得去、留得住、教得好”，深受用人单位的好评，学校日益受到各级领导和社会各界的瞩目与关注。

语音室

地址：南昌县莲塘镇斗柏路122号　电话：5712880　校长：徐新民

江西省新闻出版学校

国家新闻出版署全国招生重点中专

校长、法人代表：杨格平

书记：廖诗材

江西省新闻出版学校创建于1985年，隶属于江西省新闻出版局、出版总社，是全省唯一一所国立的、培养新闻出版专业人才的全日制中等专业学校。学校环境优美、中等教育相结合，全日制与岗位培训、职能鉴定并举的多层次、多类型、多模式的大型教育、培训基地。并设有武汉大学大专函授站、北京印刷学校大专、本科函授站等，于1998年经国家新闻出版署批准，列入全国同类跨省招生的三所学校之一。学校坚持以市场为导向，设有电子制版、电脑艺术设计、装潢设计、印刷技术、包装技术、电子音像技术、新闻摄影、图书发行、印刷机电一体化等九个专业。拥有完善的教学、生活、运动、服务的设施。建有宽敞、明亮、舒适、集电话、卫生、淋浴为一体的学生公寓和电教、语音、多媒体、电子电工、印刷实训、彩色桌面系统等实验、实训场所，配有300多台先进计算机、图书馆藏书10万册，现有在校学生1300人，有一支业精和敬业的教师队伍，高级讲师11人，讲师32人。学校校风严谨，管理严格，学习风气优良，培养的学生具有扎实的基础理论和专业知识，有较强的实际动手能力和创造性工作素质，为省内外许多用人单位所青睐。推荐就业率100%，多年来学校先后获“职业技术教育先进单位”、“市级文明单位”、“优秀党组织”等称号。

地址：南昌市朝阳洲抚生路202号
电话：6519051

南昌煤制品有限公司

董事长兼总经理：李佑辉

南昌煤制品有限公司是商贸委所属的商办工业企业，九七年转制后，成为我市煤制品行业仅此一家的国有主营公司。拥有网点、房地产、铁路专用线、机械设备等固定资产2649万元，公司下属三个加工厂，一个煤机制造厂，一个多种经营部。主导产品有民用蜂窝煤粉和工业固硫型煤，并承接全省煤制品系统的机械设计制造，将逐步研制开发气化型煤、冶金型煤和窑炉型煤。

公司现有职工1300余人，大中专文化程度以上的有285人，其中具有专业技术职称的86人。公司所属煤质化验室，产品检测室，科技开发的中试车间，共配有专业技术人员20余名。"八五"期间以来，公司组织专业人员对洁净高效的煤制品，进行研制开发和推广应用，为工业固硫型煤、上点火式蜂窝煤、上燃式方型组合煤、多用火锅煤以及配套炉灶等，曾获得省部级科技成果奖和专利多项。

公司经营历史悠久，一厂创建于南昌解放初期，90年被命名为省级先进企业；二厂建于1962年，历年被评为系统先进单位和市区文明单位。四十多年来，企业经营状况一直良好，一、二厂年产销民用煤30多万吨，至93年后煤制品才不断地萎缩，目前民用煤的年产销量仍在8万吨左右。我公司由于在定点粉碎、分散成型、保障供给，平抑物价的基础上，向社会提供了优质产品和优质服务，因此受到省市政府和内贸部的好评，并作为经验向全国推广。跨入21世纪，我们将继续以市场需求为导向，充分发挥主渠道作用，大力研制开发高科技，高附加值的新产品，以技术进步求发展，以产品质量求生存，以强化管理求效益，以售后服务求市场。

地址：南昌市东湖区佘山路98号
电话：8633485　8600204

江西电力高级技校

江西电力高级技工学校是一所集学历教育、岗位培训、技能等级鉴定为一体的多功能办学高级职业技术教育学校。隶属于江西省电力公司，创建于1978年，座落在人文荟萃的南昌市青云谱，占地面积107.5亩。办学20多年来，已发展成为一个专业设备齐全、师资力量雄厚、教学设备先进、办学环境雅致的一流技术院校。多年来，学校以高质量的技能教学，在职业技术教育领域发挥了示范作用，赢得了社会的广泛赞誉，先后获“省重点技校”、“国家重点技校”、“电力标兵学校”、“省文明单位”等殊荣，是省内最早的一所由国家认定批准的“国家重点技校”和“高级技工学校”。

目前，该校办学向“培训结构多元化、专业设置复合化、办学层次高级化、技能特色稳固化”全面推进。

校长：张小毛

仿真变电中心

地　址：江西南昌市迎宾北大道1208号　　邮　编：330043

校　长：张小毛　　电　话：(0791)5276215

办学二年，硕果累累

南昌现代外国语学校

NCXDWGYXX

各位家长，在南昌市迎宾大道上，有一所寄宿型、封闭式、准军事化管理的花园式江西名校——南昌现代外国语学校。学校投资6100万元，建成了现代化的教学楼、体育场、游泳池、网球场、图书馆等先进教育教学设施。在今年首次参加南昌市初中升高中统一考试中，南昌现代外国语学校以优异成绩取得了南昌市重点高中上线率第一名的特好成绩。今年中考，南昌现代外国语学校有94名学生，全部参加2001年中考，其中500分以上重点中学上线率达34.2%，490分以上重点中学上线率达37.3%，470分以上重点中学上线率达48.8%。同时在2001年中考中，南昌现代外国语学校的英语成绩也非常突出，94人参加考试，100分以上的学生有38人，90分以上的学生有47人，在南昌市初中名列前茅，遥遥领先。

如此优异成绩的取得，来自于南昌现代外国语学校一流的设施，一流的教师、一流的管理、一流的学生和对学生进行的全面综合素质教育。1999年，南昌现代外国语学校创办之初，学校领导班子就提出“一切为了学生，为了学生一切”的教育宗旨，以“关注竞赛，盯着中考，把握高考”为教育教学的主旋律，高起点、高标准地确定了办学方向。在管理上，按现代化、正规化、规范化的要求运作，学校不仅教学生学习、更教他们如何做人，锻炼他们的独立自主的生存能力。

各位家长！21世纪是一个高素质人才竞争的时代，选择一所好的学校，接受良好的教育，将会改变一个人的一生。南昌现代外国语学校是一所充满希望的学校，在新世纪，他正敞开大门，热情欢迎想成才的青少年朋友投入他的怀抱，同时，他也热忱欢迎那些想把自己的儿女培养成高素质人才的父母前来参观和咨询。

南昌现代外国语学校2001年首次参加南昌市中考一鸣惊人，全校初三年级94位学生全部参考，升学率100%，市重点高中上线率达45.6%。

董事长：胡乐平

地　址：南昌市迎宾大道南端

电　话：0791-5751190　5274815

5750831　13970003203

南昌铁路机械学校

地址：南昌昌北双港东大街
校长：陈明德
电话：3805694

中等职业学校（中专）
国家级重点
中华人民共和国教育部

南昌铁路机械学校创建于1972年10月15日，是铁道部属、南昌铁路局主管的工科类铁路中等专业学校。学校环境优美，教学设施齐全，师资力量雄厚，已成为中专与技工并存、普通与成人教育结合、岗前与岗位培训并重、路内与路外相结合的多层次、多类型、多模式的大型中等职业教育培训基地。目前拥有昌北和莲塘两个学区，向塘、南昌三个实习基地和局内各站段的多个联合办学点。

学校教育资源雄厚，校园占地面积583亩，校舍面积近71057平方米，建有包括电教中心、计算机中心和语音教室等在内的校内实验室、演练室50多个，实习工厂2个，能容纳1500人的多功能会堂一栋。新建高科技综合楼，建筑面积5000余平方米；其中建有多媒体教室2个，配有近500台586型计算机。已建成校内闭路电视网和校园网，并进入国际互联网。图书馆藏书近19万册，采用了计算机自动化管理系统。现有在校学生（员）4100人，校外半脱产成人中专生610人。设有热力机车、铁道车辆、起重运输与工程机械、工业与民用建筑（建筑工程）、铁道工程、机电设备维修（机电工程）、电子技术应用、计算机及应用、制冷与空调、电脑文秘、建筑装饰、声像设备等12个中专专业，以及铁道线路、信号、运输3个技工专业。学校在职教职员工304人，其中高级讲师28人，讲师72人。江西省中专教育研究会、江西省中专学生工作委员会和省中专数学、力学、图学研究分会挂牌我校，有10人担任省、部中专教研会或学会理事长、副理事长、秘书长及铁道部中专专业教育指导委员会委员。多年来学校先后获得江西省"职业技术教育先进单位"、"文明单位"、铁道部"绿化百家单位"、"全国语言文字工作先进单位"称号。学校教育质量优良，1992年与1996年先后夺得全国和江西省计算机竞赛专业组和非专业组的团体和个人优异成绩，1997年获全省中职学生"四项技能"竞赛个人全能冠军。1999年学校在江西省中专评审复评中以全省第一名的优异成绩荣膺全国重点中专学校。

近几年来，学校坚持解放思想，转变观念，深化改革，加速发展，实施多功能开放办学，多元化兼容办学，全方位联合办学，全年候按需办学。在办学模式、管理体制、德育工作、教学机制、学生管理、校内用人与分配机制、后勤管理等方面，坚持综合配套改革，在省内外、路内外产生了广泛积极的影响。目前，学校正朝着"创建跨世纪示范学校"的宏伟目标奋进。

南昌技术学院

南昌技术学院（南昌高级技工学校）于一九八六年经江西省人民政府批准成立，由江西省政府与德国黑森州政府合作兴建，是培养相当于大专层次的高级技术人才的专业学院。学校位于南昌经济开发区(昌北下罗)，占地198亩，风景秀丽，环境幽静。学院拥有价值2702万元的现代化的教学设施和门类齐全的实验设备；建有教学与生产相结合的三个实习车间和保障有力的后勤服务设施；拥有一支高素质的教师队伍，高、中级职称占80%以上，其中有23名专业教师在德国国进行了一年以上的专业深造。我院借鉴德国职业教育"双元制"教学法，结合中国实际，实施一整套理论与实践相结合的教学与管理模式，充分保证了教学质量。建校以来，为社会培养了数以万计倍受欢迎的各类技术人才。一九九七年南昌市人民政府授于学校"南昌市职业教育先进单位"荣誉称号。

校长：熊昌亮

熊校长陪同省、市领导参观电子电工培训车间先进的教学设备

学生在机械模具制造车间

地址：南昌市昌北·下罗
电话：3815680　8311196

南昌皮肤病院

南昌皮肤病院原为江西省皮肤病专科医院，江西省皮肤性病研究所，成立于1955年。文革期间医院被撤消，1972年恢复并更名为南昌皮肤病院，1989年经上级主管部门批准设立南昌市性病防治中心。医院现有在职职工190多人，其中卫生技术人员150多人，高级职称12人，中级职称50人。医院设有皮肤内科、皮肤美容外科及性病防治中心等临床科室，住院部开放病床40张。

皮肤内科

可诊治各种常见皮肤病及疑难重症。如湿疹、神经性皮炎、手足癣、银屑病、天疱疮、红斑狼疮等。为全面、系统地掌握病情变化，医院还成立了真菌性疾病、变态反应性疾病、结缔组织病、疱病和银梢病专病门诊，做到专病专治。

皮肤美容外科

开展了白癜风自体表皮移植术、小切口腋臭去除术、扁平疣自体疣组织种植术、皮肤肿瘤根治术等皮肤外科手术，同时还开展了隆鼻、重睑、祛眼袋、隆乳及各种疤痕整形等美容外科手术，并可运用超高频美容仪治疗黑色素痣、血管痣、雀斑、汗管瘤、多毛症及各种皮肤赘生物等。

性病防治中心

是经上级主管部门批准的南昌市唯一一家市级性病防治中心，同时也是卫生部在南昌市设立的艾滋病、性病监测哨点。可诊治淋病、非淋菌性尿道炎、梅毒、尖锐湿疣、生殖器疱疹、软下疳、性病性淋巴肉芽肿等性传播性疾病。中心实验室开展了各种性病病原体检测项目二十余种，并成立了艾滋病（HIV）初筛实验室。

检验科

拥有全自动生化仪、全自动血球分析仪、电解质分析仪、半自动恒冷切片机等检验设备，除可进行常规化验外，真菌室可对真菌性疾病进行镜检、培养及菌种鉴定；病理室开展了普通病理及免疫病理检查，可确诊各种皮肤肿瘤、天疱疮、红斑狼疮等皮肤病。

特检科

拥有多功能心电分析系统及B超等检测设备，内设的变态反应室可为各种过敏性皮肤病查找敏源，并进行脱敏治疗。

理疗科

拥有超声治疗机、湿热交流磁氧治疗机、微波治疗机、中药薰蒸器、红光治疗仪、妇科炎症治疗仪、体外射频治疗仪等设备，可治疗各种皮肤病 、前列腺增生肥大及妇科炎症性疾病。

药科

自行配制有五十余种疗效显著的外用制剂。

地址：南昌市迎宾大道310弄6号 皮肤内科电话：(0791)5211928 皮肤外科电话：5209876 二门诊电话：6823342 住院部电话：5221470

进贤县人民医院始建于1931年，座落于县城民和镇民安路59号，东接风景优美的水上公园，是一所集医疗、教学科研为一体的综合性二级甲等医院，全院占地面积58500平方米，建筑面积44680平方米，开放病床310张，年门诊量13万余人次，住院1万余人次。现有职工443人，其中副高级以上职称23人，中级114人，卫技人员占全院总人数75%。

医院设有临床科室16个，医技科室10个，我院外科除可进行普外手术外，还开展了泌外、胸外、脑外、矫外等手术；可做各种胃肠道手术，胆道、泌尿道结石取石术，纵隔、心包肿瘤切除术。肝叶、肺叶切除术，开颅探查和颅内血肿清除术，肿瘤切除术、各种骨科手术等100余种，五官科除开展外眼手术外，还可进行角膜人工晶体移植术等内眼手术。妇产科可处理各种产科、妇科疾病，如剖宫产、卵巢襄肿肿瘤切除，输卵管再通等手术。内科、儿科、传染科能处理各种疑难病症，开展了心电监护，食道调博，腹膜透析、脑室穿刺等新的诊疗方法。

近年来，医院医技科室发展较快，添了大批先进的医疗设备，现有日本原装W-450型全身CT机，可用于全身各部位疾病的检查，尤其适用于肿瘤的早期诊断。医院还有彩超仪、日本阿洛卡630型B超仪，日本12导联心电图仪、动态心电图仪、日本奥林巴斯纤维胃镜，电子胃镜，意大利全自动生化分析仪，日本东亚血球计数仪碎石机，心电监护仪等大中型医疗设备250余件。医疗设备的添置，促进了医疗水平的提高，为全县人民身体健康提供了有力保障。

本院将竭诚为广大患者提供优质服务，欢迎广大病友前来就诊。

院　　长：吴晓清

地　　址：进贤县民和镇民安路59号

电　　话：0791-5663186

江西省地矿局物化探大队

Jiang xi shen di kuang ju wu hua tan da dui

本队1958年成立，是全国有名的地球物理化学探矿队伍，拥有省内找矿必备的所有地质基础资料——物化探矿产信息数据和图件，获国家重大科技成果奖。为部省找矿功勋学位和省市园林化单位。

省内发现阳储岭大钨钼矿，岩背大锡矿，虎家尖大银金矿等，并发现波阳金家钨金矿引资三千万元勘采。1985年起到西藏、海南、新疆和伊朗等，找到海南金矿带，新疆赛都金矿，西藏洞嘎金矿与冲江大铜矿等一大批矿产地。

本队还有十多年土地测量。地籍规划经验，国土测绘技术、人才、设备雄厚；并有化验测绘专业机构，经省级计量认证，可测土壤元素和金属含量等。同时可承接高层建筑大型基桩工程与水利堤坝堵漏等业务。扩底桩径超过4米。2000年南昌招商引资会上本队还和安徽富煌公司合资千万元成立了轻钢建材公司。

江西省矿局物化探大队愿为南昌经济贡献力量。

地址：南昌向塘　　邮编：330201
电话：0791-5147801　　传真：0791-5147750
电子信箱：jxwht@public.nc.jx.cn
whtkzy@public.nc.jx.cn

本队在波阳县金家坞发现的中型以上金矿，已引资三千万元开发。图为国内知名专家国家金矿小组首席科学家沈远超正在讲解金矿的发展前景。

本队职工在青藏高原渡江找矿

本队江南公司运用泵吸反循环技术开展扩底桩工程，在深圳深基坑13米处艰难施工，获优秀工程称号。

江西地质工程勘察院
江西省昌水建设工程有限公司
（江西省水文地质工程地质大队）

院长、教授级高工：李福良

本单位始建于1958年，持有国家建设部颁发的甲级勘察证、贰级施工证、现有职工821人，工程技术人员180余人，其中高、中级工程技术人员120余人，拥有各种机械设备和现场测试设备共480余台(套)，并配有先进的数据处理、图件绘制信息系统。

我们本着“立足本省、开拓全国，发展国外”的经营思想，从江西扩展到福建、广东、山东、南京、上海、海南、武汉、新疆及巴基斯坦等地，业务面复盖广泛，是江西地勘局首家进入国际市场的地勘单位。历年来，共完成了江西省1/20万区域水文地质普查，1/50万江西省工程地质区划，1/50万江西省环境地质调查等数十项区域性地质工作，拥有丰富的水、工、环基础地质资料；累计完成各类勘察、科研和建井施工等项目1400余项，其中超高层建筑，特大型铁路(公路)桥梁、高速公路、特大型水库及特大型水源地等重点工程勘察和施工130余项，获国家、部、省级科技进步、工程勘察、地质找矿等奖励40余项。

为了适应市场发展的需要，我们按照现代企业的要求进行管理，狠狐工作质量和产品质量，确保企业的信誉和效益，先后获全国总工会，国家经委、原地矿部、江西省委、省政府授予的“设备管理先进单位”、“双增双节百厂竞赛优胜企业”等荣誉称号13项次；获建设部、原地矿部、江西省质协、江西省勘技协授予的“优秀QC小组”、“优秀QC小组成果”等奖和荣誉称号11项次。

我们的宗旨是，把质量、信誉放在工作的首位，努力为用户提供优质的服务。

院　　长：李福良(高级工程师)
总工程师：曾马荪(高级工程师)
总会计师：刘　辉(高级会计师)
地　　址：江西省南昌市罗家镇北
邮　　编：330012
总　　机：(0791)8399691
电　　挂：3304
传　　真：(0791)8398698

企业精神：团结、开拓、求实、献身

南昌县莲塘第一小学

南昌县莲塘第一小学位于莲塘镇沿河路。始建(私立莲塘中山小学)于1924年。直到1972年正式更名为现校名。

学校全面贯彻党的教育方针，坚持以邓小平“三个面向”为指导，在积极探索由应试教育向素质教育转轨的同时，从育人的角度出发，确立了“立体多维，严细求实”的德育工作模式；以及“实践创新，全面发展”的培养目标。学校教育教学质量不断提高。

校长：罗贤训

为适应现代化教学的需要，学校近五年来，先后投资近240万余元，兴建了综合大楼，教室及教工宿舍各一幢；投入和添置了多媒体、电脑、钢琴、铜管、自然实验、健身房，以及学生阅览室，阶梯教室等，美化了校园环境。教学班由79年的20个发展到今天的35个；在校学生从1276名发展到今天的2500余名；教职工由39名发展至今天的112名：其中具有大专以上学历的小学高级教师25名；市级学科带头人3名。

近10年来，学校先后荣获国家、省、市、县级荣誉称号达120余项。目前，学校正在“五育并举打基础，全面发展育人才”上下功夫，为创建省、市级示范学校而奋斗！

地　　址：莲塘镇沿河路207号
电　　话：5712945

莲塘镇中心小学

校长：万贤琳

副校长：章广仁

学校教师在国家级、省级刊物发表或交流的部分文章及获奖证书

莲塘镇中心小学位于县城莲塘镇站东路，下辖六所村完小，一所幼儿园。现有教学班49个，在校学生1860人，教职工162人，在159名专任教师中，小学高级教师67人；县级以上各科教育、教学研究会理事3人；县级以上优秀教师、先进工作者17人；县级以上学科带头人5人。

镇属学校的校园环境优雅 、整洁，在一幢幢宽敞明亮的教学楼里“图书阅览、自然实验、微机、电化教学”等专用教室和设施一应俱全，分别符合省级Ⅱ、Ⅲ类学校的达标要求。

学校形成了以全面评估为主干,以教学常规管理和教育科研管理为两翼的管理体系,建立了素质教育形势下的比较完善的教师工作,学生学习考核评价制度。“以德立校，依法治校，科研兴校，质量强校”是学校的办学方针。坚持“全面贯彻教育方针，全面提高教育质量”，使学生在德、智、体、美诸方面都得到主动发展。全面实施素质教育，培养学生创新精神和实践能力， 是学校的主要工作特色。

九八以来，由于全体师生的共同努力，学校的各项工作都有了新的起色。学校党支部连续三年被分别评为县、镇先进支部。学校被授予县“文明单位”、“现代技术教育先进单位”、“教师五项基本功先进单位”、“优秀少先队组织”等称号，被市授予“课堂展示月先进单位”、“学会做人演讲一等奖”、“优秀少先队组织”等称号。教师的学术论文在县级以上刊物登载或年会交流共42篇。其中国家级4篇；省级6篇；市级11篇；县级24篇。教师中参加县级以上各种业务竞赛获奖85人次；学生中参加县以上学科知识竞赛获奖28人次。其中，获“华罗庚数学金杯赛”奖2人次，获市小学数学报知识竞赛奖3人次。

学校领导班子在研究工作

地　址：莲塘镇站东路18号
电　话：5712761

中心小学本部的教学大楼

江西省农科院农业工程研究所

江西省农科院农业工程研究所是在江西省农科院农机鉴定站基础上发展起来的科研机构，是以农业工程技术研究和农机试验鉴定为依托、集科研、推广、检验、服务于一体的省级科研事业单位。现有在职职工18人，其中具有高、中级技术职称的科技人员12人。经过多年的艰苦创业，该所现拥有独立的办公楼和实验室群，装备有较完整的现代化农机产品检测设备以及农业工程技术研究试验设施，具备较先进的农业工程技术研究和农机产品检验鉴定的实验和手段。

多年来，该所紧紧围绕科技为经济建设服务这个根本，不断加大技术创新，曾研究出一批在省内外具有较大影响的科技成果，其中14项成果分别通过部、省级鉴定验收、2项成果获省科学大会奖，2项成果获部、省级科技进步奖，5项成果获省技术改进奖和农科教突出贡献奖，3项技术获国家专利。农机的试验鉴定和检验工作也有较大的发展，特别是近10年来，具备农用动力机械、耕作机械、植保机械、收获脱粒机械、农副产品加工机械、农业运械机械等八大类农机产品和24种农机零配件的检验能力。被省农机化局授权为"农业机械鉴定站"，省技术监督局授权为"江西省农机产品质量监督检验二站"。承担了我省农业机械产品鉴定，推广鉴定试验和农机产品监督检验、市场检验任务。10年来，受检产品850多台(件)，受检批量超过12万多台(件)，对维护企业和用户的合法权益，提高农机产品质量，净化农机经营市场推动我省农机化事业发展发挥了积极的作用。

◆ **可提供的成果**

- 在农机产品检测技术上提供产品的鉴定试验、监督检验、和仲裁检验质量鉴定等方面的科学、公正、优质、高效服务。
- 在节水灌溉技术应用中提供工程设计、咨询和施工技术服务。
- 可提供抛秧机构的专利技术转让。可提供DWP 低压雾状喷头的专利技术转让。可提供横栅活动窗帘的专利技术转让。

◆ **可承接的对外技术服务**

- 可承接农田规划设计、农田水利安装及施工业务。
- 可承接农机新产品鉴定、新技术及委托检验、农机产品的维修业务。
- 可承接防盗门、防盗窗及铝合金的装修业务。

地址：南昌县莲塘镇 电话：5739149

南昌高等专科学校

南昌高等专科学校是南昌市人民政府主办的国家教育部批准的一所综合性普通高校。学校位于南昌城区洪城大道西端、南昌大桥头，西与红谷滩新城隔江相望，北同江南名楼滕王阁遥相呼应，东连洪城大市场，地理位置优越，交通十分方便。市内有多路公共汽车(12、25、27、19、22、8、4)直达学校。校园规划面积200余亩，环境优美，绿树成荫，属典型的园林式校园。现有建筑面积5万多平方米，教学楼、综合实验大楼、图书馆、食堂、礼堂、学生宿舍等林立校园，教学设备资产达1000多万元。

学校有工程系、经济管理系、政法系、中文系、外语系、计算机技术应用系、艺术系、"两课"教研室和军体室。开设了计算机应用、机械电子工程、空调与制冷技术、房屋建筑工程、化学工程(环境保护)、工商管理、会计、贸易经济、法律、秘书与公共关系、广告装潢、音乐表演、英语等十几个专业。今年共有12个专业招生950人。

学校有一支较强的师资队伍。现有教职员工300余人。其中高级职称70人，讲师、工程师120余人。常年聘请了外籍专家在校任教，并聘请了中国科学院院士杨叔子、徐性初等30余名专家学者和社会名流为学校客座教授或顾问。目前，在校学生达1400余(不含成人)。

学校设有物理、电工、液压、金相、热处理、建材、测量、化学、会计电算化、刑侦、摄影等18个实验室，有符合教学要求的语音室、计算机房、多媒体教室、琴房、形体房、篮球场、排球场、模拟法庭、学术报告厅；拥有一批校内外教学实践基地和校办产业。

学校为培养高素质人才，提高办学质量进行了一系列的改革。在教学改革方面：明确培养规格、优化培养过程、拓宽专业口径、调整专业结构、加强实践教学，增加了与社会人才需求相适应的新专业方向，特别注重学生外语水平的提高和计算机应用能力的培养。在高年级还根据专业具体情况，开设吻合行业资格考试的修读课程。我校教学质量稳步上升，在历年的全省高校大学英语等级考试及非计算机专业计算机等级考试中连续获得好成绩。

我校实行奖学金制，以鼓励学生德、智、体、美全面发展。对家庭贫困学生，建立了勤工助学、困难补助、减免学费、贷款助学等多元化资助的机制，帮助学生完成学业。对成绩优秀者，学完两年课程后，可推荐考试进入省内本科院校三年级就读，为本科院校在籍学生。

南昌市委、市政府对学校的发展十分重视，不断加大对学校基本建设的投入。全校师生员工在校党委、行政领导下，正发扬"团结、求实、勤奋、创新"的校风，意气风发、信心百倍地工作和学习。南昌高等专科学校正以崭新的姿态走向光辉的明天。

地址：南昌市万福寺18号(南昌大桥东桥头)
电话：6516486 邮编：330009

南昌市水产科学研究所

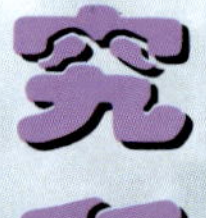

鱼类越冬温室

科研楼

实验室

南昌市水产科学研究所是以水产应用开发研究、技术推广为主的事业单位。有职工25人，科技人员达14人，期中：高级工程师4人，工程师3人，助理工程师17人。该所自1972年成立以来，共承担上级下达的科研项目共计35项。获部、省级科技成果与表彰奖励的共7项，市级科研成果共6项。

为了水产科研的需要，该所还配有科研池塘36165.03平方米，有温室二座，计400平方米，观赏鱼基地766平方米，此外还添置了细菌接种、培养与水质分析、细微摄影仪等整套仪器设备。拥有科技图书、期刊等共3000多册。

该所在坚持以科研为中心的基础上，大力发展渔业生产，每年向社会提供优质的罗非鱼、团头鲂、云斑鮰、日本锦鲤、淡水白鲳彭泽鲫、鳜鱼等名、特、优、新鱼种300万尾以上，向社会提供优质商品鱼1万多公斤。

该所还兴办经济实体，为增强发展后劲服务，组建了水产技术服务部和鱼病医院，为渔业生产单位提供各种防治鱼病的药物及技术，供应渔需物资、渔业机械设备等，深受广大用户的欢迎。

地址：南昌市庐山南大道214号 所长：涂彭文
电话：3851411 3857330 3853453 邮编：330038

硕果累累
人才济济

适应城郊养殖的品种——尼罗罗非鱼

优良的养殖品种——淡水白鲳

南昌市良种场

南昌市良种场成立于1979年，事业性质，隶属于南昌市农业局，是本市农作物良种专业生产、示范、推广单位。地处城市南郊、赣江东岸、南昌大桥东端。现有员工150余人，专业技术人员16人，其中高、中级职称5人，享受国贴专家一人。固定资产3000万元，良种试验示范田250余亩，土质肥沃。每年生产、引进、推广农作物良种120余万公斤，年创社会效益近千万元。每年承担省、市下达的多项良种示范、推广任务、在省内外种业界有一定的知名度和美誉度。

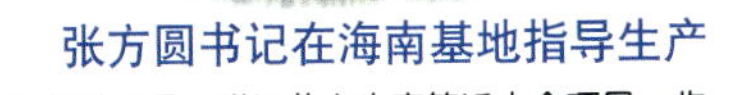

张方圆书记在海南基地指导生产

近几年，为寻找新的经济增长点，我场瞄准市场，进行了大量的调查研究，组织实施了优质米生产加工销售一体化项目、良种检测加工项目、不育系优IA及金23A提纯复壮项目、鲜切花卉生产等近十个项目，收到了一定的效果。

目前，我场拟寻找花卉生产及土地开发项目的合作伙伴，大体情况如下：

◇ 花卉项目——本场现有40亩花圃，可合资合作开发。

◇ 土地开发——我场自有土地250余亩，为发挥地理优势，可进行房地产开发、种养深加工等合作。

地址：中国·江西·南昌市良种场　邮编：330009　电话:(0791)6574049、6574461　联系人：张方圆、孙小明

江西美佳康食品科技开发有限公司

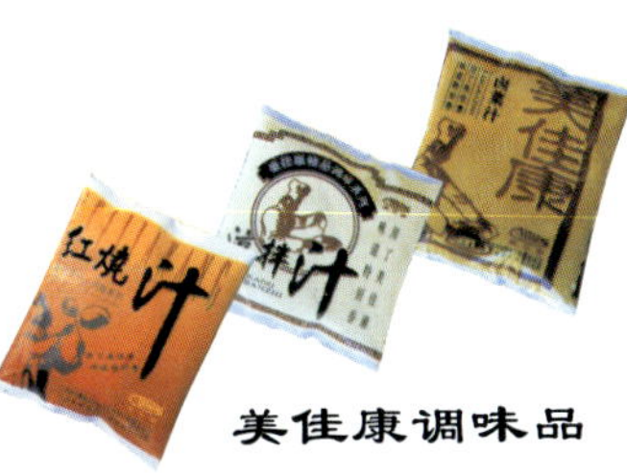

美佳康调味品

美佳康酱鸭是我公司与江西食品研究所联合研制的又一新产品，它扬“南昌酱鸭”之长，并附有多种滋补，健身、开胃中草药浸泡。工艺独特，口感细嫩，香味丰富、品味悠长，回味无穷，且经济实惠，是理想的民食佳肴。

美佳康公司的红烧汁、卤菜汁、凉拌汁等调味品，是我公司为满足大家都能亲手制作卤菜，红烧菜及凉拌菜，而推出的新产品，用该系列产品不需要任何佐料就能做出各种美味可口的菜，它填补了国内外空白。

美佳康酱鸭

公司地址：南昌市北京东路98号(省食品工业研究所院内)　电话:(0791)8303628　传真:(0791)8182207　邮编：330029

南昌市佛塔生猪交易批发市场

佛塔生猪交易批发市场地处江西省南昌市郊区罗家镇佛塔街，南接南莲公路，东接包谢公路，市内21路公共汽车和南钢铁路专线穿街而过，交通十分便利。

佛塔生猪交易起始于九十年代初，到1995年生猪批发交易开始起步。生猪批发业经历了一个从无到有、由少聚多的发展过程。目前，生猪批发行由最初的4户发展到30户，日批发生猪由200头发展到2500头左右，年成交生猪由7万头发展到90万头，年成交额现在已达6亿元，形成了江西境内最大的商品猪集散中心。来市场交易的生猪除省内外，还有安徽、山东、河南、河北、山西、湖南、湖北、浙江、江苏、西安、北京、内蒙古等省市的生猪，批发出去的生猪辐射全国各地。

目前建成的市场占地总面积100亩，总投资额达1500万元，其中个体投资450万元，市场一期基础工程投入900万元，修通了长1800米，宽15米的佛朱公路；建造了广告式标志塔；新建了容量为80吨，23.8米高的水塔，自来水管通向各批发行；市场东西的广告路标和龙门架让路人一目了然；排污设施和消毒设施日臻完善。

如今的生猪市场正朝着持续、快速、健康的发展轨道迈进。南昌市郊区政府牵头成立了市场管委会，由管委会对市场进行统一管理，由市场服务中心实行统一服务，由中心牵头对市场进行集中统一收费，“三个统一”的实施，促进了生猪市场的规范管理，改善了市场发展的软环境，预计在完善各项服务体系后，2001年市场批发行将增至40户，日批发生猪可达5000头，年成交额可达12亿元，年管理费可超1000万元。

地址：罗家镇佛塔村
电话：8373873

朱斯龙草药诊所

朱斯龙 男，1933年10月出生，汉族，籍贯(丰城市)，名老中医，1983年毕业于光明中医函授学院，1952年参加工作，历任中共南昌市抚河区区委副书记，南昌市航运局副局长，中共南昌市委统战部部长，南昌市政协副主席。在任职期间，一直利用工作之余，从事祖国中草药研究，钻研了古今中草医药理论及名著，1983年创办南昌市农工中草药第一门诊部，任主任。1984年创办南昌市草药科研所并任所长。自拟方剂88首，擅长用时鲜草药配合中药治疗肝炎、肾炎、胆囊炎、肝癌等多种疑难病证，他的事迹在《人民日报》、《新华社每日电讯》、《光明日报》、中央、省、市报刊、电台、电视台等20余家新闻单位作了报道。业绩被载入《中国当代高科技人才系列词典》和国家科委、江西省科委编写的《科技兴国》一书。主要论文有“乙肝患得肝功能正常不等于健康”等。多年来，呕心沥血，为党为人民做出了突出的贡献。

地址：江西省南昌市叠山路416号　邮编：330006　电话：0791-6796453

南昌阳光学校

勤奋学习，为校争光——参加南昌市化学竞赛一、二、三等奖获奖者风彩

校长龙建中携全体师生员工

向社会各届人士致以亲切的问候！

地址：江西省南昌县莲塘镇
邮编：330200
电话：0791-5702486

私立南昌阳光学校是一所全封闭准军事化管理学校，实行小学至高中一条龙教学，现有教职工120名，其中特级教师2名，教学班30个，在校学生1300人，校园占地面积60亩，建筑面积10000M^2，拥有微机室、MDV多媒体交互式双向闭路电视教学系统等现代化教学设施。阳光学校欢迎各地学子投入阳光怀抱。

旗，校旗在阳光中冉冉升起

雄伟壮丽的教学

进贤县第一中学

校务委员会工作照

江西省进贤第一中学座落于县城东南隅，创办于1941年，迄今已有60年历史，原名进贤县立初级中学，进贤中学。1978年列为全省8所重点中学之一。经过几十年的发展，特别是党的十一届三中全会以来学校面貌发生了巨大变化。学校占地面积49200平方米，建筑面积近35000平方米。现有教职工300余人，其中大专以上学历210人，高级教师41人，一级教师81人，58个教学班，在校学生4100人。

学校师资力量雄厚，特别是近年来涌现了一批崭露头角的中青年骨干教师，他们治学严谨，教有专长。校园配套建设科学合理，教学设备先进，教学手段日趋科学化。实验大楼有设备较为先进的物理、化学、生物实验室；电化教室、语音教室、微机教室；图书馆有语音阅览室、教师阅览室、学生阅览室等，藏书丰富；500平方植物园，物种丰富，是学生拓展视野，开展活动的好场所。

学校的校训是“**团结**” **奋发，求实，进取**”，自创办以来，为社会各条战线输送了大批人才，据不完全统计，学校共毕（肄）业学生一万余人，先后有4600余人考入各类高、中等院校，多次被评为省、市、县先进单位。1982年白栋材省长签署命令，命名为“先进学校”。1988年被命名为“省传统项目体育学校”，并列为“江西师大实习学校”。

校址：进贤县钟陵路137号　邮编：331700
校长：吴德顺　电话：5663649　5667370

江西南昌恒湖药酒厂

江西南昌恒湖药酒厂属国有制药企业，始建于一九七〇年，是江西唯一获准挂牌生产药酒的专业制药酒厂家，座落在南昌市郊恒湖大道81号。厂区占地12100平方米，在册职工138人，专业技术人员18人，有药材处理、提取、贮存、过滤、灌装等设备近100台（套）。生产设备、技术力量、检测仪器均符合药酒生产质量管理规范要求。生产恒湖牌《史国公药酒》、《人参药酒》、《十全大补酒》、《枸杞药酒》、《养血健身酒》、《冯了性药酒》、《跌打药酒》等七个国家卫生行政部门审批的“准”字号药酒品种；并生产恒湖牌《中国恒春酒》、《特制三鞭酒》、《健身补酒》、《田七补酒》、《壮阳补酒》等多个健身酒。产品畅销江西、湖南、广东、广西、浙江、福建等省，并有多个产品行销东南亚国际市场。

恒湖牌系列药酒荣获97首届国际医药博览会暨国际荣誉评奖会“国际金奖”。多个产品历年被江西省消费者协会列为向广大消费者推荐的产品；一些产品被授予江西市场食品质量优胜产品；2000年江西食品展销洽谈会又有2个产品荣获“世纪之光”优秀产品奖。据一九九七年江西省统计局资料显示：恒湖牌系列药酒生产、销售量、市场占有率居全省行业之冠。

本企业历来十分重视对品牌、商标等无形资产的培育和保护，《参茸阿胶补酒》、《健腰补肾酒》、《虫草巴戟大补酒》、《天麻酒》、《龟鹿二仙酒》、《牦牛壮骨酒》、《参茸乌鸡补酒》等十六个品种已获国家知识产权局授予的专利证书，恒湖牌系列产品由于组方严谨、选料考究、制作精良、功效确切、价格适中、服务满意，深受广大消费者青睐。任何企图损害我“恒湖”品牌的行为（包括任何非法生产、销售及假冒、模仿上述商标及利用上述商标自然显著性，仿冒包装外观设计的行为），均将受到各省工商等执法部门的坚决打击，并依法追究当事人的经济和法律责任。同时希望广大消费者积极向各省工商局经检总队举报或拔打12135。

法人代表：杨春葆
电　　话：3100179
地　　址：南昌市郊恒湖大道81号

普众药业

PHARMACEUTICAL

江西普众药业有限公司位于南昌市南郊莲塘镇，占地约六万余平方米，东临南莲路，西有沿江高等级公路，距南昌货运火车站仅5公里，距飞机场25公里，京九大动脉从公司门前经过。交通便利、环境优美、空气清新！

普众药业拥有近7000M²制剂大楼，有现代化的生产设备以及先进的检测仪器，更有现代制药企业的GMP 管理手段。公司的胶囊剂车间在一九九八年底顺利通过了国家药品监督管理局药品认证管理中心的GMP 认证，年生产能力2亿粒；公司粉针剂车间年生产能力7500万支。

普众药业十分重视科技开发，注重科技投入，引进高层次科研人才，装备最先进科研设备，坚持科技兴药，走创新之路。公司技术中心与国内高等院校、科研单位、著名医院广泛合作，每年都将推出一定数量的新品，强有力的新药阵容，为普众的腾飞奠定坚实的基础。

“以市场为导向，以销售促生产”是普众药业全体营销人员的共识，营销总部领导审时度势、适应市场、应变市场，根据当代中国医药市场的实际情况，采取切合实际的十分灵活的营销政策。市场从无到有，以点带面，不断拓展。

更重要的是，普众药业拥有一支高素质的领导班子，班子主要领导均长年奋斗在中国医药领域，对中国医药市场有着非常清醒的认识，拥有非常丰富的经验和很深的造诣。他们大胆改革，实行现代企业管理机制，使普众药业蓬勃发展，显示旺盛生机。现在，他们正带领全体普众人，在“以人为本、与人为善、以信取人”的企业文化氛围中，翱翔在二十一世纪。相信，普众的明天将更加灿烂、辉煌！

普怡(格列喹酮胶囊)—非胰岛素依赖型糖尿病患者的福音

普迈(克拉霉素胶囊)—新一代高效广谱大环内酯类抗生素

盐酸氟桂利嗪—钙拮抗剂中唯一保护脑细胞的药品

江西昌华迪克医用材料有限公司

Jiangxi Changhua Dukal Medical Material Co., Ltd.

江西昌华迪克医用材料有限公司系江西昌华化工冶金公司与澳大利业环宇医材股份有限公司合资建设的中外合资企业。前期投资500万美元。座落在风景秀丽的赣江之畔的国家南昌经济技术开发区内，厂区绿草茵茵，空气清新。交通发达，通讯便捷。

公司严格按照GMP标准建设了现代化的工业厂房，全套引进国外专有技术和设备，主工艺车间按10万级净化工业厂房要求建设。全自动化的生产线运行效率高，年产医用半渗透性敷料及皮肤拉合胶带30万平方米，产品质量稳定可靠。

公司实行董事会领导下的总经理负责制，一支高素质的员工队伍为公司的经营与发展贡献着其聪明的才智。公司本着“杰出的产品、完美的服务、主人翁的精神、高科技的动力”之经营信条，服务于社会，造福于人类。

董事长：何　勇

地　　址：南昌经济技术开发区青岚大道
电　　话：0791－3802644
传　　真：0791－3812643
邮　　编：330013

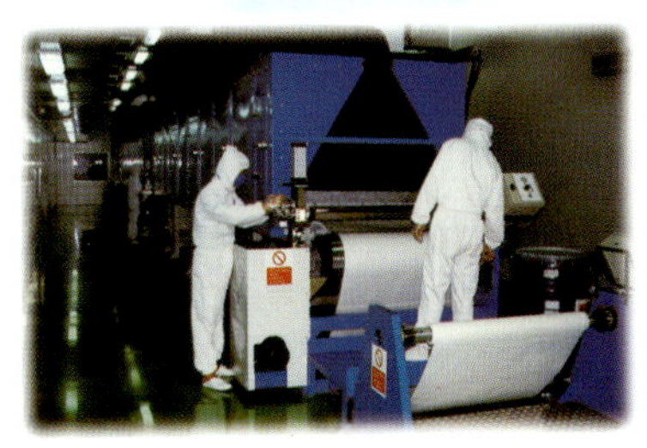

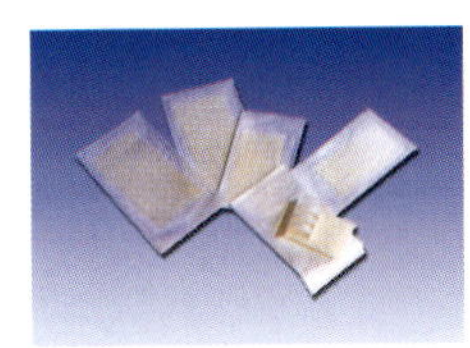

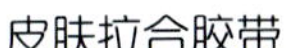

皮肤拉合胶带

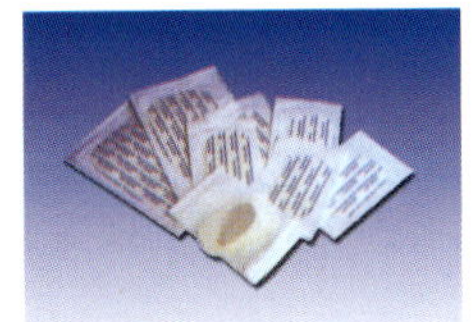

体贴透明敷料

南昌市新亚数码喷绘科技有限公司

发展是硬道理

中共西湖区委 西湖区人民政府宣

无限发现 红金龙

江西赣南卷烟厂

公司成立于1992年，是一家集广告设计、制作、安装为一体的专业制作单位，现属全省规模最大。公司自成立之日起，始终追踪高新广告的发展趋势，立足于南昌，放眼全球；不断更新技术和设备，挖掘顶尖科技专业人才，与客户共同探讨成功之路。在短短的数年时间里，公司已发展成以喷绘为主，兼营灯箱、霓虹灯、室内外装璜设计、金属字牌等各项广告业务为一体的综合性单位，广告作品遍布全省及周边省市地区，深受广大客户好评。公司现拥有雄厚的资金，下设三分部，各自拥有独特的营销理念和经营模式。新亚之崛起，离不开各界人士的大力支持。为此，我们在提高质量的同时，努力降低成本，以报答社会及广大客户对新亚人的厚爱！

- 本中心聚巨资在全省率先引进跨世纪以色列赛天使S3型第三代巨型多功能数码喷绘机，速度可达70m²/小时，超级370dpi解析度，升级版油墨确保稳定的色彩和户外耐久性(两年以上)，是您户外广告的最佳选择。
- 一台Mimakijv2-180，1.9m户外宽型写真喷绘机，精度可达(180-320-720-1440dpi)。
- 两台(美国ENCAD)1.52m户内彩色写真喷绘机，精度可达(300-600dpi)。
- 最新引进惠普5000PS户内写真机，精度为300-1200dpi，最高可实现52.86m²/小时的飞飚打印速度。色彩逼真，在同类机型中独占鳌头。

质量是最根本　满意是回报

欢迎新老客户莅临指导！

地址：南昌市孺子路142号　电话：(0791)6234556

传真：(0791)6267772

地址：南昌市永叔路175号　电话：(0791)6269709

地址：南昌市洪城大市场中路6号楼6号　电话：(0791)6523338

地址：江西省装璜建材大市场3栋34号　电话：(0791)6409017

手机：13907098482　13907001225　13807914750

南昌鸿志科工贸发展有限公司

法人代表：陶英姿

陶氏化工作为专业致力于油漆涂料等建筑装饰材料销售工作的实体，下设有生产、销售、施工的一条龙服务体系。本公司拥有近二十年的涂料销售和应用经验，主要经营高档家具涂料以及室内外装修材料，在南昌市内拥有多家专卖店，且在省内各地市均设有分支机构及专卖店，拥有一整套完善的售后服务系统。本公司代理的多个国内著名品牌在市场上均取得了较好的销售业绩，并取得了较高的市场占有率，在同行业中具有较高的知名度。多年来，通过大家的共同努力，与本公司下属单位合作的经营者均取得了较大的发展。

新世纪为我们提供了新的机遇，将产品销售出去并不是企业的最终目的。本公司除了为市场提供品质一流的产品外，同时配备了一支装备精良的施工队伍，可承接各种室内外装修工程，进行大规模工程施工。并拥有一批训练有素、高效敬业的专业技术人员，将随时热情为所有的客户提供一套成熟、完善、规范的专业服务。

本公司为适应新的市场竞争，在总经理陶柱汉先生的领导下，我们将秉承优质、高效、严谨、创新、以诚待人、以质取胜的一贯宗旨，不断致力于新的营销方式的探索，在良好的合作中不断增进我们的友谊，为您提供完善、超值的服务。

我们的目标：

您的满意　您的微笑

南昌市船山路1号　电话：6617835　6417643

江西诚信会计师事务所

法人代表：涂名荣

江西诚信会计师事务所成立于1994年，1999年脱钩改制为江西诚信会计师事务所有限责任公司。

法人代表(所长)：涂名荣，男，汉族，中共党员，高级审计师、中国注册会计师、中国注册评估师，是我省社会审计最早创始人之一，原为江西省审计厅所属江西省审计师事务所(现改名为大华会计师事务所)和江西华赣会计师事务所所长，是新中国第一任注册审计协会理事，江西省注册审计协会副会长兼副秘书长、江西省注册会计协会常务理事、江西省审计学会常务理事、副秘书长，曾被推选为全国14省市社会审计协会副主任委员兼秘书长。

江西诚信会计师事务所，具有审计查证、验资、评估、基建审计、招标等执业资格。是湖北大胜会计师事务所(具有上市审计、评估执业资格的事务所)驻江西联络处。该所与北京中评事务所、深圳华鹏会计师事务所有过多次业务合作，是我省执业资格比较齐全的社会中介机构，曾承办过不少大、中型企业审计、基建、评估等业务。

地　　址：南昌市叠山路369号
电　　话：6803986　6812986

江西西发音响公司

JIANGXI XIFA AUDIO CO.,LTD.

我公司创立于一九九三年，公司前身为“南昌西湖发烧友音响行”。专业销售及安装音响灯光产品、已有多年的历史。品种繁多，设备齐全，技术力量雄厚，代理经销国内外众多名优品牌的音响及灯光设备，已有多家宾馆、饭店、舞厅、商场、银行、会场及KTV包房使用我们代理的产品。

总部地址：南昌市广场东路195号（广场南路口）
电　　话：(0791)-6200443
传　　真：(0791)-6219214
产品展示厅：南昌市孺子路广场丽华大厦二楼298号
电　　话：(0791)-6210798
E-mail:xfa.@sina.com

新建二中

新建县第二中学创办于1980年，系新建县唯一一所省重点中学。地处县城最高点的丁子岭上。

学校创办21年来，累计培养了合格的高中毕业生7100余人，为大专院校输送合格新生5400余人。

校领导班子

校园占地面积200余亩，建筑面积25030平方米，学生活动场所15300平方米。学校图书馆藏书3万余册，音像资料100种，期刊213种，按高中Ⅰ类标准所建的理、化、生实验室及微机室、语音室共10间，486、586计算机44台。树木成荫，四季花草，花香鸟语，环境优美，是一个读书求知的好地方。

“二中是一块净土”。广大教师爱岗敬业、教书育人、为人师表；全体学生尊师重教、勤奋好学。全校共有在校生2200余人，教工156人，其中高级教师27人、一级教师64人。

新建二中的办学宗旨是：一切为了学生。目前，新建二中以其优良的教风、学风，严格的管理，高质量的办学特色赢得了全县父老乡亲的青睐，送子女入读该校已成为广大望子成龙、望女成凤的家长们的共同心愿。

该校曾先后荣获省市青年工作先进单位、市级“文明单位”、省“二五”普法达标单位、市级“爱国主义教育先进学校”、县级“综合治理先进单位”等光荣称号。该校还被南昌市教委确定为全市重点中学实施素质教育改革的首批实验单位，系省级德育示范学校。2000年高考该校取得了优异成绩。

随着学校整体规划的实施，新建二中将建设成为具有浓厚现代化气息、教育教学设施齐全、校园文化高雅、教育教学模式富有特色的现代化学校。

地址：新建县长堎镇新华路433号
校长：雷辕生　　电话：3744974

江西省林木种苗站

江西省林木种苗站，隶属于江西省林业厅，是具有行政执法职能的事业单位，地处南昌市昌北经济技术开发区龙腾西大道。主要职能是：制定并组织实施林木种子苗木发展建设规划，负责全省林木种苗计划、生产、经营和质量管理，核发《林木种子生产许可证》和《林木种子经营许可证》，负责林木良种选育、审定和推广，依法查处林木种苗行政案件，培训林木种苗技术人员和管理人员及全省林木种苗余缺调剂工作。我站现有各类专业技术人员54人，其中高级工程师8人、工程师16人，自有苗木培育基地100余亩、控温控湿塑料大棚1200m²、低温冷藏库300m²、库容量1500m³。所辖林木良种基地30处，总面积1862公顷，年采杉松、阔叶树良种15万公斤；国有苗圃90个，总面积16812公顷，年产各类苗木约4亿株。

热忱欢迎社会各界人士垂询！

联系人：徐先生、周先生
电话：(0791)3854463、3857364

南昌标准硬度块制造公司

生产许可证编号　　量制赣字00000112号

南昌标准硬度块制造公司，前身（南昌市青云谱标准硬度块厂），公司系目前国内唯一以研究、制造、生产各种标准硬度块专业生产者，并承接各客户及科研院所特种要求的硬度块研制任务。

公司技术力量雄厚，生产工装齐全，检测手段先进。也是目前国内硬度块品种最全、规格最全的供货商，在研究、制造、销售服务全过程中，守信用、重声誉、保质、保量以维护企业形象。

公司曾配合中国计量测试技术研究院完成肖氏块研制任务，配合国防科学技术工业委员会第一计量测试研究中心，研制成功了努普氏硬度块任务（该项目填补了国内空白）。

公司在2000年5月重组后又相继研制生产了批量供应市场急需，洛氏HRB60－70、70－90、HRF70－90、90－100等四个品种，而受到广大客户的称赞，继续在进行国家科研院所委托的研制任务。

公司地址：南昌市井岗山大道三店西路12号(老门牌)
公司经理：李志成
电　　话：(0791)5212624

江西朱港蔬菜食品厂

江西朱港蔬菜食品厂位于南昌市郊，是集产、加、销一体化的国有企业。技术先进、设备优良。本厂同南昌大学生命科学与食品工程学院共同开发和研制健威牌六大系列蔬菜腌制品，年生产、加工和销售各类新鲜蔬菜1000万斤，现又同广州华南理工大学食品与生物工程学院食品加工与保藏研究中心建立了“产、学、研”合作关系。现有健威牌六大系列二十八个品种投放市场，深受广大消费者喜爱。本厂QC小组被省质协、省科协等四个单位评为2000年度江西省优秀质量管理小组，被江西省标准化协会审定，本厂生产的健威牌系列酱菜获该会“江西市场实施质量标准产品信得过”称号，健威牌系列产品还荣获全省2000年“明明白白消费”“十家”优秀产品奖和2000年江西食品展销洽谈会“世纪之光”优秀产品奖，本厂引种广东包心芥菜获得成功，并研制开发以包心芥菜为原料的新产品健威腌菜，配方科学、风味独特，因而被评为江西省2000年度优秀新产品奖。

厂　址：南昌市郊朱港
电　话：(0791)3717056　3751900－7102
驻昌办：南昌市农产品批发大市场
电　话：(0791)5290738

荣获SO9002品质论证，国家质量免检

广东佛山建辉陶瓷有限公司

嘉达瓷砖

“嘉达”——
品质与艺术的完美演绎

如有质量问题，包退包换

南昌总代理
市建材大市场F1栋　商储公司5栋86号
电话：(0791)－5234440　6103764

江西省外贸包装厂

江西省外贸包装厂印刷分厂在改革开放的形势下，在社会各界的大力支持下，企业由小到大，现拥有进口先进印刷设备多台，是省、市工商部门印刷人用药品包装及彩印商标定点企业，本厂印刷的彩色印刷产品，色泽鲜艳、逼真，深受广大消费者的好评。

跨入21世纪之际，企业将进一步坚持以高标准武装自己，以更好的产品质量，优质的服务态度迎接八方来客。为南昌的经济腾飞绘出美好蓝天。

厂址：南昌市井岗山大道520号
厂长：魏　鸣
电话：8446455
传真：8453476
邮编：330001

南昌长江建筑装饰工程公司

总经理：高级工程师李耀辉

南昌长江建筑装饰工程公司创建于1984年8月，是洪都集团公司下属一个独立的经济实体；是江西省成立最早、规模最大、功能最全的室内外设计施工安装企业；是江西省同行企业唯一具有国家建设部颁发的"幕墙设计甲级资质企业"和室内外装饰设计甲级和乙级施工资质企业；是江西省装饰协会和国家金属结构协会会员单位。同时也是最先通过ISO9001 质量体系认证的单位，省农行授予AA 级信用单位；连续八年被南昌市人民政府评为"重合同、守信用"单位；多次被国家航空工业总公司、江西国防工办以及洪都集团公司评为先进就业单位，连续五年被江西省建设厅评为先进企业及优良工程单位。

本公司汇集了省内外专业高、中级职称工程师、设计师、会计师、经济师、施工与工程管理、项目经理等各类专业技术人才60余名，具有多年现代实践经验技术生产工人180多人，各种专业设备六十余台。自建厂房、办公楼和职工宿舍6800平方米。公司领导始终坚持以"人"为本的科学管理，率先在全省同行业中采用计算机网络进行内部管理，并用计算机辅助之进行工程设计、制图、预决算、财务管理，极大地提高了科学性、准确性和工作时效。

公司将一如既往，注重开发研究，发挥"长江"先进技术和优良工作作风，精良设备优势，秉承专业意识与诚信原则，遵奉顾客至上与质量为本，高品质、高时效的服务态度，坚持一切为用户的宗旨，继承发扬"长江"精神，为创造、美化建筑领域不懈努力。

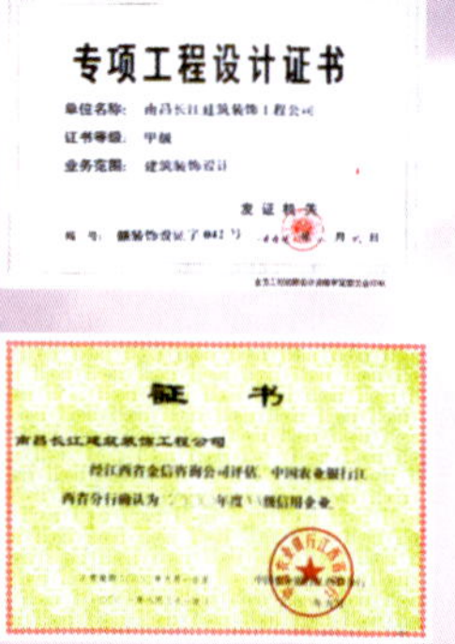

地址：洪都大院"长江装饰"综合楼

邮编：330024

电话：8451361　8451903

江西三和电力股份有限公司

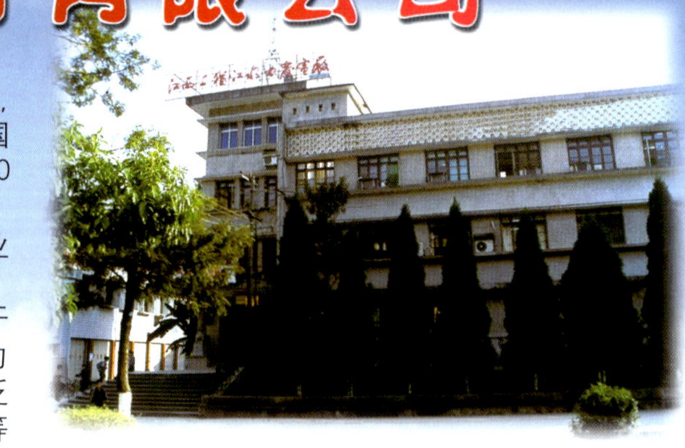

江西三和电力股份有限公司是由江西省电力公司作为主要发起人，联合江铃汽车集团公司、华中电力开发公司、江西铜业公司等七家国有大、中型企业共同发起设立的股份制企业，公司现股本总额为14080万股。

公司战略定位：树立在江西水电的主导地位，成为江西电力行业具有较强竞争力的一流发电集团公司。

公司1996年7月成立以来，坚持以电力经营为主的发展思路，于1998年收购了江西上犹江和洪门两个优良的中型水电厂，构筑了电力主营实体；与此同时，公司注重追求科技含量，崇尚绿色环保，广泛涉足与电力相关的高新技术领域，先后投资参股泰豪科技股份公司等面向二十一世纪的朝阳产业，公司产业结构形成了"一业为主，多元并举"的格局。

五年来，公司规范运作，依法经营，创造了开业以来连续盈利的良好业绩，并继续保持稳步上升的态势。目前，公司正满怀信心，坚定不移地向上市公司目标迈进。

地址：南昌市下正街27号

电话：6815318

南昌市西湖区华丰厨房设备厂

经营范围：

宾馆、酒楼配套餐具、金银餐具、玻璃器皿、厨房设备、工程安装、台布、工衣等。

本批发部以质优价廉、薄利多销供应市场。

宗旨：

质量第一、信誉至上

售后服务一流：

售出厨房设备终身维修。

购厨具到华丰，没错的！

地　　址：南昌市京山北路50号(市塑料八厂内)

电　　话：5226226　13607008497

分部地址：洪城五华2区

电　　话：6505518

江西省农科院水稻研究所

江西省农科院水稻研究所是具有独立法人资格的省级科研单位，是全省水稻研究的中心，也是我国水稻品种培育和区域试验基地之一。现有职工106人，高级研究人员16人，中级科技人员17人，下设办公室、超高产研究室、杂交稻研究室、优质稻研究室、品种资源研究室、生物技术研究室（建立省级重点实验室—水稻生理及遗传重点实验室已挂牌），水稻良种有限责任公司和水稻试验站。拥有一栋建筑面积3200m²的办公实验综合大楼，全封闭的试验网室1120m²，暗室200m²，人工气候室145m²，试验田180亩和1500m²仓库和电脑等科研仪器设备。主要从事两系三系超级稻、优质稻、专用稻育种和生物技术研究，开展科技服务和良种良法配套推广。

本着“立足全省，面向全国，放眼世界”，的办所方针，以实现科技进步和促进经济发展为目标。本所以陈大洲所长、研究员为学科带头人，承担了国家重大项目：国家早稻品质改良科技产业工程—江西分项；国家自然科学重点基金项目：东乡野生稻原位保存及其耐冷基因的研究与利用；国家农业综合开发办项目：双季水稻吨粮田技术示范推广；农业部“948”项目：优质水稻高产品种及栽培技术引进以及超级稻育种、多年生抗除草剂水稻新品种的选育、IR58025A优质不育系的开发与利用、巴西陆稻的提纯与改良育种等项目。

建所以来，已鉴定科技成果28项，获国家、省部级科技成果26项，育成新品种34个，为社会创造经济效益25亿元。

目前承担的国家早稻品质改良科技产业工程进展顺利，新育成的苗头品种（组合）金优F6、1504表现突出。金优F6为早稻杂交中熟组合，产量高，外观品质好，食味好，平均亩产465.9公斤，高的可达516.7公斤；“1504”为早稻常规早熟品种，米质好，食味好，十二项指标中有十一项指标达部颁二级优质米标准，垩白率4%，垩白度0.5%，是目前早稻品种中品质最好的品种之一。

所长：陈大洲　　地址：南昌县莲塘镇　　电话：5739072

江西电机有限责任公司

我公司开发的2台SF20MWK水轮发电机在大坳发电站平稳运行

八米立车正在加工SF3500KW水轮发电机的机座

江西电机有限责任公司(前身是江西电机厂)是中国机电工业大中型电机生产重点企业，江西省优秀企业。公司占地面积27万平方米，现有员工1900人，其中工程技术人员240人。全公司拥有资产总额2.52亿元，主要生产设备570台(套)，其中大、精、稀设备60余台，电机年综合生产能力为90万kW，主要生产大中型高低压同步和异步电动机、无刷励磁柴油发电机、中小型水轮发电机组等50余个系列、1000余个规格，产品畅销全国30个省、市、自治区，并出口欧洲、亚洲、南美洲国家和地区。产品按国际、国家标准组织生产，已于98年2月获得了ISO9001质量体系认证证书。

公司大力采用国际先进电机设计技术和加工工艺，整个技术准备系统计算机化，公司不断开发出Y、YR、YKK系列中大型高压异步电动机，TK、TG系列防安型、高速同步电动机、TFW无刷励磁同步发电机、轴伸贯流水轮机、QPQ型卷扬式启闭机、大型闸门等百余个高新技术产品，其中数十个规格产品荣获国家和部级、省级科技进步奖和优秀新产品奖，10KV电机获省名牌产品称号。

江电科技大楼外景

地址：南昌市井冈山大道1028号
电话：6414228

江西变压器有限责任公司

江西变压器有限责任公司属国有控股的国家大型二类企业，是以生产经营各类电力变压器、特种变压器、互感器等电器产品为主，集科工贸为一体的大型企业，江西省高新技术企业。

公司位于南昌市昌北经济开发区，距南昌市中心15KM，距大京九铁路乐化车站1KM，公司专用公路与105国道相接并可进入南昌—九江高速公路。新建的南昌国际机场距公司约5KM，交通运输十分便利。

公司自1954年起开始生产变压器，已积累了40多年的生产经验。企业占地43万平方米，职工1050人，具有高级专业技术职称20人，中级职称100人，技师及高级技工150人。公司经过“八五”、“九五”期间的产品开发和技术改造，企业的整体水平有了很大的提高，成为机械部生产220KV大型电力变压器的定点厂家，大型整流变压器的骨干生产企业，具备年产变压器500万KVA的生产能力。公司生产的整流变压器处于国内领先水平，整流变压器市场占有率70%以上，该类产品被评为“江西省首批名牌产品”之一。1998年正式通过了ISO9001质量体系认证。

目前，公司不仅拥有面积4万平方米的高标准厂房、1080平方米六面屏，蔽高压试验大厅和1.96公里的铁路专用线，同时拥有：采用先进的CAD系统的计算机工作站，配有瑞士HAEFLY公司高分辨冲击分析系统、奥地利BAVR公司的全自动介电强度测量仪、全自动介损电桥和微水测量仪等先进精密仪器的高压实验室和理化试验室。还有从瑞士引进的400KW真空汽相干燥系统及滤油设备，从德国引进的TBA/ME800×5000铁芯自动横剪线，1500T热压机和数十台10T~160T桥式起重机等一批现代化设备。

公司获得省政府和国家优秀新产品奖和优质产品奖的有S9、SM9系列中小型低损耗变压器，SFSZ9-31500/110电力变压器及ZHSFPTK120000/110整流变压器，98年公司开发研制出口的SFSZ11-30000/132电力变压器，创汇近700万美元，其性能达到国际水平，并通过国际电工权威检测机构荷兰KEMA公司认证；去年自主开发的铁路牵引变压器，各项性能指标优越，通过国家鉴定；SZ9-40000/110电力变压器，通过国家检测中心突发短路试验。

现在，公司产品包括电力、整流、牵引、电炉、移圈等五大类，同时能制造35KV、110KV电压、电流互感器，产品远销全国各地和世界许多国家，屡受政府奖励，多次被评为“江西省优质企业”、“南昌市文明单位”，创造了良好的社会效益和经济效益。

法人代表：陈辉　地址：南昌市效乐化镇　电话：3977298

南昌农药厂

南昌农药厂始建于1966年，系江西省具有一定经济规模、技术力量、既生产化工原料，又生产农药的综合性国有中!型化工企业，全厂占地面积25.8万平方米，固定资产净值3780万元，主要产品有高纯度对苯二甲酰氯、间苯二甲酰氯、双乙烯酮、有机硅防水剂、18%农药杀虫双、杀虫单原药和三唑磷等。

本厂生产的高纯度对（间）二甲酰氯（TPC 、IPC ）质量符合聚合级要求，可作为合成聚酰胺、聚酯、聚芳酯、聚芳酰胺、芳纶1414 (kevlar)、芳纶1313 (Normax)、液晶高分子等的单体，作为高聚物的改性剂，农药、医药工业的中间体。

对苯二甲酰 氯获1991年江西省专利产品专利技术金奖，产品出口国际市场。

本厂是化工部农药定点生产厂家，所生产的“啄木鸟”牌农药杀虫双、杀虫单原药、三唑磷等享誉省内外，18%杀虫双水剂为江西省免检产品。

本厂位于南昌市南郊，北有京九、浙赣铁路和105国道通过，南有南高一级公路，交通便利，为推动企业的发展，推动江西化工，本厂竭诚与国内外各界人士携手并进，共图大业。

法人代表：邹建军
地　　址：江西省南昌县莲塘镇斗门
电　　话：0791-5719923
传　　真：0791-5710619
邮　　编：330200

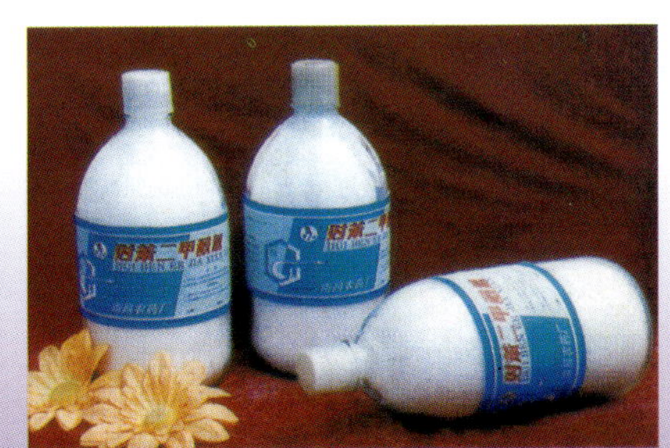

江西省饲料原

省委书记孟建柱在省委常委、南昌市委书记钟家明，省委常委、省委秘书长、省政法委书记彭宏松，南昌市市长刘伟平、南昌市市委常委常务副市长李小兰，南昌县县委书记阎钢军，南昌县县长连樟寿的陪同下视察江西省饲料原料交易市场。

江西省饲料原料交易市场系江西省伟梦集团有限公司的下属全资企业，市场计划投资7600万元，规划用地126亩。交易市场从1999年9月28日破土动工到2000年6月第一期工程完工，建成了大店铺58间、小店铺42间、综合办公楼1栋(共三层15间)、仓库2栋、食堂1栋、宿舍1栋，以及其它服务基础设施建筑共6间。投入资金4000多万元，并于2000年6月28日正式开张营业。

交易市场配有专业电站，拥有630千伏安电量，二台120千瓦发电机组，确保24小时供电。提供500门程控电话；代办手续；提供闭路电视；商务中心24小时提供传真、打字、复印；代购车、船、机票等服务；代办联运(铁路、公路、水运)、客货运等服务；提供金融、检测、法律、商务、报关、宣传、广告、生活、医疗、保安、物业管理等综合服务。

建立交易市场电脑信息中心网络，定期无偿公布产品信息、价格信息。不定期举办全国饲料原料交易展销会、推介会、订货会。创办市场月报，定期面向国内行业发布市场交易信息、产品推广信息、技术创新信息。推行、接受产品质量、度量检测和鉴定，规范市场交易行为。

江西省饲料原料交易市场是华东地区最大、品种最全、服务最好的饲料原料专业市场。常年向饲料生产厂家直接提供质优价廉的饲料原料及各种饲料添加剂。它以经营玉米、豆粕、菜籽粕、棉粕、麦麸、鱼粉和各种饲料添加剂为主，以仓储、检测、运输、信息交流为辅，现有全国十多个省市60多家饲料原料生产厂家及供应商入市经营，从开张到现在市场交易量不断增大，预计年市场交易量将超过100万吨，成交金额超过10亿元，成为江西省乃至华东地区最大的饲料原料集散地。

为了更好地维护客商利益，降低经营风险，交易市场严禁假冒伪劣商品入市，禁止强买强卖，坚决打击欺骗、欺诈等违法活动，交易市场将遵循公开、公正、公平的原则，对原料交易提供全方位的跟踪服务，与银行、铁路等部门进行密切合作，与多家信息中心相互联系，保证货物转运可靠安全，交易结算准确快捷，为买卖双方解除后顾之忧。

"栽得梧桐树，引来金凤凰"。今天，江西省饲料原料交易市场服务设施优良，功能齐全。它为规范我省饲料原料交易，促进饲料工业的发展，发挥越来越重要的作用。优惠的经营政策、便利的交通条件、现代的管理模式、良好的企业信誉正吸引着众多企业商贾来此经营交易，它的繁荣兴旺，将带动地方经济的腾飞！

一颗璀璨夺目的明珠，将在京九线畔熠熠生辉。

料交易市场

伟梦集团总裁李梦平在江西省饲料原料交易市场招商会上讲话

江西省饲料原料交易市场开业一周年用户座谈会

辽宁省经贸代表团来江西省饲料原料交易市场考察

地　　址：江西省南昌县莲塘镇站东路 288 号
电　　话：5742610　5742611
传　　真：5742602　　邮　　编：330200

南昌金阳光广

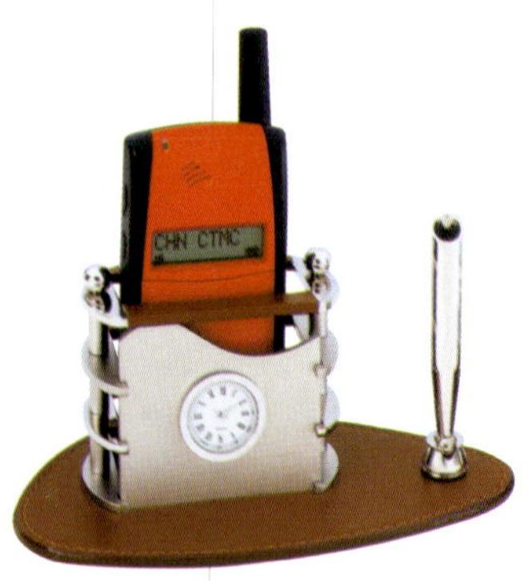

总经理：冷辑群

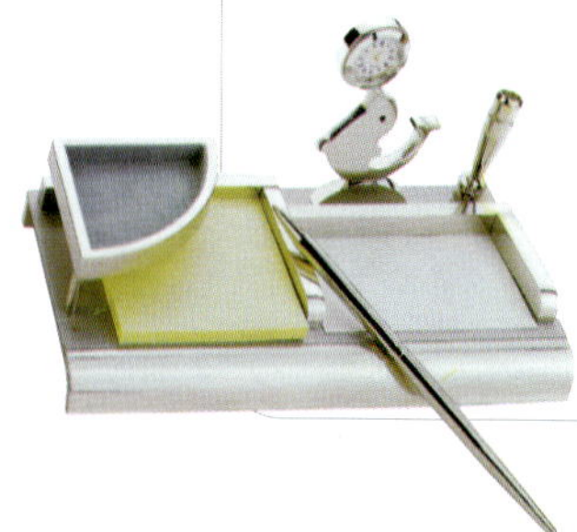

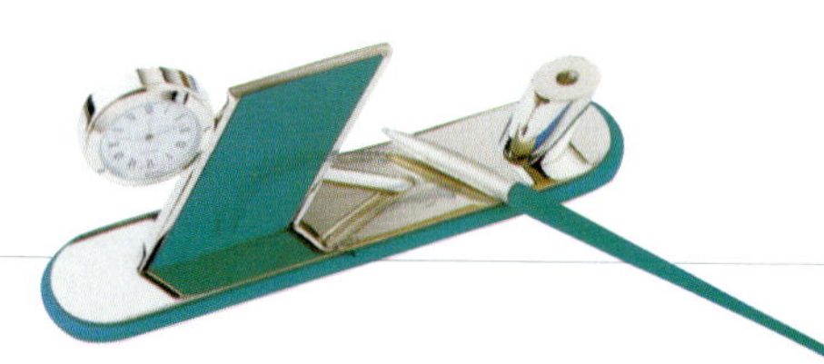

告公司

南昌金阳光广告有限公司是具有独立法人资格的有限公司，拥有不畏艰辛，勇于开拓进取的广告专业人才。吃苦耐劳，充满信心是我们公司的特点，以制作各类大型户外广告，专业的总体策划，超俗的创意设计，精美的印刷制作为主；特别是2001年承办了市政府《2001年南昌经济社会统计年鉴》一书的彩页宣传项目，短短的三、四个月，使得此书印制成为图文并茂效果，受到市政府有关部门领导的高度好评，使得本公司获得良好的社会信誉。

“运筹帷幄之中，决胜千里之外”。“金阳光”为您的产品打开市场，塑造品牌出谋划策。

我们的职责：为客户选择并把握有利的商机！

我们的使命：让客户决胜千里！

我们的期望：让四海宾朋相聚在“金阳光”！

我们的服务宗旨：用我智慧与赤诚，为您铺平成功路！

我们，在红土地上成长起来的“金阳光”广告公司，有责任，有义务同各位一道，为振兴江西经济，丰盛你我人生，尽力，加油。

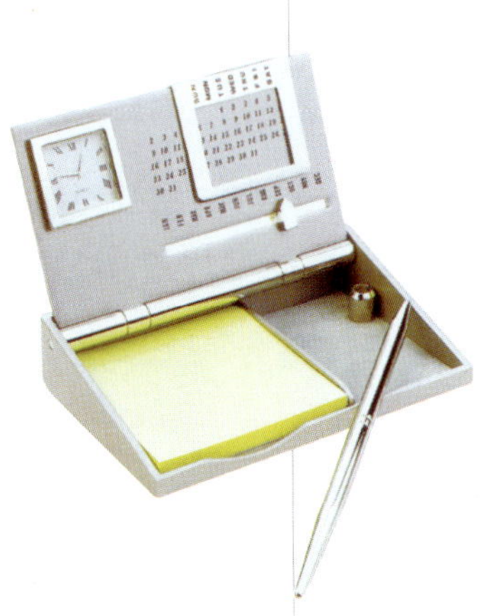

地址：南昌市中山路202号(洪利大厦五楼507−509)

电话：6385251　6385161　6385210　13007206481

传真：6385386

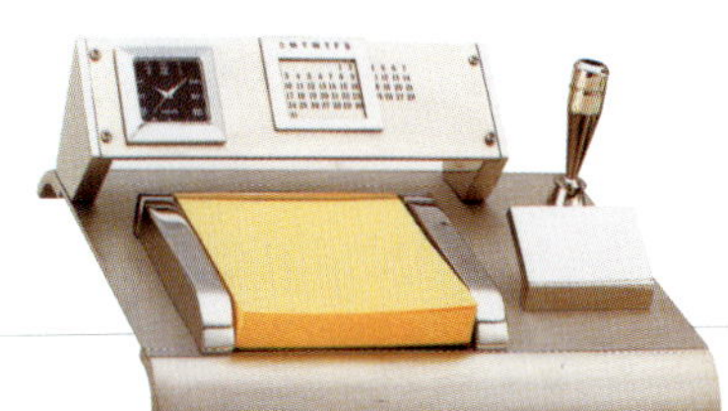

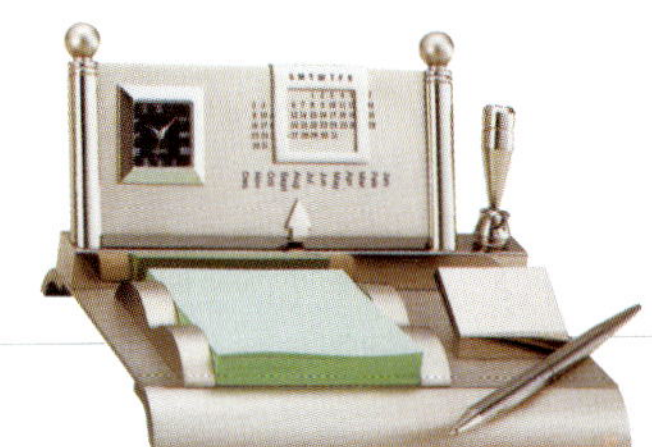

江西江铃汽车销售有限公司

欢迎社会各界人士亲临指导、监督或来电垂询

江西江铃汽车销售有限公司是江铃汽车集团公司集整车销售、维修服务、零配件供应和市场信息“四位一体”的全资子公司，为江铃汽车销售总公司授权下的江铃一级代理商，负责江西区域江铃汽车营销市场的管理和江铃、全顺汽车系列品种的经销及售后服务。

江西江铃汽车销售有限公司 真心诚意为各界用户服务

营业大厅

营业大厅

维修接待处

修理车间一隅

地址：南昌市迎宾大道272号 邮编：330001

维修服务热线：0791-5231978 5232635

汽车专营热线：0791-5230439 5214406

配件供应热线：0791-5232041 5231599

一、综　　　合

GENERAL SURVEY

本篇内容包括:

1. 南昌市2000年国民经济和社会发展统计公报
2. 自然状况　行政区划
3. 主要年份国民经济指标及发展

资料整理

熊慧平

刘颜生

人均国内生产总值

1978年： 474元

MOVED

2000年： 10078元

三次产业构成

（2000）

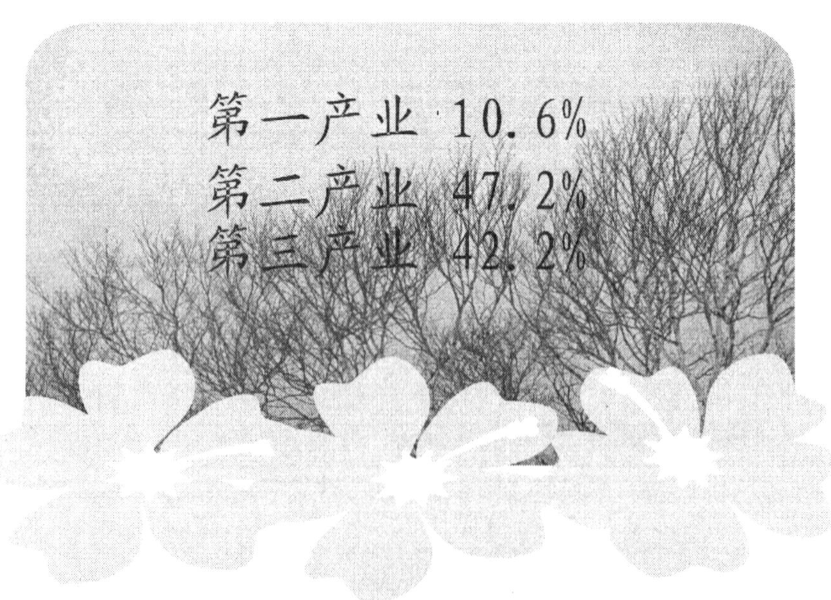

2000年南昌市国民经济和社会发展的统计公报

南昌市统计局

2001年3月28日

2000年，是实施“九五”计划的最后一年，一年来，全市人民在市委、市政府的领导下，认真贯彻党的十五大和十五届五中全会精神，全面落实中央和省、市的各项方针政策，紧紧把握国际经济环境较有利和国内经济出现重要转机的新机遇，开拓创新，奋力拼搏，在经济发展，改革开放，城市建设和各项社会事业方面取得了显著成绩，人民生活质量不断提高，全市综合经济实力上了一个新台阶。

一、综　　合

综合经济实力继续增强。全年实现国内生产总值435.10亿元，按可比价格计算，比上年增长9.2%。其中，第一产业增加值46.0亿元，增长3.0%；第二产业增加值205.3亿元，增长9.2%；第三产业增加值183.8亿元，增长10.9%。产业结构得到进一步调整，一、二、三产业在国内生产总值中的比重由上年的11.5%、47.0%和41.5%调整为10.6%、47.2%和42.2%。

物价指数稳中有升。市场价格总水平随经济形势好转，市场消费需求转旺，以及政策性调控等因素的影响，呈现稳中有升的趋势。居民消费价格指数由负增长转为正增长，全年居民消费价格总指数为102.6，商品零售价格总指数为97.8。

财政收入较快增长。全市财政总收入44.6亿元，比上年增长25.9%。其中，地方财政收入(不含上交中央库的两税收入)19.13亿元，增长14.1%。财政支出23.79亿元，增长8.7%。

当前经济和社会发展中仍存在一些不容忽视的矛盾和问题，主要表现在：经济结构调整步伐不够快，结构性矛盾仍较突出，服务业和非公有制经济比重仍然偏小；全社会投资强度不大，投资率较低；农业基础仍较薄弱，农业产业化水平不高；工业企业创新能力不强，部分企业生产经营困难；利用外资形势不容乐观；城市社会就业压力较重；农民增收困难。

二、农　　业

农业生产稳定增长。全年农业总产值69.44亿元，比上年增长3.0%。其中：农业29.13亿元，增长2.4%；林业产值1.01亿元，增长1.3%；牧业24.43亿元，增长2.9%；渔业14.88亿元，增长4.1%。粮食总产量达156.12万吨，下降4.3%；棉花总产量为3295吨，增长45.3%；油料总产量9.78万吨，增长5.8%；蔬菜、水果分别增长1.8%、18.1%。

畜牧业生产持续发展。全年生猪出栏208.18万头，比上年增长4.9%。肉类总产量20.80万吨，增长2.6%。年末生猪存栏166.13万头，下降0.2%。年末家禽存笼2350.87万只，增长3.8%。

水产品生产略有增长。全年水产品产量22.00万吨，比上年增长0.1%。

农业生产条件进一步改善。全市拥有农业机械总动力108.81万千瓦，大中型拖拉机1600台，小型拖拉机7100台，农用排灌动力机械33.57万千瓦。农村用电量5.44亿千瓦小时。农田水利建设进一步加强，冬修水利完成土石方1469.5万方。有效灌溉面积300.71万亩。

乡镇企业平稳发展。全年乡镇企业总产值377.56亿元，比上年增长9.3%，其中乡镇工业总产值246.61亿元，增长8.0%。

三、工业和建筑业

工业生产稳步发展。2000年，全市认真贯彻落实中央关于国有企业改革和发展的一系列政策措施，以加快产业结构调整，促进产业升级为核心，坚持以市场为导向，积极转换经营机制，整体推进了国有企业改革，着力在做大做强、扭亏脱困和配套改革方面打攻坚战，并取得了明显成效。全市工业生产稳步发展，经济效益显著提高。

全市全部国有工业和年销售收入500万元以上的非国有工业累计完成工业总产值249.94亿元，增长14.2%。其中，轻工业产值118.97亿元，增长11.9%；重工业产值130.97亿元，增长16.3%。国有工业产值80.75亿元，增长14.3%；集体工业产值26.19亿元，增长7.2%；股份制工业产值70.31亿元，增长10.6%；外商及港澳台投资工业产值62.22亿元，增长20.0%；其它经济类型工业产值4.97亿元，增长22.1%。大中型工业产值183.88亿元，增长12.9%。市属全部国有工业和年销售收入500万元以上的非国有工业累计完成产值161.43亿元，增长14.8%；中央省属工业产值88.51亿元，增长13.0%。

产品结构继续改善。支农产品生产中，农用化肥下降23.2%，化学农药增长9.7%，小型拖拉机下降40.9%；原材料工业产品中，钢增长33.1%，成品钢材增长25.8%，发电量增长0.9%，水泥下降4.8%；轻工业产品中，饮料酒下降4.6%，卷烟增长29.2%，纱增长5.1%，布增长4.7%；在机电产品及耐用消费品中，汽车增长4.4%，彩色电视机下降34.9%，交流电动机增长7.8%，金属切削机床增长20.8%，家用电冰箱增长6.1%，冷冻箱下降33.1%。

工业经济效益显著提高。工业经济效益综合指数为103.1%，比上年提高15.6个百分点。据对全市577户国有工业及年销售收入500万元以上非国有工业企业统计，共实现利润10.60亿元，增长92.4%，亏损企业亏损额3.11亿元，降低23.1%。企业亏损面为28.6%，成本费用利润率4.9%，全员劳动生产率2.38万元/人(按增加值计算)，流动资金周转次数1.33次，总资产贡献率9.9%，资本保值增值率111.1%，资产负债率65.0%。全市全部国有工业及年销售收入500万元以上非国有工业产品销售率为97.0%，比上年下降0.28个百分点。

建筑业稳步发展。全年资质等级四级以上的建筑施工单位完成总产值40.83亿元，全员劳动生产率5.45万元/人，施工房屋建筑面积695.25万平方米，竣工面积298.14万平方米，其中住宅面积197.53万平方米。

四、固定资产投资

固定资产投资持续增长。2000年，我市继续贯彻实施扩大投资，启动内需的政策措施，调整优化投资结构，加大对重点项目的投入，出台了一系列鼓励企业技术改造的政策，加强对全社会投资的引导，保证了全市投资的持续增长。全年全社会固定资产投资完成79.87亿元，比上年增长12.2%。其中：国有单位完成投资53.97亿元，增长13.4%；城乡集体投资0.8亿元，下降21.6%；城乡私人投资6.33亿元，增长9.5%。在国有单位完成投资中，基本建设投资28.71亿元，增长16.0%；更新改造投资12.05亿元，下降2.4%；房地产投资13.20亿元，增长25.6%。

投资结构不断改善，基础产业和基础设施建设进一步加强。按产业划分，第一产业完成投资1.77亿元，比上年增长23.8%，比重由上年的3.8%上升到4.1%；第二产业完成投资17.38亿元，增长56.6%，比重由上年的29.1%上升到40.9%；第三产业完成投资23.37亿元，下降8.6%，比重由上年的67.1%下降到55.0%。大中型项目建设成效显著，全市基本建设、更新改造共安排国家大中型工程项目4项，完成投资3.72亿元。其中基本建设大中型工程2项，完成投资1.35亿元。限额以上更新改造大中型工程2项，完成投资2.37亿元。全市新增固定资产36.72亿元。

五、交通运输和邮电通信业

交通运输稳定发展。全年交通运输部门完成货物周转量28.21亿吨公里，比上年增长20.7%。其中：铁路9.97亿吨公里，增长80.9%；公路14.82亿吨公里，下降1.2%；水运3.25亿吨公里，增长16.9%；航空0.17亿吨公里，增长112.5%。旅客周转量完成60.91亿人公里，增长42.2%。其中：铁路32.54亿人公里，增长62.3%；公路19.55亿人公里，增长12.4%；水运0.19亿人公里，下降26.9%；民航8.64亿人公里，增长68.1%。全市货运总量3171.48万吨，比上年下降0.5%，客运总量3983.08万人，增长8.4%。2000年末，全市公路总长度1958.33公里。民航运输起降架次达1.32万次，通航城市32个。

邮电通信能力和服务功能继续增强。全年邮电业务量21.85亿元，比上年增长39.2%。其中，函件3016.0万件，特快专递71.5万件，国内长途电话0.97亿次，国际与港澳台电话业务量57.0万次。全市邮路总长度(含农村投递)3.21万公里，比上年增长1.6%。年末全市电话交换机总容量104.0万门，新增12.9万门。长途自动交换机容量达5.5万门,移动通信交换机容量达105.0万户,其中,数字蜂窝移动通信交换机容量达99.0万户。固定电话用户74.1万部,其中:城市60.4万部,农村13.7万部,移动电话用户41.4万户,无线寻呼用户28.2万户。年末全市电话普及率为17.14部/百人,其中城市48.75部/百人。

六、国内贸易

消费市场平稳。全年社会消费品零售总额144.41亿元,比上年增长10.4%,扣除价格因素,实际增长12.9%。其中,城市消费品零售额120.29亿元,增长11.4%;县及县以下消费品零售额24.12亿元,增长5.7%;批发零售贸易业零售额94.79亿元,增长11.2%,餐饮业零售额10.72亿元,增长11.9%,制造业零售额7.33亿元,增长11.4%,农业生产者零售额30.95亿元,增长7.6%,其它行业零售额0.62亿元,增长3.7%。

全市城乡商品交易市场268个,全年市场成交总额158亿元,比上年增长11.3%,其中亿元以上商品交易市场17个。其中洪城大市场交易额达71亿元,南昌深圳农产品中心批发市场交易额8.6亿元,万寿宫商城交易额6.3亿元,省装潢建材大市场交易额18.4亿元。

七、对外经济

外贸出口快速增长。据海关统计,全年南昌地区进出口总额11.16亿美元,比上年增长13.0%,其中,出口总额8.87亿美元,增长24.3%。市出口总额1.31亿美元,同口径相比增长29.9%。

利用外资有所下降。2000年全市利用外资新签合同43个,协议合同外资金额0.29亿美元,实际利用外资0.33亿美元。但招商引资工作已出现了喜人势头,在全省招商引资会上,我市签订了11个1000万美元以上的大项目,必将有力地推动2001年全市招商引资工作整体水平的提高。

国际旅游业不断发展。全年接待海外旅游者3.70万人次,比上年增长8.5%,其中:外国人1.99万人次,增长19.2%;港澳同胞0.99万人次,下降2.9%;台湾同胞0.72万人次,与上年同期持平。旅游外汇收入2578万美元,增长19.6%。

八、金融和保险业

金融形势稳定。年末,全市金融机构各项存款余额为670.03亿元,比上年末增加87.13亿元,增长14.9%,其中:企业存款余额为283.97亿元,比上年末增加48.35亿元,增长20.5%。城乡居民储蓄存款余额276.89亿元,比上年末增加12.84亿元,增长4.9%。金融机构各项贷款余额435.48亿元,比上年末增加3.0亿元,增长0.7%,其中短期贷款余额为280.46亿元,下降8.7%,中长期贷款余额为96.85亿元,增长7.8%。全年银行现金收入1231.37亿元,增长17.5%,现金支出1131.32亿元,增长18.3%。货币净回笼100.05亿元,增长8.2%。

商业保险事业不断发展壮大。2000年全市实现保费收入8.04亿元,比上年增长29.2%。其中,财产险保费收入3.51亿元,人身险保费收入4.53亿元。支付各类赔款及给付2.22亿元,其中财产险赔款金额1.28亿元,人身险给付金额0.94亿元。

证券市场继续发展。截止2000年底,在我市开户的证券投资者44.12万户。全年证券交易机构实现交易额中,股票交易额1087.14亿元,国债交易额58.22亿元。全市期货成交额0.87亿元。

九、科学技术和教育

科技队伍稳定发展。2000年末,市属国有单位共有各类专业技术人员7.33万人,比上年增长1.4%。

科学研究和技术开发取得新成果。2000年全市共取得科技成果40项,其中国际领先水平2项,国内领先水平15项,国内先进水平23项。获得各级科技奖37项,其中国家级2项,市级35项。专利申请量610件,授权量562件。技术市场更加活跃,全年技术交易签订合同1728项,技术交易额4.14亿元。

教育事业稳步发展。高等教育加快发展,全年全市招收研究生866人,比上年增加286人,在校研究生1886人,增加449人;普通高等学校招生2.85万人,增加0.63万人,在校学生7.83万人,增加1.91万人,毕业生1.26万人,增加231人。全市中等专业学校在校学生8.06万人,增加0.26万人,技工学校在校生1.88万人,减少0.44万人。普通初中在校生21.84万人,辍学率2.20%;小学在校生40.09万人,辍学率0.02%,小学毕业生升学率达95.4%;适龄儿童小学入学率99.6%。在托儿童9.1万人。成人高等学校在校学生5.79万人,成人中等专业学校在校学生0.99万人。全年参加高等教育自学考试的达11.20万人,获得单科合格9.41万科次数,获得本科毕业证书的882

人，大专毕业证书的2224人。

十、文化、卫生和体育

文化、广播、电视事业稳步发展。全市年末共有电影放映单位58个，专业艺术表演团体12个，公共图书馆11个，博物馆11个，档案馆23个（其中综合档案馆11个），群众艺术馆2个，文化馆9个。城乡广播电视覆盖率提高。全市广播电台3座，电视台4座，广播发射和转播台3座，电视转播发射台和差转台30座。全年出版报纸3.8亿份，杂志0.91亿份，各类图书2.03亿册。

卫生事业健康发展。年末全市共有各类医疗卫生机构932处（包括个体机构），其中：医院、卫生院174处，卫生防疫防治机构15处，妇幼卫生机构10处。各类卫生技术人员2.25万人，其中：医生0.95万人，护师、护士0.74万人。医院、卫生院床位1.44万张。

体育事业蓬勃发展。群众体育、竞技体育和体育产业继续协调发展。我市运动员在国际比赛中获金牌3枚，银牌3枚；在全省各类比赛中获金牌206枚，银牌105枚。南昌县通过了国家体育总局的检查验收，进入了全国体育先进县行列。2000年，我市成功地举办了南昌市第十二届运动会，投资近3000万元的南昌八一体育场建成并投入使用，结束了我市没有市级大型体育场馆的历史。

十一、城市建设和环境保护

城市基础设施建设步伐加快。2000年我市集中力量抓了新城区开发，老城区美化和小城镇建设。“红谷滩”中心区建设迈出了实质性步伐，三大中心六栋建筑已全部封顶并完成外部装修，各项市政基础设施建设正在按计划目标加速实施，一江两岸道路硬化、亮化、绿化等工程全面完成，“一江两岸”城市发展格局初现端倪；朝阳洲地区建设西路以北路网综合建设和改造全面铺开，朝阳污水处理厂已基本建成并试运行，填补了我省无城市污水处理厂的空白；市体育馆投入使用，绳金塔已维修亮化。为巩固“创卫”、“创优”成果，加大了对市政公用基础设施的维护和整治力度，全年共维修沥青路面9.63万平方米，调整新铺人行道板1.34万平方米，疏通下水道3.56万米，新建朝阳中路、庐山南大道、滨江路等道路路灯289基，更换电缆4.8千米。年末共有公厕287座，垃圾中转站72座，果壳箱1288个，市区植树27.8万株，种植草皮11.1万平方米。小城镇建设步伐加快，全市城镇化率达42%。

公用事业继续发展。城市公交系统在市区新辟、延长了一些营运线路。添置了202辆公交车，年末营运车辆867辆，营业里程达1239公里，年客运量2.76亿人次。城建系统自来水供水量2.84亿吨。年末使用管道煤气用户已达35.24万人，使用液化气达78.62万人，气化率为87.1%。有线电视安装用户33.5万户。

环境保护事业加快发展。全市治理污染投资0.49亿元，完成治理项目27个，废水处理10569.74万吨，废气处理284.79亿标立方米，年末城市公共绿地面积660.52公顷，增长2.6%，城区绿化覆盖率达34.3%。

十二、人民生活

城乡居民生活水平不断提高。全市职工年平均工资6954元，比上年增长11.7%，其中，在岗职工平均工资8756元，增长13.4%。据抽样调查，城市居民人均可支配收入5734元，比上年增长8.4%；农民人均纯收入2390元，比上年增加83元，增长3.6%。

劳动领域加快改革。全市年末社会从业人员214.97万人。其中第一产业84.84万人，第二产业56.34万人，第三产业73.79万人。年末全市在岗职工人数58.77万人，比上年末减少4.81万人。其中，国有单位在岗职工人数40.25万人，比上年末减少4.18万人。城镇个体和私营企业从业人员18.64万人。国有企业下岗职工基本生活得到保障，就业和再就业工作取得一定成效。全市城镇净安置失业人员就业2.78万人。年末全市登记失业率2.99%，比上年末下降0.01个百分点。

社会福利保障事业继续发展。全市有52.35万职工和16万离退休人员参加了基本养老保险，有56.18万人参加了失业保险，建立农村社会保险网络15个。全市城镇社会服务设施275个，社会福利院和敬老院90个，床位2146张，收养2219人。社会福利企业的残疾人从业人数3104人。社会救济对象得到政府救济的有6.6万人次。

注：①本公报所列各项产值绝对数按当年价格计算，增长速度按可比价格计算。

②国内生产总值为快报数。

附表1:2000年工农业主要产品产量

产品名称	计量单位	绝对数	比上年增长%
一、农产品产量			
粮食	万吨	156.12	-4.3
谷物	万吨	151.7	-4.5
豆类	万吨	2.3	4.5
薯类	万吨	2.1	5.5
棉花	万吨	0.33	45.3
油料	万吨	9.78	5.8
蔬菜	万吨	109.09	1.8
水果	万吨	0.92	18.1
肉类总产量	万吨	20.80	2.6
牛奶产量	万吨	4.76	8.7
禽蛋产量	万吨	10.05	3.1
生猪出栏	万头	208.18	4.9
年末生猪存栏	万头	166.13	-0.2
年末家禽存笼	万只	2 350.87	3.8
水产品产量	万吨	22.00	0.1
二、工业产品产量			
发电量	亿千瓦小时	31.13	0.89
钢	万吨	73.83	33.14
成品钢材	万吨	80.85	25.77
水泥	万吨	32.78	-4.82
烧碱	万吨	1.56	6.34
农用化肥(折纯)	万吨	7.15	-23.23
化学农药	万吨	0.16	9.71
小型拖拉机	万台	0.49	-40.94
纱	万吨	2.61	5.10
布	亿米	1.33	4.69
化学纤维	万吨	2.82	-8.82
卷烟	万箱	33.20	29.20
汽车	万辆	2.75	4.44
彩色电视机	万台	18.26	-34.90
家用电冰箱	万台	5.88	6.14
冷冻箱	万台	6.39	-33.09
变压器	亿千伏安	337.67	33.50
金属切削机床	台	1 254	20.81
交流电动机	亿千瓦	20.57	7.81
饮料酒	万吨	11.92	-4.58

附表2:市场价格变动情况

类别	指数(上年=100) 1999	2000
1.居民消费价格总指数	99.8	102.6
食品类	96.3	97.1
#粮食	98.4	91.5
肉禽及其制品	93.0	95.3
蛋类	92.4	84.0
水产品	95.5	104.9
鲜菜	96.9	110.7
衣着类	96.1	95.4
医疗保健	102.4	100.4
居住	106.4	110.0
服务项目	113.9	125.2
#交通费	100.2	105.5
学杂、保育费	131.0	160.4
文娱费	118.3	111.3
2.商品零售价格总指数	96.9	97.8
食品类	97.4	96.7
服装鞋帽类	95.9	94.7
日用品类	98.1	96.8
书报杂志类	102.1	103.1
文化体育用品类	95.6	98.7
家用电器类	92.0	98.9
燃料类	98.7	112.7
建筑装璜材料类	97.6	98.2
机电产品类	95.7	97.2

自然　地理　资源

位　　置

南昌市位于东经 115°27′~116°35′，北纬 28°09′~29°11′。地处江西省中部偏北，赣江、抚河下游，东北方滨临我国最大的淡水湖鄱阳湖。

地势、面积

全市以平原为主，东南地势平坦，西北丘陵起伏。全市总面积 7 402.36 平方公里，其中：平原面积2 649.72平方公里，岗地低丘面积2 548.27平方公里，水域面积2 204.37平方公里。南北长约 112.1 公里，东西宽为 107.6 公里。

山脉、河流、湖泊

位于西北部的西山山脉，呈东北向逶迤绵延，山脉中段的梅岭为市区最高点，其主峰洗药峰海拔 841.4 米。

全市境内江河纵横，湖泊池塘星罗棋布。主要河流有赣江、抚河、锦江和潦河等。湖泊主要有军山湖、青岚湖、金溪湖、瑶湖等，市区有青山湖、贤士湖，市中心错落着东湖、西湖、南湖、北湖等四个人工湖。

气　　候

属亚热带湿润气候，四季分明，气候温暖，雨量充沛，日照充足，无霜期长，为农业生产提供了良好的气候环境，但灾害性天气较多，全市年平均气温 17.1~17.7℃，7 月最热，月平均气温 28.6~29.8℃。1 月最冷，月平均气温 4.6~5.1℃。气温年差 24.1~24.8℃。极端最低点气温 -15.2℃，极端最高点气温 40.8℃。温度分布趋势由西北向南逐渐提高，平原高于山丘。霜期平均 100~110 天，无霜期长达 259~280 天。全市大于等于 0℃的常年积温 6200~6500℃。年平均日照为 1853~1972 小时，太阳总辐射为 115.95 千卡/厘米^2。年降水量 1515~1595 毫米。降水量最多的是 1959 年达 2356 毫米，最少的是 1963 年只有 1046.2 毫米。

土 地 资 源

全市土地面积 7 402.36 平方公里，其中耕地面积 22.17 万公顷。在耕地面积中，有效灌溉面积 20.05 万公顷，占 90.4%。

水 力 资 源

全市水力资源蕴藏量为 7.27 万千瓦，可开发的资源 2.45 万千瓦，占蕴藏量的 33.7%，其发电量为 2 479.2 万千瓦时。

森 林 资 源

全市有林地面积 13.2 万公顷，森林覆盖率 16.8%；活立木蓄积量 220 万立方米。

矿 产 资 源

以非金属建材矿为主，兼有燃料、矿泉水等各类矿产 28 余种。已发现矿点、矿化点 100 处，尤其以建筑用砂、砖瓦粘土、饰面石材、石英石、石灰石和矿泉水等具有较好的开发前景。花岗石、砂卵石、砖瓦粘土储量巨大，开采历史悠久。

1—1 行　政　区　划

单位:个

地　　区	街道办事处	居委会	镇	乡	村委会
全　市	**35**	**817**	**48**	**51**	**1 307**
区	**35**	**729**	**9**	**5**	**270**
东湖区	13	287			
西湖区	13	307			
青云谱区	5	103		1	9
湾里区	3	16	3	2	35
郊　区		2	5	2	104
县		**88**	**39**	**46**	**1 037**
南昌县		35	12	11	304
新建县		15	11	12	323
进贤县		25	10	17	295
安义县		13	6	6	115

注:表中包括南昌经济技术开发区 1 个镇,1 个街办,14 个居委会和 122 个村委会。

1—2 土地面积

单位:平方公里

地区	总面积	平原	岗地低丘	水域
全市	**7 402.36**	**2 649.72**	**2 548.27**	**2 204.37**
市区	617.07	283.72	249.81	83.54
南昌县	1 839.40	1 071.47	20.70	747.23
新建县	2 337.84	847.33	592.51	898.00
进贤县	1 951.86	156.30	1 364.87	430.69
安义县	656.19	290.90	320.38	44.91

1—3 水文、气象

项目	1999	2000
最高水位(八一桥水面,米)	22.73(7月20日)	21.36(6月25日)
最低水位(八一桥水面,米)	15.92	16.16(1月1日)
全年平均水位(八一桥水面,米)	18.22	17.74
全年降雨天数(天)	173	162
全年降雪天数(天)	2	7
全年降水量(毫米)	2 332.1	1 436.0
全年无霜期总天数(天)	289	269
全年日照时数(小时)	1 597.0	1 712.3
全年蒸发量(毫米)	1 375.6	1 460.5
全年平均气温(度)	18.1	17.9
极端最高气温(度)	36.0(8月8日)	38.7(7月25日)
极端最低气温(度)	-4.5(12月22日)	-3.9(1月27日)
全年相对湿度(%)	79	80
全年平均风速(米/秒)	1.6	1.6

1—4　主要年份国民经济主要指标

项　　目	1978	1980	1985	1990	1995	1999	2000
一、年末总人口(万人)	**306.83**	**316.36**	**335.31**	**372.59**	**395.16**	**424.23**	**432.55**
二、年末社会从业人数(万人)	**131.13**	**136.03**	**165.46**	**199.00**	**211.79**	**218.15**	**214.97**
#职工人数	53.14	58.51	72.22	82.04	89.04	82.52	77.93
三、国内生产总值(亿元)	**14.37**	**16.95**	**32.57**	**63.20**	**240.08**	**399.80**	**435.10**
四、工农业总产值(亿元)	**22.79**	**28.11**	**57.25**	**117.15**	**363.37**	**502.92**	**541.49**
五、农　　业							
农业总产值(亿元)	4.50	5.56	10.77	23.65	58.50	68.83	69.44
主要农产品产量							
粮　　食(万吨)	117.43	120.16	160.11	170.81	153.79	163.09	156.12
棉　　花(万吨)	0.22	0.29	0.16	0.11	0.33	0.23	0.33
油　料(折油,万吨)	0.43	0.48	0.95	1.31	3.23	2.79	2.95
水　　果(万吨)			0.71	0.94	0.50	0.78	0.92
水　产　品(万吨)	0.83	1.16	2.22	5.52	13.74	21.97	22.00
肉类总产量(万吨)			5.34	9.07	16.52	20.28	20.80
猪年末存栏(万头)	78.45	77.43	99.80	121.32	162.10	166.54	166.13
当年出栏肉猪(万头)			68.44	140.98	188.17	198.44	208.18
六、工　　业							
工业总产值(亿元)	18.29	22.55	46.49	93.50	304.87	434.09	472.05
轻　工　业	9.15	12.30	22.93	48.50	159.15	234.62	247.04
重　工　业	9.14	10.25	23.56	45.00	145.72	199.47	225.01
主要工业产品产量							
纱(万吨)			2.18	2.33	2.42	2.51	2.61
布(万米)	7 976	12 294	9 174	9 923	13 565	11 739	13 285

注:1995 年以后工业总产值按新口径计算。

1—4 续表 1

项　　　目	1978	1980	1985	1990	1995	1999	2000
机制纸及纸板(万吨)	2.85	4.35	5.90	6.03	8.30	8.90	8.16
饮　料　酒(万吨)	0.63	1.08	2.83	3.75	11.03	12.71	11.92
发　电　量(亿千瓦/小时)	7.54	7.91	7.88	15.46	17.69	30.87	31.13
烧　　碱(万吨)	0.18	0.45	1.13	1.51	2.09	1.47	1.56
水　　泥(万吨)	6.65	8.64	13.77	20.85	35.31	36.34	33
国有独立核算企业财务指标							
年末固定资产原值(亿元)	13.71	15.32	23.15	42.81	119.09	215.95	218.93
年末固定资产净值(亿元)	8.63	9.42	14.16	27.47	86.78	155.87	152.21
流动资产全年平均余额(亿元)	7.06	7.10	10.43	39.46	89.72	177.76	188.55
利润和税金总额(亿元)	2.07	3.25	6.14	6.12	9.73	24.83	32.93
七、邮电、运输							
货物运输量(万吨)			606	2 820	3 074	3 188	3 171
#铁　　路			235	221	201	203	224
公　　路	261	257	262	2 298	2 541	2 826	2 784
水　　运	150	77	109	301	331	158	163
旅客运输量(万人)			1 733	3 297	3 101	3 674	3 983
#铁　　路			680	517	625	931	906
公　　路	352	634	955	2 720	2 357	2 649	2 978
水　　运	87	96	94	52	44	26	20
邮电业务总量(万元)	205	283	1 550	8 252	42 072	156 946	218 524
八、固定资产投资							
1. 完成投资额(万元)	11 949	20 835	45 031	85 807	358 473	486 170	557 215
国有单位基本建设	10 923	13 960	27 211	38 302	130 108	247 418	287 138
国有单位更新改造		5 366	15 209	36 808	126 026	123 516	120 545
城 镇 集 体	327	840	1 811	2 905	5 943	10 175	17 564
2. 新增固定资产							
国有单位基本建设(万元)	7 171	13 103	14 373	30 391	84 108	215 674	192 813

1—4 续表2

项目	1978	1980	1985	1990	1995	1999	2000
国有单位更新改造(万元)		3 867	7 424	28 613	125 129	96 115	85 779
城镇集体(万元)	344	672	1 680	2 330	1 637	5 665	8 093
九、贸易							
社会消费品零售总额(亿元)	5.26	7.49	15.29	26.36	73.64	130.77	144.41
实际利用外资额(万美元)			155	1 129	12 537	13 360	3 288
十、财政							
财政总收入(亿元)	2.55	3.42	5.57	10.19	22.04	35.41	44.59
地方财政收入(亿元)					10.14	16.77	19.14
地方财政支出(亿元)	0.90	1.14	2.44	5.51	10.21	21.88	23.79
十一、物价指数(以上年价格为100)							
商品零售价格总指数	99.69	107.44	110.50	101.80	114.4	96.9	97.8
居民消费价格总指数	99.73	106.57	111.00	103.30	116.2	99.8	102.6
十二、教育、文化、卫生							
高等学校在校学生数(人)	11 989	18 359	25 809	30 939	45 934	59 151	78 252
中等专业学校在校学生数(人)	7 841	11 970	13 724	20 437	45 453	79 999	80 622
普通中学在校学生数(万人)	18.90	17.17	18.44	20.97	20.15	23.78	26.15
小学在校学生数(万人)	42.25	47.12	49.30	37.86	39.10	42.34	40.94
图书馆藏书量(万册)	208	228	314	338	366	327	332
卫生机构数(不含个体)(个)	918	923	818	832	790	743	706
卫生技术人员数(人)	13 470	14 830	19 267	21 658	22 259	22 376	22 477
#医生	5 582	6 304	8 048	9 473	9 701	9 407	9 527
病床数(张)	13 149	14 005	15 000	16 205	16 345	15 054	15 130
十三、人民生活							
全部职工平均工资(元)	577	732	1 038	1 798	4 931	6 228	6 954
城市住户每人生活费收入(元)		339	639	1 349	3 591	5 288	5 734
农民平均每人纯收入(元)	121	184	412	721	1 626	2 307	2 390
城乡居民储蓄存款余额(万元)	8 947	20 153	70 569	321 481	1 382 489	2 640 460	2 768 864

1—5 国民经济主要指标发展速度

项目	2000年为下列各年%					平均每年增长%		
	1978	1980	1985	1990	1999	1979—2000	1986—2000	1991—2000
一、年末总人口	**140.9**	**136.3**	**129.0**	**116.1**	**102.0**	**1.6**	**1.7**	**1.5**
二、年末社会从业人数	**163.9**	**158.1**	**129.9**	**108.1**	**98.5**	**2.3**	**1.8**	**0.8**
#职工	146.6	133.1	107.9	95.0	94.4	1.8	0.5	-0.5
三、国内生产总值	**1 142.8**	**938.2**	**528.9**	**352.8**	**109.2**	**11.7**	**11.7**	**13.4**
四、工农业总产值	**1 695.6**	**1 432.0**	**779.1**	**505.7**	**109.6**	**13.7**	**14.7**	**17.6**
五、农业								
农业总产值	392.9	376.5	231.4	184.3	103.0	6.4	5.8	6.3
主要农产品产量								
粮食	132.9	130.0	97.5	91.4	95.7	1.3	-0.2	-0.9
棉花	149.0	112.9	204.6	297.8	143.5	1.8	4.9	11.5
油料折油	687.5	615.9	311.2	225.7	105.7	9.2	7.9	8.5
水果			129.8	97.9	118.1		1.8	-0.2
水产品	2 649.7	1 895.9	990.8	398.5	100.1	16.1	16.5	14.8
肉类总产量			327.7	193.0	102.6		8.2	6.8
猪年末存栏	211.8	214.5	166.5	137.0	99.8	3.5	3.5	3.2
当年出栏肉猪			304.2	147.6	104.9		7.7	4.0
六、工业								
工业总产值	2 535.1	1 969.0	1 026.3	625.3	110.5	15.8	16.8	20.1
轻工业	3 129.0	2 238.3	1 235.5	708.1	109.5	16.9	18.2	21.6
重工业	2 133.2	1 814.7	885.5	578.7	113.9	14.9	15.6	19.2
主要工业产品产量								
纱	198.5	128.8	119.7	112.0	104.0	3.2	1.2	1.1
布	341.4	224.2	144.8	134.0	113.2	5.7	2.5	3.0
机制纸及纸板	1 377.3	803.3	138.4	135.3	91.7	12.7	2.2	3.1
饮料酒	270.5	258.0	421.3	318.0	93.8	4.6	10.1	12.3
发电量	2 363.2	945.5	395.3	201.5	100.9	15.5	9.6	7.3
烧碱			137.4	102.8	106.1		2.1	0.3
水泥	496.2	382.0	239.6	158.3	90.8	7.6	6.0	4.7
七、运输、邮电								
货物运输量			523.8	112.5	99.5		11.7	1.2
#铁路			94.9	101.0	110.1		-0.3	0.1
公路	1 065.7	1 082.3	1 061.7	121.1	98.5	11.4	17.1	1.9
水运	108.3	211.0	149.0	54.0	102.7	0.4	2.7	-6.0
旅客运输量			229.8	120.9	108.4		5.7	1.9
#铁路			133.2	175.1	97.3		1.9	5.8

1—5 续表

项目	2000年为下列各年%					平均每年增长%		
	1978	1980	1985	1990	1999	1979—2000	1986—2000	1991—2000
公　　路	845.7	469.6	311.7	109.5	112.4	10.2	7.9	0.9
水　　运	23.5	21.2	21.7	39.2	78.7	-6.4	-9.7	-8.9
邮电业务总量	106 736.4	77 317.8	14 116.7	2 651.7	139.3	37.3	39.1	38.8
八、固定资产投资								
完成投资额	4 661.7	2 673.4	1 237.0	649.1	114.6	19.1	18.3	20.6
国有单位基本建设	2 628.5	2 056.7	1 055.1	749.5	116.1	16.0	17.0	22.3
国有单位更新改造		2 247.5	793.0	327.5	97.6		14.8	12.6
城 镇 集 体	5 380.1	2 094.5	971.2	605.7	172.6	19.9	16.4	19.7
新增固定资产								
国有单位基本建设	2 687.6	1 470.7	1 341.0	634.0	89.4	16.1	18.9	20.3
国有单位更新改造		2 219.7	1 156.1	300.0	89.2		17.7	11.6
九、贸　　易								
社会消费品零售总额	2 745.2	1 927.9	944.5	547.8	110.4	16.2	16.1	18.5
实际利用外资额			2 121.3	291.2	24.6		22.6	11.3
十、财　　政								
财政总收入	1 752.9	1 307.0	802.6	438.6	125.9	13.9	14.9	15.9
财 政 支 出	2 642.8	2 086.5	974.7	431.6	108.7	16.0	16.4	15.7
十一、物 价 指 数								
商品零售价格总指数	433.7	398.7	334.7	190.7	97.8	6.9	8.4	6.7
居民消费价格总指数	559.0	519.0	434.0	247.9	102.6	8.1	10.3	9.5
十二、教育、文化、卫生								
高等学校在校学生数	652.6	426.3	303.2	252.8	132.3	8.9	7.7	9.7
中等专业学校在校学生数	1 028.1	673.5	587.5	394.4	100.8	11.2	12.5	14.7
普通中学在校学生数	138.5	152.4	141.9	124.7	110.0	1.5	2.4	2.2
小学在校学生数	97.0	86.8	83.1	108.2	96.7	-0.1	-1.2	0.8
图书馆藏书量	159.5	145.6	105.7	98.3	101.5	2.1	0.4	-0.2
卫生机构数(不含个体)	76.9	76.5	86.3	84.7	95.0	-1.2	-1.0	-1.6
卫生技术人员	166.8	151.6	116.7	103.7	100.5	2.4	1.0	0.4
#医　　生	170.8	151.0	118.3	100.5	101.3	2.5	1.1	0.05
病　床　数	115.0	107.8	100.8	93.3	100.5	0.6	0.05	-0.7
十三、人 民 生 活								
全部职工平均工资	1 206.1	950.7	670.4	387.2	111.7	12.0	13.5	14.5
农民平均每人纯收入	1 976.1	1 299.5	580.4	331.6	103.6	14.5	12.4	12.7

1—6 国民经济主要比例关系

单位：%

项目	1978	1980	1985	1990	1995	1999	2000
国内生产总值三次产业比例	**100.0**	**100.0**	**100.0**	**100.0**	**100.0**	**100.0**	**100.0**
第一产业	29.3	26.8	24.2	21.9	16.0	11.5	10.6
第二产业	49.2	48.4	52.6	39.7	46.0	47.0	47.2
第三产业	21.5	24.8	23.2	38.4	38.0	41.5	42.2
工农业总产值中农轻重比例	**100.0**	**100.0**	**100.0**	**100.0**	**100.0**	**100.0**	**100.0**
农业	19.74	19.78	18.80	20.20	12.92	13.7	12.8
轻工业	40.13	43.76	40.30	41.90	45.46	46.7	45.6
重工业	40.13	36.46	40.90	37.90	41.62	39.6	41.6
农业中农、林、牧、副、渔比例	**100.0**	**100.0**	**100.0**	**100.0**	**100.0**	**100.0**	**100.0**
农业	84.4	84.1	65.2	55.6	51.2	43.1	41.9
林业	0.9	0.9	1.5	1.1	1.7	1.5	1.5
牧业	11.8	12.6	22.4	31.2	35.2	34.4	35.2
副业	0.5	1.1	6.3	5.7			
渔业	1.4	1.3	4.6	6.4	11.9	21.0	21.4
工业中轻重工业比例	**100.0**	**100.0**	**100.0**	**100.0**	**100.0**	**100.0**	**100.0**
轻工业	50.0	54.5	49.3	51.9	52.2	54.0	52.3
重工业	50.0	45.5	50.7	48.1	47.8	46.0	47.7
财政收入占国内生产总值的比例	**17.7**	**20.2**	**17.1**	**16.1**	**9.18**	**8.9**	10.2
文教科学卫生事业费占财政支出的比例	**29.9**	**31.2**	**29.1**	**24.6**	**29.6**	**21.4**	22.8

1—7 主要指标每人年平均水平

项目	1978	1980	1985	1990	1995	1999	2000
一、国内生产总值(元)	**473.64**	**538.75**	**976.76**	**1 718.42**	**6 124.91**	**9 504.61**	**10 078.34**
二、工农业总产值(元)	**751.11**	**891.95**	**1 568.62**	**3 209.81**	**9 270.25**	**11 956.06**	**12 542.68**
农业总产值	148.28	176.45	294.98	647.99	1 492.35	1 636.29	1 608.54
工业总产值	602.83	742.97	1 273.64	2 561.82	7 777.90	10 319.77	10 934.14
三、财政总收入（元）	**83.99**	**108.68**	**166.93**	**277.10**	**562.27**	**841.87**	**1 032.88**
四、主要农产品产量							
粮　　食（千克）	386.96	381.91	481.14	464.44	392.35	387.72	361.62
棉　　花（千克）	0.73	0.91	0.47	0.30	0.84	0.55	0.76
油　料（折油）（千克）	1.41	1.53	2.84	3.57	8.24	6.63	6.83
水　　果（千克）			2.13	2.54	1.28	1.85	2.12
水　产　品（千克）	2.74	3.68	6.65	15.00	35.05	52.23	50.96
肉类总产量（千克）			16.03	24.67	42.15	48.21	48.18
五、主要工业产品产量							
纱（千克）			6.54	6.33	6.17	5.97	6.04
布（米）	26.28	29.07	27.52	26.98	34.61	27.91	30.77
饮　料　酒（千克）			8.49	10.19	28.13	30.22	27.62
发　电　量（千瓦小时）	248.42	251.39	236.26	417.08	451.35	733.88	721.06
钢　　材（千克）	25.53	65.69	76.17	60.63	106.87	152.20	187.27
烧　　碱（千克）			3.39	4.08	5.33	3.49	3.61
水　　泥（千克）			41.29	54.46	90.08	86.39	76.44
六、人民生活							
职工平均工资（元）	577	732	1 038	1 798	4 931	6 228	6 954
城市居民人均生活费收入（元）		339	639	1 349	3 591	5 288	5 734
农民家庭纯收入（元）	121	184	412	721	1 626	2 307	2 390
城乡居民储蓄存款余额（元）	29	64	210	863	3 404	6 247	6 382

注：1.1995 年以后工业总产值按新口径计算。

2. 计算人均指标所用的“年平均人口”由省统计局根据人口普查及相关资料推算所得。

1—8 平均每天主要社会经济活动

项目	1978	1980	1985	1990	1995	1999	2000
一、国内生产总值（万元）	**394**	**464**	**892**	**1 731**	**6 577**	**10 953**	**11 921**
二、工农业总产值（万元）	**624**	**770**	**1 843**	**3 210**	**9 955**	**13 779**	**14 835**
农业总产值	123	152	385	648	1 603	1 886	1 903
工业总产值	501	618	1 184	2 562	8 353	11 893	12 933
三、财政总收入（万元）	**70**	**94**	**153**	**279**	**604**	**970**	**1 222**
四、主要工业产品产量							
纱（吨）			59.7	63.8	66.3	68.8	71.5
布（万米）	21.9	33.7	25.1	27.4	37.2	32.2	36.4
饮料酒（吨）	17.3	29.6	78.0	102.7	302.2	348.2	326.6
发电量（万千瓦小时）	207	217	216	424	485	845.8	852.9
烧碱（吨）	4.9	12.3	31.0	41.4	57.3	40.3	42.7
水泥（吨）	182.2	236.7	377.3	571.2	967.4	995.6	904.1
五、社会消费品零售总额（万元）	**144**	**205**	**418**	**720**	**2 018**	**3 583**	**3 957**
六、其他经济活动							
货物运输量（万吨）			1.66	7.73	8.42	8.73	8.69
旅客运输量（万人次）			4.75	9.03	8.50	10.07	10.91
固定资产投资总额（万元）	32.7	57.1	123.4	235.1	982.1	1 951.1	2 188.2
函件（万份）	3.65	4.77	14.26	13.10	15.46	9.12	8.26
电报（份）	1 420	1 627	2 885	3 628	1 198	247	192

注：1995 年以后工业总产值按新口径计算。

1—9 国民经济主要指标占全省比重

（2000年）

项 目	江 西	南 昌	南 昌 所占比重 （%）
一、土 地 面 积（平方公里）	166 946.55	7 402.36	4.43
二、年末总人口（推算数，万人）	4 148.54	433.87	10.46
三、年末在岗职工人数（万人）	291.60	58.77	20.15
四、国内生产总值（亿元）	2 000	435.10	21.76
五、工农业总产值（亿元）	2 311.39	541.49	23.43
工业总产值	1 551.12	472.05	30.43
农业总产值	760.27	69.44	9.13
六、主要工业产品产量			
发 电 量（亿千瓦小时）	201.06	31.13	15.48
成品钢材（万吨）	282.90	80.85	28.58
化 肥（折纯量，万吨）	45.01	7.15	15.89
汽 车（万辆）	13.36	2.75	20.58
水 泥（万吨）	1 463	33	2.26
布（万米）	28 017	13 285	47.42
卷 烟（万箱）	50.99	33.20	65.11
七、主要农产品产量			
粮 食（万吨）	1 614.60	156.12	9.67
棉 花（万吨）	6.80	0.33	4.85
油 料（折油，万吨）	32.52	2.95	9.07
水 产 品（万吨）	127.12	22.0	17.31
肉类总产量（万吨）	192.31	20.80	10.82
八、国有单位固定资产投资（亿元）	332.42	53.97	16.24
#基本建设（亿元）	198.61	28.71	14.46
九、社会消费品零售总额（亿元）	704.87	144.41	20.49
十、旅 游 人 数（人次）	163 057	37 010	22.70
十一、旅 游 收 汇（万美元）	6 234	2 578	41.35
十二、地方财政一般预算收入（亿元）	111.55	18.30	16.41
十三、银行现金收入（亿元）	4 007.55	1 231.37	30.73
十四、高等学校在校学生（人）	144 293	78 252	54.23
中等专业学校在校学生（人）	160 022	80 622	50.38
普通中学在校学生（万人）	259.22	25.99	10.03
职业中学在校学生（人）	127 129	17 967	14.13
小学在校学生（万人）	422.68	40.94	9.69
十五、卫生技术人员（万人）	12.32	2.25	18.26
#医 生（人）	54 437	9 527	17.50
十六、卫生机构病床数（万张）	9.09	1.51	16.61
#医院病床数	6.25	1.25	20.0
十七、在岗职工工资总额（亿元）	204.74	51.18	25.0

1—10 主要年份国内生产总值

单位：万元

年份	国内生产总值	第一产业	第二产业	第三产业	人均国内生产总值（元）
1949	14 278	8 803	1 152	4 322	107
1952	21 667	13 045	2 943	5 679	154
1957	37 287	18 053	10 601	8 633	223
1962	42 877	12 109	15 716	15 052	222
1965	65 435	21 413	28 837	15 185	315
1970	93 305	22 785	51 086	19 434	389
1975	107 291	34 267	47 251	25 773	382
1978	143 727	42 065	70 744	30 918	474
1979	158 303	42 494	74 784	41 025	511
1980	169 513	45 361	82 026	42 126	538
1981	189 093	53 874	91 014	44 205	593
1982	204 423	61 052	97 054	46 317	632
1983	212 229	62 386	100 002	49 841	649
1984	257 925	79 281	116 105	62 539	781
1985	325 718	78 735	171 408	75 575	977
1986	369 492	82 109	185 935	101 448	1 093
1987	435 864	90 367	193 554	151 943	1 266
1988	518 161	96 081	231 734	190 346	1 474
1989	591 567	120 079	252 286	219 202	1 647
1990	632 034	138 479	250 705	242 850	1 719
1991	728 886	143 295	285 370	300 221	1 949
1992	946 665	178 041	395 972	372 652	2 510
1993	1 283 389	222 606	583 202	477 581	3 370
1994	1 791 004	326 814	797 672	666 518	4 643
1995	2 400 781	384 072	1 105 034	911 675	6 125
1996	3 010 317	472 849	1 374 571	1 162 897	7 555
1997	3 600 000	505 000	1 665 000	1 430 000	8 893
1998	3 800 104	409 047	1 804 895	1 586 162	9 122
1999	3 998 020	459 217	1 880 875	1 657 928	9 505
2000	4 351 022	460 457	2 052 811	1 837 754	10 078

1—11 1978—2000年国内生产总值指数

（按可比价计算）　　单位：%

年份	国内生产总值	（以1978年为100）			国内生产总值	（以上年为100）		
		第一产业	第二产业	第三产业		第一产业	第二产业	第三产业
1978	100.0	100.0	100.0	100.0	114.2	101.3	116.4	128.3
1979	115.5	101.0	105.7	148.4	115.5	101.0	105.7	148.4
1980	121.8	100.6	117.9	149.5	105.5	99.6	111.5	100.7
1981	130.3	107.0	135.9	141.1	107.0	106.4	115.3	94.4
1982	142.1	122.5	140.8	162.2	109.1	114.5	103.6	114.9
1983	154.7	123.0	162.4	174.5	108.8	110.4	115.3	107.6
1984	185.7	133.8	196.3	222.4	120.0	108.7	120.9	127.5
1985	216.1	142.9	234.0	251.8	116.4	106.8	122.2	113.2
1986	241.4	149.5	254.6	326.6	111.7	104.7	106.1	129.7
1987	256.8	168.7	234.1	416.7	106.4	112.8	91.9	127.6
1988	288.7	169.6	265.0	493.7	112.4	100.5	113.2	118.5
1989	306.8	197.3	268.5	529.1	106.2	116.3	101.3	107.2
1990	324.0	227.5	266.9	568.5	105.6	115.3	99.4	107.4
1991	366.7	236.6	315.8	765.0	113.2	104.0	118.3	114.0
1992	425.8	244.4	380.4	913.5	116.1	103.3	120.5	119.4
1993	497.3	255.9	471.6	1 052.9	116.8	104.7	123.9	115.3
1994	588.3	276.5	588.8	1 213.9	118.3	108.1	124.9	115.3
1995	683.0	287.6	700.1	1 433.7	116.1	104.0	118.9	118.1
1996	788.2	316.1	800.9	1 707.5	115.4	109.9	114.4	119.1
1997	891.5	337.6	902.6	1 982.4	113.1	106.8	112.7	116.1
1998	961.0	291.7	1 010.0	2 184.6	107.8	86.4	111.9	110.2
1999	1 046.5	321.5	1 095.9	2 385.6	108.9	110.2	108.5	109.2
2000	1 142.8	331.1	1 196.7	2 645.6	109.2	103.0	109.2	110.9

1—12　1978—2000年国内生产总值构成

（以国内生产总值为100）　　单位：%

年　份	第一产业	第二产业	工　业	建筑业	第三产业	#交通运输邮电业	#商业饮食业	#金融保险业
1978	29.3	49.2			21.5			
1979	26.8	47.2			26.0			
1980	26.8	48.4			24.8			
1981	28.5	48.1			23.4			
1982	29.9	47.5			22.6			
1983	29.4	47.1			23.5			
1984	30.7	45.0			24.3			
1985	24.2	52.6			23.2			
1986	22.2	50.3			27.5			
1987	20.7	44.4			34.9			
1988	18.5	44.7			36.8			
1989	20.3	42.6	40.7	1.9	37.1	6.6	11.7	10.5
1990	21.9	39.7	37.7	2.0	38.4	5.0	10.8	10.7
1991	19.7	39.2	38.9	0.3	41.1	4.0	10.6	10.4
1992	18.8	41.8	40.9	0.9	39.4	3.5	10.3	10.3
1993	17.3	45.4	41.3	4.1	37.3	4.4	11.1	9.6
1994	18.2	44.5	40.3	4.2	37.3	4.7	11.6	9.5
1995	16.0	46.0	39.8	6.2	38.0	4.9	12.2	9.6
1996	15.7	45.7	38.1	7.6	38.6	5.1	11.8	9.7
1997	14.0	46.3	36.1	10.2	39.7	5.3	12.2	10.0
1998	10.8	47.5	37.3	10.2	41.7	5.5	12.8	10.1
1999	11.5	47.0	37.0	10.1	41.5	5.5	12.7	10.0
2000	10.6	47.2	37.0	10.2	42.2	5.7	12.8	10.3

1—13 国内生产总值增长

单位：万元

项目	1999	2000	2000年比上年增长%
一、国内生产总值	**3 998 020**	**4 351 022**	**9.2**
第一产业	**459 217**	**460 457**	**3.0**
第二产业	**1 880 875**	**2 052 811**	**9.2**
工业	1 477 584	1 609 614	9.2
建筑业	403 291	443 197	9.4
第三产业	**1 657 928**	**1 837 754**	**10.9**

注：绝对数为当年价，增长速度为按可比价格计算。

1—14 国内生产总值及其使用

（2000年）

单位：万元

项目	2000	项目	2000
一、总产出	**9 541 451**	**一、总支出**	**9 541 451**
二、中间投入	**5 190 429**	**二、中间使用支出**	**5 190 429**
三、国内生产总值	**4 351 022**	**三、国内生产总值**	**4 351 022**
1. 固定资产折旧	444 996	最终消费	2 704 297
		居民消费	1 854 603
2. 劳动者报酬	2 156 780	政府消费	849 694
		资本形成总额	1 290 317
3. 生产税净额	497 121	固定资本形成总额	978 648
		存货增加	311 669
4. 营业盈余	1 252 125	货物和服务净出口	356 408

1—15 主要年份工农业总产值

单位：万元

年份	工农业总产值	农业总产值	工业总产值	轻工业	重工业
1949	10 683	7 227	3 456	3 006	450
1952	19 269	10 838	8 431	6 945	1 486
1957	44 703	13 849	30 854	24 681	6 173
1962	56 527	10 094	46 433	35 186	11 247
1965	105 913	18 122	87 791	63 218	24 573
1970	167 418	19 527	147 891	78 224	69 667
1975	157 730	33 449	124 281	62 562	61 719
1978	227 924	44 996	182 928	91 456	91 472
1980	281 054	55 601	225 453	123 002	102 451
1981	303 927	66 100	237 827	144 965	92 862
1982	332 335	82 628	249 707	152 353	97 354
1983	363 203	80 676	282 527	162 040	120 487
1984	433 467	95 235	338 232	178 888	159 344
1985	572 545	107 666	464 879	229 278	235 601
1986	629 209	114 380	514 829	266 466	248 363
1987	737 658	135 084	602 574	321 698	280 876
1988	917 395	149 734	767 661	393 942	373 719
1989	1 071 444	173 034	898 410	453 015	445 395
1990	1 171 482	236 518	934 964	484 980	449 984
1991	1 338 436	249 765	1 088 671	525 392	563 279
1992	1 704 300	268 507	1 435 793	696 793	739 000
1993	2 475 019	335 329	2 139 690	1 012 346	1 127 344
1994	3 559 381	492 274	3 067 107	1 607 380	1 459 727
1995	3 633 660	584 956	3 048 704	1 591 483	1 457 221
1996	3 863 959	687 821	3 176 138	1 775 437	1 400 701
1997	4 569 397	759 889	3 809 508	2 103 527	1 705 981
1998	4 754 917	634 982	4 119 935	2 282 011	1 837 924
1999	5 029 197	688 289	4 340 908	2 346 221	1 994 687
2000	5 414 924	694 437	4 720 487	2 470 448	2 250 039

注：1995 年以后工业总产值按新口径计算。

1—16 历年工农业总产值指数

(以上年为100，不变价) 单位：%

年份	工农业总产值	农业总产值	工业总产值	轻工业	重工业
1950	124.3	114.0	146.6	147.5	142.5
1951	114.6	107.7	126.2	122.7	142.0
1952	124.8	120.5	131.0	124.6	155.9
1953	129.2	103.5	163.0	161.4	167.8
1954	102.3	78.5	122.3	120.1	128.9
1955	118.6	128.6	113.3	115.3	107.7
1956	133.2	106.7	149.3	142.9	168.4
1957	121.5	126.3	112.4	114.9	106.0
1958	148.4	80.7	165.9	134.9	251.4
1959	123.3	103.0	146.7	143.9	150.7
1960	113.0	93.2	116.3	109.5	123.3
1961	59.7	87.3	55.9	64.6	46.3
1962	95.8	99.8	95.0	101.9	83.0
1963	114.2	135.5	109.5	112.0	104.2
1964	122.0	112.3	124.6	120.3	134.3
1965	129.7	115.9	133.1	127.0	146.0
1966	113.6	94.4	117.7	110.6	130.4
1967	81.5	99.8	78.4	79.1	77.3
1968	123.0	106.3	126.6	111.0	151.0
1969	115.2	100.7	117.8	121.5	113.6
1970	124.4	106.4	127.3	100.6	160.0
1971	118.6	115.2	119.0	115.4	121.8
1972	95.2	103.0	93.3	129.6	96.8
1973	104.2	78.8	110.8	109.1	112.4
1974	76.8	109.7	70.7	74.1	67.4
1975	118.5	110.1	120.9	118.8	123.1
1976	81.4	102.3	75.9	81.2	70.7
1977	147.0	103.6	162.2	150.4	176.1
1978	114.9	106.1	116.8	118.1	115.5
1979	114.2	109.5	115.1	111.7	118.6
1980	109.2	95.3	111.8	125.2	99.1
1981	105.1	100.0	106.0	117.4	92.2
1982	108.9	125.3	105.5	105.0	106.2
1983	111.5	105.3	113.1	108.2	120.5
1984	115.6	114.7	115.9	110.9	122.6
1985	126.5	107.4	131.0	122.5	141.5
1986	108.1	102.2	109.2	116.0	101.9
1987	113.7	108.5	114.6	116.9	111.8
1988	114.1	102.0	116.1	114.9	120.2
1989	106.8	105.3	107.0	104.4	108.1
1990	105.5	105.6	105.5	107.3	103.4
1991	112.7	106.8	114.1	112.6	115.9
1992	122.9	104.2	127.4	125.2	129.8
1993	129.8	109.9	133.6	135.2	131.9
1994	138.4	112.8	142.5	152.5	131.1
1995	127.9	104.6	130.8	138.3	120.9
1996	108.2	115.4	107.7	112.1	106.3
1997	116.3	108.6	119.8	119.6	123.2
1998	105.7	90.0	111.7	112.1	111.3
1999	109.0	113.9	108.5	107.0	110.8
2000	109.6	103.0	110.5	109.5	113.9

主 要 统 计 指 标 解 释

国内生产总值 是按市场价格计算的国内生产总值的简称。它是一个国家（地区）所有常住单位在一定时间内生产活动的最终成果。国内生产总值有三种表现形态，即价值形态、收入形态和产品形态。从价值形态看，它是所有常住单位在一定时间内所生产的全部货物和服务价值超过同期投入的全部非固定资产货物和服务价值的差额，即所有常住单位的增加值之和；从收入形态看，它是所有常住单位在一定时间内所创造并分配给常住单位和非常住单位的初次分配收入之和；从产品形态看，它是最终使用的货物和服务减去进口货物和服务。在实际核算中，国内生产总值的三种表现形态表现为三种计算方法，即生产法、收入法和支出法。三种方法分别从不同的方面反映国内生产总值及其构成。

增加值 指各部门（单位）在一定时期内从事经济、科技、社会活动获得最终成果的货币表现。反映生产单位或部门对国内生产总值的贡献。增加值包括固定资产折旧、劳动者报酬、生产税净额、营业盈余。

三次产业 根据社会生产活动历史发展的顺序对产业结构的划分，产品直接取自自然界的部门称为第一产业，对初级产品进行再加工的部门称为第二产业，为生产和消费提供各种服务的部门称为第三产业。它是世界上通用的产业结构分类，但各国的划分不尽一致。我国的三次产业划分是：

第一产业：农业（包括种植业、林业、牧业、渔业等）。

第二产业：工业（包括采掘工业、制造业、自来水、电力、蒸气、热水、煤气）和建筑业。

第三产业：除第一、第二产业以外的其他各业。由于第三产业包括的行业多、范围广，根据我国的实际情况，第三产业可分为两大部门：一是流通部门，二是服务部门。具体又可为四个层次。

第一层次：流通部门，包括交通运输业、邮电通讯业、商业饮食业、物资供销和仓储业。

第二层次：为生活服务的部门，包括金融、保险业、房地产业、公用事业、居民服务、旅游业、咨询信息和各类技术服务业等。

第三层次：为提高科学文化和居民素质服务的部门，包括教育、文化、广播电视事业、科研、卫生、体育和社会福利。

第四层次：为社会公共需要服务的部门，包括国家机关、政党、社团以及军队、警察等。

总消费 是常住单位在一定时期内对于物质产品和服务的最终消费支出的合计。总消费分为居民消费和社会消费。

（1）居民消费 是常住居民在核算期内为个人最终消费需求而购买的物质产品和服务的全部支出。一是居民以货币直接购买的用于生活消费的各种物质产品。包括各种耐用消费品和非耐用消费品支出，不包括居民购买的房屋和用于生产目的的支出；二是居民直接购买的用于生活消费的各种支出，包括交通费、房租、洗理、日用品修理、医疗保健、教育、文化、家庭保姆等支出；三是居民以实物工资获得的各种生活消费，包括居民得到的免费和低于市场价格获得的各种物质产品和服务；四是居民自产自用的计入核算期社会产品中的物质产品、自有住房的虚拟房租消费等。

（2）社会消费 包括政府消费和集体消费两部分。政府消费，是财政支出中用于最终消费的部分，即政府部门总产出减去其销售收入后的余额；集体消费，是各种生产单位和团体支付与本身生产活动无关的仅供集体最终消费的物质产品和服务的支出。

总投资 是常住单位在核算期内对固定资产和库存的投资支出合计，分为固定资产形成和库存增加。

（1）固定资产形成 是常住单位在核算期内建造和购置的固定资产的全部投资。包括各类房屋、建筑物、机器设备、役畜种畜、多年生经济林木和在建工程等，不包括居民拥有的耐用消费品和作为纯军事目的而使用的耐用品。具体固定资产形成包括四个部分，一是由基本建设投资所形成的固定资产价值；二是由更新改造投资增加的固定资产价值；三是通过大修理增加的固定资产价值；四是由其他资金支出形成的固定资产价值。

（2）库存增加 常住单位在核算期内库存实物量变动的市场价值。期初与期末差额为正值表示库存增加，负值表示库存减少。具体包括生产单位从其他单位购买的原材料、燃料和各种储备物资等。二是生产单位生产的各种产成品、在制品、半成品等。

当年价格 指报告期的实际价格，如工厂的出厂价格，农产品的收购价格。商业的零售价格等。按当年价格计算，是指一些以货币表现的物量指标如工农业总产值、国内生产总值等，按照当年的实际价格来计算总量。使用当年价格计算的数字，是为了使国民经济各项指标互相衔接，便于考察当年经济效益，便于对生产和流通、生产和分配、生产和消费进行经济核算的综合平衡。

按当年价格计算的价值指标，在不同年份之间进行对比时，因为包含有各年间价格变动因素，不能确切地反映实物量的增减变动。必须消除价格变动因素后，才能真实反映经济发展动态。因此，在计算增长速度时都使用按可比价格计算的数字。

可比价格 指在不同时期的价值指标对比时，扣除了价格变动的因素，以确切表示物量的变化。按可比价格计算有两种方法：一种是直接按产品产量乘其不变价格计算；一种是用物价指数换算。

不变价格 指用同类产品的年平均价格作为固定价格，来计算各年产品价值。按不变价格计算的产品价值消除了价格变动因素，不同时期对比可以反映生产的发展速度。新中国成立后，随着工农业产品价格水平的变化，国家统计局先后五次制定了全国统一的工业产品不变价格和农业产品不变价格。从1949年到1957年使用1952年工（农）业产品不变价格，从1957年到1971年使用1957年不变价格，从1971年到1981年使用1970年不变价格，从1981年到1990年使用1980年不变价格，从1990年开始使用1990年不变价格。

平均每年增长速度 在我国计算平均增长速度有两种方法，一种是习惯上经常使用的“水平法”，又称几何平均法，是以间隔期最后一年的水平同基期水平对比来计算平均每年增长（或下降）速度。另一种是“累计法”，又称代数平均法或方程法，是以间隔期内各年水平的总和同基期水平对比来计算平均每年增长（或下降）速度。

在一般情况下，两种方法计算的平均每年增长速度比较接近，但在经济发展不平衡，出现大起大落时，两种方法计算的结果差别较大。

本《年鉴》内所列的从某年到某年平均增长速度的年份，均不包括基期年在内。如改革开放以来20年的平均增长速度是以1978年为基期计算的，则写为1979—1998年平均增长速度，其余类推。

二、人口、劳动力

POPULATION AND LABOUR FORCE

本篇内容包括：

1. 主要年份户数和人口
2. 人口构成情况
3. 人口变动情况
4. 劳动力资源
5. 从业人员的社会分布状况

资料整理

刘　斌

29/49

人口及户数

(2000)

总户数	111.85	万户
#城区	33.19	万户
总人口	432.55	万人
#城区	123.90	万人
#女性	207.13	万人

社会从业人员

1978年: 131.13 万人

1990年: 199.00 万人

2000年: 214.97 万人

2—1 主要年份户数和人口数

单位：万人

年份	总户数（万户）	总人口	市区	按性别分 男	按性别分 女
1949	32.34	136.47	26.52	71.74	64.73
1952	34.05	143.17	33.09	74.53	68.64
1957	39.22	169.78	50.79	88.87	80.91
1962	43.16	193.77	64.77	102.59	91.18
1965	43.84	210.68	73.34	110.42	100.26
1970	50.23	243.88	67.18	127.22	116.66
1975	55.87	285.00	77.05	148.19	136.81
1978	57.32	306.82	84.15	159.69	147.13
1980	64.41	317.23	100.87	165.43	151.80
1985	71.14	335.31	111.56	174.34	160.97
1986	73.13	340.94	119.24	177.49	163.45
1987	76.21	347.76	125.87	180.93	166.83
1988	78.93	355.28	128.77	184.88	170.40
1989	82.03	362.97	130.70	188.52	174.45
1990	86.70	372.59	134.01	193.70	178.89
1991	88.34	375.42	137.12	195.33	180.09
1992	90.06	378.88	139.51	197.15	181.73
1993	91.73	382.76	142.22	199.21	183.55
1994	93.42	388.77	146.54	202.91	185.86
1995	96.25	395.16	151.09	206.43	188.73
1996	98.54	401.72	154.48	209.50	192.22
1997	100.72	407.89	157.01	212.12	195.77
1998	101.53	415.84	162.10	216.19	199.65
1999	105.50	424.23	166.31	220.92	203.31
2000	111.85	432.55	170.22	225.42	207.13

2—2 主要年份农业、非农业和市镇、乡村人口数

单位：万人

年份	按农业、非农业人口分 农业人口	按农业、非农业人口分 非农业人口	按城镇、乡村分 市镇人口	按城镇、乡村分 乡村人口
1949	101.37	35.10	37.30	99.17
1952	108.03	35.14	37.50	105.67
1957	115.17	54.61	56.07	113.71
1962	126.18	67.59	72.19	121.58
1965	137.32	73.36	81.23	129.45
1970	174.75	69.13	77.73	166.15
1975	200.09	84.91	92.13	192.87
1978	215.06	91.76	110.40	196.42
1980	216.49	100.74	116.99	200.24
1985	215.88	119.43	135.82	199.49
1986	219.34	121.60	145.81	195.13
1987	221.49	126.27	155.89	191.87
1988	225.78	129.50	157.61	197.67
1989	229.21	133.76	159.77	203.20
1990	235.79	136.80	167.14	205.45
1991	235.43	139.99	175.36	200.06
1992	237.37	141.51	180.78	198.10
1993	238.81	143.95	187.03	195.73
1994	240.08	148.69	218.42	170.35
1995	241.87	153.29	221.92	173.24
1996	244.45	157.27	264.60	137.12
1997	246.31	161.58	286.48	121.41
1998	250.86	164.98	299.44	116.40
1999	255.07	169.16	307.18	117.05
2000	256.66	175.89	311.60	120.95

2—3 主要年份人口构成

（以年末总人口为100）　单位：%

年份	男	女	农业人口	非农业人口	市镇人口	乡村人口
1949	52.6	47.4	74.3	25.7	27.3	72.7
1952	52.1	47.9	75.5	24.5	26.7	73.3
1957	52.3	47.7	67.8	32.2	33.0	67.0
1962	52.9	47.1	65.1	34.9	37.3	62.7
1965	52.4	47.6	65.2	34.8	38.6	61.4
1970	52.2	47.8	71.7	28.3	31.9	68.1
1975	52.0	48.0	70.2	29.8	32.3	67.7
1978	52.0	48.0	70.1	29.9	36.0	64.0
1980	52.1	47.9	68.2	31.8	36.9	63.1
1985	52.0	48.0	64.4	35.6	40.5	59.5
1986	52.1	47.9	64.3	35.7	42.8	57.2
1987	52.0	48.0	63.7	36.3	44.8	55.2
1988	52.0	48.0	63.5	36.5	44.4	55.6
1989	51.9	48.1	63.1	36.9	44.0	56.0
1990	52.0	48.0	63.3	36.7	44.9	55.1
1991	52.0	48.0	62.7	37.3	46.7	53.3
1992	52.0	48.0	62.7	37.3	47.7	53.3
1993	52.0	48.0	62.4	37.6	48.9	51.1
1994	52.2	47.8	61.7	38.3	56.2	43.8
1995	52.2	47.8	61.8	38.2	56.2	43.8
1996	52.2	47.8	60.9	39.1	65.9	34.1
1997	52.0	48.0	60.4	39.6	70.2	29.8
1998	52.0	48.0	60.3	39.7	72.0	28.0
1999	52.1	47.9	60.1	39.9	72.4	27.6
2000	52.1	47.9	59.3	40.7	72.0	28.0

2—4 主要年份人口自然变动

年份	年平均人口（万人）	人口出生率（‰）	人口死亡率（‰）	人口自然增长率（‰）	人口密度（人/平方公里）
1949	134.00	31.34	21.64	9.70	184
1952	141.00	39.72	15.67	24.05	193
1957	167.51	41.35	7.97	33.38	229
1962	192.81	33.54	8.60	24.94	262
1965	207.91	33.87	7.07	26.80	285
1970	239.73	33.11	6.62	26.49	330
1975	281.10	30.81	5.89	24.92	385
1978	303.45	24.23	5.75	18.48	415
1980	315.10	12.54	5.32	7.22	429
1985	333.48	12.62	4.78	7.84	453
1986	338.12	13.85	4.79	9.06	461
1987	344.35	11.97	4.66	7.31	470
1988	351.52	14.48	4.73	9.75	480
1989	359.12	14.10	5.00	9.10	490
1990	367.78	18.24	5.02	13.22	503
1991	374.00	13.64	4.62	9.02	507
1992	377.15	11.85	4.42	7.43	512
1993	380.82	10.75	4.21	6.54	517
1994	385.76	10.95	4.09	6.86	525
1995	391.97	11.37	4.35	7.02	534
1996	398.44	13.74	3.89	9.85	543
1997	404.81	14.05	3.91	10.14	551
1998	411.86	12.57	3.83	8.74	562
1999	420.03	12.63	3.59	9.04	573
2000	428.39	18.75	5.73	13.02	584

2—5 县区户数和人口数

(2000 年)

地区	户数（户）	总人口（人）			按农业、非农业人口分	
		合计	男	女	农业人口	非农业人口
总计	**1 118 513**	**4 325 496**	**2 254 168**	**2 071 328**	**2 566 546**	**1 758 950**
#城区	331 899	1 238 971	641 055	597 916	88 853	1 150 118
区	**448 759**	1 702 201	**887 359**	**814 842**	**362 817**	**1 339 384**
东湖区	134 111	517 810	267 507	250 303	27 296	490 514
西湖区	143 744	506 808	260 121	246 687	29 518	477 290
青云谱区	54 044	214 353	113 427	100 926	32 039	182 314
湾里区	25 706	78 513	40 761	37 752	50 586	27 927
郊区	91 154	384 717	205 543	179 174	223 378	161 339
县	**669 754**	**2 623 295**	**1 366 809**	**1 256 486**	**2 203 729**	**419 566**
南昌县	262 426	1 001 643	519 073	482 570	855 999	145 644
新建县	157 685	661 980	349 902	312 078	540 017	121 963
安义县	71 177	241 295	126 608	114 687	199 684	41 611
进贤县	178 466	718 377	371 226	347 151	608 029	110 348

2—6 县区人口变动

(2000 年)

地区	年平均人口（人）	机械变动（人）		自然变动（人）		人口出生率（‰）	人口死亡率（‰）	人口自然增长率（‰）	人口机械增长率（‰）
		迁入	迁出	出生	死亡				
总计	**4 283 889**	**109 387**	**83 783**	**80 337**	**24 536**	**18.75**	**5.73**	**13.02**	**5.98**
#城区	1 230 375	45 269	33 450	19 349	6 708	15.73	5.45	10.28	9.61
区	**1 682 649**	**70 171**	**45 983**	**34 234**	**9 793**	**20.35**	**5.82**	**14.53**	**14.37**
东湖区	516 618	24 572	22 661	7 822	2 656	15.14	5.14	10.00	3.70
西湖区	502 998	11 359	6 214	8 280	3 127	16.46	6.22	10.24	10.23
青云谱区	210 759	9 338	4 575	3 247	925	15.41	4.39	11.02	22.60
湾里区	76 280	1 283	916	4 067	395	53.32	5.60	47.72	4.81
郊区	375 994	23 619	11 613	10 818	2 690	28.77	7.15	21.62	31.93
县	**2 601 240**	**39 216**	**37 800**	**46 103**	**14 743**	**17.72**	**5.67**	**12.05**	**0.54**
南昌县	993 837	17 126	16 106	19 959	6 894	20.08	6.94	13.14	1.03
新建县	652 758	15 180	13 298	13 012	3 100	19.93	4.75	15.18	2.88
安义县	238 614	810	1 451	4 746	1 054	19.89	4.42	15.47	-2.69
进贤县	716 031	6 100	6 945	8 386	3 695	11.71	5.16	6.55	-1.18

补充资料：据 2000 年 11 月 1 日零时标准时间进行的第五次人口普查资料推算：2000 年末全市总人口为 433.87 万人，出生率为 15.48‰，死亡率为 5.59‰，自然增长率为 9.89‰，年平均人口为 431.72 万人。

2—7 县辖镇户数和人口数

（2000年）

地区	户数（户）	总人口（人）			按农业、非农业人口分	
		合计	男	女	农业人口	非农业人口
合计	**388 333**	**1 413 830**	**734 434**	**679 396**	**1 128 012**	**285 818**
南昌县	**150 425**	**550 206**	**284 391**	**265 815**	**433 129**	**117 077**
莲塘镇	19 253	54 272	28 538	25 734	11 710	42 562
向塘镇	38 191	102 067	52 315	49 752	56 181	45 886
三江镇	7 214	28 518	14 583	13 935	24 779	3 739
武阳镇	13 251	49 656	26 146	23 510	47 042	2 614
幽兰镇	9 974	38 079	20 331	17 748	35 420	2 659
塘南镇	10 969	49 502	26 032	23 470	47 382	2 120
滁槎镇	6 245	27 952	14 262	13 690	23 547	4 405
岗上镇	11 208	45 084	23 023	22 061	40 897	4 187
广福镇	7 676	34 479	17 568	16 911	32 527	1 952
蒋巷镇	16 346	76 231	38 230	38 001	71 836	4 395
麻丘镇	10 098	44 366	23 363	21 003	41 808	2 558
新建县	**91 865**	**342 897**	**178 769**	**164 128**	**304 968**	**37 929**
长埈镇	19 477	61 887	32 693	29 194	57 563	4 324
生米镇	10 283	47 702	25 238	22 464	44 189	3 513
七里岗镇	3 268	10 888	5 628	5 260	9 952	936
松湖镇	6 494	28 782	15 105	13 677	26 135	2 647
石岗镇	10 696	44 302	23 213	21 089	35 438	8 864
西山镇	8 247	37 751	19 392	18 359	35 286	2 465
望城镇	9 040	10 013	5 722	4 291	6 470	3 543
乐化镇	6 877	26 783	12 731	14 052	20 097	6 686
溪霞镇	4 926	22 657	11 830	10 827	21 641	1 016
象山镇	5 770	25 867	13 381	12 486	24 805	1 062
樵舍镇	6 787	26 265	13 836	12 429	23 392	2 873
安义县	**53 365**	**173 312**	**91 149**	**82 163**	**133 737**	**39 575**
龙津镇	19 088	47 284	25 052	22 232	15 949	31 335
万埠镇	5 329	18 286	9 452	8 834	15 673	2 613
石鼻镇	9 323	34 884	18 557	16 327	33 068	1 816
鼎湖镇	9 017	31 387	16 612	14 775	29 164	2 223
长埠镇	5 547	22 336	11 838	10 498	21 713	623
东阳镇	5 061	19 135	9 638	9 497	18 170	965
进贤县	**92 678**	**347 415**	**180 125**	**167 290**	**256 178**	**91 237**
民和镇	26 948	66 574	34 689	31 885	6 689	59 885
温圳镇	9 862	43 628	22 650	20 978	32 360	11 268
李渡镇	9 213	41 339	21 684	19 655	33 207	8 132
文港镇	7 013	28 048	15 055	12 993	23 663	4 385
梅庄镇	8 127	35 085	18 111	16 974	33 294	1 791
张公镇	7 174	31 868	15 720	16 148	30 164	1 704
架桥镇	6 783	28 266	14 529	13 737	27 568	698
罗溪镇	6 951	28 639	14 500	14 139	27 509	1 130
前途镇	3 974	18 523	9 805	8 718	17 643	880
前坊镇	6 633	25 445	13 382	12 063	24 081	1 364

2—8 计　　划　　生　　育

（1999年10月—2000年9月）

项目	合计	市区	南昌县	新建县	进贤县	安义县
一、期末已婚育龄妇女人数	**805 363**	**312 772**	**191 165**	**120 149**	**137 823**	**43 454**
#无孩	35 429	17 657	6 348	5 396	4 492	1 536
一孩	349 456	215 899	55 719	26 841	40 668	10 329
二孩	299 911	63 595	99 981	57 639	61 065	17 631
多孩	120 567	15 621	29 117	30 273	31 598	13 958
二、期末落实节育措施人数	**749 865**	**282 742**	**181 743**	**114 066**	**130 860**	**40 454**
#结扎	403 929	64 804	129 519	86 018	92 458	31 130
上环	302 011	183 226	46 306	25 855	37 498	9 126
皮埋	1 051	436	471	65	32	47
药具	41 511	33 453	5 359	1 684	864	151
其他	1 363	823	88	444	8	
三、期内人流引产人数	**8 405**	**1 055**	**3 785**	**1 926**	**742**	**897**
#人流	5 598	893	2 495	1 308	352	550
引产	2 807	162	1 290	618	390	347
四、期末累计领取独生子女证人数	**161 605**	**132 344**	**12 284**	**10 015**	**6 136**	**826**

2—9 主要年份劳动力资源

年份	劳动力资源（万人）	社会从业人员（万人）	劳动力资源占人口比重（%）	劳动力资源利用率（%）
1952	78.78	60.50	55.0	76.8
1957	82.38	65.27	48.5	79.2
1962	86.05	70.09	44.4	81.5
1965	91.88	76.02	43.6	82.7
1970	110.86	98.11	45.5	88.5
1975	126.41	111.49	44.4	88.2
1978	149.69	131.13	48.8	87.6
1980	152.67	136.03	48.1	89.1
1985	193.75	165.46	57.8	85.4
1986	195.01	166.54	57.2	85.4
1987	199.16	172.28	57.3	86.5
1988	211.77	182.55	59.6	86.2
1989	218.33	186.67	60.0	85.5
1990	233.57	199.00	62.7	85.2
1991	239.51	204.30	63.8	85.3
1992	241.51	205.96	63.7	85.3
1993	246.17	195.87	64.3	79.6
1994	251.42	205.28	64.7	81.6
1995	258.86	211.79	65.5	81.8
1996	261.08	210.96	65.0	80.8
1997	263.43	215.45	64.6	81.8
1998	277.94	215.39	66.8	77.5
1999	286.93	218.15	67.6	76.0
2000	296.74	214.96	68.6	72.4

2—10 主要年份社会从业人员

（按物质生产部门和非物质生产部门分）

年份	从业人数（万人）		构成（%）	
	物质生产部门	非物质生产部门	物质生产部门	非物质生产部门
1952	56.87	3.63	93.9	6.1
1957	61.09	4.18	93.6	6.4
1962	64.83	5.26	92.5	7.5
1965	70.01	6.01	92.1	7.9
1970	89.97	8.14	91.7	8.3
1975	101.68	9.81	91.2	8.8
1978	118.67	12.46	90.5	9.5
1980	123.03	13.00	90.4	9.6
1985	147.39	18.07	89.1	10.9
1986	145.93	20.61	87.6	12.4
1987	151.47	20.81	87.9	12.1
1988	161.36	21.19	88.4	11.6
1989	164.62	22.05	88.2	11.8
1990	175.26	23.74	88.1	11.9
1991	179.89	24.41	88.1	11.9
1992	179.95	26.01	87.4	12.6
1993	167.07	28.80	85.3	14.7
1994	175.43	29.85	85.4	14.6
1995	184.37	27.42	87.1	12.9
1996	179.87	31.09	85.3	14.7
1997	182.82	32.63	84.9	15.1
1998	179.64	35.75	83.4	16.6
1999	179.49	38.66	82.3	17.7
2000	173.73	41.23	80.8	19.2

2—11 主要年份社会从业人员

（按三次产业分）

年份	年末从业人数（万人）			构成（%）		
	第一产业	第二产业	第三产业	第一产业	第二产业	第三产业
1952	51.66	3.64	5.20	85.4	6.0	8.6
1957	49.11	8.62	7.54	75.2	13.2	11.6
1962	44.87	14.18	11.04	64.0	20.2	15.8
1965	47.67	15.97	12.38	62.7	21.1	16.2
1970	62.56	23.66	11.89	63.8	24.1	12.1
1975	67.91	28.11	15.47	61.0	25.2	13.8
1978	76.89	35.33	18.91	58.6	26.9	14.5
1980	75.84	39.60	20.59	55.8	29.1	15.1
1985	72.58	54.88	38.00	43.9	33.2	22.9
1986	72.23	56.13	38.18	43.4	33.7	22.9
1987	72.68	60.89	38.71	42.2	35.3	22.5
1988	80.65	62.38	39.52	44.2	34.2	21.6
1989	86.74	59.04	40.89	46.5	31.6	21.9
1990	94.57	60.98	43.45	47.5	30.7	21.8
1991	92.53	67.03	44.74	45.3	32.8	21.9
1992	90.08	67.45	48.43	43.7	32.8	23.5
1993	82.47	61.96	51.44	42.1	31.6	26.3
1994	86.27	63.87	55.14	42.0	31.1	26.9
1995	89.65	66.55	55.59	42.3	31.4	26.3
1996	86.24	61.77	62.95	40.9	29.3	29.8
1997	89.12	63.50	62.83	41.4	29.5	29.1
1998	88.88	59.46	67.05	41.3	27.6	31.1
1999	87.84	59.07	71.24	40.3	27.1	32.6
2000	84.84	56.34	73.78	39.5	26.2	34.3

2—12 城乡劳动力资源配置

（2000年）　　单位：万人

	合　计	城　镇	乡　村
一、年末劳动力资源总数	**296.74**	**152.44**	**144.30**
#当年新增劳动力资源	6.31	2.72	3.59
1. 年末16岁以上全部人数	321.45	158.68	162.77
#不计入劳动力资源的人数	27.27	8.66	18.61
2. 机械变动差额跨地区调整数	2.56	2.42	0.14
二、经济活动人口	**217.52**	**101.23**	**116.29**
从业人员	**214.96**	**98.67**	**116.29**
按就业者身份分			
全部职工	77.93	77.93	
#离开本单位仍保留劳动关系的职工	19.16	19.16	
再就业的离退休人员	0.17	0.17	
私营业主	2.97	2.78	0.19
个体户主	5.52	3.51	2.01
私营企业和个体从业人员	15.61	12.34	3.27
乡镇企业从业人员	37.77		37.77
农村从业人员	73.05		73.05
其他	1.94	1.94	
按经济类型分			
国有	54.27	54.27	
集体	125.36	14.54	110.82
股份合作	0.60	0.60	
联营	0.07	0.07	
有限责任公司	6.65	6.65	
股份有限公司	2.02	2.02	
私营	10.94	9.94	1.00

	合　　计	城　　镇	乡　　村
个　　体	13.16	8.69	4.47
港澳台投资	1.23	1.23	
外商投资	0.56	0.56	
其　　他	0.10	0.10	
按国民经济行业分			
1. 农、林、牧、渔业	84.84	4.54	80.30
2. 采　掘　业	0.10	0.10	
3. 制　造　业	44.95	35.43	9.52
4. 电力、煤气及水的生产和供应业	1.17	1.17	
5. 建　筑　业	10.12	6.35	3.77
6. 地质勘查业、水利管理业	1.03	1.03	
7. 交通运输、仓储及邮电通信业	8.02	5.62	2.40
8. 批发和零售贸易、餐饮业	23.97	21.18	2.79
9. 金融、保险业	1.70	1.64	0.06
10. 房地产业	0.49	0.49	
11. 社会服务业	5.30	3.86	1.44
12. 卫生、体育和社会福利业	2.95	2.51	0.44
13. 教育、文化艺术和广播电影电视业	8.13	7.21	0.92
14. 科学研究和综合技术服务业	1.52	1.37	0.15
15. 国家机关、政党机关和社会团体	4.72	4.33	0.39
16. 其他行业	15.95	1.84	14.11
失业人员	**2.56**	**2.56**	
三、非经济活动人员	**79.22**	**51.21**	**28.01**
#16岁以上在校学生	18.95	17.35	1.60
家务劳动者	22.08	10.26	11.82

2—13 社　会　从　业　人　员

（2000年）　　　　单位：人

	合　计	全部职工	#离开本单位仍保留劳动关系	其他从业人员	城镇个体和私营企业从业人员	农村社会从业人员
总　计	**2 149 667**	**779 295**	**191 566**	**21 051**	**186 392**	**1 162 929**
一、按县区分						
南昌县	476 208	44 136	9 137	2 576	24 384	405 112
新建县	324 897	40 566	5 398	2 401	5 617	276 313
进贤县	352 754	38 474	10 208	1 271	5 278	307 731
安义县	78 878	11 968	2 686	414	3 056	63 440
市　区	916 930	644 151	164 137	14 389	148 057	110 333
东湖区	33 900	15 002	6 036	346	18 552	
西湖区	124 133	16 016	3 230	35	108 082	
青云谱区	27 645	8 376	2 232	169	8 564	10 536
郊　区	108 955	15 595	3 181	57	11 186	82 117
湾里区	32 374	13 004	4 419	17	1 673	17 680
二、按产业分						
第一产业	848 373	40 746	8 809	4 499	152	802 976
第二产业	563 431	393 606	134 284	3 837	33 093	132 895
第三产业	737 863	344 943	48 473	12 715	153 147	227 058
三、按国民经济行业分						
1. 农、林、牧、渔业	848 373	40 746	8 809	4 499	152	802 976
2. 采掘业	1 049	1 049	892			
3. 制造业	449 514	318 232	116 138	3 424	32 622	95 236
4. 电力、煤气及水的生产和供应业	11 668	11 664	972	4		
5. 建筑业	101 200	62 661	16 282	409	471	37 659
6. 地质勘查业、水利管理业	10 260	10 203	2 165	57		
7. 交通运输、仓储及邮电通信业	80 162	52 089	9 175	1 289	2 800	23 984
8. 批发和零售贸易、餐饮业	239 689	83 645	30 250	3 698	124 474	27 872
9. 金融、保险业	16 996	15 493	465	941		562
10. 房地产业	4 941	4 549	424	392		
11. 社会服务业	52 992	25 994	3 835	1 460	11 105	14 433
12. 卫生、体育和社会福利业	29 549	24 420	248	732		4 397
13. 教育、文化艺术和广播电影电视业	81 260	68 780	781	3 313		9 167
14. 科学研究和综合技术服务业	15 255	13 245	423	440		1 570
15. 国家机关、政党机关和社会团体	47 167	42 894	308	354		3 919
16. 其他行业	159 592	3 631	399	39	14 768	141 154

2—14 年末单位从业人员

（2000年）　　　　　单位：人

	合计	#女性	在岗职工	长期职工	国有	城镇集体	其他	其他从业人员
总　　计	**608 780**	**241 777**	**587 729**	**551 020**	**382 326**	**80 817**	**87 877**	**21 051**
一、按隶属关系分								
中央单位	106 604	38 145	102 934	97 660	72 743	7 111	17 806	3 670
省属单位	147 651	54 915	144 938	133 725	116 781	1 641	15 303	2 713
市属单位	340 383	142 846	325 994	307 751	192 802	72 065	42 884	14 389
市直属单位	176 487	73 584	169 384	163 273	93 269	34 226	35 778	7 103
区属单位	49 519	24 577	48 895	41 755	22 205	18 647	903	624
县属单位	114 377	44 685	107 715	102 723	77 328	19 192	6 203	6 662
其他单位	14 142	5 871	13 863	11 884			11 884	279
二、按企业、事业、机关分								
企　　业	404 441	160 162	389 898	361 610	195 587	78 146	87 877	14 543
事　　业	161 111	70 589	154 914	148 107	145 669	2 438		6 197
机　　关	43 228	11 026	42 917	41 303	41 070	233		311
三、按国民经济行业分								
（一）农、林、牧、渔业	**36 436**	**16 021**	**31 937**	**31 750**	**31 720**	**28**	**2**	**4 497**
农　　业	25 139	11 429	20 774	20 721	20 721			4 365
林　　业	5 047	2 397	5 033	5 000	5 000			14
畜牧业	2 881	831	2 881	2 875	2 860	15		
渔　　业	1 431	626	1 330	1 251	1 251			100
农、林、牧、渔服务业	1 939	738	1 919	1 903	1 888	13	2	20
（二）采掘业	**157**	**47**	**157**	**157**	**79**	**78**		
煤炭采选业	41	8	41	41	41			
非金属矿采选业	78	20	78	78		78		
木材及竹材采运业	38	19	38	38	38			
（三）制造业	**205 518**	**84 406**	**202 094**	**193 323**	**76 824**	**42 465**	**74 034**	**3 424**
1. 食品加工业	7 870	3 238	7 826	7 656	5 569	997	1 090	44
2. 食品制造业	8 078	3 318	8 024	6 982	1 236	409	5 337	54
3. 饮料制造业	367	217	365	358	150	78	130	2
4. 烟草加工业	1 728	835	1 728	1 728	1 728			
5. 纺织业	11 405	7 604	11 382	11 274	2 739	1 829	6 706	23
6. 服装及其他纤维制品制造业	3 918	2 656	3 893	3 657	494	2 532	631	25
7. 皮革、毛皮、羽绒及其制品业	492	311	483	474	27	396	51	9
8. 木材加工及竹、藤、棕、草制品业	1 487	543	1 273	1 244	949	152	143	214
9. 家俱制造业	298	124	298	115	5	110		
10. 造纸及纸制品业	5 672	2 140	5 585	5 441	185	1 489	3 767	87
11. 印刷业、记录媒介的复制	12 821	5 443	12 525	11 516	4 436	6 664	416	296
12. 文教、体育用品制造业	127	72	127	126		126		
13. 石油加工及炼焦业	17	6	17	17			17	
14. 化学原料及化学制品制造业	7 708	2 837	7 638	7 568	3 990	627	2 951	70
15. 医药制造业	14 767	6 146	14 540	12 668	8 124	254	4 290	227
16. 化学纤维制造业	5 395	3 067	5 395	5 035	4 899	136		
17. 橡胶制品业	3 480	1 328	3 462	3 397	728	1 104	1 565	18
18. 塑料制品业	1 688	838	1 633	1 553	434	948	171	55
19. 非金属矿物制品业	4 046	1 552	4 024	3 939	2 377	907	655	22

	合 计	#女 性	在岗职工	长期职工	国 有	城镇集体	其 他	其他从业人员
20.黑色金属冶炼及压延加工业	14 887	4 467	14 802	13 359	2 820	432	10 107	85
21.有色金属冶炼及压延加工业	1 931	694	1 928	1 835	1 585	215	35	3
22.金属制品业	3 222	1 642	3 176	3 055	1 037	1 408	610	46
23.普通机械制造业	25 609	8 986	24 939	24 636	10 307	8 798	5 531	670
24.专用设备制造业	5 395	1 900	5 357	5 343	1 829	884	2 630	38
25.交通运输设备制造业	39 247	14 446	38 094	37 854	8 499	4 813	24 542	1 153
27.电气机械及器材制造业	5 641	2 413	5 565	5 095	3 063	1 691	341	76
28.电子及通信设备制造业	6 162	2 905	6 128	6 111	3 636	1 138	1 337	34
29.仪器仪表及文化、办公用机械制造业	329	162	329	329	130	199		
30.其他制造业	11 731	4 516	11 558	10 958	5 848	4 129	981	173
（四）电力、煤气及水的生产和供应业	**10 696**	**3 555**	**10 692**	**10 619**	**7 610**	**80**	**2 929**	**4**
电力、蒸汽、热水的生产和供应业	7 491	2 362	7 487	7 467	5 989		1 478	4
煤气生产和供应业	559	156	559	529	529			
自来水生产和供应业	2 646	1 037	2 646	2 623	1 092	80	1 451	
（五）建　筑　业	**46 788**	**10 758**	**46 379**	**32 089**	**21 690**	**10 090**	**309**	**409**
土木工程建筑业	37 269	8 659	36 889	24 584	14 939	9 517	128	380
线路、管道和设备安装业	9 118	2 030	9 109	7 161	6 456	573	132	9
装修装饰业	401	69	381	344	295		49	20
（六）地质勘查业、水利管理业	**8 095**	**2 285**	**8 038**	**7 879**	**7 879**			**57**
地质勘查业	5 652	1 528	5 611	5 479	5 479			41
水利管理业	2 443	757	2 427	2 400	2 400			16
（七）交通运输、仓储及邮电通信业	**44 203**	**14 616**	**42 914**	**41 227**	**35 320**	**4 084**	**1 823**	**1 289**
铁路运输业	20 678	6 377	20 165	19 628	17 594	2 034		513
公路运输业	6 526	2 412	6 463	5 517	2 945	1 366	1 206	63
水上运输业	2 200	584	2 171	2 171	1 501	670		29
航空运输业	1 512	436	1 512	1 512	921		591	
交通运输辅助业	1 638	498	1 633	1 566	1 566			5
其他交通运输业	1 794	581	1 757	1 662	1 662			37
仓　储　业	3 258	1 348	3 239	3 208	3 168	14	26	19
邮电通信业	6 597	2 380	5 974	5 963	5 963			623
（八）批发和零售贸易、餐饮业	**57 093**	**26 079**	**53 395**	**51 250**	**27 968**	**18 500**	**4 782**	**3 698**
食品、饮料、烟草和家庭用品批发业	13 445	6 485	13 148	12 948	9 220	3 567	161	297
能源、材料和机械电子设备批发业	6 296	2 378	5 354	5 091	4 461	70	560	942
其他批发业	9 649	3 993	8 962	8 564	7 829	340	395	687
零　售　业	23 304	11 604	21 629	20 579	5 517	11 644	3 418	1 675
商业经纪与代理业	908	408	880	870	810	58	2	28
餐　饮　业	3 491	1 211	3 422	3 198	131	2 821	246	69
（九）金融、保险业	**15 969**	**8 036**	**15 028**	**14 117**	**10 277**	**1 510**	**2 330**	**941**
金　融　业	15 367	7 797	14 426	13 515	9 675	1 510	2 330	941
保　险　业	602	239	602	602	602			
（十）房地产业	**4 517**	**1 439**	**4 125**	**3 964**	**2 872**	**817**	**275**	**292**
房地产开发与经营业	3 154	911	2 774	2 714	1 753	695	266	380

	合计	#女性	在岗职工	长期职工	国有	城镇集体	其他	其他从业人员
房地产管理业	1 297	494	1 285	1 191	1 084	98	9	12
房地产经纪与代理业	66	34	66	59	35	24		
(十一）社会服务业	**23 619**	**11 842**	**22 159**	**17 917**	**15 087**	**1 524**	**1 306**	**1 460**
公共设施服务业	13 206	6 421	12 075	9 460	8 315	1 145		1 131
居民服务业	729	459	724	684	579	105		5
旅　馆　业	6 543	3 750	6 373	5 304	4 158	159	987	170
租赁服务业	80	26	78	72	53		19	2
旅　游　业	327	186	327	268	268			
娱乐服务业	265	145	254	142	50		92	11
信息、咨询服务业	704	242	685	658	644	14		19
计算机应用服务业	91	19	91	79	11		68	
其他社会服务业	1 674	594	1 552	1 250	1 009	101	140	122
(十二）卫生、体育和社会福利业	**24 904**	**14 105**	**24 172**	**23 637**	**22 651**	**986**		**732**
卫　　生	22 087	13 137	21 369	20 909	19 923	986		718
体　　育	1 183	461	1 177	1 115	1 115			6
社会福利保障业	1 634	507	1 626	1 613	1 613			8
(十三）教育、文化艺术和广播电影电视业	**71 312**	**32 426**	**67 999**	**66 620**	**66 600**	**20**		**3 313**
教　　育	62 899	29 007	59 777	58 660	58 660			3 122
#高等教育	15 811	6 319	15 710	15 034	15 034			101
普通中学	15 497	6 433	14 994	14 936	14 936			503
小学校	22 180	11 796	19 877	19 877	19 877			2 303
文化艺术业	5 995	2 531	5 885	5 623	5 611	12		110
广播电影电视业	2 418	888	2 337	2 337	2 329	8		81
(十四）科学研究和综合技术服务业	**13 262**	**4 587**	**12 822**	**12 437**	**12 404**		**33**	**440**
科学研究业	7 237	2 778	7 213	7 120	7 120			24
自然科学研究	5 081	1 972	5 066	4 991	4 991			15
社会科学研究	797	278	797	797	797			
其他科学研究	1 359	528	1 350	1 332	1 332			9
综合技术服务业	6 025	1 809	5 609	5 317	5 284		33	416
气　　象	398	147	398	392	392			
地　　震	115	48	115	89	89			
测　　绘	550	197	550	550	550			
技术监督	838	138	488	469	441		28	350
环境保护	454	171	453	329	329			1
技术推广和科技交流服务业	231	76	229	228	228			2
工程设计业	2 342	722	2 282	2 266	2 261		5	60
其他综合技术服务业	1 097	310	1 094	994	994			3
(十五）国家机关、政党机关和社会团体	**42 940**	**10 219**	**42 586**	**40 949**	**40 716**	**233**		**354**
#国家机关	39 137	9 241	38 855	37 313	37 080	233		282
政党机关	2 676	674	2 615	2 538	2 538			61
(十六）其他行业	**3 271**	**1 356**	**3 232**	**3 085**	**2 629**	**402**	**54**	**39**
#企业管理机构	1 696	650	1 665	1 549	1 114	402	33	31

2—15 单位从业人员增加数

(2000年)

单位：人

	合计	国有单位	城镇集体单位	其他单位
总计	**20 582**	**7 730**	**1 972**	**10 880**
1. 从农村招收	1 741	341	63	1 337
2. 从城镇招收	2 942	148	769	2 025
3. 录用的退伍军人	1 189	851	44	294
4. 录用的大、中专、技校专业生	3 692	2 519	248	925
5. 调入	2 523	2 119	167	237
#由省外调入	70	21	1	48
6. 其他	8 495	1 752	681	6 062

2-16 单位从业人员减少数

(2000年)

单位：人

	合计	国有单位	城镇集体单位	其他单位
总计	**57 961**	**36 997**	**13 182**	**7 782**
1. 离休、退休、退职	12 863	8 387	3 792	684
2. 开除、除名、辞退	3 662	2 108	841	713
3. 终止、解除合同	6 703	2 321	695	3 687
4. 离开本单位仍保留劳动关系	2 211	1 899		312
5. 调出	5 304	4 328	496	480
#调到省外	241	205	10	26
6. 其他	27 218	17 954	7 358	1 906

2—17 主要年份职工人数

单位：人

年　　份	合　　计	国有单位	城镇集体单位	其他单位
1949	30 779	30 779		
1952	68 566	65 450	3 116	
1957	145 268	101 290	43 978	
1962	234 795	173 496	61 299	
1965	262 312	196 869	65 443	
1970	351 006	279 861	71 145	
1975	422 107	345 882	76 225	
1978	531 389	414 425	116 964	
1980	585 109	437 294	147 815	
1985	722 222	513 214	208 508	500
1986	739 198	528 794	209 648	756
1987	771 570	555 269	215 522	779
1988	812 780	587 106	224 765	909
1989	811 301	596 412	213 405	1 484
1990	820 382	605 161	213 470	1 751
1991	848 671	623 840	220 073	4 758
1992	867 877	642 302	218 708	6 867
1993	871 113	643 491	205 513	22 109
1994	880 313	645 110	205 874	29 329
1995	890 419	658 012	203 712	28 695
1996	894 112	665 881	196 889	31 342
1997	864 525	635 523	192 954	36 048
1998	847 256	576 788	162 613	107 855
1999	825 209	564 179	157 260	103 770
2000	779 295	524 250	144 178	110 867

补充：2000年职工人数中，在岗职工为587 729人，离开本单位仍保留劳动关系的职工为191 566人。

2—18 在岗职工年平均人数

单位：人

	合计		国有单位		城镇集体单位		其他单位	
	1999	2000	1999	2000	1999	2000	1999	2000
总　　计	**620 857**	**584 473**	**433 264**	**402 246**	**98 949**	**88 553**	**88 644**	**93 674**
一、按隶属关系分								
中央单位	105 637	105 320	79 211	78 676	8 303	8 029	18 123	18 615
省属单位	169 106	146 488	146 349	127 167	5 759	3 154	16 998	16 167
市属单位	330 517	318 789	207 704	196 403	84 887	77 370	37 926	45 016
市直属单位	180 635	164 735	108 844	94 908	37 856	33 492	33 935	36 335
区属单位	50 458	48 213	22 437	24 231	27 054	23 079	967	903
县属单位	99 424	105 841	76 423	77 264	19 977	20 799	3 024	7 778
其他单位	15 597	13 876					15 597	13 876
二、按企业、事业、机关分								
企　　业	426 329	387 637	241 266	208 259	96 419	85 704	88 644	93 674
事　　业	151 090	153 856	148 662	151 244	2 428	2 612		
机　　关	43 438	42 980	43 336	42 743	102	237		
三、按国民经济行业分								
1. 农、林、牧、渔业	37 514	31 217	37 228	31 183	130	28	156	6
2. 采掘业	187	184	66	82	121	102		
3. 制　造　业	217 656	200 544	95 165	79 297	48 834	42 066	73 657	79 181
4. 电力、煤气及水的生产和供应业	10 547	10 595	7 466	7 611	80	80	3 001	2 904
5. 建　筑　业	53 283	47 339	34 896	29 667	18 234	16 865	153	807
6. 地质勘查业、水利管理业	8 089	7 909	8 089	7 909				
7. 交通运输、仓储及邮电通信业	47 374	43 455	41 647	37 247	4 533	4 433	1 194	1 775
8. 批发和零售贸易、餐饮业	56 118	52 474	31 040	28 506	20 099	19 332	4 979	4 636
9. 金融、保险业	15 605	14 765	11 545	11 052	1 423	1 402	2 637	2 311
10. 房地产业	3 843	4 106	2 661	2 968	933	816	249	322
11. 社会服务业	23 515	21 685	18 037	18 298	2 926	1 748	2 552	1 639
12. 卫生、体育和社会福利业	22 860	24 062	21 802	23 043	1 058	1 019		
13. 教育、文化艺术和广播电影电视业	64 919	67 763	64 903	67 743	16	20		
14. 科学研究和综合技术服务业	13 717	12 709	13 676	12 667			41	42
15. 国家机关、政党机关和社会团体	41 903	42 414	41 785	42 177	118	237		
16. 其他行业	3 727	3 252	3 258	2 796	444	405	25	51

2—19 城镇新增和自然减少职工人数

单位：人

年份	新增就业职工	自然减少职工	安置城镇失业人员
1978	31 171	10 297	25 172
1980	38 904	13 475	32 763
1985	43 421	21 023	31 506
1986	41 319	30 621	25 725
1987	58 655	25 148	29 413
1988	33 278	19 118	25 196
1989	37 410	23 034	28 038
1990	35 123	18 542	27 368
1991	37 166	19 377	26 496
1992	37 140	24 508	26 720
1993	44 723	22 313	27 518
1994	46 251	25 579	31 515
1995	29 892	21 163	32 724
1996	24 517	26 851	23 684
1997	50 222	65 599	23 801
1998	83 979	132 361	24 300
1999	24 098	55 892	21 000
2000	18 059	52 657	27 823

说明：2000年自然减少职工人数中，含2000年末比1999年末新增的离开本单位仍保留劳动关系的职工2 211人。

主要统计指标解释

人口数 指在一定时点、一定地区范围内的有生命的个人的总和。

市镇人口 指市、镇区内的全部常住人口。包括市（镇）区与郊区、农业与非农业人口，但不包括市辖县人口。

乡村人口 指县（不含镇）的全部常住人口。

市 是指经国家批准成立“市”建制的城市。

镇 是指经省正式批准行政建制的镇。1963 年以前为常住人口在 2 000 人以上，非农业人口占 50%以上的。1964 年起改为常住人口在 3 000 人以上，非农业人口占 70%以上，或常住人口在 2 500 人以上，不满 3 000 人，非农业人口占 85%以上的。1984 年后又调整为，凡县级地方国家机关所在地；或总人口在20 000人以下的乡，乡政府驻地非农业人口超过 2 000 人的；或总人口在 20 000 人以上的乡，乡政府驻地非农业人口占全乡人口 10%以上；或少数民族地区、人口稀少的边远地区、山区和小型工矿区、小港口、风景旅游、边境口岸等地，非农业人口虽不足2 000人，都可建镇。

人口密度 指一定时点一定地区的人口数与该地区的面积数之比，即一定时点的单位土地面积上的人口数，通常以每平方公里的居住人数来表示：

$$人口密度=\frac{该地区的人口数}{该地区的土地面积}$$

出生率 （又称粗出生率）指在一定时期内（通常为一年）一定地区平均每千人口所出生的人数的比率。它反映人口的出生水平，一般以千分率表示。计算公式：

$$出生率=\frac{年出生人数}{年平均人数}\times 1000‰$$

死亡率 （又称粗死亡率）指在一定时期内（通常为一年）一定地区的死亡人数与同期平均人数（或期中人数）之比，一般以千分率表示。计算公式：

$$死亡率=\frac{年死亡人数}{年平均人数}\times 1000‰$$

人口自然增长率 指在一定时期内（通常为一年）一定地区人口自然增加数（即出生人数减死亡人数）与该时期平均人数（或期中人数）之比，一般以千分率表示。计算公式：

$$人口自然增长率=\frac{本年出生人数-本年死亡人数}{年平均人数}\times 1000‰$$

$$人口自然增长率=人口出生率-人口死亡率$$

社会从业人员 指从事一定社会劳动并取得劳动报酬或经营收入的全部劳动力。包括：（1）全部职工（2）其他从业人员；（3）城镇个体和私营劳动者；（4）农村社会劳动者。这一指标反映了一定时期内全部劳动力资源的实际利用情况，是研究我国基本国情国力的重要指标。

单位从业人员 指在各级国家机关、政党机关、社会团体及企业、事业单位中工作，取得工资或其他形式的劳动报酬的全部人员。包括：在岗职工、再就业的离退休人员、民办教师以及在各单位中工作的外方人员和港澳台方人员、兼职人员、借用的外单位人员和第二职业者。不包括离开本单位仍保留劳动关系的职工。

在岗职工 指在本单位工作并由单位支付工资的人员。以及有工作岗位，但由于学习、病伤产假等原因暂未工作，仍由单位支付工资的人员。

离开本单位仍保留劳动关系的职工 指由于各种原因已经离开本人的生产或工作岗位，并已不在本单位从事其他工作，但仍与用人单位保留劳动关系的职工。包括停薪留职、挂编、放长假、内部退养、下岗等。

城镇个体和私营劳动者 城镇私营劳动者指在工商管理部门注册登记，其经营地址设在县城关镇及以上的私营企业的劳动者。包括私营企业投资者和雇工。城镇个体劳动者指在工商管理部门注册登记，并持有城镇户口或在城镇长期居住，经批准从事个体工商经商的劳动者。包括：个体经营者和在个体工商户劳动的家庭帮工和雇工。

农村社会劳动者　指农村人口中经常参加社会劳动并取得劳动报酬的整半劳动力。包括在乡镇企业及其他集体经济组织和农户中参加各项生产的劳动者及外出从事个体经营的劳动者。从事家庭副业，其收入相当于当地一个社会劳动者最低收入水平或参加社会劳动累计在三个月以上的劳动者，也包括在内。

物质生产部门　指农、林、牧、渔业、工业、地质普查和勘探业、建筑业、交通运输及邮电通信业、商业、公共饮食业、物资供销和仓储业。

非物质生产部门　指除物质生产部门以外的其他国民经济行业。

三、人民生活

PEOPLE'S LIVELIHOOD

本篇内容包括：

1. 单位从业人员劳动报酬
2. 在岗职工工资总额和平均工资
3. 劳保福利费用
4. 居民家庭基本情况
5. 居民生活收支情况
6. 居民拥有耐用消费品数量

资料整理

刘　斌
邬海文
龚玉芬
熊泽荣

人 民 生 活

(2000)

城镇居民可支配收入

5734 元

农民人均纯收入

2390 元

职 工 工 资

(2000年)

全市职工平均工资 6954元

在岗职工平均工资 8756元

3—1 单位从业人员劳动报酬

（2000年） 单位：万元

	合　计	在岗职工工资总额	国　有	城镇集体	其　他	其他从业人员劳动报酬
总　计	**522 462**	**511 784**	**375 482**	**45 363**	**90 939**	**10 678**
一、按隶属关系分						
中央单位	133 887	131 638	105 929	5 055	20 654	2 249
省属单位	149 903	147 844	127 679	1 581	18 584	2 059
市属单位	225 776	220 119	141 874	38 727	39 518	5 657
市直属单位	130 461	127 152	76 220	17 157	33 775	3 309
区属单位	32 106	31 812	19 852	11 268	692	294
县属单位	63 209	61 155	45 802	10 302	5 051	2 054
其他单位	12 896	12 183			12 183	713
二、按企业、事业、机关分						
企　业	331 744	323 694	189 470	43 285	90 939	8 050
事　业	143 439	141 033	139 204	1 829		2 406
机　关	47 279	47 057	46 808	249		222
三、按国民经济行业分						
（一）农、林、牧、渔业	17 997	17 081	17 066	11	4	916
农　业	11 258	10 399	10 399			859
林　业	2 517	2 511	2 511			6
畜牧业	2 110	2 110	2 103	7		
渔　业	640	590	590			50
农、林、牧、渔服务业	1 472	1 471	1 463	4	4	1
（二）采掘业	75	75	35	40		
煤炭采选业	15	15	15			
非金属矿采选业	40	40		40		
木材及竹材采运业	20	20	20			
（三）制造业	156 671	154 124	60 040	19 141	74 943	2 547
1. 食品加工业	4 681	4 580	2 958	337	1 285	101
2. 食品制造业	5 723	5 704	575	158	4 971	19
3. 饮料制造业	177	176	93	25	58	1
4. 烟草加工业	3 638	3 638	3 638			
5. 纺织业	8 108	8 075	1 249	879	5 947	33
6. 服装及其他纤维制品制造业	1 924	1 912	175	1 173	564	12
7. 皮革、毛皮、羽绒及其制品业	196	192	33	122	37	4
8. 木材加工及竹、藤、棕、草制品业	610	600	438	58	104	10
9. 家具制造业	68	68	11	57		
10. 造纸及纸制品业	4 546	4 505	125	792	3 588	41
11. 印刷业、记录媒介的复制	9 978	9 812	6 530	2 902	380	166
12. 文教体育用品制造业	52	52		52		
13. 石油加工及炼焦业	9	9			9	
14. 化学原料及化学制品制造业	5 724	5 696	2 703	279	2 714	28
15. 医药制造业	11 979	11 709	7 045	106	4 558	270
16. 化学纤维制造业	4 842	4 842	4 799	43		
17. 橡胶制品业	1 794	1 731	323	468	940	63
18. 塑料制品业	677	666	182	375	109	11
19. 非金属矿物制品业	1 958	1 946	1 100	399	447	12

	合计	在岗职工工资总额	国有	城镇集体	其他	其他从业人员劳动报酬
20. 黑色金属冶炼及压延加工业	17 264	17 222	3 670	449	13 103	42
21. 有色金属冶炼及压延加工业	1 642	1 640	1 446	89	105	2
22. 金属制品业	1 660	1 630	528	611	491	30
23. 普通机械制造业	13 163	12 911	5 800	3 255	3 856	252
24. 专用设备制造业	2 633	2 592	872	309	1 411	41
25. 交通运输设备制造业	40 206	38 963	7 261	3 181	28 521	1 243
27. 电气机械及器材制造业	2 885	2 818	1 716	790	312	67
28. 电子及通信设备制造业	3 771	3 740	2 254	707	779	31
29. 仪器仪表及文化、办公用机械制造业	154	154	51	103		
30. 其他制造业	6 609	6 541	4 465	1 422	654	68
（四）电力、煤气及水的生产和供应业	11 698	11 660	7 729	31	3 900	38
电力、蒸汽、热水的生产和供应业	9 012	8 974	6 679		2 295	38
煤气生产和供应业	442	442	442			
自来水的生产和供应业	2 244	2 244	608	31	1 605	
（五）建筑业	46 898	46 702	34 237	11 958	507	196
土木工程建筑业	34 398	34 216	22 354	11 490	372	182
线路、管道和设备安装业	12 198	12 198	11 617	468	113	
装修装饰业	302	288	266		22	14
（六）地质勘查业、水利管理业	7 082	7 054	7 054			28
地质勘查业	5 142	5 122	5 122			20
水利管理业	1 940	1 932	1 932			8
（七）交通运输、仓储及邮电通信业	51 611	50 926	45 637	2 669	2 620	685
铁路运输业	26 131	25 835	24 417	1 418		296
公路运输业	4 896	4 870	3 191	622	1 057	26
水上运输业	1 778	1 676	1 061	615		102
航空运输业	3 426	3 426	1 881		1 545	
交通运输辅助业	1 486	1 484	1 484			2
其他交通运输业	1 126	1 116	1 116			10
仓储业	2 247	2 228	2 196	14	18	19
邮电通信业	10 521	10 291	10 291			230
（八）批发和零售贸易、餐饮业	33 314	31 640	20 458	6 999	4 183	1 674
食品、饮料、烟草和家庭用品批发业	5 863	5 710	4 288	1 241	181	153
能源、材料和机械电子设备批发业	5 811	5 495	4 479	38	978	316
其他批发业	9 159	8 556	8 094	273	189	603
零售业	10 431	9 877	2 778	4 410	2 689	554
商业经纪与代理业	794	776	750	26		18
餐饮业	1 256	1 226	69	1 011	146	30
（九）金融、保险业	20 147	19 144	14 632	1 762	2 750	1 003
金融业	19 460	18 457	13 945	1 762	2 750	1 003
保险业	687	687	687			
（十）房地产业	3 922	3 551	2 582	650	319	371
房地产开发与经营业	2 596	2 230	1 421	494	315	366

3—1 续表 2 （2000 年） 单位：万元

	合计	在岗职工工资总额	国有	城镇集体	其他	其他从业人员劳动报酬
房地产管理业	1 277	1 272	1 131	137	4	5
房地产经纪与代理业	49	49	30	19		
（十一）社会服务业	17 910	16 818	14 552	750	1 516	1 092
公共服务业	9 713	8 854	8 303	551		859
居民服务业	510	508	457	51		2
旅馆业	4 799	4 673	3 541	81	1 051	126
租赁服务业	69	68	52		16	1
旅游业	275	275	275			7
娱乐服务业	323	316	101		215	13
信息、咨询服务业	710	697	689	8		
计算机应用服务业	106	106	22		84	
其他社会服务业	1 405	1 321	1 112	59	150	84
（十二）卫生、体育和社会福利业	26 769	26 447	25 641	806		322
卫生	24 119	23 813	23 007	806		306
体育	1 203	1 194	1 194			9
社会福利保障业	1 447	1 440	1 440			7
（十三）教育、文化艺术和广播电影电视业	63 861	62 786	62 778	8		1 075
教育	55 523	54 578	54 578			945
#高等教育	18 865	18 762	18 762			103
普通中学	11 374	11 221	11 221			153
小学校	14 745	14 177	14 177			568
文化艺术业	5 537	5 498	5 493	5		39
广播电影电视业	2 801	2 710	2 707	3		91
（十四）科学研究和综合技术服务业	13 667	13 214	13 103		111	453
科学研究业	6 498	6 458	6 458			40
自然科学研究	4 328	4 291	4 291			37
社会科学研究	799	799	799			
其他科学研究	1 371	1 368	1 368			3
综合技术服务业	7 169	6 756	6 645		111	413
#气象	455	455	455			
地震	126	126	126			
测绘	568	568	568			
技术监督	877	505	396		109	372
环境保护	420	420	420			
技术推广和科技交流服务业	261	260	260			1
工程设计业	3 410	3 374	3 372		2	36
其他综合技术服务业	1 052	1 048	1 048			4
（十五）国家、政党机关和社会团体	47 037	46 788	46 538	250		249
#国家机关	42 655	42 443	42 193	250		212
政党机关	2 962	2 928	2 928			34
（十六）其他行业	3 803	3 774	3 400	288	86	29
#企业管理机构	2 332	2 307	1 963	288	56	25

3—2 主要年份职工工资总额

单位：万元

年份	合计	国有单位	城镇集体单位	其他单位
1949	720	720		
1952	2 560	2 445	115	
1957	8 409	6 446	1 963	
1962	12 785	9 655	3 130	
1965	15 216	11 717	3 499	
1970	17 198	14 156	3 042	
1975	23 144	19 483	3 661	
1978	29 834	24 349	5 485	
1980	42 024	33 304	8 720	
1985	72 545	55 804	16 695	46
1986	84 421	65 501	18 838	82
1987	93 974	73 353	20 514	107
1988	116 949	93 072	23 737	140
1989	128 072	103 076	24 805	191
1990	145 581	117 900	27 319	362
1991	162 940	128 643	33 478	819
1992	194 962	157 180	36 184	1 598
1993	233 979	188 235	37 701	8 043
1994	330 451	267 497	47 655	15 299
1995	401 177	329 578	54 930	16 669
1996	455 264	375 408	58 565	21 291
1997	443 775	360 780	58 145	24 850
1998	448 384	322 737	51 845	73 802
1999	502 834	374 369	49 601	78 864
2000	537 932	394 064	47 033	96 035

补充：2000年职工工资总额中，在岗职工工资总额为511 784万元，离开本单位仍保留劳动关系的职工生活费为26 148万元。

3—3 主要年份全部职工平均工资

单位：万元

年份	平均工资			
		国有单位	城镇集体单位	其他单位
1949	255	255		
1952	412	413	400	
1957	595	555	455	
1962	553	564	520	
1965	602	625	534	
1970	521	541	445	
1975	552	568	480	
1978	577	596	504	
1980	732	779	597	
1985	1 039	1 127	823	1 002
1986	1 167	1 256	938	1 174
1987	1 247	1 350	980	1 285
1988	1 481	1 621	1 104	1 665
1989	1 610	1 751	1 206	1 733
1990	1 798	1 972	1 300	2 122
1991	1 962	2 100	1 561	2 287
1992	2 303	2 505	1 698	2 697
1993	2 724	2 956	1 869	3 960
1994	3 790	4 167	2 365	5 356
1995	4 931	5 307	3 301	6 364
1996	5 360	5 785	3 402	7 509
1997	5 487	5 940	3 417	7 951
1998	5 465	5 794	3 309	6 914
1999	6 228	6 797	3 229	7 656
2000	6 954	7 556	3 324	8 687

补充：2000年全部职工平均工资中，在岗职工年平均工资为8 756元，离开本单位仍保留劳动关系的职工年平均生活费为1 383元。

3—4 在岗职工工资总额

单位：万元

	合计		国有单位		城镇集体单位		其他单位	
	1999	2000	1999	2000	1999	2000	1999	2000
总　　计	**479 555**	**511 784**	**357 827**	**375 482**	**47 728**	**45 363**	**74 000**	**90 939**
一、按隶属关系分								
中央单位	124 402	131 638	102 692	105 929	4 878	5 055	16 832	20 654
省属单位	131 770	147 844	114 604	127 679	1 970	1 581	15 196	18 584
市属单位	210 980	220 119	140 531	141 874	40 880	38 727	29 569	39 518
市直属单位	130 635	127 152	81 942	76 220	21 244	17 157	27 449	33 775
区属单位	28 103	31 812	15 995	19 852	11 490	11 268	618	692
县属单位	52 242	61 155	42 594	45 802	8 146	10 302	1 502	5 051
其他单位	12 403	12 183					12 403	12 183
二、按企业、事业、机关分								
企　　业	315 825	323 694	195 656	189 470	46 169	43 285	74 000	90 938
事　　业	123 011	141 033	121 527	139 204	1 484	1 829		
机　　关	40 719	47 057	40 644	46 808	75	249		
三、按国民经济行业分								
1. 农、林、牧、渔业	17 704	17 081	17 532	17 066	48	11	124	4
2. 采　掘　业	71	75	17	35	54	40		
3. 制　造　业	147 785	154 124	66 150	60 040	21 372	19 141	60 263	74 943
4. 电力、煤气及水的生产和供应业	11 942	11 660	8 409	7 729	24	31	3 509	3 900
5. 建　筑　业	42 747	46 702	33 344	34 237	9 320	11 958	83	507
6. 地质勘查业、水利管理业	6 980	7 054	6 980	7 054				
7. 交通运输、仓储及邮电通信业	52 051	50 926	48 703	45 637	2 359	2 669	989	2 620
8. 批发和零售贸易、餐饮业	32 969	31 640	20 065	20 458	9 665	6 999	3 239	4 183
9. 金融、保险业	17 184	19 144	12 013	14 632	1 777	1 762	3 394	2 750
10. 房地产业	2 675	3 551	1 918	2 582	545	650	212	319
11. 社会服务业	16 196	16 818	12 668	14 552	1 481	750	2 047	1 516
12. 卫生、体育和社会福利业	21 082	26 447	20 394	25 641	688	806		
13. 教育、文化艺术和广播电影电视业	54 955	62 786	54 949	62 778	6	8		
14. 科学研究和综合技术服务业	11 264	13 214	11 198	13 103			66	111
15. 国家、政党机关和社会团体	40 362	46 788	40 294	46 538	68	250		
16. 其他行业	3 588	3 774	3 193	3 400	321	288	74	86

3—5 在岗职工平均工资

单位：元

	合计		国有单位		城镇集体单位		其他单位	
	1999	2000	1999	2000	1999	2000	1999	2000
总　计	**7 724**	**8 756**	**8 259**	**9 335**	**4 823**	**5 123**	**8 348**	**9 708**
一、按隶属关系分								
中央单位	11 776	12 499	12 964	13 464	5 875	6 296	9 288	11 095
省属单位	7 792	10 093	7 831	10 040	3 421	5 013	8 940	11 495
市属单位	6 383	6 905	6 766	7 224	4 816	5 005	7 796	8 779
市直属单位	7 232	7 719	7 528	8 031	5 612	5 123	8 089	9 295
区属单位	5 570	6 598	7 129	8 193	4 247	4 882	6 391	7 663
县属单位	5 254	5 778	5 573	5 928	4 078	4 953	4 967	6 494
其他单位	7 952	7 811					7 952	7 811
二、按企业、事业、机关分								
企　业	7 408	8 350	8 110	9 098	4 788	5 050	8 348	9 708
事　业	8 142	9 167	8 175	9 204	6 112	7 000		
机　关	9 374	10 949	9 379	10 951	7 363	10 527		
三、按国民经济行业分								
1. 农、林、牧、渔业	4 719	5 472	4 709	5 473	3 662	4 000	7 974	6 500
2. 采掘业	3 797	4 060	2 576	4 293	4 463	3 873		
3. 制造业	6 790	7 685	6 951	7 571	4 376	4 550	8 182	9 465
4. 电力、煤气及水的生产和供应业	11 323	11 005	11 263	10 156	3 000	3 838	11 693	13 429
5. 建筑业	8 023	9 865	9 555	11 540	5 112	7 091	5 418	6 279
6. 地质勘查业、水利管理业	8 629	8 918	8 629	8 918				
7. 交通运输、仓储及电信邮电业	10 987	11 719	11 694	12 252	5 205	6 021	8 287	14 763
8. 批发和零售贸易、餐饮业	5 875	6 030	6 464	7 177	4 808	3 621	6 504	9 022
9. 金融、保险业	11 012	12 966	10 405	13 240	12 486	12 569	12 870	11 900
10. 房地产业	6 960	8 649	7 207	8 700	5 841	7 967	8 506	9 904
11. 社会服务业	6 888	7 756	7 023	7 953	5 062	4 289	8 024	9 251
12. 卫生、体育和社会福利业	9 222	10 991	9 354	11 127	6 504	7 914		
13. 教育、文化艺术和广播电影电视业	8 465	9 266	8 466	9 267	3 563	3 900		
14. 科学研究和综合技术服务业	8 211	10 397	8 188	10 344			16 000	26 405
15. 国家、政党机关和社会团体	9 632	11 031	9 643	11 034	5 775	10 527		
16. 其他行业	9 635	11 605	9 811	12 161	7 236	7 109	29 320	16 863

3—6 企业在岗职工福利费用

（2000年）

单位：万元

	合计	集体福利设施及福利补贴	医疗卫生费	文体宣传费	其他
总计	**47 691**	**11 641**	**22 944**	**1 814**	**11 292**
一、按隶属关系分					
中央单位	12 175	3 879	6 015	231	2 050
省属单位	13 793	4 191	6 439	175	2 988
地区单位	16 918	1 702	8 582	1 218	5 416
县及县以下单位	1 410	365	643	20	382
其他单位	3 395	1 504	1 265	170	456
二、按企业登记注册类型分					
内资企业	43 646	10 161	21 495	1 489	10 501
国有企业	34 942	8 727	17 757	641	7 817
集体企业	4 607	577	1 903	728	1 399
其他企业	4 097	857	1 835	120	1 285
港、澳、台商投资企业	2 066	508	750	302	506
外商投资企业	1 979	972	699	23	285

3—7 离休、退休、退职人员人

(2000

	离休、退休、退职人员			
	年末人数（人）	离休人员	退休人员	领取定期生活费的退职人员
总　计	**229 963**	**7 997**	**216 457**	**5 509**
一、企　业	176 672	3 535	167 960	5 177
＃地　方	154 125	2 661	146 662	4 802
内资企业	176 659	3 535	167 947	5 177
国有企业	117 907	3 000	111 427	3 480
集体企业	41 678	119	40 043	1 516
其他企业	17 074	416	16 477	181
港、澳、台商投资企业				
外商投资企业	13		13	
二、事　业	38 418	2 276	35 956	186
＃地　方	23 321	1 506	21 714	101
三、机　关	14 873	2 186	12 541	146
＃地　方	13 385	2 110	11 202	136

数及保险福利费用构成

年）

保险福利费用（万元）	离休金	退休金	退职生活费	医疗卫生费	其他
165 325	**10 092**	**121 986**	**1 055**	**26 413**	**5 779**
108 615	3 976	83 115	968	16 899	3 657
84 564	2 645	67 275	781	11 744	2 119
108 613	3 976	83 113	968	16 899	3 657
78 521	3 440	57 948	734	13 536	2 863
17 685	101	15 597	203	1 073	711
12 407	435	9 568	31	2 290	83
2		2			
39 572	2 851	28 862	48	6 537	1 274
25 703	1 928	18 860	23	4 379	513
17 138	3 265	10 009	39	2 977	848
15 250	3 096	8 963	26	2 465	700

3—8 1980—2000年城市住户基本情况

年份	调查户数（户）	平均每户家庭人口（人）	平均每户就业人口（人）	负担人口（人）	平均每人每月实际收入（元）	平均每人可支配收入（元）	平均每人每月生活费支出（元）
1980	120	4.28	2.16	1.98		28.26	
1981	120	4.21	2.15	1.96	33.91	33.91	30.83
1982	120	4.21	2.17	1.94	35.88	35.88	31.38
1983	120	4.23	2.19	1.93	36.63	36.31	32.25
1984	120	4.09	2.18	1.88	43.78	43.46	38.82
1985	150	3.64	2.06	1.77	54.14	53.28	46.61
1986	150	3.66	2.05	1.79	64.29	63.99	53.46
1987	150	3.64	2.01	1.81	71.48	70.45	62.50
1988	200	3.54	1.94	1.82	83.68	83.22	75.55
1989	200	3.48	1.98	1.76	95.54	110.35	84.34
1990	200	3.34	1.88	1.77	112.92	112.39	90.45
1991	200	3.41	1.85	1.85	113.71	113.19	93.84
1992	200	3.35	1.81	1.85	129.23	128.39	110.56
1993	200	3.16	1.74	1.81	172.93	172.08	153.86
1994	200	3.11	1.74	1.79	255.84	255.36	215.54
1995	200	3.07	1.76	1.75	299.94	299.22	247.89
1996	200	3.03	1.67	1.82	333.98	333.50	267.59
1997	200	3.03	1.68	1.81	376.20	375.11	311.90
1998	200	3.09	1.76	1.75	407.67	405.89	319.98
1999	334	3.05	1.68	1.82	515.28	440.63	339.78
2000	300	3.21	1.67	1.92	481.72	477.80	327.07

注："负担人口"指平均每个就业者所负担的人口，含就业者本人。

3—9 城市居民家庭生活基本情况

项目	1999	2000
调查户数（户）	334	300
家庭人口（人）	1 020	964
就业人口（人）	560.08	502
平均每户家庭人口（人）	3.05	3.21
平均每户就业人口（人）	1.68	1.67
平均每户就业面（%）	54.91	52.07
平均每一就业者负担人数（含就业者本人）（人）	1.82	1.92
平均每人实际收入（元）	6 183.40	5 780.63
平均每人可支配收入（元）	5 287.52	5 733.54
平均每人生活费支出（元）	4 077.39	3 924.83
家庭常住人口（人）	1 020	964
居住面积（平方米）	10 038.10	10 027.30
平均每户居住面积（平方米）	30.05	33.42
居住间数（间）	709	646
平均每户居住间数（间）	2.12	2.15

3—10 城市住户基本情况

（按收入分组，2000年）

项目	总平均	最低收入户	低收入户	中等偏下户	中等收入户	中等偏上户	高收入户	最高收入户
调查户数（户）	300	30	30	60	60	60	30	30
家庭人口（人）	964	111	102	211	202	184	81	73
就业人口（人）	502	37	55	105	101	113	48	43
平均每户家庭人口（人）	3.21	3.7	3.40	3.52	3.37	3.07	2.7	2.43
平均每户就业人口（人）	1.67	1.23	1.85	1.75	1.68	1.88	1.6	1.43
平均每户就业面（%）	52.07	33.33	53.92	49.76	50.00	64.41	59.26	58.90
就业者负担人口（人）	1.92	3	1.85	2.01	2.00	1.63	1.69	1.70
平均每人实际收入（元）	5 780.63	1 984.75	3 005.00	3 897.57	5 182.64	2 147.27	9 700.33	14 734.32
平均每人消费性支出（元）	3 924.83	1 755.66	2 232.13	2 858.55	3 721.90	4 675.15	6 404.93	8 588.70
离退休人数（人）	181	9	11	42	51	29	20	19

3—11 城市住户平均每百户主要消费品年末拥有量

品　　名	1999	2000
毛皮大衣（件）	38.0	31.0
呢大衣（件）	198.2	158.0
毛毯（条）	121.6	110.7
大衣柜（个）	78.4	81.0
沙发（个）	135.0	107.6
写字台（张）	82.3	84.0
组合家具（套）	38.9	38.7
沙发床（个）	35.0	36.0
自行车（辆）	170.7	149.0
缝纫机（架）	66.5	61.0
电风扇（台）	198.8	184.0
洗衣机（台）	91.3	85.3
电冰箱（台）	93.1	91.7
摩托车（辆）	6.3	9.3
彩色电视机（台）	108.1	113.0
影碟机（台）	19.8	29.0
淋浴热水器（架）	53.3	60.0
照相机（架）	36.8	35.7
中高档乐器（件）	5.1	8.0
空调器（台）	57.2	53.3
电炊具（台）	43.1	35.3
组合音响（台）	15.6	16.7
录放像机（台）	21.6	20.3
微波炉（台）	10.5	15.0
电话（台）	67.7	82.3
移动电话（台）	8.1	16.7

3—12 城市居民平均每人现金收支

单位：元

项　　　　　目	1999	2000
一、期初手存现金	**268.92**	**234.54**
二、实 际 收 入	**6 183.40**	**5 780.63**
#国有单位职工工资	3 435.74	3 538.88
奖　　金	620.30	443.45
集体所有制职工工资	553.95	345.26
奖　　金	98.82	23.31
职工从工作单位得到的其他收入	413.78	195.17
个体经营劳动者收入	59.05	329.11
被聘用或留用的离退休人员收入	4.95	6.40
其他劳动收入	115.68	121.45
财产性收入	20.72	4.72
转移性收入	1 067.27	1 375.20
赡 养 收 入	50.23	40.23
离 退 休 金	802.69	1 132.35
赠 送 收 入	113.12	86.10
亲友搭伙费	57.61	76.99
记 帐 补 贴	37.43	35.79
出售财物收入	6.19	3.74
三、储蓄借贷收入	**854.43**	**954.05**
#提取储蓄存款	656.94	710.17
提取储金会款	11.75	3.11
借　入　款	49.60	98.97
四、实 际 支 出	**4 713.32**	**4 663.21**
#赡 养 支 出	107.89	104.96
赠 送 支 出	314.21	306.02
五、储蓄借贷支出	**1 115.72**	**1 378.26**
#存入储蓄款	922.05	1 057.52
存入储金会款	12.06	11.89
归 还 借 款	17.06	22.85
借　出　款	14.08	52.76
六、期末手存现金	**623.29**	**927.75**

3—13 城 市 居 民 平 均

（按收入分组，

项目	合计	最低收入户	低收入户
一、期初手存现金	**234.54**	**97.59**	**129.11**
二、实际收入	**5 780.63**	**1 984.75**	**3 005.00**
可支配收入	5 733.54	1 953.67	2 968.02
#国有单位职工工资	3 538.88	1 047.19	1 783.00
奖金	443.45	62.25	50.15
集体所有制职工工资	345.26	298.25	218.395
奖金	23.31	12.43	5.49
职工从单位得到的其他收入	195.17	10.36	51.22
个体经营劳动者收入	329.11	154.05	235.55
其他劳动收入	121.45	0	43.39
财产性收入	4.72	1.35	0.41
转移性收入	1 375.20	483.90	604.79
离退休金	1 132.35	366.69	465.32
赡养收入	40.23	44.14	6.57
赠送收入	86.10	20.81	70.35
亲友搭伙费	76.99	21.17	29.90
记帐补贴	35.79	31.08	32.65
出售财物收入	3.74	0	0
三、储蓄借贷收入	**954.05**	**256.42**	**185.49**
#提取储蓄存款	710.17	154.05	111.76
借入款	98.97	43.75	32.84
四、实际支出	**4 663.21**	**1 826.20**	**2 402.96**
消费性支出	3 924.83	1 755.66	2 232.13
非消费性支出	733.08	70.54	166.50
#赡养支出	104.96	5.27	46.37
赠送支出	306.02	34.56	92.62
五、储蓄借贷支出	**1 378.26**	**164.31**	**362.43**
#存入储蓄款	1 057.52	162.70	305.78
归还借款	22.85	0	50.29
借出款	52.76	0	0
六、期末手存现金	**927.75**	**348.24**	**554.20**

每 人 现 金 收 支

2000年)

单位：元

中等偏下户	中等收入户	中等偏上户	高收入户	最高收入户
201.43	**165.57**	**408.16**	**301.37**	**364.96**
3 897.57	**5 182.64**	**7 147.27**	**9 700.33**	**14 734.22**
3 864.09	5 126.75	7 103.92	9 646.35	14 632.05
2 074.50	2 509.20	4431.63	6 930.98	9 756.21
121.35	239.07	521.68	997.43	2 257.35
387.15	342.64	449.95	0	598.60
4.69	30.09	73.15	0	0
59.99	105.07	295.90	423.83	809.04
245.17	510.80	388.27	227.78	429.25
58.94	78.00	145.26	69.16	714.08
1.31	3.91	9.37	1.07	20.30
999.22	1 685.12	1 262.36	2 372.09	3 214.41
881.04	1 490.09	936.49	2 037.89	2 453.99
30.57	39.85	35.33	24.20	140.41
40.62	69.14	138.02	130.86	205.32
9.27	50.99	112.83	111.73	366.44
32.99	34.31	38.15	41.48	47.26
4.74	0.75	1.55	25.93	1.00
647.59	**741.60**	**788.29**	**1 278.23**	**4 620.40**
502.80	425.60	546.54	1 210.37	3 636.13
102.37	232.67	95.11	1.23	13.70
3 296.48	**4 409.78**	**5 512.79**	**8 022.31**	**10 908.12**
2 858.55	3 721.90			
437.48	667.48	841.61	1 616.72	2 314.08
40.82	88.51	153.97	271.12	260.90
153.70	283.97	391.85	634.08	937.98
602.79	**938.16**	**1 738.30**	**2 091.25**	**6 404.12**
528.91	737.64	1 578.10	1 819.54	3 723.85
15.26	4.95	26.52	24.69	79.45
2.37	99.25	14.02	121.60	244.89
847.31	**741.87**	**1 088.64**	**1 166.37**	**2 407.44**

3—14 城市住户平均每人生活费支出及构成

项目	金额（元）		构成（%）	
	1999	2000	1999	2000
生活费支出	**4 077.39**	**3 924.83**	**100.00**	**100.00**
1.食品	1 944.87	1 805.80	47.70	46.01
#粮食	249.57	216.07	12.83	11.97
油脂	126.31	121.86	6.49	6.75
肉禽及其制品	457.16	454.97	23.51	25.19
蛋类	71.33	59.04	3.67	3.27
水产品	112.04	119.57	5.76	6.62
菜类	231.79	229.92	11.92	12.73
烟草	100.73	52.70	5.18	2.92
酒和饮料	67.58	40.93	3.47	2.27
干鲜瓜果	104.08	95.12	5.35	5.27
奶及奶制品	65.10	68.57	3.35	3.80
2.衣着	404.03	376.91	9.91	9.60
#服装	271.50	264.46	67.20	70.17
衣着材料	27.73	15.30	6.86	4.06
3.家庭设备用品及服务	232.12	309.09	5.69	7.88
#耐用消费品	128.46	194.96	55.34	63.08
4.医疗保健	114.11	132.88	2.80	3.39
5.交通与通讯	254.56	296.51	6.24	7.55
6.娱乐教育文化服务	401.56	312.41	9.85	7.96
文娱用耐用消费品	69.93	79.36	17.41	25.40
教育	282.15	182.57	70.26	58.44
文化娱乐	49.48	50.48	12.32	16.16
7.居住	480.31	442.54	11.78	11.28
8.杂项商品与服务	245.82	248.67	6.03	6.34

3—15　城市住户平均每人购买主要消费品数量

品　　　　　　名	1999	2000
粮　　食（千克）	100.1	98.94
食用植物油（千克）	13.4	14.24
鲜　　菜（千克）	118.1	121.87
猪　　肉（千克）	23.3	22.96
牛 羊 肉（千克）	0.9	1.16
家　　禽（千克）	4.3	5.55
鲜　　蛋（千克）	10.0	9.81
鱼（不包括虾）（千克）	11.3	11.16
食　　糖（千克）	0.9	0.88
卷　　烟（盒）	19.7	9.79
白　　酒（千克）	1.4	0.76
鲜　　瓜（千克）	15.3	20.51
鲜　　果（千克）	24.3	22.95
糖　　果（千克）	0.4	0.35
糕　　点（千克）	3.0	2.76
鲜　　奶（千克）	10.3	11.48
棉　　布（米）	0.1	0.07
棉花混纺布（米）	0.2	0.25
化 纤 布（米）	0.6	0.27
呢　　绒（米）	0.1	0.03
绸　　缎（米）	0.1	0.04
男式服装（件）	1.4	1.41
女式服装（件）	2.5	2.19
皮　　鞋（双）	0.6	0.46
洗 衣 粉（千克）	2.4	0.95
煤　　炭（千克）	0.9	5.43
液化石油气（千克）	27.7	30.65
啤　　酒（千克）	5.7	2.99

3—16 城市居民居住情况

类别	1999		2000	
	调查户数（户）	家庭常住人口（人）	调查户数（户）	家庭常住人口（人）
总计	**200**	**618**	**300**	**964**
一、按居住面积分				
4平方米以下	3	12	6	26
4—6平方米	30	103	31	120
6—8平方米	36	110	56	201
8平方米以上	131	393	207	617
二、按自来水使用情况分				
独用自来水	197	608	296	951
公用自来水	3	10	4	13
三、按卫生设备拥有情况分				
无卫生设备	6	23	5	16
有浴室、厕所	177	540	256	820
有厕所无浴室	13	43	35	113
公用卫生设备	4	12	4	15
四、按厨房使用情况分				
无厨房	2	8	2	10
独用厨房	194	598	291	933
公用厨房	4	12	7	21

3—17 城市居民家庭收入结构类型

	总平均数	最低（户）	低收（户）	中等偏下	中等收入	中等偏上	高收入	最高收入
一、占总调查户数的比重（%）								
1999 年	334	10	10	20	20	20	10	10
2000 年	300	10	10	20	20	20	10	10
二、1. 平均人口（人）								
1999 年	3.05	3.79	3.38	3.21	3.00	2.85	2.82	2.42
2000 年	3.21	3.7	3.4	3.52	3.37	3.07	2.7	2.43
2. 比　重（%）								
1999 年	100	124.26	110.82	105.25	98.36	93.44	92.46	79.34
2000 年	100	115.26	105.92	109.66	104.98	95.64	84.11	75.70
三、1. 人均可支配性收入								
1999 年	5 287.52	2 153.54	2 899.18	3 808.66	5 061.95	6 509.00	8 101.12	11 857.80
2000 年	5 733.54	1 953.67	2 968.02	3 864.09	5 126.75	7 103.92	9 646.35	14 632.05
2. 比　重（%）								
1999 年	100	40.73	54.83	72.03	95.73	123.10	153.21	224.26
2000 年	100	34.07	51.77	67.39	89.42	123.90	168.24	255.20
3.2000 年比上年收入增长（%）	8.44	-9.28	2.37	1.46	1.28	9.14	19.06	23.40
四、全年人均消费性支出（元）								
1999 年	4 077.39	2 017.08	2 600.59	3 323.37	4 129.86	4 699.63	5 158.50	8 533.18
2000 年	3 924.83	1 755.66	2 232.13	2 858.55	3 721.90	4 675.15	6 404.93	8 588.70
2000 年比上年增长（%）	-3.74	-12.96	-14.17	-13.99	-9.88	-0.52	24.16	0.65

3—18 1985—2000年农村居民家庭基本情况

年份	调查县(区)数(个)	调查户数(户)	平均每户常住人口(人)	平均每户整半劳动力(人)	平均每个劳动力负担人口(人)	平均每人纯收入(元)	平均每人生活用房面积(平方米)
1985	6	380	5.64	3.04	1.85	412.43	15.98
1986	6	380	5.61	3.02	1.86	452.07	16.77
1987	6	390	5.41	2.82	1.91	501.34	18.36
1988	6	410	5.41	2.96	1.83	586.46	19.52
1989	6	410	5.36	3.52	1.52	660.04	20.69
1990	6	410	5.25	2.95	1.78	721.21	19.50
1991	6	410	5.02	2.79	1.80	768.19	19.78
1992	6	410	4.99	2.81	1.76	854.74	21.30
1993	6	410	4.91	2.86	1.72	968.60	19.69
1994	6	410	4.79	2.89	1.66	1 310.75	22.53
1995	6	410	4.75	2.91	1.63	1 626.36	23.71
1996	6	410	4.67	2.91	1.61	2 031.20	23.44
1997	6	410	4.55	2.84	1.60	2 358.57	25.12
1998	6	400	4.46	2.80	1.59	2 164.26	26.26
1999	6	400	4.30	2.89	1.49	2 306.86	26.77
2000	6	400	4.29	2.96	1.45	2 390.10	26.10

3—19 县区农村居民家庭基本情况

(2000年)

地区	调查户数(户)	平均每户常住人口(人)	平均每户劳动力(人)	6—15岁人口入学率(%)	人均经营耕地面积(亩)	人均经营山地面积(亩)	平均每人生活用房面积(平方米)	人均纯收入
南昌市	**400**	**4.29**	**2.96**	**86.01**	**1.46**	**0.09**	**26.10**	**2 390.10**
南昌县	70	4.17	2.96	88.68	1.89		23.30	2 350.14
新建县	70	4.54	2.97	87.64	1.83	0.04	21.22	2 211.20
进贤县	70	3.89	3.02	84.21	1.85	0.22	33.36	2 299.88
安义县	70	4.43	2.86	80.77	1.61	0.12	25.40	2 356.52
湾里区	50	4.38	2.74	85.19	1.07	0.23	19.11	2 343.68
郊区	70	4.34	3.14	87.72	0.43		33.17	3 432.18

3—20 农村家庭房屋使用情况

项　　　　　　目	1999	2000	2000年比上年增长%
一、新建房户数（户）	**11**	**6**	**-45.45**
二、平均每户年内新建房屋面积（平方米）	**6.60**	**1.17**	**-82.27**
新建房屋价值（元）	842.50	241.50	-71.34
三、平均每户年末使用房屋面积（平方米）	**114.97**	**111.92**	**-2.65**
生产用房面积			
生活用房面积	114.97	111.92	-2.65
#砖 木 结 构	55.04	56.32	2.33
钢筋混凝土结构	57.66	53.65	-6.95
四、平均每人年末使用房屋面积（平方米）	**26.77**	**26.10**	**-2.50**
生产用房面积			
生活用房面积	26.77	26.10	-2.50
#砖 木 结 构	12.82	13.14	2.50
钢筋混凝土结构	13.42	12.51	-6.78

3—21 农村居民家庭总收入和构成

项目	平均每人（元）		构成（%）	
	1999	2000	1999	2000
总收入	**3 158.81**	**3 239.45**	**100.00**	**100.00**
一、工资性收入	895.58	1 012.63	28.35	31.26
1. 在非企业组织中劳动得到的收入	159.71	144.38	5.06	4.46
2. 在本地企业劳动得到的收入	124.17	176.00	3.93	5.43
# 在本地乡镇企业	124.17	90.92	3.93	2.81
3. 常住人口外出从业得到的收入	512.13	626.27	16.21	19.33
4. 其他	99.57	65.98	3.15	2.04
二、家庭经营收入	**2 094.57**	**2 115.93**	**66.31**	**65.32**
1. 农业收入	1 239.90	1 221.52	39.25	37.71
# 种植业收入	1 166.30	1 181.61	36.92	36.48
2. 林业收入	3.07	1.74	0.10	0.05
3. 牧业收入	438.77	434.73	13.89	13.42
4. 渔业收入	91.16	111.52	2.89	3.44
5. 工业收入	25.77	91.28	0.82	2.82
6. 建筑业收入	43.91	27.28	1.39	0.84
7. 交通、运输和邮电业收入	38.03	53.30	1.20	1.65
8. 批发和零售贸易、餐饮业收入	105.51	105.16	3.34	3.25
9. 社会服务业收入	60.37	22.94	1.91	0.71
10. 文教卫生业收入	0	1.38		0.04
11. 其他家庭经营收入	48.08	45.08	1.52	1.39
三、财产性收入	**32.86**	**31.42**	**1.04**	**0.96**
四、转移性收入	**135.81**	**79.46**	**4.30**	**2.46**
# 家庭非常住人口寄回收入	22.21	13.26	0.07	0.41
亲友赠送	50.62	25.60	1.60	0.79
# 农村外部亲友赠送	15.52	9.11	0.05	0.28

注：因2000年指标有所变动，为使对比口径一致，1999年数据作了相应调整。

3—22 农村居民家庭总支出和构成

项目	平均每人(元)		构成(%)	
	1999	2000	1999	2000
总支出	**2 658.06**	**2 553.56**	**100.00**	**100.00**
一、家庭经营支出	**623.68**	**648.62**	**23.46**	**25.40**
农业生产	296.27	301.17	11.15	11.79
#种植业	295.65	299.91	11.12	11.74
林业生产	0.13	0.50	0.01	0.02
牧业生产	241.61	201.87	9.09	7.91
渔业生产	35.10	34.66	1.32	1.36
工业生产	3.70	11.85	0.14	0.46
建筑业生产	4.16	0.34	0.15	0.01
交通运输和邮电业	4.77	10.46	0.18	0.41
批发和零售贸易、餐饮业	23.10	58.54	0.87	2.29
社会服务业	2.73	0.66	0.10	0.03
文教卫生业	0	0	0	0
其他家庭经营支出	12.11	28.59	0.45	1.12
二、购置生产性固定资产支出	**13.18**	**36.08**	**0.50**	**1.41**
三、税费支出	**151.20**	**130.21**	**5.67**	**5.10**
四、生活消费支出	**1 766.06**	**1 612.90**	**66.44**	**63.16**
#文化娱乐用品及服务	152.97	140.17	5.75	5.49
五、财产性支出	**17.86**	**9.63**	**0.67**	**0.38**
六、转移性支出	**86.08**	**116.12**	**3.24**	**4.55**
#寄给或带给在外人口	7.88	4.34	0.30	0.17
赠送亲友	63.85	67.46	2.40	2.64
#赠送农村外部亲友	4.31	9.38	0.16	0.37

注：因2000年指标有所变动，为使口径一致，1999年数据作了相应调整。

3—23 农村居民家庭纯收入

（按人口平均）　　单位：元

项　　目	1985	1990	1993	1995	1997	1998	1999	2000
纯　收　入	**412.43**	**731.21**	**968.60**	**1 626.26**	**2 358.57**	**2 164.26**	**2 306.86**	**2 390.10**
一、按纯收入来源分								
工资性收入	40.40	50.32	120.22	399.87	628.46	723.12	895.58	1 012.63
家庭经营纯收入	336.73	632.06	811.08	1 167.07	1 576.15	1 311.09	1 292.65	1 283.12
第 一 产 业	277.33	526.85	603.63	1 072.06	1 342.64	1 077.92	1 054.93	1 077.35
第 二 产 业	10.20	24.40	65.86	32.41	60.81	38.07	57.69	96.03
第 三 产 业	49.20	80.81	141.59	62.60	172.71	195.10	180.03	109.74
转移性收入	29.70	40.57	34.32	40.70	84.19	96.89	85.89	62.93
财产性收入	5.60	8.26	2.98	18.72	69.77	33.16	32.74	31.42
二、按纯收入性质分								
生产性纯收入	375.53	660.22	903.75	1 552.28	2 154.88	2 021.04	2 134.43	2 275.46
农 业 生 产	277.33	526.85	603.63	1 072.06	1 342.64	1 077.92	1 054.93	1 077.35
非农业生产	98.20	133.37	300.12	480.22	812.24	943.12	1 079.50	1 198.11
非生产性纯收入	36.90	60.99	64.85	74.08	203.69	143.22	172.43	114.64

3—24 县区农村住户平均每人纯收入

（2000年）　　单位：元

地　　区	纯　收　入	生　产　性 纯　收　入	农 业 生 产	非农业生产	非 生 产 性 纯　收　入
南　昌　市	**2 390.10**	**2 275.46**	**1 077.35**	**1 198.11**	**114.64**
南　昌　县	2 350.14	2 217.07	1 263.44	953.63	133.07
新　建　县	2 211.20	2 145.62	1 215.79	929.83	65.58
进　贤　县	2 299.88	2 183.22	991.92	1 191.3	116.66
安　义　县	2 356.52	2 248.55	612.67	1 635.88	107.97
湾　里　区	2 343.68	2 271.36	814	1 457.36	72.32
郊　　区	3 432.18	2 847.65	739.44	2 108.21	584.53

3—25 农村住户生活消费支出

项目	平均每人（元）		构成（%）		商品性比重（%）	
	1999	2000	1999	2000	1999	2000
生活消费支出	**1 766.06**	**1 612.90**	**100.00**	**100.00**		
一、食品	992.61	907.50	56.20	56.27	55.47	58.31
#主食	319.49	254.48	18.09	15.78	6.70	7.43
副食	412.01	373.01	23.33	23.13	67.57	63.44
二、衣着	87.35	95.80	4.95	5.94	100.00	99.83
三、居住	253.39	190.57	14.35	11.82	56.37	77.88
四、家庭设备、用品及服务	82.31	78.54	4.66	4.87		
五、医疗保健	88.33	57.98	5.00	3.59		
六、交通和通讯	67.20	83.03	3.81	5.15		
七、文化娱乐用品和服务	153.55	140.17	8.69	8.69	18.96	22.94
文化教育娱乐用品	29.11	32.16	1.65	1.99	100.00	100.00
文化教育娱乐服务	124.44	108.01	7.05	6.70		
八、其他商品和服务	41.32	59.29	2.34	3.68	37.17	25.82

注：商品性比重是指生活消费品中商品性支出所占比重，不包括自产自用部分和文化及生活服务支出。

3—26 农村居民家庭现金收入和构成

项　　目	平均每人(元)		构　　成(%)	
	1999	2000	1999	2000
现金收入	**2 378.85**	**2 488.03**	**100.00**	**100.00**
一、工资性收入	**895.58**	**1 012.35**	**37.65**	**40.69**
在非企业组织中劳动得到的	159.71	144.38	6.71	5.80
在本地企业中劳动得到的	124.17	176.00	5.22	7.07
常住人口外出从业得到的	512.13	625.99	21.53	25.16
其　　他	99.57	65.98	4.19	2.66
二、家庭经营现金收入	**1 319.25**	**1 366.19**	**55.46**	**54.91**
出售产品	968.33	1 037.68	40.71	41.71
#农　　业	494.34	576.21	20.78	23.61
种植业	454.09	575.04	19.09	23.11
林　　业	1.18	1.58	0.08	0.06
牧　　业	385.67	326.69	16.21	13.13
渔　　业	79.86	105.89	3.36	4.26
工业加工费	25.41	65.20	1.07	2.62
建筑业	43.91	27.28	1.85	1.10
交通运输业	38.03	53.30	1.60	2.14
批发和零售贸易、餐饮业	105.51	105.16	4.44	4.22
社会服务业	60.37	22.94	2.53	0.92
文教卫生业	0	1.38	0	0
其他家庭经营	77.69	53.25	3.26	2.14
三、转移性收入	**132.54**	**78.07**	**5.57**	**3.14**
四、财产性收入	**31.48**	**31.42**	**1.32**	**1.26**

注：因2000年指标有所变动，为使口径一致，1999年数据作了相应调整。

3—27 农村居民家庭现金支出和构成

指标	平均每人（元）		构成（%）	
	1999	2000	1999	2000
现金支出	**1 963.89**	**2 024.82**	**100.00**	**100.00**
一、生产费用现金支出	**497.28**	**591.22**	**25.32**	**29.20**
家庭经营费用	484.10	555.13	24.65	27.42
农业生产	261.36	278.35	13.31	13.75
#种植业	260.74	277.10	13.28	13.69
林业生产	0.13	0.50	0.01	0.02
牧业生产	144.41	138.53	7.35	6.84
渔业生产	32.10	34.66	1.63	1.71
工业生产	3.70	11.85	0.19	0.59
建筑业	3.73	0.34	0.19	0.02
运输业	4.62	10.46	0.24	0.52
批发和零售贸易、餐饮业	22.05	51.20	1.12	2.53
社会服务业	1.08	0.66	0.05	0.03
文教卫生业				
其他经营	10.92	28.58	0.56	1.41
购买生产性固定资产	13.18	36.09	0.67	1.78
二、税费支出	**151.20**	**119.32**	**7.70**	**5.89**
三、财产性支出	**18.90**	**7.10**	**0.96**	**0.35**
四、转移性支出	**84.00**	**114.97**	**4.28**	**5.68**
五、生活消费现金支出	**1 212.51**	**1 192.21**	**61.74**	**58.88**

注：因2000年指标有变动，为使口径一致，1999年数据作了相应调整。

3—28 农村住户储蓄借贷

指标	平均每人（元）		2000年比上年	
	1999	2000	增减额（元）	增长率（%）
一、非收入所得	**241.75**	**286.19**	**44.44**	**18.38**
#从银行信用社得到的贷款	19.59	10.30	-9.29	-47.42
借入款	158.84	124.69	-34.15	-21.50
收回借出款	20.78	42.42	21.64	104.14
从银行信用社取回存款	26.29	74.31	48.02	182.66
收回投资款	0.05	6.13	6.08	121.6
二、非消费性现金付出	**141.26**	**153.85**	**12.59**	**8.91**
#归还银行信用社贷款	5.04	2.92	-2.12	-42.06
借出款	21.02	14.69	-6.33	-30.11
归还借款	97.14	58.22	-38.92	-40.07
存入银行信用社款	16.72	78.03	61.31	366.69
支出投资款	1.34	0.00	-1.34	
三、年末手存现金	**2 355.57**	1 930.97	-424.6	-18.03
四、年末存款余额	**339.66**	427.55	87.89	25.88

3—29 1992—2000年农村住户人均纯收入

（按纯收入水平分组）　　单位：户

分组	1992	1993	1994	1995	1996	1997	1998	1999	2000
调查户数	**410**	**410**	**410**	**410**	**410**	**410**	**400**	**400**	**400**
200元以下		2				1	1	4	3
200—300元			1					2	
300—400元	7	14	1		1				2
400—500元	16	19	3					1	5
500—600元	37	26	7		2	2	1	1	4
600—800元	104	82	23	15	6		4	10	12
800—1000元	115	102	60	34	7	2	10	9	14
1000—1500元	107	122	190	154	84	62	75	72	70
1500—2000元	20	35	68	100	82	105	81	59	67
2000元以上	4	18	57	107	228	238	228	242	223

3—30 农村住户平均每人主要食品消费量

单位：千克

品名	1985	1990	1994	1995	1996	1997	1998	1999	2000
粮食	350.07	351.35	346.34	336.86	330.53	316.08	310.99	292.54	295.10
蔬菜	159.60	172.72	177.52	136.89	150.28	121.59	156.99	110.75	97.82
植物油	5.75	6.66	10.25	10.69	10.17	9.56	10.09	8.98	8.30
动物油	1.34	1.64	2.20	2.20	2.77	1.97	2.53	1.33	1.55
猪肉	10.75	10.18	10.52	10.93	12.34	11.52	11.58	11.84	10.76
牛羊肉	0.15	0.33	0.71	0.45	0.53	0.42	0.36	0.37	0.35
奶和奶制品		0.21	0.10	0.14	0.16	0.36	0.27	0.29	0.44
家禽	1.15	1.49	1.78	1.88	1.80	2.70	2.17	2.18	2.48
蛋类	2.70	2.96	3.65	3.73	3.84	3.24	4.88	4.47	4.57
水产品	2.20	3.07	4.18	4.09	5.29	6.26	6.63	5.66	5.11
食糖	1.10	1.36	1.28	1.23	1.25	1.20	1.30	1.06	1.05
酒	1.45	3.52	5.63	5.32	6.43	6.55	6.60	7.59	6.97
茶叶	0.04	0.07	0.24	0.13	0.23	1.50	1.52	0.06	
糖果、糕点	1.55	1.52	1.77	2.14	2.32	1.55	2.11	1.78	1.87
水果	1.70	3.13	7.29	7.31	7.99	8.81	7.80	19.97	25.56

3—31 农村住户耐用物品拥有量

（按每百户年末平均拥有量计算）

品名	1985	1990	1995	1997	1998	1999	2000
自行车（辆）	72.1	129	166.34	151.95	151.75	154.75	146.50
缝纫机（架）	24.5	34	44.15	39.27	42.50	43.50	
钟（只）		46	82.68	89.02	91.75	108.75	
手表（只）	164.7	165	165.85	147.07	147.75	129.75	
电子表	125.8	16		20.73	25.25	45.75	
电风扇（台）	20.5	84	135.37	152.44	147.50	164.00	180.25
洗衣机（台）		1	3.66	4.63	6.25	6.50	9.25
电冰箱（台）		3	9.27	16.59	17.00	16.25	19.50
摩托车（辆）			1.46	5.61	8.50	12.25	14.00
大型家具（件）	241.8	259	422.93	348.78	373.25	646.75	
收音机（台）	73.7	65	43.90	43.41	44.75	42.50	
黑白电视机（台）	16.6	56	86.59	81.46	80.25	79.00	74.00
彩色电视机（台）		6	13.17	24.39	31.25	32.25	48.75
收录机（台）	5.0	18	26.10	23.90	25.50	28.50	26.25
照相机（架）		1	0.98	2.20	2.50	2.00	3.50

3—32 农村住户劳动力文化程度

（2000年） 单位：百劳率（%）

地区	文盲或半文盲	小学程度	初中程度	高中程度	中专程度
南昌市	**7.17**	**34.32**	**48.82**	**7.76**	**1.18**
南昌县	6.76	40.10	46.38	4.83	1.45
新建县	3.85	36.54	50.48	7.69	0.48
进贤县	15.09	39.15	40.57	4.72	
安义县	4.46	33.17	50.99	10.40	0.49
湾里区	6.57	30.66	53.28	8.03	1.46
郊区	5.91	25.45	52.73	10.91	3.18

主 要 统 计 指 标 解 释

在岗职工工资总额 指各单位在一定时期内直接支付给本单位全部在岗职工的劳动报酬总额。包括：计时工资（含计时标准工资）、计件工资、计件超额工资、奖金、津贴和补贴、加班加点工资、特殊情况下支付的工资等。

津贴和补贴 包括：(1) 补偿职工特殊或额外劳动消耗的津贴及岗位性津贴。(2) 保健性津贴。(3) 技术性津贴。(4) 年功性津贴（包括工龄工资、工龄津贴、教龄津贴和护士工龄津贴）。(5) 地区津贴。(6) 其他津贴。包括伙食补贴、上下班交通补贴、洗理卫生费、书报费等。以及为保证职工工资水平不受物价上涨或变动影响而支付的各种补贴，如副食品价格补贴（含肉类等价格补贴）、粮、油、蔬菜等价格补贴，煤价补贴、房贴、水电贴、房改补贴等。

在岗职工平均工资 指企业、事业、机关单位的在岗职工在一定时期内平均每人所得的货币工资额。它表明一定时期在岗职工工资收入的高低程度。是反映在岗职工工资水平的主要指标。计算公式为

$$\text{在岗职工平均工资} = \frac{\text{报告期实际支付的全部在岗职工工资总额}}{\text{报告期全部在岗职工平均人数}}$$

在岗职工平均实际工资 指扣除物价变动因素后的职工平均工资。计算公式为：

$$\text{在岗职工平均实际工资} = \frac{\text{报告期在岗职工平均工资}}{\text{报告期职工生活费价格指数}}$$

城镇居民家庭就业人口 指城镇居民从事社会劳动并取得劳动报酬或经营收入的人口，就业人口包括通过国家统筹规划和指导由劳动部门介绍就业，自愿起来就业和自谋职业等方式，在国有经济单位、集体经济单位、中外合资、中外合作、外资在华独资的企事业单位和私营企业单位工作或从事个体劳动的有固定性职业或临时性职业的人口。被聘用和留用的离退休人员也计入就业人口。本指标可以反映城镇居民的就业情况，是计算就业面、负担系数的重要资料。

城镇居民家庭全部收入 指被调查城镇居民家庭全部的实际现金收入，包括经常或固定得到的收入和一次性收入。不包括周转性收入，如提取银行存款、向亲友借入款、收回借出款以及其他各种暂收款。

城镇居民家庭可支配收入 指被调查城镇居民家庭在支付个人所得税之后。所余下的实际收入。

城镇居民家庭消费性支出 指被调查的城镇居民家庭用于日常生活的全部支出，包括购买商品支出和文化生活、服务等非商品性支出。不包括罚没、丢失款和缴纳的各种税款（如个人所得税、牌照税、房产税等），也不包括个体劳动者生产经营过程中发生的各项费用。

城镇居民家庭购买商品支出 指被调查的城镇居民家庭购买商品的全部支出，包括从商店、工厂、饮食业、工作单位食堂、集市以及直接从农民购买各种商品的开支。共分九类：食品、衣着品、日用品、文化娱乐用品、书报杂志、药及医疗用品、房屋及建筑材料、燃料、其他商品。不论自用的或赠送亲友的都包括在内。

农村居民家庭纯收入 指农村常住居民家庭总收入中，扣除从事生产和非生产经营费用支出、缴纳税款和上交承包集体任务金额以后剩余的，可直接用于进行生产性、非生产性建设投资、生活消费和积蓄的那一部分收入。它是反映农民家庭实际收入水平的综合性的主要指标。农民家庭纯收入，既包括从事生产性和非生产性的经营收入，又包括取自在外人口寄回带和国家财政救济、各种补贴等非经营性收入；既包括货币收入，又包括自产自用的实物收入。但不包括向银行、信用社和向亲友借款等属于借贷性的收入。

农村居民家庭整半劳动力 指农村常住居民家庭成员中有劳动能力并经常参加实际劳动的人员。是生产的基本要素指标之一，是发展生产增加农民家庭收入的重要源泉。按规定，农村男 18 周岁到 50 周岁、女 18 周岁到 45 周岁为整劳动力，男 16 周岁到 17 周岁、51 到 60 周岁，女 16 周岁到 17 周岁、46 周岁到 55 周岁为半劳动力。农民家庭整半劳动力，既包括在上述规定劳动年龄内和在劳动年龄以外有劳动能力并经常参加实际劳动的男女整半劳动力；也包括农民家庭常住人员中属于职工的劳动力。但不包括在劳动年龄内已丧失劳动能力的人员。

农村居民家庭生活消费支出 指农村常住居民家庭年内用于日常生活的全部开支。它是用来反映和

研究农民家庭实际生活消费水平高低的重要指标。农民家庭生活消费支出，包括用于吃、穿、住、烧、用等生活消费品开支和文化、生活服务费用开支两大部分。

农村居民家庭商品性生活消费支出 指农村常住居民家庭用其货币收入，在市场上购买食品、衣着、家庭用家具器皿、日用杂品、燃料、耐用消费品、以及文教卫生用品等生活消费总量。包括向国有商店、集体商店和集市贸易市场以及其他流通渠道购买的全部生活消费品。农民家庭商品性生活消费支出，是农民家庭生活消费支出的一个重要组成部分，是用来反映和分析农民家庭生活消费水平的商品化程度，及其由自给性经济向商品经济发展趋势的重要指标，也是研究和预测农民家庭对市场消费品需求，制定商品供应计划的重要依据。

城乡储蓄存款余额 全国城乡储蓄存款，包括城镇居民储蓄存款和农民个人储蓄存款两部分。不包括居民的手存现金和工矿企业、部队、机关团体等集团存款。储蓄存款余额，是指城乡居民存入银行及农村信用社储蓄的时点数（存入数扣除取出数的余额），如月末，季末或年末数额。

四、物　价

PRICE

本篇内容包括：

1. 居民消费价格指数
2. 商品零售价格指数
3. 农贸市场农产品成交价格指数

资料整理

程白晞
刘　健
黎友娟

物价总指数

（以上年为100））

消费价格总指数	102.6
零售价格总指数	97.8
农产品成交价格指数	95.5

居民消费价格指数和零售物价指数

以1978年为100

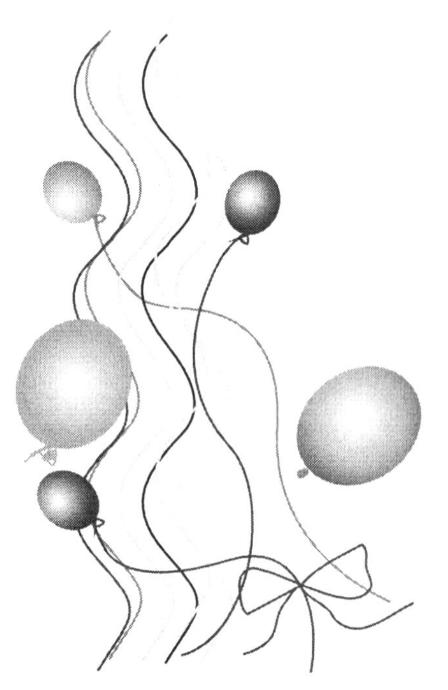

居民消费价格指数	558.9
零售物价指数	433.7
服务项目价格指数	1430.4

4—1 历年物价总指数

（以上年价格为100）

年份	消费价格指数	服务项目价格指数	零售价格指数	农产品成交价格指数
1951			113.78	
1952			98.82	
1953			103.38	
1954			102.73	
1955	97.85	100.49	99.86	
1956	100.53	100.00	100.62	
1957	100.67	93.72	101.60	
1958			100.21	
1959			99.88	
1960			100.00	
1961	117.24	107.82	118.48	
1962	99.20	94.40	99.96	76.46
1963	88.55	96.05	88.10	57.52
1964	95.87	98.20	95.52	70.15
1965	98.70	97.20	98.96	77.74
1972	99.68	99.64	99.69	
1973	99.86	99.86	99.86	
1974	99.85	100.11	99.82	
1975	99.84	99.92	99.83	
1976	99.99	100.00	99.99	
1977	100.14	100.00	100.16	
1978	99.73	100.00	99.69	
1979	101.08	100.00	101.25	89.87
1980	106.57	100.20	107.44	113.63
1981	101.91	100.20	102.10	106.90
1982	102.20	103.00	102.10	107.10
1983	101.20	101.20	101.20	109.20
1984	102.20	103.70	102.20	97.60
1985	111.00	115.40	110.50	107.80
1986	105.20	107.20	105.00	107.50
1987	107.30	100.40	107.90	114.50
1988	126.80	109.80	128.40	143.70
1989	118.40	117.80	118.50	117.10
1990	103.30	116.70	101.80	100.30
1991	105.60	108.90	105.20	96.20
1992	111.80	114.80	111.40	105.40
1993	122.70	167.70	116.40	113.80
1994	126.10	123.40	123.10	118.70
1995	116.20	124.20	114.40	120.70
1996	108.80	114.40	107.10	102.60
1997	103.90	128.00	99.50	93.50
1998	100.90	104.80	98.30	99.30
1999	99.80	113.90	96.90	93.10
2000	102.60	125.20	97.80	95.50

4—2 居民消费价格指数

（以上年价格为100）

项目	1999	2000	项目	1999	2000
居民消费价格指数	**99.8**	**102.6**	家庭设备	98.5	99.8
一、食品	**96.3**	**97.1**	室内装饰品	88.2	97.6
粮食	98.4	91.5	床上用品	99.4	100.0
油脂类	98.5	77.6	家庭日用杂品	99.4	98.8
肉禽及其制品	93.0	95.3	其他日用品	97.7	95.9
蛋类	92.4	84.0	**四、医疗保健**	**102.4**	**100.4**
水产品类	95.5	104.9	医疗器具及保健用品	99.7	98.1
鲜菜	96.9	110.7	中药材及中成药	105.5	103.5
干菜	119.0	99.4	西药	100.1	98.1
糖类	92.2	98.8	**五、交通和通讯工具**	**99.0**	**96.1**
烟草类	87.6	95.4	交通工具	104.0	100.0
酒和饮料	97.3	96.4	通讯工具	89.6	89.0
鲜果	107.7	104.9	**六、娱乐教育文化用品**	**94.3**	**99.4**
干果	88.4	97.2	文娱用耐用消费	87.4	98.4
糕点类	100.6	98.5	教材及参考书	97.3	104.4
奶及奶制品	99.0	100.2	文化娱乐用品	101.2	98.8
饮食业	100.1	99.9	**七、居住**	**106.4**	**110.0**
二、衣着类	**96.1**	**95.4**	建筑材料	96.3	93.8
服装	94.8	90.9	房租	129.5	153.9
棉布	101.6	92.8	水、电燃料	103.5	103.7
棉花化纤混纺布	99.7	99.9	**八、服务项目**	**113.9**	**125.2**
化纤布	99.9	100.0	电讯费	100.0	100.0
呢绒	99.8	98.9	邮费	142.1	108.2
绸缎	100.4	100.7	交通费	100.2	105.5
毛线	105.3	104.6	洗理美容费	100.0	100.0
鞋类	98.0	106.7	文娱费	118.3	111.3
袜子	100.0	120.8	学杂保育费	131.0	160.4
其他衣着	101.5	100.0	修理及其服务费	103.2	104.3
三、家庭设备及用品	**98.0**	**97.5**	医疗保健服务	107.4	100.0
家俱	91.6	89.5			

4—3 商品零售价格指数

（以上年价格为100）

项目	1999	2000	项目	1999	2000
商品零售价格指数	**96.9**	**97.8**	棉花化纤混纺布	99.7	99.9
一、食品类	**97.4**	**96.7**	化纤布	99.9	100.0
粮食	98.1	91.7	呢绒	99.8	98.6
油脂类	98.4	77.5	绸缎	99.1	100.7
肉禽蛋	94.4	92.9	其他纺织品	101.0	100.6
水产品	96.0	103.9	**五、中、西药品类**	**102.1**	**100.0**
鲜菜	96.9	110.2	中药	105.5	103.3
干菜	101.5	100.2	西药	100.1	97.7
鲜果	107.8	104.8	医疗用品	97.9	97.1
干果	89.3	97.9	**六、化妆品类**	**93.1**	**91.4**
食糖	86.7	101.0	**七、书报、杂志类**	**102.1**	**103.1**
糕点	100.7	98.5	**八、文化体育用品类**	**95.6**	**98.7**
奶及奶制品	98.9	100.2	文化用品	95.9	98.8
罐头	95.9	101.1	体育用品	94.5	98.5
饮食业	100.4	99.9	**九、日用品类**	**98.1**	**96.8**
二、饮料、烟酒类	**91.6**	**95.2**	一般日用品	98.4	97.1
饮料	96.4	99.9	家具类	95.3	93.6
烟酒	90.5	94.1	日用杂品	104.6	104.5
三、服装、鞋帽类	**95.9**	**94.7**	**十、家用电器类**	**92.1**	**98.9**
服装	95.0	89.9	**十一、首饰类**	**94.8**	**96.3**
鞋	98.5	106.2	**十二、燃料类**	**98.7**	**112.7**
其他衣着	96.1	104.8	**十三、建筑装璜材料类**	**97.6**	**98.2**
四、纺织品类	**100.2**	**99.5**	**十四、机电产品类**	**95.7**	**97.2**
棉布	101.6	92.8			

4—4 价 格 指 数

（以主要年份为基期，2000 年）

指 标	居民消费价格指数	零售物价指数	服务项目价格指数
以 1950 年价格为 100		516.0	
以 1952 年价格为 100	567.8	458.7	1 255.5
以 1957 年价格为 100	562.1	423.1	1 405.9
以 1962 年价格为 100	458.9	359.0	1 039.2
以 1965 年价格为 100	519.5	408.3	1 305.0
以 1970 年价格为 100	551.2	428.9	1 424.2
以 1975 年价格为 100	558.2	432.2	1 430.8
以 1978 年价格为 100	558.9	433.7	1 430.4
以 1980 年价格为 100	518.7	398.7	1 430.8
以 1985 年价格为 100	434.3	334.7	1 142.5
以 1989 年价格为 100	256.0	194.2	820.8
以 1990 年价格为 100	248.0	190.7	703.1
以 1992 年价格为 100	209.9	162.6	562.4
以 1993 年价格为 100	171.1	139.7	335.5
以 1994 年价格为 100	135.6	113.5	271.8
以 1995 年价格为 100	116.8	99.4	218.7
以 1996 年价格为 100	107.3	92.7	191.2
以 1997 年价格为 100	103.3	93.2	149.5
以 1998 年价格为 100	102.4	94.8	142.6
以 1999 年价格为 100	102.6	97.8	125.2

4—5 1990—2000 年农贸市场成交价格指数

（以上年价格为 100）

项 目	1990	1991	1992	1993	1994	1995	1996	1997	1998	1999	2000
总 指 数	**100.3**	**96.2**	**105.4**	**113.8**	**118.7**	**120.7**	**102.6**	**93.5**	**99.3**	**93.1**	**95.5**
1. 粮 食				141.6	151.6	132.1	101.0	84.3	103.5	98.8	94.7
2. 油 脂 类					150.7	113.1	89.3	93.8	101.1	96.2	76.7
3. 肉 禽 蛋	104.7	88.4	106.8	108.3	132.5	121.5	109.5	98.8	93.2	91.9	93.1
4. 水 产 品	99.1	101.2	95.7	113.2	110.3	117.0	107.3	95.2	89.1	94.0	104.4
5. 鲜 菜	96.1	111.4	111.0	124.6	114.2	130.5	98.7	89.2	113.0	90.6	105.0
6. 干 菜	92.6	108.0	117.4	114.2	98.1	108.8	106.5	94.4	85.4	119.2	99.3
7. 鲜 果	94.4	100.0	93.3	111.7	110.4	106.7	88.8	86.2	100.3	102.7	101.7
8. 干 果	79.8	114.4	123.5	96.1	102.2	159.9	105.2	101.1	85.8	88.1	97.5

4—6 主要商品平均零售价格

品名	平均单价(元)		品名	平均单价(元)	
	1999	2000		1999	2000
杂优晚米（千克）	2.333	2.285	床单（条）	89.000	89.000
精炼菜籽油（千克）	8.639	6.620	背心（100公分，件）	10.512	11.000
统猪肉（千克）	10.997	10.604	棉毛衫（95公分，件）	36.500	36.500
牛肉（千克）	14.191	13.886	絮棉（千克）	30.000	30.000
母鸡（千克）	17.689	15.937	肥皂（条）	1.775	1.550
母鸭（千克）	11.414	8.946	香皂（块）	4.333	3.717
鲜菜（千克）	3.047	3.199	洗衣粉（500克，袋）	6.250	3.617
带鱼（千克）	8.880	9.955	搪瓷面盆（个）	18.000	17.500
鲤鱼（千克）	7.159	7.242	铝锅（个）	23.200	67.700
鲢鱼（千克）	7.591	7.419	暖水瓶（个）	34.600	34.600
精盐（千克）	1.167	1.200	电灯泡（个）	2.800	2.800
白砂糖（千克）	3.900	3.975	表（只）	138.000	138.000
甲级纸烟（盒）	3.808	3.692	信纸（50页，本）	2.000	1.958
四特白酒（瓶）	6.200	21.000	铱金笔（支）	5.200	5.200
花茶（千克）	30.067	30.400	自行车（辆）	488.000	488.000
白布（米）	6.800	6.525	BP机（部）	880.000	820.000
被单布（米）	12.067	12.000	彩色电视机（54cm，台）	1 207.032	3 402.489
涤棉布（米）	9.025	9.000	电子琴（61键，台）	1 650.000	1 650.000
人造棉布（米）	8.972	8.970	音响（台）	1 997.527	2 450.000
全毛华达呢（米）	85.800	84.608	全自动洗衣机（台）	1 250.000	2 430.000
真丝绸（米）	64.300	65.80	电风扇（台）	312.333	309.000
纯毛线（千克）	156.067	168.0	电冰箱（双门，台）	3 080.000	2 990.000
布鞋（25公分，双）	16.200	19.4	空调器（分体式，台）	4 280.00	4 180.000
全胶鞋（22.5公分，双）	38.200	38.2	水泥（袋）	15.000	15.000
皮鞋（25公分，双）	162.000	223.75	木材（立方米）	650.000	612.500
锦纶袜（双）	4.800	5.800	地板砖（块）	1.550	1.360
毛巾（条）	7.800	7.800	商品房（二地段，平方米）	1 298.333	1 320.000

4—7 居 民 消 费 价

（2000 年，以上年

类　　别	1 月	2 月	3 月	一季度平均	4 月	5 月	6 月	二季度平均
居民消费价格指数	**101.9**	**106.9**	**104.3**	**104.4**	**102.7**	**104.0**	**103.6**	**103.4**
一、食　　品	97.4	104.2	99.4	100.3	95.5	94.3	96.8	95.5
粮　　食	88.6	88.9	89.8	89.1	91.6	89.0	93.7	91.4
细　　粮	88.7	89.0	89.9	89.2	91.7	89.0	93.8	91.5
淀粉及薯类	100.9	110.6	99.2	103.6	97.6	96.1	91.3	95.0
干豆类及豆制品	97.4	91.4	101.2	96.7	105.8	110.4	111.2	109.1
油 脂 类	84.3	85.3	85.1	84.9	80.5	76.7	77.5	78.2
肉禽及其制品	91.8	94.4	89.3	91.8	92.6	96.5	101.5	96.9
蛋　　类	82.8	77.4	80.8	80.3	81.3	81.7	80.2	81.1
水 产 品 类	101.0	102.7	101.2	101.6	111.3	116.8	108.9	112.3
菜　　类	130.2	181.2	148.6	153.3	101.6	86.3	94.2	94.0
鲜　　菜	132.6	188.0	152.6	157.7	101.7	85.2	93.8	93.6
干　　菜	104.4	101.9	102.9	103.1	101.6	98.6	98.6	99.6
菜 制 品	99.6	100.4	100.0	100.0	100.0	100.0	100.3	100.1
调 味 品	100.0	100.0	100.0	100.0	100.0	97.3	97.3	98.2
糖　　类	92.0	90.9	92.2	91.7	90.0	93.1	93.1	92.1
烟 草 类	84.3	89.9	95.1	89.8	90.6	93.0	95.0	92.9
酒 和 饮 料	94.9	98.0	98.1	97.0	98.1	95.7	95.4	96.4
干鲜瓜果类	96.8	93.1	85.5	91.8	95.0	95.3	99.3	96.5
鲜　　果	97.9	92.4	82.6	91.0	94.4	94.2	99.2	95.9
干　　果	93.6	95.2	93.7	94.2	96.5	98.5	99.4	98.1
糕 点 类	100.8	100.8	100.8	100.8	100.0	97.7	97.7	98.5
奶及奶制品	99.6	100.9	100.9	100.5	100.9	99.7	100.0	100.2
其 他 食 品	100.0	100.0	100.0	100.0	100.0	100.0	100.0	100.0
饮 食 业	100.0	100.0	101.1	100.4	101.1	101.1	99.3	100.5
二、衣着类	92.7	90.5	91.2	91.5	93.0	93.7	93.7	93.5
服　　装	89.7	86.6	86.6	87.6	86.6	87.7	87.7	87.3
衣 着 材 料	101.7	101.7	100.6	101.3	100.2	99.9	99.9	100.0
三、家庭设备及用品	96.2	96.1	96.7	96.3	97.4	97.5	97.5	97.5
四、医 疗 保 健	103.0	102.2	102.0	102.4	102.0	101.3	101.3	101.5
中药材及中成药	106.0	103.8	103.8	104.5	103.8	102.2	102.2	102.7
西　　药	100.8	100.8	100.8	100.8	100.8	100.8	100.8	100.8
五、交通和通讯工具	96.6	96.6	98.2	97.1	98.5	96.0	96.0	96.8
交 通 工 具	100.0	100.0	100.0	100.0	100.0	100.0	100.0	100.0
通 讯 工 具	90.4	90.4	94.9	91.9	95.6	88.6	88.6	90.9
六、娱乐教育文化用品	98.7	99.3	99.7	99.2	99.2	100.5	100.5	100.1
七、居　　住	110.6	103.8	108.4	107.6	108.5	123.9	110.6	114.3
住　　房	120.3	119.6	121.1	120.3	121.1	156.8	120.1	132.7
水、电、燃料	105.5	95.5	101.7	100.9	101.9	106.7	105.6	104.7
八、服 务 项 目	120.9	135.2	133.6	129.9	133.7	133.7	133.7	133.7
交 通 费	100.9	103.1	97.8	100.6	98.8	98.8	98.8	98.8
洗理美容费	100.0	100.0	100.0	100.0	100.0	100.0	100.0	100.0
学杂保育费	148.3	184.7	184.7	172.6	184.7	184.7	184.7	184.7
修理及其他服务费	105.2	105.2	105.2	105.2	105.2	105.2	105.2	105.2
医疗保健服务	100.0	100.0	100.0	100.0	100.0	100.0	100.0	100.0

格　分　月　指　数

同期价格为 100）

上年半平均	7 月	8 月	9 月	三季度平均	1—9月平均	10 月	11 月	12 月	四季度平均	全年
103.9	**103.7**	**103.4**	**99.3**	**102.1**	**103.3**	**100.0**	**101.3**	**101.1**	**100.8**	**102.6**
97.9	96.3	96.1	94.6	95.7	97.2	95.0	98.4	97.8	97.1	97.1
90.3	93.9	93.6	92.7	93.4	91.3	91.8	91.8	92.7	92.1	91.5
90.4	94.0	93.7	92.8	93.5	91.4	91.9	91.9	92.7	92.2	91.6
99.3	93.1	101.7	99.9	98.2	98.9	108.4	108.4	101.6	106.1	99.6
102.9	111.5	110.7	112.7	111.6	105.8	105.2	105.2	106.6	105.7	106.2
81.6	78.1	72.2	74.1	74.8	79.3	72.3	72.3	72.4	72.3	77.6
94.4	103.8	94.8	93.2	97.3	95.3	94.5	94.5	99.8	96.3	95.3
80.7	82.1	90.2	91.8	88.0	83.1	89.7	89.7	78.8	86.1	84.0
107.0	109.2	106.4	102.1	105.9	106.6	99.4	99.4	100.1	99.6	104.9
123.7	77.8	95.4	84.3	85.8	111.1	117.4	117.4	111.7	115.5	109.9
125.7	76.1	95.1	83.1	84.8	112.0	119.0	119.0	112.8	116.9	110.7
101.3	96.7	97.1	96.8	96.9	99.8	98.8	98.8	96.6	98.1	99.4
100.1	100.8	101.7	101.7	101.4	100.5	98.4	98.4	101.7	99.5	100.5
99.1	97.3	96.3	96.3	96.6	98.3	99.3	99.3	99.3	99.3	98.3
91.9	101.8	102.6	101.8	102.1	95.3	114.1	114.1	111.5	113.2	98.8
91.3	96.0	96.7	98.8	97.2	93.3	102.8	102.8	104.1	103.2	95.4
96.7	95.7	95.7	95.7	95.7	96.4	96.7	96.7	96.7	96.7	96.4
94.2	109.3	112.3	115.5	112.4	100.2	124.7	112.6	95.1	110.8	102.9
93.4	113.5	118.2	121.6	117.8	101.6	133.7	117.5	94.1	115.1	104.9
96.2	97.6	96.1	98.7	97.5	96.6	99.9	99.0	97.7	98.9	97.2
99.6	97.7	97.7	97.7	97.7	99.0	97.7	96.8	96.8	97.1	98.5
100.3	100.9	100.6	100.6	100.7	100.5	100.6	98.9	98.9	99.5	100.2
100.0	101.9	101.9	101.9	101.9	100.6	101.9	101.9	101.0	101.6	100.9
100.4	99.3	99.3	99.3	99.3	100.1	99.3	99.3	99.3	99.3	99.9
92.5	96.5	97.4	99.8	97.9	94.3	99.8	98.3	97.7	98.6	95.4
87.5	91.8	93.1	96.6	93.8	89.6	96.6	94.4	93.5	94.8	90.9
100.7	99.9	99.9	99.9	99.9	100.4	100.0	100.0	100.2	100.1	100.3
96.9	98.4	98.7	98.1	98.4	97.4	97.1	97.1	97.7	97.3	97.5
102.0	100.2	99.5	98.8	99.5	101.1	97.8	97.8	97.8	97.8	100.4
103.6	100.4	106.0	104.4	103.6	103.6	102.0	102.0	102.0	102.0	103.5
100.8	100.0	94.4	94.4	96.3	99.3	94.4	94.4	94.4	94.4	98.1
97.0	96.0	96.8	96.8	96.5	96.8	94.0	94.0	94.0	94.0	96.1
100.0	100.0	100.0	100.0	100.0	100.0	100.0	100.0	100.0	100.0	100.0
91.4	88.6	90.9	90.9	90.1	91.0	82.9	82.9	82.9	82.9	89.0
99.7	100.5	100.5	99.6	100.2	99.8	98.2	98.2	97.5	98.0	99.4
111.0	112.7	107.7	107.3	109.2	110.4	109.0	109.4	110.3	109.6	110.0
126.5	117.9	117.9	117.9	117.9	123.6	117.9	116.4	117.6	117.3	122.1
102.8	110.0	102.4	101.8	104.7	103.5	104.4	105.8	106.5	105.6	103.7
131.8	133.7	133.7	109.1	125.5	129.7	111.4	111.5	111.7	111.5	125.2
99.7	98.8	98.8	98.8	98.8	99.4	118.7	125.7	127.4	123.9	105.5
100.0	100.0	100.0	100.0	100.0	100.0	100.0	100.0	100.0	100.0	100.0
178.6	184.7	184.7	120.9	163.4	173.6	120.9	120.9	120.9	120.9	160.4
105.2	105.2	105.2	105.2	105.2	105.2	105.2	100.0	100.0	101.7	104.3
100.0	100.0	100.0	100.0	100.0	100.0	100.0	100.0	100.0	100.0	100.0

4—8 商品零售价

（2000年，以上年同期

类别	1月	2月	3月	一季度平均	4月	5月	6月	二季度平均
零售物价指数	**97.0**	**99.0**	**97.5**	**97.8**	**96.3**	**96.0**	**97.0**	**96.4**
一、食品类	98.0	104.4	98.6	100.3	94.7	93.3	95.7	94.6
粮食	88.5	89.0	89.7	89.1	91.6	89.5	94.0	91.7
油脂类	84.1	85.0	84.9	84.7	80.2	76.5	77.3	78.0
肉禽蛋	90.9	90.5	87.1	89.5	90.2	92.7	95.8	92.9
水产品	101.2	102.5	101.0	101.6	110.2	115.2	107.5	111.0
鲜菜	131.6	185.4	149.8	155.6	101.7	84.7	93.5	93.3
干菜	101.8	97.5	101.4	100.2	101.0	100.9	100.9	100.9
鲜果	95.7	88.0	81.1	88.3	91.0	93.1	99.2	94.4
干果	95.6	96.6	94.6	95.6	97.2	98.8	99.0	98.3
其他食品类	98.5	98.6	98.9	98.7	98.3	97.2	97.2	97.6
调味品	98.2	98.2	98.2	98.2	98.2	96.4	96.4	97.0
食糖	82.5	82.5	82.5	82.5	82.5	88.8	88.8	86.7
糖果	97.1	95.5	97.4	96.7	95.5	95.5	95.5	95.5
糕点	100.9	100.9	100.9	100.9	100.0	97.6	97.6	98.4
奶及奶制品	99.5	100.9	100.9	100.4	100.0	99.7	100.0	99.9
罐头	100.0	100.0	100.0	100.0	100.0	100.0	100.0	100.0
饮食业	100.0	100.0	101.7	100.6	101.7	101.7	99.1	100.8
二、饮料、烟酒类	88.6	93.2	94.7	92.2	92.9	93.0	94.3	93.4
饮料	100.3	100.3	100.6	100.4	100.6	99.9	99.6	100.0
烟酒	85.7	91.5	93.2	90.1	91.0	91.3	93.0	91.8
三、服装、鞋帽类	93.1	90.2	90.9	91.4	92.8	93.4	93.4	93.2
四、纺织品类	100.5	100.4	99.8	100.2	99.7	99.1	99.1	99.3
五、中、西药品类	102.6	101.9	101.9	102.1	101.9	101.3	101.3	101.5
六、化妆品类	84.1	85.5	88.1	85.9	88.1	88.9	88.9	88.6
七、书报、杂志类	101.8	104.0	104.0	103.3	104.0	104.0	104.0	104.0
八、文化体育用品类	97.7	97.7	98.2	97.9	98.5	98.5	99.9	99.0
文化用品	97.7	97.7	97.7	97.7	98.1	98.1	99.9	98.7
体育用品	97.6	97.5	100.0	98.4	100.0	100.0	100.0	100.0
九、日用品类	95.0	95.0	95.2	95.1	96.2	96.2	96.4	96.3
十、家用电器类	98.7	98.7	98.7	98.7	98.4	99.9	99.4	99.2
十一、首饰类	94.3	94.3	94.3	94.3	94.3	94.3	94.3	94.3
十二、燃料类	103.1	93.3	100.2	98.9	101.2	103.7	104.5	103.1
十三、建筑装璜材料类	95.7	96.0	96.9	96.2	95.8	96.5	97.3	96.5
十四、机电产品类	96.5	96.9	98.6	97.3	99.6	98.5	98.2	98.8

格　分　月　指　数

价格为100）

上年半平均	7月	8月	9月	三季度平均	1—9月平均	10月	11月	12月	四季度平均	全年
97.1	**97.6**	**98.3**	**98.2**	**98.0**	**97.4**	**98.7**	**99.4**	**99.0**	**99.0**	**97.8**
97.5	95.2	95.8	94.0	95.0	96.6	95.4	98.3	96.9	96.9	96.7
90.4	94.2	93.9	93.1	93.7	91.5	92.5	92.3	92.7	92.5	91.8
81.4	78.0	72.0	74.1	74.7	79.1	72.9	72.3	72.5	72.6	77.5
91.2	97.8	93.9	93.3	95.0	92.5	92.9	94.2	96.1	94.4	93.0
106.3	107.4	105.6	100.8	104.6	105.7	98.3	98.1	99.3	98.6	104.0
124.5	77.0	95.0	83.5	85.2	111.4	88.4	118.9	112.6	106.6	110.2
100.6	100.1	100.2	100.0	100.1	100.4	99.5	98.9	99.7	99.4	100.2
91.4	113.5	118.2	121.6	117.8	100.2	146.7	117.5	91.8	118.7	104.8
97.0	98.0	96.6	98.5	97.7	97.2	99.1	100.9	99.0	99.7	97.8
98.2	98.9	98.8	98.7	98.8	98.4	98.7	100.8	100.3	99.9	98.8
97.6	96.4	95.1	95.1	95.5	96.9	95.1	99.2	99.2	97.8	97.1
84.6	111.3	109.4	107.5	109.4	92.9	107.5	138.2	130.4	125.4	101.0
96.1	95.5	98.1	98.1	97.2	96.5	98.1	100.8	100.8	99.9	97.3
99.7	97.6	97.6	97.6	97.6	98.9	97.6	96.6	96.6	96.9	98.5
100.2	100.9	100.6	100.6	100.7	100.3	100.6	98.8	98.8	99.4	100.1
100.0	102.3	102.3	102.3	102.3	100.8	102.3	102.3	101.1	101.9	101.1
100.7	99.1	99.1	99.1	99.1	100.2	99.1	99.1	99.1	99.1	99.9
92.8	95.1	95.2	97.2	95.8	93.8	97.2	100.6	100.4	99.4	95.2
100.2	99.6	99.6	99.6	99.6	100.0	99.6	99.3	99.3	99.4	99.9
91.0	94.0	94.1	96.6	94.9	92.3	96.6	100.9	100.7	99.4	94.1
92.3	95.5	96.2	98.8	96.8	93.8	98.8	96.9	96.2	97.3	94.7
99.8	99.1	99.1	99.1	99.1	99.5	99.5	99.2	99.7	99.5	99.5
101.8	100.1	98.6	98.0	98.9	100.8	98.2	97.0	97.0	97.4	100.0
87.3	91.5	91.5	94.1	92.4	89.0	94.7	96.2	105.3	98.7	91.4
103.7	104.0	104.0	101.8	103.3	103.5	101.8	101.8	101.8	101.8	103.1
98.5	99.9	99.9	99.9	99.9	98.9	99.0	98.5	96.9	98.1	98.8
98.2	99.9	99.9	99.9	99.9	98.8	99.6	99.0	97.8	98.8	98.8
99.2	100.0	100.0	100.0	100.0	99.5	96.7	96.7	93.7	95.7	98.5
95.7	97.3	97.3	98.0	97.5	96.3	99.2	97.8	98.0	98.3	96.8
99.0	99.1	99.9	98.5	99.2	99.0	98.2	98.4	98.4	98.3	98.9
94.3	101.5	101.5	101.5	101.5	96.7	100.7	92.4	92.4	95.2	96.3
101.0	113.6	123.5	125.7	120.9	107.6	128.8	127.6	127.1	127.8	112.7
96.4	97.3	97.3	101.6	98.7	97.1	101.6	100.6	102.2	101.5	98.2
98.1	98.2	98.7	98.0	98.3	98.1	95.0	95.0	93.4	94.5	97.2

4—9 居民消费价

（2000年，

类别	1月	2月	3月	4月	5月
居民消费价格总指数	**100.5**	**103.7**	**98.2**	**98.7**	**99.5**
一、食品	101.3	107.4	96.0	96.8	96.6
粮食	98.6	100.0	100.7	99.3	96.0
细粮	98.6	100.0	100.7	99.3	95.9
淀粉及薯类	107.4	116.7	103.7	100.1	75.7
干豆类及豆制品	103.5	99.5	98.8	102.4	102.7
油脂类	95.1	100.4	95.4	91.2	94.5
肉禽及其制品	97.8	104.4	92.9	96.8	100.1
蛋类	102.0	98.6	96.1	91.8	97.1
水产品类	100.8	108.1	98.1	105.3	103.8
菜类	115.1	133.8	84.3	84.4	80.3
鲜菜	116.3	136.6	83.0	83.1	78.8
干菜	101.4	101.4	100.1	99.6	96.8
菜制品	101.3	101.3	100.0	100.0	99.1
调味品	100.3	100.0	100.0	100.0	100.0
糖类	97.8	100.9	101.3	98.7	102.6
烟草类	95.3	107.4	104.8	95.5	101.4
酒和饮料	100.4	99.9	100.2	100.0	96.3
干鲜瓜果类	109.9	127.3	94.6	104.8	97.4
鲜果	113.3	136.6	93.7	105.6	96.5
干果	100.6	101.5	97.2	102.5	99.9
糕点类	100.0	100.0	100.0	100.0	97.7
奶及奶制品	100.0	100.0	100.0	100.0	98.9
其他食品	100.0	100.0	100.0	100.0	100.0
饮食业	100.0	100.0	100.0	100.0	100.0
二、衣着类	97.8	97.6	100.4	101.8	100.0
服装	96.7	96.5	100.0	100.0	100.0
衣着材料	100.5	99.9	100.0	100.0	99.7
三、家庭设备及用品	100.0	99.9	100.0	100.0	99.8
四、医疗保健	100.0	100.0	100.0	100.0	100.0
中药材及中成药	100.0	100.0	100.0	100.0	100.0
西药	100.0	100.0	100.0	100.0	100.0
五、交通和通讯工具	100.0	100.0	100.0	100.0	96.8
交通工具	100.0	100.0	100.0	100.0	100.0
通讯工具	100.0	100.0	100.0	100.0	90.9
六、娱乐教育文化用品	100.4	100.6	100.0	100.0	99.5
七、居住	100.3	93.4	100.0	100.0	110.6
住房	100.0	96.5	100.0	100.0	121.4
水、电、燃料	100.5	90.8	100.0	100.0	105.0
八、服务项目	100.8	108.6	99.8	100.0	100.0
交通费	100.9	104.7	94.0	100.0	100.0
洗理美容费	100.0	100.0	100.0	100.0	100.0
文娱费	100.0	100.0	109.2	100.0	100.0
学杂保育费	100.0	120.9	100.0	100.0	100.9
修理及其他服务费	105.2	100.0	100.0	100.0	100.0
医疗保健服务	100.0	100.0	100.0	100.0	100.0

格　分　月　指　数

以上月价格为100)

6月	7月	8月	9月	10月	11月	12月
98.9	**100.1**	**101.3**	**100.6**	**99.7**	**99.2**	**98.8**
97.6	99.9	102.8	101.3	98.4	98.6	97.5
99.8	99.5	99.7	99.0	99.3	99.8	100.8
99.8	99.5	99.7	99.0	99.3	99.8	100.8
98.4	103.7	104.6	101.6	100.1	97.2	97.2
100.1	100.0	99.6	100.1	97.5	98.1	104.4
98.2	99.7	95.2	99.7	98.3	99.1	97.8
100.3	103.9	102.8	101.5	98.8	101.3	100.2
99.6	99.6	110.3	104.8	98.6	95.7	84.9
102.7	98.7	97.0	95.1	95.0	97.2	100.9
81.9	98.3	117.8	106.0	95.6	102.1	86.9
80.3	98.1	119.3	106.5	95.3	102.4	85.8
100.0	100.4	100.3	99.8	99.0	99.8	98.1
100.0	100.0	100.0	100.0	99.2	97.6	103.3
100.0	100.0	99.0	100.0	100.0	100.0	100.0
100.0	109.7	101.1	99.3	100.0	102.0	98.2
99.6	101.3	99.5	100.2	100.0	98.7	101.5
99.7	100.3	100.0	100.0	100.0	100.0	100.0
95.3	83.7	103.0	107.7	95.9	75.0	89.8
93.7	77.8	104.2	109.7	94.2	67.0	87.4
99.8	99.9	99.8	102.0	100.6	97.1	96.3
100.0	100.0	100.0	100.0	100.0	99.0	100.0
100.3	100.9	100.0	100.0	100.0	98.9	100.0
100.0	101.9	100.0	100.0	100.0	100.0	99.1
99.3	100.0	100.0	100.0	100.0	100.0	100.0
100.0	100.0	100.0	100.0	100.0	100.0	100.0
100.0	100.0	100.0	100.0	100.0	100.0	100.0
100.0	100.0	100.0	100.0	100.0	100.0	100.0
100.1	100.6	100.0	99.9	100.1	98.0	99.4
100.0	100.0	99.3	100.0	100.2	98.0	100.0
100.0	100.0	105.6	100.0	100.5	95.3	100.0
100.0	100.0	94.4	100.0	100.0	100.0	100.0
100.0	100.0	100.0	100.0	97.2	100.0	100.0
100.0	100.0	100.0	100.0	100.0	100.0	100.0
100.0	100.0	100.0	100.0	92.0	100.0	100.0
100.0	100.0	100.0	99.7	99.2	100.0	99.1
99.5	100.6	100.4	100.4	101.5	100.9	100.5
100.0	97.8	100.0	100.0	100.0	100.0	100.0
99.2	104.6	100.6	100.6	102.3	101.3	100.7
100.0	100.0	100.0	100.0	102.3	100.0	100.2
100.0	100.0	100.0	100.0	120.0	104.0	101.7
100.0	100.0	100.0	100.0	100.0	100.0	100.0
100.0	100.0	100.0	100.0	100.0	100.0	100.0
100.0	100.0	100.0	100.0	100.0	100.0	100.0
100.0	100.0	100.0	100.0	100.0	96.5	100.0
100.0	100.0	100.0	100.0	100.0	100.0	100.0

4—10 商品零售价

(2000年，

类别	1月	2月	3月	4月	5月
零售价格总指数	**100.4**	**102.7**	**98.4**	**99.0**	**99.1**
一、食品	102.0	108.7	95.3	97.1	97.4
粮食	98.4	100.0	100.6	99.4	99.8
油脂类	95.1	100.3	95.4	91.2	98.3
肉禽蛋	99.0	103.6	93.8	97.5	100.6
水产品	100.7	108.1	98.7	105.2	102.2
鲜菜	116.2	136.2	84.5	84.0	80.9
干菜	101.6	100.4	99.5	99.9	100.0
鲜果	114.9	141.9	94.7	103.6	93.7
干果	100.8	101.6	97.4	102.1	99.5
其他食品类	99.7	100.2	100.3	99.8	100.1
调味品	100.4	100.0	100.0	100.0	100.0
食糖	100.0	100.0	100.0	100.0	100.0
糖果	96.6	101.4	102.1	98.1	100.0
糕点	100.0	100.0	100.0	100.0	100.0
奶及奶制品	100.0	100.0	100.0	100.0	100.3
罐头	100.0	100.0	100.0	100.0	100.0
饮食业	100.0	100.0	100.0	100.0	99.1
二、饮料、烟酒类	98.0	104.3	101.4	98.2	99.5
饮料	100.4	99.6	100.4	100.0	99.7
烟酒	97.4	105.4	101.6	97.7	99.5
三、服装、鞋帽类	97.0	96.8	100.2	101.9	100.0
四、纺织品类	100.3	99.9	99.9	100.1	100.0
五、中、西药品类	100.0	100.0	100.0	100.0	100.0
六、化妆品类	100.7	99.3	100.0	100.0	100.0
七、书报、杂志类	101.8	102.2	100.0	100.0	100.0
八、文化体育用品类	100.3	100.0	100.0	100.0	100.0
文化用品	100.4	100.0	100.0	100.0	100.0
体育用品	100.0	100.0	100.0	100.0	100.0
九、日用品类	99.4	100.0	100.0	100.0	100.3
十、家用电器类	99.9	100.0	100.0	100.0	100.0
十一、首饰类	100.0	100.0	100.0	100.0	100.0
十二、燃料类	99.3	91.0	100.0	101.0	101.1
十三、建筑装璜材料类	100.0	99.0	100.0	98.8	100.0
十四、机电产品类	100.0	100.0	100.0	100.0	99.7

格　分　月　指　数

以上月价格为100)

6月	7月	8月	9月	10月	11月	12月
99.1	**100.3**	**101.5**	**100.8**	**99.3**	**98.9**	**98.7**
97.4	99.5	103.2	101.3	98.2	98.2	96.6
99.8	99.5	99.7	99.0	99.4	99.8	100.6
98.3	99.7	95.1	99.6	98.4	99.0	97.9
100.6	102.2	103.2	101.3	99.1	99.7	97.6
102.2	98.3	97.2	95.1	94.9	97.6	100.8
80.9	99.7	118.8	106.6	95.5	102.4	86.1
100.0	100.1	100.1	99.9	98.6	99.2	100.9
93.7	77.8	104.2	109.7	94.2	67.0	85.1
99.5	99.8	99.7	102.0	100.8	97.9	96.2
100.1	101.8	100.0	99.9	100.0	99.7	99.6
100.0	100.0	98.8	100.0	100.0	100.0	100.0
100.0	125.3	98.3	98.3	100.0	105.9	94.5
100.0	100.0	102.8	100.0	100.0	100.0	100.0
100.0	100.0	100.0	100.0	100.0	98.9	100.0
100.3	100.9	100.0	100.0	100.0	98.8	100.0
100.0	102.3	100.0	100.0	100.0	100.0	99.0
99.1	100.0	100.0	100.0	100.0	100.0	100.0
99.5	100.9	99.7	100.1	100.0	99.6	99.9
99.7	100.6	100.0	100.0	100.0	100.0	100.0
99.5	101.1	99.6	100.1	100.0	99.5	99.9
100.0	100.0	100.0	100.0	100.0	100.0	100.0
100.0	100.0	100.0	100.0	100.0	100.0	100.0
100.0	100.0	98.5	100.0	100.2	98.0	100.0
100.0	103.1	100.0	100.5	100.6	100.0	100.0
100.0	100.0	100.0	100.0	100.0	100.0	100.0
100.0	100.0	100.0	100.0	98.5	100.0	98.0
100.0	100.0	100.0	100.0	99.0	100.0	98.4
100.0	100.0	100.0	100.0	96.7	100.0	96.7
100.3	100.1	100.0	100.2	100.0	98.1	100.0
100.0	99.7	100.0	99.7	99.7	100.2	100.0
100.0	100.0	100.0	100.0	100.0	92.4	100.0
101.1	109.7	109.6	103.1	103.0	99.9	100.4
100.0	100.0	100.0	104.3	100.0	100.0	100.0
99.7	100.0	100.0	99.3	96.9	100.0	99.6

主要统计指标解释

居民消费价格总指数 是反映一定时期内城乡居民所购买的生活消费品价格和服务项目价格变动趋势和程度的相对数。是综合了城市居民消费价格指数和农民消费价格指数计算取得。利用居民消费价格指数，可以观察和分析消费品的零售价格和服务价格变动对城乡居民实际生活费支出的影响程度。

城市居民消费价格指数 是反映城市职工及其家庭所购买的生活消费品和服务项目价格变动趋势及其程度的相对数。编制城市居民消费价格指数，可以观察和分析消费品的零售价格和服务项目价格变动对职工货币工资的影响，作为研究职工生活和确定工资政策的依据。

零售价格指数 是反映城乡商品零售价格变动趋势的一种经济指数。零售物价的调整变动直接影响到城乡居民的生活支出和国家的财政收入，影响居民购买力和市场供需平衡，影响消费与积累的比例。因此，计算零售价格指数，可以从一个侧面对上述经济活动进行观察和分析。

集市贸易价格指数 是反映城乡集市贸易商品价格变动趋势和程度的相对数，通过集市贸易价格指数，可以观察集市贸易商品价格的变动情况，研究集市价格变化对农业生产和城镇居民生活的影响程度。

五、固定资产投资

INVESTMENT IN FIXED ASSETS

本篇内容包括：

1. 全社会固定资产投资完成情况
2. 分行业的基本建设投资和更新改造投资情况
3. 房地产开发投资情况

资料整理

李曰曰
孔莉莉
罗新瑜

全社会固定资产投资

1978年: 1.22 亿元

2000年: 79.86 亿元

年平均递增 19.1 %

固定资产投资构成

国有单位	67.57 %
城镇集体	2.20 %
农村集体	22.30 %
城镇私人	1.30 %
农村私人	6.63 %

5—1 全社会固定资产投资

单位：万元

项目	1999	2000	2000年比上年增长%
总计	**712 139**	**798 684**	**12.15**
中央、省属	252 837	238 557	-5.65
市属	459 302	560 127	21.95
一、国有单位	**475 995**	**539 651**	**12.37**
中央、省属	252 837	238 557	-5.65
市属	223 158	301 094	34.92
基本建设	**247 418**	**287 138**	**16.05**
中央、省属	144 877	147 508	1.82
市属	102 541	139 630	36.17
更新改造	**123 516**	**120 545**	**-2.40**
中央、省属	85 625	58 303	-31.91
市属	37 891	62 242	64.27
商品房建设	**105 061**	**131 968**	**25.61**
中央、省属	22 335	32 746	46.61
市属	82 726	99 222	19.94
二、其它投资	**10 175**	**17 564**	**72.62**
市属	10 175	17 564	72.62
三、农村投资	**168 212**	**178 096**	**5.88**
四、城镇私人投资	**9 425**	**10 367**	**9.99**
五、农村私人投资	**48 332**	**53 006**	**9.67**

5—2 主要年份全社会固定资产投资

项目	1978	1980	1985	1990	1995	1999	2000
一、投资总额（万元）	**12 209**	**21 075**	**46 575**	**103 225**	**542 553**	**712 139**	**798 684**
按隶属关系分							
中央、省属	7 831	9 099	23 758	37 947	120 705	252 837	238 557
市属	4 378	11 976	22 817	65 278	421 848	459 302	560 127
按经济类型分							
国有单位	11 624	19 765	42 700	82 902	352 530	475 995	539 651
基本建设	11 624	14 310	27 391	38 302	131 108	247 418	287 138
更新改造		5 455	15 309	36 808	126 026	123 516	120 545
商品房建设				7 792	96 396	105 061	131 968
城乡集体	425	1 070	2 331	7 725	157 492	178 387	195 660
城镇	325	840	1 811	2 905	5 943	10 175	17 564
农村	100	230	520	4 320	151 549	168 212	178 096
其它经济类型							
城乡个人	160	240	1 544	13 098	32 531	57 757	63 373
城镇	80	120	740	4 366	6 556	9 425	10 367
农村	80	120	840	8 732	25 975	48 332	53 006
二、新增固定资产（万元）	**7 775**	**18 092**	**25 501**	**86 174**	**425 293**	**370 494**	**367 220**
国有单位	7 171	16 970	21 797	67 151	235 270	364 829	352 218
#商品房建设				8 147	24 396	53 040	73 626
三、竣工房屋面积（万平方米）	**39.57**	**101.24**	**106.05**	**190.19**	**233.97**	**288.26**	**355.48**
国有单位	35.83	95.46	83.30	108.21	160.05	179.84	238.74
#商品房建设				29.28	84.40	64.87	92.10
城乡集体和其它经济类型	2.02	2.38	6.00		21.47	34.34	36.72
城乡个人	1.72	3.40	16.75	77.96	52.45	74.08	80.02
#住宅面积（万平方米）	**22.71**	**57.69**	**61.51**	**131.72**	**160.44**	**221.77**	**265.75**
国有单位	20.18	53.29	42.10	53.76	100.44	121.28	157.97
基本建设	20.18	49.17	34.81	25.75	33.67	55.76	73.89
更新改造		4.12	7.29	3.20	2.06	7.46	—
商品房建设				24.81	64.71	58.06	83.69
城乡集体和其它经济类型	0.81	1.00	2.66		20.59	26.41	28.15
城乡个人	1.72	3.40	16.75	77.96	39.41	74.08	80.02

5—3 固 定 资 产 投 资

项　　　　目	1999	2000	2000年比上年增长%	构成（%）1999	构成（%）2000
一、投资总额（万元）	**486 170**	**557 215**	**14.61**	**100.00**	**100.00**
按经济类型分					
国有单位	475 995	539 651	13.37	97.91	96.84
基本建设	247 418	287 138	16.05	50.89	51.53
更新改造	123 516	120 545	-2.41	25.41	21.63
商品房屋	105 061	131 968	25.61	21.61	23.68
#住　宅	56 177	101 047	79.87	11.56	18.13
其它投资	10 175	17 564	72.62	2.09	3.16
按构成分					
建筑安装工程	274 902	329 744	19.95	56.54	59.18
设备、工具、器具购置	158 463	170 017	7.29	32.60	30.51
其他费用	52 805	57 454	8.80	10.86	10.31
按建设性质分（不含房地产）					
新　建	102 394	101 089	-1.27		
扩　建	186 497	288 303	54.59		
改　建	47 371	21 559	-54.49		
单纯建造生活设施	3 488	2 692	-22.82		
迁　建	5 760	4 420	-23.26		
单纯购置	35 544	7 184	-79.79		
按隶属关系分					
中央、省属	252 837	238 557	-5.65		
市　属	233 333	318 658	36.57		
二、新增固定资产（万元）	**370 494**	**367 220**	**0.88**		
三、房屋建筑面积（万平方米）					
施工面积	573.93	593.01	3.32		
#住　宅	324.98	331.24	1.93		
竣工面积	182.80	240.50	31.56		
#住　宅	121.29	157.97	30.24		
四、当年施工项目（不含房地产）	**581**	**557**	-4.13		
#当年新开工	229	232	1.31		
五、当年资金来源合计（万元）	**570 937**	**666 551**	**16.45**	**100.00**	**100.00**
国家预算内投资	25 229	48 047	90.44	4.42	7.2
国内贷款	66 358	86 795	30.80	11.62	13.02
利用外资	26 512	24 241	-8.57	4.64	3.64
自筹投资	265 209	307 340	16.89	46.45	46.11
其他投资	113 736	130 789	14.99	19.92	19.63

5—4 市属固定资产投资

项　　目	1999	2000	2000年比上年增长%	构　成（%）	
				1999	2000
一、投资总额（万元）	**294 464**	**318 658**	**8.21**	**100.00**	**100.00**
按经济类型分					
国有单位	284 289	301 094	5.91	96.54	94.49
基本建设投资	154 809	139 630	-9.8	52.57	43.82
更新改造投资	46 754	62 242	33.12	15.88	19.53
商品房屋投资	82 726	99 222	19.94	28.09	31.14
#住　宅	43 266	76 965	77.89	14.69	24.15
其它投资	10 175	17 564	72.62	3.46	5.51
按构成分					
建筑安装工程	190 748	209 348	9.75	64.78	65.70
设备、工具、器具购置	63 004	61 663	-2.12	21.40	19.35
其他费用	40 712	47 647	17.03	13.82	14.95
按建设性质分（不含房地产）					
新　建	85 577	70 303	-17.85		
扩　建	76 066	130 337	71.35		
改　建	34 037	14 574	-57.18		
单纯建造生活设施	200	463	131.50		
迁　建	4 830	3 020	37.47		
单纯购置	10 973	739	-93.26		
二、新增固定资产（万元）	**200 284**	**171 171**	**-14.54**		
三、房屋建筑面积（万平方米）					
施工面积	348.88	332.06	-4.82		
竣工面积	120.74	124.86	3.41		
#住　宅	85.89	80.12	-6.72		
四、当年施工项目（不含房地产）	**361**	**334**	**-7.48**		
#当年新开工	134	170	26.87		
五、当年资金来源合计（万元）	**344 885**	**392 542**	**13.83**	**100.00**	**100.00**
国家预算内投资	17 874	29 536	65.25	1.68	7.52
国内贷款	36 477	30 386	-16.70	10.24	7.74
利用外资	25 471	23 566	-7.48	8.68	6.00
自筹投资	130 718	171 015	30.83	41.81	43.57
其他投资	78 503	88 873	13.21	19.60	22.64

5—5 固定资产投资完成情况

（2000年）　　单位：万元

指标	总计	#地方	基本建设	#地方	更新改造	#地方	城镇集体	#地方
计划总投资	1 536 873	1 259 650	1 064 455	839 379	452 651	400 504	19 767	19 767
#本年新开工项目计划投资	136 655	122 219	136 655	122 219				
实际需要的总投资	1 552 339	1 276 144	1 079 717	855 666	452 675	400 528	19 947	19 947
自开始建设至本年底累计完成投资	754 177	619 453	549 479	438 039	187 134	163 850	17 564	17 564
自开始建设至本年底累计新增固定资产	395 191	305 877	225 909	158 879	152 280	129 996	17 002	17 002
未完工程累计投资	310 031	264 621	274 615	230 205	34 854	33 854	562	562
本年计划投资	468 912	391 116	310 497	256 785	144 208	120 124	14 207	14 207
本年完成投资	425 247	356 041	287 138	230 666	120 545	107 811	17 564	17 564
#住　宅	39 623	35 302	39 223	34 902			400	400
按构成分								
1. 建筑工程	226 988	205 102	208 071	187 623	15 524	14 086	3 393	3 393
2. 安装工程	12 855	7 261	11 222	5 714	1 275	1 189	358	358
3. 设备工器具购置	169 491	127 971	61 465	31 155	96 708	85 498	11 318	11 318
#购置旧设备	30	30			20	20	10	10
4. 其他费用	15 913	15 707	6 380	6 174	7 038	7 038	2 495	2 495
土地购置费	5 284	5 284	3 160	3 160	1 074	1 074	1 050	1 050
按企业登记注册类型分								
内　资	419 956	350 750	287 018	230 546	117 798	105 064	15 140	15 140
国　有	380 045	310 839	274 384	217 912	105 661	92 927		
集　体	8 093	8 093					8 093	8 093
股份合作	1 259	1 259					1 259	1 259
国有联营	600	600			600	600		
其他联营	2 660	2 660	2 660	2 660				
国有独资公司	2 851	2 851	2 851	2 851				
其他有限责任公司	1 471	1 471	1 071	1 071	400	400		
股份有限公司	16 664	16 664	5 607	5 607	11 057	11 057		
私营个体	5 788	5 788					5 788	5 788
其　他	525	525	445	445	80	80		
港澳台商投资	2 344	2 344	120	120			2 224	2 224
合资经营	2 344	2 344	120	120			2 224	2 224

5—5 续表 1　　(2000 年)　　单位：万元

指标	总计	#地方	基本建设	#地方	更新改造	#地方	城镇集体	#地方
外商投资	2 947	2 947			2 747	2 747	200	200
合资经营	1 668	1 668			1 668	1 668		
外资	1 279	1 279			1 079	1 079	200	200
按隶属关系分								
中央	69 206		56 472		12 734			
地方	356 041	356 041	230 666	230 666	107 811	107 811	17 564	17 564
省	136 605	136 605	91 036	91 036	45 569	45 569		
市	155 824	155 824	87 987	87 987	59 415	59 415	8 422	8 422
县	51 243	51 243	50 543	50 543			700	700
其他	12 369	12 369	1 100	1 100	2 827	2 827	8 442	8 442
按建设性质分								
新建	101 089	77 175	98 259	74 345			2 830	2 830
扩建	288 303	247 396	166 068	133 650	107 501	99 012	14 734	14 734
改建	21 559	17 804	12 490	12 490	9 069	5 314		
单纯建造生活设施	2 692	2 062	2 202	2 062	490			
迁建	4 420	4 420	4 420	4 420				
单纯购置	7 184	7 184	3 699	3 699	3 485	3 485		
按项目规模分								
基建大中型	13 490	13 490	13 490	13 490				
基建小型	269 949	213 477	269 949	213 477				
更改限上项目	1 789	200			1 789	200		
其他	122 455	111 310	3 699	3 699	118 756	107 611		
按建设阶段分								
本年正式施工	284 671	226 610	282 882	226 410	1 789	200		
本年收尾	557	557	557	557				
单纯购置	3 699	3 699	3 699	3 699				
按国民经济行业分								
①农、林、牧、渔业	4 638	4 638	4 638	4 638				
#农业	1 942	1 942	1 942	1 942				

5—5 续表 2　　　(2000 年)　　　单位：万元

指　标	总计	#地方	基本建设	#地方	更新改造	#地方	城镇集体	#地方
③制　造　业	123 214	113 757	14 457	10 444	96 752	91 308	12 005	12 005
轻　工　业	32 499	29 658	4 674	3 422	24 682	23 093	3 143	3 143
纺　织　业	25 084	25 084	267	267	24 217	24 217	600	600
化学原料及化学制品制造业	5 686	5 686	311	311	5 035	5 035	340	340
非金属矿物制品业	9	9	9	9				
黑色金属冶炼及压延加工业	12 787	12 787	434	434	12 353	12 353		
有色金属冶炼及压延加工业	432	432			432	432		
机 械 工 业	44 775	38 159	7 708	4 947	30 033	26 178	7 034	7 034
电子及通讯设备制造业	1 922	1 922	1 034	1 034			888	888
其他制造业	20	20	20	20				
④电力、煤气及水生产和供应业	49 643	4 675	49 153	4 675	490			
#电　力	44 968		44 478		490			
⑤建　筑　业	949	949	949	949				
⑥地质勘查业、水利管理业	13 055	13 055	13 055	13 055				
#水利管理业	13 055	13 055	13 055	13 055				
⑦交通运输、仓储及邮电通讯业	74 123	63 109	59 834	55 620	13 030	6 230	1 259	1 259
#邮电通信业	58 485	51 175	45 595	45 085	12 890	6 090		
仓　储　业	3 130	20	3 130	20				
⑧批发和零售贸易、餐饮业	20 046	20 046	18 046	18 046			2 000	2 000
⑨金融、保险业	4 432	1 327	4 432	1 327				
⑪社会服务业	29 738	29 738	26 465	26 465	3 273	3 273		
⑫卫生、体育和社会福利业	13 085	13 085	13 085	13 085				
⑬教育、文化艺术和广播影视业	48 150	47 649	38 850	38 349	7 000	7 000	2 300	2 300
⑭科学研究和综合技术服务业	5 281	5 141	5 281	5 141				
⑮国家、政党机关和社会团体	38 873	38 852	38 873	38 852				
⑯其 他 行 业	20	20	20	20				
更新改造设备、工器具购置中用于更新的设备	5 051	5 051			5 051	5 051		
更新改造本年完成投资用途								
增　产	44 491	43 463			44 491	43 463		
节 约 能 源	897	401			897	401		
其 他 节 约	34	34			34	34		
增 加 品 种	28 046	27 799			28 046	27 799		
提高产品质量	23 524	19 574			23 524	19 574		

5—5 续表 3　　(2000年)　　单位：万元

指标	总计	#地方	基本建设	#地方	更新改造	#地方	城镇集体	#地方
三废治理	407	407			407	407		
其他	23 146	16 133			23 146	16 133		
本年新增固定资产	293 594	230 924	192 813	141 650	85 779	74 272	1 5002	1 5002
本年施工房屋面积	3 642 291	3 169 379	3 475 205	3 017 183	138 963	124 073	28 123	28 123
#住宅	1 360 389	1 218 992	1 356 489	1 215 092			3 900	3 900
本年竣工房屋面积	1 483 997	1 230 719	1 449 554	1 210 687	16 843	2 432	17 600	17 600
#住宅	742 800	646 240	738 900	642 340			3 900	3 900
本年竣工房屋价值	131 433	104 429	128 319	102 147	1 074	242	2 040	2 040
#住宅	47 820	38 424	47 420	38 024			400	400
施工项目个数	557	502	462	426	67	48	28	28
#本年新开工	232	223	173	166	33	31	26	26
本年投产项目个数	313	283	254	237	37	24	22	22
一、本年资金来源合计	**454 626**	**376 843**	**309 536**	**244 487**	**127 023**	**114 289**	**18 067**	**18 067**
1. 上年末结余资金	23 437	16 975	17 456	10 994	4 431	4 431	1 550	1 550
2. 本年资金来源小计	431 189	389 868	292 080	233 493	122 592	109 858	16 517	16 517
(1) 国家预算内资金	48 047	37 624	48 047	37 624				
(2) 国内贷款	62 177	29 975	44 373	12 171	17 354	17 354	450	450
(4) 利用外资	8 331	8 331	346	346	7 250	7 250	735	735
#外商直接投资	7 425	7 425	250	250	6 440	6 440	735	735
(5) 自筹资金	263 774	241 495	161 170	151 625	94 832	82 098	7 772	7 772
中央各部门自筹	914		914					
省自筹	25 061	25 061	25 061	25 061				
地（市）自筹	29 065	28 855	29 065	28 855				
县自筹	33 349	33 349	33 349	33 349				
企事业单位自有资金	175 385	154 230	72 781	64 360	94 832	82 098	7 772	7 772
(6) 其他资金来源	48 860	42 443	38 144	31 727	3 156	3 156	7 560	7 560
#集资	4 478	3 325	4 478	3 325				
二、本年各项应付款合计	**8 387**	**6 258**	**7 152**	**5 023**	**835**	**835**	**400**	**400**
#工程款	2 364	1 427	1 812	875	302	302	250	250
设备、器材款	613	613			533	533	80	80

5—6 固定资产投资完成情况

（分行业，2000 年）　　单位：万元

行业	总计	#国有	基本建设	#国有	更新改造	#国有	其他投资	国有	城镇集体	其他
合　计	**425 247**	**380 045**	**287 138**	**274 384**	**120 545**	**105 661**	**17 564**		**8 093**	**9 471**
农　业	1 942	1 942	1 942	1 942						
种植业	1 942	1 942	1 942	1 942						
畜牧业	45	15	45	15						
牲畜饲养放牧业	30		30							
家禽饲养业	15	15	15	15						
渔　业	127	127	127	127						
淡水渔业	127	127	127	127						
农、林、牧、渔服务业	2 524	2 524	2 524	2 524						
农业服务业	1 916	1 916	1 916	1 916						
渔业服务业	608	608	608	608						
工　业	172 857	142 728	63 610	60 370	97 242	82 358	12 005		7 493	4 512
食品加工业	2 760	360	2 660	360			100			100
粮食及饲料加工业	460	360	360	360			100			100
植物油加工业	2 300		2 300							
食品制造业	350						350			350
罐头食品制造业	150						150			150
其他食品制造业	200						200			200
饮料制造业	1 079				1 079					
酒精及饮料酒制造业	1 079				1 079					
烟草加工业	1 494	1 494			1 494	1 494				
卷烟制造业	1 494	1 494			1 494	1 494				
纺织业	13 084	12 474	267	257	12 217	12 217	600		500	100
棉纺织业	12 379	12 269	62	52	12 217	12 217	100			100
针织品业	705	205	205	205			500		500	
服装及其他纤维制品制造业	1 272	72			72	72	1 200		1 200	
服装制造业	1 272	72			72	72	1 200		1 200	
木材加工及竹、藤、棕、草制品业	20	20	20	20						
锯材、木片加工业	20	20	20	20						
家具制造业	200						200			200
木制家具制造业	200						200			200
造纸及纸制品业	666	566	566	566			100		100	
造纸业	666	566	566	566			100		100	
印刷业	22 901	21 708	1 363	1 363	20 345	20 345	1 193		1 193	

5—6 续表1 （2000年） 单位：万元

行业	总计	#国有	基本建设	#国有	更新改造	#国有	其他投资	国有	城镇集体	其他
印刷业	22 901	21 708	1 363	1 363	20 345	20 345	1 193		1 193	
化学原料及化学制品制造业	5 176	3 198	311	311	4 715	2 887	150			150
基本化学原料制造业	545	465	85	85	460	380				
化学肥料制造业	2 233	2 233	26	26	2 207	2 207				
有机化学产品制造业	200	200	200	200						
合成材料制造业	230				80		150			150
专用化学产品制造业	1 668				1 668					
日用化学产品制造业	300	300			300	300				
医药制造业	1 727	1 152	85	60	1 692	1 092				
化学药品原药制造业	50	50	50	50						
中药材及中成药加工业	1 727	1 102	35	10	1 692	1 092				
化学纤维制造业	12 000	12 000			12 000	12 000				
合成纤维制造业	12 000	12 000			12 000	12 000				
塑料制品业	510				320		190		190	
塑料薄膜制造业	320				320					
塑料板、管、棒材制造业	190						190		190	
非金属矿物制品业	9		9	9						
砖瓦、石灰和轻质建筑材料制造业	9		9	9						
黑色金属冶炼及压延加工业	12 787	1 720	434	434	12 353	1 296				
炼钢业	11 491	424	434	434	11 057					
钢压延加工业	1 296	1 296			1 296	1 296				
有色金属冶炼及压延加工业	432	432			432	432				
有色金属合金业	432	432			432	432				
金属制品业	723	223	223	223			500			500
铸铁管制造业	173	173	173	173						
工具制造业	50	50	50	50						
其他金属制品业	500						500			500
普通机械制造业	761	761	270	270	491	491				
锅炉及原动机制造业	270	270	270	270						
其他通用零部件制造业	391	391			391	391				
其他普通机械制造业	100	100			100	100				
专用设备制造业	345	345	345	345						
农、林、牧、渔、水利业机械制造业	265	265	265	265						
专用机械设备修理业	80	80	80	80						

行业	总计	#国有	基本建设	#国有	更新改造	#国有	其他投资	国有	城镇集体	其他
交通运输设备制造业	36 684	30 130	4 864	4 844	25 286	25 286	6 534		4 310	2 224
汽车制造业	24 598	18 054	433	423	17 631	17 631	6 534		4 310	2 224
自行车制造业	10		10							
电车制造业	1 400	1 400	1 400	1 400						
船舶制造业	3 900	3 900			3 900	3 900				
航空航天器制造业	6 516	6 516	2 761	2 761	3 755	3 755				
交通运输设备修理业	260	260	260	260						
电气机械及器材制造业	5 451	5 451	1 195	1 195	4 256	4 256				
电机制造业	1 211	1 211	910	910	310	310				
输配电及控制设备制造业	3 139	3 139	235	235	2 904	2 904				
日用电器制造业	1 101	1 101	50	50	1 051	1 051				
电子及通信设备制造业	1 922	168	1 034	168			888			888
通信设备制造业	200						200			200
电子器件制造业	100						100			100
电子元件制造业	1 454		866				588			588
其他电子设备制造业	168	168	168	168						
仪器仪表及文化、办公用机械制造业	811	811	811	811						
专用仪器仪表制造业	681	681	681	681						
计量器具制造业	130	130	130	130						
电力、蒸汽、热水的生产和供应业	44 968	44 968	44 478	44 478	490	490				
电力生产业	4 100	4 100	4 100	4 100						
电力供应业	40 868	40 868	40 378	40 378	490	490				
煤气生产和供应业	1 936	1 936	1 936	1 936						
煤气供应业	1 936	1 936	1 936	1 936						
自来水的生产和供应业	2 739	2 739	2 739	2 739						
自来水生产业	2 739	2 739	2 739	2 739						
土木工程建筑业	949	949	949	949						
房屋建筑业	649	649	649	649						
铁路、公路、遂道、桥梁建筑业	300	300	300	300						
水利管理业	13 055	13 045	13 055	13 045						
铁路运输业	594	594	594	594						
公路运输业	1 559	250	300	250			1 259			1 259
水上运输业	140	140			140	140				
交通运输辅助业	10 215	10 215	10 215	10 215						

5—6　续表 3　　　　　　（2000 年）　　　　　　单位：万元

行　　业	总　计	#国有	基本建设	#国有	更新改造	#国有	其他投资	国　有	城镇集体	其　他
仓　储　业	3 130	3 130	3 130	3 130						
邮电通信业	58 485	58 485	45 595	45 595	12 890	12 890				
邮　政　业	191	191	191	191						
电　信　业	57 771	57 771	44 881	44 881	12 890	12 890				
邮　电　业	523	523	523	523						
食品、饮料、烟草和家庭用品批发商业	9 019	5 152	8 419	5 152			600		600	
能源、材料和机械电子设备批发业	830	830	830	800						
零　售　业	9 487	8 062	8 287	8 062			1 200			1 200
餐　饮　业	710	510	510	510			200			200
金　融　业	4 032	4 032	4 032	4 032						
中央银行	1 637	1 637	1 637	1 637						
专业银行	600	600	600	600						
其他银行	1 450	1 450	1 450	1 450						
信用合作社	200	200	200	200						
其他非银行金融业	145	145	145	145						
保　险　业	400	400	400	400						
公共设施服务业	24 353	21 527	21 200	18 374	3 153	3 153				
市内公共交通业	3 357	3 357	204	204	3 153	3 153				
园林绿化业	20	20	20	20						
环境卫生业	952	952	952	952						
市政工程管理业	18 024	15 198	18 024	15 198						
风景名胜区管理业	2 000	2 000	2 000	2 000						
居民服务业	1 227	1 091	1 227	1 091						
摄影及扩印业	606	606	606	606						
托　儿　所	299	299	299	299						
家务服务业	186	186	186	186						
殡　葬　业	136		136							
旅馆业	722	582	722	582						
娱乐服务业	1 794	1 540	1 794	1 540						
计算机应用服务业	892	892	892	892						
软件开发咨询业	892	892	892	892						
其他社会服务业	750	750	630	630	120	120				
市场管理服务业	750	750	630	630	120	120				
卫　　生	11 136	11 136	11 136	11 136						

5—6 续表4 （2000年） 单位：万元

行业	总计	#国有	基本建设	#国有	更新改造	#国有	其他投资	国有	城镇集体	其他
医院	10 282	10 282	10 282	10 282						
卫生防疫站	328	328	328	328						
妇幼保健所（站）	526	526	526	526						
体育	1 760	1 760	1 760	1 760						
社会福利保障业	189	189	189	189						
社会福利业	113	113	113	113						
社会保险和救济业	76	76	76	76						
教育	33 636	31 326	31 336	31 326			2 300			2 300
高等教育	17 828	17 528	17 528	17 528			300			300
中等教育	14 273	12 263	12 273	12 263			2 000			2 000
初等教育	835	835	835	835						
其他教育	700	700	700	700						
文化艺术业	6 907	6 907	6 907	6 907						
艺术	34	34	34	34						
出版	4 930	4 930	4 930	4 930						
文物保护	414	414	414	414						
图书馆	1 236	1 236	1 236	1 236						
档案馆	30	30	30	30						
新闻	263	263	263	263						
广播电影电视业	7 607	7 607	607	607	7 000	7 000				
广播	7 587	7 587	587	587	7 000	7 000				
电视	20	20	20	20						
科学研究业	4 040	4 040	4 040	4 040						
自然科学研究	85	85	85	85						
综合科学研究	3 955	3 955	3 955	3 955						
综合技术服务业	1 241	1 241	1 241	1 241						
气象	1 046	1 046	1 046	1 046						
工程设计业	175	175	175	175						
其他综合技术服务业	20	20	20	20						
国家机关	37 415	34 879	37 415	34 879						
政党机关	1 078	1 078	1 078	1 078						
社会团体	380	380	380	380						
其他行业	20	20	20	20						
其他类未包括的行业	20	20	20	20						

5—7 国 有 单 位 基 本

（200

	本年完成投资	住宅	其中：按建设性质分		
			新建	扩建	改建
合　　计	**287 138**	**39 223**	**98 259**	**166 068**	**12 490**
农、林、牧、渔业	**4 638**	**969**	**3 269**	**1 197**	**172**
农　　业	1 942	58	1 596	174	172
畜 牧 业	45	15	45		
渔　　业	127			127	
农、林、牧、渔服务业	2 524	896	1 628	896	
工　　业	**63 610**	**5 577**	**28 524**	**33 026**	**140**
制 造 业	14 457	5 366	8 427	3 988	140
食品加工业	2 660	60	2 660		
纺 织 业	267	257	10	257	
木材加工及竹、藤、棕、草制品业	20	20	20		
造纸及纸制品业	566	366	366	200	
印 刷 业	1 363	1 229	798	454	
化学原料及化学制品制造业	311	111	85	200	
医药制造业	85	50	50	10	
非金属矿物制品业	9			9	
黑色金属冶炼及压延加工业	434	384	254	140	40
金属制品业	223	173		223	
普通机械制造业	270	270		270	
专用设备制造业	345	105		345	
交通运输设备制造业	4 864	2 006	2 264	940	
电气机械及器材制造业	1 195	205	205	940	50
电子及通信设备制造业	1 034		1 034		
仪器仪表及文化、办公用机械制造业	811	130	681		50
电力、煤气及水的生产和供应业	49 153	211	20 097	29 038	
电力、蒸汽、热水的生产和供应业	44 478		18 161	26 317	
煤气生产和供应业	1 936	183	1 936		
自来水的生产和供应业	2 739	28		2 721	
建 筑 业	**949**	**649**	**300**	**559**	
土木工程建筑业	949	649	300	559	
地质勘查业、水利管理业	**13 055**	**12**	**11 704**	**915**	**436**
水利管理业	13 055	12	11 704	915	436
交通运输、仓储及邮电通信业	**59 834**	**183**	**7 767**	**47 796**	**1 271**
铁路运输业	594		430	164	
公路运输业	300		220	50	30

建　设　投　资　情　况

年）　　　　　　　　　　　　　　　　　　　　　　　　　　　　　单位：万元

本年新增固定资产	本年施工房屋面积	#住　宅	本年竣工房屋面积	#住　宅	本年竣工房屋价值	#住　宅	施工项目个　数	#本年新开	本年建成投产项目个　数
192 813	**3 475 205**	**1 356 489**	**1 449 554**	**738 900**	**128 319**	**47 420**	**462**	**173**	**254**
3 909	**43 080**	**24 900**	**24 431**	**22 251**	**1 350**	**1 223**	**13**	**7**	**9**
2 660	16 960	960	960	960	151	151	5	1	3
142	2 823	2 823	2 823	2 823	142	142	2		1
127	2 180		2 180		127		1	1	1
980	21 117	21 117	18 468	18 468	930	930	5	5	4
53 597	**602 141**	**318 163**	**322 239**	**179 985**	26 688	**13 314**	**62**	**13**	**32**
23 275	520 897	309 683	249 739	179 985	21 561	13 314	49	12	29
2 300	20 890	1 500	12 910		646		2	2	1
600	8 819	6 819	8 819	6 819	600	499	3	1	3
	31 518	31 518					1		
200	13 635	12 921	714		200		2	2	1
1 309	28 083	22 587	22 451	22 451	1 309	1 309	4	1	3
573	18 901	18 221	8 121	7 441	573	373	3	1	2
	10 888	760					3		
91	1 800		1 800		91		1		1
3 177	74 695	71 420	60 903	60 903	3 167	3 167	5		2
251	4 000	4 000	4 000	4 000	201	201	2	1	2
291	52 800	52 800	5 800	5 800	291	291	2		1
324	8 535	7 335	2 868	1 668	324	84	3	3	2
10 628	166 519	68 603	82 919	62 003	10 628	6 943	9	1	5
824	53 889	2 299	12 509		824		4		2
866	11 483		11 483		866		2		1
1 841	14 442	8 900	14 442	8 900	1 841	447	3		3
30 322	81 244	8 480	72 500		5 127		13	1	3
30 108	72 500		72 500		5 127		6	1	3
214	5 059	4 795					1		
	3 685	3 685					6		
583	**20 965**	**20 965**	**11 521**	**11 521**	**578**	**578**	**6**	**4**	**4**
583	20 965	20 965	11 521	11 521	578	578	6	4	4
180	**21 189**	**6 326**					**13**		**1**
180	21 189	6 326					13		1
36 329	**154 555**	**24 174**	**54 898**	**17 474**	**8 062**	**989**	**56**	**28**	**37**
780	38 267		8 273		770		4		3
500	9 783		1 783		500		4		1

	本年完成投资	住宅	其中：按建设性质分 新建	扩建	改建
交通运输辅助业	10 215		795	8 179	1241
仓储业	3 130		310	2 820	
邮电通信业	45 595	183	6 012	36 583	
批发和零售贸易业、餐饮业	**18 046**	**1 310**	**6 321**	**11 725**	
食品、饮料、烟草和家庭用品批发商业	8 419	545	5 471	2 948	
能源、材料和机械电子设备批发业	830		30	800	
零售业	8 287	605	660	7 627	
餐饮业	510	160	160	350	
金融、保险业	**4 432**	**2 146**	**1 637**	**2 745**	
金融业	4 032	1 814	1 637	2 345	
保险业	400	332		400	
社会服务业	**26 465**	**369**	**9 806**	**6 138**	**10 021**
公共设施服务业	21 200	329	7 978	3 241	9 981
居民服务业	1 227		322	905	
旅馆业	722	20	100	82	40
娱乐服务业	1 794		254	1 540	
计算机应用服务业	892		892		
其他社会服务业	630	20	260	370	
卫生、体育和社会福利业	**13 085**	**5 801**	**202**	**11 848**	
卫生	11 136	5 685	142	9 959	
体育	1 760	40	60	1 700	
社会福利保障业	189	76		189	
教育、文化艺术及广播电影电视业	**38 850**	**11 035**	**4 145**	**31 133**	**370**
教育	31 336	9 202	2 778	25 016	340
文化艺术业	6 907	1 246	1 367	5 510	30
广播电影电视业	607	587		607	
科学研究和综合技术服务业	**5 281**	**810**	**2 871**	**2 135**	
科学研究业	4 040	435	2 836	1 069	
综合技术服务业	1 241	375	35	1 066	
国家机关、政党机关和社会团体	**38 873**	**10 342**	**21 693**	**16 851**	**80**
国家机关	37 415	9 514	21 333	15 763	80
政党机关	1 078	798	30	1 038	
社会团体	380	30	330	50	
其他行业	**20**	**20**	**20**		

年）

单位：万元

本年新增	本年施工		本年竣工		本年竣工		施工项目		本年建成投产项目
固定资产	房屋面积	#住　宅	房屋面积	#住　宅	房屋价值	#住　宅	个　　数	#本年新开	个　　数
894	8 223						33	23	26
2 800	28 880		12 288		2 800		4	2	1
31 355	69 402	24 174	32 554	17 474	3 992	989	11	3	6
15 815	**325 310**	**27 888**	**93 065**	**15 993**	**12 417**	**1 040**	**29**	**12**	**17**
6 516	196 152	16 077	47 985	5 489	5 928	275	13	4	7
1 030	3 800		3 800		800		2	1	2
7 759	119 108	7 311	36 337	7 311	5 179	605	12	5	6
510	6 250	4 500	4 943	3 193	510	160	2	2	2
4 310	**141 324**	**65 651**	**56 808**	**30 508**	**4 310**	**2 056**	**12**	**8**	**8**
3 978	114 423	59 923	51 080	24 780	3 978	1 724	10	7	7
332	26 901	5 728	5 728	5 728	332	332	2	1	1
5 736	**326 931**	**28 480**	**69 636**	**20 980**	**4 838**	**1 052**	**50**	**14**	**20**
1 562	25 667	20 980	22 667	20 980	1 238	1 052	30	7	14
752	25 801		14 501		752		5	4	1
550	15 060	6 000	560		50		4	1	1
1 440	20 933		4 802		1 440		3		1
892	17 820		17 820		892		1		1
540	221 650	1 500	9 286		466		7	2	2
4 684	**263 797**	**134 139**	**73 386**	**69 744**	**4 502**	**4 319**	**26**	**9**	**10**
4 684	207 508	127 263	73 386	69 744	4 502	4 319	20	7	10
	50 519	4 706					4	1	
	5 770	2 170					2	1	
40 007	**819 706**	**274 668**	**433 568**	**184 223**	**38 761**	**12 369**	**99**	**34**	**62**
32 059	484 647	210 443	314 805	142 160	30 813	8 826	83	32	53
5 148	298 689	30 637	85 175	8 475	5 148	743	12	2	6
2 800	36 370	33 588	33 588	33 588	2 800	2 800	4		3
1 049	**75 286**	**32 415**	**19 015**	**19 015**	**1 049**	**1 049**	**12**	**4**	**5**
636	28 794	14 536	11 536	11 536	636	636	6	2	3
413	46 492	17 879	7 479	7 479	413	413	6	2	2
26 614	**649 810**	**367 609**	290 987	**167 206**	**25 764**	**9 431**	**83**	**40**	**49**
24 689	544 343	314 404	261 700	150 773	23 839	8 276	70	36	43
1 328	85 867	48 605	18 699	11 833	1 328	858	10	3	4
597	19 600	4 600	10 588	4 600	597	297	3	1	2
	31 111	**31 111**					**1**		

5—8 国 有 单 位 更 新

（按行业分，

	本年完成投资	住宅	其中：按建设性质分 新建	扩建	改建
合计	**120 545**			**107 501**	**9 069**
工业	**97 242**			**87 491**	**9 069**
制造业	96 752			87 491	9 069
饮料制造业	1 079			1 079	
烟草加工业	1 494			1 494	
纺织业	12 217			12 217	
服装及其他纤维制品制造业	72			72	
印刷业	20 345			20 153	
化学原料及化学制品制造业	4 715			4 715	
医药制造业	1 692			600	1 092
化学纤维制造业	12 000			12 000	
塑料制品业	320				320
黑色金属冶炼及压延加工业	12 353			11 057	1 296
有色金属冶炼及压延加工业	432				432
普通机械制造业	491			491	
交通运输设备制造业	25 286			21 531	3 755
电气机械及器材制造业	4 256			2 082	2 174
电力、煤气及水的生产和供应业	490				
电力、蒸汽、热水的生产和供应业	490				
交通运输、仓储及邮电通信业	**13 030**			**12 890**	
水上运输业	140				
邮电通信业	12 890			12 890	
社会服务业	**3 273**			**120**	
公共设施服务业	3 153				
其他社会服务业	120			120	
教育、文化艺术及广播电影电视业	**7 000**			**7 000**	
广播电影电视业	7 000			7 000	

改　造　投　资　情　况

2000年）　　　　　　　　　　　　　　　　　　单位：万元

本年新增固定资产	本年施工房屋面积	#住　宅	本年竣工房屋面积	#住　宅	本年竣工房屋价值	#住　宅	施工项目个　数	#本年新开	本年建成投产项目个　数
85 779	**138 963**		**16 843**		**1 074**		**67**	**33**	**37**
62 476	**138 963**		**16 843**		**1 074**		**59**	**32**	**35**
61 986	138 963		16 843		1 074		58	31	34
2 500							1		
1 494							1	1	
200							3	3	
72							1	1	
8 645							6	1	1
4 715							10	8	6
635	6 632		1 832		92		2	1	
12 000							1		
320							1	1	
10 677	72 370		600		150		5	4	4
432							6	6	6
491							2	1	1
15 549	59 961		14 411		832		14	1	12
4 256							5	3	4
490							1	1	1
490							1	1	1
13 030							**6**		**1**
140									
12 890							6		1
3 273							**1**	**1**	**1**
3 153									
120							1	1	1
7 000							**1**		
7 000							1		

5—9 市属固定资

(2000

指标名称	总计	#地方	基本建设	#地方	更新改造	#地方
计划总投资	867 723	867 723	580 017	580 017	267 939	267 939
#本年新开工项目计划投资	63 019	63 019	63 019	63 019		
实际需要的总投资	876 523	876 523	588 637	588 637	267 939	267 939
自开始建设至本年底累计完成投资	387 396	387 396	266 376	266 376	103 456	103 456
自开始建设至本年底累计新增固定资产	174 129	174 129	82 109	82 109	75 018	75 018
未完工程累计投资	170 942	170 942	141 942	141 942	28 438	28 438
本年计划投资	220 132	220 132	154 818	154 818	51 107	51 107
本年完成投资	**219 436**	**219 436**	**139 630**	**139 630**	**62 242**	**62 242**
#住宅	11 352	11 352	10 952	10 952		
按构成分						
1. 建筑工程	138 181	138 181	124 763	124 763	10 025	10 025
2. 安装工程	5 668	5 668	4 992	4 992	318	318
3. 设备工器具购置	61 297	61 297	4 445	4 445	45 534	45 534
#购置旧设备	10	10				
4. 其他费用	14 290	14 290	5 430	5 430	6 365	6 365
#旧建筑物购置费						
土地购置费	4 338	4 338	2 714	2 714	574	574
按企业登记注册类型分						
内资	**214 165**	**214 165**	**139 530**	**139 530**	**59 495**	**59 495**
国有	185 591	185 591	127 176	127 176	58 415	58 415
集体	8 093	8 093				
股份合作	1 259	1 259				
国有联营	600	600			600	600
其他联营	2 660	2 660	2 660	2 660		
国有独资公司	2 826	2 826	2 826	2 826		
其他有限责任公司	1 266	1 266	866	866	400	400
股份有限公司	5 557	5 557	5 557	5 557		
私营个体	5 788	5 788				
其他	525	525	445	445	80	80
港澳台商投资	**2 324**	**2 324**	**100**	**100**		
合资经营	2 324	2 324	100	100		
外商投资	**2 947**	**2 947**			**2 747**	**2 747**

产　投　资　情　况

年）

单位：万元

其他投资（含城镇集体）	#地　方	城镇集体	#地　方	私营个体	#地　方	其他经济	#地　方
19 767	19 767	9 400	9 400	6 388	6 388	3 979	3 979
19 947	19 947	9 400	9 400	6 388	6 388	4 159	4 159
17 564	17 564	8 093	8 093	5 788	5 788	3 683	3 683
17 002	17 002	8 093	8 093	5 788	5 788	3 121	3 121
562	562					562	562
14 207	14 207	4 440	4 440	5 788	5 788	3 979	3 979
17 564	**17 564**	**8 093**	**8 093**	**5 788**	**5 788**	**3 683**	**3 683**
400	400			400	400		
3 393	3 393	537	537	2 830	2 830	26	26
358	358	243	243	85	85	30	30
11 318	11 318	6 313	6 313	1 876	1 876	3 129	3 129
10	10	10	10				
2 495	2 495	1 000	1 000	997	997	498	498
1 050	1 050			552	552	498	498
15 140	**15 140**	**8 093**	**8 093**	**5 788**	**5 788**	**1 259**	**1 259**
8 093	8 093	8 093	8 093				
1 259	1 259					1 259	1 259
5 788	5 788			5 788	5 788		
2 224	**2 224**					**2 224**	**2 224**
2 224	2 224					2 224	2 224
200	**200**					**200**	**200**

5—9 续表1

(2000

指标	总计	#地方	基本建设	#地方	更新改造	#地方
合资经营	1 668	1 668			1 668	1 668
合作经营						
外资	1 279	1 279			1 079	1 079
股份有限						
按隶属关系分						
地方	219 436	219 436	139 630	139 630	62 242	62 242
市	155 824	155 824	87 987	87 987	59 415	59 415
县	51 243	51 243	50 543	50 543		
其他	12 369	12 369	1 100	1 100	2 827	2 827
按建设性质分						
新建	70 303	70 303	67 473	67 473		
扩建	130 337	130 337	55 995	55 995	59 608	59 608
改建	14 574	14 574	12 080	12 080	2 494	2 494
单纯建造生活设施	463	463	463	463		
迁建	3 020	3 020	3 020	3 020		
恢复						
单纯购置	739	739	599	599	140	140
按项目规模分						
基建大中型	11 500	11 500	11 500	11 500		
基建小型	127 531	127 531	127 531	127 531		
更改限上项目	11 700	11 700			11 700	11 700
其他	51 141	51 141	599	599	50 542	50 542
按建设阶段分						
筹建						
本年正式施工	150 418	150 418	138 718	138 718	11 700	11 700
本年收尾	313	313	313	313		
全部停缓建						
单纯购置	599	599	599	599		
按国民经济行业分						
①农、林、牧、渔业	4 388	4 388	4 388	4 388		
#农业	1 942	1 942	1 942	1 942		

年）

单位：万元

其他投资（含城镇集体）	#地方	城镇集体	#地方	私营个体	#地方	其他经济	#地方
200	200					200	200
17 564	17 564	8 093	8 093	5 788	5 788	3 683	3 683
8 422	8 422	7 163	7 163			1 259	1 259
700	700	700	700				
8 442	8 442	230	230	5 788	5 788	2 424	2 424
2 830	2 830	830	830	2 000	2 000		
14 734	14 734	7 263	7 263	3 788	3 788	3 683	3 683

5—9 续表2

(2000

指　　标	总　计	#地　方	基本建设	#地　方	更新改造	#地　方
③制　造　业	79 475	79 475	5 488	5 488	61 982	61 982
轻　工　业	26 302	26 302	2 550	2 550	20 609	20 609
纺　织　业	13 084	13 084	267	267	12 217	12 217
化学原料及化学制品制造业	3 603	3 603	285	285	2 978	2 978
非金属矿物制品业	9	9	9	9		
黑色金属冶炼及压延加工业	10	10	10	10		
机 械 工 业	34 525	34 525	1 313	1 313	26 178	26 178
电子及通讯设备制造业	1 922	1 922	1 034	1 034		
其他制造业	20	20	20	20		
④电力、煤气及水生产和供应业	4 675	4 675	4 675	4 675		
⑤建　筑　业	390	390	390	390		
⑥地质勘查业、水利管理业	13 055	13 055	13 055	13 055		
#水利管理业	13 055	13 055	13 055	13 055		
⑦交通运输、仓储及邮电通讯业	17 924	17 924	16 525	16 525	140	140
#邮电通信业	6 191	6 191	6 191	6 191		
⑧批发和零售贸易、餐饮业	19 781	19 781	17 781	17 781		
⑨金融、保险业	845	845	845	845		
⑪社会服务业	25 979	25 979	25 859	25 859	120	120
⑫卫生、体育和社会福利业	6 017	6 017	6 017	6 017		
⑬教育、文化艺术和广播影视业	14 343	14 343	12 043	12 043		
⑭科学研究和综合技术服务业	2 621	2 621	2 621	2 621		
⑮国家、政党机关和社会团体	29 923	29 923	29 923	29 923		
⑯其 他 行 业	20	20	20	20		
更新改造设备、工器具购置中用于更新的设备	1 329	1 329			1 329	1 329
更新改造本年完成投资用途						
增　　产	28 594	28 594			28 594	28 594
节 约 能 源	20	20			20	20
其 他 节 约	32	32			32	32
增 加 品 种	6 364	6 364			6 364	6 364
提高产品质量	18 748	18 748			18 748	18 748

年）

单位：万元

其他投资（含城镇集体）	#地方	城镇集体	#地方	私营个体	#地方	其他经济	#地方
12 005	12 005	7 493	7 493	2 288	2 288	2 224	2 224
3 143	3 143	2 493	2 493	650	650		
600	600	500	500	100	100		
340	340	190	190	150	150		
7 034	7 034	4 310	4 310	500	500	2 224	2 224
888	888			888	888		
1 259	1 259					1 259	1 259
2 000	2 000	600	600	1 200	1 200	200	200
2 300	2 300			2 300	2 300		

5—9 续表 3 (2000

指 标	总 计	#地 方	基本建设	#地 方	更新改造	#地 方
三废治理	5	5			5	5
其 他	8 479	8 479			8 479	8 479
本年新增固定资产	118 008	118 008	71 570	71 570	31 436	31 436
本年施工房屋面积	1 573 743	1 573 743	1 498 717	1 498 717	46 903	46 903
#住 宅	469 507	469 507	465 607	465 607		
本年竣工房屋面积	627 786	627 786	608 354	608 354	1 832	1 832
#住 宅	235 523	235 523	231 623	231 623		
本年竣工房屋价值	61 598	61 598	59 466	59 466	92	92
#住 宅	13 306	13 306	12 906	12 906		
施工项目个数	334	334	276	276	30	30
#本年新开工	170	170	123	123	21	21
本年投产项目个数	200	200	165	165	13	13
一、本年资金来源合计	**226 036**	**226 036**	**145 477**	**145 477**	**62 492**	**62 492**
上年末结余资金	9 543	9 543	3 562	3 562	4 431	4 431
本年资金来源小计	216 493	216 493	141 915	141 915	58 061	58 061
(1) 国家预算内资金	29 536	29 536	29 536	29 536		
(2) 国内贷款	13 408	13 408	5 604	5 604	7 354	7 354
(4) 利用外资	8 081	8 081	96	96	7 250	7 250
#外商直接投资	7 175	7 175			6 440	6 440
(5) 自筹资金	141 982	141 982	92 053	92 053	42 157	42 157
市	28 855	28 855	28 855	28 855		
县	19 759	19 759	19 759	19 759		
企事业单位自有资金	93 368	93 368	43 439	43 439	42 157	42 157
(6) 其他资金来源	23 486	23 486	14 626	14 626	1 300	1 300
#集 资	3 024	3 024	3 024	3 024		
二、本年各项应付款合计	**4 783**	**4 783**	**3 740**	**3 740**	**643**	**643**
#工 程 款	1 177	1 177	625	625	302	302
设备、器材款	421	421			341	341
实收资本	4 800	4 800				
#国家资本	2 967	2 967				

年）

单位：万元

其他投资（含城镇集体）	#地　方	城镇集体	#地　方	私营个体	#地　方	其他经济	#地　方
15 002	15 002	8 093	8 093	3 788	3 788	3 121	3 121
28 123	28 123	6 600	6 600	21 523	21 523		
3 900	3 900			3 900	3 900		
17 600	17 600	6 600	6 600	11 000	11 000		
3 900	3 900			3 900	3 900		
2 040	2 040	540	540	1 500	1 500		
400	400			400	400		
28	28	9	9	15	15	4	4
26	26	8	8	15	15	3	3
22	22	7	7	13	13	2	2
18 067	**18 067**	**8 300**	**8 300**	**5 788**	**5 788**	**3 979**	**3 979**
1 550	1 550	500	500			1 050	1 050
16 517	16 517	7 800	7 800	5 788	5 788	2 929	2 929
450	450			450	450		
735	735					735	735
735	735					735	735
7 772	7 772	2 490	2 490	3 088	3 088	2 194	2 194
7 772	7 772	2 490	2 490	3 088	3 088	2 194	2 194
7 560	7 560	5 310	5 310	2 250	2 250		
400	**400**			**400**	**400**		
250	250			250	250		
80	80			80	80		
4 800	4 800					4 800	4 800
2 967	2 967					2 967	2 967

5—10　国有单位更新改造投资情况

（按用途分，2000 年）　　　　单位：万元

	本年完成投资	增产	节约能源	其他节约	增加品种	提高产品质量	三废治理	其他
合　　计	**120 545**	**44 491**	**897**	**34**	**28 046**	**23 524**	**407**	**23 146**
工　　业	**97 242**	**44 371**	**897**	**34**	**18 803**	**23 524**	**407**	**9 206**
制造业	96 752	44 371	407	34	18 803	23 524	407	9 206
饮料制造业	1 079	1 079						
烟草加工业	1 494			30	764	700		
纺织业	12 217	12 217						
服装及其他纤维制品制造业	72	72						
印刷业	20 345	12 964			5 792	1 589		
化学原料及化学制品制造业	4 715	2 617				80		2 018
医药制造业	1 692	1 657	10	2		20	3	
化学纤维制造业	12 000				12 000			
塑料制品业	320	290	10				2	18
黑色金属冶炼及压延加工业	12 353	10 295	381			642	381	654
有色金属冶炼及压延加工业	432	225		2		184	21	
普通机械制造业	491							491
交通运输设备制造业	25 286	2 885	6		247	18 135		4 013
电气机械及器材制造业	4 256	70				2 174		2 012
电力、煤气及水的生产和供应业	490		490					
电力、蒸汽、热水的生产和供应业	490		490					
交通运输、仓储及邮电通信业	**13 030**				**6 090**			**6 940**
水上运输业	140							140
邮电通信业	12 890				6 090			6 800
社会服务业	**3 273**	**120**			**3 153**			
公共设施服务业	3 153				3 153			
其他社会服务业	120	120						
教育、文化艺术及广播电影电视业	**7 000**							**7 000**
广播电影电视业	7 000							7 000

5—11 固定资产投资利用外资情况

（2000年）　　单位：万元

国别	总计	#直接投资	基本建设	#直接投资	更新改造	#直接投资	其他投资	#直接投资	城镇集体	#直接投资
合计	**8 331**	**7 425**	**346**	**250**	**7 250**	**6 440**	**735**	**735**		
亚洲	2 521	2 425	346	250	1 440	1 440	735	735		
香港	985	985	250	250			735	735		
菲律宾	1 440	1 440			1 440	1 440				
台湾	96		96							
北美洲	5 810	5 000			5 810	5 000				
美国	5 810	5 000			5 810	5 000				

5—12 房 地 产

（2000

指标	总计	国有	集体	其他经济	中央
企业（单位）个数（个）	129	37	13	79	4
#亏损企业个数	70	17	7	46	3
计划总投资	437 722	130 082	36 665	270 975	11 000
实际需要的总投资	471 155	149 248	36 731	285 176	11 000
自开始建设累计完成投资	268 040	81 155	28 348	158 537	10 300
自开始建设累计新增固定资产	138 135	61 815	11 566	64 754	2 945
未完工程累计投资	129 905	19 340	16 782	93 783	7 355
本年计划投资	144 122	27 920	14 121	102 081	6 500
本年完成投资	131 968	30 307	13 963	87 698	6 608
#商品房建设投资额	76 364	17 720	7 043	51 601	3 100
土地开发投资额	33 333	5 473	3 373	24 487	3 008
按构成分					
建筑工程	87 735	17 445	10 306	59 984	6 308
安装工程	2 166	553	40	1 573	
设备工器具购置	526	30	50	446	
#购置旧设备					
其他费用	41 541	12 279	3 567	25 695	300
#旧建筑物购置费	76			76	
土地购置费	24 741	6 429	3 336	14 976	300
按工程用途分					
住宅	101 047	26 214	9 309	65 524	5 196
#别墅、高档公寓	10 803	1 983		8 820	
安居工程	22 922	9 345		13 577	
办公楼	6 520	318		6 202	
商业营业用房	7 720	684	146	6 890	
其他	16 681	3 091	4 508	9 082	1 412
本年新增固定资产	73 626	21 724	8 126	43 776	2 945
本年完成开发土地面积（平方米）	603 900	193 703	52 714	357 483	40 857
正在开发的土地面积（平方米）	394 524	46 122	9 583	338 819	2 533
待开发土地面积（平方米）	245 491	165 646	30 835	49 010	4 523
本年购置土地面积（平方米）	463 509	126 697	16 583	320 229	4 523
一、本年资金来源合计	211 925	55 461	13 929	142 535	7 262
1. 上年末结余资金	45 202	14 905	3 531	26 766	1 426

开　　发　　情　　况

年）

单位：万元

							隶属关系	
			地方				中央	省
国有	集体	其他经济		国有	集体	其他经济		
1	1	2	125	36	12	77	4	29
1		2	67	16	7	44	3	18
	10 500	500	426 722	130 082	26 165	270 475	11 000	99 801
	10 500	500	460 155	149 248	26 231	284 676	11 000	102 644
	9 800	500	257 740	81 155	18 548	158 037	10 300	58 972
	2 945		135 190	61 815	8 621	64 754	2 945	25 482
	6 855	500	122 550	19 340	9 927	93 283	7 355	33 490
	6 000	500	137 622	27 920	8 121	101 581	6 500	26 131
	6 108	500	125 360	30 307	7 855	87 198	6 608	26 138
	3 100		73 264	17 720	3 943	51 601	3 100	17 188
	3 008		30 325	5 473	365	24 487	3 008	3 194
	5 808	500	81 427	17 445	4 498	59 484	6 308	17 729
			2 166	553	40	1 573		365
			526	30	50	446		160
	300		41 241	12 279	3 267	25 695	300	7 884
			76			76		46
	300		24 441	6 429	3 036	14 976	300	2 068
	4 696	500	95 851	26 214	4 613	65 024	5 196	18 886
			10 803	1 983		8 820		2 063
			22 922	9 345		13 577		5 659
			6 520	318		6 202		1 301
			7 720	684	146	6 890		2 371
	1 412		15 269	3 091	3 096	9 082	1 412	3 580
	2 945		70 681	21 724	5 181	43 776	2 945	17 518
	40 857		563 043	193 703	11 857	357 483	40 857	152 516
	2 533		391 991	46 122	7 050	338 819	2 533	76 055
	4 523		240 968	165 646	26 312	49 010	4 523	153 820
	4 523		458 986	126 697	12 060	320 229	4 523	97 727
941	5 716	605	204 663	54 520	8 213	141 930	7 262	38 157
5	1 316	105	43 776	14 900	2 215	26 661	1 426	4 953

5—12 续表 1—1

(2000

指标	隶属关系				营
	地区	县	乡镇	其他	营业
企业（单位）个数（个）	33	14	4	45	124
#亏损企业个数	14	6	1	28	66
计划总投资	105 800	28 492	13 327	179 302	437 522
实际需要的总投资	111 590	42 582	13 327	190 012	470 955
自开始建设累计完成投资	59 519	25 985	10 264	103 000	267 840
自开始建设累计新增固定资产	48 364	20 548	2 513	38 283	138 135
未完工程累计投资	11 155	5 437	7 751	64 717	129 705
本年计划投资	25 663	7 165	3 866	74 797	143 922
本年完成投资	23 163	8 539	3 862	63 658	131 768
#商品房建设投资额	17 546	4 074	1 066	33 390	76 364
土地开发投资额	3 304	3 544	160	20 123	33 333
按构成分					
建筑工程	17 230	4 177	776	41 515	87 535
安装工程	460	198	40	1 103	2 166
设备工器具购置	240	14		112	526
其他费用	5 233	4 150	3 046	20 928	41 541
#旧建筑物购置费	30				76
土地购置费	3 160	3 552	3 036	12 625	24 741
按工程用途分					
住宅	17 516	7 643	1 016	50 790	100 847
#别墅、高档公寓	590	700		7 450	10 803
安居工程	4 646	1 423		11 194	22 922
办公楼	1 879			3 340	6 520
商业营业用房	1 544	258	100	3 447	7 720
其他	2 224	638	2 746	6 081	16 681
本年新增固定资产	13 924	5 455	2 513	31 271	73 626
本年完成开发土地面积（平方米）	117 547	86 294	7 100	199 586	603 900
正在开发的土地面积（平方米）	106 609	26 390	7 050	175 887	394 524
待开发土地面积（平方米）	51 964	2 820	8 200	24 164	245 491
本年购置土地面积（平方米）	65 689	65 293	12 060	218 217	463 509
一、本年资金来源合计	48 007	13 648	3 727	101 124	211 575
1. 上年末结余资金	11 635	588	500	26 100	45 202

年）

单位：万元

业状况		资质等级			
停业	筹建	二级	三级	四级	其他
3	1	54	64	10	1
2	1	29	36	4	1
	200	226 513	181 927	29 282	
	200	249 019	192 408	29 728	
	200	139 094	105 105	23 841	
		87 757	41 784	8 594	
	200	51 337	63 321	15 247	
	200	70 567	60 020	13 535	
	200	63 088	55 764	13 116	
		46 221	24 812	5 331	
		7 793	21 143	4 397	
	200	43 853	34 936	8 946	
		1 376	700	90	
		300	212	14	
		17 559	19 916	4 066	
		76			
		10 542	10 158	4 041	
	200	49 397	42 871	8 779	
		4 010	6 793		
		8 799	13 033	1 090	
		3 784	2 736		
		4 758	2 626	336	
		5 149	7 531	4 001	
		39 668	26 736	7 222	
		221 934	320 860	61 106	
		132 667	238 444	23 413	
		73 980	165 788	5 723	
		316 315	130 244	16 950	
150	200	109 045	87 070	15 705	105
		23 127	19 031	2 939	105

指　　标	总　计	国　有	集　体	其他经济	中　央
2.本年资金来源小计	166 723	40 556	10 398	115 769	5 836
②国内贷款	24 618	6 169	763	17 686	610
③债　券	700	700			
④利用外资	15 910			15 910	
#外商直接投资	15 110			15 110	
⑤自筹资金	43 566	16 944	4 156	22 466	
#自有资金	18 954	6 437	3 591	8 926	
⑥其他资金来源	81 929	16 743	5 479	59 707	5 226
#集　资	885	270		615	
定金及预收款	71 898	15 184	5 408	51 306	4 726
二、本年各项应付款合计	43 704	14 532	3 601	25 571	844
#工　程　款	29 401	8 932	2 517	17 952	95
设备、器材款	549	80	54	415	
竣工房屋住宅套数合计（套）	8 299	3 304	1 082	3 913	332
#别墅、高档公寓套数	164	140		24	
安居工程套数	2 583	1 271		1 312	
拆迁还建竣工房屋面积（平方米）	61 077	43 357	7 000	10 720	
统建代建竣工房屋面积（平方米）	50 423	49 790		633	
公益性建筑竣工面积（平方米）	5 092			5 092	
年平均从业人员数（人）	3 430	1 045	231	2 154	114
年末从业人员数（人）	3 339	1 066	240	2 033	103
全年从业人员劳动报酬（万元）	2 798	828	183	1 787	87
空置面积中：一年以下	108 245	30 463	2 470	75 312	
一年以上（含一年）	141 459	32 178	5 000	104 281	5 736
一、实收资本合计	140 231	25 512	4 973	109 746	3 792
#国家资本	25 665	17 221		8 444	2 199
二、年末资产负债情况					
资产总计	537 245	216 599	39 561	281 085	26 273
固定资产累计折旧	5 898	1 392	566	3 940	137
#本年折旧	1 142	226	119	797	1

单位：万元

							隶属关系	
			地方				中央	省
国有	集体	其他经济		国有	集体	其他经济		
936	4 400	500	160 887	39 620	5 998	115 269	5 836	33 204
610			24 008	5 559	763	17 686	610	7 030
			700	700				
			15 910			15 910		425
			15 110			15 110		425
			43 566	16 944	4 156	22 466		14 433
			18 954	6 437	3 591	8 926		4 763
326	4 400	500	76 703	16 417	1 079	59 207	5 226	11 316
			885	270		615		
326	4 400		67 172	14 858	1 008	51 306	4 726	11 241
283	556	5	42 860	14 249	3 045	25 566	844	11 054
	90	5	29 306	8 932	2 427	17 947	95	10 585
			549	80	54	415		129
	332		7 967	3 304	750	3 913	332	1 879
			164	140		24		142
			2 583	1 271		1 312		709
			61 077	43 357	7 000	10 720		3 000
			50 423	49 790		633		33 103
			5 092			5 092		
7	60	47	3 316	1 038	171	2 107	114	787
7	58	38	3 236	1 059	182	1 995	103	669
8	49	30	2 711	820	134	1 757	87	492
			108 245	30 463	2 470	75 312		34 816
3 876		1 860	135 723	28 302	5 000	102 421	5 736	47 070
700	1 260	1 832	136 439	24 812	3 713	107 914	3 792	31 624
700		1 499	23 466	16 521		6 945	2 199	7 737
1 733	22 888	1 652	510 972	214 866	16 673	279 433	26 273	87 856
17	5	115	5 761	1 375	561	3 825	137	1 474
	1		1 141	226	118	797	1	318

指标	隶属关系				营
	地区	县	乡镇	其他	营业
2.本年资金来源小计	36 372	13 060	3 227	75 024	166 373
②国内贷款	6 440	2 030	120	8 388	24 618
③债券	700				700
④利用外资	500	800		14 185	15 760
#外商直接投资	500			14 185	14 960
⑤自筹资金	11 358	6 873	2 921	7 981	43 366
#自有资金	3 391	3 394	2 826	4 580	18 754
⑥其他资金来源	17 374	3 357	186	44 470	81 929
#集资	270			615	885
定金及预收款	15 023	3 347	186	37 375	71 898
二、本年各项应付款合计	9 354	3 953	564	17 935	43 704
#工程款	4 394	2 520		11 807	29 401
设备、器材款	105	30		285	549
竣工房屋住宅套数合计（套）	2 246	936	422	2 484	8 299
#别墅、高档公寓套数		22			164
安居工程套数	970	72		832	2 583
拆迁还建竣工房屋面积（平方米）	26 429	22 748	4 000	4 900	61 077
统建代建竣工房屋面积（平方米）	17 320				50 423
公益性建筑竣工面积（平方米）		1 000		4 092	5 092
年平均从业人员数（人）	752	427	54	1 296	3 384
年末从业人员数（人）	786	434	54	1 293	3 305
全年从业人员劳动报酬（万元）	601	345	30	1 243	2 754
空置面积中：一年以下	7 726	14 094		51 609	108 245
一年以上（含一年）	63 724	10 138		14 791	133 959
一、实收资本合计	28 850	11 699	1 101	63 165	136 357
#国家资本	5 072	4 825		5 832	25 665
二、年末资产负债情况					
资产总计	121 348	102 732	8 314	190 722	529 119
固定资产累计折旧	1 801	408	520	1 558	5 744
#本年折旧	221	67	108	427	1 122

年）

单位：万元

业状况		资质等级			
停业	筹建	二级	三级	四级	其他
150	200	85 918	68 039	12 766	
		14 040	10 318	260	
			700		
150		5 198	9 692	1 020	
150		4 398	9 692	1 020	
	200	20 579	18 839	4 148	
	200	7 078	7 928	3 948	
		46 101	28 490	7 338	
		545	340		
		43 727	21 560	6 611	
		17 873	23 105	2 721	5
		11 538	16 118	1 740	5
		220	321	8	
		4 087	3 377	835	
		164			
		1 371	1 080	132	
		28 873	32 204		
		36 303	14 120		
			4 092	1 000	
23	10	1 858	1 389	172	11
11	10	1 853	1 309	166	11
20	12	1 673	984	137	4
		26 734	67 091	14 420	
7 500		80 722	56 287	2 590	1 860
2 200	200	77 637	57 618	4 144	832
		17 932	6 839	395	499
5 085	300	346 152	157 881	31 860	1 352
137		2 427	2 782	574	115
19		531	480	131	

指 标	总 计	国 有	集 体	其他经济	中 央
负债总计	405 256	189 914	24 782	190 560	12 620
所有者权益合计	131 989	26 685	14 779	90 525	13 653
三、损益情况					
1. 经营收入总计	105 592	32 247	9 577	63 768	4 271
①土地转让收入	3 468	1 100		2 368	
②商品房屋销售收入	100 663	30 816	9 508	60 339	4 271
#销售给个人	76 941	22 832	9 288	44 821	4 271
商品住宅销售收入	91 587	28 120	9 208	54 259	4 271
#销售给个人	70 443	19 499	9 208	41 736	4 271
③房屋出租收入	1 173	143	49	981	
④其他收入	288	188	20	80	
2. ①经营成本	84 120	23 953	8 312	51 855	3 997
②销售费用	2 542	223	115	2 204	31
③经营税金及附加	4 391	1 373	526	2 492	235
④其他业务利润	673	497	1	175	
⑤管理费用及财务费用	14 241	3 926	713	9 602	71
⑥投资收益及营业外收入	1 369	192	1	1 176	
⑦营业外支出	369	253	39	77	157
3. 利润总额	1 971	3 208	－126	－1 111	－220
施工房屋面积（平方米）	2 287 802	711 177	167 680	1 408 945	95 450
1. 住宅	1 951 991	678 544	163 380	1 110 067	95 450
#别墅、高档公寓	213 888	21 144		192 744	
安居工程	647 519	303 257		344 262	
2. 办公楼	137 360	9 011		128 349	
3. 商业营业用房	128 513	14 041	1 400	113 072	
4. 其他	69 938	9 581	2 900	57 457	
本年新开工房屋面积（平方米）	736 678	212 039	97 770	426 869	63 975
1. 住宅	673 534	204 891	97 770	370 873	63 975
#别墅、高档公寓	50 744			50 744	
安居工程	144 715	33 155		111 560	
2. 办公楼	41 770			41 770	
3. 商业营业用房	18 552	6 000		12 552	
4. 其他	2 822	1 148		1 674	

年）　　　　　　　　　　　　　　　　　　单位：万元

							隶属关系	
			地方				中央	省
国有	集体	其他经济		国有	集体	其他经济		
1 205	10 261	1 154	392 636	188 709	14 521	189 406	12 620	58 012
528	12 627	498	118 336	26 157	2 152	90 027	13 653	29 844
	4 271		101 321	32 247	5 306	63 768	4 271	10 638
			3 468	1 100		2 368		540
	4 271		96 392	30 816	5 237	60 339	4 271	9 886
	4 271		72 670	22 832	5 017	44 821	4 271	7 726
	4 271		87 316	28 120	4 937	54 259	4 271	8 520
	4 271		66 172	19 499	4 937	41 736	4 271	7 063
			1 173	143	49	981		90
			288	188	20	80		122
	3 997		80 123	23 953	4 315	51 855	3 997	7 661
	30	1	2 511	223	85	2 203	31	339
	235		4 156	1 373	291	2 492	235	304
			673	497	1	175		95
18		53	14 170	3 908	713	9 549	71	4 745
			1 369	192	1	1 176		183
157			212	96	39	77	157	56
－175	9	－54	2 191	3 383	－135	－1 057	－220	－2 189
	88 650	6 800	2 192 352	711 177	79 030	1 402 145	95 450	445 538
	88 650	6 800	1 856 541	678 544	74 730	1 103 267	95 450	358 154
			213 888	21 144		192 744		21 888
			647 519	303 257		344 262		145 985
			137 360	9 011		128 340		27 464
			128 513	14 041	1 400	113 072		39 269
			69 938	9 581	2 900	57 457		20 651
	63 975		672 703	212 039	33 795	426 869	63 975	71 038
	63 975		609 559	204 891	33 795	370 873	63 975	69 890
			50 744			50 744		744
			144 715	33 155		111 560		10 355
			41 770			41 770		
			18 552	6 000		12 552		
			2 822	1 148		1 674		1 148

指标	隶属关系				营
	地区	县	乡镇	其他	营业
负债总计	101 365	92 075	7 377	133 807	399 297
所有者权益合计	19 983	10 657	937	56 915	129 822
三、损益情况					
1.经营收入总计	31 511	10 258	3 107	45 807	105 585
①土地转让收入	80	480		2 368	3 468
②商品房屋销售收入	31 128	9 742	3 087	42 549	100 656
#销售给个人	21 991	8 457	3 087	31 409	76 934
商品住宅销售收入	28 612	9 437	3 007	37 740	91 580
#销售给个人	20 576	6 803	3 007	28 723	70 443
③房屋出租收入	260	13		810	1 173
④其他收入	43	23	20	80	288
2.①经营成本	22 701	9 037	2 551	38 173	84 111
②销售费用	659	232	34	1 247	2 536
③经营税金及附加	1 342	354	168	1 988	4 386
④其他业务利润	523	2		53	630
⑤管理费用及财务费用	3 298	1 007	364	4 756	14 163
⑥投资收益及营业外收入	735	8		443	1 323
⑦营业外支出	35	52	29	40	362
3.利润总额	4 734	－414	－39	99	1 980
施工房屋面积（平方米）	560 268	184 987	30 400	971 159	2 285 577
1.住宅	505 185	175 081	29 600	788 521	1 949 766
#别墅、高档公寓	2 000	5 000		185 000	213 888
安居工程	258 369	35 867		207 298	647 519
2.办公楼	30 254			79 642	137 360
3.商业营业用房	19 737	6 862	800	61 845	128 513
4.其他	5 092	3 044		41 151	69 938
本年新开工房屋面积（平方米）	125 904	97 787	8 000	369 974	736 678
1.住宅	107 004	91 743	8 000	332 922	673 534
#别墅、高档公寓				50 000	50 744
安居工程		33 867		100 493	144 715
2.办公楼	14 900			26 870	41 770
3.商业营业用房	4 000	6 000		8 552	18 552
4.其他		44		1 630	2 822

年）　　　　单位：万元

业状况		资质等级			
停业	筹建	二级	三级	四级	其他
4 222	300	279 740	107 558	17 104	854
863		66 412	50 323	14 756	498
7		65 362	31 772	8 458	
		2 388	1 080		
7		61 774	30 451	8 438	
7		42 710	26 423	7 808	
7		56 189	26 960	8 438	
		39 941	22 694	7 808	
		1 011	162		
		189	79	20	
9		51 829	24 775	7 516	
		1 982	498	61	1
5		2 713	1 235	443	
43		562	109	2	
50	12	9 368	4 406	440	27
46		1 188	181		
7		102	245	22	
25	－12	1 118	903	－22	－28
	2 225	996 516	1 132 549	158 737	
	2 225	851 318	948 360	152 313	
		76 644	137 244		
		317 756	311 896	17 867	
		55 640	81 720		
		67 164	55 369	5 980	
		22 394	47 100	444	
		367 629	254 698	114 351	
		330 259	234 348	108 927	
		50 744			
		22 481	111 167	11 067	
		29 050	12 720		
		7 172	6 000	5 380	
		1 148	1 630	44	

指 标	总 计	国 有	集 体	其他经济	中 央
竣工房屋面积（平方米）	920 974	329 115	115 661	476 198	58 864
1. 住 宅	836 882	311 050	112 811	413 021	58 864
#别墅、高档公寓	24 644	18 900		5 744	
安居工程	251 755	111 747		140 008	
2. 办 公 楼	22 771	4 737		18 034	
3. 商业营业用房	36 619	3 747	350	32 522	
4. 其 他	24 702	9 581	2 500	12 621	
竣工房屋价值（万元）	66 023	20 789	7 862	37 372	2 945
1. 住 宅	58 771	19 362	7 659	31 750	2 945
#别墅、高档公寓	2 938	1 890		1 048	
安居工程	19 256	7 471		11 785	
2. 办 公 楼	1 792	251		1 544	
3. 商业营业用房	3 362	248	40	3 074	
4. 其 他	2 095	928	163	1 004	
商品房实际销售面积（平方米）	670 114	277 630	65 289	327 195	36 819
#外销（租）	8 566			8 566	
个 人	520 150	194 815	63 189	262 146	36 819
1. 住 宅	620 941	266 964	64 489	289 488	36 819
#别墅、高档公寓	19 391			19 391	
安居工程	135 650	70 713		64 937	
#个 人	479 028	181 572	62 389	235 067	36 819
2. 办 公 楼	16 241	1 741		14 500	
3. 商业营业用房	21 121	6 382		14 739	
4. 其 他	11 811	2 543	800	8 468	
商品房预售面积（平方米）	123 125	30 631		92 494	
#个 人	82 581	30 631		51 950	
1. 住 宅	108 497	30 631		77 866	
#别墅、高档公寓	26 143			26 143	
安居工程	3 851	2 000		1 851	
#个 人	87 193	30 631		56 562	
2. 办 公 楼	9 828			9 828	

单位：万元

国有	集体	其他经济	地方	国有	集体	其他经济	隶属关系	
							中央	省
	58 864		862 110	329 115	56 797	476 198	58 864	241 343
	58 864		778 018	311 050	53 947	413 021	58 864	212 377
			24 644	18 900		5 744		19 644
			251 755	111 747		140 008		79 658
			22 771	4 737		18 034		8 000
			36 619	3 747	350	32 522		8 885
			24 702	9 581	2 500	12 621		12 081
	2 945		63 078	20 789	4 917	37 372	2 945	17 014
	2 945		55 826	19 362	4 714	31 750	2 945	14 882
			2 938	1 890		1 048		1 938
			19 256	7 471		11 785		6 293
			1 795	251		1 544		560
			3 362	248	40	3 074		481
			2 095	928	163	1 004		1 091
	36 819		633 295	277 630	28 470	327 195	36 819	101 718
			8 566			8 566		
	36 819		483 331	194 815	26 370	262 146	36 819	88 837
	36 819		584 122	266 964	27 670	289 488	36 819	93 701
			19 391			19 391		2 744
			135 650	70 713		64 937		51 625
	36 819		442 209	181 572	25 570	235 067	36 819	85 918
			16 241	1 741		14 500		
			21 121	6 382		14 739		4 236
			11 811	2 543	800	8 468		3 781
			123 125	30 631		92 494		35 731
			82 581	30 631		51 950		35 731
			108 497	30 631		77 866		29 343
			26 143			26 143		26 143
			3 851	2 000		1 851		300
			87 193	30 631		56 562		29 343
			9 828			9 828		2 388

指标	隶属关系				营
	地区	县	乡镇	其他	营业
竣工房屋面积（平方米）	211 416	85 408	21 973	301 970	920 974
1.住宅	194 032	81 546	21 623	268 440	836 882
#别墅、高档公寓		5 000			24 644
安居工程	73 959	8 333		89 805	251 755
2.办公楼	11 155			3 616	22 771
3.商业营业用房	3 837	862	350	22 685	36 619
4.其他	2 392	3 000		7 229	24 702
竣工房屋价值（万元）	12 705	5 238	2 330	25 791	66 023
1.住宅	11 370	4 970	2 290	22 314	58 771
#别墅、高档公寓		1 000			2 938
安居工程	4 407	450		8 106	19 256
2.办公楼	959			276	1 795
3.商业营业用房	236	68	40	2 537	3 362
4.其他	140	200		664	2 095
商品房实际销售面积（平方米）	166 015	90 634	8 383	266 545	670 044
#外销（租）	8 566				8 566
个人	111 110	81 191	8 383	193 810	520 080
1.住宅	151 378	88 707	7 583	242 753	620 871
#别墅、高档公寓	4 887	11 440		320	19 391
安居工程	32 358	3 662		48 005	135 650
#个人	109 210	67 004	7 583	172 494	479 028
2.办公楼	5 900			10 341	16 241
3.商业营业用房	7 158	1 688		8 039	21 121
4.其他	1 579	239	800	5 412	11 811
商品房预售面积（平方米）	36 544	13 382		37 468	123 125
#个人	18 800	13 382		14 668	82 581
1.住宅	36 304	13 382		29 468	108 497
#别墅、高档公寓					26 143
安居工程	2 000	1 551			3 851
#个人	29 800	13 382		14 668	87 193
2.办公楼	240			7 200	9 828

年）　　　　单位：万元

业状况		资质等级			
停业	筹建	二级	三级	四级	其他
		443 034	368 460	109 480	
		404 090	325 072	107 720	
		24 644			
		119 630	116 992	15 133	
		6 800	15 971		
		19 651	15 208	1 760	
		12 493	12 209		
		34 830	25 097	6 096	
		31 594	21 201	5 976	
		2 938			
		9 614	8 562	1 080	
		752	1 043		
		1 330	1 912	120	
		1 154	941		
70		387 542	222 368	60 204	
		8 566			
70		277 126	187 320	55 704	
70		353 542	207 195	60 204	
		10 951	8 440		
		74 223	53 265	8 162	
		255 671	167 653	55 704	
		9 041	7 200		
		18 737	2 384		
		6 222	5 589		
		55 959	65 615	1 551	
		52 959	28 071	1 551	
		50 371	56 575	1 551	
		26 143			
		2 000	300	1 551	
		47 571	38 071	1 551	
		2 388	7 440		

指标	总计	国有	集体	其他经济	中央
3. 商业营业用房	3 800			3 800	
4. 其他	1 000			1 000	
商品房空置面积（平方米）	249 704	62 641	7 470	179 593	5 736
1. 住宅	204 649	55 255	7 470	141 924	5 736
# 别墅、高档公寓					
安居工程	25 780	13 506		12 274	
2. 办公楼	14 333			14 333	
3. 商业营业用房	26 177	4 918		21 259	
4. 其他	4 545	2 468		2 077	
商品房出租面积（平方米）	25 169	7 392	49	17 728	
# 外销（租）	3 028			3 028	
个人	49		49		
1. 住宅	3 077		49	3 028	
# 个人	49		49		
2. 办公楼	5 553	2 853		2 700	
3. 商业营业用房	16 539	4 539		12 000	
4. 其他					
商品房实际销售额（万元）	91 822	28 742	6 971	56 109	4 271
# 外销（租）	4 675			4 675	
个人	70 347	19 983	6 751	43 613	4 271
1. 住宅	84 747	27 117	6 891	50 739	4 271
# 别墅、高档公寓	3 946			3 946	
安居工程	15 691	6 563		9 128	
# 个人	64 175	18 230	6 671	39 274	4 271
2. 办公楼	1 561	244		1 317	
3. 商业营业用房	4 019	1 125		2 894	
4. 其他	1 495	256	80	1 159	

年）　　　　单位：万元

							隶属关系	
			地方				中央	省
国有	集体	其他经济		国有	集体	其他经济		
			3 800			3 800		3 000
			1 000			1 000		1 000
3 876		1 860	243 968	58 765	7 470	177 733	5 736	81 886
3 876		1 860	198 913	51 379	7 470	140 064	5 736	81 519
			25 780	13 506		12 274		5 770
			14 333			14 333		
			26 177	4 918		21 259		
			4 545	2 468		2 077		367
			25 169	7 392	49	17 728		2 087
			3 028			3 028		
			49		49			
			3 077		49	3 028		
			49		49			
			5 553	2 853		2 700		2 000
			16 539	4 539		12 000		87
	4 271		87 551	28 742	2 700	56 109	4 271	11 620
			4 675			4 675		
	4 271		66 076	19 983	2 480	43 613	4 271	9 969
	4 271		80 476	27 117	2 620	50 739	4 271	10 391
			3 946			3 946		510
			15 691	6 563		9 128		5 041
	4 271		59 904	18 230	2 400	39 274	4 271	8 714
			1 561	244		1 317		
			4 019	1 125		2 894		546
			1 495	256	80	1 159		683

指标	隶属关系				营
	地区	县	乡镇	其他	营业
3. 商业营业用房				800	3 800
4. 其他					1 000
商品房空置面积（平方米）	71 450	24 232		66 400	242 204
1. 住宅	47 112	19 247		51 035	197 149
#安居工程	13 506	3 840		2 664	25 780
2. 办公楼	4 145			10 188	14 333
3. 商业营业用房	18 486	2 884		4 807	26 177
4. 其他	1 707	2 101		370	4 545
商品房出租面积（平方米）	8 782	1 600		12 700	25 169
#外销（租）	3 028				3 028
个人	49				49
1. 住宅	3 077				3 077
#个人	49				49
2. 办公楼	2 853			700	5 553
3. 商业营业用房	2 852	1 600		12 000	16 539
商品房实际销售额（万元）	23 962	10 022	550	41 397	91 815
#外销（租）	4 675				4 675
个人	13 969	8 309	550	33 279	70 340
1. 住宅	21 740	9 668	470	38 207	84 740
#别墅、高档公寓	940	2 417		79	3 946
安居工程	2 985	190		7 475	15 691
#个人	13 670	6 803	470	30 247	64 175
2. 办公楼	909			652	1 561
3. 商业营业用房	1 181	304		1 988	4 019
4. 其他	132	50	80	550	1 495

年）

单位：万元

业状况		资质等级			
停业	筹建	二级	三级	四级	其他
		3 200	600		
			1 000		
7 500		107 456	123 378	17 010	1 860
7 500		68 566	118 013	16 210	1 860
		15 250	6 690	3 840	
		12 588	1 745		
		23 464	1 913	800	
		2 838	1 707		
		17 815	7 354		
		3 028			
			49		
		3 028	49		
			49		
		2 700	2 853		
		12 087	4 452		
7		56 391	29 557	5 874	
		4 675			
7		40 072	25 031	5 244	
7		51 031	27 842	5 874	
		2 169	1 777		
		9 521	5 350	820	
		36 441	22 490	5 244	
		1 405	156		
		3 289	730		
		666	829		

5—13 房地产利用外资

（2000 年）

单位：万元

国别	总计	
		直接投资
合计	**15 910**	**15 910**
香港	13 707	13 707
澳门	425	425
菲律宾	608	605
法国	150	150
美国	1 020	1 020

5—14 城镇和工矿区私人建房

（2000 年）

	城镇、工矿区（个）	竣工房屋建筑面积（万平方米）		竣工房屋价值（万元）		建房户数（户）
			住宅		住宅	
总计	**28**	**34.30**	**28.08**	**10 392**	**8 636**	**1 941**
#农业户		27.30	22.80	8 213	6 987	1 558
1. 市	1	9.50	7.50	2 915	2 332	470
#农业户		6.20	5.10	1 891	1 584	310
2. 县城	4	8.3	7.08	2 511	2 173	650
#农业户		6.3	5.20	1 897	1 591	502
3. 镇	23	16.50	13.50	4 966	4 131	820
#农业户		14.80	12.50	4 425	3 812	746

5—15 新增主要生产能力

（2000 年）

能力名称	计量单位	总计	基本建设	更新改造	其他投资	城镇集体
输电线路长度（11 万伏及以上）	公里	4.5	4.5			
变电设备能力（11 万伏及以上）	万千伏安	83	83			
中成药	吨/年	500		500		
电力电缆	公里	8		8		
塑料制品	万吨/年	0.1			0.10	0.10
移动通信基站设备	信道/年	16 889	16 889			
程控交换机	万线/年	68	68			
新建公路	公里	8	8			
二级公路	公里	8	8			
改建公路	公里	5	5			
二级公路	公里	5	5			
船舶购置	艘	3		3		
	载客量：客位	84		84		
长途电缆	延长公里	299	299			
高等院校：学生席位	个	1 520	1 520			
建筑面积	平方米	2 584	2 584			
中等学校：学生席位	个	2 604	2 604			
建筑面积	平方米	8 804	8 804			
小学校：学生席位	个	2 339	2 339			
建筑面积	平方米	6 363	6 363			
医院病床	张	499	499			
城市公共交通车辆购置	辆	204		204		
城市道路扩建长度	公里	19	19			

主 要 统 计 指 标 解 释

全社会固定资产投资 固定资产投资是社会固定资产再生产的主要手段。通过建造和购置固定资产的活动，国民经济不断采用先进技术装备，建立新兴部门，进一步调整经济结构和生产力布局，增强经济实力，为改善人民物质文化生活创造物质条件。

固定资产投资额是以货币表现的建造和购置固定资产活动的工作量，它是反映固定资产投资规模、速度、比例关系和使用方向的综合质量指标。全社会固定资产投资包括国有经济单位投资，城乡集体经济制单位投资、其他各种经济类型的单位投资和城乡居民个人投资。按照我国计划管理体制，国有经济单位固定资产投资总额分为基本建设、更新改造、商品房屋建设投资和其他固定资产投资；城乡集体经济单位投资包括城镇集体经济单位投资和农村集体经济单位投资；城乡居民个人投资包括城市、县城、镇、工矿区所辖范围内的个人建房和农村个人建房及购买生产性固定资产（使用年限在二年以上，单位价值在50元以上的生产资料）的投资。

基本建设投资 基本建设是企业、事业、行政单位以扩大生产能力或工程效率为主要目的的新建、扩建工程及有关工作。包括工厂、矿山、铁路、桥梁、港口、农田水利、商店、住宅、学校、医院等工程的建造和机器设备、车辆、船舶、飞机等的购置。

基本建设投资额是以货币表现的基本建设完成的工作量，是反映一定时期内基本建设规模和建设进度的综合性指标，它是根据工程的实际进度按预算价格（预算价格是编制施工图预算时所用的价格）计算的工作量。没有形成工程实体的建筑材料和没有开始安装的设备，都不计算投资完成额。

更新改造投资 更新改造是指企业、事业单位对原有设施进行固定资产更新和技术改造，以及相应配套的工程和有关工作（不包括大修和维护工程）。更新改造投资是以货币表现的更新改造完成的工作量。根据我国现行统计制度，基本建设和更新改造的划分是：（1）列入基本建设计划的项目作为基本建设投资，列入更新改造计划的项目作为更新改造投资；（2）更新改造计划与基本建设计划结合安排的项目和未列入计划的项目，根据工程性质分别作为基本建设投资或更新改造投资。属于对企业、事业单位原有设施进行技术改造或更新的项目和增建主要生产车间、分厂等，其新增生产能力或效益尚未达到大中型标准的项目，以及由于城市环境保护和安全生产的需要而进行的迁建工程，作为更新改造投资。

房地产开发投资 是指各种经济类型的房地产开发公司、商品房建设公司及其他房地产开发单位统一开发的商品住宅、厂房、仓库、饭店、宾馆、度假村、写字楼、办公楼等房屋建筑物和配套的服务设施，以及土地开发工程，如道路、给水、排水、供电、供热、通讯、平整场地等工程完成的投资。房地产开发投资不包括单纯的土地交易活动和房地产开发单位本身自建自用的房屋、设备购置等投资。

固定资产投资按国民经济行业分 建设项目归哪个行业按它建成投产后的主要产品或主要用途及社会经济活动性质来确定。基本建设项目划分国民经济行业，更新改造、全民所有制单位其他固定资产投资及城镇集体投资根据整个企业、事业单位所属的行业来划分。一般情况下，一个建设项目或一个企业、事业单位只能属于一种国民经济行业。为了更准确地反映国民经济各行业之间的比例关系，联合企业（总厂）所属分厂属于不同行业的，原则上按分厂划分行业。

固定资产投资按建设性质分 建设项目的性质一般分为新建、扩建、改建、迁建、恢复。基本建设按建设项目划分建设性质，更新改造、国有单位其他固定资产投资及城镇集体投资按整个企业、事业单位的建设情况确定建设性质。目前基本建设和更新改造是根据我国现行的计划管理体制区分的，所以基本建设和更新改造都可以分别按新建、扩建和改建等划分。

（1）**新建** 一般是指从无到有，“平地起家”新开始建设的单位。有的单位原有的基础很小，经过建设后其新增加的固定资产价值超过原有固定资产价值（原价）三倍以上的也算新建。

（2）**扩建** 一般是指为扩大原有产品的生产能力，在厂内或其他地点增建主要生产车间（或主要工程）、独立的生产线或总厂之下的分厂的企业；事业单位和行政单位在原单位增建业务用房（如学校增建科学用房、医院增建门诊部或病床用房，行政机关增建办公楼等）也作为扩建。

（3）**改建** 一般是指现有企业、事业单位为了技术进步，提高产品质量增加花色品种，促进产品升级换代、降低消耗和成本，加强资源综合利用和三废治理，以及劳保安全等，采用新技术、新工艺、新设备、新材料等对现有设施、工艺条件进行技术改造或更新（包括相应配套的辅助性生产、生活福利设施）。有的企业为充分发挥现有生产能力，进行填平补齐而增建不增加本单位主要产品生产能力的车间等，也属于改建。

固定资产投资按构成分 固定资产投资活动按其工作内容和实现方式分为建筑工程，安装工程，设备、工具器具购置，其他费用四个部分。

（1）**建筑工程（建筑工作量）** 指各种房屋、建筑物的建造工程。包括各种房屋建造工程；各种用途设备基础和各种工业窑炉的砌筑工程；为施工而进行的各种准备工作和临时工程以及完工后的清事工作等；铁路、道路的辅设，矿井的开凿及石油管道的架设等；水利工程；防空地下建筑等特殊工程。

（2）**安装工程（安装工程量）** 指各种设备、装置的安装工程。包括各种机械设备的安装工程；为测定安装工作质量，对设备进行试运行工作。

在安装工程中，不包括被安装设备本身的价值。

（3）**设备、工具、器具购置** 指购置或自制达到固定资产标准的设备、工具、器具的价值。固定资产的标准按财务部门规定。新建单位、扩建单位的新建车间，按照设计和计划要求购置或自制的全部设备，工具、器具，不论是否达到固定资产标准均计入“设备、工具、器具购置”中。

（4）**其他费用** 指除建筑安装工程和设备、工具、器具购置以外的投资完成额。它包括两种性质的费用，一种是属于增加固定资产的费用，主要有：建设单位管理费、土地、青苗等补偿费和安置补助费、勘察设计费、研究实验费、农林单位牲畜购置费、各种经济林木的营造费、办公和生活家具、器具购置费、引进技术和进口设备项目的其他费用、联合试运转费等；一种是属于不增加固定资产的费用，主要有：施工机械转移费、生产职工培训费、农业开荒费用及报废工程损失费等。

基本建设项目按大中小型划分 基本建设划分大中小型项目原则上应按照上级批准的设计任务书或初步设计所确定的总规模或总投资划分，没有正式批准设计任务书或初步设计的，按国家或省、自治区、直辖市年度基本建设投资计划中所列的总规模或总投资划分，下述两条均不具备的，按本年计划施工工程的建设总规模或总投资划分。生产单一产品的工业项目，按产品的设计能力划分；生产多种产品工业项目，按其主要产品的设计能力划分；品种繁多，难以按生产能力划分的，按全部设计投资额划分。划分标准以国家颁发的《大中小型建设项目划分标准》为依据，国家曾在1958年、1962年、1972年、1977年和1979年五次修订《大中小型建设项目划分标准》。因此各历史时期的大中小型项目数不完全可比。

施工项目 指报告期内曾进行建筑或安装施工活动的建设项目。包括报告期内新开工项目，报告期以前开工跨入报告期继续施工的项目，报告期施工并在报告期内全部建成投产或缓建的项目。

全部建成投产项目 工业项目是指设计文件规定形成生产能力的主体工程及其相应配套的辅助设施全部建成，经负荷试运转，证明具备生产设计规定合格产品的条件，并经过验收鉴定合格或达到竣工验收标准，与生产性工程配套的生活福利设施可以满足近期正常生产的需要，正式移交生产的建设项目；非工业项目是指设计文件规定的主体工程和相应的配套工程全部建成，能够发挥设计规定的全部效益，经验收鉴定合格或达到竣工验收标准，正式移交使用的建设项目。

新增生产能力 指通过固定资产投资活动而增加的设计能力或工程效益，它是用实物形态表示的固定资产投资的成果。新增生产能力的计算，是以能独立发挥生产能力或效益的单项工程（或项目）为对象。当单项工程（或项目）建成，经有关部门鉴定合格、正式移交投入生产，即可计算新增生产能力。新增生产能力的数量一般按设计能力计算。设计文件中规定的在正常情况下能够达到的生产能力，而不论投产后的实际产量如何。以设备数量、建筑物容积、面积、长度等表示为新增生产能力（或效益），则按建成的实际数量计算。

施工和竣工房屋建筑面积 房屋建筑面积是从房屋外墙线算起的各层平面面积的总和，包括房屋结构（如柱、墙）占用的面积和地下室面积。多层建筑按各自然层面积计算，包括房屋内的楼隔层，突出墙面的眺望间、门斗、有柱雨罩的面积。不包括突出墙面结构的构件、艺术装饰等所占的面积，如台阶等。凹阳台、挑台阳按其水平投影面积一半计算建筑面积。

施工面积 指报告期内施工的全部房屋建筑面积。包括本期新开工的面积和上期开工跨入本期继续施工的房屋面积，以及上期已停建在本期继续施工的房屋建设面积。

竣工面积 指在报告期内房屋建筑按照设计要求已全部完工，达到住人和使用条件，经验收鉴定合格的正式移交使用的单位的建筑面积。

新增固定资产 指通过投资活动所形成的新的固定资产价值。包括已经建成投入生产或交付使用的工程价值和达到固定资产标准的设备、工具、器具，投资及有关应摊入的费用。它是以价值形式表示的固定资产投资成果的综合性指标，可以综合反映不同时期、不同部门、不同地区的固定资产投资成果。

六、城市公用事业

URBAN PUBLIC UTKITIES

本篇内容包括：

1. 城市自来水供应
2. 市政公共设施
3. 城市公共交通
4. 园林绿化
5. 环境保护，环境卫生
6. 用电情况

资料整理

李曰曰
孔莉莉
刘颜生

城 市 供 水

1978年供水能力 23 万吨/日

供水总量 7636 万吨

2000年供水能力 141 万吨/日

供水总量 47289 万吨

全 市 用 电 量

1978年用电量总计 12.5 亿千瓦时

2000年用电量总计 36.08亿千瓦时

6—1 城 市 自 来 水 供 应

（2000年）

项　　目	全　市	城　区	县　城
水厂个数（个）	9	6	3
综合生产能力（万立方米/日）	141.27	129.27	12
年末供水管长度（公里）	1 386.1	1 300	86.1
全年供水总量（万立方米）	47 289	45 423	1 866
#生 产 用 水（万立方米）	6 363	5 646	717
生 活 用 水（万立方米）	15 915	14 445	1 470
用 水 人 口（万人）	192.38	170.22	22.16
#非农业人口（万人）	152.61	133.94	18.67
平均每人每天生活用水（升）	414.24	232.5	181.74
自来水普及率（%）	98	100	95
实 际 利 润（万元）	1 369.9	1 256.9	13.00

6—2 市政公用设施

（2000年）

项目	全市	城区	城建系统内	城建系统外	县城
一、道路总长度（公里）	704.87	584	404	180	120.87
二、道路总面积（万平方米）	832.84	684.18	553.64	130.54	148.66
三、人行道总面积（万平方米）	278.29	173.17	159.44	13.73	105.12
四、桥梁（座）	113	85	70	15	28
#普通桥（座）	86	59	47	12	27
立交桥（座）	21	20	17	3	1
人行天桥（座）	6	6	6		
五、排水管长度（公里）	486.02	413.25	357.91	55.34	72.77
六、城镇路灯盏数（盏）	20 588	16 928	14 856	2 072	3 660
七、液化气储气能力（吨）	560	560	560		
八、液化气供应总量（吨）	30 195	30 195	2 080	28 115	
#家庭用（吨）	30 195	30 195	2 080	28 115	
九、液化气用气户数（万户）	20.74	20.74	2	18.74	
#家庭户（万户）	20.74	20.74	2	18.74	
十、液化气用气人口（万人）	78.62	78.62	7.58	71.01	
十一、煤气供应总量（万立方米）	2 339.5	2 339.5	2 147	192.5	
#家庭用量（万立方米）	2 307.5	2 307.5	2 115	192.5	
十二、煤气用气户数（万户）	10.03	10.03	9.2985	0.74	
#家庭户（万户）	10.03	10.03	9.2916	0.74	
十三、煤气用气人口（万人）	38.04	38.04	35.24	2.8	
十四、气化率（%）	87.1	87.1	87.1		

6—3 城 市 公 共 交 通

项 目	1999	2000
一、年末实有营运车辆（辆）	**1 137**	**867**
公共汽车	1 065	795
电 车	72	72
二、年末营运线路长度（公里）	**1 096**	**1 238.5**
公共汽车	1 074.50	1 217
电 车	21.50	21.5
三、全年客运量（万人次）	[illegible]	**27 593**
公共汽车	14 635	21 289
四、全年实现利润总额（万元）	**－603**	**－150.11**
五、行车责任事故（次）	**15**	26
六、年末出租汽车营运车数（辆）	**2 896**	2 896

6—4 城　市　园　林　绿　化

（2000年）

项　　目	城　　区	城建系统内	城建系统外
城市园林绿地面积（公顷）	2 203.99	722.13	1 481.86
公共绿地面积（公顷）	660.52	439.32	221.2
人均公共绿地面积（平方米）	4.93		
城市绿化覆盖面积（公顷）	2 334.95	831.03	1 503.92
建成区绿化覆盖率（%）	34.34		
苗 圃 面 积（公顷）	87.40	87.40	
公园（含动物园）个数（个）	15	10	5
公 园 面 积（公顷）	288.98	161.98	127
全年游园人数（万人次）	283	280	3

6—5 城 市 环 境 卫 生

（2000年）

项 目	城 区
全年清扫面积（万平方米）	568
#机械化清理面积	274
全年清运生活垃圾（万吨）	41.5
生活垃圾无害化处理（万吨）	41.5
公共厕所数（座）	278
粪便无害化处理（万吨）	0.66
环卫机械数量（辆）	121
清洁卫生工作人员（人）	5 682
垃圾中转站（座）	72
果 壳 箱（个）	2 595

6—6 全 市 用 电 量

单位：万千瓦小时

行 业	1999	2000
总 计	**332 203**	**360 835**
农、林、牧、渔、水利业	63 618	35 515
工 业	194 632	232 292
地质普查勘探业	909	1 664
建 筑 业	1 123	1 696
交通运输、邮电业	6 191	6 347
商业、饮食及物资供销业	3 478	12 023
其 他 事 业	15 381	18 249
居民生活用电	46 871	53 049
乡 村	10 785	10 260
城 市	36 086	42 789

6—7 环 境 保 护

（2000 年）

项目	全市	市区
一、废水		
废水排放总量（万吨）	18 473.04	17 870.21
#工业废水	7 239.04	6 636.21
符合标准的	4 087.46	3 971.63
废水处理总量（万吨）	10 569.74	10 471
#工业废水	10 569.74	10 471
工业废水处理回用量	6 890.82	6 871.42
二、废气		
废气排放总量（万标立方米）	3 630 155	3 587 788
#工业废气	3 630 155	3 587 788
经过处理的	2 847 948	2 806 789
工业二氧化硫去除量（吨）	6 729.13	6 579.63
工业二氧化硫排放量（吨）	34 325.37	24 659.20
三、烟尘去除量（吨）	**429 278.78**	**428 151.40**
烟尘排放量	33 750.52	16 028.11
四、工业粉尘		
去除量（吨）	72 240.41	72 156.55
排放量（吨）	5 467.59	5 456.94
五、工业固体废物		
产生量(万吨)	120.15	113.18
排放量(万吨)	0.62	0.07
处置量(万吨)	8.54	8.51
利用量(万吨)	92.63	91.21
六、其他		
当年完成治理污染项目（项）	27	27
污染治理资金使用量（万元）	4 920.5	4 920.5
“三废”综合利用产品产值（万元）	2 226.4	1 892.6
“三废”综合利用实现利润（万元）	598.6	469.1

主要统计指标解释

年末自来水生产能力　指年末城建部门管理的自来水厂和社会单位自备水源的取水、净化、送水出厂输水干管等环节的实际生产能力。

年末供水管道长度　指从送水泵至用户水表之间所有管道的长度。

全年供水总量　指公用自来水厂和社会单位自备水源全年的供水总量，包括有效供水量及损失水量。

生活用水量　指居民日常生活与公共福利设施的用水量。包括饮食店、旅馆、医院、理发店、浴池、洗衣店、游泳池、商店、学校、机关、部队等单位的用水量。

年末实有铺装道路长度　指除土路外，路面经过铺装宽度在3.5米以上的道路，包括高级、次高级道路和普通道路。

城市下水道总长度　指所有排水总管、干管、支管及暗渠、检查井、连接井进出水口等长度之和。

年末实有公共汽（电）车辆　指年底可参加营运的全部车辆数。包括年底营运车辆数和库存查封未参加营运的车辆，不包括非营运车辆，如架线车、油罐车、工程车、货车及其他专用车辆和借入的客运车辆。

营运线路长度　指设置的固定营运线路长度，包括郊区营运线路长度。不包括临时行驶的线路长度。

城市园林绿地面积　指城市公共绿地、专用绿地、生活绿地、防护绿地、郊区风景名胜区的全部面积。

公共绿地　指供游览休息的各种公园、动物园、植物园、陵园以及花园、游园和供游览休息用的林荫道绿地、广场绿地。不包括一般栽植的行道树及林荫道的面积。

废水排放总量　包括生产废水和生活污水。生产废水指企、事业单位在生产、科研过程中向外环境排放的所有排放口的废水量总和。生活污水指城镇居民区和企事业单位职工集中居住区排放的污水量。

工业废水排放量　指经过企业所有排放口排到企业外的生产废水总量，包括外排的直接冷却水和矿区超标排放的有毒有害矿井地下水，但不包括外排的间接冷却水（清污不分流的应计算在内）。

符合排放标准的工业废水量　指全面达到国家排放标准的外排工业废水量（包括经过处理和未经过处理的），但不包括虽经处理仍未达到国家排放标准的工业废水。国家尚未正式颁布标准的，以地方制定的标准为准。

工业废水处理量　指报告期内各种水治理设施实际处理的工业废水量，包括处理后外排的和处理后回用的工业废水量。虽经处理但未达到国家或地方排放标准的废水量也应计算在内。计算时，如遇有车间和厂排放口均有治理设施，并对同一废水分级处理时，不应重复计算工业废水处理量。

工业废气排放量　指企业厂区燃料燃烧和生产工艺过程中产生的各种排入空气的含有污染物的气体的总量，以标准状态［273K，101325Pa］计。

净化处理的废气量　指生产工艺过程中排放的废气经过各种处理装置净化、处理的量。

工业粉尘排放量　指企业在生产工艺过程中排放的颗粒物重量。如钢铁企业的耐火材料粉尘、焦化企业的筛焦系统粉尘、烧结机的粉尘、石灰窑的粉尘、建材企业的水泥粉尘等。不包括电厂排入大气的烟尘。

工业粉尘回收量　指经过各种回收处理装置回收的工业粉尘和尘泥量（包括干法和湿法）。

工业固体废物产生量　指企业在生产过程中产生的固体状、半固体状和高浓度液体状废弃物的总量，包括危险废物、冶炼废渣、粉煤灰、炉渣、煤矸石、尾矿、放射性废物和其他废物等；不包括矿山开采的剥离废石和掘进废石（煤矸石和呈酸性或碱性的废石除外）。酸性或碱性废石是指采掘的废石其流经水、雨淋水的PH值小于4或PH值大于10.5。

工业固体废物处置量　指将固体废物焚烧或者最终置于符合环境保护规定要求的场所并不再回取的工业固体废物量（包括当年处置往年的工业固体废物累计贮存量）。处置方法如：填埋（其中危险废物应安全填埋）、焚烧、专业贮存场（库）封场处理、深层灌注、回填矿井等。

工业固体废物排放量　指将所产生的固体为物排到固休废物污染防治设施、场所以外的量。不包括矿山开采的剥离为石和掘进废石（煤矸石和呈酸性或碱性的废石除外）。

“三废”综合利用产品利润　指利用“三废”（废液、废气、废渣）生产的产品，销售后所得到的利润。

二氧化硫排放量　指企业在燃烧和生产工艺过程中排入大气的二氧化硫量。

工业固体废物综合利用量　指通过回收、加工、循环、交换等方式，从固体废物中提取或者使其转化为可以利用的资源、能源和其他原材料的固体废物量（包括当年利用往年的工业固体废物累计贮存量）。如用作农业肥料、生产建筑材料、筑路等。综合利用量由原产生固体废物的单位统计。

“三废”综合利用产品产值　指利用“三废”（废液、废气、废渣）作为主要原料生产的产品产值（现价），已经销售或准备销售的，应计算产品产值；但留作生产上自用的，不应计算产品产值。

七、外贸和旅游

FOREIGN ECONOMIC TRADE AND TOURISM RELATIONS

本篇内容包括：

1. 外贸出口情况
2. 接待国际旅游情况
3. 旅游涉外饭店（宾馆）主要经济指标

资料整理

钟　秀
刘　程
褚艳红
熊慧平

外 贸 出 口

(2000)

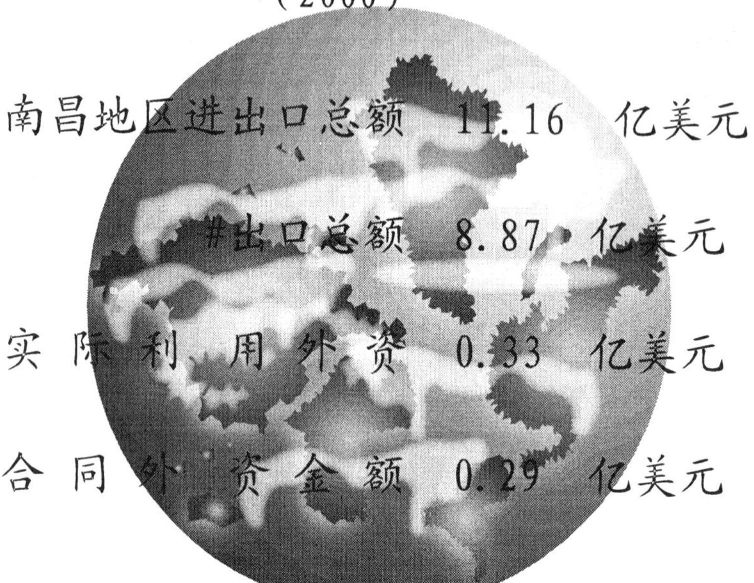

南昌地区进出口总额 11.16 亿美元

#出口总额 8.87 亿美元

实 际 利 用 外 资 0.33 亿美元

合 同 外 资 金 额 0.29 亿美元

旅 游

(2000)

旅游外汇收入 2578万美元

接待海外旅游者 3.70万人

外 国 人 1.99万人

7—1 海关进出口总值

单位：万美元

项目	1999	2000	2000年比上年增长（%）
进出口总值	98 680	111 555	13.0
#出口总值	71 407	88 728	24.3
进口总值	27 273	22 827	－16.3

7—2 实际利用外资

单位：万美元

项目	1988	1989	1990	1992	1993	1994	1995	1998	1999	2000
合计	**532**	**1 197**	**1 129**	**4 242**	**10 418**	**13 578**	**12 537**	**13 635**	**13 360**	**3 288**
一、对外借款	**149**	**783**	**634**	**376**	**1 360**	**2 139**	**5 115**			
二、外商直接投资	**148**	**322**	**393**	**3 866**	**9 058**	**11 439**	**7 422**	**13 635**	**13 209**	**3 141**
合资经营	113	184	149	3 137	6 280	6 030	4 132	7 059	9 493	2 654
合作经营	15	77	203	203	1 206	1 769	720	1 103	600	2
独资经营	20	61	41	526	1 572	3 640	2 570	5 473	3 116	485
三、无偿援助									**151**	

7—3　1993—2000年签订利用外资协议（合同）

项目	1993 项目（个）	1993 金额（万美元）	1994 项目（个）	1994 金额（万美元）	1995 项目（个）	1995 金额（万美元）	1996 项目（个）	1996 金额（万美元）
合计	**620**	**46 953**	**212**	**15 324**	**106**	**7 579**	**64**	**12 419**
一、对外借款					**2**	**1 195**		
二、外商直接投资	**620**	**46 953**	**212**	**15 324**	**104**	**6 384**	**64**	**12 419**
合资经营	471	31 493	136	7 086	59	2 696	40	8 615
合作经营	19	2 471	11	3 695	1	325	1	540
独资经营	130	12 981	65	4 543	44	3 363	23	3 264
三、无偿援助								

项目项目	1997 项目（个）	1997 金额（万美元）	1998 项目（个）	1998 金额（万美元）	1999 项目（个）	1999 金额（万美元）	2000 项目（个）	2000 金额（万美元）
合计	**64**	**13 610**	**74**	**11 740**	**52**	**12 007**	**43**	**2 856**
一、对外借款					**1**	**360**		
二、外商直接投资	**64**	**13 610**	**74**	**11 740**	**50**	**12 007**	**43**	**2 856**
合资经营	24	2 798	41	6 642	22	6 252	23	1 932
合作经营	5	7 033	3	1 510		590	2	42
独资经营	35	3 779	30	3 588	28	5 165	18	882
三、无偿援助					**1**	**151**		

7—4 旅游涉外饭店（宾馆）主要经济指标

单位：万元

项　　　　目	1999	2000
营业收入总额	28 509	30 457
营业成本	6 369	7 121
营业费用	12 148	12 341
营业税金及附加	1 426	1 526
经营利润	8 566	9 469
管理费用	10 316	11 097
财务费用	3 127	2 915
营业利润	－4 877	－4 543
投资收益	89	73
营业外收支差	1	－1
利润总额	－4 787	－4 471

7—5 接待海外旅游者人数和天数

项目	接待人数(人)		接待天数(天)	
	1999	2000	1999	2000
合计	**34 141**	**37 010**	**133 577**	**144 588**
外国人	16 686	19 896	72 071	76 177
华侨	60		241	
港澳同胞	10 188	9 905	36 250	47 860
台湾同胞	7 207	7 209	25 015	20 551

7—6 1991—2000年旅游外汇收入、接待人数

年份	旅游外汇收入(万美元)		接待海外旅游者人数(人)	
	绝对值	比上年增长%	绝对值	比上年增长%
1991	250	40.5	21 330	19.2
1992	405	62.0	19 370	-9.2
1993	633	56.3	16 287	-15.9
1994	981	54.9	15 432	-5.3
1995	888	-9.5	19 871	28.8
1996	1 171	31.9	23 832	19.9
1997	1 478	26.2	30 018	26.0
1998	1 743	17.9	28 722	-4.3
1999	2 155	23.6	34 141	18.9
2000	2 578	19.6	37 010	8.4

7—7 外国旅游者人数

单位：人

国别	1999	2000
合计	**16 686**	**19 896**
#日本	4 296	4 311
菲律宾	404	147
新加坡	1 018	745
泰国	287	338
印尼	61	83
马来西亚	524	344
韩国	345	405
印度	147	172
美国	3 882	4 509
加拿大	707	660
英国	867	1 196
法国	288	650
德国	265	545
意大利	244	262
瑞士	59	100
瑞典	42	164
荷兰	128	1 014
俄罗斯	19	139
西班牙	56	76
澳大利亚	342	338
新西兰	44	102

7—8 星级宾馆一览表

项　目	客房数（间）	电　话	地　址	邮　编
四星级				
江西宾馆	228	6221133	八一大道368号	330008
锦峰大酒店	168	6418888	站前西路281号	330002
三星级				
青山湖宾馆	225	6361162	福州路169号	330006
赣江宾馆	298	6221159	八一大道138号	330006
富洲大酒店	110	6286668	孺子路37号	330003
华鑫大酒店	132	6777888	象山北路237号	330008
裕丰大酒店	167	6815555	阳明路393号	330006
环湖宾馆	172	6288999	环湖路99号	330006
洪都宾馆	277	6829999	阳明路249号	330006
江西饭店	382	6212123	八一大道356号	330006
二星级				
南昌宾馆	227	6271281	八一大道16号	330008
象山宾馆	99	6771723	象山北路222号	330008
良茂大厦	107	6101185	洛阳路25号	330002
八一宾馆	137	6109696	洛阳路117号	330002
江龙大酒店	251	8611836	洪都北大道10号	330046
惠苑宾馆	80	6221144	福州路4号	330006
江铃宾馆	92	5233348	迎宾大道270号	330001

主 要 统 计 指 标 解 释

外贸出口商品收购额 指对外贸易企业单位以现金或通过银行划拨等方式，从对外贸易系统以外的单位或个人购进直接供应出口的以及经过加工后再供应出口的商品总额。

外贸进出口总额 对外贸易进出口总额是指从国外（境外）进入国境的进口商品和从国内运出国境的出口商品的总金额，包括一般贸易（含进料加工）、技术成套设备进口和出口、补偿贸易、来料加工装配、易货贸易以及中外合资、合作和外商独资企业的进口和出口等。外贸进口按到岸价格（CIF）计算，出口按离岸价格（FOB）计算。

利用外资 是指我国各级政府、部门、企业、中国银行和其他单位通过对外借款、吸收外商直接投资和用其他方式筹措的境外现汇、设备、技术等。不包括赠款、援款。

对外借款 是我国利用外资的主要部分，包括我国通过外国政府贷款、国际金融组织贷款、外国银行商业贷款、出口信贷以及对外发行证券等方式，从国外和港澳地区筹措的资金。

外商直接投资 是指外国企业和经济组织或个人（包括华侨、港澳同胞以及我国在境外注册的企业）按我国有关政策、法规，用现汇、实物、技术等在我国境内开办外商独资企业、与我国境内的企业或经济组织共同举办中外合资经营企业、合作经营企业或合作开发资源的投资（包括外商投资收益的再投资）以及政府有关部门批准的项目投资总额内，企业从境外借入的资金。

外商其他投资 指对外借款和外商直接投资以外，用其他方式吸收的外资，包括补偿贸易、加工装配以及国际租赁等。

旅游人数 是指来我国参观、访问、旅行、探亲、访友、休养、考察、参加会议和从事经济、科技、文化、教育、体育、宗教等活动的外国人、港澳和台湾同胞的人数。不包括外国在我国的常驻机构，如领使馆、通讯社、企业办事处的工作人员和来我国常住的外国专家和留学生等。

旅游外汇收入 指国内各部门为来我国旅游的外国人、华侨、港澳和台湾同胞提供商品和劳务而得到的外汇收入。包括供应商品、饮食和提供住宿、交通、邮电、文化娱乐、导游等各项服务所得的全部外汇收入。

八、财政、金融、保险

PUBLIC FINANCE, BANKING AND INSURANCE

本篇内容包括：

1. 财政收支
2. 银行存贷款及现金收支
3. 保险业务
4. 证券业务

资料整理

余　飞

177/197

财 政 收 支

（2000）

财　政总收入	44.59	亿元
地方财政收入	19.14	亿元
地方财政支出	23.79	亿元

金　　融

金融机构存款	627.48	亿元
金融机构贷款	400.74	亿元
货币净回笼	100.05	亿元

8—1 历年财政总收入和财政支出

单位：万元

年份	财政收入合计	企业收入	各项税收	工商税收类	其他收入	财政支出合计	文教、科学、卫生事业费支出	行政管理费支出
1949	56	1	54		1	18		18
1950	1 910	4	1 303		233	149		80
1951	2 357	23	1 696	1 427	207	428		84
1952	3 653	46	3 111	1 865	395	804		314
1953	4 571	71	3 784	3 112	194	933	377	366
1954	4 363	85	3 518	3 069	139	1 086	515	361
1955	5 341	98	4 578	3 914	166	1 335	686	402
1956	6 800	140	5 825	5 242	139	1 791	764	559
1957	7 779	262	7 225	6 153	293	1 776	838	491
1958	9 871	1 004	8 556	7 486	59	3 658	720	458
1959	15 333	4 767	10 546	9 575	20	5 170	803	553
1960	18 113	6 827	10 665	9 576	48	5 421	1 224	557
1961	9 740	2 497	7 203	6 463	40	1 895	985	611
1962	9 689	1 514	8 112	7 485	64	1 806	904	512
1963	10 157	1 543	8 551	7 691	61	2 890	878	393
1964	10 985	1 343	9 588	8 713	53	3 135	961	424
1965	11 911	1 596	10 232	9 317	85	3 022	968	569
1966	12 860	2 299	10 515	9 514	37	3 162	1 125	642
1967	10 922	2 988	7 823	7 169	24	3 004	1 256	399
1968	13 413	4 370	8 944	8 860	98	2 880	1 157	578
1969	21 420	10 101	11 216	11 170	110	5 685	1 178	519
1970	29 507	13 830	15 588	14 684	89	10 408	947	661
1971	28 261	12 680	15 508	14 585	35	9 639	1 196	847
1972	26 081	11 087	14 912	13 957	83	9 360	1 484	880
1973	23 132	6 076	17 022	16 275	34	5 429	1 676	943
1974	12 875	－131	12 980	12 054	24	5 696	1 954	979
1975	16 089	966	15 090	14 207	32	6 078	2 032	951
1976	9 320	－3 001	12 262	11 351	60	6 178	2 045	978
1977	19 231	1 779	17 395	16 504	56	6 761	2 235	989
1978	25 486	4 316	21 091	19 505	78	9 046	2 703	1 036
1979	29 645	6 283	23 329	22 331	31	12 452	3 180	1 034
1980	34 194	7 639	24 194	23 509	31	11 411	3 563	1 040
1981	37 608	8 805	27 216	25 545	106	12 589	3 904	1 399
1982	37 864	7 165	28 969	28 086	311	12 449	4 411	1 450
1983	39 338	6 632	31 038	30 101	420	13 456	4 707	1 692
1984	42 362	6 605	34 388	33 250	368	17 687	5 467	2 315
1985	55 665	1 285	53 337	55 887	1 043	24 455	6 402	2 262
1986	62 807	8 366	55 240	54 833	1 265	33 970	8 066	2 753
1987	66 114	4 801	58 355	56 597	2 320	34 442	8 430	2 970
1988	77 380	6 832	68 521	66 709	1 668	42 103	10 543	3 073
1989	88 600	3 796	81 364	78 903	2 868	49 048	11 962	5 206
1990	101 910	6 642	88 528	86 039	3 225	55 090	13 563	5 856
1991	108 438	8 238	98 136	95 441	2 386	62 186	14 015	6 426
1992	125 651	14 284	111 605	108 538	2 975	69 867	16 993	8 500
1993	164 968	9 916	145 662	142 394	4 681	71 828	19 990	7 115
1994	189 351	9 220	174 639	169 135	5 492	81 546	26 140	14 018
1995	220 392	10 644	200 734	179 762	9 014	102 101	30 186	18 828
1996	268 553	8 325	244 437	232 149	15 764	119 608	34 884	26 744
1997	290 225	13 856	248 346	238 888	28 023	145 353	39 320	14 486
1998	327 654	5 325	290 549	285 944	31 780	160 993	42 114	15 361
1999	354 125	5 755	314 022	309 045	34 348	218 821	46 863	18 886
2000	445 915	16 096	409 558	397 984	20 261	237 928	54 255	21 499

8—2 地　方　财　政　收　入

（2000 年）　　单位：万元

项　　目	实际收入
合　　计	**191 351**
工商税收类	137 862
农牧业税和耕地占用税类	11 574
企业所得税类	11 451
国有资产经营收益	130
罚没收入	11 456
行政性收费收入	2 484
基金收入	8 340
专项收入	7 805
其他收入	249

8—3 地　方　财　政　支　出

（2000 年）　　单位：万元

项　　目	实际支出数	项　　目	实际支出数
合　　计	**237 928**	文化、教育、科学事业费	40 542
基本建设支出类	28 717	卫生经费	13 713
企业挖潜改造资金类	17 179	税务统计等部门的事业费类	7 670
科技三项费用类	1 326	抚恤和社会福利救济费类	5 004
支农支出（含农林水事业费）	11 236	行政管理费及公检法支出类	42 371
工业交通等部门的事业费类	1 413	国防、外交外事、武警部队支出	389
流通部门事业费类	330	政策性补贴支出类	624
城市维护费类	20 401	农业综合开发支出类	1 414
行政事业单位离退休经费	11 343	专项支出	5 048
社会保障补助支出	23 079	其他支出类	5 889
		基金支出	240

8—4 县区财政收入与支出

单位：万元

地区	财政收入		财政支出	
	1999	2000	1999	2000
全市	**167 714**	**191 351**	**218 821**	**237 928**
市本级	95 037	106 320	102 487	109 612
南昌县	15 262	15 380	33 357	32 713
新建县	8 678	10 986	19 273	20 328
进贤县	7 916	8 101	19 692	18 356
安义县	3 720	4 021	6 168	7 031
湾里区	1 415	1 634	3 745	4 201
郊区	8 227	9 447	9 685	10 976
东湖区	9 468	11 496	8 442	11 223
西湖区	10 956	12 044	7 967	10 131
青云谱区	2 609	2 825	3 104	3 759
昌北区	1 935	2 368	1 723	2 743
高新区	2 491	6 729	3 178	6 855

8—5 历年银行存款和贷款

单位：万元

年份	年末存款余额	企业存款	年末贷款余额	工业贷款	商业贷款	农业贷款
1949	179	153	18	10	8	
1950	1 990	865	53	31	4	18
1951	4 195	828	578	90	245	243
1952	4 390	2 165	991	155	638	198
1953	4 339	1 556	3 780	242	3 243	294
1954	9 355	1 960	13 854	431	13 172	250
1955	5 298	1 682	6 611	226	6 043	341
1956	8 331	2 181	9 489	1 493	7 106	889
1957	7 998	1 710	13 808	1 980	10 981	847
1958	15 617	5 252	18 447	5 918	11 479	1 049
1959	20 528	4 734	43 651	18 216	24 452	982
1960	16 211	7 428	59 895	31 564	26 784	1 547
1961	24 389	7 468	42 237	14 815	25 670	1 691
1962	22 624	12 703	32 305	8 990	20 953	2 332
1963	8 928	9 609	28 300	8 323	17 646	2 300
1964	11 002	9 794	27 860	7 812	17 854	2 162
1965	18 022	13 350	30 845	9 941	18 688	2 202
1966	21 892	13 746	46 930	12 149	32 511	2 270
1967	34 191	13 585	49 699	16 237	30 888	2 574
1968	25 819	13 094	51 511	18 429	30 778	2 304
1969	11 769	12 010	47 428	19 284	26 940	1 205
1970	18 353	17 103	57 709	27 511	28 762	1 436
1971	14 337	11 498	70 368	37 999	30 841	1 528
1972	17 206	11 644	72 872	43 296	28 023	1 552
1973	22 997	15 481	73 464	42 267	29 336	2 043
1974	18 121	13 936	80 783	48 217	30 429	2 138
1975	28 874	21 462	75 590	42 852	30 602	2 136
1976	27 697	18 352	79 059	44 563	31 892	2 604
1977	31 630	20 021	84 511	43 641	38 112	2 758
1978	27 496	19 370	99 214	48 701	46 288	4 226
1979	36 590	24 829	109 026	53 071	51 808	4 146
1980	79 069	48 804	124 495	57 121	34 142	4 134
1981	118 722	50 109	158 491	68 155	81 466	4 061
1982	127 706	55 480	178 328	73 572	90 758	5 166
1983	104 543	43 164	122 963	70 602	51 841	5 237
1984	148 283	60 799	180 938	84 498	57 074	6 064
1985	212 594	85 489	280 325	102 072	126 745	9 512
1986	279 120	111 091	395 046	144 164	156 847	14 820
1987	326 295	128 210	467 779	166 560	182 686	18 240
1988	365 653	150 960	542 327	192 165	215 193	22 057
1989	411 551	151 482	671 863	242 878	270 014	26 567
1990	547 088	197 074	821 966	309 931	331 201	32 956
1991	697 950	245 715	982 895	354 253	40 042	42 145
1992	877 537	298 643	1 180 044	403 147	486 634	50 005
1993	1 120 739	349 387	1 426 183	475 958	558 854	60 746
1994	1 462 587	589 639	1 721 185	553 347	582 808	55 316
1995	1 912 127	759 818	2 043 053	672 039	627 058	70 696
1996	2 484 361	1 062 407	2 430 659	787 246	738 668	86 713
1997	2 990 353	1 299 735	2 908 996	897 179	921 886	100 710
1998	4 538 105	1 848 596	3 563 115	1 138 465	990 572	123 813
1999	5 447 080	2 350 951	4 054 545	1 218 517	1 034 144	130 735
2000	6 274 761	2 834 300	4 007 426	1 176 822	763 782	91 349

8—6 银行信贷资金平衡表（资金来源）

（年末余额）　　　　单位：万元

项　　目	2000	比年初增减额	
		1999	2000
资金来源合计	**4 465 856**	**652 893**	**696 648**
一、各项存款	**6 274 761**	**891 900**	**827 736**
1. 企业存款	2 834 300	490 195	483 347
2. 财政存款	645 886	130 103	143 832
3. 机关团体存款	98 816	22 298	10 849
4. 储蓄存款	2 528 228	223 326	129 067
#定　　期	1 785 760	110 131	－30 468
5. 农业存款	8 459	2 237	－1 677
6. 信托存款		－1 003	－5 005
7. 其他存款	159 072	24 744	67 323
二、委托存款及投资基金	**－35 102**	**－684**	**1 083**
三、金融债券	**1 793**	**－4**	**1 778**
四、同业往来	**224 268**	**36 366**	**129 959**
#同业拆借	938	－6 135	－3 900
五、所有者权益	**－18 170**	**－17 512**	**－68 845**
#实收资本	27 128	32	
当年结益	－3 989	13 472	－3 989
六、其　　他	**－1 981 694**	**－257 173**	**－195 063**

8—7 银行信贷资金平衡表（资金运用）

（年末余额）　　单位：万元

项目	2000	比年初增减额	
		1999	2000
资金运用合计	**4 465 856**	**652 893**	**696 648**
一、各项贷款	**4 007 426**	**609 111**	**453 632**
1. 短期贷款	2 621 000	222 070	173 499
工业贷款	1 176 822	157 130	71 562
商业贷款	763 782	42 683	－28 719
建筑业贷款	77 097	5 132	17 452
农业贷款	91 349	6 922	324
乡镇企业贷款	54 234	3 842	－810
三资企业贷款	86 301	－8 322	8 789
私营企业及个体贷款	13 392	－6 098	－3 883
其他短期贷款	358 023	20 781	108 784
2. 中期流动资金	175 690	52 386	117 114
3. 中长期贷款	968 232	320 494	110 777
基本建设贷款	465 001	222 653	617
技术改造贷款	206 620	2 953	－33 824
其他中长期贷款	296 611	94 888	143 984
4. 信托贷款	13 648	5 035	10 528
5. 逾期类贷款	228 856	9 126	41 714
二、有价证券及投资	**296 193**	**6 070**	**224 441**
三、国家投资债券贷款	**531**		
四、同业往来	**85 132**	**－11 590**	**13 794**
#拆放同业	76 088	－4 781	14 447
五、金银占款	**25 355**	**－29 097**	**15 240**
六、外汇占款	**800**	**47 563**	**459**
七、库存现金	**50 419**	**30 836**	**－10 918**

8—8 农村信用社存款与贷款

单位：万元

项　　目	2000	比年初增减额	
		1999	2000
资金来源合计	**294 883**	**－13 546**	**20 363**
一、各项存款	277 312	6 105	14 918
企业存款	3 307	－493	1 278
城镇储蓄存款	233 578	11	4 133
个人定期	171 703	－9 713	－3 463
活　期	61 875	9 724	7 596
农业存款	33 972	6 584	6 109
其他存款	6 455	3	3 398
二、代理财政性存款	79	35	44
三、向中央银行借款	1 000		1 000
四、同业往来	14 343	－2 706	－1 834
五、委托存款及委托投资基金	－5	－28	－9
六、代理金融机构委托贷款基金		－195	－1
七、所有者权益	2 179	－754	－3 883
八、其　他	－25	－16 003	10 128
资金运用合计	**294 883**	**－13 546**	**20 363**
一、各项贷款	182 109	6 409	11 685
短期贷款	181 808	6 409	11 713
农业贷款	69 698	4 684	4 266
乡镇企业贷款	72 977	1 507	1 673
其他短期贷款	39 133	218	5 774
中长期贷款	301		－28
二、有价证券及投资	35 861	3 955	14 994
三、缴存准备金存款	48 106	－9 569	－915
四、存放中央银行特种存款		4 000	－4 000
五、同业往来	18 863	－21 609	－1 870
存放同业	18 853	－22 609	－870
拆放同业	10	1 000	－1 000
六、代理金融机构贷款		－196	－1
七、库存现金	9 944	3 464	470

8—9 历年银行现金收支

单位：万元

年份	现金收入	商品销售收入	储蓄存款收入	现金支出	工资性支出	国家工资性支出	农副产品采购支出	货币投放（+）或回笼（-）
1949			8					
1950			91					
1951			194					
1952	8 995	4 880	326	8 537	2 505		621	-458
1953	9 867	5 115	424	9 743	3 271		722	-124
1954	12 680	8 103	408	12 180	4 092		1 971	-500
1955	14 585	8 624	510	14 303	4 637		2 440	-282
1956	19 052	11 222	717	19 401	6 567		2 212	349
1957	19 935	11 437	854	19 583	6 453		1 367	-352
1958	24 430	13 141	1 367	23 606	6 657		1 117	-824
1959	31 930	17 079	1 710	30 926	10 858		1 469	-1 004
1960	36 483	18 482	2 024	35 397	13 507		1 009	-1 086
1961	31 009	16 515	1 283	30 468	12 751		923	-541
1962	31 994	19 235	1 106	28 014	10 390		2 300	-3 980
1963	29 725	18 331	1 318	27 448	10 139		2 849	-2 777
1964	29 932	18 989	1 752	28 870	11 002		3 049	-1 062
1965	31 722	19 113	2 035	31 328	11 620		3 719	-394
1966	34 181	21 083	2 415	33 819	12 236		4 180	-362
1967	35 413	22 257	2 538	34 991	12 674		1 599	-422
1968	33 869	21 219	2 261	33 998	12 725		4 311	129
1969	33 869	20 945	2 098	31 913	12 264		3 118	-1 956
1970	34 345	21 373	2 256	31 415	12 509		2 488	-2 930
1971	37 161	26 514	2 757	34 937	19 495	7 718	2 432	-2 224
1972	41 886	29 278	3 438	39 866	21 611	8 303	2 934	-2 020
1973	45 568	31 998	4 016	43 142	23 202	8 712	3 029	-2 426
1974	46 845	32 857	4 643	46 334	24 613	8 969	2 970	-511
1975	48 464	33 479	5 156	46 412	24 946	9 143	2 567	-2 052
1976	49 821	36 006	5 823	49 673	25 790	8 903	2 787	-148
1977	53 134	37 800	6 850	50 944	26 639	9 161	4 004	-2 190
1978	57 428	40 665	8 281	56 308	30 936	10 518	2 523	-1 120
1979	70 734	47 802	10 877	70 775	34 616	10 631	5 103	-41
1980	91 887	60 471	15 675	91 649	46 622	26 285	7 570	-238
1981	104 342	70 049	19 909	104 455	48 322	26 708	8 696	113
1982	121 306	75 716	23 342	122 221	49 848	27 082	15 227	915
1983	143 082	83 990	28 331	140 039	49 504	28 211	18 713	-3 043
1984	168 972	98 987	39 660	168 491	59 881	32 902	15 463	-481
1985	219 582	119 360	62 637	226 322	72 401	47 479	21 046	6 740
1986	274 079	139 568	89 238	274 805	106 616	50 243	26 438	726
1987	359 061	157 766	134 597	367 261	121 937	55 228	34 715	8 220
1988	509 682	204 126	211 771	543 149	153 412	67 714	45 151	33 467
1989	638 181	215 194	313 284	633 286	170 075	74 999	53 666	-4 895
1990	725 525	220 405	362 830	698 679	196 702	93 278	46 771	-26 846
1991	913 142	254 841	478 361	888 494	217 841	100 279	48 685	-24 648
1992	1 323 137	305 479	736 208	1 288 576	276 993	121 685	45 926	-34 561
1993	2 114 707	456 305	1 164 999	1 993 367	339 421	148 464	52 789	-121 340
1994	3 073 920	623 815	1 682 566	2 816 022	459 529	240 155	64 493	-257 898
1995	5 913 891	793 701	2 189 604	5 306 336	522 033	276 637	70 269	-607 555
1996	6 898 095	845 923	2 484 774	6 225 983	566 526	301 549	63 503	-672 112
1997	5 950 968	882 694	3 180 275	5 184 822	612 385	312 181	87 265	-766 146
1998	8 861 234	1 177 557	4 909 982	7 915 865	734 443	374 249	81 022	-945 369
1999	10 484 320	1 228 770	6 245 042	9 560 045	712 727	380 815	111 572	-924 275
2000	12 313 681	1 448 782	7 335 285	11 313 210	728 473	430 957	141 042	-1 000 471

注：1997年后银行现金收支统计口径与往年有所不同。

8—10 银 行 现 金 收 入

（2000年） 单位：万元

项 目	2000	比上年增长%
收入合计	**12 313 681**	**17.5**
一、商品销售收入	1 448 782	17.9
二、服务事业收入	690 472	14.1
三、税款收入	44 290	19.8
四、城乡个体经营收入	1 224 537	0.6
五、储蓄存款收入	7 335 285	17.5
六、其他金融机构收入	293 511	38.1
七、居民归还贷款收入	49 234	30.2
八、汇兑收入	297 670	25.5
九、有价证券收入	214 495	22.8
十、其他收入	715 405	46.3
投放（+）回笼（-）	-1 000 471	8.2

注：银行现金收支为南昌市国家银行现金收支。

8—11 银行现金支出

（2000年）

单位：万元

项目	2000	比上年增长%
支出合计	**11 313 210**	**18.3**
一、工资性支出	728 473	2.2
国家工资及奖金支出	430 957	13.2
国家对个人其他支出	189 786	－17.1
部队存款支出	26 652	15.1
其他单位工资性支出	81 078	1.4
二、农副产品采购支出	141 042	26.4
三、工矿及其他产品采购支出	153 990	4.9
四、行政企事业管理费支出	769 697	17.5
五、城乡个体经营支出	775 130	0.4
六、储蓄存款支出	7 720 565	23.0
七、其他金融机构支出	155 780	－6.5
八、居民提取贷款支出	40 854	18.4
九、汇兑支出	137 221	－1.0
十、有价证券支出	92 378	－1.4
十一、其他支出	598 080	32.1

8—12 1978—2000年城乡居民储蓄种类

单位：万元

年份	城乡居民储蓄余额	城镇居民储蓄存款余额	定期	活期	农民储蓄存款余额	定期	活期
1978	8 947	8 281			666		
1979	11 610	10 877			1 033		
1980	17 596	15 675	8 145	7 530	1 921		
1981	21 868	18 908	14 792	4 116	2 960		
1982	29 154	24 381	18 711	5 670	4 773		
1983	38 824	31 960	25 768	6 192	6 864	3 991	2 893
1984	51 655	44 110	35 194	8 906	7 546	3 805	3 740
1985	70 563	60 019	47 204	12 815	10 550	6 099	4 451
1986	100 067	85 442	69 831	15 611	14 625	9 613	5 012
1987	136 269	116 939	94 212	22 727	19 330	12 820	6 510
1988	165 215	140 921	110 979	29 942	24 294	15 323	8 971
1989	230 534	200 275	170 660	29 615	30 259	21 825	6 744
1990	321 481	281 214	243 425	37 789	40 267	30 920	7 815
1991	421 877	368 485	317 413	51 072	53 392	40 184	11 916
1992	538 803	471 670	396 592	75 078	67 133	51 422	15 113
1993	706 424	619 431	505 154	114 277	86 993	64 430	22 075
1994	966 108	843 982	690 928	153 054	122 126	84 321	37 805
1995	1 259 559	1 103 752	920 136	183 616	155 807	120 745	35 062
1996	1 563 937	1 373 462	1 141 716	231 746	190 475	150 723	39 752
1997	1 824 475	1 608 930	1 310 741	298 189	215 545	172 936	42 609
1998	2 400 626	2 171 193	1 704 976	466 217	229 433	184 878	44 555
1999	2 640 460	2 206 159	1 656 006	550 153	434 301	344 132	90 169
2000	2 768 864	2 367 121	1 659 329	707 792	401 743	303 382	98 361

8—13 城乡居民储蓄

（2000年） 单位：万元

项目	2000	比上年同期增长%
年末储蓄存款余额	**2 768 864**	**4.9**
城镇居民储蓄存款	**2 367 121**	**7.3**
定期	1 659 329	0.2
活期	707 792	28.7
农村存款	**401 743**	**-7.5**
定期	303 382	-11.8
活期	98 361	9.1

8—14　1991—1999年金融机构存款利率表

单位:年利率%

项目 \ 利率 \ 时期	1991年4月21日	1993年5月15日	1993年7月11日	1996年5月1日	1996年8月23日	1997年10月23日	1998年3月25日	1998年7月1日	1998年12月7日	1999年6月10日
一、活　　期	**1.80①**	**2.16②**	**3.15**	**2.97**	**1.98**	**1.71**	**1.71**	**1.44**	**1.44**	**0.99**
二、整存整取										
三 个 月	3.24	4.86	6.66	4.86	3.33	2.88	2.88	2.79	2.79	1.98
半　　年	5.40	7.20	9.00	7.20	5.40	4.14	4.14	3.96	3.33	2.16
一　　年	7.56	9.18	10.98	9.18	7.47	5.67	5.22	4.77	3.78	2.25
二　　年	7.92	9.90	11.70	9.90	7.92	5.94	5.58	4.86	3.96	2.43
三　　年	8.28	10.80	12.24	10.80	8.28	6.21	6.21	4.95	4.14	2.70
五　　年	9.00	12.06	13.86	12.06	9.00	6.66	6.66	5.22	4.50	2.88
八年及以上	10.08	14.58	17.10③							
三、零存整取、整存零取、存本取息										
一　　年	6.12	7.20	9.0	7.20	5.40	4.14	4.14	3.96	3.33	1.98
三　　年	6.84	9.18	10.98	9.18	7.47	5.67	5.22	4.77	3.78	2.16
五　　年	7.56	10.80	12.24	10.80	8.28	6.21	6.21	4.95	4.14	2.25
四、定 活 两 便	按同期定期整存整取存款利率打九折执行	按一年期以内定期整存整取同档次利率打六折执行								
五、华侨人民币储蓄存款④										
一　　年	8.28	10.80	12.24							
三　　年	9.00	12.06	13.86							
五　　年	9.00	14.58	17.10							

注:①城乡居民储蓄活期存款从1991年7月1日起执行,单位活期存款从1991年4月21日起执行。②活期存款利率从1993年7月1日起执行。③1993年3月1日《储蓄管理条例》规定,不再开办八年期定期整存整取存款。④从1996年5月2日起,取消华侨人民币储蓄存款利率种类,执行相应期限档次人民币储蓄存款利率。

8—15 1991—1999年金融机构贷款利率表

单位:年利率%

项目 \ 利率 \ 时期	1991年4月21日	1993年5月15日	1993年7月11日	1995年1月1日	1995年7月1日
一、流动资金贷款					
1.一般流动资金贷款					
六个月	8.10	8.82	9.00	9.00	10.08
一年	8.64	9.36	10.98	10.98	12.06
2.集体企业、个体工商户贷款	在8.64%基础上上浮20%	在9.36%基础上上浮20%	在10.98%基础上上浮20%	在10.98%基础上上浮20%	在12.06%基础上上浮20%
二、固定资产贷款					
1.技术改造贷款	8.46	9.18	10.98	11.70	12.24①
2.基本建设贷款					
一年以内(含一年)	8.46	9.18	10.98	11.70	12.24
一至三年(含三年)	9.00	10.80	12.24	12.96	13.50
三至五年(含五年)	9.54	12.06	13.86	14.58	15.12
五年以上	9.72	12.24	14.04	14.76	15.30

项目 \ 利率 \ 时期	1996年5月1日	1996年8月23日	1997年10月23日	1998年3月25日	1998年7月1日	1998年12月7日	1999年6月10日
一、短期贷款(流动资金贷款)							
六个月	9.72	9.18	7.65	7.02	6.57	6.12	5.58
一年	10.98	10.08	8.64	7.92	6.93	6.39	5.85
集体企业、个体工商户贷款	在10.98%基础上上浮10%	在10.08%基础上上浮10%	执行同档次贷款利率②	同前	同前	同前	
二、中长期贷款(固定资产贷款)							
一至三年(含三年)	13.14	10.98	9.36	9.00	7.11	6.66	5.94
三至五年(含五年)	14.94	11.70	9.90	9.72	7.65	7.20	6.03
五年以上	15.12	12.42	10.53	10.32	8.01	7.56	6.21

注:①从1995年7月1日起,技术改造贷款利率和基本建设贷款利率合并为固定资产贷款利率,执行统一期限档次。②1997年2月14日起集体企业、个体工商户贷款和农村信用社短期贷款利率执行一年期贷款利率档次,可以上浮。1997年12月11日起规定上述贷款统一执行同期同档次贷款利率。

8—16　2000年第一期凭证式国债与同期储蓄权益比较表

品种 \ 利率 \ 时期	半年内	满半年不满一年	满一年不满二年	持满二年	满二年不满三年	持满三年	满三年不满四年	满四年不满五年
一期国债								
2 年 期	0	0.81	1.98	2.55				
3 年 期	0	0.81	1.98	2.61	2.61	2.89		
5 年 期	0	0.81	1.98	2.61	2.61	2.99	2.97	3.06
定期储蓄								
2 年 期	0.99	0.99	0.99	2.43				
3 年 期	0.99	0.99	0.99	0.99	0.99	2.70		
5 年 期	0.99	0.99	0.99	0.99	0.99	0.99	0.99	0.99

品种 \ 利率 \ 时期	持满五年	提前兑付手续(%)	逾期兑付利率(%)	部分本金提前支取	办理质押贷款		利息纳税比率
					起点	比例	
一期国债							
2 年 期		0.2	0	不可以	5000元	90%	0
3 年 期		0.2	0	不可以	5000元	90%	0
5 年 期	3.14	0.2	0	不可以	5000元	90%	0
定期储蓄							
2 年 期		0	0.99	可一次	1000元	85%	20%
3 年 期		0	0.99	可一次	1000元	85%	20%
5 年 期	2.88	0	0.99	可一次	1000元	85%	20%

注:2000年3月1日起发行的第(一)期凭证式国债,不仅利率高于储蓄,而且其利息,免税、分段计息又可抵贷和变现力强,优势十分明显。

8—17 商业保险业务概况

单位:万元

项目	1995	1996	1998	1999	2000
承保金额(亿元)	**415**	**564**	**804**	**1054**	**1256**
财产险	322	424	481	552	841
#企业财产险		354	338	346	389
机动车辆险		46	63	78	73
人身险	94	140	322	502	415
保费收入	**26 827**	**31 540**	**78 476**	**62 287**	**80 453**
财产险	16 268	18 643	19 737	23 478	35 141
#企业财产险		5 523	7 944	6 922	7 528
机动车辆险		9 348	22 610	11 740	16 119
人身险	10 559	12 897	58 730	38 809	45 312
财产险赔款支出				**10 407**	**12 181**
#企业财产险				1 608	2 505
机动车辆险				5 594	8 321
人身险给付支出				**10 023**	**9 361**

8—18　1998—2000 年证券业务概况

单位:亿元

指　标	1998	1999	2000
一、沪深股票成交金额合计	390.28	582.10	1 087.14
上海股票成交金额	191.22	230.85	507.63
深圳股票成交金额	199.06	351.25	579.51
二、沪深国债成交金额合计	122.94	284.90	58.22
三、期货成交金额			0.87
四、开户人数(万人)	33.02	37.90	44.12
#新开户	3.12	5.77	4.17
五、从业人员(人)	1 216	1 075	1 205

主 要 统 计 指 标 解 释

财政收入 国家财政参与社会产品分配所得的收入,是实现国家职能的财力保证。财政收入所包括的内容几经变化,目前主要包括:(1)各项税收 包括增值税、营业税、消费税、土地增值税、城市维护建设税、资源税、城市土地使用税、印花税、固定资产投资方向调节税、个人所得税、企业所得税、关税、农牧业税和耕地占用税等。

(2)专项收入 包括征收排污费、征收城市水资源费收入,教育费附加收入等。

(3)其他收入 包括基本建设贷款归还收入、国家能源交通重点建设基金收入、国家预算调节基金等。

(4)国有企业计划亏损补贴 这项为负收入,冲减财政收入

财政支出 国家财政将筹集起来的资金进行分配使用,以满足经济建设和各项事业的需要,主要包括:

(1)基本建设支出 指按国家有关规定,属于基本建设范围内的基本建设有偿使用、拨款、资本金支出以及经国家批准对专项和政策性基建投资贷款,在部门的基建投资额中统筹支付的贴息支出

(2)企业挖潜改造资金 指国家预算内拨给的用于企业挖潜、革新和改造方面的资金。包括各部门企业挖潜改造资金和企业挖潜改造贷款资金,为农业服务的县办"五小"企业技术改造补助,挖潜改造贷款贴息支出。

(3)地质勘探费用 国家预算用于地质勘探单位的勘探工作费用,包括地质勘探管理机构及其事业单位经费、地质勘探经费。

(4)科技三项费用 国家预算用于科技支出的费用,包括新产品试制费、中间试验费、重要科学研究补助费。

(5)支援农村生产支出 国家财政支援农村集体(户)各项生产的支出。包括对农村举办的小型农田水利和打井、喷灌等的补助费;对农村水土保持措施的补助费;对农村举办的小水电站的补助费;特大抗旱的补助费;农村开荒补助费;扶持乡镇企业资金;农村农技推广和植保补助费;农村草场和畜禽保护补助费;农村造林和林木保护补助费;农村水产补助费;发展粮食生产专项资金。

(6)农林水利气象等部门的事业费用 国家财政用于农垦、农场、农业、畜牧、农机、林业、森工、水利、水产、气象、乡镇企业的技术推广、良种推广(示范)、植物(畜禽、森林)保护、水质监测、勘探设计、资源调查、干部训练等项费用,园艺特产场补助费,中等专业学校经费,飞播牧草试验补助费,营林机构、气象机构经费,渔政经费以及农业管理事业费等。

(7)工业交通商业等部门的事业费 国家预算支付的工交商各部门于用事业发展的经费。包括勘探设计费、中等专业学校经费、技工学校经费、干部训练费。

(8)文教科学卫生事业费 国家预算用于文化、出版、文物、教育、卫生、中医、公费医疗、体育、档案、地震、海洋、通讯、广播电影电视、计划生育、党政群干部训练、自然科学、社会科学、科协等项事业的经费支出和高技术研究专项经费。主要包括工资、补助工资、福利费、离退休费、助学金、公务费、设备购置费、修缮费、业务费、差额补助费。

(9)抚恤和社会福利救济费 国家预算用于抚恤和社会福利救济事业的经费,包括由民政部门开支的烈士家属和牺牲病故人员家属的一次性、定期抚恤金,革命伤残人员的抚恤金,各种伤残补助费、烈军属、复员退伍军人生活补助费、退伍军人安置费,优抚事业单位经费,烈士纪念建筑物管理、维修费,自然灾害救济事业费和特大自然灾害灾后重建补助费等。

(10)国防支出 国家预算用于国防建设和保卫国家安全的支出,包括驻防费、国防科研事业费、民兵建设以及专项工程支出等。

(11)行政管理费 包括行政管理支出,党派团体补助支出,外交支出,公安安全支出,司法支出,法院支出,检察院支出和公检法办案费用补助。

(12)价格补贴支出 经国家批准,由国家财政拨给的政策性补贴支出,主要包括粮食加价款,粮、棉、油差价补贴,棉花帐购价外奖励款,副食品风险基金,市镇居民的肉食价格补贴,平抑市场物价,蔬菜价差补贴

等，以及经国家批准的课本、报刊新闻纸等价格补贴。

中央财政收入和地方财政收入 按财政体制划分的中央本级收入和地方本级收入。1994年分税制财政体制以后，属于中央财政的收入包括关税、海关代征消费税和增值税，消费税，中央企业所得税，地方银行和外资银行及非银行金融企业所得税，铁道、银行总行、保险总公司等集中缴纳的营业税、所得税、利润和城市维护建设税，增值税的75%部分，海洋石油资源税和证券（印花）税50%部分。属于地方财政的收入包括营业税，地方企业所得税，个人所得税，城镇土地使用税，固定资产投资方向调节税，城镇维护建设税，房产税，车船使用税，印花税，屠宰税，农牧业税，农业特产税，耕地占用税，契税，增值税的25%部分，证券交易税（印花税）的50%部分和除海洋石油资源税以外的其他资源税。

中央财政支出和地方财政支出 根据政府在经济和社会活动中的不同职责，划分中央和地方政府的事权，按照政府的事权划分确定的支出。中央财政支出包括国防支出，武装警察部队支出，中央级行政管理费和各项事业费，重点建设支出以及中央政府调整国民经济结构、协调地区发展，实施宏观调控的支出。地方财政支出主要包括地方行政管理和各项事业费，地方统筹的基本建设、技术改造支出，支援农村生产支出，城市维护和建设经费，价格补贴支出等。

信贷资金 国家银行用于发放贷款的资金叫信贷资金。中国人民银行信贷资金的来源有各项存款、对国际金融机构负债、流通中货币、银行自有资金及当年结益等。信贷资金的运用有各项贷款、黄金占款、外汇占款、财政借款及在国际金融机构中的资产等。

存款 企业、机关、团体或居民根据可以收回的原则，把货币资金存入银行或其他信用机构保管并取得一定利息的一种信用活动形式。根据存款对象的不同可划分：企业存款、财政存款、机关团体存款、对外贸易存款、城乡居民储蓄存款、农村存款等科目。

贷款 银行或其他信用机构根据必须归还的原则，按一定利率，为企业、个人等提供资金的一种信用活动形式。我国银行贷款，分流动资金贷款、中短期设备贷款以及农户贷款等科目。

承保额 又叫保险金额。它是保险人对被保险人负担损失补偿或约定给付的金额。它是保险合同上的最高责任额，也是计算保费的依据。

保费 又叫保险费。是保险人根据保险合同的有关规定，为被保险人取得因约定危险事故发生所造成的经济损失补偿（或给付）权利，付给保险人的代价。包括财产险和人身险储金收入。

赔款 保险人对财产保险的保险事故给予的经济补偿或对人身保险的保险的事故给付的保险金。

九、农　　业

AGRICULTURE

本篇内容包括：

1. 乡镇组织
2. 农村劳动力分布
3. 耕地面积变化
4. 农、林、牧、渔业生产
5. 主要农产品产量
6. 农业机械化水平
7. 乡镇企业情况

资料整理

李鸿胜
黄　菲
刘　军
余　飞

农业总产值

1978年　4.5 亿元

2000年　69.44 亿元

年平均递增　6.4 %

乡镇企业总产值

1999年　340.78　亿元

2000年　378.20　亿元

增长　11.0 %

9—1 农村乡镇组织

(2000年)

项目	合计
一、乡镇政府(个)	99
#镇政府	46
二、村民委员会(个)	1 224
三、村民小组(个)	9 402
四、乡镇总户数(万户)	55.1
五、乡镇总人口(万人)	246.18
六、乡镇劳动力(万人)	118.5
#女性	56.2

9—2 县区乡镇组织

(2000年)

地区	乡镇政府(个)	镇政府	村民委员会(个)	村民小组(个)	乡镇总户数(户)	乡镇总人口(万人)
合计	**99**	**46**	**1 224**	**9 402**	**551 108**	**246.18**
南昌县	23	11	311	2 517	194 671	83.98
新建县	23	11	326	2 075	114 403	55.99
进贤县	27	10	295	2 594	133 072	61.86
安义县	12	5	115	1 286	42 248	18.52
湾里区	5	3	42	251	11 313	4.32
郊区	7	5	104	483	44 206	17.27
青云谱区	1		9	53	4 870	1.70
昌北区	1	1	22	143	6 325	2.54

9—3 农 村 劳 动 力

（2000年） 单位：人

项 目	合 计	南昌县	新建县	进贤县	安义县	湾里区	郊 区	青云谱区	昌北区
全 市	**1 185 004**	**409 999**	**276 973**	**308 642**	**63 665**	**18 039**	**82 215**	**11 321**	**14 150**
第一产业	**804 430**	**293 316**	**213 158**	**187 504**	**37 485**	**13 572**	**44 795**	**5 623**	**8 977**
第二产业	**151 027**	**39 756**	**19 806**	**50 379**	**10 444**	**1 890**	**22 044**	**4 067**	**2 641**
工 业	99 777	21 064	11 333	35 776	5 456	1 073	19 744	3 170	2 161
建 筑 业	51 250	18 692	8 473	14 603	4 988	817	2 300	897	480
第三产业	**229 547**	**76 927**	**44 009**	**70 759**	**15 736**	**2 577**	**15 376**	**1 631**	**2 532**
交通、邮电	24 013	9 219	3 806	5 516	1 309	421	2 778	356	608
商业、饮食业	28 260	10 409	5 165	5 032	1 012	499	5 407	306	430
生活服务业	14 917	4 949	2 046	2 908	753	523	3 189	246	303
卫生、体育和社会福利	4 522	1 719	922	986	287	94	482	25	7
教育、文化艺术和广播电视	9 891	4 101	2 100	2 699	381	95	408	46	61
科学研究和综合技术和服务	1 574	559	268	459	47	103	122	7	9
金融保险业	562	290	97	84	24		65		2
乡经济组织管理	4 287	2 428	757	223	129	46	660	27	17
其 他	141 521	43 253	28 848	52 852	11 794	796	2 265	618	1 095

9—4 耕地面积变化

项目	1985	1990	1995	1996	1997	1998	1999	2000
一、当年增加耕地(公顷)	**129**	**170**	**306**	**24**	**93**	**44**	**149**	**201**
新开荒地	24	161	91	3	28	35	26	158
其他	104	9	215	16	21	8	94	36
二、当年减少耕地(公顷)	**1 072**	**318**	**702**	**575**	**877**	**1 179**	**1 277**	**1 984**
#国家基建	194	146	453	448	552	112	417	326
当年农村集体基建	78	48	34	25	39	54	163	172
当年农民个人建房	41	68	24	16	25	39	218	54
退耕造林	137	3	41	25	70	39	189	108
退耕改园	0.4	4	112		4			63
退耕改塘			2	5	35	12	2	987
因灾废弃耕地			36	42	114	920	75	229
三、年末实有耕地面积(万公顷)	**21.81**	**21.58**	**21.30**	**22.95**	**22.50**	**22.46**	**22.34**	**22.17**
水田	17.86	17.72	17.58	19.10	18.70	18.71	18.60	18.44
旱田	3.95	3.86	3.72	3.85	3.80	3.75	3.74	3.72
#水浇地			0.31	0.70	0.27	0.16	0.18	0.19

9—5 县区耕地面积变化

(2000 年)

单位:公顷

项目	合计	南昌县	新建县	进贤县	安义县	湾里区	郊区	青云谱区	昌北区
一、当年增加耕地	**201**		**158**	**42**					**1**
新开荒地	158		155	3					
其他	36		3	33					
二、当年减少耕地	**1 984**	**5**	**328**	**1 634**	**12**				**5**
#国家基建	326	2	153	162	5				4
农村集体基建	172	1	6	163	2				
农民个人建房	54	2		50	2				
退耕造林	108		3	105					
退耕改园	63		1	62					
退耕改塘	987		4	981	1				1
因灾废弃耕地	229		117	111	1				
三、年末实有耕地	**221 652**	**84 303**	**52 418**	**54 110**	**18 576**	**3 019**	**6 821**	**449**	**1 956**
水田	184 442	78 650	44 658	34 563	16 520	2 776	5 621	350	1 304
旱地	37 210	5 653	7 760	19 547	2 056	243	1 200	99	652
#水浇地	1 923		50	413		67	1 200		193

9—6 县区农村劳动力资源及构成

（2000年） 单位:人

项目	全市	南昌县	新建县	进贤县	安义县	湾里区	郊区	青云谱区	昌北区
一、乡村劳动力资源总数	**1 373 977**	**424 106**	**363 419**	**390 889**	**69 543**	**18 416**	**88 060**	**8 191**	**11 353**
劳动年龄内	1 292 268	396 298	342 077	368 886	63 678	18 072	84 526	8 103	10 628
#学生	47 343	11 600	9 757	18 201	3 170	323	3 732	232	328
丧失劳动能力	24 160	7 339	5 790	6 010	2 414	369	1 934	95	209
不足劳动年龄参加劳动	42 645	14 422	11 618	10 720	3 696	284	1 611	26	268
超过劳动年龄参加劳动	63 224	20 725	15 514	17 293	4 583	429	3 857	157	666
二、乡村实有劳动力合计	**1 185 004**	**409 999**	**276 973**	**308 642**	**63 665**	**18 039**	**82 215**	**11 321**	**14 150**
按性别分									
男性	623 473	216 092	145 191	162 594	33 022	9 636	42 887	6 001	8 050
女性	561 531	193 907	131 782	146 048	30 643	8 403	39 328	5 320	6 100
按部门分									
农、林、牧、渔业	804 430	293 316	213 158	187 504	37 485	13 572	44 795	5 623	8 977
工业	99 777	21 064	11 333	35 776	5 456	1 073	19 744	3 170	2 161
建筑业	51 250	18 692	8 473	14 603	4 988	817	2 300	897	480
交通运输邮电业	24 013	9 219	3 806	5 516	1 309	421	2 778	356	608
商业、饮食业	28 260	10 409	5 165	5 032	1 012	499	5 407	306	430
生活服务业	14 917	4 949	2 046	2 908	753	523	3 189	246	303
卫生、体育、福利	4 522	1 719	922	986	287	94	482	25	7
教育、文化、广播电视	9 891	4 101	2 100	2 699	381	95	408	46	61
科技和生产技术服务	1 574	559	268	459	47	103	122	7	9
金融、保险业	562	290	97	84	24		65		2
乡经济组织管理	4 287	2 428	757	223	129	46	660	27	17
其他	141 521	43 253	28 848	52 852	11 794	796	2 265	618	1 095

9—7　1978—2000年农业总产值

（不变价）　　单位:万元

年份	农业总产值	农业	林业	牧业	渔业
	（按1970年不变价格计算）				
1978	38 044	32 654	359	4 496	535
1979	41 652	36 236	315	4 522	579
1980	39 708	33 738	384	4 869	717
1981	39 716	33 483	340	5 060	833
	（按1980年不变价格计算）				
1981	52 669	43 701	665	6 765	1 538
1982	65 998	53 402	739	10 077	1 780
1983	69 500	54 930	722	11 451	2 397
1984	79 743	62 354	737	14 090	2 562
1985	85 660	64 748	1 225	16 637	3 050
1986	87 508	64 261	1 224	18 534	3 489
1987	94 921	69 147	1 252	19 941	4 581
1988	96 786	66 038	1 234	23 858	5 656
1989	101 911	69 984	1 305	24 346	6 276
1990	107 574	73 863	1 323	25 591	6 797
	（按1990年不变价格计算）				
1990	245 082	151 599	2 920	66 455	24 108
1991	261 761	161 070	4 662	70 645	25 384
1992	272 671	163 763	4 716	76 580	27 612
1993	299 558	159 471	7 396	96 440	36 251
1994	337 755	171 376	7 563	112 900	45 916
1995	353 335	161 630	7 392	125 616	58 697
1996	393 885	173 170	8 452	134 784	77 479
1997	427 930	177 088	8 169	150 544	92 129
1998	385 144	132 277	8 673	144 753	99 441
1999	438 549	163 811	7 556	149 796	117 386
2000	451 772	167 752	7 696	154 143	122 181

9—8 农 业 总 产 值

（分县区，2000 年） 单位：万元

地 区	农业总产值	农业产值	林业产值	牧业产值	渔业产值
合 计	**694 437**	**291 259**	**10 106**	**244 303**	**148 769**
南昌县	294 467	129 932	1 053	118 848	44 634
新建县	114 988	53 037	1 841	33 822	26 288
进贤县	159 591	59 891	1 631	40 515	57 554
安义县	52 293	23 647	3 600	13 563	11 483
湾里区	15 137	6 525	1 821	6 469	322
郊 区	35 639	14 282	35	14 202	7 120
青云谱区	8 594	1 110		6 374	1 110
昌北区	13 728	2 835	125	10 510	258

9—9 不 变 价 农 业 总 产 值

（分县区，2000 年） 单位：万元

地 区	农业总产值	农业产值	林业产值	牧业产值	渔业产值
合 计	**451 772**	**167 752**	**7 696**	**154 143**	**122 181**
南昌县	195 547	72 798	924	79 207	42 618
新建县	81 973	34 173	1 655	23 690	22 455
进贤县	99 711	32 954	1 036	23 939	41 782
安义县	29 974	11 608	2 200	7 069	9 097
湾里区	9 756	4 575	1 777	3 100	304
郊 区	24 748	9 917	24	9 863	4 944
青云谱区	4 663	514		3 355	794
昌北区	5 400	1 213	80	3 920	187

9—10 县区属农业总产值

（2000年，不变价）

单位：万元

地区	农业总产值	农业产值	林业产值	牧业产值	渔业产值
市属合计	**441 315**	**163 133**	**7 696**	**148 608**	**121 878**
南昌县	194 306	11 922	924	78 842	42 618
新建县	76 592	30 880	1 655	21 887	22 170
进贤县	99 345	32 649	1 036	23 880	41 780
安义县	29 974	11 608	2 200	7 069	9 097
湾里区	9 756	4 575	1 777	3 100	304
郊区	24 748	9 917	24	9 863	4 944
青云谱区	4 663	514		3 355	794
昌北区	1 931	1 068	80	612	171

9—11 县区属农业总产值

（2000年）

单位：万元

地区	农业总产值	农业产值	林业产值	牧业产值	渔业产值
市属合计	**673 112**	**283 694**	**10 106**	**230 938**	**148 374**
南昌县	292 530	128 675	1 053	118 201	44 601
新建县	106 924	47 934	1 841	31 194	25 955
进贤县	159 029	59 422	1 631	40 425	57 551
安义县	52 293	23 647	3 600	13 563	11 483
湾里区	15 137	6 525	1 821	6 469	322
郊区	35 639	14 282	35	14 202	7 120
青云谱区	8 594	1 110		6 374	1 110
昌北区	2 966	2 099	125	510	232

9—12 农、林、牧、渔业总产值

单位:万元

项目	按当年价格计算		按1990年不变价格计算		
	1999	2000	1999	2000	2000年比上年增长%
农林牧渔业总产值	**688 289**	**694 437**	**438 549**	**451 772**	**3.0**
一、农业产值	**296 726**	**291 259**	**163 811**	**167 752**	**2.4**
种植业产值	286 359	275 839	155 942	155 722	-0.1
1. 主产品产值	274 436	265 409	149 370	149 098	-0.2
粮食作物	166 828	152 249	91 483	87 443	-4.4
经济作物	27 463	28 476	15 410	17 009	10.4
蔬菜瓜类	69 470	73 198	35 440	37 345	5.4
茶、桑、果	1 739	1 984	1 343	1 722	28.2
其他农作物	8 936	9 502	5 694	5 579	-2.0
#饲料、绿肥	683	651	131	86	-34.4
2. 副产品产值	11 923	10 430	6 572	6 624	0.8
粮食作物	10 655	9 079	5 665	5 662	-0.1
经济作物	1 268	1 351	907	962	6.1
其他农业产值	10 367	15 420	7 869	12 030	52.9
采集野生植物	1 943	2 285	1 255	1 451	15.6
农民家庭兼营工业	8 424	13 135	6 614	10 579	59.9
二、林业产值	**9 904**	**10 106**	**7 556**	**7 696**	**1.9**
营林	1 905	1 910	1 365	1 283	-6.0
林产品	1 853	1 898	1 270	1 296	2.0
村及村以下采伐竹木	6 146	6 298	4 921	5 117	4.0
三、牧业产值	**237 014**	**244 303**	**149 796**	**154 143**	**2.9**
牲畜繁殖、增长、增重	136 671	141 223	78 798	80 023	1.6
猪	128 709	131 968	73 912	74 542	0.9
大牲畜	7 938	9 220	4 876	5 468	12.1
羊	24	35	10	13	30
家禽的饲养	35 031	35 588	22 975	23 706	3.2
活的畜禽产品	64 487	66 118	47 544	49 378	3.9
捕猎	605	390	353	174	-50.7
其他动物饲养	220	984	126	862	5.8倍
四、渔业产值	**144 645**	**148 769**	**117 386**	**122 181**	**4.1**

9—13 农业商品产值和商品率

单位:万元

年份	农业商品产值	农业	林业	牧业	渔业	农业商品率(%)
1985	58 668	37 717	276	16 913	3 762	54.4
1990	142 005	75 753	595	52 649	13 008	59.8
1991	147 586	77 843	538	51 600	17 605	59.1
1992	166 601	82 149	1 381	63 478	19 593	62.0
1993	204 552	92 328	2 353	82 146	27 725	61.0
1994	327 304	155 047	3 072	126 689	42 496	66.5
1995	374 221	161 098	2 876	148 702	61 545	64.0
1996	439 645	179 197	3 414	170 823	86 211	63.9
1997	485 310	176 708	3 115	200 714	104 773	63.9
1998	409 560	110 587	3 840	185 659	109 474	64.5
1999	459 893	149 329	3 391	181 458	125 715	66.8
2000	472 610	151 913	3 397	190 211	127 089	68.1

9—14 县区农业商品产值和商品率

(2000年)

单位:万元

地区	农业商品产值	农业	林业	牧业	渔业	农业商品率(%)
合计	**472 610**	**151 913**	**3 397**	**190 211**	**127 089**	**68.1**
南昌县	204 829	71 459	610	93 052	39 708	69.5
新建县	79 426	25 286	135	30 167	23 838	69.0
进贤县	99 748	26 791	451	26 549	45 957	62.5
安义县	36 081	11 340	2 010	11 695	11 036	69.0
郊区	25 388	10 218		10 143	5 027	71.3
湾里区	9 736	4 256	118	5 092	270	64.2
青云谱区	6 188	510		4 679	999	72.1
昌北区	11 214	2 053	73	8 834	254	81.8

9—15 农业总产出、中间消耗和增加值

项目	绝对数(万元)		构成(%)	
	1999	2000	1999	2000
一、农业总产出	**688 289**	**694 437**	**100.0**	**100.0**
农业	296 726	291 259	43.1	41.9
林业	9 904	10 106	1.4	1.5
牧业	237 014	244 303	34.4	35.2
渔业	144 645	148 769	21.1	21.4
二、农业中间消耗	**229 072**	**234 686**	**100.0**	**100.0**
农业	82 990	81 708	36.2	34.8
林业	2 400	2 563	1.0	1.1
牧业	107 228	111 534	46.8	47.5
渔业	36 454	38 881	16.0	16.6
三、农业增加值	**459 217**	**459 751**	**100.0**	**100.0**
农业	213 736	209 551	46.5	45.6
林业	7 504	7 543	1.6	1.6
牧业	129 786	132 769	28.3	28.9
渔业	108 191	109 888	23.6	23.9

9—16 农业中间物质消耗

项目	绝对数(万元)		构成(%)	
	1999	2000	1999	2000
总额	**210 245**	**213 812**	**100.0**	**100.0**
#用种费	16 810	16 565	8.0	7.7
饲料费	110 465	114 140	52.5	53.4
肥料费	29 811	29 067	14.2	13.6
燃料费	9 180	10 170	4.4	4.8
农药费	4 322	3 903	2.1	1.8
用电费	13 682	7 881	6.5	3.7
小农具购置费	2 410	1 936	1.1	0.9
办公用品消耗	722	647	0.3	0.3
物质性服务支出	8 234	8 526	3.9	4.0
其他物质消耗	8 085	8 066	3.8	3.8

9—17 县区农业总产出、中间消耗和增加值

(2000年) 单位:万元

地区	农业总产出	中间消耗	增加值	占农业总产出比重(%)	
				中间消耗	增加值
合计	**694 437**	**234 686**	**459 751**	**33.8**	**66.2**
南昌县	294 467	95 424	199 043	32.4	67.6
新建县	114 988	33 885	81 103	29.5	70.5
进贤县	159 591	61 636	97 955	38.6	61.4
安义县	52 293	19 143	33 150	36.6	63.4
湾里区	15 137	4 948	10 189	32.7	67.3
郊区	35 639	12 473	23 166	35.0	65.0
青云谱区	8 594	2 664	5 930	31.0	69.0
昌北区	13 728	4 513	9 215	32.9	67.1

9—18 县区农业中间消耗率

(2000年) 单位:%

地区	农业	林业	牧业	渔业
合计	**33.8**	**25.4**	**45.7**	**26.1**
南昌县	32.4	50.6	45.9	30.6
新建县	29.5	28.0	40.1	18.4
进贤县	38.6	29.2	52.5	26.7
安义县	36.6	14.7	68.8	19.4
湾里区	32.7	25.3	34.0	30.7
郊区	35.0	51.4	35.7	32.8
青云谱区	31.0		32.3	26.8
昌北区	32.9	24.0	33.6	31.0

9—19 农　业　增　加　值

单位:万元

项　　目	1999	2000
一、农业总产出	**688 289**	**694 437**
二、农业中间消耗	**229 072**	**234 686**
农业中间物质消耗	210 245	213 812
对非物质生产部门的劳务支出	18 827	20 874
三、农业增加值	**459 217**	**459 751**

9—20 县区农业增加值

单位:万元

地　　区	1999	2000
合　　计	**459 217**	**459 751**
南昌县	199 899	199 043
新建县	84 933	81 103
进贤县	94 643	97 955
安义县	33 509	33 150
湾里区	10 065	10 189
郊　区	23 459	23 166
青云谱区	4 285	5 930
昌北区	8 424	9 215

9—21 农作物播种面积和产量

(2000年)

项目	播种面积(万公顷)		单产(千克/公顷)		总产量(万吨)		
	1999	2000	1999	2000	1999	2000	2000年比上年增长%
合计	**56.27**	**53.88**					
一、粮食作物	**33.05**	**30.88**	**4 934**	**5 056**	**163.09**	**156.12**	**-4.3**
稻谷	29.64	27.56	5 339	5 483	158.24	151.11	-4.5
早稻	13.49	11.75	4 999	5 180	67.43	60.89	-9.7
晚稻	16.15	15.80	5 623	5 709	90.82	90.21	-0.7
一晚	2.01	3.24	4 917	6 032	9.87	19.56	98.2
二晚	14.14	12.56	5 723	5 623	80.95	70.65	-12.7
小麦	0.59	0.51	875	810	0.52	0.41	-21.2
薯类	0.63	0.63	3 141	3 335	1.99	2.08	4.5
杂粮	0.07	0.07	1 907	2 563	0.13	0.18	38.5
大豆	1.90	1.89	1 055	1 116	2.01	2.11	4.9
二、经济作物	**11.64**	**11.25**					
棉花	0.26	0.28	856	1 186	0.23	0.33	43.5
油料	11.21	10.80	824	905	9.24	9.78	5.8
花生	1.58	1.68	2 125	2 248	3.37	3.77	11.9
油菜籽	8.20	7.82	658	697	5.40	5.45	0.9
芝麻	1.43	1.30	333	428	0.48	0.56	16.7
甘蔗	0.08	0.08	33 910	38 916	2.80	3.28	17.1
荸荠	0.07	0.07	26 466	24 597	1.97	1.70	-13.7
瓜子	0.02	0.02	557	585	0.01	0.01	平
三、其他农作物	**11.09**	**10.49**					
#果用瓜	0.13	0.17	17 619	19 352	2.28	**3.29**	44.3
蔬菜	3.70	3.86	28 923	28 214	107.11	109.09	1.8
绿肥	7.26	7.19					

9—22 县区农作物播种面积

（2000年）　　单位:公顷

项目	全市	南昌县	新建县	进贤县	安义县	湾里区	郊区	青云谱区	昌北区
合计	**538 812**	**195 201**	**130 715**	**140 233**	**45 368**	**6 449**	**16 584**	**959**	**3 303**
一、粮食作物	**308 805**	**119 970**	**74 619**	**75 879**	**24 942**	**3 553**	**7 653**	**580**	**1 609**
稻谷	275 615	117 119	66 200	55 619	23 644	3 391	7 562	580	1 500
早稻	117 533	53 376	25 379	25 048	8 678	771	3 574	275	432
晚稻	158 082	63 743	40 821	30 571	14 966	2 620	3 988	305	1 068
一晚	32 437	6 933	14 269	3 256	5 426	1 773	124		656
二晚	125 645	56 810	26 552	27 315	9 540	847	3 864	305	412
小麦	5 076	44	697	4 335					
薯类	6 250	1 106	2 593	1 947	388	84	77		55
杂粮	714	108	534	66	6				
大豆	18 895	1 164	3 886	13 355	472	5			
二、经济作物	**112 525**	**22 013**	**32 849**	**41 066**	**15 608**	**463**	**171**	**3**	**352**
棉花	2 778	3	1 125	1 220	422	8			
油料	107 990	20 998	31 444	39 435	15 136	453	170	3	351
花生	16 780	1 317	7 237	6 034	2 026	73			93
油菜籽	78 196	19 180	23 258	22 136	12 854	352	170	3	243
芝麻	13 014	501	949	11 265	256	28			15
甘蔗	843	386	23	411	20	1	1		1
荸荠	690	612	48		30				
瓜子	224	14	209			1			
三、其他农作物	**112 275**	**52 263**	**20 251**	**22 866**	**4 807**	**2 430**	**8 749**	**376**	**533**
#蔬菜	38 666	17 414	5 956	6 645	1 994	742	5 485	143	287
果用瓜	1 701	336	204	949	182	17			13
绿肥	71 908	34 513	14 091	15 272	2 631	1 671	3 264	233	233

9—23　县区农作物单位播种面积产量

（2000年）　　　　单位：千克/公顷

项　　目	全　市	南昌县	新建县	进贤县	安义县	湾里区	郊　区	青云谱区	昌北区
一、粮食作物	**5 056**	**6 091**	**4 636**	**3 834**	**4 876**	**4 708**	**5 683**	**5 559**	**5 275**
稻　　谷	5 483	6 155	5 018	4 832	5 036	4 853	5 648	5 559	5 229
早　　稻	5 180	5 810	4 527	4 824	4 329	4 201	5 264	5 309	4 546
一　　晚	6 032	7 087	5 814	5 198	6 126	5 144	5 161		5 527
二　　晚	5 623	6 365	5 059	4 796	5 060	4 836	6 018	5 784	5 471
小　　麦	810	727	885	799					
薯　　类	3 335	5 468	2 624	2 583	3 575	2 202	10 065		11 182
杂　　粮	2 563	6 648	1 863	1 500	3 000				
大　　豆	1 116	2 223	1 216	984	1 324	1 400			
二、经济作物									
棉　　花	1 186	1 000	1 971	588	825	1 250			
油料合计	905	898	870	839	1 159	1 062	800	1 000	963
花　　生	2 248	2 926	1 971	2 715	1 443	1 575			2 000
油 菜 籽	697	762	540	554	1 125	935	800	1 000	568
芝　　麻	428	800	561	394	598	1 321			933
甘　　蔗	38 916	50 575	23 304	30 124	14 750	12 000	20 000		40 000
荸　　荠	24 597	25 364	21 042		14 633				
瓜　　子	585	714	574			1 000			
三、其他农作物									
#蔬　　菜	28 214	33 417	14 739	22 533	13 850	10 698	38 619	42 587	62 718
果 用 瓜	19 352	28 378	15 971	17 046	19 346	17 353			10 154

9—24 县区主要农作物总产量

（2000 年）

单位：吨

项目	全市	南昌县	新建县	进贤县	安义县	湾里区	郊区	青云谱区	昌北区
一、粮食作物	**1 561 202**	**730 784**	**345 966**	**290 910**	**121 608**	**16 728**	**43 495**	**3 224**	**8 487**
稻谷	1 511 068	720 821	332 176	268 757	119 081	16 456	42 709	3 224	7 844
早稻	608 874	310 106	114 896	120 826	37 569	3 239	18 814	1 460	1 964
晚稻	902 194	410 715	217 280	147 931	81 512	13 217	23 895	1 764	5 880
一晚	195 648	49 132	82 966	16 924	33 239	9 121	640		3 626
二晚	706 546	361 583	134 314	131 007	48 273	4 096	23 255	1 764	2 254
小麦	4 111	32	617	3 462					
薯类	20 843	6 048	6 804	5 029	1 587	185	775		615
杂粮	1 830	718	995	99	18				
大豆	21 096	2 588	4 725	13 151	625	7			
二、经济作物									
棉花	3 295	3	2 217	717	348	10			
油料合计	97 775	18 860	27 346	33 074	17 537	481	136	3	338
花生	37 722	3 853	14 262	16 382	2 924	115			186
油菜籽	54 483	14 606	12 552	12 259	14 460	329	136	3	138
芝麻	5 570	401	532	4 433	153	37			14
甘蔗	32 806	19 522	536	12 381	295	12	20		40
荸荠	16 972	15 523	1 010		439				
瓜子	131	10	120			1			
三、其他农作物									
#蔬菜	1 090 913	581 924	87 785	149 732	27 617	7 938	211 827	6 090	18 000
果用瓜	32 918	9 535	3 258	16 177	3 521	295			132

9—25 茶叶、蚕茧、水果生产情况

项目	1999	2000	2000年比上年增长%
一、产量			
茶叶(吨)	519	646	25.0
#红毛茶	46	45	-2.2
绿毛茶	458	496	8.3
蚕茧(吨)	6	9	50
水果(吨)	7 764	9 173	18.1
#柑桔	5 096	4 723	-7.3
梨子	973	1 663	70.9
桃子	954	1 457	52.7
二、年末茶园面积(公顷)	**927**	**1 013**	**9.3**
#当年新增	40		
当年采摘	687	679	-1.2
三、年末果园面积(公顷)	**8 734**	**7 799**	**-10.7**
#当年新增	117	277	136.7
当年产果	4 390	3 775	-14.0

9—26 县区茶叶、蚕茧、水果产量

(2000年)　　单位:吨

地区	茶叶	红毛茶	绿毛茶	蚕茧	水果	柑桔	梨
合计	**646**	**45**	**496**	**9**	**9 173**	**4 723**	**1 663**
南昌县	300	8	292		2 495	1 024	1 023
新建县	117	32	73		562	404	48
进贤县	207	5	114	9	4 126	2 577	512
安义县	5		3		1 112	467	61
湾里区	17		14		218	96	19
郊区					160	150	
昌北区					500	5	

9—27 县区茶园、果园面积

(2000年)　　单位:公顷

地区	茶园	果园	柑桔	梨
合计	**1 013**	**7 799**	**3 539**	**889**
南昌县	198	595	252	141
新建县	213	1 120	468	221
进贤县	152	3 515	1 815	470
安义县	11	1 833	806	24
湾里区	439	298	32	22
郊区		85	43	4
昌北区		353	123	7

9—28 林业生产情况

项目	1999	2000	2000年比上年增长%
一、当年造林面积(公顷)	**440**	**1 653**	**2.8倍**
用材林	190	105	-44.7
经济林	200	790	3.0倍
其他			
二、迹地更新面积(公顷)	**90**	**137**	**52.2**
#人工更新	90	95	5.6
三、封山育林面积(公顷)	**11 220**	**25 023**	**1.2倍**
#本年新封	2 120	4 613	1.2倍
四、零星(四旁)植树(万株)	**454**	**735**	**61.9**
五、育苗面积(公顷)	**51**	**84**	**64.7**
#本年新育	20	50	1.5倍
六、幼林抚育作业面积(公顷)	**5 490**	**4 236**	**-22.8**
七、成林抚育面积(公顷)	**9 170**	**5 512**	**-39.9**
八、低产林改造面积(公顷)	**3 470**	**1 890**	**-45.5**
九、抚育改造出材量(万立方米)		**0.22**	
十、主要产品产量			
油桐籽(吨)	71	65	-8.5
油茶籽(吨)	1 131	1 613	42.6
乌桕籽(吨)	2	69	33.5倍
竹笋干(吨)	1	2	1倍
板栗(吨)	85	96	12.9
棕片(吨)	94	43	-54.3
松脂(吨)	343	355	3.5
香菇(吨)		2	
木材采伐(万立方米)	1.0	6.4	5.4倍
竹林采伐(万根)	9.1	9.8	7.7

9—29 牧业生产情况

项目	1999	2000	2000年比上年增长%
一、肉猪出栏数(万头)	198.44	208.18	4.9
二、出售和自宰肉用牛(万头)	2.35	2.33	-0.9
出售和自宰肉用羊(只)	2 161	3 068	42.0
出售和自宰肉用兔(只)	3 504	4 207	20.1
出售和自宰肉用禽(万只)	3 105.46	3 232.66	4.1
三、肉类总产量(万吨)	20.28	20.80	2.6
猪肉(万吨)	16.42	16.80	2.3
牛肉(吨)	2 502	2 526	1.0
羊肉(吨)	48	58	20.8
兔肉(吨)	8	9	12.5
禽肉(万吨)	3.60	3.74	3.9
四、牛羊奶产量(万吨)	4.38	4.93	12.6
#牛奶	4.38	4.76	8.7
五、兔羊毛产量(千克)			
#兔毛			
六、禽蛋产量(万吨)	9.75	10.05	3.1
七、蜂蜜产量(吨)	137	153	11.7
八、牛年底数(万头)	23.65	23.70	0.2
#能繁殖母牛	11.46	12.07	5.3
当年生仔牛	3.51	3.67	4.6
黄牛	10.52	10.73	2.0
水牛	11.93	11.52	-3.4
良种及改良种乳牛	1.20	1.45	20.8
九、猪年底数(万头)	166.54	166.13	-0.2
#能繁殖母猪	8.69	8.44	-2.9
十、羊年底数(只)	2 787	5 188	86.1
十一、兔年底数(只)	1 670	3 735	1.2倍
十二、家禽年底数(万只)	2 264.24	2 350.87	3.8
十三、年底养蜂数(箱)	4 002	4 856	21.3

9—30 县区牧业生产情况

（2000年）

项目	全市	南昌县	新建县	安义县	进贤县	湾里区	郊区	青云谱区	昌北区
一、出栏肉猪头数(万头)	208.18	90.79	41.50	12.14	38.60	8.1	15.05	0.85	1.16
二、出售和自宰肉用牛(头)	23 340	7 624	2 324	2 870	8 483	360	254		1 425
出售和自宰肉用羊(只)	3 068	505	420	1 100	193	550	300		
出售和自宰肉用兔(只)	4 207			1 360	1 550	1 297			
出售和自宰肉用禽(万只)	3 232.66	1 660.78	539.72	131.28	502.62	17.73	241.95	134.07	4.51
三、肉类总产量(吨)	207 984	92 674	42 104	11 074	36 873	6 828	15 241	2 018	1 172
猪肉	167 994	74 306	34 645	9 101	29 020	6 522	12 779	677	944
牛肉	2 526	798	294	296	846	71	39		182
羊肉	58	11	6	20	4	14	3		
兔肉	9			3	4	2			
禽肉	37 397	17 559	7 159	1 654	6 999	219	2 420	1 341	46
四、牛羊奶产量(吨)	47 565	192	6 870				624	5 705	34 174
#牛奶	47 565	192	6 870				624	5 705	34 174
五、禽蛋产量(吨)	100 452	72 167	4 586	3 570	12 828	309	4 360	2 550	82
六、蜂蜜产量(吨)	153	65		36	50				
七、牛年底数(头)	236 989	46 963	71 097	26 050	72 028	2 604	3 567	2 164	12 516
#能繁殖母牛	120 657	27 018	37 866	9 620	32 016	631	1 090	1 658	10 758
当年生仔牛	36 669	9 681	8 583	2 535	10 834	317	327	6	4 386
黄牛	107 336	19 737	37 178	8 865	39 000	1 278	299	4	975
水牛	115 198	26 946	32 066	17 185	33 028	1 291	2 860	348	1 474
良种及改良种乳牛	14 455	280	1 853			35	408	1 812	10 067
八、生猪年底数(万头)	166.13	66.91	36.52	11.65	33.51	4.96	10.65	0.84	1.09
#能繁殖母猪(头)	84 421	20 619	27 001	7 368	19 399	5 247	3 394	156	1 237
九、羊年底数(只)	5 188	884	160	1 645	654	1 445	400		
十、兔年底数(只)	3 735			1 100	875	600	1 160		
十一、年底养蜂数(箱)	4 856	1 420		780	2 646	10			
十二、家禽年底数(万只)	2 350.87	1 164.91	389.04	116.16	483.04	14.98	96.96	80.89	4.89

9—31 渔业生产情况

项目	1999	2000	2000年比上年增长%
一、渔业乡(个)	**1**	**1**	**0**
二、渔业村(个)	**48**	**48**	**0**
三、渔业户(万户)	**1.58**	**1.51**	**-4.4**
四、渔业人口(万人)	**7.7**	**7.73**	**0.4**
五、渔业劳动力(万人)	**4.72**	**4.56**	**-3.4**
专业劳动力(万人)	2.24	2.27	1.3
捕捞(人)	9 020	8 984	-0.4
养殖(人)	10 869	11 223	3.3
后勤(人)	2 546	2 482	-2.5
兼业劳动力(万人)	2.48	2.30	-7.3
六、已养殖面积(万公顷)	**4.74**	**4.81**	**1.5**
#池塘	1.04	1.13	8.7
水库	0.48	0.48	0
湖泊	2.94	2.92	-0.7
七、养殖单产(千克/公顷)			
#池塘	8 923	8 453	-5.3
水库	3 940	4 002	1.6
湖泊	1 060	1 143	7.8
八、水产品总产量(万吨)	**21.97**	**22.0**	**0.1**
#养殖	16.06	16.66	3.7
池塘	9.25	9.55	3.2
水库	1.89	1.94	2.6
湖泊	3.12	3.33	6.7
1. 鱼类	19.54	19.54	0
2. 虾蟹类	1.15	1.09	-5.2
3. 贝类	1.12	1.22	8.9
九、珍珠产量(千克)	**3 281**	**2 231**	**-32.0**
十、鱼苗产量(亿尾)	**17.35**	**18.04**	**4.0**
十一、鱼种产量(亿尾)	**3.48**	**4.40**	**26.4**

9—32 县区渔业生产情况

（2000 年）

项目	全市	南昌县	新建县	安义县	进贤县	湾里区	郊区	青云谱区	昌北区
一、渔业乡(个)	**1**						**1**		
二、渔业村(个)	**48**	**6**	**6**		**27**		**6**	**2**	**1**
三、渔业户(户)	**15 127**	**4 208**	**3 750**	**868**	**5 186**	**26**	**811**	**130**	**148**
四、渔业人口(人)	**77 348**	**19 502**	**14 923**	**5 391**	**31 832**	**235**	**3 907**	**966**	**592**
五、渔业劳动力(人)	**45 639**	**18 754**	**7 975**	**2 987**	**12 959**	**206**	**2 249**	**298**	**211**
专业劳动力	22 689	8 635	4 700	1 150	5 999	75	1 654	298	178
捕捞	8 984	3 501	1 980	144	3 084		263		12
养殖	11 223	4 320	2 023	969	2 503	53	934	288	133
后勤	2 482	814	697	37	412	22	457	10	33
兼业劳动力	22 950	10 119	3 275	1 837	6 960	131	595		33
六、已养殖面积(公顷)	**48 129**	**9 434**	**6 000**	**2 001**	**28 147**	**133**	**1 293**	**154**	**133**
#池塘	11 295	5 001	1 381	1 080	1 982	21	940	67	110
水库	4 856	212	2 221	870	1 323	112		20	24
湖泊	29 156	2 596	1 572		24 590		285	67	
七、养殖单产(千克/公顷)									
#池塘	8 453	8 679	9 240	6 080	9 603	4 782	10 415	7 725	6 510
水库	4 002	8 103	3 780	2 835	4 500	1 563		7 500	2 955
湖泊	1 143	1 904	2 370		966		1 334	6 900	
八、水产品总产量(吨)	**220 007**	**81 917**	**41 700**	**11 509**	**68 815**	**300**	**11 006**	**1 130**	**830**
#养殖	166 596	59 203	31 370	9 703	50 695	296	10 594	1 130	805
池塘	95 472	43 403	12 762	6 568	19 030	102	9 788	520	714
水库	19 432	1 714	8 409	2 522	5 953	175		150	70
湖泊	33 315	4 942	3 716		23 757		380	46	
1.鱼类	195 437	75 825	36 630	9 645	57 384	285	10 920	1 130	822
2.虾蟹类	10 850	3 722	3 542	321	3 217		44		
3.贝类	12 198	1 933	1 458	1 177	7 630				
九、珍珠产量(千克)	**2 231**	**1 166**			**1 065**				
十、鱼苗产量(万尾)	**180 436**	**95 048**	**5 900**		**19 618**	**120**	**16 650**		
十一、鱼种产量(万尾)	**43 955**	**21 994**	**9 360**	**972**	**7 512**	**80**	**2 299**		**31**

9—33 农业经济效益

(2000年)

项目	全市	南昌县	新建县	进贤县	安义县	湾里区	郊区	青云谱区	昌北
农业劳动力创造农业总产值(元/人)	8 633	10 039	5 394	8 511	13 950	11 153	7 956	15 284	15 292
农业劳动力创造农业商品产值(元/人)	5 875	6 983	3 726	5 320	9 625	7 174	5 668	11 005	12 492
农业劳动力生产农产品(千克/人)									
粮食	1 941	2 491	1 623	1 551	3 244	1 233	971	573	945
棉花	4.10	0.01	10.40	3.82	9.28	0.74			
油料	121.55	64.30	128.29	176.39	467.84	35.44	3.04	0.53	37.65
肉类	258.55	315.95	197.52	196.65	295.42	503.09	340.24	358.88	130.56
水产品	273.49	279.28	195.63	367.01	307.23	22.10	245.70	200.96	92.46
每公顷耕地产出农业总产值(元/公顷)	31 330	34 930	21 937	29 494	28 151	50 139	52 249	191 403	70 184

9—34 主要农业机械年末拥有量

项目	1999	2000	2000年比上年增长%
农业机械总动力(万千瓦)	**101.52**	**108.81**	**7.2**
大中型农用拖拉机(混合台)	881	1 600	81.6
(万千瓦)	2.98	4.25	42.6
小型及手扶拖拉机(混合台)	8 033	7 100	-11.6
(万千瓦)	7.23	6.26	-13.4
农用排灌动力机械(台)	32 027	35 600	11.2
(万千瓦)	31.04	33.57	8.2
#柴油机(台)	13 183	16 100	22.1
(万千瓦)	11.02	12.70	15.2
电动机(台)	18 844	19 500	3.5
(万千瓦)	20.03	20.87	4.2
农用水泵(台)	29 369	34 500	17.5
动力脱粒机(台)	52 257	52 400	0.3
机动喷(雾)粉机(部)	11	0	
(千瓦)	21	0.1	-99.5
饲料粉碎机(台)	1 340	1 500	11.9

9—35 农业机耕、水电、化肥、水利情况

项　　　目	1999	2000	2000年比上年增长%
一、农业机械化情况			
当年实际机耕面积(万公顷)	12.31	11.80	-4.1
机耕面积占耕地面积比重(%)	54.80	53.2	-2.9
二、农业电气化情况			
农村用电量(万千瓦小时)	59 768	54 449.9	-8.9
乡镇村办水电站个数(个)	23	20	-13.0
发电能力(千瓦)	2 568	2 513	-2.1
三、农业化学化情况			
化肥施用量(实物量)(万吨)	33.45	31.30	-6.4
氮肥(万吨)	13.11	12.25	-6.6
磷肥(万吨)	11.11	10.24	-7.8
钾肥(万吨)	4.61	4.07	-11.7
复合肥(万吨)	4.63	4.75	2.6
化肥施用量(折纯量)(万吨)	12.51	11.58	-7.4
氮肥(万吨)	4.39	4.12	-6.2
磷肥(万吨)	3.84	3.39	-11.7
钾肥(万吨)	2.30	2.03	-11.7
复合肥(万吨)	1.97	2.04	3.6
每亩耕地用化肥(实物量)(千克)	100	94	-6.0
每亩耕地用化肥(折纯量)(千克)	37	35	-5.4
四、农业水利化情况			
有效灌溉面积(万公顷)	20.01	20.04	0.1
有效灌溉面积占耕地面积比重(%)	89.7	90.4	0.8
旱涝保收面积(万公顷)	16.13	16.16	0.2
旱涝保收面积占耕地面积比重(%)	72.2	72.9	0.97

9—36　县区农业机耕、水电、化肥、水利情况

（2000 年）

项　　目	全 市	南昌县	新建县	进贤县	安义县	湾里区	郊 区	青云谱区	昌北
一、农业电气化情况									
农村用电量(万千瓦小时)	54 450	19 195	8 424	8 041	1 191	464	13 430	1 071	2 634
每亩耕地用电量(千瓦小时)	164	152	107	99	43	102	1 312	1 590	897
乡镇村办水电站个数(个)	20	4	3	2	4	4			3
发 电 能 力(千瓦)	2 513	710	205	612	480	116			390
二、农业化学化情况									
1. 化肥施用量(实物量、吨)	313 041	137 414	72 180	64 797	26 923	2 333	8 033	238	1 123
氮　　肥	122 503	54 164	28 857	25 997	9 334	457	3 149	86	459
磷　　肥	102 359	43 714	24 379	22 273	8 859	565	2 265	62	242
钾　　肥	40 665	16 557	9 836	7 733	5 001	290	1 127	36	85
复 合 肥	47 514	22 979	9 108	8 794	3 729	1 021	1 492	54	337
2. 化肥施用量(折纯量、吨)	115 769	59 500	21 786	11 584	12 646	853	2 933	81	386
氮　　肥	41 177	17 874	8 657	9 099	4 294	145	944	26	138
磷　　肥	33 880	21 857	3 657	3 562	3 987	92	679	10	36
钾　　肥	20 333	8 279	4 918	3 867	2 500	144	564	18	43
复 合 肥	20 379	11 490	4 554	1 056	1 865	472	746	27	169
每亩耕地用化肥(实物量、千克)	94	108	92	80	97	52	79	35	38
每亩耕地用化肥(折纯量、千克)	35	47	28	22	45	19	29	12	13
三、农业水利化情况									
有效灌溉面积(公顷)	220 470	71 540	48 590	50 180	18 400	3 020	7 520		1 220
有效灌面积占耕地面积比重(%)	99.5	84.9	92.7	92.7	99.1	100	110.2		62.4
旱涝保收面积(公顷)	161 550	61 730	35 400	39 350	13 450	2 880	7 520		1 220
旱涝保收面积占耕地面积比重(%)	72.9	73.2	67.5	72.7	72.4	95.4	110.2		62.4

9—37 水利灌溉设施建成到达情况

（年末数）

项目	1999	2000
一、工程座数		
蓄水工程(座)	494	494
中型水库(座)	7	7
小(一)型水库(座)	63	63
小(二)型水库(座)	424	424
塘坝(座)	4 872	4 872
引水工程(座)	154	154
机电灌站(座)	2 254	2 254
机电井(眼)	62	64
二、蓄水工程总库容	**3.99**	**3.99**
中型水库(亿立方米)	1.20	1.20
小(一)型水库(亿立方米)	1.56	1.56
小(二)型水库(亿立方米)	1.23	1.23
塘坝(亿立方米)	0.77	0.77
三、有效灌溉面积(万公顷)	**20.01**	**20.05**
蓄水工程(万公顷)	4.40	4.40
中型水库(万公顷)	1.21	1.21
小(一)型水库(万公顷)	1.25	1.25
小(二)型水库(万公顷)	1.16	1.16
塘坝(万公顷)	0.78	0.78
引水工程(万公顷)	5.85	5.85
30万亩以上(万公顷)	5.02	5.02
10—30万亩(万公顷)	0.47	0.47
万亩以下(万公顷)	0.36	0.36

9—38　1984—2000年农作物受灾和成灾面积

单位:公顷

年份	受灾面积	旱灾	水灾	病虫灾	其他
1984	70 286	5 040	2 613	31 273	7 840
1985	89 460	21 227	14 320	51 873	2 040
1986	130 369	75 174	31 285	15 763	8 147
1987	94 488	17 600	14 350	22 819	39 719
1988	126 560	76 366	23 800	12 793	
1989	138 667	12 333	102 000	1 300	11 334
1990	212 673	115 160	70 073	4 767	22 673
1991	85 866	52 133	18 867	5 733	9 093
1992	96 066	33 933	46 200	3 367	12 706
1993	158 466	4 600	150 653	1 387	773
1994	58 948	1 531	42 298	1 032	2 054
1995	131 915		98 186		33 729
1996	23 510		10 700		
1997	65 000		56 000	4 000	
1998	164 148		164 000		148
1999	57 826		57 826		
2000	36 968	13 403	4 917		18 648

年份	成灾面积	旱灾	水灾	病虫灾	其他
1984	50 627	2 246	16 833	25 573	5 973
1985	41 420	6 980	8 040	25 753	647
1986	76 483	50 783	13 400	7 022	5 278
1987	62 568	13 519	11 535	12 001	25 513
1988	102 360	72 400	17 000	6 133	1 667
1989	99 266	7 800	80 866	4 713	800
1990	105 327	62 280	33 860	2 287	6 900
1991	58 466	37 133	10 600	3 086	7 600
1992	68 133	20 466	37 360	1 393	6 960
1993	89 673	3 133	85 853	153	280
1994	36 365	1 043	29 921	517	665
1995	92 340		78 730		13 610
1996	16 430		7 490		
1997	43 000		38 000	2 000	
1998	164 148		164 000		148
1999	43 904		43 904		
2000	30 974	11 402	3 044		16 528

9—39 农业事业机构和气象台、站

(2000年)

名称	机构数(个)	职工人数(人)	名称	机构数(个)	职工人数(人)
农业技术推广站	102	717	牲畜配种站	10	30
经营管理辅导站	81	369	家禽(畜)检疫站	4	30
畜牧兽医站	109	1 977	气象台站	5	106
种子站	7	67	气象台	1	56
植保植检站	7	28	气象站	4	50
病虫测报站	7	28			

9—40 农村电力生产

(2000年)

地区	农村用电量(万千瓦小时)	水电站发电能力(千瓦)	水电站发电量(万千瓦小时)
合计	**54 449.9**	**2 513**	**178.2**
南昌县	19 195.0	710	103.0
新建县	8 424.0	205	1.2
进贤县	8 041.2	612	9.0
安义县	1 191.0	480	47.0
湾里区	464.0	116	14.0
郊区	13 430.0		
青云谱区	1 071.0		
昌北开发区	2 633.7	390	4.0

9—41 乡镇企业基本情况

（2000年）

项目	企业数（个）	人数（人）
总计	**76 610**	**377 761**
一、农业企业	315	6 139
二、工业企业	26 743	218 043
三、建筑企业	9 554	50 782
四、交通运输企业	14 725	26 680
五、批发、零售贸易业	17 420	47 973
六、旅游饮食服务企业	4 735	18 664
七、其他企业	3 118	9 480

9—42 乡镇企业总产值和增加值

（2000年）　　单位：万元

项　　目	总　产　值	增　加　值
总　　计	**3 781 965**	**1 084 020**
一、农业企业	29 500	9 027
二、工业企业	2 468 776	693 421
三、建筑企业	288 056	79 144
四、交通运输企业	243 609	73 019
五、批发零售、贸易业	511 088	151 228
六、旅游饮食服务业	165 756	60 553
七、其他企业	75 180	17 628

9—43　乡镇集体企业固定资产投资

（2000 年）

项　目	本年施工项目个数（个）	本年新开工项目数（个）	本年投产项目数（个）	本年完成投资额（万元）
合　计	**798**	**710**	**684**	**120 016**
按建设性质分				
新　建	289	252	226	47 612
扩　建	314	281	280	51 196
改　建	160	143	144	14 462
其　它	35	34	34	6 746
按国民经济行业分				
农业企业	64	60	59	5 679
工业企业	611	548	539	86 488
建筑企业	12	12	12	1 005
交通运输企业	5	5	5	155
批发、零售贸易业	34	30	23	6 394
旅游饮服务企业	40	32	23	9 623
其他企业	32	23	23	10 672

9—44 乡 镇 企 业 财 务 指 标

（2000 年）　　　　　　　　　　　　单位：万元

项　　　目	合　计	南昌县	新建县	进贤县	安义县	郊　区	湾里区	青云谱区	昌北区
一、应交各种税金	63 755	30 132	3 746	7 869	5 992	13 857	692	862	605
二、实交各种税金	48 904	23 038	2 635	6 003	3 383	12 283	756	575	231
三、集体企业工资总额	62 274	18 239	4 727	10 322	3 079	21 113	994	2 028	1 772
四、提取福利费	4 765	948	317	1 445	209	1 502	120	98	126
五、职工股金分红	2 922	170	674	1 429		533	93	23	
六、转作奖金的利润	11 841	349	91	482	612	8 114	141	2 052	
七、个私企业工资总额	107 998	31 723	16 233	31 382	10 199	13 615	2 101	1 346	1 399
八、个私企业净利润	162 176	43 965	12 171	25 411	8 677	58 859	4 027	8 336	730
九、农业人口（人）	2 566 546	855 999	495 939	608 029	199 684	223 378	50 586	32 039	
十、净　利　润	244 770	56 056	14 120	33 801	13 495	108 168	4 918	11 800	2 412
#集体企业	81 363	11 709	1 580	8 218	4 638	49 185	887	3 464	1 682
个私企业	163 407	44 347	12 540	25 583	8 857	58 983	4 031	8 336	730

9—45 乡镇集体企业财务状况

（2000年）

项　　目	合计	南昌县	新建县	进贤县	安义县	郊　区	湾里区	青云谱区	昌北区
汇总企业数（个）	2 791	646	344	500	243	775	91	122	70
#盈利企业数	2 751	646	331	494	243	764	91	122	60
盈利企业净利润总额（万元）	81 518	11 709	1 637	8 248	4 638	49 230	887	3 464	1 705
本年职工平均人数（人）	112 779	32 407	10 020	24 665	4 854	32 867	1 988	4 055	1 923
工资总额（万元）	62 274	18 239	4 727	10 322	3 079	21 113	994	2 028	1 772
营业收入（万元）	1 136 606	282 588	67 170	146 986	46 463	493 470	19 535	58 916	21 478
净利润额（万元）	81 363	11 709	1 580	8 218	4 638	49 185	887	3 464	1 682
税金总额（万元）	38 535	21 457	1 081	5 965	2 360	6 228	233	722	489
#所得税	3 805	2 325	106	704	63	520	2	85	
实交税金总额（万元）	33 077	19 100	903	3 851	1 807	6 211	327	712	166
营业收入利润率（%）	7.45	5	2.5	6.22	10.32	9.95	4.55	6.08	7.83
总资产报酬率（%）	14.94	16	10.79	17.17	38.67	13.94	16.54	11	20.83
资本收益率（%）	31.1	31.5	16.95	29.39	70.57	30	37.87	30.75	48.95
资本保值增值率（%）	117.85	141.2	88.69	100.71	108.43	156	92.58	96.58	72.36
资产负债率（%）	50.81	44.1	54.54	42	37.33	53.44	58	58.44	40.21
支农建农支出总额（万元）	2 520	631	582	397	217	654	29	10	
福利费支出总额（万元）	4 765	948	317	1 445	209	1 502	120	98	126
职工股金分红（万元）	2 922	170	674	1 429		533	93	23	
社会贡献率（%）	30.13	54.58	39.12	47.36	78.56	19.64	36.42	13.31	49.38
社会积累率（%）	21.13	40	12.58	22.38	23.80	8.55	10.41	16.24	11.64
银行借款（万元）	122 211	9 374	5 434	7 492	2 338	85 016	990	9 206	2 361
固定资产原值（万元）	400 734	42 664	14 397	31 576	6 962	274 266	2 270	22 701	5 898
累计折旧（万元）	99 041	10 715	2 715	5 645	867	70 699	439	5 041	2 920
工业全员劳动生产率（元/人）	114 689	98 427	90 500	71 546	116 535	155 144	95 930	173 344	126 491
工业增加值率（%）	27.5	27.2	24.8	28.4	25.8	27.9	27.9	27.9	26.1

9—46 乡镇企业经营效益

（2000年）

单位：万元

项目	总计	农业企业	工业企业	建筑业企业	交通运输企业	商品流通企业	旅游饮食服务企业	其他企业
一、主营业务收入	**1 136 606**	**25 219**	**855 919**	**94 475**	**42 240**	**58 318**	**52 481**	**7 954**
减：主营业务成本	889 813	21 227	670 453	76 562	28 119	48 912	38 058	6 482
营业费用	107 168	1 649	86 200	5 582	5 364	3 002	4 773	598
营业税金及附加	11 468	259	7 837	1 656	526	771	363	56
二、主营业务利润	**128 157**	**2 084**	**91 429**	**10 675**	**8 231**	**5 633**	**9 287**	**818**
加：其他业务收入	4 630	11	2 186	691	806	19	812	105
减：其他业务支出	6 366	110	2 855	872	1 178	16	1 206	129
管理费用	29 162	496	20 760	2 840	2 187	728	1 961	190
#应交乡镇企业管理费	1 169	24	593	177	163	13	177	22
财务费用	12 142	244	7 948	1 113	1 178	274	1 241	144
三、营业利润	**85 117**	**1 245**	**62 052**	**6 541**	**4 494**	**4 634**	**5 691**	**460**
加：补贴收入	10		10					
营业外收入	1 906	18	1 373	234	91	150	21	19
减：营业外支出	1 991	15	1 594	186	66	93	24	13
加：以前年度损益调整	126		126					
四、利润总额	**85 168**	**1 248**	**61 967**	**6 589**	**4 519**	**4 691**	**5 688**	**466**
减：所得税	3 805	34	3 205	232	47	137	140	10
五、净利润	**81 363**	**1 214**	**58 762**	**6 357**	**4 472**	**4 554**	**5 548**	**456**
补充资料：								
1. 全部职工人数（人）	112 779	6 139	81 409	15 780	1 972	3 332	2 803	1 344
2. 平均职工人数（人）	115 281	5 861	83 882	14 488	3 283	3 121	3 079	1 567
3. 工资总额	62 274	2 252	42 482	9 256	2 841	1 090	3 973	380
4. 计提福利费总额	4 765	144	3 286	780	181	79	256	39
5. 实汇企业个数（个）	2 791	315	1 968	107	84	201	68	48
6. 盈利企业个数（个）	2 751	314	1 933	107	84	201	67	45
7. 盈利企业净利润总额	81 518	1 217	58 894	6 357	4 472	4 554	5 561	463
8. 亏损企业个数（个）	40	1	35				1	3
9. 亏损企业亏损总额	155	3	132				13	7
10. 应交增值税	22 761	22	21 753	264	182	352	167	21
11. 在费用支出中列支的税金	501	12	389	48	18	18	13	3
12. 实交税金总额	33 077	233	29 039	1 719	588	652	756	90
13. 劳动待业保险费	147		134	6		4	3	
14. 支农、建农支出	667	66	475	86	5	17	11	7
15. 利息支出净额	5 268	95	4 531	305	99	62	139	37

9—47 乡镇个体私有企业财务状况

（2000年）

单位：万元

项目	合计	南昌县	新建县	进贤县	安义县	郊区	湾里区	青云谱区	昌北区
企业个数（个）	73 819	21 155	18 306	20 284	6 083	5 052	1 605	434	98
#个体企业	69 708	20 049	18 017	18 606	5 753	4 482	1 526	400	875
盈利企业个数	72 358	21 155	18 225	19 005	6 073	5 038	1 605	434	823
#个体企业	68 300	20 049	17 972	17 336	5 743	4 472	1 526	400	802
盈利企业净利润额	165 127	44 347	12 656	26 837	8 905	59 204	4 097	8 351	730
#个体企业	95 223	37 564	11 299	21 710	7 872	6 876	3 054	6 518	330
平均职工人数（人）	264 982	85 914	38 562	85 236	16 158	30 150	3 675	2 690	2 597
#个体企业	206 074	63 325	34 843	68 245	14 819	17 855	2 998	1 939	2 050
工资总额	107 998	31 723	16 233	31 382	10 199	13 615	2 101	1 346	1 399
#个体企业	86 312	25 169	14 540	25 725	9 208	7 781	1 812	970	1 107
营业收入	2 360 177	656 849	222 691	405 691	102 986	747 269	58 311	156 745	9 635
#个体企业	1 606 902	516 415	202 126	318 291	96 706	302 741	42 694	122 150	5 779
净利润额	163 407	44 347	12 540	25 583	8 857	58 983	4 031	8 336	730
#个体企业	93 943	37 564	11 275	20 725	7 824	6 764	2 954	6 507	330
税金总额	25 220	8 675	2 665	1 904	3 632	7 629	459	140	116
#个体企业	14 729	5 118	2 297	1 378	3 240	2 223	294	106	73
#所得税	3 298	2 003	53	213	286	707	2	15	19
#个体企业	1 386	739	24	123	225	252		11	12
实交税金总额	16 972	3 938	1 731	1 904	2 658	6 073	429	138	101
#个体企业	10 022	2 241	1 412	1 378	2 489	2 073	258	106	65
资本金	177 316	44 382	13 037	66 653	15 715	34 043	1 636	964	886
#个体企业	112 409	28 279	11 230	44 823	14 528	11 608	852	610	479
银行借款	18 756	5 587	2 462	4 582	2 236	3 531	280		78
#个体企业	11 306	2 425	1 787	2 662	2 052	2 251	105		24
固定资产原值	201 978	62 934	15 674	39 876	11 657	61 691	1 899	5 687	2 560
#个体企业	120 468	37 355	13 026	29 078	10 440	23 531	1 163	4 591	1 284
累计折旧	57 186	18 985	2 708	12 498	2 445	19 051	624	48	827
#个体企业	35 090	11 658	2 121	8 084	2 050	10 375	383	20	399
上交支农建农资金总额	1 231	382	369	172	180	124	4		
#个体企业	885	281	330	111	101	60	2		

主 要 统 计 指 标 解 释

农业总产值 以货币表现的农、林、牧、渔四业全部产品的总量。它反映一定时期内农业生产的总规模和总成果。

农、林、牧、渔业的统计范围包括国有经济的各种专业农（农、林、牧、渔）场以及国家各级机关团体学校、部队；集体所有制的乡、镇、村各级办农场；工矿企业经营的农、林、牧、渔业，农村各种经济和农户经营的农林牧渔业和农民家庭兼营的商品性工业等。

（1）农业 包括种植业和其他农业。

种植业 包括谷物、豆类、著类、棉、油料、糖料、麻类、烟叶、蔬菜、药材、瓜类和其他农作物的种植，以及茶园、桑园、果园的生产经营。

其他农业 包括采集野生植物的果实、纤维、树胶、树脂、油料以及柴草、野生药材、菌类等及农民家庭兼营的商品性工业。

（2）林业 包括林木的栽培（不包括茶园、桑园和果园的栽培、管理和收获等活动）、林产品的采集和村及村以下合作经济组织和农户的竹木采伐。

（3）牧业 包括除渔业养殖以外的一切动物饲养和放牧以及野生动物的捕猎和饲养。

（4）渔业 包括水生动物和海藻类植物的养殖和捕捞。

农业总产值的计算方法通常是按农林牧渔业产品及其副产品的产量分别乘以各自单位产品价格求得，少数生产周期较长，当年没有产品或产品产量不易统计的，则采用间接方法匡算其产值，然后将四业产品产值相加即为农业总产值。

副业，1993 年起已取消。其原包括的采集野生植物及农民家庭兼营商品性工业，并入农业的“其他农业”中；原包括的野生杂柴、小山竹产值并入林业；原包括的捕猎并入牧业之中。

农林牧渔业中间消耗 指各种经济类型的农业生产单位和农户，在农业生产经营过程中投入（或消耗）的各种物质产品和劳务价值的总和。包括中间物质消耗和中间劳务消耗两个部分。计入中间消耗必须具备以下两个条件：一是与总产出相对应的生产过程中消耗的物质产品和劳务活动；二是本期投入并一次性消耗的不属于固定资产的非耐用品。

农林牧渔业增加值 指各种经济类型的农业生产单位和农户从事农业生产经营活动所提供的社会最终产品的货币表现。增加值的计算方法有两种，一是生产法：农林牧渔业增加值 = 农林牧渔业总产出 - 农林牧渔业中间消耗；二是分配法：农林牧渔业增加值 = 固定资产折旧 + 劳动者报酬 + 生产税净额（生产税 - 生产补贴）+ 营业盈余。

固定资产折旧 指在生产经营过程中逐步消耗并转移到产品成本和流通费用中的那部分价值。它包括两个部分：一是当年按一定标准提取的固定资产折旧；二是农业生产单位实际发生或预提的固定资产修理费。

劳动者报酬 指各种经济类型的农业生产单位的劳动者和农户在从事农业生产经营活动取得的以各种形式支付的报酬和收入。对于农业企业是指列入成本和销售费用的工资，不包括从利润、营业外收入、专用经费等列支的工资。对于农村集体和农户，是指农民从农业集体生产单位取得的劳动报酬和农民的农业纯收入（扣除生产性固定资产折旧）。

生产税 指农业生产单位和农户在生产、销售过程中向国家缴纳的农业税、农林特产税、宰屠税、渔业税、牧业税、销售税等利前税。

生产补贴 指国家直接支付给农业生产单位的补贴。

营业盈余 指生产要素在生产过程中创造的剩余价值，具体是指社会总产品扣除中间投入、固定资产折旧、劳动者报酬、生产税净额后剩余部分。

农林牧渔业总产出 指各种经济类型的农业生产单位或农户从事农业生产经济活动的总成果。包括农林牧渔业产品总量和劳务活动的总成果（即对非物质生产部门的劳务支出）两部分。

农村固定资产 是指农村各级合作经济组织，乡（镇）各级办企业事业单位，新经济联合体以及农民家庭经营的可供长期使用并在其使用过程中基本上保持其原有形态的劳动资料、其他物质资料以及用于人民文化和生活福利的设施。农村固定资产统计的标准，需同时具备以下两个条件，即使用年限在三年以上，单位价值在50元以上，在乡镇工业企业中，规定单位价值在200元以上，使用年限在一年以上；如企业的主要设备虽低于200元，而使用年限在一年以上的，也划为固定资产。

粮食产量 指全社会的产量。包括国有经济经营的、集体统一经营的和农民家庭经营的粮食产量，还包括工矿企业办的农场和其他生产单位的产量。粮食除包括稻谷、小麦、玉米、高粱、谷子及其他杂粮外，还包括薯类和豆类。其产量计算方法，豆类按去豆荚后的干豆计算；薯类（包括甘薯和马铃薯，不包括芋头和木薯）1963年以前按每4公斤鲜薯折1公斤粮食计算，从1964年开始及以后改为按5公斤鲜薯折1公斤粮食计算。城市郊区作为蔬菜的薯类（如：马铃薯等）按鲜品计算，并且不做为粮食统计。其他粮食一律按脱粒后的原粮计算。

油料产量 指全部油料作物的生产量。包括花生、油菜籽、芝麻、向日葵籽、胡麻籽（亚麻籽）和其他油料。不包括大豆，也不包括木本油料和野生油料。花生以带壳干花生计算。

水产品产量 指人工养殖的水产品和天然生长水产品的捕捞量。包括海水的鱼类、虾蟹类、贝类和藻类以及淡水的鱼类、虾蟹类和贝类，不包括淡水水生植物。

猪、牛、羊肉产量 指当年出栏并已屠宰后除去头蹄下水后带骨肉（即胴体）的重量。

有效灌溉面积 指即具有一定的水源，地块比较平整，灌溉工程或设备已经配套，在一般年景下当年能够进行正常灌溉的面积。

农业机械总动力 指主要用于农、林、牧、渔业的各种动力机械的动力总和，包括耕作机械、排灌机械、收获机械、农产品加工机械、运输机械、植物保护机械、牧业机械、林业机械、渔业机械和其他农业机械（内燃机按引擎功率折成瓦（特）计算，电动机按功率折成瓦（特）计算）。不包括专门用于乡、镇、村、组办工业、基本建设、非农业运输、科学试验和教学等非农业生产方面用的动力机械与作业机械。

耕地面积 指年初可以用来种植农作物、经常进行耕锄的田地，除包括熟地、当年新开荒地、连续撂荒未满三年的耕地和当年的休闲地（轮歇地）外，还包括以种植农作物为主并附带种植桑树、茶树、果树和其他林木的土地，以及沿海、沿湖地区已围垦利用的“海涂”、“湖田”等面积。但不包括属于专业性的桑园、茶园、果园、果木苗圃、林地、芦苇地、天然或人工草地面积。

农作物播种面积 指实际播种或移植有农作物的面积。凡是实际种植有农作物的面积。不论种植在耕地上还是种植在非耕地上，均包括在农作物播种面积中。在播种季节基本结束后，因遭灾而重新改种和补种的农作物面积，也包括在内。

农用化肥施用量 指本年内实际用于农业生产的化肥数量。包括氮肥、磷肥、钾肥和复合肥。化肥施用量要求按折纯量计算数量。折纯法化肥施用量是把氮肥、磷肥和钾肥分别按含氮、含五氧化二磷、含氧化钾的百分之一百成份折算后的数量。复合肥按其所含主要成分折算。

农林牧渔业劳动力 指直接参加农林牧渔业生产劳动的劳动力。

期初（末）畜禽存栏头（只）数 指本期期初（末）农村各种合作经济和国营农场、农民个人、机关、团体、学校、工矿企业、部队等单位以及城镇居民饲养的大牲畜、猪、羊、家禽等畜禽的存栏头（只）数。

十、工　　业

INDUSTRY

本篇内容包括：

1. 工业总产值
2. 主要工业产品产量
3. 工业支柱产业主要指标
4. 乡及乡以上独立核算工业企业和年产品销售收入500万元及以上村及村以下企业主要经济指标
5. 主要原材料、能源消费情况

资料整理

焦　安
许卫群
张　宁

工业总产值

1978年:	18.29	亿元
2000年:	472.05	亿元

年均递增 15.8 %

规模以上工业总产值构成

(2000)

国有	32.3 %
集体	10.5 %
股份合作	2.3 %
股份制	28.1%
外商	24.9 %
其他	1.9 %

10—1 全市工业总产值

（2000年）

单位：万元

分类	2000	比上年增长%
全部工业总产值	**4 720 487**	**10.5**
规模以上	2 519 913	14.2
乡及乡以上工业	2 854 683	9.6
1. 按经济类型分		
#国有经济	690 148	-6.5
集体经济	540 521	-3.2
2. 按轻、重工业分		
轻工业	1 414 786	6.4
重工业	1 439 897	13.0
3. 大中型工业	1 839 885	7.8
#市属工业		
规模以上	1 639 756	14.8
乡及乡以上工业	1 970 598	10.2
1. 按经济类型分		
#国有经济	206 286	-26.0
集体经济	532 120	-3.0
2. 按轻、重工业分		
轻工业	1 039 731	8.1
重工业	930 867	12.5
3. 大中型工业	1 022 795	9.1

注："规模以上"指全部国有工业及年销售收入在500万元以上的非国有工业企业。

10—2 核工业部在昌企业主要指标

单位：万元

年份	单位数（个）	从业人员（人）	工业总产值（不变价）	工业总产值（当年价）	工业增加值
1999	2	1 554	8 711	7 902	1 665
2000	2	1 534	8 333	9 405	3 008

10—3 工 业 主 要 指 标

（按地域分，2000年）　　单位：万元

地　　区	企业数（个）	大中型	年平均从业人员（人）	工业总产值（当年价）	农村工业	工业增加值（当年价）
总　　计	**1 776**	**124**	**246 998**	**2 854 683**	**496 193**	**885 881**
东 湖 区	133	23	36 702	448 377		195 524
西 湖 区	246	35	43 448	464 894		171 414
青云谱区	119	20	55 129	719 923	33 099	169 736
湾 里 区	144	2	6 215	45 798	2 109	12 671
郊　　区	156	9	27 695	421 526	228 298	107 311
南 昌 县	232	9	21 151	283 598	48 659	94 001
新 建 县	284	12	20 247	187 135	57 075	56 414
安 义 县	109		3 406	30 991	8 241	7 037
进 贤 县	300	5	22 624	162 545	109 456	50 066
昌 北 区	53	9	1 0381	89 895	9 256	21 708

10—3　续表　　（2000年）　　单位：万元

地　　区	流动资产	固定资产	负债合计	产品销售收入	利税总额
合　　计	**2 030 740**	**1 726 614**	**2 703 362**	**2 554 809**	**329 276**
东 湖 区	425 643	356 417	522 267	364 544	58 469
西 湖 区	301 671	251 111	429 353	423 417	142 213
青云谱区	730 606	617 685	915 023	723 146	56 599
湾 里 区	23 694	18 595	35 872	37 535	978
郊　　区	188 026	223 795	31 3151	372 628	27 391
南 昌 县	115 765	64 982	122 885	243 937	24 486
新 建 县	108 454	75 360	165 857	141 778	5 308
安 义 县	14 077	11 589	16 630	29 209	2 920
进 贤 县	53 580	47 312	68 004	153 137	9 312
昌 北 区	69 223	59 768	114 321	65 478	1 600

10—4 县区工业主要指标

（按隶属关系分，2000年） 单位：万元

地区	企业数（个）	大中型	年平均从业人员（人）	工业总产值（当年价）	农村工业	工业增加值（当年价）
合计	**1 398**	**13**	**78 808**	**968 435**	**496 193**	**267 793**
县属	**846**	**7**	**50 782**	**523 748**	**223 431**	**161 152**
南昌县	212	4	16 031	230 880	48 659	75 613
新建县	232		11 113	106 940	57 075	31 405
安义县	108		3 391	30 891	8 241	7 005
进贤县	294	3	20 247	155 038	109 456	47 130
区属	**552**	**6**	**28 026**	**444 687**	**272 762**	**106 641**
东湖区	44		1 929	20 579		4 269
西湖区	135		5 123	75 548		16 739
青云谱区	73	1	3 330	43 820	33 099	9 586
湾里区	133		4 823	43 254	2 109	11 848
郊区	138	3	9 704	242 591	228 298	59 601
昌北区	29	2	3 117	18 895	9 256	4 597

10—4 续表 （按隶属关系分，2000年） 单位：万元

地区	流动资产	固定资产	负债合计	产品销售收入	利税总额	附：乡镇工业总产值	附：乡镇工业增加值
合计	**251 176**	**258359**	**312 311**	**782 075**	**61 963**	**2 468 776**	**693 421**
县属	**150 502**	**125 366**	**158 029**	**451 799**	**41 195**	**1 158 235**	**323 639**
南昌县	56 331	40 433	50 035	198 166	24 581	578 862	165 010
新建县	34 061	29 792	38 173	78 728	3 990	164 361	40 624
安义县	14 122	13 029	16 523	29 156	2 918	93 012	25 005
进贤县	45 989	42 113	53 298	145 750	9 707	322 000	93 000
区属	**100 675**	**132 993**	**154 282**	**330 276**	**20 768**	**1 310 541**	**369 782**
东湖区	5 592	3 481	6 454	8 716	535		
西湖区	16 229	8 493	15 128	24 885	1 036		
青云谱区	14 420	16 569	21 215	39 250	1 968	188 830	52 872
湾里区	18 078	17 394	24 394	35 409	1 110	57 010	16 261
郊区	40 000	71 196	73 784	207 582	15 957	1 025 801	290 507
昌北区	6 357	15 859	13 307	14 433	164	38 900	10 142

10—5 市直属工业主要指标

(按隶属关系分，2000年)　　单位：万元

指标	企业数(个)	大中型	年平均从业人员(人)	工业总产值(当年价)	工业增加值(当年价)
合计	**275**	**73**	**95 413**	**1 002 164**	**270 943**
机械局	40	17	14 746	54 544	15 417
轻工局	17	10	11 624	90 946	35 160
纺织局	22	13	16 046	100 424	34 118
化工局	24	6	5 651	67 578	23 380
电子局	9	4	4 367	66 155	6 511
江联	5	1	2 107	28 261	8 473
二轻局	19	3	4 504	9 251	2 563
建材局	8	5	2 072	7 972	2 900
江铃局	1	1	15 782	377 163	64 183
民政局	13		1 148	11 407	3 457
商委	5	2	2 445	7 517	1 567
粮食局	7	1	1 259	6 127	2 433
林业局	49	7	4 264	36 064	13 833
教委	5		256	1 548	590
其他各局	17	2	5 565	32 503	12 518
高新区	34	1	3 577	104 706	43 841

10—5　续表　　(按隶属关系分，2000年)　　单位：万元

指标	流动资产	固定资产	负债合计	产品销售收入	利税总额
合计	**912 218**	**1 066 095**	**1 458 858**	**883 500**	**70 394**
机械局	97 283	100 872	128 166	50 264	2 049
轻工局	148 455	139 254	218 897	90 305	8 833
纺织局	72 789	125 099	154 828	80 464	6 172
化工局	28 877	53 446	51 133	45 875	-237
电子局	41 725	31 189	97 977	16 405	417
江联	22 161	23 203	26 678	25 610	291
二轻局	11 796	21 410	32 099	6 163	-385
建材局	15 229	35 274	34 402	5 338	-237
江铃局	327 476	333 067	491 889	385 388	28 465
民政局	8 116	10 401	13 843	9 482	-160
商委	4 777	17 634	15 448	4 578	-42
粮食局	7 623	9 667	8 303	5 837	124
林业局	32 066	29 500	60 102	24 367	-815
教委	906	220	845	1 531	157
其他各局	30 379	82 211	60 901	29 463	2 301
高新区	62 561	53 649	63 348	102 432	23 460

10—6 支柱产业主要指标

（2000年）

单位：万元

行业	企业数（个）	从业人员（人）	工业总产值	工业销售产值	出口交货值	利税总额
总计	**1 054**	**202 329**	**26 825 343**	**25 909 206**	**838 981**	**3 444 977**
食品加工业	162	9 545	1 683 707	1 648 138	2 191	41 854
配合及混合饲料制造业	28	2 393	814 682	801 186		22 285
食品制造业	45	4 829	540 176	484 003	85	48 889
乳制品制造业	3	890	236 566	213 971		26 138
饮料制造业（啤酒）	2	1 366	190 761	180 026		56 369
烟草加工业（卷烟）	1	1 728	1 533 730	1 630 314		1 354 209
纺织业	73	15 230	1 518 654	1 441 799	280 008	91 207
服装及其他纤维制品制造业	53	5 216	493 270	471 771	99 071	31 945
造纸及纸制品业	30	6 123	468 117	497 961	14 792	12 219
印刷业	96	8 877	1 017 478	949 144	2	163 957
化学原料及化学制品制造业	102	12 089	1 594 602	1 569 515	42 683	44 510
医药制造业	32	13 081	2 806 348	2 723 012	50 692	368 992
中药材及中成药加工业	12	6 815	2 069 055	2 013 509		330 754
化学纤维制造业	5	4 986	496 655	478 916	17 093	32 783
橡胶制品业	28	4 682	357 153	311 509	1 855	－21 615
黑色金属冶炼及压延加工业	12	15 448	1 965 248	1 958 712	26 611	156 452
炼钢业	1	11 108	1 347 145	1 349 629	26 611	130 491
钢压延加工业	11	4 340	618 103	609 083		25 961
普通机械制造业	121	18 120	1 068 152	989 846	7 903	27 110
锅炉制造业	11	2 349	312 118	312 634	1 980	4 745
专用设备制造业	99	12 377	636 659	589 584	1 140	26 625
拖拉机制造业	2	1 269	30 499	38 758		1 637
汽车制造业	27	19 271	3 918 398	3 923 053	42 585	284 029
摩托车制造业	43	3 837	235 084	221 220		－6 598
飞机制造业	1	17 539	1 408 011	1 192 863	186 881	47 719
电气机械及器材制造业	76	13 895	1 287 142	1 224 319	42 802	58 436
电子及通信设备制造业	20	4 310	1 059 052	100 6281	22 587	190 797
电力、蒸汽、热水的生产和供应业	14	3 062	638 153	544 979		159 066
电力生产业	7	1 881	585 987	497 932		158 004
电力供应业	7	1 181	52 166	47 047		1 062

10—7 市属支柱产业主要指标

（2000年） 单位：万元

行业	企业数（个）	从业人员（人）	工业总产值	工业销售产值	出口交货值	利税总额
总计	**973**	**138 475**	**18 132 162**	**17 626 431**	**546 942**	**1 369 697**
食品加工业	159	8 166	1 258 474	1 229 281		32 862
配合及混合饲料制造业	27	1358	414 682	404 986		12 763
食品制造业	42	4 001	367 956	330 831	85	29 444
乳制品制造业	2	483	88 328	84 693		8 652
饮料制造业（啤酒）	2	1 366	190 761	180 026		56 369
纺织业	72	15 144	1 518 111	1 441 342	280 008	91 510
服装及其他纤维制品制造业	50	4 845	486 404	465 261	99 071	32 127
造纸及纸制品业	28	5 878	443 339	474 051	14 792	10 788
印刷业	85	5 819	492 714	471 989	2	26 418
化学原料及化学制品制造业	96	8 373	1 306 198	1 260 130	40 836	61 356
医药制造业	25	7418	2 179 763	2 117 075		256 229
中药材及中成药加工业	9	5 968	1 770 164	1 732 020		232 321
化学纤维制造业	4	3 214	200 830	200 020	17 093	23 882
橡胶制品业	28	4 682	357 153	311 509	1 855	－21 615
黑色金属冶炼及压延加工业	10	1 027	78 492	74 607		3 070
钢压延加工业	10	1 027	78 492	74 607		3 070
普通机械制造业	115	14 895	910 160	878 759	6 673	38 931
锅炉制造业	11	2 349	312 118	312 634	1 980	4 745
专用设备制造业	95	11 138	596 758	556 382	1 140	30 279
拖拉机制造业	2	1 269	30 499	38 758		1 637
汽车制造业	23	17 464	3 858 017	3 867 096	42 585	284 844
摩托车制造业	30	1 875	179 378	165 947		－2 009
电气机械及器材制造业	72	12 875	1 118 636	1 079 362	42 802	48 895
电子及通信设备制造业	15	2 892	917 350	875 414		186 631
电力、蒸汽、热水的生产和供应业	13	1 532	61 766	56 597		2 097
电力生产业	6	351	9 600	9 550		1 035
电力供应业	7	1 181	52 166	47 047		1 062

10—8 主要工业产品生产量和销售量

（2000 年）

品　　名	生　产　量	销　售　量
原煤（吨）		100
配混合饲料（吨）	427 929	426 731
乳制品（吨）	5 345	5 418
罐头（吨）	2 543	2 679
白酒（吨）	5 844	6 350
啤酒（吨）	112 780	112 594
软饮料（吨）	31 377	31 670
卷烟（箱）	331 999	336 412
纱（吨）	26 108	9 300
布（万米）	13 285	11 622
棉布（万米）	8 838	7 818
混纺交织布（万米）	3 584	2 934
纯化纤布（万米）	863	870
丝（吨）	3	2
丝织品（万米）	2 415	2 423
服装（万件）	3 210	3 270
锯材（立方米）	1 962	1 959
机制纸（吨）	68 059	73 387
新闻纸（吨）	54 140	55 991
机制纸板（吨）	13 525	13 527
润滑油（吨）	402	402
焦炭（吨）	305 074	
氢氧化钠（烧碱）（折 100%）	15 606	5 336
合成氨（吨）	88 372	1 275
农用氮、磷、钾化学肥料总计（折纯，吨）	71 512	85 256
氮肥（折含 N100%，吨）	58 854	72 187
尿素（吨）	58 854	72 187
磷肥（折合 P_{205}100%，吨）	12 658	13 069
化学农药（吨）	1 608	1 610
油漆（吨）	3 787	3 762
塑料树脂及共聚物（吨）	8 158	8 344
合成洗涤剂（吨）	2 252	2 227
化学原料药（吨）	690	700
化学纤维（吨）	28 190	16 767
合成纤维（吨）	20 752	14 917

（2000年）

品　　名	生　产　量	销　售　量
轮胎外胎（条）	320 291	313 773
塑料制品（吨）	12 699	12 470
农用薄膜（吨）	605	681
水泥（万吨）	33	28
生铁（吨）	668 086	11 761
钢（吨）	738 303	
成品钢材（吨）	808 495	803 515
普通中型钢材（吨）	134 834	136 319
普通小型钢材（吨）	339 453	338 061
优质型钢材（吨）	30 654	29 721
线材（吨）	4 515	4 511
钢带（吨）	125 003	124 317
无缝钢管（吨）	46 116	46 500
焊接钢管（吨）	123 722	118 751
铜加工材（吨）	690	690
铝材（吨）	5 040	4 956
日用精铝制品（吨）		27
工业锅炉（蒸发量吨）	576	678
内燃机（万千瓦）	16	16
金属切削机床（台）	1 254	1 153
数控机床（台）	496	488
大型机床（台）	148	128
大中型拖拉机（台）	363	547
小型拖拉机（台）	4 991	4 680
汽车（辆）	27 500	26 375
载货汽车（辆）	21 378	20 498
公路客车（辆）	6 122	5 853
摩托车（辆）	111 987	112 727
民用钢质船舶（综合吨）	160	160
发电设备（千瓦）	44 400	53 900
交流电动机（千瓦）	205 700	282 800
家用电冰箱（台）	58 800	55 850
冷冻箱（台）	63 900	54 924
彩色电视机（部）	182 600	182 597

10—9 工　业　企　业

（200

类别	单位数（个）	#亏损企业	从业人员（人）	工业总产值（不变价）	工业总产值（当年价）	新产品
总　计	**1 778**	**306**	**246 998**	**2 643 093**	**2 854 683**	**460 008**
一、按隶属关系分						
中央企业	16	6	26 740	317 647	428 120	93 434
省属企业	87	44	45 468	444 775	457 737	36 786
市属企业	275	121	95 413	996 124	1 002 164	322 091
县区企业	368	89	26 613	169 596	191 986	1 693
街道企业	148	20	4 044	71 148	72 679	
乡镇企业	735	6	39 623	45 714	512 782	4 901
其他企业	149	20	9 097	186 661	189 215	1 103
二、按登记注册类型分						
内资企业	1 712	284	222 735	2 050 952	2 246 365	204 431
国有企业	308	109	72 971	645 535	690 148	61 164
中央企业	14	6	7 671	165 690	229 680	15 811
省属企业	53	29	27 348	278 355	254 183	32 716
市属企业	112	52	25 996	140 990	133 658	12 075
县区企业	129	22	11 956	60 501	72 629	562
集体企业	1 142	138	60 897	516 754	540 521	6 144
省属企业	25	14	2 423	9 056	10 174	21
市属企业	78	41	11 573	30 506	30 054	243
县区企业	154	44	7 317	47 643	51 472	286
街道企业	144	18	3 933	70 406	71 920	
乡镇企业	638	3	29 610	267 161	283 951	4 901
其他企业	103	18	6 041	91 983	92 950	693
股份合作企业	90	17	7 781	77 641	79 042	237
省属企业	1		99	541	541	
市属企业	11	4	1 138	13 392	14 604	
县区企业	39	9	3 149	16 950	17 076	237
街道企业	3	1	81	702	719	
乡镇企业	24	2	2 716	18 049	18 020	
其他企业	12	1	598	28 008	28 081	
联营企业	16	2	2 519	11 879	16 735	720
市属企业	2	1	1 432	9 049	13 608	720
县区企业	5	1	768	682	717	
乡镇企业	7		176	1 269	1 467	
其他企业	2		143	880	942	
国有联营企业	7	1	1 544	9 978	14 577	720
集体联营企业	8	1	936	1 508	1 758	
国有与集体联营企业	1		39	393	399	
有限责任公司	42	9	64 050	644 139	690 928	119 672
中央企业	1		17 539	138 961	140 801	77 624
省属企业	2		13 059	115 224	145 013	3 896
市属企业	34	9	28 550	255 804	241 455	37 552
县区企业	2		706	12 459	12 477	600
乡镇企业	1		4 028	120 084	149 550	

注：本表为全部乡及乡以上和年销售收入500万元以上的村及村以下独立核算工业企业。

主　要　指　标

0 年）　　　　单位：万元

工　业 销售产值 （当年价）	出　口 交货值	工　业 中间投入 合　计	工　业 增加值	实收资本	国家资本	集体资本	港澳台 资　本	外商资本
2 750 044	**113 693**	**2 086 833**	**885 881**	**873 944**	**425 662**	**79 791**	**51 375**	**72 904**
401 714	18 688	252 433	210 486	144 852	87 013			
443 065	30 403	339 629	137 564	159 788	87 199	5 916	1 650	2 328
986 121	37 802	770 649	270 943	396 594	220 090	17 913	36 533	60 877
181 581	1 569	140 129	5 5182	64 186	28 850	14 422	6 498	2 100
70 422	119	57 197	15 933	4 647	70	3 973		
486 355	11 214	386 629	145 543	68 913	1 842	26 598	5 523	4 636
180 786	1 390	140 166	50 231	34 963	598	10 971	1 172	2 963
2 160 330	103 913	1 583 325	757 286	651 127	347 098	69 121	2 929	13 977
672 717	40 603	462 468	268 760	238 912	167 969	2 285	1 663	4 689
233 589		134 013	122 587	64 424	61 389			
240 456	27 698	185 677	77 015	105 646	51 606		1 005	1 928
129 913	12 901	92 827	45 295	44529	34 524	594	658	1 969
68 759	4	49 951	23 862	24 312	20 449	1 691		792
511 204	2 133	398 509	149282	97 904	5 052	59 638	1 266	4 782
10 019		6 822	3 579	5 828		5 828		
29 249	6 903	21 385	9 466	13 768	59	13 127		
47 639	1 563	38 582	13 740	14 423	2 704	8 790	289	
69 665	119	56 627	15 732	4 492	70	3 868		
265 962	4 980	208 543	79 633	41 672	1 757	20 005	479	3 410
88 670	7 764	66 550	27 131	17 720	463	8 020	497	1 373
75 678	5 994	59 305	21 269	13 526	2 350	4 893		
541		157	418	104		83		
14 130		11 607	3 449	22 172	1 137	467		
16 287		13 046	4 456	4 841	1 213	1 374		
717		538	189	105		105		
16 736	5 994	12 156	6 432	2 095		1 109		
27 268		21 800	6 325	4 210		1 756		
16 019		9 129	8 328	5 408	3 044	304		
13 009		6 280	8 006	3 260	1 800			
635		1 044	－284	1 030	1 030			
1 476		1 064	405	329	80	150		
899		741	201	788	134	154		
13 940		7 017	8 272	3 578	1 964	154		
1 703		1 801	－32	1 661	1 000	62		
376		312	88	168	80	88		
663 644	33 131	517 461	208 533	160 765	121 651	900		4 506
119 286	18 688	105 478	38 051	25 624	25 624			
145 739	2 705	110 913	43 105	34 071	23 318			
239 467	11 738	181 749	68 578	89 906	72 589	856		3 465
10 164		8 501	4 338	1 000	120			600
147 437		109 640	54 004	9 772				442

类 别	单位数（个）	#亏损企业	从业人员（人）	工业总产值（不变价）	工业总产值（当年价）	新产品
其他企业	2		168	1 607	1 632	
国有独资公司	6	1	41 100	385 797	391 351	105 188
其他有限责任公司	36	8	22 950	258 341	299 577	14 484
股份有限公司	13	1	9 605	80 541	151 549	14 352
中央企业	1		1 530	12 997	57 639	
省属企业	2		2 115	25 289	35 608	
市属企业	4		5 542	34 729	50 195	13 942
县区企业	2	1	235	1 889	2 412	
其他企业	4		183	5 637	5 696	410
私营企业	101	8	4 912	74 463	77 443	2 142
私营独资企业	74	4	2 716	53 715	55 349	
私营合伙企业	12	1	549	10 960	11 400	
私营有限责任公司	6	2	940	3 101	3 578	
私营股份有限公司	9	1	707	6 686	7 116	2 142
港、澳、台商投资企业	37	15	3 585	84 851	90 405	161
省属企业	2	1	151	2 745	2 843	154
市属企业	13	9	1 646	40 654	40 709	
县区企业	10	5	813	8 784	13 575	8
乡镇企业	4		425	16 198	16 386	
其他企业	8		550	16 471	16 892	
合资经营企业（港澳、台资）	31	13	2 523	61 277	66 615	161
港澳台商独资企业	5	2	1 047	23 477	23 693	
港澳台商投资股份有限公司	1		15	98	98	
外商投资企业	29	7	20 678	507 290	517 912	255 416
省属企业	2		273	13 564	9 376	
市属企业	12	4	19 021	466 665	473 529	255 416
县区企业	5	3	431	3 078	3 137	
乡镇企业	4		495	12 483	19 980	
其他企业	6		458	11 501	11 890	
中外合资经营企业	23	5	4 452	124 239	131 677	43 841
中外合作经营企业	1	1	177	5 529	4 831	
外资企业	3	1	267	3 981	4 242	
外商投资股份有限公司	2		15 782	373 542	377 163	211 575
三、按经济组织类型分						
独资企业	1 532	254	137 898	1 243 462	1 313 952	67 308
国有企业	308	109	72 971	645 535	690 148	61 164
集体企业	1 142	138	60 897	516 754	540 521	6 144
私营独资企业	74	4	2 716	53 715	55 349	
港澳台商独资经营企业	5	2	1 047	23 477	23 693	
外资企业	3	1	267	3 981	4 242	
合作、合伙企业	119	21	11 026	106 009	112 007	957
股份合作企业	90	17	7 781	77 641	79 042	237
国有联营企业	7	1	1 544	9 978	14 577	720
集体联营企业	8	1	936	1 508	1 758	
国有与集体联营企业	1		39	393	399	
私营合伙企业	12	1	549	10 960	11 400	
中外合作经营企业	1	1	177	5 529	4 831	

单位：万元

工业销售产值（当年价）	出口交货值	工业中间投入合计	工业增加值	实收资本	国家资本	集体资本	港澳台资本	外商资本
1 550		1 180	458	393		44		
370 044	26 656	300 735	107 562	71 570	59 273			
293 599	6 475	216 726	100 970	89 195	62 379	900		4 506
146 133		80 097	79 055	114 396	46 118	107		
48 838		12 942	49 849	54 803				
36 303		28 833	7 793	10 611	10 011			
53 390		32 339	19 222	46 117	36 107			
2 177		1 898	548	1 135		30		
5 425		4 085	1 643	1 730		77		
74 935	2 856	56 356	22 060	20 217	913	995		
53 814	2 200	39 965	15 859	5 357	855	735		
10 916	550	8 422	3 019	1 125		260		
3 443	106	2 748	1 007	6 684				
6 763		5 221	2 175	7 051	58			
81 673	2 136	63 579	28 626	61 836	3 582	8 123	44 646	609
2 842		1 302	1 885	1 929	1 068		645	
33 718	1 896	25 527	16 318	40 408	1 141	1 991	35 850	
13 263		11 652	2 133	11 089	1 373	2 041	6 209	59
15 797	240	11 855	4 551	5 374		3 611	1 463	
16 053		13 244	3 739	3 037		480	479	550
61 489	240	46 439	21 554	39 249	3 476	8 123	22 715	59
20 067	1 896	17 058	7 047	22 436			21 886	550
117		82	25	151	106		45	
508 041	7 644	439 928	99 969	160 981	74 983	2 547	3 801	58 318
7 164		5 926	3 768	1 600	1 195	5		400
469 078	4 259	395 713	99 333	149 775	72 733	878	25	55 443
3 135		2 434	732	2 432	1 055	465		649
17 490		26 846	– 6 852	5 125		760	3 581	784
11 175	3 386	9 011	2 988	2 050		439	196	1 041
120 960	3 833	103 667	33 752	42 797	14 077	2 547	3 801	20 768
4 727		4 101	834	946	751			195
3 746		3 174	1 200	1 319				1 319
378 608	3 811	328 986	64 183	115 918	60 155			36 035
1 261 547	66 029	921 174	442 147	365 928	173 876	62 657	24 814	11 340
672 717	40 603	462 468	268 760	238 912	167 969	2 285	1 663	4 689
511 204	21 330	398 509	149 282	97 904	5 052	59 638	1 266	4 782
53 814	2 200	39 965	15 859	5 357	855	735		
20 067	1 896	17 058	7 047	22 436			21 886	550
3 746		3 174	1 200	1 319				1 319
107 340	6 544	80 957	33 449	21 005	6 145	5 457		195
75 678	5 994	59 305	21 269	13 526	2 350	4 893		
13 940		7 017	8 272	3 578	1 964	154		
1 703		1 801	– 32	1 661	1 000	62		
376		312	88	168	80	88		
10 916	550	8 422	3 019	1 125		260		
4 727		4 101	834	946	751			195

类别	单位数（个）	#亏损企业	从业人员（人）	工业总产值（不变价）	工业总产值（当年价）	新产品
股份有限公司	25	2	26 109	460 867	535 926	228 069
股份有限公司（内资）	13	1	9 605	80 541	151 549	14 352
私营股份有限公司	9	1	707	6 686	7 116	2 142
港澳台商投资股份有限公司	1		15	98	98	
外商投资股份有限公司	2		15 782	373 542	377 163	211 575
有限责任公司	102	29	71 965	832 755	892 797	163 674
国有独资公司	6	1	41 100	385 797	391 351	105 188
私营有限责任公司	6	2	940	3 101	3 578	
港澳台合资经营企业	31	13	2 523	61 277	66 615	161
中外合资经营企业	23	5	4 452	124 239	131 677	43 841
其他有限责任公司	36	8	22 950	258 341	299 577	14 484
在总计中：亏损企业	306	306	57 669	242 838	250 705	4 335
国有控股企业	377	122	160 284	1 703 213	1 840 067	445 358
农村工业	760	8	39 020	471 259	496 193	5 311
四、按轻重工业分						
轻工业	986	188	111 480	1 310 910	1 414 786	69 183
以农产品为原料	616	107	69 052	841 483	1 031 652	43 973
以非农产品为原料	370	81	42 428	469 427	383 134	25 210
重工业	792	118	135 518	1 332 183	1 439 897	390 825
采掘工业	44	2	1 764	12 114	13 049	
原料工业	121	17	29 137	305 450	408 375	24 467
加工工业	627	99	104 617	1 014 619	1 018 474	366 358
五、按企业规模分						
大一型企业	7	1	32 701	277 413	277 179	111 713
大二型企业	30	5	64 476	1 019 766	1 097 657	246 065
中一型企业	14	5	10 741	149 385	215 206	23 306
中二型企业	73	36	34 709	224 593	247 844	20 887
小型企业	1 654	259	104 371	971 936	1 016 798	58 037
六、按工业行业分						
采掘业						
煤炭采选业	2	1	311	1 814	2 008	
煤炭开采业	2	1	311	1 814	2 008	
非金属矿采选业	42	1	1 453	10 300	11 041	
土砂石开采业	42	1	1 453	10 300	11 041	
石灰石开采业	8		357	1 763	2 109	
建筑装饰用石开采业	9		240	1 732	1 778	
其他土砂石开采业	25	1	856	6 805	7 153	
制造业						
食品加工业	162	19	9 545	132 250	168 371	1 708
粮食及饲料加工业	127	15	6 631	104 041	138 771	1 298
碾米业	78	8	2 184	16 976	23 121	
磨粉业	3	1	483	3 886	6 418	
面、米制品业	14	3	1 167	8 184	9 822	
配合及混合饲料制造业	28	3	2 393	64 494	81 468	1 298
蛋白饲料制造业	1		50	1 156	1 174	

0年）

单位：万元

工业销售产值（当年价）	出口交货值	工业中间投入合计	工业增加值	实收资本	国家资本	集体资本	港澳台资本	外商资本
531 621	3 811	414 386	145 438	237 516	106 437	107	45	36 035
146 133		80 097	79 055	114 396	46 118	107		
6 763		5 221	2 175	7 051	58			
117		82	25	151	106		45	
378 608	3 811	328 986	64 183	115 918	60 155			36 035
849 536	37 310	670 316	264 846	249 495	139 204	11 570	26 516	25 333
370 044	26 656	300 735	107 562	71 570	59 273			
3 443	106	2 748	1 007	6 684				
61 489	240	46 439	21 554	39 249	3 476	8 123	22 715	59
120 960	3 833	103 667	33 752	42 797	14 077	2 547	3 801	20 768
293 599	6 475	216 726	100 970	89 195	62 379	900		4 506
230 733	21 538	184 310	75 257	159 864	54 617	24 441	39 743	6 671
1 786 894	75 102	1 326 847	603 109	630 643	408 065	5 051	3 634	48 336
467 383	25 114	375 344	126 404	86 376	2 288	34 706	6 614	6 342
1 374 504	61 528	995 078	489 293	425 047	215 441	43 955	28 401	22 005
1 008 710	42 722	710 963	380 915	268 507	137 043	24 129	16 937	14 773
365 794	18 806	284 115	108 378	156 540	78 398	19 826	11 464	7 232
1 375 540	52 165	1 091 754	396 588	448 897	210 221	35 836	22 975	50 899
12 087		9 897	3 207	1 183	398	492		
393 555	23 524	282 168	143 852	111 280	38 103	5 447	180	2 160
969 897	28 641	799 689	249 530	336 435	171 720	29 897	22 795	48 739
255 128	29 021	198 464	91 151	89 917	77 619			
1 081 002	19 508	835 388	317 070	405 793	187 905	2 228	25 427	40 205
223 476	13 262	133 984	104 822	44 305	38 561			345
227 511	24 518	185 183	71 098	71 634	42 542	9 849	9 801	168
962 928	27 386	733 814	301 739	262 296	79 034	67 714	16 147	32 186
1 695		1 745	263	393	393			
1 695		1 745	263	393	393			
10 392		8 152	2 944	790	6	492		
10 392		8 152	2 944	790	6	492		
2 019		1 521	591	224		110		
1 706		1 365	418	140		122		
6 667		5 265	1 935	426	6	260		
164 814	219	137 967	31 878	32 633	13 137	4 161	4 775	1 381
133 875	219	116 214	23 718	28 574	10 482	3 655	4 775	1 381
22 766		18 442	4 766	4 367	2 770	976		
6 258		4 604	1 999	2 996	1 776	520		600
9 098	219	7 221	2 636	3 231	1 222	833		781
80 119		60 538	21 784	12 980	4 453	666	1 195	
1 115		934	240	660		660		

类别	单位数(个)	#亏损企业	从业人员(人)	工业总产值(不变价)	工业总产值(当年价)	新产品
水产饲料制造业	1		23	205	256	
其他饲料制造业	2		331	9 140	16 512	
植物油加工业	17	1	639	13 490	13 937	
食用植物油加工业	16	1	563	13 025	13 457	
非食用植物油加工业	1		76	465	480	
屠宰及肉类蛋类加工业	11	3	2 078	10 571	11 081	
屠宰业	3	1	1 751	7 534	8 029	
肉制品加工业	2	1	241	2 176	2 176	
肉类副产品加工业	1		10	310	310	
蛋品加工业	5	1	76	551	566	
水产品加工业	1		31	20	210	
冷冻水产品加工业	1		31	20	210	
其他食品加工业	6		166	4 127	4 372	410
食品制造业	45	9	4 829	43 959	54 018	1 837
糕点、糖果制造业	10	2	1 188	15 848	15 568	600
糖果业	2	1	49	373	420	
糕点业	3		369	3 109	2 723	
饼干业	2	1	127	445	505	
方便主食品业	1		18	120	120	
蜜饯业	1		625	11 800	11 800	600
其他糕点、糖果制品业	1					
乳制品制造业	3		890	16 221	23 657	
罐头食品制造业	4	1	360	2 054	2 040	
水果罐头制造业	3	1	325	1 886	1 850	
蔬菜罐头制造业	1		35	168	190	
发酵制品业	2	1	163	289	312	
氨基酸制造业	1	1	24	36	36	
味精制造业	1		139	253	275	
调味品制造业	14	4	1 176	3 226	4 623	237
酱油、酱类制造业	13	4	1 152	2 581	3 979	237
其他调味品制造业	1		24	645	645	
其他食品制造业	12	1	1 052	6 322	7 818	1 000
豆制品制造业	4		453	1 136	1 394	
淀粉及淀粉制品业	3		72	903	1 000	
代乳品制造业	1		36	404	416	
冷冻饮品制造业	2	1	392	676	786	
其他类未包括的食品制造业	2		99	3 204	4 222	1 000
饮料制造业	50	7	3 493	33 832	39 521	
酒精及饮料酒制造业	28	3	2 620	21 119	27 026	
酒精制造业	1		41	1 229	1 248	
白酒制造业	23	3	1 151	5 822	6 332	
啤酒制造业	2		1 366	13 698	19 076	
黄酒制造业	2		62	370	370	
软饮料制造业	10	3	398	9 308	8 802	

0年）

单位：万元

工业销售产值（当年价）	出口交货值	工业中间投入合计	工业增加值	实收资本	国家资本	集体资本	港澳台资本	外商资本
256		255	1	261	261			
14 263		24 220	－7 708	4 081			3 581	
15 498		9 967	3 996	538	126	308		
15 028		9 587	3 893	518	126	288		
470		380	103	20		20		
11 036		8 636	2 705	2 947	2 530	31		
7 949		6 367	1 785	2 060	2 060			
2 246		1 630	682	828	446			
280		223	87	4		4		
561		416	151	55	24	27		
209		150	60	20		20		
209		150	60	20		20		
4 195		3 000	1 400	554		147		600
48 400	9	40 594	15 760	9 284	1 604	1 299	1 975	600
13 269		10 813	5 325	3 247		491	860	
416		372	64	1 096			660	
2 700		1 910	991	623		11		
533		436	79	680		380	200	
120		96	30	148		100		
9 500		8 000	4 162	700				600
21 397		19 255	5 696	1 282	575			
1 982		1 395	687	474	71	158	245	
1 802		1 252	639	441	71	125	245	
180		143	48	33		33		
290		240	77	90	30	53		
35		33	9	60		53		
256		206	69	30	30			
4 601		3 404	1 506	1 786	382	136	870	
3 982		2 888	1 375	1 486	382	136	870	
619		516	132	300				
6 861	9	5 488	2 469	2 405	546	461		
1 276		855	572	539	45	399		
957		780	239	115	103	12		
299		304	117	50		50		
568		607	180	1 061	398			
3 761	9	2 941	1 361	640				
37 139		28 230	3 650	26 201	8 783	1 134		11 331
25 031		17 387	1 858	23 544	7 630	446		10 926
1 186		978	274	92		44		
5 494		3 530	2 828	5 228	346	388		
18 003		12 598	8 664	18 209	7 284			10 926
348		281	92	14		14		
8 581		7 966	959	1 963	881	462		405

类别	单位数（个）	#亏损企业	从业人员（人）	工业总产值（不变价）	工业总产值（当年价）	新产品
碳酸饮料制造业	2	1	197	5 811	5 123	
天然矿泉水制造业	2		65	65	69	
果菜汁饮料制造业	1		18	118	120	
固体饮料制造业	2	1	24	367	506	
其他软饮料制造业	3	1	94	2 948	2 985	
制茶业	11	1	452	2 840	3 111	
其他饮料制造业	1		23	564	581	
烟草加工业	1		1 728	85 577	123 373	14 709
卷烟制造业	1		1 728	85 577	123 373	14 709
纺织业	73	13	15 230	131 351	151 865	24 705
纤维原料初步加工业	1	1	109	335	380	
轧花业	1	1	109	335	380	
棉纺织业	31	7	10 341	67 667	84 855	23 652
棉纺业	9		7 550	45 397	60 527	23 573
棉织业	6	2	1 565	7 453	8 423	
印染业	3		336	11 238	11 800	
棉制品业	9	3	769	2 081	2 453	79
棉线带制造业	2	1	65	480	627	
其他棉纺织业	2	1	56	1 018	1 026	
毛纺织业	1					
毛织业	1					
麻纺织业	2	1	527	1 892	1 903	238
黄、洋、青麻纺织业	1	1	509	1 201	1 201	238
其他麻纺织业	1		18	692	702	
丝绢纺织业	5		286	1 748	1 896	
缫丝业	1		100	285	380	
丝织业	3		149	247	300	
丝制品业	1		37	1 216	1 216	
针织品业	26	4	3 449	27 993	30 636	815
棉针织品业	22	4	3 233	20 563	23 098	815
其他针织品业	4		216	7 430	7 541	
其他纺织业	7		518	31 716	32 196	
服装及其他纤维制品制造业	59	8	5 471	52 108	52 040	
服装制造业	53	5	5 216	49 487	49 327	
制帽业	1		43	102	112	
制鞋业	4	2	202	2 482	2 564	
其他纤维制品制造业	1	1	10	37	37	
皮革、毛皮、羽绒及其制品业	31	7	2 118	12 378	12 866	8
制革业	4	1	30	16	17	8
轻革业	4	1	30	16	17	8
皮革制品制造业	26	5	1 778	8 812	9 331	
皮鞋制造业	16	1	616	4 991	5 258	
革皮服装制造业	6	3	898	1 931	1 855	
皮包制造业	1		98	360	480	
其他类未包括的皮革制品业	3	1	166	1 530	1 738	
羽毛（绒）及制品业	1	1	310	3 549	3 517	
羽毛（绒）制品业	1	1	310	3 549	3 517	

0年）　　　　单位：万元

工业销售产值（当年价）	出口交货值	工业中间投入合计	工业增加值	实收资本	国家资本	集体资本	港澳台资本	外商资本
5 013		4 255	975	981	786			195
69		45	24	65	45	5		
120		96	31	180		180		
522		385	128	104	50	54		
2 857		3 186	－198	633		223		210
3 005		2 470	659	614	272	194		
523		407	174	80		32		
163 031		84 611	90 939	24 334	24 334			
163 031		84 611	90 939	24 334	24 334			
144 180	28 001	105 602	49 789	24 655	7 717	6 694	7 079	
320		261	126	37		37		
320		261	126	37		37		
82 154	10 730	56 980	30 922	19 959	7 291	3 624	6 556	
59 175	5 503	40 705	22 696	8 042	3 451	1 882	550	
7 813	5 140	5 557	2 926	8 265	2 170	706	5 348	
11 218		7 760	4 048	1 056	1 006	20		
2 357	87	1 781	756	2 327	664	976	658	
618		457	180	101		40		
974		721	318	168				
1 877		1 736	176	84	30			
1 210		1 197	13	30	30			
667		539	163	54				
1 834		1 446	457	78	28	21		
365		266	117	17				
289		207	97	40	28			
1 180		973	243	21		21		
27 409	14 521	22 667	8 126	2 785	368	1 803	341	
20 239	11 133	16 924	6 246	1 790	368	1 141	196	
7 170	3 388	5 743	1 880	994		662	145	
30 587	2 750	22 512	9 982	1 714		1 210	182	
49 779	9 907	38 437	14 235	6 785	403	2 545	456	2
47 177	9 907	36 105	13 844	6 204	403	2 082	456	2
112		90	24	117		117		
2 455		2 214	358	454		346		
35		30	8	11		1		
12 009	3 107	10 269	2 766	2 407	827	1 116	107	
10		5	12	429		322	107	
10		5	12	429		322	107	
8 570		7 203	2 236	1 609	459	795		
4 850		4 162	1 133	884	382	345		
1 691		1 374	540	469	77	193		
460		334	150	70		70		
1 569		1 333	412	186		186		
3 429	3 107	3 061	518	369	369			
3 429	3 107	3 061	518	369	369			

类别	单位数(个)	#亏损企业	从业人员(人)	工业总产值(不变价)	工业总产值(当年价)	新产品
木材加工及竹、藤、棕、草制品业	27		666	8 419	8 856	
锯材、木片加工业	2		10	270	271	
锯材加工业	1					
木片加工业	1		10	270	271	
人造板制造业	3		90	380	382	
刨花板制造业	3		90	380	382	
木制品业	19		499	7 259	7 453	
生产用木制品业	17		426	4 607	4 801	
生活用木制品业	2		73	2 652	2 652	
竹、藤、棕、草制品业	3		67	510	750	
家具制造业	19	1	658	6 906	7 138	
木制家具制造业	15		430	5 610	5 772	
金属家具制造业	3	1	174	450	507	
其他家具制造业	1		54	847	859	
造纸及纸制品业	30	7	6 123	35 112	46 812	
造纸业	15	4	5 356	28 860	40 394	
机制纸及纸板制造业	12	3	5 266	27 299	38 944	
加工纸制造业	3	1	90	1 561	1 450	
纸制品业	15	3	767	6 252	6 418	
印刷业	96	25	8 877	104 562	101 748	154
印刷业	96	25	8 877	104 562	101 748	154
书、报、刊印刷业	21	6	4 655	34 782	28 949	
包装装潢印刷业	10	1	941	6 958	6 762	
其他印刷业	65	18	3 281	62 823	66 037	154
文教体育用品制造业	60	3	2 431	25 767	29 928	
文化用品制造业	53	3	2 202	18 673	22 746	
文具制造业	2		70	571	700	
本册制造业	5	2	112	943	994	
笔制造业	43		1 793	15 915	19 727	
其他文化用品制造业	3	1	227	1 244	1 325	
体育用品制造业	2		6	18	18	
其他体育用品制造业	2		6	18	18	
玩具制造业	4		160	6 750	6 832	
其他类未包括的文教体育用品制造业	1		63	327	332	
石油加工及炼焦业	2	1	55	541	622	
人造原油生产业	1		10	470	470	
石油制品业	1	1	45	71	152	
化学原料及化学制品制造业	102	13	12 089	149 524	159 460	10 701
基本化学原料制造业	16		4 059	60 345	61 409	8 302
无机酸制造业	2		89	3 018	3 120	
烧碱制造业	2		644	11 603	13 307	4 012
无机盐制造业	6		2 693	33 799	32 238	4 290
其他基本化学原料制造业	6		633	11 925	12 743	

0年)　　单位：万元

工业销售产值（当年价）	出口交货值	工业中间投入合计	工业增加值	实收资本	国家资本	集体资本	港澳台资本	外商资本
8 484		6 616	2 264	391	46	196		71
257		190	84	13		13		
257		190	84	13		13		
364		250	135	11		11		
364		250	135	11		11		
7 238		5 686	1 784	288	46	168		
4 636		3 595	1 222	275	4	155		
2 602		2 092	563	13		13		
625		490	261	79		4		71
6 854		5 198	2 018	1 268	182	876		
5 546		4 377	1 453	572	120	241		
491		219	307	461	62	399		
816		602	257	235		235		
49 796	1 479	30 631	17 588	40 974	38 452	928	653	
43 779	1 479	26 100	15 594	40 085	38 078	458	653	
42 284	1 479	25 664	14 347	38 406	37 010	434	80	
1 495		436	1 247	1 679	1 068	24	573	
6 017		4 531	1 994	889	374	470		
94 914		65 946	41 234	38 476	31 031	5 227	72	643
94 914		65 946	41 234	38 476	31 031	5 227	72	643
24 062		19 259	11 205	4 972	3 933	876		
6 030		5 111	1 777	2 065		1 881		
64 822		41 575	28 252	31 439	27 097	2 469	72	643
28 328		22 147	8 309	5 453		2 038		3 200
21 326		16 563	6 695	1 972		1 757		
645		520	196	47		47		
970		599	406	156		148		
18 447		14 353	5 850	1 534		1 342		
1 264		1 090	243	235		220		
18		14	4	2		2		
18		14	4	2		2		
6 669		5 316	1 532	3 355		155		3 200
315		254	78	124		124		
913		408	220	167	160	7		
451		301	169	7		7		
462		107	51	160	160			
156 952	4 268	119 184	42 758	50 632	24 233	4 914	469	1 851
59 780	4 084	40 347	22 350	9 872	5 789	1 164		1 801
2 924		2 338	827	235		86		
13 092	2 042	9 210	4 224	38	38			
31 977	2 042	18 998	14 039	8 036	5 104	282		1 801
11 787		9 801	3 260	1 563	647	796		

类别	单位数（个）	#亏损企业	从业人员（人）	工业总产值（不变价）	工业总产值（当年价）	新产品
化学肥料制造业	8	3	3 798	29 504	34 209	
氮肥制造业	4	1	2 837	22 306	25 709	
磷肥制造业	1		480	2 589	3 230	
复合肥料制造业	2	1	201	3 272	4 072	
其他化学肥料制造业	1	1	280	1 337	1 198	
化学农药制造业	6	1	298	3 866	3 948	
农药原药制造业	4		95	1 402	1 422	
农药制剂制造业	2	1	203	2 464	2 526	
有机化学产品制造业	20	2	828	18 086	17 869	2 030
有机化工原料制造业	7		181	6 591	6 649	
涂料制造业	8	2	455	5 860	5 501	2 030
染料制造业	1		26	71	78	
其他有机化学产品制造业	4		166	5 564	5 641	
合成材料制造业	5	1	551	3 764	3 690	
聚烯烃塑料制造业	1		24	2 328	2 328	
热固性树脂及塑料制造业	1		423	1 005	931	
工程塑料制造业	1	1	96	356	356	
有机硅氟材料制造业	1					
合成橡胶制造业	1		8	74	74	
专用化学产品制造业	28	4	902	13 435	14 648	
化学试剂、助剂制造业	16	2	727	12 128	13 293	
专项化学产品制造业	4	1	69	607	640	
林产化学产品制造业	8	1	106	700	716	
日用化学产品制造业	19	2	1 653	20 526	23 688	369
肥皂及皂粉、合成洗涤剂制造业	5		449	8 981	10 847	
硬脂酸、硬化油制造业	1		17	519	535	
香料、香精制造业	4	1	74	1 658	1 736	
化妆品制造业	3	1	212	2 288	1 216	
牙膏制造业	1		731	4 532	6 717	369
其他日用化学产品制造业	5		170	2 549	2 637	
医药制造业	32	14	13 081	266 823	280 635	17 670
化学药品原药制造业	5	2	4 770	50 617	31 008	10 516
化学药品制剂制造业	11	3	1 241	44 533	40 167	5 793
中药材及中成药加工业	12	8	6 815	169 098	206 906	853
动物药品制造业	3	1	207	2 019	1 999	507
生物制品业	1		48	556	556	
化学纤维制造业	5	1	4 986	81 198	49 666	2 758
纤维素纤维制造业	1	1	2 846	15 030	15 082	
粘胶纤维制造业	1	1	2 846	15 030	15 082	
合成纤维制造业	3		2 136	66 138	34 554	2 758
涤纶纤维制造业	2		2 078	65 578	33 954	2 758
其他合成纤维制造业	1		58	560	600	
渔具及渔具材料制造业	1		4	30	30	
其他渔具制造业	1		4	30	30	
橡胶制品业	28	7	4 682	35 218	35 715	
轮胎制造业	1	1	532	18 378	18 378	

单位：万元

工业销售产值（当年价）	出口交货值	工业中间投入合计	工业增加值	实收资本	国家资本	集体资本	港澳台资本	外商资本
35 956		28 446	5 822	26 492	10 716	1 038		
28 157		22 301	3 408	24 611	10 166			
2 787		2 484	766	336	50			
3 997		2 466	1 606	1 046		1 038		
1 016		1 195	41	500	500			
3 573		3 341	665	2 263	980	80	289	
1 223		1 202	227	760	680	80		
2 350		2 139	438	1 504	300		289	
17 646		14 381	3 665	2 776		1 344		50
6 898		5 641	1 048	425		270		50
5 325		4 426	1 167	1 530		521		
78		63	17	43		43		
5 345		4 251	1 433	778		510		
3 337		2 963	834	920	671	55	180	
2 071		1 863	530	600	420		180	
851		757	210	251	251			
342		287	76	55		55		
73		56	19	14				
13 745		12 436	2 383	1 083	30	820		
12 486		11 566	1 875	971	30	717		
613		396	252	55		55		
645		474	257	58		48		
22 915	185	17 271	7 039	7 225	6 047	413		
10 567		7 652	3 258	4 165	3 415	57		
517		375	161	120		120		
1 698		1 403	351	78		78		
1 118	185	771	495	492	481	10		
6 468		5 071	2 123	2 151	2 151			
2 547		1 999	652	219		148		
272 301	5 069	183 233	118 460	93 774	25 282	2 786	1 982	1 538
31 124	5 069	23 310	9 014	29 073	18 321			
37 538		23 359	18 294	12 756	4 982	2 648	163	792
201 351		134 957	90 149	51 552	1 923		1 819	746
1 732		1 350	671	344	56	138		
556		256	333	49				
47 892	1 709	41 486	11 443	18 664	11 696	50		988
15 296		12 783	4 617	5 250	5 250			
15 296		12 783	4 617	5 250	5 250			
32 567	1 709	28 681	6 818	13 408	6 446	50		988
32 003	1 709	28 239	6 660	13 358	6 446			988
564		442	158	50		50		
29		22	8	6				
29		22	8	6				
31 151	186	26 695	9 597	23 294	3 628	2 748	16 571	
15 287	185	13 784	5 004	16 571			16 571	

类别	单位数（个）	#亏损企业	从业人员（人）	工业总产值（不变价）	工业总产值（当年价）	新产品
力车胎制造业	1	1	728	412	417	
橡胶板、管、带制造业	2	1	769	1 427	1 408	
橡胶零件制品业	4		69	450	460	
再生橡胶制造业	7		858	9 628	9 814	
橡胶靴鞋制造业	3	2	228	136	124	
日用橡胶制品业	2	1	859	1 179	1 197	
橡胶制品翻修业	4	1	533	2 845	2 888	
轮胎翻新业	4	1	533	2 845	2 888	
其他橡胶制品业	4		106	763	1 029	
塑料制品业	62	14	3 637	31 942	32 200	
塑料薄膜制造业	5	1	676	1 620	1 533	
塑料板、管、棒材制造业	2		19	341	413	
塑料丝、绳及编织品制造业	16	4	1 297	4 044	4 176	
泡沫塑料及人造革、合成革制造业	4	1	827	6 622	6 362	
塑料包装箱及容器制造业	10	4	337	3 489	3 674	
日用塑料杂品制造业	6	1	42	750	793	
塑料零件制造业	3		56	736	859	
其他塑料制品业	16	3	383	14 341	14 390	
非金属矿物制品业	210	22	14 418	64 203	71 150	35
水泥制造业	7	5	1 703	4 855	7 975	
水泥制品和石棉水泥制品业	40	3	1 701	11 826	13 372	
水泥制品业	14	2	526	4 156	4 729	
砼结构构件制造业	24	1	1 055	6 502	7 360	
石棉水泥制品业	2		120	1 168	1 283	
砖瓦、石灰和轻质建筑材料制造业	133	5	8 092	27 326	30 550	
砖瓦制造业	119	3	7 406	25 326	28 111	
石灰制造业	1		80	129	129	
建筑用石加工业	4	1	96	614	727	
轻质建筑材料制造业	1	1	297	439	598	
防水密封建筑材料制造业	5		142	482	573	
隔热保温材料制造业	2		53	227	301	
其他砖瓦、石灰和轻质建筑材料制造业	1		18	110	110	
玻璃及玻璃制品业	12	3	1 205	8 596	9 705	35
建筑用玻璃制品业	1		108	2 638	2 678	
工业技术用玻璃制造业	1		16	322	417	
日用玻璃制品业	3	1	199	1 994	2 094	
玻璃保温容器制造业	1	1	700	2 398	2 969	35
其他玻璃及玻璃制品业	6	1	182	1 244	1 548	
陶瓷制品业	3	2	289	889	988	
建筑、卫生陶瓷制造业	2	2	289	889	988	
日用陶瓷制造业	1					
耐火材料制品业	3	1	372	1 233	1 377	
石棉制品业	1		15	887	887	
其他耐火材料制品业	2	1	357	346	490	

0年）

单位：万元

工业销售产值（当年价）	出口交货值	工业中间投入合计	工业增加值	实收资本	国家资本	集体资本	港澳台资本	外商资本
340		840	－414	1 000	1 000			
1 438		1 400	70	1 800	1 800			
436		342	122	38	4	32		
8 763	1	6 312	3 561	2 230	735	1 495		
115		117	10	86		35		
1 140		926	276	1 048		967		
2 728		2 280	618	466	89	162		
2 728		2 280	618	466	89	162		
905		695	350	56		56		
29 869	611	20 566	12 188	12 152	1 697	8 076	1 164	48
1 436		1 176	368	794	342	453		
397		331	86	40		10		
3 774		2 988	1 332	2 212	878	773	44	
6 630	611	4 677	1 724	4 417	40	4 337		40
3 136		2 042	1 669	1 035	350	223		8
772		622	175	124	2	122		
824		673	192	116		18		
12 900		8 058	6 642	3 414	85	2 141	1 120	
67 246		51 463	20 685	24 789	8 687	6 250	4 821	600
7 460		5 245	3 163	3 076	1 070	6		
12 621		9 482	3 972	2 752	2 096	420		
4 434		3 333	1 440	989	708	251		
7 033		5 212	2 174	1 474	1 152	149		
1 155		937	357	289	235	20		
29 255		21 815	8 940	8 122	2 692	3 362		50
26 976		20 161	8 089	5 380	468	3 203		
127		99	30	21		21		
741		531	205	341		129		50
528		455	152	2 137	2 137			
546		411	178	134	88	7		
257		73	260	108				
80		84	27	2		2		
9 149		6 882	2 882	1 991	16	725	550	550
2 544		1 931	747	660		110	550	
400		330	91	25		25		
2 044		1 315	810	548		548		
2 779		2 189	800	100				
1 382		1 117	435	658	16	42		550
938		991	81	5 713		1 442	4 271	
938		991	81	5 713		1 442	4 271	
1 333		1 558	－180	728	706	22		
887		709	177	9		9		
446		848	－357	719	706	13		

类　别	单位数（个）	#亏损企业	从业人员（人）	工业总产值（不变价）	工业总产值（当年价）	新产品
矿物纤维及其制品业	4	2	301	3 438	3 635	
玻璃纤维及其制品业	1		29	868	868	
玻璃钢制品业	3	2	272	2 570	2 768	
其他类未包括的非金属矿物制品业	8	1	755	6 041	3 550	
黑色金属冶炼及压延加工业	12	3	15 448	134 792	196 525	8 578
炼　钢　业	1		11 108	88 700	134 715	
钢压延加工业	11	3	4 340	46 092	61 810	8 578
有色金属冶炼及压延加工业	14		2 529	53 410	40 276	7 588
重有色金属冶炼业	1		27	315	396	
其他重有色金属冶炼业	1		27	315	396	
轻有色金属冶炼业	1		60	431	444	
铝冶炼业	1		60	431	444	
稀有稀土金属冶炼业	4		557	22 323	9 245	3 529
其他稀有稀土金属冶炼业	4		557	22 323	9 245	3 529
有色金属合金业	2		1 185	13 405	13 221	3 913
有色金属压延加工业	6		700	16 936	16 970	146
重有色金属压延加工业	2		121	6 137	6 137	
轻有色金属压延加工业	4		579	10 799	10 833	146
金属制品业	97	11	6 871	36 855	38 396	21
金属结构制造业	5	1	1 420	2 677	2 677	21
铸铁管制造业	1		45	475	490	
工具制造业	18	1	865	5 526	6 264	
切削工具制造业	6	1	225	1 129	1 136	
模具制造业	1		8	970	977	
手工具制造业	9		587	2 638	3 286	
其他工具制造业	2		45	789	865	
集装箱和金属包装物品制造业	15	2	1 903	12 066	12 683	
金属包装物品及容器制造业	15	2	1 903	12 066	12 683	
金属丝绳及其制品业	11	1	604	3 423	3 908	
建筑用金属制品业	15	4	558	3 040	3 187	
水暖管道零件制造业	6	1	213	1 099	1 147	
金属门窗制造业	7	2	244	1 283	1 376	
其他建筑用金属制品业	2	1	101	658	665	
金属表面处理及热处理业	3		182	1 343	1 344	
日用金属制品业	15	2	847	4 788	4 247	
搪瓷制造业	2	1	505	2 223	1 571	
铝制品业	2	1	271	795	805	
不锈钢制品业	1		21	490	490	
制　锁　业	1					
炊事用具制造业	2		27	857	943	
其他日用金属制品业	7		23	423	438	
其他金属制品业	14		447	3 518	3 596	
铁制小农具制造业	6		209	1 011	1 055	
焊条制造业	1		28	160	160	
其他类未包括的金属制品业	7		210	2 347	2 381	

0年)

单位：万元

工业销售产值（当年价）	出口交货值	工业中间投入合计	工业增加值	实收资本	国家资本	集体资本	港澳台资本	外商资本
3 567		2 874	821	268	123	145		
868		694	179	17		17		
2 699		2 180	642	251	123	128		
2 923		2 618	1 006	2 138	1 984	127		
195 871	2 661	156 540	49 719	28 083	24 797	2 122		309
134 963	2 661	104 231	38 320	19 524	19 524			
60 908		52 309	11 399	8 559	5 273	2 122		309
38 894	16 780	31 794	8 931	8 099	2 145	177		
396		275	122	17				
396		275	122	17				
406		313	132	12		12		
406		313	132	12		12		
8 363	5 460	7 229	2 223	4 603	2 032	88		
8 363	5 460	7 229	2 223	4 603	2 032	88		
13 179	11 319	10 580	2 656	195	112	12		
16 551		13 397	3 798	3 272		65		
5 632		4 910	1 228	65		65		
10 919		8 487	2 570	3 207				
35 505	1 804	28 949	9 944	16 218	2 460	4 736	6 072	144
2 662		1 907	799	1 564	159	1 405		
480		350	142	30				
5 498	507	4 679	1 678	1 184	400	614		
967	106	878	284	604	400	154		
954		781	197	8		5		
2 745	401	2 431	919	511		436		
832		589	277	61		20		
10 921		9 388	3 429	8 228	710	570	6 072	
10 921		9 388	3 429	8 228	710	570	6 072	
3 675		2 830	1 124	972	20	724		144
3 114		2 454	808	1 002	288	351		
1 118		936	218	282		105		
1 357		1 006	374	410	40	208		
639		512	216	310	248	39		
1 288		1 043	306	1 111		111		
4 424	1 297	3 449	869	1 614	858	668		
1 807	1 297	1 300	329	625	625			
818		651	161	909	233	615		
475		392	98	10				
904		765	186	18		18		
419		342	96	52		36		
3 443		2 849	790	515	26	293		
1 080		874	200	131	16	21		
144		123	38	33		27		
2 219		1 851	551	351	10	245		

类别	单位数(个)	#亏损企业	从业人员(人)	工业总产值(不变价)	工业总产值(当年价)	新产品
普通机械制造业	121	21	18 120	108 318	106 815	9 732
锅炉及原动机制造业	18	4	6 988	40 245	38 463	4 921
锅炉制造业	11		2 349	33 202	31 212	3 701
内燃机制造业	2		3 261	5 005	5 013	1 028
内燃机零部件及配件制造业	4	3	1 049	1 587	1 724	192
其他锅炉及原动机制造业	1	1	329	451	514	
金属加工机械制造业	10	3	3 786	16 965	15 450	1 206
金属切削机床制造业	4	1	2 426	6 523	5 904	1 206
铸造机构制造业	1		15	155	155	
机床附件制造业	2	1	132	610	779	
其他金属加工机械制造业	3	1	1 213	9 677	8 612	
通用设备制造业	13	6	1 626	6 298	5 968	3 500
起重运输设备制造业	3	1	171	4 040	3 747	3 500
风机制造业	3	1	168	332	378	
气体压缩机及气体分离设备制造业	1		21	563	580	
冷冻设备制造业	1	1	385	280	280	
电动工具制造业	2	1	672	867	751	
其他通用设备制造业	3	2	209	217	231	
轴承、阀门制造业	7		481	3 112	3 550	
轴承制造业	3		116	1 430	1 830	
阀门制造业	4		365	1 682	1 720	
其他通用零部件制造业	31	3	2 426	9 262	9 670	21
液压件及液力件制造业	1		64	404	440	
粉末冶金制品业	1		211	67	83	
紧固件制造业	10	1	539	1 787	2 028	
弹簧制造业	3		155	1 145	1 165	
链条制造业	1		388	150	158	21
齿轮制造业	5	1	395	2 059	2 091	
其他类未包括的通用零部件制造业	10	1	674	3 615	3 705	
铸锻件制造业	27	2	1 398	14 780	15 904	9
铸件制造业	16	2	981	5 658	6 391	9
锻件制造业	11		417	9 122	9 513	
普通机械修理业	4	1	87	1 713	1 713	
其他普通机械制造业	11	2	1 328	15 942	16 096	75
专用设备制造业	99	18	12 377	66 076	63 666	3 322
冶金、矿山、机电工业专用设备制造业	13	3	2 368	6 386	6 654	753
矿山设备制造业	11	3	2 290	5 168	5 424	200
其他机电工业专用设备制造业	2		78	1 219	1 230	553
石化及其他工业专用设备制造业	3	1	238	199	219	5
化学工业专用设备制造业	2					
建筑材料及其他非金属矿物制品专用设	1	1	238	199	219	5
轻纺工业专用设备制造业	12	4	746	3 088	3 440	
粮油工业专用设备制造业	3	2	405	310	356	
饲料工业专用设备制造业	1		21	151	155	
包装工业专用设备制造业	1		12	226	226	

单位：万元

工业销售产值（当年价）	出口交货值	工业中间投入合计	工业增加值	实收资本	国家资本	集体资本	港澳台资本	外商资本
98 985	790	77 533	31 415	35 234	23 297	3 624		
39 230	596	26 939	12 143	19 503	16 750	886		
31 263	198	22 149	9 281	12 180	9 545	768		
5 800	398	3 274	2 006	5 234	5 234			
1 602		1 113	714	784	667	117		
566		403	142	1 305	1 305			
13 669		11 533	4 457	4 960	2 130	99		
4 662		4 101	2 055	2 403	2 130	27		
149		118	38	12		12		
565		401	413	398		28		
8 293		6 914	1 951	2 148		33		
5 740	123	4 253	1 862	3 654	2 718	143		
3 735		2 578	1 275	638	195			
358		263	140	58		58		
580		435	149	49		49		
296		188	96	353	353			
562	123	611	147	2 162	2 112			
208		178	56	394	58	37		
3 439		2 453	1 281	437	3	209		
1 830		1 220	614	60		10		
1 609		1 233	668	377	3	199		
8 943	72	6 984	2 826	2 374	1 201	737		
396		280	162	61		42		
80		58	28	191	110	50		
1 903	72	1 528	549	1 074	644	68		
1 152		918	254	64		64		
124		121	48	233	233			
1 821		1 477	642	241		241		
3 467		2 602	1 143	511	214	273		
15 118		11 730	4 412	2 018	484	981		
6 069		4 655	1 841	1 192	484	384		
9 049		7 075	2 571	826		597		
1 672		1 369	344	46		46		
11 175		12 271	4 089	2 242	10	524		
58 958	114	44 539	20 760	21 423	9 300	3 052	842	
6 359	114	4 874	2 082	5 682	4 824	459		
5 252	110	4 169	1 546	5 640	4 807	434		
1 106	4	706	537	42	17	25		
205		226		815	815			
205		226		815	815			
3 358		2 627	902	1 689	985	537		
374		238	142	816	816			
155		124	31	14		14		
126		167	61	28		10		

类别	单位数（个）	#亏损企业	从业人员（人）	工业总产值（不变价）	工业总产值（当年价）	新产品
纺织、服装、皮革工业专用设备制造业	6	2	308	2 401	2 703	
制浆、造纸工业专用设备制造业	1					
农、林、牧、渔、水利业机械制造业	32	3	3 728	19 687	20 964	1 832
拖拉机制造业	2		1 269	3 570	3 050	1 832
机械化农机具制造业	12	2	1 274	6 837	8 264	
水利机械制造业	1		150	505	505	
拖拉机配件制造业	15	1	839	6 528	6 870	
其他农、林、牧、渔、水利业机械制造	2		196	2 247	2 276	
医疗器械制造业	22	3	3 541	27 251	21 344	
医疗仪器、设备制造业	1		23	410	416	
诊断用品制造业	2		497	1 752	1 840	
医用材料及医疗用品制造业	18	2	2 975	24 973	18 972	
假肢、矫形器制造业	1	1	46	117	117	
其他专用设备制造业	13	3	1 652	8 692	10 158	732
建筑机械制造业	4	2	1 143	2 035	2 632	732
邮政机械及器材制造业	1		50	1 242	1 242	
环境保护机械制造业	5		185	3 696	4 022	
社会公共安全设备及器材制造业	2		262	1 231	1 773	
其他类未包括的专用设备制造业	1	1	12	489	489	
专用机械设备修理业	4	1	104	773	888	
农、林、牧、渔、水利机械修理业	2		56	423	537	
其他专用机械设备修理业	2	1	48	351	351	
交通运输设备制造业	103	37	43 838	572 814	579 810	291 226
铁路运输设备制造业	3		1 026	6 233	7 943	
机车车辆配件制造业	1		703	5 104	6 696	
铁路信号设备制造业	1		175	709	827	
铁路专用设备制造业	1		148	420	420	
汽车制造业	27	13	19 271	388 468	391 840	211 835
载重汽车制造业	2		16 415	376 842	380 373	211 835
特种车辆及改装汽车制造业	3	3	685	1 383	1 327	
汽车零部件及配件制造业	22	10	2 171	10 243	10 140	
摩托车制造业	43	20	3 837	24 072	23 508	1 767
摩托车整车制造业	11	5	1 987	14 707	14 745	686
摩托车零部件及配件制造业	32	15	1 850	9 365	8 764	1 081
自行车制造业	4	1	140	1 521	1 543	
船舶制造业	1	1	716	1 308	1 313	
内河船制造业	1	1	716	1 308	1 313	
航空航天器制造业	1		17 539	138 961	140 801	77 624
飞机制造业	1		17 539	138 961	140 801	77 624
交通运输设备修理业	23	2	1 259	11 652	12 261	
铁路运输设备修理业	1		99	541	541	
汽车修理业	20	2	1 124	10 811	11 420	
船舶修理业	1					
其他交通运输设备修理业	1		35	300	300	
其他交通运输设备制造业	1		51	600	600	
公路标志制造业	1		51	600	600	
武器弹药制造业	1		1 436	2 150	2 446	626

单位：万元

工业销售产值（当年价）	出口交货值	工业中间投入合计	工业增加值	实收资本	国家资本	集体资本	港澳台资本	外商资本
2 702		2 098	668	831	169	512		
20 357		15 746	5 633	4 228	1 294	1 092		
3 876		2 224	980	1 042	700			
7 667		6 282	2 101	1 870	594	155		
451		365	154	55		55		
6 186		5 199	1 794	901		772		
2 179		1 676	604	360		110		
18 869		14 368	7 493	7 122	728	701	842	
395		320	98	17				
1 671		1 415	461	1 405		170		
16 674		12 546	6 905	5 304	331	531	842	
129		87	29	396	396			
8 868		5 989	4 441	1 805	653	261		
2 271		981	1 813	587	522	65		
920		403	859	118	118			
3 670		2 891	1 165	934	13	70		
1 518		1 323	505	162		122		
489		391	100	4		4		
943		709	208	83	3	3		
518		390	151	30		3		
425		319	57	53	3			
556 733	22 947	478 771	121 220	170 567	98 202	7 131	3 190	40 486
7 975		5 244	3 177	4 733	4 650	83		
6 723		4 524	2 551	4 175	4 175			
831		521	380	475	475			
420		200	246	83		83		
392 305	4 259	340 196	68 101	124 757	62 014	2 485		40 346
381 690	3 811	331 390	65 120	116 554	60 791			36 035
1 201		1 201	153	140	76	64		
9 415	448	7 605	2 828	8 063	1 147	2 421		4 311
22 122		16 294	7 573	12 057	3 494	3 872	3 107	100
13 903		9 680	5 209	8 670	2 947	1 615	3 107	
8 219		6 614	2 364	3 388	547	2 258		100
1 413		1 164	380	320		135	83	
1 313		1 011	302	634	634			
1 313		1 011	302	634	634			
119 286	18 688	105 478	38 051	25 624	25 624			
119 286	18 688	105 478	38 051	25 624	25 624			
11 718		9 356	3 051	2 375	1 786	488		40
541		157	418	104		83		
10 877		8 979	2 552	2 257	1 772	405		40
300		220	80	14	14			
600		26	587	68		68		
600		26	587	68		68		
2 698		1 265	1 248	2 502	2 502			

类别	单位数（个）	#亏损企业	从业人员（人）	工业总产值（不变价）	工业总产值（当年价）	新产品
电气机械及器材制造业	76	20	13 895	136 536	128 714	11 990
电机制造业	6		3 391	19 962	24 650	11 447
发电机制造业	2		1 399	14 163	18 423	10 442
电动机制造业	3		1 992	5 799	6 227	1 005
微电机制造业	1					
输配电及控制设备制造业	21	10	2 732	23 824	22 297	500
变压器制造业	3		1 217	15 617	14 110	
电容器制造业	2	1	216	901	974	
开关控制设备制造业	11	7	1 171	6 184	5 981	500
电器设备元件制造业	2	1	39	342	342	
其他输配电及控制设备制造业	3	1	89	781	890	
电工器材制造业	25	4	2 357	49 898	40 493	
电线电缆制造业	11	1	1 217	42 034	32 614	
绝缘制品业	5	1	248	1 324	1 348	
蓄电池制造业	3	1	173	1 986	1 923	
原电池制造业	3	1	653	3 893	3 928	
其他电工器材制造业	3		66	661	681	
日用电器制造业	4	1	1 237	24 333	22 961	
电冰箱制造业	1		1 231	24 079	22 683	
空调器制造业	1					
其他日用电器制造业	2	1	6	254	278	
照明器具制造业	13	4	3 386	16 491	16 227	43
电光源制造业	3	1	1 408	5 328	5 358	
灯头、灯座制造业	2	1	1 406	5 164	5 041	43
灯具制造业	2		38	167	192	
灯用电器附件制造业	5	2	513	4 538	4 342	
其他照明器具制造业	1		21	1 294	1 294	
其他电气机械制造业	7	1	792	2 028	2 086	
电焊机制造业	1					
工业用电炉制造业	3	1	721	750	790	
其他类未包括的电气机械制造业	3		71	1 278	1 296	
电子及通信设备制造业	20	6	4 310	154 981	105 905	51 333
通信设备制造业	6	1	602	52 254	51 768	44 257
传输设备制造业	1	1	147	100	100	
交换设备制造业	1		160	3 523	3 523	
其他通信设备制造业	4		295	48 631	48 145	44 257
电子计算机制造业	1		40	347	347	
电子计算机整机制造业	1		40	347	347	
电子器件制造业	2	1	1 048	17 175	10 226	6 162
电真空器件制造业	1	1	102	1 748	501	
半导体器件制造业	1		946	15 426	9 725	6 162
电子元件制造业	5	2	1 529	4 786	3 937	818
日用电子器具制造业	1		804	78 570	37 759	95
电视机、录像机、摄像机制造业	1		804	78 570	37 759	95
电子设备及通信设备修理业	2	1	64	546	546	
通信设备修理业	1		48	483	483	

0年）

单位：万元

工业销售产值（当年价）		工业中间投入合计	工业增加值	实收资本				
	出口交货值				国家资本	集体资本	港澳台资本	外商资本
122 432	4 280	101 436	30 419	40 129	13 468	2 843	78	5 756
23 991		16 693	8 716	13 023	3 545	152		
18 086		12 515	6 356	9 458		132		
5 905		4 178	2 360	3 565	3 545	20		
20 794	1 285	18 683	4 357	4 875	3 047	998		300
13 064	1 285	11 844	2 733	2 232	2 061	133		
949		767	214	65	62	3		
5 559		5 133	1 108	2 357	925	732		300
323		278	72	92		39		
899		661	229	130		92		
37 155	2 435	32 211	9 278	11 264	4 385	1 112	33	3 862
29 518		25 677	7 764	9 083	3 985	224		3 862
1 279		1 078	311	863		819		
1 893		1 554	390	1 079	400	22		
3 825	2 435	3 407	608	92			33	
640		495	205	147		47		
22 915		19 678	3 476	1 505	1 152	8		345
22 645		19 453	3 423	1 497	1 152			345
270		226	53	8		8		
15 497	217	12 456	4 162	8 821	1 027	369		1 249
4 886		4 156	1 400	1 728	798	50		880
5 062	217	3 662	1 492	420	229			
184		130	64	110		30		
4 092		3 473	948	6 557		283		369
1 273		1 035	259	7		7		
2 080	344	1 715	430	640	312	204	45	
825		699	139	266	206	60		
1 255	344	1 016	291	374	106	144	45	
100 628	2 259	79 652	30 010	15 440	8 374	2 033	1 069	3 787
47 216		31 104	23 822	6 862	3 967	22	25	2 847
100		75	28	175	175			
1 210		2 010	1 616	100	75		25	
45 906		29 019	22 178	6 586	3 717	22		2 847
347		267	81	411	200	111		
347		267	81	411	200	111		
9 187	2 259	7 622	2 946	4 110	2 165		1 005	940
452		451	50	106	106			
8 735	2 259	7 171	2 896	4 004	2 059		1 005	940
3 971		2 452	1 639	1 887	412	1 475		
38 143		36 712	1 136	1 630	1 630			
38 143		36 712	1 136	1 630	1 630			
507		417	138	364		249	38	
465		367	124	249		249		

类别	单位数（个）	#亏损企业	从业人员（人）	工业总产值（不变价）	工业总产值（当年价）	新产品
其他电子设备修理业	1	1	16	63	63	
其他电子设备制造业	3	1	223	1 304	1 322	
仪器仪表及文化、办公用机械制造业	16	3	2 016	5 636	5 314	1 310
通用仪器仪表制造业	5	2	830	1 081	1 201	13
工业自动化仪表制造业	1		12	1	1	
电工仪器、仪表制造业	1		33	549	602	
计时仪器制造业	1		26	40	40	13
分析仪器制造业	1	1	203	289	302	
其他通用仪器仪表制造业	1	1	556	202	256	
专用仪器仪表制造业	1	1	10	50	50	
教学仪器制造业	1	1	10	50	50	
计量器具制造业	2		372	1 023	908	
量具量仪制造业	1		76	72	72	
衡器制造业	1		296	951	836	
钟表制造业	1					
仪器仪表及文化、办公用机械修理业	1		36	1 282	1 282	
其他仪器仪表制造业	6		768	2 200	1 873	1 297
其他制造业	57	10	4 576	32 573	34 427	
工艺美术品制造业	28	7	3 765	19 746	20 090	
雕塑工艺品制造业	7	2	322	1 309	1 421	
金属工艺品制造业	5	1	496	2 949	3 136	
花画工艺品制造业	1	1	46	73	80	
竹、滕、棕、草工艺品制造业	1					
地毯制造业	4	1	262	850	945	
首饰制造业	3	1	278	3 243	2 994	
其他工艺美术品制造业	7	1	2 361	11 322	11 514	
日用杂品制造业	9	3	202	1 622	1 877	
眼镜制造业	1					
制伞业	1	1	34	7	7	
鬃毛加工及制刷业	7	2	168	1 615	1 870	
其他生产、生活用品制造业	20		609	11 205	12 460	
生产用其他产品制造业	8		177	6 943	7 005	
生活用其他产品制造业	12		432	4 262	5 455	
电力、煤气及水的生产和供应业						
电力、蒸汽、热水的生产和供应业	14	1	3 062	15 225	63 815	
电力生产业	7		1 881	13 505	58 599	
火力发电业	3		1 554	13 101	57 764	
水力发电业	4		327	404	835	
电力供应业	7	1	1 181	1 720	5 217	
煤气生产和供应业	3		80	2 842	2 838	
煤气供应业	3		80	2 842	2 838	
自来水的生产和供应业	7	3	2 559	7 104	16 705	
自来水生产业	3	1	381	794	1 183	
自来水供应业	4	2	2 178	6 309	15 522	

单位：万元

工业销售产值（当年价）	出口交货值	工业中间投入合计	工业增加值	实收资本	国家资本	集体资本	港澳台资本	外商资本
42		50	14	115			38	
1 259		1 079	248	177		177		
5 555		4 170	1 326	3 603	2 823	276		168
1 132		870	357	1 820	1 645	162		
1		1		35		35		
589		488	125	127		127		
40		32	11	13				
216		227	85	497	497			
286		122	136	1 148	1 148			
50		32	21	41		41		
50		32	21	41		41		
912		671	309	397	175	54		168
76		30	46	54		54		
836		641	263	343	175			168
1 258		1 025	257	4		4		
2 204		1 573	382	1 342	1 004	16		
33 866	7 494	24 821	10 449	5 002	1 098	2 054		
19 262	7 494	13 920	6 918	3 229	318	1 582		
1 418		1 143	280	276		214		
3 045		1 813	1 338	613	50	179		
80		65	20	106		106		
832		723	227	214		133		
2 921		2 752	250	275	268	7		
10 966	7 494	7 425	4 803	1 746		943		
1 852		1 154	741	480	129	187		
32		5	4	127	127			
1 820		1 149	737	354	2	187		
12 753		9 747	2 790	1 293	652	285		
7 467		5 598	1 442	145		142		
5 286		4 149	1 348	1 148	652	143		
54 498		17 267	51 846	58 409	3 318	77		
49 793		13 498	50 324	55 298	434	50		
48 958		13 032	49 885	54 827		16		
835		466	440	471	434	34		
4 705		3 769	1 522	3 111	2 884	27		
2 626		1 963	883	75		70		
2 626		1 963	883	75		70		
16 655		8 953	8 723	31 644	31 584	60		
1 133		886	340	2 131	2 071	60		
15 522		8 068	8 383	29 513	29 513			

类　　　　　　　　别	资产总计	流动资产	流动资产平均余额	固定资产原　值	固定资产净　值
总　　计	**4 190 310**	**2 030 740**	**1 885 466**	**2 189 293**	**1 522 148**
一、按隶属关系分					
中央企业	784 076	436 560	343 857	429 072	292 143
省属企业	820 215	385 733	381 236	436 537	297 109
市属企业	2 036 794	945 904	912 218	1 066 095	746 313
县区企业	219 411	99 908	107 877	113 306	74 770
街道企业	19 369	11 557	10 744	4 985	3 240
乡镇企业	205 757	106 405	91 716	98 621	77 289
其他企业	104 687	44 673	37 817	40 678	31 284
二、按登记注册类型分					
内 资 企 业	3 202 613	1 549 241	1 428 618	1 696 010	1 176 279
国 有 企 业	1 204 496	537 523	505 750	650 684	462 966
中 央 企 业	238 247	129 402	102 058	134 296	95 361
省 属 企 业	500 163	233 226	230 164	241 291	165 807
市 属 企 业	375 358	137 155	136 842	226 163	170 976
县 区 企 业	90 728	37 741	36 687	48 934	30 822
集 体 企 业	339 438	166 453	153 528	153 099	107 204
省 属 企 业	28 175	18 809	18 704	9 968	5 815
市 属 企 业	71 338	32 96	32 259	37 924	24 175
县 区 企 业	47 479	24 980	24 468	19 885	13 046
街 道 企 业	19 002	11 335	10 556	4 757	3 098
乡 镇 企 业	113 029	52 480	47 536	59 949	46 226
其 他 企 业	60 414	25 853	20 006	20 616	14 844
股份合作企业	51 212	26 190	25 626	26 641	18 849
省 属 企 业	301	154	172	209	147
市 属 企 业	10 558	4 859	4 934	6 289	4 372
县 区 企 业	21 367	11 517	12 144	10 435	6 642
街 道 企 业	313	178	184	218	133
乡 镇 企 业	9 153	5 605	5 292	4 599	3 404
其 他 企 业	9 520	3 877	2 900	4 891	4 152
联 营 企 业	19 408	12 157	12 204	8 701	5 044
市 属 企 业	14 420	9 236	8 990	5 903	3 143
县 区 企 业	3 140	2 265	2 607	1 582	839
乡 镇 企 业	487	221	198	322	233
其 他 企 业	1 361	435	408	894	829
国有联营企业	15 862	10 097	9 781	6 530	3 606
集体联营企业	3 391	2 028	2 391	2 003	1 315
国有与集体联营企业	155	32	32	168	123
有限责任公司	1 058 285	558 752	498 338	588 312	400 553
中 央 企 业	387 275	241 122	190 360	169 950	117 307
省 属 企 业	224 007	99 072	96 878	137 788	98 157
市 属 企 业	395 301	183 400	182 871	269 940	176 616
县 区 企 业	3 136	835	835	2 155	1 173
乡 镇 企 业	44 534	34 095	26 495	6 896	6131

0 年）

单位：万元

固定资产净值年平均余额	负债总计	流动负债	产品销售收入	利润总额	利税总额	成本费用总额	销项税额
1 532 372	**2 703 362**	**1 980 054**	**2 554 809**	**114 048**	**329 276**	**2 361 906**	**416 183**
296 442	371 760	264 212	481 137	59 840	169 500	347 448	84 015
292 987	564 514	385 102	409 943	5 603	27 276	408 241	64 379
757 059	1 458 858	1 079 482	883 500	205 89	70 394	863 288	182 917
75 941	147 489	124 596	143 808	- 397	4 640	143 107	13 431
3 278	8 427	6 477	23 815	475	1 288	23 050	1 161
74 294	102 667	82 470	452 869	20 013	45 213	427 089	66 718
32 372	49 647	37 715	159 738	7 926	10 965	149 684	3 561
1 187 540	2 046 345	1 526 618	1 975 228	90 227	272 095	1 810 659	286 132
480 084	849 418	623 193	627 837	44 896	161 907	510 488	120 600
95 469	152 280	131 592	269 364	47 876	149 032	148 511	73 312
172 332	323 467	226 391	216 946	223	9 593	219 306	31 629
176 639	311 111	213 017	92 915	- 3 319	1 493	94 253	11 705
35 644	62 560	52 193	48 612	116	1 789	48 418	3 953
105 811	222 608	167 541	414 307	12 890	25 746	398 286	27 137
5 573	23 934	17 234	9 345	- 316	- 48	9 938	923
25 418	69 303	53 435	19 996	- 1 660	- 760	22 206	3 076
12 697	31 807	25 329	33 474	- 145	1 000	33 420	2 689
3 133	8 147	6 222	23 173	487	1 287	22 384	1 113
43 665	55 634	41 425	254 204	10 366	18 407	240 151	17 621
15 325	33 784	23 895	74 115	4 157	5 861	70 188	1 715
18 194	32 514	28 923	70 213	1 806	4 964	66 940	5 278
172	164	164	541	10	47	527	88
4 204	6 539	5 340	13 407	582	1 073	12 849	1 840
6 874	15 771	14 178	14 647	- 52	1 033	14 110	1 615
137	270	254	602	- 7	2	621	42
3 226	5 639	4 932	16 626	131	1 521	15 633	1 658
3 582	4 131	4 055	24 389	1 141	1 289	23 201	35
5 050	14 468	11 959	9 990	- 2 110	- 1 196	11 177	1 491
3 093	11 800	9 566	7 043	- 1 212	- 485	7 534	1 287
851	2 099	1 921	683	- 958	- 801	1 475	186
246	220	122	1 366	30	50	1 318	18
860	350	350	898	29	41	850	
3 597	12 896	10 485	7 992	- 1 178	- 300	8 390	1 382
1 329	1 494	1 474	1 700	- 935	- 909	2 501	110
124	78		299	2	12	286	
395 967	665 585	465 868	632 151	17 682	56 181	617 852	100 026
115 626	200 057	120 772	161 989	1 418	4 772	159 985	2 240
91 228	158 450	87 166	140 011	4 191	14 337	136 454	24 681
180 481	285 241	236 549	190 868	3 000	12 588	192 337	26 548
1 341	1 231	1 231	9 995	1 087	1 515	8 841	1 615
6 030	20 600	20 145	127 885	7 974	22 932	118 959	44 897

类别	资产总计	流动资产	流动资产平均余额	固定资产原值	固定资产净值
其他企业	4 033	227	899	1 583	1 170
国有独资公司	705 208	381 693	330 023	383 594	262 828
其他有限责任公司	353 078	177 059	168 315	204 718	137 725
股份有限公司	483 256	226 363	201 388	243 680	160 532
中央企业	158 554	66 037	51 438	124 826	79 475
省属企业	53 023	23 952	23 698	41 873	23 862
市属企业	263 929	131 439	121 423	75 043	55 709
县区企业	5 276	3 113	3 172	1 293	937
其他企业	2 473	1 822	1 657	645	547
私营企业	46 519	21 804	31 785	24 893	21 132
私营独资企业	17 736	10 866	21 265	7 261	5 713
私营合伙企业	2 323	1 485	1 374	615	469
私营有限责任公司	15 661	5 738	5 611	9 252	8 375
私营股份有限公司	10 799	3 715	3 535	7 766	6 576
港、澳、台商投资企业	120 551	42 238	42 804	86 527	63 659
省属企业	5 770	3 822	3 821	2 413	1 708
市属企业	66 749	21 787	24 081	51 705	37 571
县区企业	26 790	9 356	8 958	18 265	13 490
乡镇企业	13 354	3 919	3 379	10 408	8 110
其他企业	7 887	3 355	2 566	3 736	2 781
合资经营企业（港或澳、台资）	76 818	31 039	30 849	49 387	35 883
港澳台商独资企业	43 528	11 031	11 926	37 076	27 748
港澳台商投资股份有限公司	205	168	29	64	28
外商投资企业	867 146	439 261	414 044	406 756	282 210
省属企业	8 777	6 698	7 800	2 994	1 614
市属企业	830 296	421 885	397 744	387 445	268 399
县区企业	6 704	2 743	2 479	3 238	2 020
乡镇企业	15 941	5 379	4 052	11 654	9 093
其他企业	5 429	2 557	1 968	1 424	1 085
中外合资经营企业	149 110	83 217	81 616	69 231	49 724
中外合作经营企业	5 585	2 883	2 613	3 693	2 695
外资企业	4 492	2 750	2 339	765	482
外商投资股份有限公司	707 960	350 411	327 476	333 067	229 309
三、按经济组织类型分					
独资企业	1 609 691	728 623	694 809	848 885	604 112
国有企业	1 204 496	537 523	505 750	650 684	462 966
集体企业	339 438	166 453	153 528	153 099	107 204
私营独资企业	17 736	10 866	21 265	7 261	5 713
港澳台商独资经营企业	43 528	11 031	11 926	37 076	27 748
外资企业	4 492	2 750	2 339	765	482
合作、合伙企业	78 527	42 714	41 816	39 650	27 057
股份合作企业	51 212	26 190	25 626	26 641	18 849
国有联营企业	15 862	10 097	9 781	6 530	3 606
集体联营企业	3 391	2 028	2 391	2 003	1 315
国有与集体联营企业	155	32	32	168	123
私营合伙企业	2 323	1 485	1 374	615	469
中外合作经营企业	5 585	2 883	2 613	3 693	2 695

0 年）

单位：万元

固定资产净值年平均余额	负债总计	流动负债	产品销售收入	利润总额	利税总额	成本费用总额	销项税额
1 262	6	6	1 405	12	38	1 276	46
252 349	466 402	292 027	370 337	6 517	25 522	363 723	37 408
143 618	199 183	173 841	261 814	11 165	30 659	254 129	62 618
164 136	242 614	213 190	148 889	14 295	22 162	137 114	27 432
85 347	19 423	11 849	49 785	10 546	15 697	38 952	8 463
20 421	48 129	44 291	33 199	1 249	2 402	32 057	3 578
56 889	170 890	152 878	59 330	2 325	3 771	59 859	14 690
956	3 430	3 430	1 949	－5	30	1 954	17
523	743	743	4 626	181	263	4 292	585
18 297	19 137	15 944	71 842	768	2 331	68 803	4 168
5 775	8 933	7 180	51 430	214	1 072	49 675	3 271
498	890	673	10 314	197	349	9 431	26
5 479	7 067	5 855	3 431	－84	109	3 500	501
6 545	2 248	2 236	6 667	441	801	6 198	371
63 855	73 880	68 107	78 899	－1 236	2 381	78 843	10 063
1 663	3 735	3 565	2 386	51	395	2 609	2 203
38 495	40 165	39 549	33 265	－2 875	－283	35 067	5 045
12 460	17 557	16 817	13 173	－235	－11	13 447	700
8 322	8 442	4 817	14 448	833	94	13 351	1 115
2 915	3 981	3 360	15 627	990	1 286	14 368	1 001
35 637	45 280	39 889	58 844	1 293	3 030	57 583	7 460
28 190	28 548	28 165	19 938	－2 536	－665	21 149	2 583
28	53	53	117	7	16	111	20
280 978	583 137	385 329	500 683	25 058	54 800	472 404	119 987
1 597	6 635	6 292	7 514	195	550	7 350	1 278
266 528	561 888	367 239	462 501	23 310	52 348	435 460	118 373
2 242	4 536	3 142	2 459	－114	－76	2 549	183
8 739	7 693	7 033	17 744	332	391	17 551	
1 871	2 386	1 624	10 465	1 331	1 587	9 495	154
44 769	81 693	70 247	107 252	17 843	26 135	87 791	14 809
2 623	6 810	6 810	4 403	－233	－129	4 666	779
1 197	2 746	1 916	3 639	156	330	3 419	254
232 390	491 889	306 356	385 388	7 293	28 465	376 527	104 144
621 057	1 112 253	827 996	1 117 151	55 619	188 390	983 017	153 845
480 084	849 418	623 193	627 837	44 896	161 907	510 488	120 600
105 811	222 608	167 541	414 307	12 890	25 746	398 286	27 137
5 775	8 933	7 180	51 430	214	1 072	49 675	3 271
28 190	28 548	28 165	19 938	－2 536	－665	21 149	2 583
1 197	2 746	1 916	3 639	156	330	3 419	254
26 365	54 681	48 364	94 920	－340	3 988	92 213	7 575
18 194	32 514	28 923	70 213	1 806	4 964	66 940	5 278
3 597	12 896	10 485	7 992	－1 178	－300	8 390	1 382
1 329	1 494	1 474	1 700	－935	－909	2 501	110
124	78		299	2	12	286	
498	890	673	10 314	197	349	9 431	26
2 623	6 810	6 810	4 403	－233	－129	4 666	779

类　　别	资产总计	流动资产	流动资产平均余额	固定资产原　值	固定资产净　值
股份有限公司	1 202 219	580 657	532 428	584 577	396 444
股份有限公司（内资）	483 256	226 363	201 388	243 680	160 532
私营股份有限公司	10 799	3 715	3 535	7 766	6 576
港澳台商投资股份有限公司	205	168	29	64	28
外商投资股份有限公司	707 960	350 411	327 476	333 067	229 309
有限责任公司	1 299 874	678 745	616 413	716 182	494 535
国有独资公司	705 208	381 693	330 023	383 594	262 828
私营有限责任公司	15 661	5 738	5 611	9 252	8 375
港澳台合资经营企业	76 818	31 039	30 849	49 387	35 883
中外合资经营企业	149 110	83 217	81 616	69 231	49 724
其他有限责任公司	353 078	177 059	168 315	204 718	137 725
在总计中：亏损企业	675 929	282 173	284 471	400 262	280 712
国有控股企业	3 498 991	1 707 681	1 570 119	1 837 878	1 264 488
农村工业	242 667	102 179	87 749	121 993	95 354
四、按轻重工业分					
轻　工　业	1 711 277	785 253	748 606	877 742	629 869
以农产品为原料	1 204 153	575 311	541 507	572 835	410 437
以非农产品为原料	507 124	209 943	207 100	304 907	219 433
重　工　业	2 479 033	1 245 487	1 136 860	1 311 551	892 279
采 掘 工 业	2 877	1 509	1 390	1 385	971
原 料 工 业	577 436	257 860	238 611	359 998	245 774
加 工 工 业	1 898 720	986 118	896 858	950 167	645 535
五、按企业规模分					
大一型企业	580 880	327 551	273 437	311 871	202 250
大二型企业	1 988 364	908 091	851 894	1 022 598	720 066
中一型企业	294 276	154 625	129 189	152 405	112 044
中二型企业	456 735	222 506	213 757	263 543	179 558
小 型 企 业	870 055	417 967	417 190	438 876	308 231
六、按工业行业大类分					
采　掘　业					
煤炭采选业	982	489	472	497	320
煤炭开采业	982	489	472	497	320
非金属矿采选业	1 895	1 020	919	888	650
土砂石开采业	1 895	1 020	919	888	650
石灰石开采业	345	191	192	163	122
建筑装饰用石开采业	573	352	344	172	114
其他土砂石开采业	977	477	383	553	414
制　造　业					
食品加工业	145 609	65 747	75 570	78 771	60 700
粮食及饲料加工业	122 804	58 946	59 145	61 912	47 719
碾　米　业	12 889	6 505	6 485	7 824	5 632
磨　粉　业	9 570	4 685	4 238	6 160	4 594
面、米制品业	9 345	3 382	3 065	4 844	3 472
配合及混合饲料制造业	76 140	38 691	41 010	33 103	26 476
蛋白饲料制造业	969	125	118	629	465

0 年）

单位：万元

固定资产净值年平均余额	负债总计	流动负债	产品销售收入	利润总额	利税总额	成本费用总额	销项税额
403 098	736 804	521 834	541 061	22 035	51 444	519 950	131 967
164 136	242 614	213 190	148 889	14 295	22 162	137 114	27 432
6 545	2 248	2 236	6 667	441	801	6 198	371
28	53	53	117	7	16	111	20
232 390	491 889	306 356	385 388	7 293	28 465	376 527	104 144
481 852	799 624	581 860	801 678	36 734	85 455	766 726	122 796
252 349	466 402	292 027	370 337	6 517	25 522	363 723	37 408
5 479	7 067	5 855	3 431	-84	109	3 500	501
35 637	45 280	39 889	58 844	1 293	3 030	57 583	7 460
44 769	81 693	70 247	107 252	17 843	26 135	87 791	14 809
143 618	199 183	173 841	261 814	11 165	30 659	254 129	62 618
293 826	554 169	433 785	188 994	-29 035	-17 151	215 153	28 112
1 283 014	2 295 155	1 643 250	1 722 996	90 328	264 141	1 565 242	319 347
93 524	118 499	88 767	439 094	19 333	31 378	413 121	22 319
623 862	1 162 372	913 344	1 205 532	77 415	231 230	1 053 891	210 105
405 217	798 664	637 762	928 426	75 279	216 595	780 590	172 815
218 644	363 708	275 582	277 107	2 136	14 635	273 301	37 290
908 511	1 540 990	1 066 710	1 349 227	36 634	98 046	1 308 015	206 078
1 100	1 327	903	11 474	385	649	10 891	399
246 374	311 538	210 831	356 206	16 794	36 946	334 952	51 638
661 037	1 228 126	854 976	981 597	19 454	60 451	962 172	154 041
201 278	301 776	188 288	290 893	11 399	25 205	279 394	22 625
723 138	1 256 132	865 134	997 401	36 891	101 187	962 147	223 840
105 868	235 460	183 172	247 034	38 348	135 701	136 030	69 130
196 265	342 037	269 384	198 859	-3 677	6 315	203 076	30 654
305 823	567 956	474 076	820 623	31 087	60 868	781 259	69 934
422	538	236	1 685	25	74	1 610	
422	538	236	1 685	25	74	1 610	
678	788	667	9 789	360	575	9 282	399
678	788	667	9 789	360	575	9 282	399
114	120	105	2 019	153	183	1 839	53
151	248	247	1 385	44	69	1 321	15
413	421	316	6 386	164	322	6 121	331
64 593	93 371	81 762	142 228	1 997	4 185	140 069	4 020
50 802	74 311	64 001	115 808	1 958	3 494	114 115	1 994
5 772	7 393	6 389	14 807	226	407	14 879	171
4 590	4 514	4 270	5 521	-49	172	5 505	392
3 948	7 091	5 022	8 090	292	387	7 759	245
29 169	47 296	40 643	70 945	1 208	2 229	69 549	1 186
597	255	255	1 112	6	22	1 140	

类　　别	资产总计	流动资产	流动资产平均余额	固定资产原　值	固定资产净　值
水产饲料制造业	483	220	220	313	233
其他饲料制造业	13 408	5 339	4 009	9 038	6 848
植物油加工业	5 359	2 929	12 631	1 441	1 273
食用植物油加工业	5 281	2 893	12 595	1 399	1 237
非食用植物油加工业	78	36	36	42	36
屠宰及肉类蛋类加工业	16 185	3 131	3 210	14 851	11 256
屠　宰　业	14 083	2 043	2 094	13 641	10 615
肉制品加工业	1 683	874	901	1 033	512
肉类副产品加工业	15	12	15	4	3
蛋品加工业	404	202	201	173	125
水产品加工业	72	41	40	31	26
冷冻水产品加工业	72	41	40	31	26
其他食品加工业	1 190	700	544	536	426
食品制造业	45 131	19 702	18 782	26 945	19 168
糕点、糖果制造业	8 682	4 337	4 339	5 106	3 299
糖　果　业	2 723	1 783	1 751	514	532
糕　点　业	2 671	978	1 020	2 027	1 344
饼　干　业	1 280	701	701	520	380
方便主食品业	118	75	68	45	43
蜜　饯　业	1 890	800	800	1 900	1 000
乳制品制造业	15 227	7 018	6 267	10 014	7 414
罐头食品制造业	1 800	1 127	1 113	825	478
水果罐头制造业	1 756	1 15	1 103	793	447
蔬菜罐头制造业	44	12	10	32	31
发酵制品业	2 738	1 037	1 006	1 510	1 103
氨基酸制造业	152	37	28	101	75
味精制造业	2 586	1 000	977	1 409	1 028
调味品制造业	8 053	2 406	2 342	5 027	3 657
酱油、酱类制造业	7 689	2 206	2 142	4 862	3 493
其他调味品制造业	364	200	200	164	164
其他食品制造业	8 631	3 777	3 715	4 463	3 218
豆制品制造业	3 292	1 572	1 563	1 420	1 175
淀粉及淀粉制品业	513	100	90	168	135
代乳品制造业	62	36	3	36	26
冷冻饮品制造业	3 237	1 363	1 221	2 381	1 540
其他类未包括的食品制造业	1 527	706	839	459	342
饮料制造业	50 530	16 744	19 915	36 573	27 131
酒精及饮料酒制造业	39 504	11 205	15 350	30 035	22 036
酒精制造业	428	184	136	230	170
白酒制造业	7 679	4 574	4 910	2 018	1 610
啤酒制造业	31 268	6 355	10 217	27 730	20 225
黄酒制造业	129	93	88	57	30
软饮料制造业	7 339	3 893	3 351	4 355	3 217

单位：万元

固定资产净值年平均余额	负债总计	流动负债	产品销售收入	利润总额	利税总额	成本费用总额	销项税额
233	258	247	224			266	
6 495	7 504	7 174	15 109	275	278	15 016	
1 568	4 684	4 432	14 496	98	192	14 331	1 517
1 526	4 627	4 375	14 046	93	184	13 886	1 514
42	57	57	450	5	8	445	3
11 805	13 780	12 762	8 243	-163	327	8 199	170
10 648	11 364	10 336	5 242		317	5 061	147
1 027	1 778	1 796	2 156	-157	-8	2 309	22
3	9	9	280	3	21	259	
127	629	621	565	-9	-2	569	1
29	44	30	180	6	10	170	
29	44	30	180	6	10	170	
389	552	537	3 501	98	162	3 255	340
18 780	28 360	20 554	45 361	2 215	4 889	42 873	6 619
3 271	4 597	3 548	12 673	891	1 556	11 687	2 145
428	1 510	1 510	128	-138	-122	265	28
1 329	1 696	893	2 596	19	216	2 549	402
381	1 041	825	330	-81	-69	418	87
44	50	20	120	5	17	109	13
1 090	300	300	9 500	1 086	1 514	8 348	1 615
6 874	7 951	4 950	20 496	1 197	2 614	19 273	3 232
529	2 493	2 453	1 890	-4	42	1 877	239
496	2 484	2 444	1 710	-9	34	1 705	239
33	9	9	180	5	8	172	
1 100	2 575	1 553	85	-1	4	109	13
64	59	59	39	-2	4	35	5
1 036	2 516	1 494	46			74	8
3 654	4 770	3 913	4 024	-25	295	3 855	527
3 491	4 706	3 850	3 543	-41	275	3 392	428
164	64	64	480	16	20	464	99
3 352	5 974	4 137	6 193	158	377	6 072	463
1 192	2 661	1 634	1 258	30	74	1 274	105
183	367	222	531	16	41	522	18
26	40	31	259		7	256	38
1 585	2 133	1 707	568	-13	-44	622	43
366	774	543	3 577	125	299	3 397	260
22 606	25 826	22 010	35 132	925	5 888	31 920	4 632
17 579	14 761	11 929	22 873	1 075	5 768	195 27	3 691
172	308	154	1 164	76	96	1 078	154
1 427	2 859	1 690	3 711	-102	18	3 776	60
15 950	11 498	9 998	17 650	1 097	5 637	14 339	3 458
30	96	86	348	5	17	334	20
3 150	7 616	7 461	9 120	-226	-39	9 337	877

类别	资产总计	流动资产	流动资产平均余额	固定资产原值	固定资产净值
碳酸饮料制造业	5 692	2 910	2 640	3 728	2 725
天然矿泉水制造业	114	45	43	62	53
果菜汁饮料制造业	182	18	18	180	164
固体饮料制造业	330	253	206	72	38
其他软饮料制造业	1 021	667	444	314	236
制　茶　业	3 250	1 220	1 179	2 173	1 868
其他饮料制造业	437	426	35	11	11
烟草加工业	126 826	75 238	51 217	59 269	46 542
卷烟制造业	126 826	75 238	51 217	59 269	46 542
纺　织　业	183 782	68 963	66 609	127 466	88 133
纤维原料初步加工业	1 750	1 023	1 428	123	83
轧　花　业	1 750	1 023	1 428	123	83
棉纺织业	123 449	46 507	45 310	101 344	69 834
棉　纺　业	62 504	20 999	20 676	59 381	38 831
棉　织　业	38 000	13 568	13 253	30 186	21 733
印　染　业	7 596	2 849	2 603	4 555	4 267
棉制品业	13 845	8 098	8 048	6 387	4 599
棉线带制造业	917	508	258	775	362
其他棉纺织业	586	485	473	60	42
毛纺织业	21 891	6 626	6 583	10 214	8 250
黄、洋、青麻纺织业	21 791	6 579	6 552	10 169	8 217
其他麻纺织业	100	48	31	45	33
丝绢纺织业	260	114	109	161	111
缫　丝　业	47	26	24	26	21
丝　织　业	160	51	51	98	77
丝制品业	53	37	34	37	13
针织品业	30 323	12 757	11 830	12 532	7 569
棉针织品业	28 231	11 382	10 814	12 019	7 192
其他针织品业	2 092	1 375	1 016	513	377
其他纺织业	6 108	1 935	1 350	3 094	2 286
服装及其他纤维制品制造业	23 147	11 151	10 345	8 346	5 444
服装制造业	21 751	10 174	9 788	7 986	5 181
制　帽　业	401	390	57	24	10
制　鞋　业	972	564	476	336	253
其他纤维制品制造业	23	23	24		
皮革、毛皮、羽绒及其制品业	13 863	6 217	5 739	8 464	6 607
制　革　业	470	132	162	597	319
轻　革　业	470	132	162	597	319
皮革制品制造业	10 654	4 641	4 192	5 962	5 019
皮鞋制造业	2 472	1 352	909	1 045	646
革皮服装制造业	7 351	2 789	2 795	4 735	4 236
皮包制造业	76	40	40	38	36
其他类未包括的皮革制品业	755	460	448	145	101
羽毛（绒）及制品业	2 739	1 444	1 385	1 905	1 269
羽毛（绒）制品业	2 739	1 444	1 385	1 905	1 269

0 年）

单位：万元

固定资产净值年平均余额	负债总计	流动负债	产品销售收入	利润总额	利税总额	成本费用总额	销项税额
2 653	6 867	6 863	4 499	- 230	- 122	4 760	782
49	114	99	69	4	5	91	
164	30	10	120	5	18	109	10
39	239	239	516	- 9	- 2	524	20
246	365	250	3 917	4	63	3 84	65
1 866	3 038	2 609	2 632	73	126	2 582	64
11	412	12	507	2	33	474	
43 239	97 609	92 379	200 128	39 596	135 421	87 687	61 905
43 239	97 609	92 379	200 128	39 596	135 421	87 687	61 905
84 996	154 388	103 584	124 635	4 607	9 121	1201 90	10 013
103	1 869	1 746	149	- 100	- 93	212	25
103	1 869	1 746	149	- 100	- 93	212	25
67 923	96 724	722 50	72 011	1 084	4 456	70 882	9 063
36 895	43 924	24 765	59 890	1 715	4 878	58 148	8 234
21 883	34 321	32 947	7 455	- 440	- 36	7 784	394
4 219	4 741	4 152	1 070	4	13	1 065	29
4 520	12 959	9 618	2 269	- 177	- 87	2 526	304
362	497	486	498	- 74	- 63	566	29
44	282	282	829	57	80	794	72
8 402	21 709	1 910	976	- 14	6	1 076	20
8 361	21 679	1 879	335	- 35	- 23	492	20
41	31	31	641	21	30	584	
114	128	58	753	28	41	721	49
21	30	10	365	7	12	356	27
78	98	48	238	6	12	231	22
15			150	16	17	134	
7 594	30 191	24 772	23 946	2 638	3 02	22 467	451
7 225	29 430	24 230	17 190	2 138	2 385	16 081	266
369	760	512	6 756	500	677	6 386	186
860	3 767	2 849	26 799	970	1 649	24 832	405
6 575	13 810	10 185	38 871	2 231	3 358	36 623	2 675
6 334	13 192	9 832	36 490	2 117	3 195	34 417	2 407
8	55	55	210		11	202	12
232	548	284	2 135	115	151	1 968	249
	15	15	35		1	35	6
6 603	15 020	11 820	8 821	- 739	- 530	9 522	969
338	845	845	1	- 63	- 62	64	
338	845	845	1	- 63	- 62	64	
4 990	11 639	8 974	5 395	- 628	- 489	5 964	384
620	1 375	1 048	2 463	40	95	2 385	86
4 233	9 710	7 490	1 880	- 695	- 629	2 561	282
36	5	5	460	3	8	457	
102	549	431	592	24	39	561	16
1 275	2 537	2 001	3 425	- 49	21	3 494	585
1 275	2 537	2 001	3 425	- 49	21	3 494	585

类　　　　　　　　别	资产总计	流动资产	流动资产平均余额	固定资产原　值	固定资产净　值
木材加工及竹、藤、棕、草制品业	909	529	430	409	312
锯材、木片加工业	40	18	19	23	22
木片加工业	40	18	19	23	22
人造板制造业	43	31	24	13	11
刨花板制造业	43	31	24	13	11
木制品业	652	386	295	264	198
生产用木制品业	610	351	267	257	191
生活用木制品业	42	35	28	7	7
竹、藤、棕、草制品业	174	93	92	109	82
家具制造业	3 462	1 842	1 535	1 244	989
木制家具制造业	1 563	923	695	664	553
金属家具制造业	1 519	794	750	459	347
其他家具制造业	380	125	90	120	89
造纸及纸制品业	261 986	125 890	118 126	86 944	64 533
造　纸　业	256 940	124 154	116 381	83 029	61 964
机制纸及纸板制造业	252 505	121 191	113 503	81 542	60 713
加工纸制造业	4 435	2 963	2 878	1 487	1 252
纸 制 品 业	5 046	1 736	1 745	3 915	2 569
印　刷　业	116 965	51 891	47 577	80 890	51 929
印　刷　业	116 965	51 891	47 577	80 890	51 929
书、报、刊印刷业	42 729	18 676	18 986	27 306	18 918
包装装潢印刷业	6 303	3 750	3 697	4 377	1 781
其他印刷业	67 933	29 466	24 894	49 208	31 231
文教体育用品制造业	14 469	9 072	9 759	7 124	6 387
文化用品制造业	12 147	8 635	9 352	3 497	2 889
文具制造业	432	368	361	62	48
本册制造业	287	197	949	102	72
笔 制 造 业	11 012	7 846	7 735	3 202	2 714
其他文化用品制造业	417	225	307	132	56
体育用品制造业	23	19	19	5	4
其他体育用品制造业	23	19	19	5	4
玩具制造业	4 085	292	297	3 556	3 445
其他类未包括的文教体育用品制造业	214	126	92	66	49
石油加工及炼焦业	643	341	347	252	161
人造原油生产业	76	50	49	26	21
石油制品业	567	291	299	226	140
化学原料及化学制品制造业	191 575	83 481	82 757	122 608	84 452
基本化学原料制造业	57 499	21 987	20 531	35 624	25 257
无机酸制造业	507	241	167	275	201
烧碱制造业	13 294	7 324	5 961	9 035	5 511
无机盐制造业	34 090	9 428	9 560	22 409	16 708
其他基本化学原料制造业	9 607	4 994	4 842	3 905	2 836

0年）

单位：万元

固定资产净值年平均余额	负债总计	流动负债	产品销售收入	利润总额	利税总额	成本费用总额	销项税额
318	345	314	6 207	129	226	6 011	50
22	27	27	257	2	5	255	8
22	27	27	257	2	5	255	8
11	31	31	364	6	13	354	3
11	31	31	364	6	13	354	3
200	193	167	4 955	108	188	4 791	37
194	193	167	3 996	89	144	3 873	37
6			959	20	43	919	
86	94	89	632	14	20	610	1
1 022	1 529	1 076	6 342	209	415	6 023	152
553	459	227	5 034	174	349	4 768	99
362	925	849	591	-8	14	595	53
107	145		717	43	53	659	
64 128	176 841	157 759	45 939	-307	1 222	49 059	14 320
61 921	172 560	154 789	40 934	-498	879	44 157	13 904
60 670	169 449	151 848	39 788	-368	758	42 631	11 982
1 252	3 111	2 941	1 146	-129	121	1 526	1 922
2 207	4 281	2 970	5 005	191	343	4 902	416
54 406	62 398	36 421	78 469	10 289	16 396	67940	11 681
54 406	62 398	36 421	78 469	10 289	16 396	67 940	11 681
18 944	30 795	21 202	19 465	280	1 887	19 411	3 272
1 806	4 293	2 866	5 612	31	210	5 546	705
33 657	27 311	12 353	53 392	9 978	14 299	42 984	7 705
6 529	8 970	8 705	26 117	983	1 588	25 164	3 686
3 021	8 026	8 013	21 626	942	1 524	20 658	3 009
55	333	333	665	35	53	628	113
81	92	92	1 069	-7	6	1 076	20
2 790	7 362	7 357	18 918	926	1 468	17 970	2 872
95	239	231	974	-12	-3	984	5
4	21	21	6	2	3	3	1
4	21	21	6	2	3	3	1
3 444	840	588	4 184	36	53	4 234	676
60	83	83	302	3	7	269	
172	506	487	567	-48	-37	634	89
26	59	40	459	7	11	444	
146	447	447	109	-55	-48	190	89
80 765	137 541	107 266	129 588	1 199	4 451	123 684	12 377
24 364	37 459	25 817	40 926	1 460	2 907	36 604	4 061
213	267	161	2 761	213	299	2 519	155
5 521	13 893	11 350	10 300	189	325	10 092	1 751
15 742	18 862	10 368	17 434	284	1 152	14 556	1 131
2 889	4 436	3 939	10 431	775	1 132	9 437	1 024

类 别	资产总计	流动资产	流动资产平均余额	固定资产原值	固定资产净值
化学肥料制造业	77 331	30 789	32 175	60 611	39 735
氮肥制造业	66 221	23 531	24 899	56 582	36 420
磷肥制造业	2 170	1 272	1 281	1 140	844
复合肥料制造业	6 552	4 604	4 597	1 837	1 726
其他化学肥料制造业	2 388	1 383	1 398	1 053	745
化学农药制造业	11 500	4 845	4 655	6 990	4 615
农药原药制造业	988	685	638	466	282
农药制剂制造业	10 512	4 160	4 017	6 524	4 332
有机化学产品制造业	7 483	4 149	3 636	3 053	2 159
有机化工原料制造业	916	666	625	301	234
涂料制造业	3 559	2 145	2 106	1 336	874
染料制造业	97	61	58	48	36
其他有机化学产品制造业	2 911	1 278	848	1 368	1 015
合成材料制造业	6 230	4 247	4 580	2 519	1 791
聚烯烃塑料制造业	1 953	1 398	1 398	584	549
热固性树脂及塑料制造业	1 308	624	858	819	501
工程塑料制造业	2 951	2 212	2 311	1 110	735
合成橡胶制造业	18	13	12	5	5
专用化学产品制造业	6 373	4 000	5 201	2 643	1 793
化学试剂、助剂制造业	6 009	3 762	4 985	2 530	1 710
专项化学产品制造业	239	143	123	61	53
林产化学产品制造业	126	96	93	53	30
日用化学产品制造业	25 160	13 464	11 980	11 168	9 103
肥皂及皂粉、合成洗涤剂制造业	8 669	4 051	3 987	3 984	3 851
硬脂酸、硬化油制造业	121	7	7	120	114
香料、香精制造业	218	188	188	38	31
化妆品制造业	2 732	1 731	1 671	734	426
牙膏制造业	12 352	6706	5 378	6 059	4 548
其他日用化学产品制造业	1 069	782	749	234	133
医药制造业	298 742	154 494	146 814	92 347	61 528
化学药品原药制造业	70 475	32 154	32 378	37 384	21 203
化学药品制剂制造业	30 991	11 022	9 188	17 467	13 681
中药材及中成药加工业	194 171	109 668	103 688	36 355	25 667
动物药品制造业	2 474	1 223	1 167	1 106	943
生物制品业	632	428	393	35	34
化学纤维制造业	105 066	36 769	33 688	75 268	56 006
纤维素纤维制造业	29 033	17 447	17 813	17 194	9 475
粘胶纤维制造业	29 033	17 447	17 813	17 194	9 475
合成纤维制造业	76 025	19 319	15 872	58 069	46 527
涤纶纤维制造业	75 475	18 829	15 382	57 949	46 467
其他合成纤维制造业	550	490	490	120	60
渔具及渔具材料制造业	7	3	3	5	4
其他渔具制造业	7	3	3	5	4
橡胶制品业	38 985	16 330	17 076	22 903	16 974
轮胎制造业	15 027	3 849	4 808	11 409	9 422

单位：万元

固定资产净值年平均余额	负债总计	流动负债	产品销售收入	利润总额	利税总额	成本费用总额	销项税额
36 850	66 559	53 743	33 278	- 1 841	- 1 731	34 898	2 929
33 493	58 320	51 083	24 595	- 1 680	- 1 633	26 045	2 320
874	1 011	923	3 656	71	91	3 585	475
1 726	5 499	8	4 012	- 146	- 145	4 174	2
756	1 730	1 730	1 016	- 87	- 44	1 095	132
4 467	8 540	6 735	3 151	15	98	3 198	105
242	906	691	1 114	47	71	1 081	102
4 224	7 635	6 044	2 037	- 32	28	2 117	3
2 427	1 684	1 976	16 111	638	980	15 337	1 209
248	466	412	6 052	62	163	5 923	757
965	2 027	1 393	4 911	311	439	4 567	442
37	50	50	56	1	4	54	10
178	142	122	5 093	263	374	4 794	
147	5 441	3 717	2 983	268	378	2 671	429
555	1 386	1 086	1 921	311	375	1 585	240
452	1 044	895	755	5	- 43	735	135
735	3 007	1 732	235	- 50	- 43	281	41
5	4	4	72	2	3	70	13
1 840	3 218	2 709	12 129	- 433	- 34	11 242	624
1 767	2 993	2 539	11 185	- 461	- 95	10 336	582
53	153	135	336	5	15	328	10
21	71	36	608	24	46	578	32
9 070	13 642	12 570	21 011	1 093	1 853	19 734	3 022
3 666	4 347	4 343	8 398	56	124	8 382	1 186
114			517		3	514	
31	99	99	1 124	35	65	1 084	63
436	1 794	985	1 022	- 164	- 43	821	134
4 697	6 683	6 492	8 844	1 140	1 662	7 855	1 513
126	718	651	1 105	26	42	1 078	125
59 023	160 510	121 302	225 589	14 142	36 899	212 444	59 203
20 152	38 205	26 212	23 963	- 491	940	25 534	3 666
12 875	17 417	14 196	27 847	562	2 407	26 599	3 196
25 031	102 527	78 735	171 859	13 654	33 075	158 796	52 142
931	2 244	2 043	1 364	- 60	- 36	1 440	165
34	116	116	556	477	514	76	33
53 508	81 254	41 251	46 459	- 80	3 278	46 201	8 821
9 348	22 721	17 447	14 486	- 980	2 248	14 463	2 458
9 348	22 721	17 447	14 486	- 98	2 248	14 493	2 458
44 156	58 532	23 803	31 944	17	1 028	31 711	6 362
44 096	58 032	23 303	31 480	12	1 022	31 253	6 354
60	500	500	464	5	7	458	8
4	1	1	29	1	2	27	
4	1	1	29	1	2	27	
17 700	24 224	20 298	28 847	- 4 357	- 2 162	31 035	3 788
9 609	2 531	2 531	15 287	- 2 183	- 327	16 173	2 580

类别	资产总计	流动资产	流动资产平均余额	固定资产原值	固定资产净值
力车胎制造业	2 042	1 505	1 891	1 151	521
橡胶板、管、带制造业	7 640	4 228	4 097	4 018	2 219
橡胶零件制品业	287	147	152	39	25
再生橡胶制造业	9 847	4 111	3 705	4 843	3 797
橡胶靴鞋制造业	245	111	113	116	110
日用橡胶制品业	2 728	1 839	1 887	701	455
橡胶制品翻修业	1 011	483	366	537	353
轮胎翻新业	1 011	483	366	537	353
其他橡胶制品业	159	58	58	89	72
塑料制品业	46 982	16 432	16 156	27 112	20 700
塑料薄膜制造业	5 733	1 367	1 172	4 105	3 485
塑料板、管、棒材制造业	59	43	40	19	16
塑料丝、绳及编织品制造业	8 386	3 467	3 486	4 598	3 371
泡沫塑料及人造革、合成革制造业	20 338	5 946	5 355	12 523	9 688
塑料包装箱及容器制造业	3 839	1 006	804	2 036	1 621
日用塑料杂品制造业	314	225	227	58	46
塑料零件制造业	246	129	118	142	112
其他塑料制品业	8 069	4 250	4 955	3 632	2 361
非金属矿物制品业	119 232	36 721	35 820	85 047	66 826
水泥制造业	31 792	9 866	10 671	19 044	15 633
水泥制品和石棉水泥制品业	12 540	5 239	5 070	8 271	6 743
水泥制品业	2 949	1 245	1 107	2 190	1 381
砼结构构件制造业	8 628	3 300	3 272	5 601	5 127
石棉水泥制品业	964	694	692	480	235
砖瓦、石灰和轻质建筑材料制造业	24 566	9 492	9 347	15 132	11 378
砖瓦制造业	12 693	4 747	4 688	7 849	6 020
石灰制造业	40	35	34	36	5
建筑用石加工业	641	321	319	438	275
轻质建筑材料制造业	10 208	3 790	3 720	6 511	4 838
防水密封建筑材料制造业	458	308	315	160	140
隔热保温材料制造业	497	282	262	114	81
其他砖瓦、石灰和轻质建筑材料制造业	30	10	10	24	20
玻璃及玻璃制品业	6 464	2 870	2 579	3 511	1 775
建筑用玻璃制品业	1 002	271	80	988	730
工业技术用玻璃制造业	49	36	35	23	13
日用玻璃制品业	2 658	1 099	1 101	1 590	439
玻璃保温容器制造业	881	865	771	18	15
其他玻璃及玻璃制品业	1 875	599	592	892	578
陶瓷制品业	14 179	2 365	1 817	12 615	9 264
建筑、卫生陶瓷制造业	14 179	2 365	1 817	12 615	9 264
耐火材料制品业	10 443	2 679	2 183	8 828	7 506
石棉制品业	149	145	145	4	4
其他耐火材料制品业	10 294	2 535	2 039	8 824	7 501

0 年）

单位：万元

固定资产净值年平均余额	负债总计		产品销售收入	利润总额	利税总额	成本费用总额	销项税额
		流动负债					
522	1 042	1 042	369	- 964	- 950	1 209	92
2 275	7 007	4 773	1 199	- 1 333	- 1 253	1 826	275
36	135	93	381	19	30	355	28
4 273	7 806	6 681	6 795	102	245	6 697	294
110	159	154	74	- 11	- 8	84	13
444	4 712	4 411	1 123	- 163	- 142	1 281	147
360	756	549	2 707	173	222	2 502	359
360	756	549	2 707	173	222	2 502	359
73	75	64	913	2	20	908	2
20 993	33 643	24 585	21 785	599	1 306	21 277	3 147
3 742	4 403	1 830	1 131	5	26	1 162	589
16	11	11	397	23	30	371	2
3 476	6 419	4 931	3 417	16	189	3 476	340
9 550	14 411	11 144	2 553	- 48	9	2 624	290
1 666	3 672	2 13	1 798	- 21	57	1 806	198
25	69	60	319	- 2	21	303	15
87	71	71	745	28	45	696	65
2 431	4 588	4 415	11 425	598	929	10 840	1 648
67 421	74 052	56 650	59 306	- 1 309	477	60 474	2 815
14 613	24 303	18 098	5 964	- 592	- 140	6 523	939
6 805	6 430	5 761	12 123	163	373	12 111	306
1 406	2 313	2 016	4 160	- 6	53	4 155	77
5 163	3 456	3 095	6 790	166	304	6 790	31
235	661	649	1 173	4	17	1 167	198
13 583	12 406	9 425	27 141	766	1 446	26 002	616
6 817	5 730	4 057	24 694	789	1 360	23 495	415
5	11	11	127	1	3	124	
275	349	325	741	- 10	34	708	15
6 228	5 647	4 433	592	- 69	- 60	750	52
140	313	243	643	15	33	626	90
97	327	327	257	40	76	214	44
22	28	28	86			86	
1 640	3 990	3 564	7 749	- 197	- 41	7 779	321
580	34	18	2 299	33	66	2 190	
14	7	7	400	45	54	350	
440	2 071	2 047	1 343	17	89	1 261	97
15	888	503	2 459	- 317	- 290	2 768	193
591	989	989	1 248	24	39	1 210	31
8 431	8 390	8 015	1 284	- 538	- 441	1 851	174
8 431	8 390	8 015	1 284	- 538	- 441	1 851	174
7 678	7 852	6 482	684	- 627	- 623	1 556	32
			98	1	3	94	
7 678	7 852	6 482	586	- 628	- 626	1 462	31

类 别	资产总计	流动资产	流动资产平均余额	固定资产原 值	固定资产净 值
矿物纤维及其制品业	1 325	765	780	875	436
玻璃纤维及其制品业	134	86	91	49	49
玻璃钢制品业	1 190	680	689	826	387
其他类未包括的非金属矿物制品业	17 922	3 444	3 373	16 771	14 091
黑色金属冶炼及压延加工业	252 542	123 895	118 039	145 677	103 501
炼 钢 业	193 414	82 709	80 656	121 585	89 239
钢压延加工业	59 127	41 186	37 383	24 093	14 262
有色金属冶炼及压延加工业	47 024	21 593	22 373	22 562	14 947
重有色金属冶炼业	43	25	25	20	18
其他重有色金属冶炼业	43	25	25	20	18
轻有色金属冶炼业	50	18	18	56	32
铝 冶 炼 业	50	18	18	56	32
稀有稀土金属冶炼业	10 409	4 735	4 668	3 780	1 862
其他稀有稀土金属冶炼业	10 409	4 735	4 668	3 780	1 862
有色金属合金业	17 262	9 479	9 200	10 353	6 157
有色金属压延加工业	19 260	7 336	8 462	8 353	6 878
重有色金属压延加工业	150	87	87	8	- 31
轻有色金属压延加工业	19 110	7 249	8 375	8 345	6 909
金属制品业	42 742	20 619	20 992	23 195	15 561
金属结构制造业	7 076	5 358	5 721	2 976	1 428
铸铁管制造业	65	8	8	57	55
工具制造业	2 666	1 738	1 473	1 363	841
切削工具制造业	1 154	716	616	676	403
模具制造业	23	17	8	6	6
手工具制造业	1 419	966	825	646	401
其他工具制造业	71	40	24	35	31
集装箱和金属包装物品制造业	15 006	5 520	5 729	9 011	6 184
金属包装物品及容器制造业	15 006	5 520	5 729	9 011	6 184
金属丝绳及其制品业	2 766	1 801	1 778	1 095	527
建筑用金属制品业	3 732	1 830	1 792	1 175	774
水暖管道零件制造业	534	339	271	303	184
金属门窗制造业	2 023	1 051	1 087	640	479
其他建筑用金属制品业	1 175	441	434	231	111
金属表面处理及热处理业	2 340	1 055	1 075	1 369	1 121
日用金属制品业	8 002	2 789	2 932	5 511	4 152
搪瓷制造业	6 061	2 084	2 266	4 033	3 028
铝 制 品 业	1 737	559	535	1 401	1 065
不锈钢制品业	14	9	9	11	5
炊事用具制造业	75	56	46	21	19
其他日用金属制品业	116	80	77	45	35
其他金属制品业	1 089	521	485	639	480
铁制小农具制造业	267	112	125	180	137
焊条制造业	38	23	23	29	15
其他类未包括的金属制品业	784	386	337	430	328

0 年）

单位：万元

固定资产净值年平均余额	负债总计		产品销售收入	利润总额	利税总额	成本费用总额	销项税额
		流动负债					
654	759	656	1 388	– 49	24	1 374	
41			435	9	22	419	
613	759	656	952	– 58	2	954	
14 019	9 924	4 650	2 974	– 235	– 122	3 279	427
96 127	184 534	116 289	188 861	4 648	15 645	185 087	32 358
82 102	144 457	76 679	127 293	4 190	13 049	123 864	22 334
14 025	40 077	39 611	61 568	458	2 596	61 223	10 025
15 000	27 569	23 336	31 692	617	1 710	30 468	3 501
12	24	24	390	20	22	369	58
12	24	24	390	20	22	369	58
41	46	20	162		2	161	22
41	46	20	162		2	161	22
1 852	5 918	5 298	7 235	283	530	6 897	993
1 852	5 918	5 298	7 235	283	530	6 897	993
6 037	14 810	11 223	12 380	35	51	12 385	1 048
7 059	6 770	6 770	115 24	279	1 105	10 656	1 380
23	4	4	257	15	25	232	
7 036	6 766	6 766	11 267	264	1 080	10 424	1 380
16 113	30 558	25 580	33 058	– 214	741	32 868	1 939
1 459	5 093	5 031	3 856	37	120	3 792	120
57			356	2	4	354	2
832	1 542	1 177	4 850	121	322	46 17	215
398	982	764	958	39	113	871	77
4			443	3	10	437	
399	550	404	2 618	35	152	2 524	138
31	10	10	832	44	47	785	
6 290	10 586	10 169	10 118	– 387	– 109	10 309	770
6 290	10 586	10 169	10 118	– 387	– 109	10 309	770
659	2 800	2 246	3 305	13	78	3 269	111
1 144	1 650	760	2 729	74	178	2 674	166
227	303	299	1 106	47	68	1 043	9
844	955	333	900	13	22	922	86
72	392	129	724	14	89	709	71
1 124	1 618	1 283	1 213	58	65	1 153	8
4 040	6 751	4 544	3 448	– 301	– 209	3 736	333
2 903	5 563	3 394	1 795	– 288	– 230	2 100	300
1 095	1 164	1 130	707	– 30	– 13	718	14
6	4	4	490	7	8	483	
1			128	1	9	126	19
35	20	17	328	9	17	310	
508	518	370	3 183	170	292	2 965	214
143	140	79	1 076	60	124	971	2
16	4	4	137	10	15	123	23
349	374	287	1 971	100	153	1 870	189

类　　别	资产总计	流动资产	流动资产平均余额	固定资产原　值	固定资产净　值
普通机械制造业	200 104	102 289	98 16	107 597	66 613
锅炉及原动机制造业	97 308	48 191	48 209	59 647	36 255
锅炉制造业	48 151	23 872	22 837	24 946	17 976
内燃机制造业	39 576	18 881	20 133	29 174	14 940
内燃机零部件及配件制造业	6 365	3 762	3 536	3 060	1 800
其他锅炉及原动机制造业	3 215	1 676	1 702	2 467	1 539
金属加工机械制造业	41 704	23 519	21 295	18 723	10 815
金属切削机床制造业	28 654	16 888	15 005	10 344	5 088
铸造机构制造业	13	8	8	5	5
机床附件制造业	686	569	451	101	55
其他金属加工机械制造业	12 351	6 055	5 831	8 274	5 668
通用设备制造业	19 315	9 546	9 495	10 757	6 740
起重运输设备制造业	2 329	1 467	1 522	1 253	693
风机制造业	1 244	726	727	665	223
气体压缩机及气体分离设备制造业	127	105	112	48	21
冷冻设备制造业	2 393	1 547	1 422	1 375	782
电动工具制造业	12 198	5 369	5 412	6 495	4 381
其他通用设备制造业	1 025	332	300	921	640
轴承、阀门制造业	1 828	1 350	1 247	791	396
轴承制造业	500	491	410	6	6
阀门制造业	1 328	859	837	786	391
其他通用零部件制造业	12 544	7 103	7 051	7 141	4 410
液压件及液力件制造业	92	56	56	64	36
粉末冶金制品业	452	126	118	289	277
紧固件制造业	5 440	3 063	3 067	3 608	1 884
弹簧制造业	870	529	527	411	217
链条制造业	2 545	1 438	1 490	1 387	1 019
齿轮制造业	1 202	753	784	559	393
其他类未包括的通用零部件制造业	1 944	1 138	1 009	823	584
铸锻件制造业	9 678	3 851	3 171	3 702	2 546
铸件制造业	3 546	2 196	1 903	1 750	1 132
锻件制造业	6 133	1 654	1 268	1 953	1 414
普通机械修理业	3 583	1 867	1 917	69	34
其他普通机械制造业	14 145	6 863	5 733	6 766	5 417
专用设备制造业	88 533	45 305	45 873	49 774	34 359
冶金、矿山、机电工业专用设备制造业	23 243	11 088	11 329	13 345	8 777
矿山设备制造业	22 976	11 002	11 249	13 234	8 686
其他机电工业专用设备制造业	267	86	80	111	91
石化及其他工业专用设备制造业	2 504	1 273	1 237	2 577	1 218
建筑材料及其他非金属矿物制品专用设	2 504	1 273	1 237	2 577	1 218
轻纺工业专用设备制造业	7 641	3 449	3 649	5 035	3 653
粮油工业专用设备制造业	3 208	1 314	1 344	2 509	1 745
饲料工业专用设备制造业	148	134	134	13	12
包装工业专用设备制造业	35	8	8	30	27

0 年）

单位：万元

固定资产净值年平均余额	负债总计	流动负债	产品销售收入	利润总额	利税总额	成本费用总额	销项税额
83 684	135 535	114 502	85 655	– 113	2 711	88 219	8 026
40 744	58 204	52 670	34 789	– 236	574	37 165	2 846
18 633	27 885	24 526	28 042	107	475	28 052	1 669
18 687	23 616	21 567	4 649		299	6 747	790
1 863	5 679	5 509	1 496	– 308	– 199	1 724	276
1 561	1 024	1 069	603	– 34		643	111
13 880	34 009	23 706	12 291	192	779	12 229	2 065
8 564	23 702	17 520	3 958	98	375	4 018	672
5	1	1	147		1	147	25
55	376	376	560	95	133	466	93
5 257	9 930	5 810	7 626		269	7 599	1 275
6 498	16 911	15 479	5 030	– 1 266	– 1 103	6 346	757
681	1 253	1 253	3 239	212	325	3 041	535
227	1 114	1 114	296	– 17	9	305	49
22	118	102	484		5	495	22
792	1 773	1 643	296	– 69	– 61	380	27
4 389	11 908	10 724	614	– 1 387	– 1 379	2 16	116
388	744	643	101	– 5	– 2	108	8
367	921	1 016	1 699	55	254	1 652	173
1	302	302	317	2	7	315	51
366	619	714	1 382	53	248	1 377	122
14 315	10 442	9 070	5 998	15	244	6 045	682
37	25	25	428	29	36	394	46
277	281	281	74		3	74	12
11 890	5 318	4 665	1 645	– 66	– 10	1 794	263
217	847	816	660	14	30	647	27
1 014	1 666	1 255	124		12	151	19
387	1 199	1 028	275	–	24	311	130
493	1 106	1 000	2 792	47	150	2 674	185
2 791	4 655	3 508	14 246	777	1 183	13 386	916
1 158	1 974	1 547	5 796	211	363	5 566	350
1 632	2 680	1 961	8 451	566	820	7 820	566
29	1 694	1 684	242		5	237	
5 062	8 701	7 369	11 361	349	776	11 159	588
34 352	59 789	53 365	53 260	382	2 663	53 922	5 802
8 666	17 678	15 759	5 339	– 301	55	5 669	671
8 576	17 520	15 651	4 729	– 316	15	5 087	659
90	158	108	610	15	40	582	13
1 307	1 515	1 490	184	– 122	– 114	312	33
1 307	1 515	1 490	184	– 122	– 114	312	33
3 427	4 057	3 587	2 699	– 136	– 29	2 839	319
1 816	427	296	374	– 22	5	400	55
			98	1	4	93	
28	7	5	126	1	3	125	4

类别	资产总计	流动资产	流动资产平均余额	固定资产原值	固定资产净值
纺织、服装、皮革工业专用设备制造业	4 250	1 993	2 164	2 483	1 868
农、林、牧、渔、水利业机械制造业	27 355	16 099	15 574	12 655	8 215
拖拉机制造业	16 095	9 246	9 246	7 492	4 863
机械化农机具制造业	6 524	4 610	4 368	2 712	1 657
水利机械制造业	136	49	49	83	77
拖拉机配件制造业	3 481	2 005	1 758	1 829	1 221
其他农、林、牧、渔、水利业机械制造	1 119	189	153	539	398
医疗器械制造业	17 120	8 094	8 672	8 908	7 240
医疗仪器、设备制造业	185	22	16	99	73
诊断用品制造业	2 774	1 064	983	1 792	1 614
医用材料及医疗用品制造业	13 544	6 734	7 421	6 622	5 211
假肢、矫形器制造业	616	274	251	396	342
其他专用设备制造业	10 270	4 991	5 219	7 146	5 184
建筑机械制造业	6 078	1 961	2 188	5 495	4 099
邮政机械及器材制造业	958	883	883	180	75
环境保护机械制造业	1 951	972	972	1 181	920
社会公共安全设备及器材制造业	1 248	1 167	1 168	266	75
其他类未包括的专用设备制造业	36	8	8	24	16
专用机械设备修理业	402	312	193	108	73
农、林、牧、渔、水利机械修理业	73	45	45	37	28
其他专用机械设备修理业	329	267	148	71	45
交通运输设备制造业	1 198 009	641 926	571 236	547 558	375 108
铁路运输设备制造业	9 311	5 823	6 042	4 606	3 331
机车车辆配件制造业	8 263	5 208	5 386	3 890	2 897
铁路信号设备制造业	764	392	399	596	372
铁路专用设备制造业	284	222	256	120	62
汽车制造业	741 934	369 066	346 472	348 898	238 983
载重汽车制造业	720 844	357 824	335 171	337 332	231 498
特种车辆及改装汽车制造业	3 239	2 370	2 690	1 484	715
汽车零部件及配件制造业	17 851	8 872	8 611	10 082	6 770
摩托车制造业	36 662	19 160	20 585	17 227	10 567
摩托车整车制造业	20 896	8 401	9 323	10 995	6 918
摩托车零部件及配件制造业	15 766	10 758	11 262	6 232	3 649
自行车制造业	650	342	338	274	183
船舶制造业	9 094	2 752	4 029	889	625
内河船制造业	9 094	2 752	4 029	889	625
航空航天器制造业	387 275	241 122	190 360	169 950	117 307
飞机制造业	387 275	241 122	190 360	169 950	117 307
交通运输设备修理业	12 714	3 335	3 188	5 606	4 069
铁路运输设备修理业	301	154	172	209	147
汽车修理业	12 348	3 141	2 976	5 393	3 948
其他交通运输设备修理业	65	40	40	4	−26
其他交通运输设备制造业	371	327	222	107	44
公路标志制造业	371	327	222	107	44

0 年）

单位：万元

固定资产净值年平均余额	负债总计	流动负债	产品销售收入	利润总额	利税总额	成本费用总额	销项税额
1 583	3 623	3 287	2 102	－116	－40	2 220	260
8 280	21 209	19 153	18 067	220	783	19 108	1 697
4 771	15 466	14 344	3 392		164	4 859	566
1 669	3 448	3 226	6 562	45	195	6 493	598
77	73	56	450	6	29	435	14
1 260	2 187	1 493	5 659	75	272	5 507	474
503	35	35	2 004	95	123	1 813	46
7 387	8 796	8 197	17 612	1 048	1 815	16 471	2 135
67	85	85	381	20	27	357	
1 627	1 331	1 331	1 543	69	114	1 465	188
5 350	7 145	6 546	155 59	975	1 690	14 495	1 946
342	236	236	129	－16	－16	152	
5 214	6 411	5 066	8 557	－337	101	8 754	866
4 128	3 509	2 986	2 286	－573	－404	2 880	431
75	893	893	989	33	55	951	172
920	966	144	3 670	165	336	3 368	21
75	1 023	1 023	1 518	30	112	1 461	226
16	20	20	95		2	94	16
72	123	111	802	10	52	771	82
28	43	31	518	13	22	500	50
44	81	81	284	－3	31	271	32
377 000	765 160	484 645	598 876	6 742	33 320	589 816	112 714
3 369	4 149	3 949	8 254	97	669	8 064	904
2 876	3 732	3 532	7 002	62	526	6 858	738
422	264	264	831	4	84	821	141
71	154	154	420	32	60	386	25
242 358	519 312	327 343	397 666	6 701	28 403	389 201	105 848
234 660	503 905	314 486	387 801	7 294	286 16	378 658	104 615
764	3 054	2 975	1 751	－242	－209	1 998	310
6 934	12 353	9 882	8 114	－352	－4	8 544	924
11 354	24 938	24 088	19 578	－1 289	－660	21 081	2 947
7 580	11 491	11 290	12 384	－751	－402	13 443	2 085
3 774	13 447	12 798	7 195	－538	－258	7 638	862
188	423	292	916	4	12	899	19
624	8 946	2 752	364	－103	－93	457	62
624	8 8946	2 752	364	－103	－93	457	62
115 626	200 057	120 772	161 989	1 418	4 772	159 985	2 240
115 66	200 057	120 772	161 989	1 418	4 772	159 985	2 240
3 442	7 033	5 152	9 934	－95	194	9 964	663
172	164	164	541	10	47	527	88
3 270	6 832	4 950	9 093	－106	136	9 147	574
	37	37	300	1	10	290	
39	303	298	176	8	23	166	31
39	303	298	176	8	23	166	31

类别	资产总计	流动资产	流动资产平均余额	固定资产原值	固定资产净值
武器弹药制造业	6 628	3 789	371	4 326	2 797
电气机械及器材制造业	195 136	112 585	110 967	90 492	58 273
电机制造业	49 606	28 153	27 408	19 267	11 685
发电机制造业	24 907	13 574	11 492	5 346	3 691
电动机制造业	24 699	14 579	15 916	13 921	7 994
输配电及控制设备制造业	44 003	26 551	24 732	20 917	13 749
变压器制造业	31 659	19 752	18 310	15 624	10 850
电容器制造业	292	109	104	321	183
开关控制设备制造业	10 869	5 903	5 504	4 660	2 488
电器设备元件制造业	898	649	678	158	93
其他输配电及控制设备制造业	285	138	136	155	135
电工器材制造业	32 417	20 940	20 837	15 590	9 303
电线电缆制造业	27 017	18 718	19 095	12 248	6 875
绝缘制品业	1 755	558	638	1 154	715
蓄电池制造业	2 199	656	548	1 571	1 390
原电池制造业	1 0334	840	350	129	114
其他电工器材制造业	413	169	207	489	209
日用电器制造业	38 404	24 205	25 296	13 710	9 517
电冰箱制造业	38 253	24 071	25 162	13 682	9 500
其他日用电器制造业	151	135	134	28	17
照明器具制造业	26 168	10 984	10 684	17 799	11 527
电光源制造业	8 781	3 389	2 985	8 737	3 273
灯头、灯座制造业	6 258	2 885	3 101	3 229	2 881
灯具制造业	282	196	178	86	74
灯用电器附件制造业	10 814	4 502	4 409	5 724	5 278
其他照明器具制造业	32	11	11	22	21
其他电气机械制造业	4538	1 752	2 010	3 209	2 492
工业用电炉制造业	3 728	1 296	1 794	2 883	2 270
其他类未包括的电气机械制造业	811	456	216	326	222
电子及通信设备制造业	88 675	56 714	51 023	36 521	22 319
通信设备制造业	37 296	32 256	26 365	7 279	3 883
传输设备制造业	2 450	1 456	1 433	1 607	915
交换设备制造业	2 816	2 568	3 127	508	205
其他通信设备制造业	32 029	28 231	21 805	5 164	2 764
电子计算机制造业	1 042	877	922	131	125
电子计算机整机制造业	1 042	877	922	131	12
电子器件制造业	26 366	11 761	11 053	15 290	9 724
电真空器件制造业	2 124	638	638	1 945	1 417
半导体器件制造业	24 242	11 124	10 415	13 345	8 307
电子元件制造业	10 983	5 316	4 992	5 954	2 836
日用电子器具制造业	12 066	6 143	7 317	7 291	5 353
电视机、录像机、摄像机制造业	12 066	6 143	7 317	7 291	5 353

单位：万元

固定资产净值年平均余额	负债总计	流动负债	产品销售收入	利润总额	利税总额	成本费用总额	销项税额
283	3 387	2 892	2 747	15	90	2 737	174
58 192	136 431	110 813	112 701	2 296	5 844	111 425	17 391
13 317	29 923	22 661	33 515	1 914	2 758	32 198	4 683
5 052	13 182	8 991	25 011	1 800	2 300	23 590	3 190
8 265	16 740	13 669	8 504	114	458	8 607	1 494
12 520	32 250	26 199	20 273	203	1 004	20 071	3 108
9 935	22 359	18 139	13 319	489	969	12 867	2 338
183	169	168	401	10	23	392	
2 204	8 778	6 991	5 348	– 297	– 5	5 618	755
97	806	782	303	– 1	10	300	15
101	138	120	901	2	7	894	
9 388	18 307	17 872	34 588	245	1 378	34 513	5 351
6 845	167 06	16 604	27 433	359	1 270	27 136	4 561
717	379	314	1 234	– 30	25	1 282	108
1 509	624	357	1 477	– 39		1 650	59
77	474	474	3 770	– 50	55	3 775	593
241	125	122	673	6	28	671	31
8 993	33 871	26 992	10 428	145	338	10 284	2 462
8 976	33 662	26 789	10 421	150	343	10 271	2 462
17	209	203	7	– 6	– 6	13	
12 072	18 336	14 076	11 998	– 235	266	12 214	1 616
3 975	8 689	6 442	4 378	– 262	– 16	4 662	506
2 749	5 437	4 733	4 092	– 10	110	4 101	704
66	179	153	164	2	9	155	8
5 282	4 031	2 748	3 312	34	161	3 245	397
			52	1	1	51	
1 902	3 745	3 014	1 900	23	101	2 146	172
1 686	3 347	2 793	671	– 50	1	1 002	99
216	398	221	1 229	73	99	1 144	73
23 028	88 428	71 688	60 329	15 244	19 080	45 161	10 121
4 406	11 166	10 734	45 544	15 363	18 536	30 236	7 730
945	2 699	2 649	132	– 275	– 271	416	8
264	2 549	2 549	967	47	150	965	171
3 197	5 918	5 537	44 445	15 590	18 657	28 854	7 552
125	689	689	347	1	3	346	59
125	689	689	347	1	3	346	59
9 619	18 232	7 520	7 983	47	400	8 083	1 433
1 417	987	912	281	– 34	– 32	313	
8 202	17 244	6 607	7 702	80	432	7 770	1 433
2 906	8 989	5804	3 196	– 150	37	3 352	532
5 561	48 694	46 301	1 463		90	1 459	270
5 561	48 694	46 301	1 463		90	1 459	270

类别	资产总计	流动资产	流动资产平均余额	固定资产原值	固定资产净值
电子设备及通信设备修理业	626	262	280	377	268
通信设备修理业	273	24	25	162	153
其他电子设备修理业	353	238	255	215	115
其他电子设备制造业	297	99	95	198	130
仪器仪表及文化、办公用机械制造业	21 337	12 697	12 594	9 016	7 163
通用仪器仪表制造业	5 419	2 675	2 588	2 616	1 753
工业自动化仪表制造业	236	70	67	20	
电工仪器、仪表制造业	480	385	392	154	88
计时仪器制造业	39	38	32	5	1
分析仪器制造业	2 493	1 304	1 220	1 003	426
其他通用仪器仪表制造业	2 171	877	877	1 435	1 239
专用仪器仪表制造业	60	53	51	22	7
教学仪器制造业	60	53	51	22	7
计量器具制造业	2 500	1 198	1 265	1 520	1 281
量具量仪制造业	149	128	142	29	
衡器制造业	2 350	1 070	1 124	1 491	1 280
仪器仪表及文化、办公用机械修理业	43	10	27	33	33
其他仪器仪表制造业	13 315	8 761	8 665	4 825	4 089
其他制造业	20 100	8 723	8 229	10 456	8 125
工艺美术品制造业	15 505	7 004	6 587	7 906	6 325
雕塑工艺品制造业	660	393	415	261	135
金属工艺品制造业	6 760	2 672	2 499	2 792	2 469
花画工艺品制造业	370	286	285	97	80
地毯制造业	604	372	369	258	221
首饰制造业	807	395	423	572	407
其他工艺美术品制造业	6 303	2 887	2 597	3 926	3 013
日用杂品制造业	626	388	320	294	157
制伞业	190	112	114	109	76
鬃毛加工及制刷业	436	276	206	185	81
其他生产、生活用品制造业	3 969	1 332	1 321	2 257	1 643
生产用其他产品制造业	1 298	315	294	276	211
生活用其他产品制造业	2 671	1 017	1 027	1 981	1 432
电力、煤气及水的生产和供应业					
电力、蒸汽、热水的生产和供应业	169 956	69 093	54 493	129 023	80 915
电力生产业	159 577	66 533	51 901	125 766	79 659
火力发电业	158 599	66 065	51 460	124 854	79 478
水力发电业	978	469	441	912	181
电力供应业	10 379	2 560	2 591	3 257	1 256
煤气生产和供应业	144	80	82	74	60
煤气供应业	144	80	82	74	60
自来水的生产和供应业	66 600	12 369	11 429	63 659	46 916
自来水生产业	4 636	1 347	1 511	4 065	2 660
自来水供应业	61 964	11 022	9 917	59 594	44 256

0 年）

单位：万元

固定资产净值年平均余额	负债总计	流动负债	产品销售收入	利润总额	利税总额	成本费用总额	销项税额
268	535	535	511	－12	－4	523	82
153	27	27	464	8	16	456	82
115	508	508	47	－20	－20	67	
143	123	105	1 286	－4	18	1 164	15
7 316	15 438	10 661	4 130	－446	－238	4 729	552
1 958	4 928	4 181	595	－488	－460	1 030	92
	90	13	8			8	
88	1 319	1 069	178	1	13	176	47
1	23	23	40	11	14	30	
435	3 161	2 744	178	－459	－448	585	28
1 435	335	332	191	－41	－38	232	17
8	90	80	42	－1	2	43	3
8	90	80	42	－1	2	43	3
1 282	945	808	1 243	3	92	1 381	154
	127	76	496	2	19	493	9
1 282	818	732	747	1	73	888	135
			63	1	2	62	1
4 068	9 475	5 592	2 188	38	126	2 213	302
7 840	14 226	11 470	25 240	414	2 461	23 389	2 231
5 973	11 125	9 236	16 571	164	2 023	15 052	1 764
92	532	401	640	11	30	632	1
2 482	5 187	4 164	2 994	37	61	2 978	50
80	111	7	24	－2	3	32	5
111	286	60	699	3	17	693	5
407	904	904	1 259	－28	－20	1 291	203
2 802	4 106	3 701	10 956	143	1 931	9 425	1 500
233	669	616	1 540	－9	17	1 544	24
77	516	511	32	－43	－41	76	5
157	153	105	1 508	34	58	1 469	19
1 634	2 432	1 617	7 130	29	421	6 793	443
197	597	136	2 330	63	127	2 248	
1 437	1 835	1 481	4 800	196	294	4 545	443
90 339	27 003	19 050	59 311	10 574	15 907	48 426	8 834
85 555	19 854	12 049	50 677	10 567	15 800	39 876	8 545
85 364	19 434	11 859	49 903	10 553	15 710	39 061	8 470
191	421	190	774	13	91	815	74
4 784	7 149	7 001	8 634	8	106	8 550	289
60	82	82	620	17	31	598	34
60	82	82	620	17	31	598	34
48 562	23 701	16 372	16 465	1 206	2 272	15 341	1 145
2 718	2 132	769	1 054	－20	28	1 171	107
45 845	21 569	15 604	15 411	1 226	2 244	14 171	1 038

10—10 市 属 工 业 企 业

(200

类别	单位数（个）	#亏损企业	从业人员（人）	工业总产值（不变价）	工业总产值（当年价）	新产品
总计	**1 673**	**255**	**174 221**	**1 881 644**	**1 970 598**	**329 788**
一、按隶属关系分						
省属企业	1	1	181	3 259	4 059	
市属企业	275	121	95 413	996 124	1 002 164	322 091
县区企业	368	89	26 613	169 596	191 986	1 693
街道企业	148	20	4 044	71 148	72 679	
乡镇企业	735	6	39 623	457 141	512 782	4 901
其他企业	146	18	8 347	184 375	186 929	1 103
二、按登记注册类型分						
内资企业	1 611	234	150 382	1 305 812	1 374 500	74 364
国有企业	241	74	37 952	201 490	206 286	12 638
市属企业	112	52	25 996	140 990	133 658	12 075
县区企业	129	22	11 956	60 501	72 629	562
集体企业	1 115	123	57 905	508 671	532 120	6 123
省属企业	1	1	181	3 259	4 059	
市属企业	78	41	11 573	30 506	30 054	243
县区企业	154	44	7 317	47 643	51 472	286
街道企业	144	18	3 933	70 406	71 920	
乡镇企业	638	3	29 610	267 161	283 951	4 901
其他企业	100	16	5 291	89 696	90 664	693
股份合作企业	89	17	7 682	77 100	78 500	237
市属企业	11	4	1 138	13 392	14 604	
县区企业	39	9	3 149	16 950	17 076	237
街道企业	3	1	81	702	719	
乡镇企业	24	2	2 716	18 049	18 020	
其他企业	12	1	598	28 008	28 081	
联营企业	16	2	2 519	11 879	16 735	720
市属企业	2	1	1 432	9 049	13 608	720
县区企业	5	1	768	682	717	
乡镇企业	7		176	1 269	1 467	
其他企业	2		143	880	942	
国有联营企业	7	1	1 544	9 978	14 577	720
集体联营企业	8	1	936	1 508	1 758	
国有与集体联营企业	1		39	393	399	
有限责任公司	39	9	33 452	389 954	405 114	38 152
市属企业	34	9	28 550	255 804	241 455	37 552
县区企业	2		706	12 459	12 477	600
乡镇企业	1		4 028	120 084	149 550	
其他企业	2		168	1 607	1 632	
国有独资公司	3	1	10 502	131 613	105 537	23 668
其他有限责任公司	36	8	22 950	258 341	299 577	14 484
股份有限公司	10	1	5 960	42 255	58 302	14 352
市属企业	4		5 542	34 729	50 195	13 942
县区企业	2	1	235	1 889	2 412	
其他企业	4		183	5 637	5 696	410
私营企业	101	8	4 912	74 463	77 443	2 142
私营独资企业	74	4	2 716	53 715	55 349	
私营合伙企业	12	1	549	10 960	11 400	
私营有限责任公司	6	2	940	3 101	3 578	

本表为全部乡及乡以上和年销售收入500万元以上村及村以下独立核算工业企业。

主 要 经 济 指 标

0年)　　　　　　单位：万元

工业销售产值（当年价）		工业中间投入合计	工业增加值	实收资本				
	出口交货值				国家资本	集体资本	港澳台资本	外商资本
1 906 955	**64 603**	**1 495 604**	**538 736**	**570 034**	**251 450**	**74 605**	**49 725**	**70 576**
3 985		2 459	1 600	1 028		1 028		
986 121	37 802	770 649	270 943	396 594	220 090	17 913	36 533	60 877
181 581	1 569	140 129	55 182	64 186	28 850	14 422	6 498	2 100
70 422	119	57 197	15 933	4 647	70	3 973		
486 355	11 214	386 629	145 543	68 913	1 842	26 598	5 523	4 636
178 492	13 900	138 541	49 535	34 665	598	10 673	1 172	2 963
1 327 248	54 822	999 325	415 794	350 746	175 149	63 940	1 924	12 049
198 672	12 905	142 778	69 157	68 841	54 974	2 285	658	2 761
129 913	12 901	92 827	45 295	44 529	34 524	594	658	1 969
68 759	4	49 951	23 862	24 312	20 449	1 691		792
502 875	21 330	392 520	146 607	92 806	5 052	54 539	1 266	4 782
3 985		2 459	1 600	1 028		1 028		
29 249	6 903	21 385	9 466	13 768	59	13 127		
47 639	1 565	38 582	13 740	14 423	2 704	8 790	289	
69 665	119	56 627	15 732	4 492	70	3 868		
265 962	4 980	208 543	79 633	41 672	1 757	20 005	479	3 410
86 375	7 764	64 924	26 436	17 422	463	7 722	497	1 373
75 137	5 994	59 148	20 850	13422	2 350	4 810		
14 130		11 607	3 449	2 172	1 137	467		
16 287		13 046	4 456	4 841	1 213	1 374		
717		538	189	105		105		
16 736	5 994	12 156	6 432	2 095		1 109		
27 268		21 800	6 325	4 210		1 756		
16 019		9129	8 328	5 408	3 044	304		
13 009		6 280	8 006	3 260	1 800			
635		1 044	－284	1 030	1 030			
1 476		1 064	405	329	80	150		
899		741	201	788	134	154		
13 940		7 017	8 272	3 578	1 964	154		
1 703		1 801	－32	1 661	1 000	62		
376		312	88	168	80	88		
398 618	11 738	301 070	127 377	101 070	72 709	900		4 506
239 467	11 738	181 749	68 578	89 906	72 589	856		3 465
10 164		8 501	4 338	1 000	120			600
147 437		109 640	54 004	9 772				442
1 550		1 180	458	393		44		
105 019	5 263	84 344	26 407	11 876	10 331			
293 599	6 475	216 726	100 970	89 195	62 379	900		4 506
60 992		38 323	21 413	48 982	36 107	107		
53 390		32 339	19 222	46 117	36 107			
2 177		1 898	548	1 135		30		
5 425		4 085	1 643	1 730		77		
74 935	2 856	56 356	22 060	20 217	913	995		
53 814	2 200	39 965	15 859	5 357	855	735		
10 916	550	8 422	3 019	1 125		260		
3 443	106	2 748	1 007	6 684				

类别	单位数（个）	#亏损企业	从业人员（人）	工业总产值（不变价）	工业总产值（当年价）	新产品
私营股份有限公司	9	1	707	6 686	7 116	2 142
港、澳、台商投资企业	35	14	3 434	82 106	87 563	8
市属企业	13	9	1 646	40 654	40 709	
县区企业	10	5	813	8 784	13 575	8
乡镇企业	4		425	16 198	16 386	
其他企业	8		550	16 471	16 892	
合资经营企业（港或澳、台资）	29	12	2 372	58 532	63 772	8
港澳台商独资企业	5	2	1 047	23 477	23 693	
港澳台商投资股份有限公司	1		15	98	98	
外商投资企业	27	7	20 405	493 726	508 536	255 416
市属企业	12	4	19 021	466 665	473 529	255 416
县区企业	5	3	431	3 078	3 137	
乡镇企业	4		495	12 483	19 980	
其他企业	6		458	11 501	11 890	
中外合资经营企业	21	5	4 179	110 675	122 301	43 841
中外合作经营企业	1	1	177	5 529	4 831	
外资企业	3	1	267	3 981	4 242	
外商投资股份有限公司	2		15 782	373 542	377 163	211 575
三、按经济组织类型分						
独资企业	1 438	204	99 887	791 335	821 689	18 761
国有企业	241	74	37 952	201 490	206 286	12 638
集体企业	1 115	123	57 905	508 671	532 120	6 123
私营独资企业	74	4	2 716	53 715	55 349	
港澳台商独资经营企业	5	2	1 047	23 477	23 693	
外资企业	3	1	267	3 981	4 242	
合作、合伙企业	118	21	10 927	105 467	111 466	957
股份合作企业	89	17	7 682	77 100	78 500	237
国有联营企业	7	1	1 544	9 978	14 577	720
集体联营企业	8	1	936	1 508	1 758	
国有与集体联营企业	1		39	393	399	
私营合伙企业	12	1	549	10 960	11 400	
中外合作经营企业	1	1	177	5 529	4 831	
股份有限公司	22	2	22 464	422 581	442 679	228 069
股份有限公司（内资）	10	1	5 960	42 255	58 302	14 352
私营股份有限公司	9	1	707	6 686	7 116	2 142
港澳台商投资股份有限公司	1		15	98	98	
外商投资股份有限公司	2		15 782	373 542	377 163	211 575
有限责任公司	95	28	40 943	562 261	594 764	82 001
国有独资公司	3	1	10 502	131 613	105 537	23 668
私营有限责任公司	6	2	940	3 101	3 578	
港澳台合资经营企业	29	12	2 372	58 532	63 772	8
中外合资经营企业	21	5	4 179	110 675	122 301	43 841
其他有限责任公司	36	8	22 950	258 341	299 577	14 484
在总计中：亏损企业	255	255	44 132	196 947	206 698	3 603
国有控股企业	301	86	90 685	950 910	965 371	315 158
农村工业	760	8	39 020	471 259	496 193	5 311
四、按轻重工业分						
轻工业	930	159	91 778	976 302	1 039 731	41 337

0年）　　　　单位：万元

工业销售产值（当年价）	出口交货值	工业中间投入合计	工业增加值	实收资本	国家资本	集体资本	港澳台资本	外商资本
6 763		5 221	2 175	7 051	58			
78 831	2 136	62 277	26 741	59 907	2 513	8 123	44 000	609
33 718	1 896	25 527	16 318	40 408	1 141	1 991	35 850	
13 263		11 652	2 133	11 089	1 373	2 041	6 200	59
15 797	240	11 855	4 551	5 374		3 611	1 463	
16 053		13 244	3 739	3 037		480	479	550
58 647	240	45 137	19 669	37 320	2 407	8 123	22 069	59
20 067	1 896	17 058	7 047	22 436			21 886	550
117		82	25	151	106		45	
500 877	7 644	434 002	96 201	159 381	73 787	2 542	3 801	57 918
469 078	4 259	395 713	99 333	149 775	72 733	878	25	55 443
3 135		2 434	732	2 432	1 055	465		649
17 490		26 846	−6 852	5 125		760	3 581	784
11 175	3 386	9 011	2 988	2 050		439	196	1 041
113 796	3 833	97 742	29 984	41 197	12 882	2 542	3 801	20 368
4 727		4 101	834	946	751			195
3 746		3 174	1 200	1 319				1 319
378 608	3 811	328 986	64 183	115 918	60 155			36 035
779 173	38 331	595 496	239 870	190 759	60 880	57 559	23 809	9 412
198 672	12 905	142 778	69 157	68 841	54 974	2 285	658	2 761
502 875	21 330	392 520	146 607	92 806	5 052	54 539	1 266	4 782
53 814	2 200	39 965	15 859	5 357	855	735		
20 067	1 896	17 058	7 047	22 436			21 886	550
3 746		3 174	1 200	1 319				1 319
106 799	6 544	80 800	33 031	20 901	6 145	5 374		195
75 137	5 994	59 148	20 850	13 422	2 350	4 810		
13 940		7 017	8 272	3 578	1 964	154		
1 703		1 801	−32	1 661	1 000	62		
376		312	88	168	80	88		
10 916	550	8 422	3 019	1 125		260		
4 727		4 101	834	946	751			195
446 480	3 811	372 612	87 797	172 102	96 426	107	45	36 035
60 992		38 323	21 413	48 982	36 107	107		
6 763		5 221	2 175	7 051	58			
117		82	25	151	106		45	
378 608	3 811	328 986	64 183	115 918	60 155			36 035
574 504	15 917	446 697	178 038	186 272	87 998	11 565	25 871	24 933
105 019	5 263	84 344	26 407	11 876	10 331			
3 443	106	2 748	1 007	6 684				
58 647	240	45 137	19 669	37 320	2 407	8 123	22 069	59
113 796	3 833	97 742	29 984	41 197	12 882	2 542	3 801	20 368
293 599	6 475	216 726	100 970	89 195	62 379	900		4 506
194 331	18 308	150 889	63 187	122 809	37 689	22 172	39 170	6 671
953 117	26 011	742 176	259 137	331 944	233 855	5 051	1 983	46 011
467 383	25 114	375 344	126 404	86 376	2 288	34 706	6 614	6 342
1 002 197	52 948	764 972	310 523	285 196	126 208	40 900	27 756	21 015

类别	单位数（个）	#亏损企业	从业人员（人）	工业总产值（不变价）	工业总产值（当年价）	新产品
以农产品为原料	586	94	60 121	630 293	728 757	27 813
以非农产品为原料	344	65	31 657	346 010	310 974	13 524
重　工　业	743	96	82 443	905 342	930 867	288 450
采 掘 工 业	44	2	1 764	12 114	13 049	
原 料 工 业	114	16	11 141	132 219	142 120	8 448
加 工 工 业	585	78	69 538	761 008	775 698	280 003
五、按企业规模分						
大一型企业	3	1	9 698	53 043	67 778	23 573
大二型企业	22	3	45 117	774 374	784 434	238 604
中一型企业	10	4	5 775	48 314	46 419	4 059
中二型企业	51	25	20 642	106 767	124 163	6 620
小 型 企 业	1 587	222	92 989	899 146	947 803	56 932
六、按工业行业大类分						
采　掘　业						
煤炭采选业	2	1	311	1 814	2 008	
非金属矿采选业	42	1	1 453	10 300	11 041	
制　造　业						
食品加工业	159	18	8 166	101 986	125 847	410
食品制造业	42	9	4 001	33 426	36 796	1 837
饮料制造业	48	5	3 414	33 290	38 846	
纺　织　业	72	12	15 144	131 308	151 811	24 705
服装及其他纤维制品制造业	56	7	5 100	51 345	51 353	
皮革、毛皮、羽绒及其制品业	30	6	1 808	8 829	9 349	8
木材加工及竹、藤、棕、草制品业	27		666	8 419	8 856	
家具制造业	19	1	658	6 906	7 138	
造纸及纸制品业	28	6	5 878	32 482	44 334	
印　刷　业	85	20	5 819	56 239	49 271	
文教体育用品制造业	60	3	2 431	25 767	29 928	
石油加工及炼焦业	1		10	470	470	
化学原料及化学制品制造业	96	10	8 373	122 792	130 620	10 701
医药制造业	25	12	7 418	183 670	217 976	7 154
化学纤维制造业	4	1	3 214	23 165	20 083	2 758
橡胶制品业	28	7	4 682	35 218	35 715	
塑料制品业	59	13	3 223	30 758	31 024	
非金属矿物制品业	207	19	13 493	61 227	68 613	35
黑色金属冶炼及压延加工业	10	3	1 027	7 802	7 849	
有色金属冶炼及压延加工业	12		952	21 241	21 418	146
金属制品业	93	9	4 799	32 564	34 433	
普通机械制造业	115	16	14 895	90 696	91 016	9 433
专用设备制造业	95	15	11 138	62 683	59 676	2 590
交通运输设备制造业	79	24	21 067	414 261	417 434	212 656
电气机械及器材制造业	72	19	12 875	109 530	111 864	11 776
电子及通信设备制造业	15	4	2 892	134 624	91 735	44 754
仪器仪表及文化、办公用机械制造业	13	1	601	4 092	3 954	827
其他制造业	56	9	4 542	32 566	34 420	
电力、煤气及水的生产和供应业						
电力、蒸汽、热水的生产和供应业	13	1	1 532	2 228	6 177	
煤气生产和供应业	3		80	2 842	2 838	
自来水的生产和供应业	7	3	2 559	7 104	16 705	

单位：万元

工业销售产值（当年价）	出口交货值	工业中间投入合计	工业增加值	实收资本	国家资本	集体资本	港澳台资本	外商资本
705 793	39 396	536 383	221 153	173 423	77 023	23 914	16 292	14 771
296 404	13 552	228 589	89 370	111 773	49 185	16 986	11 464	6 244
904 758	11 654	730 633	228 212	284 838	125 242	33 705	21 969	49 561
12 087		9 897	3 207	1 183	398	492		
136 909	4 084	102 453	42 449	29 339	13 268	5 447	180	2 160
755 762	7 571	618 282	182 556	254 317	111 576	27 766	21 789	47 402
66 876	5 263	47 632	25 271	10 246	8 701			
781 541	14 588	637 900	183 351	266 352	156 305	2 228	24 422	38 277
44 926	1 819	37 705	10 071	15 251	9 508			345
118 053	15 950	85 506	42 244	47 407	22 740	9 849	9 801	168
895 559	26 982	686 862	277 799	230 778	54 197	62 529	15 502	31 786
1 695		1 745	263	393	393			
10 392		8 152	2 944	790	6	492		
122 928		108 517	17 935	27 711	8 215	4 161	4 775	1 381
33 083	9	26 967	10 971	7 948	1 470	1 299	1 975	600
36 838		27 937	13261	26 101	8 683	1 134		11 331
144 134	28 001	105 571	49 763	24 499	7 561	6 694	7 079	
49 128	9 907	37 913	14 020	6 688	322	2 531	456	
8 580		7 208	2 248	2 038	459	1 116	107	
8 484		6 616	2 264	391	46	196		71
6 854		5 198	2 018	1 268	182	876		
47 405	1 479	29 658	15 794	39 014	37 065	928	80	
47 199		33 064	17 641	9 860	2 903	5 026		643
28 328		22 147	8 309	5 453		2 038		3 200
451		301	169	7		7		
126 013	4 084	94 331	38 647	24 944	12 990	4 914	469	1 851
211 708		151 091	83 797	31 698	6 956	2 786	1 982	1 538
20 002	1 709	16 416	6 117	10 504	5 284	50		
31 151	186	26 695	9 597	23 294	3 628	2 748	16 571	
28 491	611	19 564	11 983	11 477	1 401	7 696	1 164	48
65 278		49 151	20 412	21 836	5 734	6 250	4 821	600
7 461		5 634	2 281	3 825	539	2 122		309
20 810		16 790	5 077	5 631	1 979	177		
32 507	1 804	26 090	8 768	14 067	1 750	3 294	6 072	144
87 876	667	65492	27 158	28 122	19 024	3 624		
55 638	114	43 068	18 059	20 322	8 264	2 987	842	
416 317	4 259	357 960	76 017	133 637	64 338	4 085	3 190	40 486
107 936	4 280	88 947	25 423	36 892	10 823	2 843	78	5 359
87 541		70 167	24 797	10 471	5 389	1 995	63	2 847
3 953		3 154	955	955	175	276		168
33 834	7 494	24 816	10 445	4 876	972	2 054		
5 660		4 326	1 998	3 605	3 318	77		
2 626		1 963	883	75		70		
16 655		8 953	8 723	31 644	31 584	60		

类 别	资产总计	流动资产	流动资产平均余额	固定资产原值	固定资产净值
总 计	**2 590 796**	**1 211 712**	**1 163 395**	**1 324 454**	**934 201**
一、按隶属关系分					
省属企业	6 519	4 579	4 579	1 825	1 718
市属企业	2 036 794	945 904	912 218	1 066 095	746 313
县区企业	219 411	99 908	107 877	113 306	74 770
街道企业	19 369	11 557	10 744	4 985	3 240
乡镇企业	205 757	106 405	91 716	98 621	77 289
其他企业	102 946	43 359	36 261	39 623	30 872
二、按登记注册类型分					
内资企业	1 617 646	740 734	718 167	836 579	591 654
国有企业	466 086	174 896	173 528	275 097	201 798
市属企业	375 358	137 155	136 842	226 163	170 976
县区企业	90 728	37 741	36 687	48 934	30 822
集体企业	316 041	150 909	137 846	143 900	102 695
省属企业	6 519	4 579	4 579	1 825	1 718
市属企业	71 338	32 996	32 259	37 924	24 175
县区企业	47 479	24 980	24 468	19 885	13 046
街道企业	19 002	11 335	10 556	4 757	3 098
乡镇企业	113 029	52 480	47 536	59 949	46 226
其他企业	58 673	24 540	18 449	19 560	14 432
股份合作企业	50 911	26 036	25 453	26 432	18 703
市属企业	10 558	4 859	4 934	6 289	4 372
县区企业	21 367	11 517	12 144	10 435	6 642
街道企业	313	178	184	218	133
乡镇企业	9 153	5 605	5 292	4 599	3 404
其他企业	9 520	3 877	2 900	4 891	4 152
联营企业	19 408	12 157	12 204	8 701	5 044
市属企业	14 420	9 236	8 990	5 903	3 143
县区企业	3 140	2 265	2 607	1 582	839
乡镇企业	487	221	198	322	233
其他企业	1 361	435	408	894	829
国有联营企业	15 862	10 097	9 781	6 530	3 606
集体联营企业	3 391	2 028	2 391	2 003	1 315
国有与集体联营企业	155	32	32	168	123
有限责任公司	447 004	218 558	211 100	280 574	185 089
市属企业	395 301	183 400	182 871	269 940	176 616
县区企业	3 136	835	835	2 155	1 173
乡镇企业	44 534	34 095	26 495	6 896	6 131
其他企业	4 033	227	899	1 583	1 170
国有独资公司	93 926	41 498	42 785	75 856	47 364
其他有限责任公司	353 078	177 059	168 315	204 718	137 725
股份有限公司	271 678	136 375	126 252	76 982	57 194
市属企业	263 929	131 439	121 423	75 043	55 709
县区企业	5 276	3 113	3 172	1 293	937
其他企业	2 473	1 822	1 657	645	547
私营企业	46 519	21 804	31 785	24 893	21 132
私营独资企业	17 736	10 866	21 265	7 261	5 713
私营合伙企业	2 323	1 485	1 374	615	469
私营有限责任公司	15 661	5 738	5 611	9 252	8 375

0 年）

单位：万元

固定资产净值年平均余额	负债总计		产品销售收入	利润总额	利税总额	成本费用总额	销项税额
		流动负债					
944 214	**1 771 169**	**1 329 343**	**1 665 575**	**48 518**	**132 357**	**1 608 197**	**267 616**
1 718	5 491		4 000	– 147	– 147	4 163	
757 059	1 458 858	1 079 482	883 500	20 589	70 394	863 288	182 917
75 941	147 489	124 596	143 808	– 397	4 640	143 107	13 431
3 278	8 427	6 477	23 815	475	1 288	23 050	1 161
74 294	102 667	82 470	452 869	20 013	45 213	427 089	66 718
31 925	48 237	36 319	157 583	7 985	10 969	147 500	3 389
602 642	1 124 521	885 764	1 095 894	24 942	76 121	1 066 908	141 046
212 283	373 671	265 210	141 527	– 3 203	3 282	142 671	15 659
176 639	311 111	213 017	92 915	– 3 319	1 493	94 253	11 705
35 644	62560	52 193	48 612	116	1 789	48 418	3 953
101 508	202 755	148 911	406 808	13 118	25 652	390 328	26 042
1 718	5 491		4 000	– 147	– 147	4 163	
25 418	69 303	53 435	19 996	– 1 660	– 760	22 206	3 076
12 697	31 807	25 329	33 474	– 145	1 000	33 420	2 689
3 133	8 147	6 222	23 173	487	1 287	22 384	1 113
43 665	55 634	41 425	254 204	10 366	18 407	240 151	17 621
14 877	32 374	22 499	71 961	4 216	5 865	68 004	1 542
18 022	32 350	28 758	69 671	1 796	4 917	66 412	5 190
4 204	6 539	5 340	13 407	582	1 073	12 849	1 840
6 874	15 771	14 178	14 647	– 52	1 033	14 110	1 615
137	270	254	602	– 7	2	621	42
3 226	5 639	4 932	16 626	131	1 521	15 633	1 658
3 582	4 131	4 055	24 389	1 141	1 289	23 201	35
5 050	14 468	11 959	9 990	– 2 110	– 1 196	11 177	1 491
3093	11 800	9 566	7 043	– 1 212	– 485	7 534	1 287
851	2 099	1 921	683	– 958	– 801	1 475	186
246	220	122	1 366	30	50	1 318	18
860	350	350	898	29	41	850	
3 597	12 896	10 485	7 992	– 1 178	– 300	8 390	1 382
1 329	1 494	1 474	1 700	– 935	– 909	2 501	110
124	78		299	2	12	286	
189 114	307 078	257 931	330 152	12 072	37 073	321 413	73 106
180 481	285 241	236 549	190 868	3 000	12 588	192 337	26 548
1 341	1 231	1 231	9 995	1 087	1 515	8 841	1 615
6 030	20 600	20 145	127 885	7 974	22 932	118 959	44 897
1 262	6	6	1 405	12	38	1 276	46
45 495	107 895	84 090	68 338	907	6 413	67 284	10 488
143 618	199 183	173 841	261 814	11 165	30 659	254 129	62 618
58 368	175 063	157 051	65 905	2 501	4 063	66 104	15 391
56 889	170 890	152 878	59 330	2 325	3 771	59 859	14 690
956	3 430	3 430	1 949	– 5	30	1 954	117
523	743	743	4 626	181	263	4 292	585
18 297	19 137	15 944	71 842	768	2 331	68 803	4 168
5 775	8 933	7 180	51 430	214	1 072	49 675	3 271
498	890	673	10 314	197	349	9 431	26
5 479	7 067	5 855	3 431	– 84	109	3 500	501

类别	资产总计	流动资产	流动资产平均余额	固定资产原值	固定资产净值
私营股份有限公司	10 799	3 715	3 535	7 766	6 576
港、澳、台商投资企业	11 478	38 416	38 984	84 114	61 951
市属企业	66 749	21 787	24 081	51 705	37 571
县区企业	26 790	9 356	8 958	18 265	13 490
乡镇企业	13 354	3 919	3 379	10 408	8 110
其他企业	7 887	3 355	2 566	3 736	2 781
合资经营企业（港或澳、台资）	71 047	27 216	27 029	46 974	34 175
港澳台商独资企业	43 528	11 031	11 926	37 076	27 748
港澳台商投资股份有限公司	205	168	29	64	28
外商投资企业	858 370	432 563	406 244	403 761	280 597
市属企业	830 296	421 885	397 744	387 445	268 399
县区企业	6 704	2 743	2 479	3 238	2 020
乡镇企业	15 941	5 379	4 052	11 654	9 093
其他企业	5 429	2 557	1 968	1 424	1 085
中外合资经营企业	140 333	76 519	73 816	66 237	48 111
中外合作经营企业	5 585	2 883	2 613	3 693	2 695
外资企业	4 492	2 750	2 339	765	482
外商投资股份有限公司	707 960	350 411	327 476	333 067	229 309
三、按经济组织类型分					
独资企业	847 883	350 452	346 905	464 099	338 435
国有企业	466 086	174 896	173 528	275 097	201 798
集体企业	316 041	150 909	137 846	143 900	102 695
私营独资企业	17 736	10 866	21 265	7 261	5 713
港澳台商独资经营企业	43 528	11 031	11 926	370 76	27 748
外资企业	4 492	2 750	2 339	765	482
合作、合伙企业	78 226	42 560	41 644	39 441	26 910
股份合作企业	50 911	26 036	25 453	26 432	18 703
国有联营企业	15 862	10 097	9 781	6 530	3 606
集体联营企业	3 391	2 028	2 391	2 003	1 315
国有与集体联营企业	155	32	32	168	123
私营合伙企业	2 323	1 485	1 374	615	469
中外合作经营企业	5 585	2 883	2 613	3 693	2 695
股份有限公司	990 642	490 668	457 292	417 878	293 107
股份有限公司（内资）	271 678	136 375	126 252	76 982	57 194
私营股份有限公司	10 799	3 715	3 535	7 766	6 576
港澳台商投资股份有限公司	205	168	29	64	28
外商投资股份有限公司	707 960	350 411	327 476	333 067	229 309
有限责任公司	674 045	328 031	317 555	403 036	275 750
国有独资公司	93 926	41 498	42 785	75 856	47 364
私营有限责任公司	15 661	5 738	5 611	9 252	8 375
港澳台合资经营企业	71 047	27 216	27 029	46 974	34 175
中外合资经营企业	140 333	76 519	73 816	66 237	48 111
其他有限责任公司	353 078	177 059	168 315	204 718	137 725
在总计中：亏损企业	519 912	218 686	220 011	297 033	204 856
国有控股企业	1 923 724	904 408	864 398	982 508	681 242
农村工业	242 667	102 179	87 749	121 993	953 54
四、按轻重工业分					
轻工业	1 171 227	524 236	511 572	619 236	450 530

0 年）　　　　单位：万元

固定资产净值年平均余额	负债总计	流动负债	产品销售收入	利润总额	利税总额	成本费用总额	销项税额
6 545	2 248	2 236	6 667	441	801	6 198	371
62 192	70 145	64 542	76 513	– 1 287	1 986	76 234	7 860
38 495	40 165	39 549	33 265	– 2 875	– 283	35 067	5 045
12 460	17 557	16 817	13 173	– 235	– 11	13 447	700
8 322	8 442	4 817	14 448	833	994	13 351	1 115
2 915	3 981	3 360	15 627	990	1 286	14 368	1 001
33 974	41 545	36 324	56 458	1 243	2 635	54 974	5 257
28 190	28 548	28 165	19 938	– 2 536	– 665	21 149	2583
28	53	53	117	7	16	111	20
279 380	576 503	379 037	493 168	24 863	54 250	465 054	118 709
266 528	561 888	367 239	462 501	23 310	52 348	435 460	118 373
2 242	4 536	3 142	2 459	– 114	– 76	2 549	183
8 739	7 693	7 033	17 744	332	391	17 551	
1 871	2 386	1 624	10 465	1 334	1 587	9 495	154
43 171	75 058	63 955	99 738	17 648	25 585	80 441	13 531
2 623	6 810	6 810	4 403	– 233	– 129	4 666	779
1 197	2 746	1 916	3 639	156	330	3 419	254
232 390	491 889	306 356	385 388	7 293	28 465	376 527	104 144
348 954	616 653	451 383	623 341	7 748	29 671	607 242	47 808
212 283	373 671	265 210	141 527	– 3 203	3 282	142 671	15 659
101 508	202 755	148 911	406 808	13 118	25 652	390 328	26 042
5 775	8 933	7 180	51 430	214	1 072	49 675	3271
28 190	28 548	28 165	19 938	– 2 536	– 662	21 149	2 583
1 197	2 746	1 916	3 639	156	330	3 419	254
26 193	54 517	48 199	94 378	– 350	3 941	91 686	7 487
18 022	32 350	28 758	69 671	1 796	4 917	66 412	5 190
3 597	12 896	10 485	7 992	– 1 178	– 300	8 390	1 382
1 329	1 494	1 474	1 700	– 935	– 909	2 501	110
124	78		299	2	12	286	
498	890	673	10 314	197	349	9 431	26
2 623	6 810	6 810	4 403	– 233	– 129	4 666	779
297 330	669 252	465 695	458 077	10 241	33 344	448 940	119 926
58 368	175 063	157 051	65 905	2 501	4 063	66 104	15 391
6 545	2 248	2 236	6 667	441	801	6 198	371
28	53	53	117	7	16	111	20
232 390	491 889	306 356	385 388	7 293	28 465	376 527	104 144
271 738	430 747	364 066	489 779	30 879	65 401	460 329	92 395
45 495	107 895	84 090	68 338	907	6 413	67 284	10 488
5 479	7 067	5 855	3 431	– 84	109	3 500	501
33 974	41 545	36 324	56 458	1 243	2 635	54 974	5 257
43 171	75 058	63 955	99 738	17 648	25 585	80 441	13 531
143 618	199 183	173 841	261 814	11 165	30 659	254 129	62 618
208 054	431 500	331 769	154 559	– 19 340	– 9 106	170 332	20 401
699 377	1 383 361	1 011 373	842 544	24 608	67 440	820 730	172 089
93 524	118 499	88 767	439 094	19 333	31 378	413 121	22 319
445 442	837 909	675 121	815 481	22 638	67 797	789 352	118 595

类别	资产总计	流动资产	流动资产平均余额	固定资产原值	固定资产净值
以农产品为原料	835 861	388 446	375 968	410 364	294 118
以非农产品为原料	335 366	135 790	135 604	208 872	156 412
重工业	1 419 569	687 476	651 823	705 218	483 671
采掘工业	2 877	1 509	1 390	1 385	971
原料工业	150 049	57 869	58 293	79 567	57 910
加工工业	1 266 643	628 097	592 140	624 266	424 791
五、按企业规模分					
大一型企业	81 861	35 355	35 468	68 565	42 011
大二型企业	1 370 851	650 432	608 194	658 368	463 862
中一型企业	132 258	61 474	63 717	72 201	52 339
中二型企业	273 431	120 188	114 682	168 883	116 567
小型企业	732 3996	344 262	341 333	356 437	259 423
六、按工业行业大类分					
采掘业					
煤炭采选业	982	489	472	497	320
非金属矿采选业	1 895	1 020	919	888	650
制造业					
食品加工业	93 146	39 856	47 455	55 734	43 365
食品制造业	31 075	13 245	13 289	17 771	12 624
饮料制造业	49 868	16 349	19 567	36 452	270 64
纺织业	183 638	68 895	66 537	127 314	88 060
服装及其他纤维制品制造业	22 339	10 987	9 597	8 075	5 250
皮革、毛皮、羽绒及其制品业	11 124	4 773	4 354	6 559	5 338
木材加工及竹、藤、棕、草制品业	909	529	430	409	312
家具制造业	3 462	1 842	1 535	1 244	989
造纸及纸制品业	256 179	122 354	114 711	84 026	62 482
印刷业	52 883	25 542	24 267	27 863	18 304
文教体育用品制造业	16 469	9 072	9 759	7 124	6 387
石油加工及炼焦业	76	50	49	26	21
化学原料及化学制品制造业	119 123	56 242	53 960	63 554	46 461
医药制造业	130 655	74 640	62 839	44 987	34 178
化学纤维制造业	49 343	20 846	20 839	34 230	24 941
橡胶制品业	38 985	16 330	17 076	22 903	16 974
塑料制品业	44 346	15 168	15 048	25 502	19 569
非金属矿物制品业	96 272	30 101	29 731	66 911	51 132
黑色金属冶炼及压延加工业	9 739	3 883	3 034	4 652	3 320
有色金属冶炼及压延加工业	22 869	8 566	9 653	9 027	7 380
金属制品业	28 942	12 844	12 868	18 183	12 607
普通机械制造业	158 564	82 265	78 734	82 985	49 841
专用设备制造业	80 881	42 187	42 550	43 703	29 843
交通运输设备制造业	755 404	369 646	348 765	352 513	243 476
电气机械及器材制造业	170 939	95 641	92 960	81 292	52 778
电子及通信设备制造业	58 458	41 824	37 214	19 805	12 502
仪器仪表及文化、办公用机械制造业	4 178	2 411	2 504	1 947	1 570
其他制造业	19 910	8 611	8 114	10 348	8 049
电力、煤气及水的生产和供应业					
电力、蒸汽、热水的生产和供应业	11 402	3 057	3 055	4 197	1 439
煤气生产和供应业	144	80	82	74	60
自来水的生产和供应业	66 600	12 369	11 429	63 659	46 916

0年）

单位：万元

固定资产净值年平均余额	负债总计	流动负债	产品销售收入	利润总额	利税总额	成本费用总额	销项税额
287 554	587 179	475 301	597 574	19252	54 638	577 565	91 566
157 888	250 730	199 820	217 907	3 386	13 159	211 787	27 029
498 772	933 260	654 222	850 094	25 880	64 560	818 844	149 021
1 100	1 327	903	11 474	385	649	10 891	399
59 651	94 209	73 182	109 090	1 555	5 624	102 384	9 641
438 022	837725	580 138	729 530	23 940	58 288	705 569	138 981
39 935	59 201	37 789	66 874	907	6 324	65 825	10 218
469 529	936 139	694 874	713 376	17 443	62 322	696 394	178 001
52 099	108 487	66 696	32 064	99	1 552	32 092	6 051
123 497	211 907	158 305	92 351	－2 042	2 482	93 988	12 544
259 154	455 436	371 679	760 909	32 111	59 678	719 898	60 801
422	538	236	1 685	25	74	1 610	
678	788	667	9 789	360	575	9 282	399
43 744	57 842	52 446	106 324	2 027	3 286	104 268	2 839
12 762	20 631	16 007	30 278	1 580	2 944	28 462	4 051
22 537	25 230	21 772	34 990	956	5 908	31 749	4 620
84 922	154 264	103 487	124 590	4 640	9 151	120 113	10 005
6 372	13 177	10 106	37 987	2 302	3 376	35 675	2 532
5 329	12 483	9 819	5 396	－690	－551	6 027	385
318	345	314	6 207	129	226	6 011	50
1 022	1 529	1 076	6 342	209	415	6 023	152
62 105	172 846	154 066	43 897	－155	1 079	46 569	12 192
18 047	37 512	23 220	33 110	915	2 642	32 255	3 875
6 529	8970	8 705	26 117	983	1 588	25 164	3 686
26	59	40	459	7	11	444	
45757	74 695	52 606	102 406	3 129	6 136	95 178	9 658
33 026	91195	77 280	172 659	7 394	25 623	163 899	50 441
25 070	37871	24 550	19 265	－92	2 388	19 228	3327
17 700	24 224	20 298	28 847	－4 357	－2 162	31 035	3 788
19958	31 909	23 528	20 398	564	1 237	19 836	2 456
51 529	59 154	45 222	56 963	－348	1 362	56 680	2 582
2 782	7 758	7 362	8 621	187	307	8 375	648
7 566	7 929	7 804	15 464	334	1 417	14 491	1 902
13 153	18 215	13 499	28 957	94	931	28 452	1 605
57 679	102 603	87 855	74 663	1 610	3893	75 174	6 091
29 807	55 152	49250	49 856	939	3 028	49 939	5 199
246 118	522 781	326 976	417 997	6 585	28 672	409 709	107 880
53 687	117 160	93 431	98 099	2 047	4890	96 7775	14 881
12 715	66 406	60 753	40 715	15 382	18 663	34 251	8 211
1 478	2 830	2 356	2 675	54	232	2 799	387
7 763	13 710	10 958	25 208	457	2 502	23 313	2 226
4 992	7 581	7 201	9 526	29	210	9 474	371
60	82	82	620	17	31	598	34
48 562	23 701	16 372	16 465	1 206	2 272	15 341	1 145

10—11 工业企业经济效益指数

（2000年）

单位：%

类别	工业经济效益综合指数	总资产贡献率	资产保值增值率	资产负债率	流动资产周转率（次/年）	成本费用利润率	全员劳动生产率（元/人）	工业产品销售率
总计	**109.45**	**9.77**	**106.35**	**64.51**	**1.36**	**4.83**	**35 866**	**96.33**
一、按隶属关系分								
中央企业	214.33	25.12	121.29	47.41	1.40	17.22	78 716	93.83
省属企业	79.48	5.08	100.50	68.83	1.08	1.37	30 255	96.79
市属企业	81.75	5.34	106.17	71.63	0.97	2.38	28 397	98.40
县区企业	66.70	3.56	95.47	67.22	1.33	-0.28	20 735	94.58
街道企业	104.99	7.05	98.76	43.51	2.22	2.06	39 399	96.89
乡镇企业	173.41	24.87	100.55	49.90	4.94	4.69	36 732	94.85
其他企业	154.40	12.21	86.26	47.42	4.22	5.30	55 217	95.55
二、按登记注册类型分								
内资企业	110.40	10.21	108.10	63.90	1.38	4.98	33 999	96.17
国有企业	126.86	13.63	86.90	70.52	1.24	8.79	36 831	97.47
中央企业	412.15	67.44	127.05	63.92	2.64	32.24	159 806	101.70
省属企业	69.19	3.49	93.76	64.67	0.94	0.10	28 161	94.60
市属企业	32.06	1.40	53.82	82.88	0.68	-3.52	17 424	97.20
县区企业	64.95	2.88	85.21	68.95	1.33	0.24	19 958	94.67
集体企业	104.97	9.05	84.15	65.58	2.70	3.24	24 514	94.58
省属企业	37.32	0.30	127.66	84.95	0.50	-3.18	14 773	98.48
市属企业	2.09	-0.17	41.31	97.15	0.62	-7.47	8 180	97.32
县区企业	65.29	3.03	104.60	66.99	1.37	-0.43	18 778	92.55
街道企业	108.04	7.48	111.24	42.87	2.20	2.18	40 000	96.86
乡镇企业	155.20	18.03	85.90	49.22	5.35	4.32	26 894	93.66
其他企业	141.56	11.46	68.23	55.92	3.70	5.92	44 911	95.40
股份合作企业	92.36	4.48	47.03	63.49	2.74	2.70	27 334	95.75
省属企业	133.39	15.75	108.53	54.71	3.14	1.93	42 263	100.00
市属企业	91.25	1.25	15.94	61.94	2.72	4.53	30 307	96.75
县区企业	67.09	7.55	98.21	73.81	1.21	-0.37	14 150	95.38
街道企业	91.07	1.74	208.78	86.33	3.27	-1.08	23 346	99.67
乡镇企业	114.12	17.71	62.91	61.61	3.14	0.84	23 680	92.87
其他企业	249.48	19.06	172.90	43.39	8.41	4.92	105 766	97.10
联营企业	-12.98	-4.33	132.40	74.55	0.82	-18.88	33 062	95.72
市属企业	23.15	-2.80	218.08	81.83	0.78	-16.09	55 910	95.60

(2000年)

单位:%

类别	工业经济效益综合指数	总资产贡献率	资产保值增值率	资产负债率	流动资产周转率(次/年)	成本费用利润率	全员劳动生产率(元/人)	工业产品销售率
县区企业	61.19	-27.96	2 521.31	66.84	0.26	-64.93	-3 694	88.60
乡镇企业	192.80	21.55	271.69	45.17	6.89	2.31	22 994	100.58
其他企业	129.49	6.76	366.67	25.70	2.20	3.40	14 056	95.38
国有联营企业	16.32	-0.37	81.63	81.31	0.82	-14.03	53 576	95.63
集体联营企业	71.16	-41.32	1 931.77	44.05	0.71	-37.39	-338	96.87
国有与集体联营企业	190.28	30.37		50.19	9.36	0.73	22 513	94.21
有限责任公司	99.27	7.79	131.46	62.89	1.27	2.86	32 558	96.05
中央企业	71.99	3.12	133.47	51.66	0.85	0.89	21 695	84.72
省属企业	101.60	8.57	129.97	70.73	1.45	3.07	33 008	100.50
市属企业	79.89	5.53	127.63	72.16	1.04	1.56	24 020	99.18
县区企业	327.75	49.89	72.99	39.26	11.97	12.29	61 439	81.46
乡镇企业	328.51	67.37	172.95	46.26	4.83	6.70	134 072	98.59
其他企业	77.16	1.18	110.00	0.14	1.56	0.92	27 238	95.00
国有独资公司	89.48	6.30	157.81	66.14	1.12	1.79	26 171	94.56
其他有限责任公司	118.02	10.43	109.93	56.41	1.56	4.39	43 996	98.00
股份有限公司	158.29	8.16	160.95	50.20	0.74	10.43	82 306	96.43
中央企业	366.49	10.33	109.01	12.25	0.97	27.07	325 808	84.73
省属企业	89.13	11.61		90.77	1.40	3.90	36 846	101.95
市属企业	143.11	5.69	502.52	64.75	0.49	3.88	34 684	106.37
县区企业	52.50	1.19	62.56	65.01	0.61	-0.26	23 323	90.27
其他企业	212.43	16.32	443.59	30.04	2.79	4.22	89 792	95.24
私营企业	113.35	7.91	147.98	41.14	2.26	1.12	44 911	96.76
私营独资企业	130.90	10.61	187.66	50.36	2.42	0.43	58 391	97.23
私营合伙企业	200.75	20.59	164.76	38.30	7.51	2.09	54 984	95.75
私营有限责任公司	51.41	2.85	131.68	45.12	0.61	-3.39	10 716	96.24
私营股份有限公司	123.33	8.88	133.27	20.82	1.89	7.11	30 769	95.04
港、澳、台商投资企业	102.17	3.03	89.91	61.29	1.84	-1.57	79 850	90.34
省属企业	125.86	4.99	24.47	64.72	0.62	1.94	124 841	99.98
市属企业	79.89	-0.04	105.11	60.17	1.38	-8.20	99 136	82.83
县区企业	65.26	2.46	99.43	65.53	1.47	-1.75	26 236	97.70
乡镇企业	184.03	8.97	94.04	63.22	4.28	6.24	107 087	96.41
其他企业	201.57	19.08	103.01	50.48	6.09	6.89	67 987	95.03

10—11 续表 2 (2000年) 单位：%

类别	工业经济效益综合指数	总资产贡献率	资产保值增值率	资产负债率	流动资产周转率（次/年）	成本费用利润率	全员劳动生产率（元/人）	工业产品销售率
合资经营企业（港澳、台）	126.44	5.65	92.23	58.94	1.91	2.25	85 432	92.31
合作经营企业（港澳、台）	12.00							
港澳台商独资企业	42.44	-1.43	84.56	65.58	1.67	-11.99	67 305	84.70
港澳台商投资股份有限公司	129.67	15.63		25.74	4.04	5.87	16 800	119.59
外商投资企业	115.05	9.08	102.92	67.25	1.21	5.30	48 345	98.09
省属企业	154.69	8.80	130.56	75.60	0.96	2.65	138 022	76.40
市属企业	117.43	9.14	104.33	67.67	1.16	5.35	52 223	99.06
县区企业	32.50	-0.64	54.36	67.65	0.99	-4.47	16 979	99.93
乡镇企业	11.64	4.34	98.99	48.26	4.38	1.89	-138 424	87.54
其他企业	226.38	25.59	65.81	43.95	5.32	14.05	65 249	93.98
中外合资经营企业	221.46	21.83	154.55	54.79	1.31	20.32	75 812	91.86
中外合作经营企业	56.19	1.74	100.15	121.93	1.68	-5.00	47 107	97.86
外资企业	113.48	8.70	103.73	61.14	1.56	4.55	44 959	88.30
外商投资股份有限公司	91.26	6.72	92.92	69.48	1.18	1.94	40 668	100.38
三、按经济组织类型分								
独资企业	113.45	12.27	87.03	69.10	1.61	5.66	32 063	96.01
国有企业	126.86	13.63	86.90	70.52	1.24	8.79	36 831	97.47
集体企业	104.97	9.05	84.15	65.58	2.70	3.24	24 514	94.58
私营独资企业	130.90	10.61	187.66	50.36	2.42	0.43	58 391	97.23
港澳台商独资经营企业	42.44	-1.43	84.56	65.58	1.67	-11.99	67 305	84.70
外资企业	113.48	8.70	103.73	61.14	1.56	4.55	44 959	88.30
合作、合伙企业	75.09	3.54	52.44	69.63	2.27	-0.37	30 337	95.83
股份合作企业	92.36	4.48	47.03	63.49	2.74	2.70	27 334	95.75
国有联营企业	16.32	-0.37	81.63	81.31	0.82	-14.03	53 576	95.63
集体联营企业	71.16	-41.32	1931.77	44.05	0.71	-37.39	-338	96.87
国有与集体联营企业	190.28	30.37		50.19	9.36	0.73	22 513	94.21
私营合伙企业	200.75	20.59	164.76	38.30	7.51	2.09	54 984	95.75
中外合作经营企业	56.19	1.74	100.15	121.93	1.68	-5.00	47 107	97.86
股份有限公司	114.35	7.21	120.29	61.29	1.02	4.24	55 704	99.20
股份有限公司（内资）	158.29	8.16	160.95	50.20	0.74	10.43	82 306	96.43
私营股份有限公司	123.33	8.88	133.27	20.82	1.89	7.11	30 769	95.04
港澳台商投资股份有限公司	129.67	15.63		25.74	4.04	5.87	16 800	119.59

10—11 续表3　　(2000年)　　单位:%

类别	工业经济效益综合指数	总资产贡献率	资产保值增值率	资产负债率	流动资产周转率(次/年)	成本费用利润率	全员劳动生产率(元/人)	工业产品销售率
外商投资股份有限公司	91.26	6.72	92.92	69.48	1.18	1.94	40 668	100.38
有限责任公司	112.15	9.15	130.48	61.52	1.30	4.79	36 802	95.15
国有独资公司	89.48	6.30	157.81	66.14	1.12	1.79	26 171	94.56
私营有限责任公司	51.41	2.85	131.68	45.12	0.61	-2.39	10 716	96.24
港澳台合资经营企业	126.44	5.65	92.23	58.94	1.91	2.25	85 432	92.31
中外合资经营企业	221.46	21.83	154.55	54.79	1.31	20.32	75 812	91.86
其他有限责任公司	118.02	10.43	109.93	56.41	1.56	4.39	43 996	98.00
在总计中: 亏损企业	-10.68	-0.79	70.37	81.99	0.66	-13.49	13 050	92.03
国有控股企业	110.86	9.47	107.13	65.59	1.10	5.77	37 628	97.11
农村工业	151.42	15.06	88.75	48.83	5.00	4.68	32 395	94.19
四、按轻重工业分								
轻工业	138.01	15.62	118.71	67.92	1.61	7.35	43 891	97.15
以农产品为原料	165.42	20.45	128.37	66.33	1.71	9.64	55 163	97.78
以非农产品为原料	74.86	4.69	97.92	71.72	1.34	0.78	25 544	95.47
重工业	88.30	5.72	99.83	62.16	1.19	2.80	29 265	95.53
采掘工业	181.48	20.94	89.82	46.11	8.25	3.54	18 180	92.63
原料工业	116.87	7.56	105.82	53.95	1.49	5.01	49 371	96.37
加工工业	78.93	5.12	97.43	64.68	1.09	2.02	23 852	95.23
五、按企业规模分								
大一型企业	95.28	6.21	123.14	51.95	1.06	4.08	27 874	92.04
大二型企业	107.24	7.06	103.72	63.17	1.17	3.83	49 176	98.48
中一型企业	318.15	51.15	135.72	80.01	1.91	28.19	97 590	103.84
中二型企业	52.31	2.54	96.28	74.89	0.93	-1.81	20 484	91.80
小型企业	105.27	8.81	102.12	65.28	1.97	3.98	28 910	94.70
六、按工业行业大类分								
煤炭采选业	97.61	7.75	101.14	54.82	3.57	1.54	8 457	84.41
非金属矿采选业	216.84	25.96	85.96	41.59	10.66	3.88	20 261	94.12
食品加工业	89.03	4.17	97.65	64.12	1.88	1.43	33 397	97.89
食品制造业	127.28	12.81	127.07	62.84	2.42	5.17	32 636	89.60
饮料制造业	116.08	10.79	143.67	51.11	1.76	2.90	39 077	93.97
烟草加工业	805.23	120.12	236.27	76.96	3.91	45.16	526 264	106.30
纺织业	94.89	6.32	95.13	84.01	1.87	3.83	32 691	94.94

10—11 续表4 （2000年） 单位：%

类　　别	工业经济效益综合指数	总资产贡献率	资产保值增值率	资产负债率	流动资产周转率（次/年）	成本费用利润率	全员劳动生产率（元/人）	工业产品销售率
服装及其他纤维制品制造业	141.45	15.28	90.78	59.66	3.76	6.09	26 019	95.66
皮革、毛皮、羽绒及其制品业	188.15	0.55	1 355.27	108.35	1.54	－7.77	13 061	93.34
木材加工及竹、藤、棕、草制品	209.48	5.78	17.88	37.93	14.45	2.15	34 000	95.81
家具制造业	140.41	16.12	96.28	44.16	4.13	3.47	30 667	96.02
造纸及纸制品业	90.58	2.91	315.68	67.50	0.39	－0.62	28 724	106.38
印　刷　业	168.09	15.17	101.46	53.35	1.65	15.14	46 450	93.28
文教体育用品制造业	112.59	9.57	60.05	54.46	2.68	3.91	34 180	94.65
石油加工及炼焦业	39.44	－3.21	54.04	78.68	1.63	－7.54	40 073	146.83
化学原料及化学制品制造业	78.34	3.29	73.87	71.80	1.57	0.97	35 370	98.43
医药制造业	164.45	15.14	118.85	53.73	1.54	6.66	90 559	97.03
化学纤维制造业	69.54	6.41	81.24	77.34	1.38	－0.17	22 951	96.43
橡胶制品业	2.42	－3.76	76.22	62.14	1.69	－14.04	20 497	87.22
塑料制品业	86.37	3.44	109.77	71.61	1.35	2.81	33 510	92.76
非金属矿物制品业	58.41	1.97	102.73	62.11	1.66	－2.16	14 346	94.51
黑色金属冶炼及压延加工业	96.06	8.23	107.56	73.07	1.60	2.51	32 185	99.67
有色金属冶炼及压延加工业	93.69	5.74	111.46	58.63	1.42	2.02	35 313	96.57
金属制品业	62.39	2.97	104.36	71.49	1.57	－0.65	14 472	92.47
普通机械制造业	58.17	2.76	90.97	67.73	0.87	－0.13	17 337	92.67
专用设备制造业	62.17	3.68	65.41	67.53	1.16	0.71	16 773	92.61
交通运输设备制造业	78.56	5.11	103.18	63.87	1.05	1.14	27 652	96.02
武器弹药制造业	127.31	3.50	100.38	51.10	7.41	0.55	8 693	110.31
电气机械及器材制造业	74.53	4.67	96.25	69.92	1.02	2.06	21 892	95.12
电子及通信设备制造业	239.15	24.20	－1.99	99.72	1.18	33.75	69 629	95.02
仪器仪表及文化、办公用机械制	2.02	－0.78	70.75	72.35	0.33	－9.44	6 575	104.53
其他制造业	114.84	15.05	103.76	70.77	3.07	1.77	22 835	98.37
电力、蒸汽、热水的生产和供应	252.06	9.83	107.72	15.89	1.09	21.84	16 9321	85.40
煤气生产和供应业	226.20	21.26	74.70	56.97	7.52	2.86	110 413	92.53
自来水的生产和供应业	112.12	4.57	101.45	35.59	1.44	7.86	34 086	99.70

10—12 市属工业企业经济效益指数

（2000年）

单位:%

类别	工业经济效益综合指数	总资产贡献率	资产保值增值率	资产负债率	流动资产周转率（次/年）	成本费用利润率	全员劳动生产率（元/人）	工业产品销售率
总计	**93.65**	**7.00**	**102.86**	**68.36**	**1.43**	**3.02**	**30 923**	**96.77**
一、按隶属关系分								
市属企业	81.75	5.34	106.17	71.63	0.97	2.38	28 397	98.40
县区企业	66.70	3.56	95.47	67.22	1.33	-0.28	20 735	94.58
街道企业	104.99	7.05	98.76	43.51	2.22	2.06	39 399	96.89
乡镇企业	173.41	24.87	100.55	49.90	4.94	4.69	36 732	94.85
其他企业	158.90	12.40	86.34	46.86	4.35	5.41	59 345	95.49
二、按登记注册类型分								
内资企业	88.30	6.26	102.96	69.52	1.53	2.34	27 649	96.56
国有企业	40.78	1.65	60.62	80.17	0.82	-2.25	18 222	96.31
市属企业	32.06	1.40	53.82	82.88	0.68	-3.52	17 424	97.20
县区企业	64.95	2.88	85.21	68.95	1.33	0.24	19 958	94.67
集体企业	109.90	9.64	83.87	64.15	2.95	3.36	25 319	94.50
市属企业	2.09	-0.17	41.31	97.15	0.62	-7.47	8 180	97.32
县区企业	65.29	3.03	104.60	66.99	1.37	-0.43	18 778	92.55
街道企业	108.04	7.48	111.24	42.87	2.20	2.18	40 000	96.86
乡镇企业	155.20	18.03	85.90	49.22	5.35	4.32	26 894	93.66
其他企业	148.11	11.75	68.15	55.18	3.90	6.20	49 964	95.27
股份合作企业	92.15	4.46	46.83	63.54	2.74	2.70	27 142	95.72
市属企业	91.25	1.25	15.94	61.94	2.72	4.53	30 307	96.75
县区企业	67.09	7.55	98.21	73.81	1.21	-0.37	14 150	95.38
街道企业	91.07	1.74	208.78	86.33	3.27	-1.08	23 346	99.67
乡镇企业	114.12	17.71	62.91	61.61	3.14	0.84	23 680	92.87
其他企业	249.48	19.06	172.90	43.39	8.41	4.92	105 766	97.10
联营企业	8.26	-5.32	305.50	74.55	0.82	-18.88	33 062	95.72
市属企业	23.15	-2.80	218.08	81.83	0.78	-16.09	55 910	95.60
县区企业	61.19	-27.96	2 521.31	66.84	0.26	-64.93	-3 694	88.60
乡镇企业	192.80	21.55	271.69	45.17	6.89	2.31	22 994	100.58
其他企业	129.49	6.76	366.67	25.70	2.20	3.40	14 056	95.38
国有联营企业	31.29	-0.47	195.25	81.31	0.82	-14.03	53 576	95.63
集体联营企业	71.16	-41.32	1 931.77	44.05	0.71	-37.39	-338	96.87
国有与集体联营企业	190.28	30.37		50.19	9.36	0.73	22 513	94.21
有限责任公司	113.99	11.35	130.36	68.70	1.56	3.76	38 078	98.40
市属企业	79.89	5.53	127.63	72.16	1.04	1.56	24 020	99.18
县区企业	327.75	49.89	72.99	39.26	11.97	12.29	61 439	81.46
乡镇企业	328.51	67.37	172.95	46.26	4.83	6.70	134 072	98.59
其他企业	77.16	1.18	110.00	0.14	1.56	0.92	27 238	95.00
国有独资公司	87.05	17.02	42.60	114.87	1.60	1.35	25 145	99.51
其他有限责任公司	118.05	10.46	109.82	56.41	1.56	4.39	43 996	98.00
股份有限公司	135.41	5.58	442.03	64.44	0.52	3.78	35 928	104.61
市属企业	143.11	5.69	502.52	64.75	0.49	3.88	34 684	106.37
县区企业	52.50	1.19	62.56	65.01	0.61	-0.26	23 323	90.27
其他企业	212.43	16.32	443.59	30.04	2.79	4.22	89 792	95.24
私营企业	113.35	7.91	147.98	41.14	2.26	1.12	44 911	96.76
私营独资企业	130.90	10.61	187.66	50.36	2.42	0.43	58 391	97.23
私营合伙企业	200.75	20.59	164.76	38.30	7.51	2.09	54 984	95.75
私营有限责任公司	51.41	2.85	131.68	45.12	0.61	-2.39	10 716	96.24

10—12 续表 1　　　　(2000 年)　　　　单位:%

类别	工业经济效益综合指数	总资产贡献率	资产保值增值率	资产负债率	流动资产周转率（次/年）	成本费用利润率	全员劳动生产率（元/人）	工业产品销售率
私营股份有限公司	123.33	8.88	133.27	20.82	1.89	7.11	30 769	95.04
港、澳、台商投资企业	103.03	2.85	102.39	61.11	1.96	－1.69	77 872	90.03
市属企业	79.89	－0.04	105.11	60.17	1.38	－8.20	99 136	82.83
县区企业	65.26	2.46	99.43	65.53	1.47	－1.75	26 236	97.70
乡镇企业	184.03	8.97	94.04	63.22	4.28	6.24	107 087	96.41
其他企业	201.57	19.08	103.01	50.48	6.09	6.89	67 987	95.03
合资经营企业（港澳、台）	129.81	5.76	114.01	58.47	2.09	2.26	82 923	91.96
港澳台商独资企业	42.44	－1.43	84.56	65.58	1.67	－11.99	67 305	84.70
港澳台商投资股份有限公司	129.67	15.63		25.74	4.04	5.87	16 800	119.59
外商投资企业	114.59	9.08	102.76	67.16	1.21	5.35	47 146	98.49
市属企业	117.43	9.14	104.33	67.67	1.16	5.35	52 223	99.06
县区企业	32.50	－0.64	54.36	67.65	0.99	－4.47	16 979	99.93
乡镇企业	11.64	4.34	98.99	48.26	4.38	1.89	－138 424	87.54
其他企业	226.38	25.59	65.81	43.95	5.32	14.05	65 249	93.98
中外合资经营企业	228.33	23.21	155.48	53.49	1.35	21.94	71 749	93.05
中外合作经营企业	56.19	1.74	100.15	121.93	1.68	－5.00	47 107	97.86
外资企业	113.48	8.70	103.73	61.14	1.56	4.55	44 959	88.30
外商投资股份有限公司	91.26	6.72	92.92	69.48	1.18	1.94	40 668	100.38
三、按经济组织类型分								
独资企业	76.24	4.40	74.20	72.73	1.80	1.28	24 014	94.83
国有企业	40.78	1.65	60.62	80.17	0.82	－2.25	18 222	96.31
集体企业	109.90	9.64	83.87	64.15	2.95	3.36	25 319	94.50
私营独资企业	130.90	10.61	187.66	50.36	2.42	0.43	58 391	97.23
港澳台商独资经营企业	42.44	－1.43	84.56	65.58	1.67	－11.99	67 305	84.70
外资企业	113.48	8.70	103.73	61.14	1.56	4.55	44 959	88.30
合作、合伙企业	75.34	3.59	54.84	69.69	2.27	－0.38	30 229	95.81
股份合作企业	92.15	4.46	46.83	63.54	2.74	2.70	27 142	95.72
国有联营企业	31.29	－0.47	195.25	81.31	0.82	－14.03	53 576	95.63
集体联营企业	71.16	－41.32	1 931.77	44.05	0.71	－37.39	－338	96.87
国有与集体联营企业	190.28	30.37		50.19	9.36	0.73	22 513	94.21
私营合伙企业	200.75	20.59	164.76	38.30	7.51	2.09	54 984	95.75
港或澳、台资合作经营企业	12.00							
中外合作经营企业	56.19	1.74	100.15	121.93	1.68	－5.00	47 107	97.86
股份有限公司	94.31	6.53	124.03	67.56	1.00	2.28	39 083	100.86
股份有限公司（内资）	135.41	5.58	442.03	64.44	0.52	3.78	35 928	104.61
私营股份有限公司	123.33	8.88	133.27	20.82	1.89	7.11	30 769	95.04
港澳台商投资股份有限公司	129.67	15.63		25.74	4.04	5.87	16 800	119.59
外商投资股份有限公司	91.26	6.72	92.92	69.48	1.18	1.94	40 668	100.38
有限责任公司	132.72	12.88	133.88	63.90	1.54	6.71	43 484	96.59
国有独资公司	87.05	17.02	42.60	114.87	1.60	1.35	25 145	99.51
私营有限责任公司	51.41	2.85	131.68	45.12	0.61	－2.39	10 716	96.24
港澳台合资经营企业	129.81	5.76	114.01	58.47	2.09	2.26	82 923	91.96
中外合资经营企业	228.33	23.21	155.48	53.49	1.35	21.94	71 749	93.05
其他有限责任公司	118.05	10.46	109.82	56.41	1.56	4.39	43 996	98.00
在总计中：亏损企业	1.34	－0.15	82.73	82.99	0.70	－11.35	14 318	94.02
国有控股企业	83.60	5.39	101.04	71.91	0.97	3.00	28 576	98.73
农村工业	151.42	15.06	88.75	48.83	5.00	4.68	32 395	94.19

10—12 续表2 (2000年) 单位:%

类别	工业经济效益综合指数	总资产贡献率	资产保值增值率	资产负债率	流动资产周转率(次/年)	成本费用利润率	全员劳动生产率(元/人)	工业产品销售率
四、按轻重工业分								
轻工业	99.02	7.90	117.02	71.54	1.59	2.87	33 834	96.39
以农产品为原料	107.32	8.89	135.80	70.25	1.59	3.33	36 785	96.85
以非农产品为原料	81.01	5.58	83.30	74.76	1.61	1.60	28 231	95.31
重工业	89.44	6.30	94.92	65.74	1.30	3.16	27 681	97.20
采掘工业	181.48	20.94	89.82	46.11	8.25	3.54	18 180	92.63
原料工业	92.91	4.50	97.41	62.79	1.87	1.52	38 102	96.33
加工工业	88.96	6.49	94.61	66.14	1.23	3.39	26 253	97.43
五、按企业规模分								
大一型企业	84.96	8.07	64.54	72.32	1.89	1.38	26 058	98.67
大二型企业	95.62	6.76	107.40	68.29	1.17	2.50	40 639	99.63
中一型企业	56.63	2.52	125.46	82.03	0.50	0.31	17 439	96.78
中二型企业	47.66	1.82	93.63	77.50	0.81	-2.17	20 465	95.08
小型企业	113.36	10.01	101.80	62.18	2.23	4.46	29 874	94.49
六、按工业行业大类分								
煤炭采选业	97.61	7.75	101.14	54.82	3.57	1.54	8 457	84.41
非金属矿采选业	216.84	25.96	85.96	41.59	10.66	3.88	20 261	94.12
食品加工业	89.37	4.70	99.19	62.10	2.24	1.94	21 963	97.68
食品制造业	116.63	11.19	100.65	66.39	2.28	5.55	27 419	89.91
饮料制造业	117.12	10.91	145.03	50.59	1.79	3.01	38 842	94.83
纺织业	95.01	6.34	93.95	84.00	1.87	3.86	32 860	94.94
服装及其他纤维制品制造业	147.59	16.83	83.30	58.99	3.96	6.45	27 490	95.67
皮革、毛皮、羽绒及其制品业	41.66	-0.63	403.92	112.22	1.24	-11.45	12 434	91.77
木材加工及竹、藤、棕、草制品	209.48	5.78	17.88	37.93	14.45	2.15	34 000	95.81
家具制造业	140.41	16.12	96.28	44.16	4.13	3.47	30 667	96.02
造纸及纸制品业	92.62	2.86	331.71	67.47	0.38	-0.33	26 870	106.93
印刷业	90.14	7.43	90.20	70.93	1.36	2.84	30 316	95.79
文教体育用品制造业	112.59	9.57	60.05	54.46	2.68	3.91	34 180	94.65
石油加工及炼焦业	240.53	8.79	21.44	77.63	9.44	1.58	169 000	95.96
化学原料及化学制品制造业	108.12	5.69	105.91	62.70	1.90	3.29	46 157	96.47
医药制造业	198.50	27.41	93.42	69.80	2.75	4.51	112 965	97.12
化学纤维制造业	64.45	7.05	89.67	76.75	0.92	-0.48	19 031	99.60
橡胶制品业	2.42	-3.76	76.22	62.14	1.69	-14.04	20 497	87.22
塑料制品业	87.85	3.48	103.94	71.95	1.36	2.84	37 180	91.83
非金属矿物制品业	69.94	2.98	106.14	61.44	1.92	-0.61	15 128	95.14
黑色金属冶炼及压延加工业	90.89	4.12	107.37	79.66	2.84	2.23	22 212	95.05
有色金属冶炼及压延加工业	112.81	8.15	116.98	34.67	1.60	2.30	53 327	97.16
金属制品业	88.93	4.44	166.50	62.94	2.25	0.33	18 270	94.41
普通机械制造业	71.32	3.66	92.37	64.71	0.95	2.14	18 233	96.55
专用设备制造业	66.97	4.12	64.62	68.19	1.17	1.88	16 214	93.23
交通运输设备制造业	86.72	6.38	92.18	69.21	1.20	1.61	36 083	99.73
电气机械及器材制造业	73.13	4.13	94.14	68.54	1.06	2.11	19 746	96.49
电子及通信设备制造业	320.42	35.82	44.45	113.60	1.34	44.91	85 742	95.43
仪器仪表及文化、办公用机械制	73.15	7.26	67.22	67.73	1.07	1.92	15 884	99.97
其他制造业	117.33	15.41	104.14	68.86	3.11	1.96	22 997	98.30
电力、蒸汽、热水的生产和供应	76.62	2.29	75.44	66.49	3.12	0.30	13 039	91.63
煤气生产和供应业	226.20	21.26	74.70	56.97	7.52	2.86	110 413	92.53
自来水的生产和供应业	112.40	4.63	102.72	35.59	1.44	7.86	34 086	99.70

10—13 县区工业主

（按隶属关系

项目	县区合计	县属小计	南昌县	新建县	安义县
单位数（个）	1 398	846	212	232	108
#亏损	134	52	11	15	2
从业人员年平均人数	78 808	50 782	16 031	11113	3 391
工业总产值（不变价格）	885 552	453 024	187 495	101 974	29 031
工业总产值（当年价格）	968 451	523 754	230 880	106 941	30 894
#新产品产值	7 698	1 398		1 398	
工业销售产值（当年价格）	920 860	498 785	221 690	100 458	30 041
#出口交货值	26 804	8 236		269	
工业中间投入合计	724 991	381 868	170 079	76 633	24 658
工业增加值	267 829	161 171	75 621	31 411	7 008
实收资本	173 479	88 665	33 500	19 157	7 496
国家资本	31 360	18 980	4 573	4 478	3 719
集体资本	56 718	23 308	6 801	6 100	1 460
港澳台资本	13 193	2 906		1 535	180
外商资本	9 699	5 664	1 113	4 107	300
资产合计	554 066	280 431	104 588	55 846	29 837
#流动资产	265 873	149 508	63 787	25 416	13 985
流动资产年平均余额	251 248	150 540	56 343	34 069	14 124
固定资产原价	258 400	125 392	40 436	29 800	13 031
固定资产净值	187 947	94 440	30 973	22 605	10 111
固定资产净值年平均余额	187 226	96 919	28 223	23 414	10 151
负债合计	312 343	158 047	50 035	38 180	16 527
#流动负债	249 889	130 462	46 855	28 792	14 969
产品销售收入	782 108	451 811	198 166	78 732	29 159
利润总额	27 960	15 878	8 251	1 866	1 181
利税总额	62 008	41 221	24 587	3 999	2 921
成本费用总额	744 968	429 700	188 286	76 135	26 884
销项税额	84 735	68 722	48 479	6 629	2 916

要　经　济　指　标

分，2000年）　　　　单位：万元

进贤县	区属小计	东湖区	西湖区	青云谱区	湾里区	郊区	昌北区
294	552	44	135	73	133	138	29
24	82	12	28	15	15	10	2
20 247	28 026	1 929	5123	3 330	4 823	9 704	3 117
134 524	432 528	18 775	75 931	43 767	42 062	233 250	18 743
155 039	444 697	20 580	75 550	43 818	43 255	242 598	18 896
	6 300		295	693		5 312	
146 596	422 075	19 583	73 667	42 709	39 980	228 229	17 907
7 967	18 568	1 018		240		17 310	
110 498	343 123	16 671	59 441	34 427	32 191	185 912	14 481
47 131	106 658	4 269	16 747	9 590	11 849	59 603	4 600
28 512	84 814	2 447	6 397	9 572	8 900	54 272	3 226
6 210	12 380		589	380	1 982	8 199	1 230
8 947	33 410	2 241	5 057	3 364	4 311	17 121	1 316
1 191	10 287			710		9 577	
144	4 035	100				3 255	680
90 160	273 635	8 458	30 628	28 740	33 612	155 010	17 187
46 320	116 365	5 590	17 638	14 261	18 586	54 119	6 171
46 004	100 708	5 593	16 238	14 426	18 084	40 006	6 361
42 125	133 008	3 486	8 494	16 573	17 401	71 194	15 860
30 751	93 507	2 200	5 110	13 495	10 559	52 628	9 515
35 131	90 307	2 312	4 892	13 530	11 304	48 895	9 374
53 305	154 296	6 455	15 126	21 214	24 398	73 793	13 310
39 846	119 427	5 390	11 961	17 049	21 572	54 045	9 410
145 754	330 297	8 720	24 889	39 253	35 414	207 586	14 435
4 580	12 082	119	36	1 629	169	10 305	－176
9 714	20 787	535	1043	1 969	1 111	15 964	165
138 395	315 268	8 606	24 546	37 514	35 191	194 882	14 529
10 698	16 013	1 020	1 578	1 228	2 593	8 592	1 002

10—14 市 直 工 业 主

（200

项　　目	市直合计	机械局	轻工局	纺织行办	化工行办	电子行办	江联重工
单　位　数（个）	275	40	17	22	24	9	5
#亏　　损	121	14	5	11	7	5	
从业人员年平均人数	95 413	14 746	11 624	16 046	5 651	4 367	2 107
工业总产值（不变价格）	996 131	55 142	77 444	87 917	68 281	110 759	30 602
工业总产值（当年价格）	1 002 175	54 547	90 948	100 426	67 577	66 155	28 261
#新产品产值	322 092	5 587	404	27 463	8 302	956	3 701
工业销售产值（当年价格）	986 136	52 574	92 585	98 302	64 093	66 464	28 414
#出口交货值	37 805	1 899	5 211	18 662	4 269	217	198
工业中间投入合计	770 665	41 297	60 535	71 707	45 667	60 137	19 978
工业增加值	270 947	15 417	35 159	34 119	23 381	6 511	8 473
实 收 资 本	396 611	27 428	64 287	21 144	27 471	5 340	11 522
#国 家 资 本	220 101	21 189	52 314	12 675	7 242	3 290	9 545
集 体 资 本	17 919	620	120	973	657	1 513	456
港澳台资本	36 532			658	16 571		
外 商 资 本	60 877	3 465	10 926		1 801	345	
资 产 合 计	2 036 809	178 762	337 868	183 948	80 789	69 406	45 950
#流 动 资 产	945 912	98 094	153 209	73 425	29 261	39 660	22 947
流动资产年平均余额	912 236	97 285	148 455	72 792	28 878	41 725	22 161
固定资产原价	1 066 101	100 872	139 253	125 101	53 446	31 189	23 203
固定资产净值	746 321	59 373	103 769	85 582	38 043	20 978	16 777
固定资产净值年平均余额	757 070	66 165	99 584	84 310	37 645	20 759	17 409
负 债 合 计	1 458 871	128 168	218 897	154 829	51 131	97 977	26 678
#流 动 负 债	1 079 502	109 147	190 232	96 985	35 983	83 537	24 158
产品销售收入	883 513	50 267	90 306	80 465	45 876	16 404	25 610
利 润 总 额	20 584	－296	1 604	463	－3 239	－103	34
利 税 总 额	70 397	2 050	8 834	6 172	－237	417	291
成本费用总额	863 302	54 560	89 416	80 343	44 484	16 512	25 787
销 项 税 额	182 924	8 789	21 209	11 531	6 156	3 498	1 588

要　经　济　指　标

0 年）

单位：万元

二轻局	建材行办	江铃集团	民政公司	商贸委	粮食局	林业局	校办公司	其他各局	高新区
19	8	1	13	5	7	49	5	17	34
12	4		7	2	4	34	2	7	7
4 504	2 072	15 782	1 148	2 445	1 259	4 264	256	5 565	3 577
10 002	7 200	373 542	11 641	6 162	2 839	28 447	1 549	24 740	99 864
9 252	7 971	377 163	11 407	7 517	6 127	36 065	1 549	32 502	104 708
	5	211 575				1 617		710	61 772
9 043	7 567	378 608	11 464	7 317	6 201	33 301	1 539	32 291	96 373
611		3 811	448				759		1 720
6 852	5 366	328 986	8 359	5 985	3 964	23 898	1 057	21 430	65 447
2 563	2 900	64 183	3 457	1 567	2 432	13 837	590	12 518	43 840
7 830	5 854	115 918	8 301	3 381	3 659	16 136	385	37 913	40 042
785	5 545	60 155	754	3 281	3 326	4 075		31 419	4 506
6 865			2 099			204	385	1 885	2 142
			870			7 974			10 459
168	309	36 035	4 506			106			3 216
36 620	50 393	707 960	18 019	19 524	15 192	60 883	1 256	105 683	124 556
12 813	14 716	350 411	8 194	4 926	8 003	31 687	979	29 023	68 564
11 796	15 231	327 476	8 116	4 777	7 624	32 068	907	30 381	62 564
21 410	35 274	333 067	10 402	17 634	9 667	29 505	220	82 212	53 646
16 335	27 627	229 309	7 872	12 816	6 513	19 485	129	61 990	39 723
17 129	30 972	232 390	7 770	12 842	6 727	18 721	132	63 081	41 434
32 100	34 403	491 889	13 843	15 449	8 303	60 104	846	60 904	63 350
25 856	25 225	306 356	12 399	13 841	7 572	47 618	819	41 686	58 088
6 164	5 339	385 388	9 483	4 577	5 837	24 369	1 531	29 463	102 434
– 564	– 536	7 293	– 589	– 107	– 151	– 2 593	55	680	18 633
– 385	– 237	28 465	– 159	– 41	124	– 819	157	2 302	23 463
6 935	6 069	376 527	10 263	4 680	6 368	26 439	1 475	28 960	84 484
1 017	862	104 144	1 555	293	588	3 533	272	2 746	15 143

10—15 工业企业能源消费与库存

(2000年)

名称	年初库存	购进量	购进总额（万元）	消费合计	生产消费	非生产消费	年末库存
原煤（吨）	140 305	2 228 650	48 476.6	2 136 202	2 098 966	37 236	185 474
洗精煤（吨）	10 548	460 534	15 155.1	443 088	442 984	104	27 960
其他洗煤（吨）	53	7 543	138.7	7 526	7 526		56
焦炭（吨）	12 994	42 191	1 953.4	356 823	356 789	34	2 795
其他焦化产品（吨）		20	2.2	18	18		2
焦炉煤气（吨）				9 121	9 121		
汽油（吨）	159	5 156	1 270.1	5 029	4 172	857	150
煤油（吨）	40	1 378	608.6	1 372	1 215	157	59
柴油（吨）	247	12 381	2 340.6	11 453	10 755	698	437
燃料油（吨）	2137	31 443	5 184.2	28 368	28 349	19	5 173
液化石油气（吨）	2	192	87.8	194	194		9
其他石油制品（吨）		222	68.7	222	222		
电力（万千瓦）		178 920	84 656.9	189 577	183 316	6 261	
其他燃料（吨）		30	1.7	30	30		

10—16 工业企业主要能源消费量

（2000年） 单位：吨

分 类	原 煤	洗精煤	焦 炭	汽 油
总 计	**2 136 202**	**443 088**	**356 823**	**5 029**
按工业行业大类分				
非金属矿采选业	78			
食品加工业	18 931			148
食品制造业	36 946			6
饮料制造业	24 802			13
烟草加工业	7 457	2 702		99
纺 织 业	119 645			211
服装及其他纤维制品制造业	134			1
皮革、毛皮、羽绒及其制品业	392			7
木材加工及竹、藤、棕、草制品业	1 150			
家具制造业	517			
造纸及纸制品业	275 684		15	98
印 刷 业	1 875			176
文教体育用品制造业	118			
化学原料及化学制品制造业	482 427	1 195	6 592	1 117
医药制造业	73 947			362
化学纤维制造业	35 091			22
橡胶制品业	7 296			68
塑料制品业	1 267		50	34
非金属矿物制品业	95 460		165	61
黑色金属冶炼及压延加工业	103 764	433 783	343 454	490
有色金属冶炼及压延加工业	7 350		48	99
金属制品业	3674	2 655	400	182
普通机械制造业	6 648	1 602	3 000	281
专用设备制造业	10 235	441	433	99
交通运输设备制造业	36 003	454	2 383	819
武器弹药制造业	2 500		8	37
电气机械及器材制造业	6 216	256	134	319
电子及通信设备制造业	529			94
仪器仪表及文化、办公用机械制造业				37
其他制造业	69 113		141	63
电力、蒸汽、热水的生产和供应业	706 953			
自来水的生产和供应业				86

10—16 续表　　　　(2000 年)　　　　单位：吨

分　类	煤　油	柴　油	燃料油	电　力（万千瓦时）
总　计	**1 372**	**11 453**	**28 368**	**189 577**
按工业行业大类分				
煤炭采选业				27
非金属矿采选业		199	109	124
食品加工业	2	393		3 813
食品制造业		47		913
饮料制造业	20	33	30	1 638
烟草加工业		78		1684
纺　织　业	10	969	41	11 447
服装及其他纤维制品制造业	14	22	2	616
皮革、毛皮、羽绒及其制品业				127
木材加工及竹、藤、棕、草制品业			20	57
家具制造业				197
造纸及纸制品业	22	215	3	8 789
印　刷　业	97	305	53	1 874
文教体育用品制造业			10	193
石油加工及炼焦业				2
化学原料及化学制品制造业	86	3 522	21	47 290
医药制造业	1	206		6 928
化学纤维制造业		2		11 106
橡胶制品业	23	71	3 665	2 202
塑料制品业	2		12	1 163
非金属矿物制品业	20	230	493	4 726
黑色金属冶炼及压延加工业		899	22 173	36 137
有色金属冶炼及压延加工业	99	511	605	2 825
金属制品业	41	66	71	982
普通机械制造业	93	358	217	4 007
专用设备制造业	51	221	81	1979
交通运输设备制造业	732	2 188	117	13 416
武器弹药制造业	2	21		369
电气机械及器材制造业	33	182	11	2 506
电子及通信设备制造业		31	3	1136
仪器仪表及文化、办公用机械制造业		2		141
其他制造业	20	25	20	281
电力、蒸汽、热水的生产和供应业		561	611	11 465
自来水的生产和供应业	4	96		9 417

10—17 工业企业主要能源库存量

（2000年）

单位：吨

分类	原煤	洗精煤	焦炭	汽油	煤油	柴油	燃料油
总计	**185 474**	**27 960**	**2 795**	**150**	**59**	**437**	**5 173**
按工业行业大类分							
非金属矿采选业						5	1
食品加工业	1 501			8		12	
食品制造业	1 452			1			
饮料制造业	2 262				2	2	
纺　织　业	10 472			8	2	22	
服装及其他纤维制品制造业	6					2	
皮革、毛皮、羽绒及其制品业	10						
木材加工及竹、藤、棕、草制品业	10						2
家具制造业	41						
造纸及纸制品业	42 864			1			
印　刷　业	51			6	9	2	6
文教体育用品制造业	7						
化学原料及化学制品制造业	35 653	121	297	3	8		2
医药制造业	2 332			4		11	
化学纤维制造业	2 679						
橡胶制品业	134			1	2	10	264
塑料制品业	8			12			
非金属矿物制品业	7 886		5	12	1	6	56
黑色金属冶炼及压延加工业	10 722	27 763	1 819	42		39	4 822
有色金属冶炼及压延加工业	2 720		2	10	1	30	1
金属制品业	68	32	20	4	16	1	1
普通机械制造业	305	11	220	12	7	10	14
专用设备制造业	64	10	37	5	7	21	4
交通运输设备制造业	3 676	3	381	12	2	32	
武器弹药制造业	765			2		5	
电气机械及器材制造业	150	20	14	3		13	
电子及通信设备制造业	32			4		7	
其他制造业	2344				2		
电力、蒸汽、热水的生产和供应业	57 260					207	

10—18 工业企业能源消费量

（按隶属关系分，2000年）

分类	总计	中央	省	市	其他
原煤（吨）	2 136 202	731 468	477 898	918 466	8 370
洗精煤（吨）	443 088	2 702	434 498	5 888	
其他洗煤（吨）	7 526		335	7 191	
焦炭（吨）	356 823	659	343 561	12 153	450
其他焦化产品（吨）	18			18	
焦炉煤气（吨）	9 121		9 121		
汽油（吨）	5 029	686	1 602	1 941	800
煤油（吨）	1 372	643	137	512	80
柴油（吨）	11 453	1 079	4 910	5 463	1
燃料油（吨）	28 368	611	22 173	5 399	185
液化石油气（吨）	194			194	
其他石油制品（吨）	222		3	219	
电力（万千瓦时）	189 577	18 223	81 527	87 580	2 247
其他燃料（吨）	30			10	20

10—19 南昌地区工业50强

（按销售收入排序，2000年）

序号	企业名称
1	江铃汽车集团公司
2	南昌卷烟厂
3	江西洪都航空工业集团有限公司
4	江西汇仁集团有限公司
5	南昌钢铁有限责任公司
6	江西洪都钢厂
7	江西江纺有限责任公司
8	江西赣能股份有限公司
9	江西捷德智能卡系统有限公司
10	南昌印钞厂
11	江西民星企业集团公司
12	江西纸业有限责任公司
13	江西涤纶厂
14	江西江中制药中
15	江西锅炉化工石油机械联合有限责任公司
13	清华泰豪科技股份有限公司
17	江西昌九股份有限公司江氨分公司
18	南昌亚洲啤酒有限公司
19	南昌化工（集团）有限责任公司
20	江西泰丰轮胎有限公司
21	南昌正大畜禽有限公司
22	江西化纤有限责任公司
23	南昌市自来水有限公司
24	江西英雄乳业股份有限公司
25	江西制药有限责任公司
26	江西印刷集团公司
27	南昌硬质合金厂
28	江西变压器有限责任公司
29	南昌建新食用油有限公司
30	江西国药有限责任公司
31	江西东方制药厂
32	南昌家电有限公司
33	南昌电化有限责任公司
34	江西赣达饲料有限公司
35	江西汪氏蜜蜂园有限公司
36	江西沙神集团公司
37	江西泓泰建材工业有限公司
38	江西草珊瑚集团公司
39	江西电机有限责任公司
40	南昌电缆有限责任公司
41	江西茂昌实业有限公司
42	江西江南材料厂（国营第七四六厂）
43	中国核工业总公司七二零厂
44	南昌市奶业产销公司
45	南昌铁路局南昌机械厂
46	江西油脂化工有限责任公司
47	江西省晶体公司安义化工厂
48	江西泛亚电线电缆有限公司
49	江西省联发通信电缆有限责任公司
50	江西南昌桑海制药厂

主 要 统 计 指 标 解 释

工业 指从事自然资源的开采，对采掘品和农产品进行加工再加工的物质生产部门，具体包括：(1) 对自然资源的开采，如采矿、晒盐、森林采伐等（但不包括禽兽捕猎和水产捕捞）；(2) 对农副产品的加工、再加工，如粮油加工、食品加工、轧花、缫丝、纺织、制革等；(3) 对采掘品的加工、再加工，如炼铁、炼钢、炼焦、化工生产、机器制造、木材加工以及自来水、煤气的生产和电力的生产及供应；(4) 对工业品的修理、翻新，如修理机械设备、交通运输工具等。

1984 年以前农村的村及村以下办工业归属农业，1984 年及以后划归工业。

工业统计调查单位 工业统计调查单位分为两类：独立核算法人工业企业和工业活动单位。

(1) 独立核算法人工业企业 是指从事工业生产经营活动的单位。独立核算法人工业应同时具备以下条件：①依法成立，有自己的名称、组织机构和场所，能够承担民事责任；②独立拥有和使用资产，承担负债，有权与其他单位签订合同；③独立核算盈亏，并能够编制资产负债表。

(2) 工业活动单位是 指在一个场所从事一种或主要从事一种工业生产活动的经济单位。它包括独立核算工业企业按主营业务活动（即工业生产活动）划分的主营业务活动单位和非工业企业所属的工业生产活动单位（即原非独立核算工业生产单位）。工业活动单位，一般应同时具备以下三个条件：①具有一个场所，从事一种或主要从事一种工业活动；②单独组织工业生产、经营或业务活动；③单独核算收入和支出。

工业企业经济类型 是按企业生产资料和产品归属对象划分企业类型。1992 年以前，执行的是由国家统计局和国家工商行政管理局于 1980 年联合颁发的《关于统计上划分经济类型的暂行规定》及近几年来的补充规定，将我国经济类型划分为：全民所有制、集体所有制、全民与集体合营、全民与大陆私人合营、全民与华侨或港澳台工商业者合营、集体与大陆私人合营、集体与华侨或港澳台工商业者合营、中外合营、华侨或港澳台工商业者经营、外资经营、个体经营、其他等十二种。随着经济体制改革的不断深化和社会经济的发展，我国国民经济结构发生了新的变化。出现了一些新的经济成份，原有的分类已不能反映我国体制格局发展变化的新情况。为此。国家统计局和国家工商行政管理局在调查研究的基础上，联合颁发了修订后的《关于经济类型划分暂行规定》，将我国经济成份划分为九种类型。

1. 国有经济工业 是指生产资料归国家所有的一种经济类型，是社会主义公有制经济的重要组成部分。包括中央和地方各级国家机关、事业单位和社会团体使用国有资产投资举办的企业，也包括实行企业化经营，国家不再核拨经费或核拨部分经费的事业单位和从事经营性活动的社会团体，以及上述企业、事业单位和社会团体使用自有资金投资举办的企业。

2. 集体经济工业 是指生产资料归公民集体所有的一种经济类型，是社会主义公有制经济的组成部分。包括城乡所有用集体投资举办的企业，以及部分个人通过集资自愿放弃所有权并依法经工商行政管理机关认定为集体所有制的企业。

3. 私营经济工业 是生产资料归公民私人所有，以雇佣劳动力为基础的一种经济类型。包括所有按国家法律、规定登记注册的私营独资企业、私营合伙企业和私营有限责任公司。

4. 个体经济工业 是指生产资料归劳动力者个人所有，以个体劳动为基础，劳动成果归劳动者个人占有和支配的一种经济类型。包括所有按国家有关规定登记注册的个体工商户和个人合伙经营者。

5. 联营经济工业 是指不同所有制性质的企业之间或者企业、事业单位之间共同投资组成新的经济实体的一种经济类型。联营经济只包括具备法人条件的紧密型联营企业。

6. 股份制经济工业 是指全部注册资本由全体股东共同出资，并以股份形式投资举办企业而形成的一种经济类型。股份制经济主要有股份有限公司和有限责任公司两种组织形式。国有、集体、联营、私营企业等经济组织虽然以股份制形式经营，但不以股份有限公司或有限责任公司登记注册的，仍按原有所有制性质划归经济类型。

7. 外商投资经济工业 是指国外投资者根据我国有关涉外经济的法律、法规，以合资、合作或独资的形式在大陆境内开办企业而形成的一种经济类型。外商投资经济包括中外合资经营企业、中外合作经营企业和外资企业的三种形式。

8. 港、澳、台投资经济工业 是指港、澳、台地区投资者依照中华人民共和国有关涉外经济的法律、法规，以合资、合作或独资的形式在大陆举办企业而形成的一种经济类型。港、澳、台投资经济参照外商投资经济，可分为合资经营企业、合作经营企业和独资企业三种形式。

9. 其他经济工业 是指以上八种类型之外的其他经济类型。随着经济体制改革的深化，可能会出现新的经济形式，或遇到不易划清的，可列入其他经济类型。

轻工业 指主要提供生活消费品和制作手工工具的工业。按其所使用的原料不同，可分为两大类：(1) 以农产品为原料的轻工业，是指直接或间接以农产品为基本原料的轻工业。主要包括食品制造、饮料制造、烟草加工、纺织、缝纫、皮革和毛皮制作、造纸以及印刷等工业；(2) 以非农产品为原料的轻工业，是指以工业品为原料的轻工业。主要包括文教体育用品、化学药品制造、合成纤维制造、日用化学制品、日和玻璃制品、日用金属制品、手工工具制造、医疗器械制造、文化和办公用机械制造等工业。

重工业 是指为国民经济各部门提供物质技术基础的主要生产资料的工业。按其生产性质和产品用途，可以分为下列三类：(1) 采掘（伐）工业，是指对自然资源的开采，包括石油开采、煤炭开采、金属矿开采、非金属矿开采和木材采伐等工业；(2) 原材料工业，指向国民经济各部门提供基本材料、动力和燃料的工业。包括金属冶炼及加工、炼焦及焦炭化学、化工原料、水泥、人造板以及电力、石油和煤炭加工等工业；(3) 加工工业，是指对工业原材料进行再加工制造的工业。包括装备国民经济各部门的机械设备制造工业、金属结构、水泥制品等工业。以及为农业提供的生产资料如化肥、农药等工业。

根据上述划分原则，修理业中以重工业产品为修理作业对象的划为重工业，反之划为轻工业。

大、中、小型企业 大、中、小型企业的划分标准有下列两类：

1. 按企业产品的年生产能力划分。凡产品比较单一的企业，如电力、原煤、石油、钢铁、有色金属、硫酸、烧碱、纯碱、合成氨、发电设备、汽车、拖拉机、木材采伐、水泥、平板玻璃、纺织、造纸、制糖、手表、缝纫机、自行车等均以产品生产能力作为划分大、中、小型标准（生产多种产品的企业，以其主要产品的生产能力来划分）。

2. 按企业拥有的生产经营用固定资产原值划分。凡产品种类繁多，难以按生产能力划分的，则以企业拥有的生产经营用固定资产原值作为划分大、中、小型的标准。

工业总产值 是以货币表现的工业企业在一定时期内生产的已出售或可供出售工业产品总量，它反映一定时间内工业生产的总规模和总水平。它包括：在本企业内不再进行加工，经检验、包装入库（规定不需包装的产品除外）的成品价值，工业性作业价值，自制半成品、在产品期末初差额价值。工业总产值采用“工厂法”计算，即以工业企业作为一个整体，按企业工业生产活动的最终成果来计算，企业内部不允许重复计算，不能把企业内部各个车间（分厂）生产的成果相加。但在企业之间、行业之间、地区之间存在着重复计算。

轻重工业总产值的划分也是按“工厂法”计算的，即一个工业企业在正常情况下生产的主要产品的性质属于轻工业，则该企业的全部总产值作为轻工业总产值；一个工业企业生产的主要产品的性质属于重工业，则该企业的全部总产值作为重工业总产值。

工业销售产值 是以货币表现的工业企业是一定时期内销售的本企业生产的工业产品总量。包括已销售的成品、半成品价值，对外提供的工业性作业价值和对本企业基本建设部门、生活福利部门等提供的产品和工业性作业及自制设备的价值。

工业增加值 是指工业企业在报告期内以货币形式表现的工业生产活动的最终成果。是企业全部生产活动的总成果扣除了在生产过程中消耗或转换的物质产品和劳务价值后的余额，即企业生产过程中新增加的价值。

所有者权益 是指企业投资人对企业净资产的所有权，包括企业投资者对企业的投入资本以及形成的资本公积金、盈余公积金和未分配利润等的所有权。

固定资产原值 固定资产原值指企业在建造、购置、安装、改建、扩建、技术改造某项固定资产时所支出的全部货币总额。它一般包括买价、包装费、运杂费和安装费等。

固定资产净值 是指固定资产原价减去历年已提折旧额后的净额。

流动资产 是指可以在一年或者超过一年的个营业周期内变现或者耗用的资产，包括现金及各种存款、短期投资、应收及预付货款、存货等。

流动负债 是指将在一年或者超过一年的一个营业周期内偿还的债务。包括短期借款、应付票据、应付帐款、预收货款、应付工资、应交税金、应付利润、其他应付款、预提费用等。

产品销售收入 指企业销售产品的销售收入和提供劳务等主要经营业务取得的业务总额。1994 年实施新的税制后，取消了产品税，开征消费税，增值税由价内税改为价外税，因此，产品销售收入中不再含增值税。

利润总额 是指企业实现的利润总额，等于盈利企业的利润额减亏损企业的亏损额。

利税总额 指企业利润总额、产品销售税金及附加和应交增值税之和。

工业经济效益综合指数 是综合衡量工业经济效益各方面在数量上总体水平的一种特殊相对数，是反映工业经济运行质量的总量指标。它是以各项工业经济效益指标实际数值分别除以该项指标的全国标准值并乘以各自权数，加总后除以总权数求得。

工业经济效益综合指数的计算方法：

$$工业经济效益综合指数=\Sigma（\frac{某项经济效益指标报告期数值}{该项指标全国标准值}\times 权数）\div 总权数$$

权数是根据上述各项工业经济效益指标在综合经济效益中的重要程度，由专家调查确定的，各项权数之和即是总权数。

工业产品销售率 指报告期销售产值与同期全部工业总产值之比，反映工业产品生产已实现销售的程度。计算公式为：

$$工业产品销售率（\%）=\frac{报告期现价工业销售产值}{报告期现价工业总产值}\times 100\%$$

工业资金利税率 指报告期已实现的利润、税金总额与同期的资产（流动资产和固定资产净值）之比，反映企业资金运用的经济效益指标。

计算公式为：

$$工业资金利税率（\%）=\frac{报告期累计实现利税总额}{报告期平均流动资产固定资产净值平均余额}\times\frac{12}{累计数}\times 100\%$$

工业增加值率 指报告期工业增加值与同期工业总产值之比，反映降低中间消耗的经济效益指标。计算公式为：

$$工业增加值率（\%）=\frac{现价工业增加值}{现价工业总产值}\times 100\%$$

工业成本费用利润率 指报告期实现利润与成本费用之比，反映降低成本的经济效益的指标。计算公式为：

$$工业成本费用利润率（\%）=\frac{利润总额}{成本费用总额}\times 100\%$$

成本费用总额是指企业的产品销售成本、产品销售费用、管理费用和财务费用之和。由于 1994 年工业财务统计年报中没有财务费用指标，故用利息支出代替（1993 年全省利息支出占财务费用的 91.7%）。

工业全员劳动生产率 指根据产品的价值量指标计算的平均每一个职工在单位时间内的产品生产量。是考核企业经济活动的重要指标，是生企业生产技术水平、经营管理水平、职工技术熟练程度和劳动积极性的综合表现。目前我国的全员劳动生产率是将工业企业的工业增加值除以同一时期全部职工的平均人数来计算的。计算公式：

$$全员劳动生产率=\frac{工业增加值}{全部职工平均人数}$$

流动资产周转次数指一定时期内流动资产完成的周转次数，是反映工业企业投入流动资产的周转速度的指标。计算公式为：

$$流动资产周转次数（次）=\frac{报告期累计产品销售收入}{报告期流动资产平均余额}\times\frac{12}{累计月数}$$

资本金 指企业在工商行政管理部门登记的注册资金合计。企业资本金按投资主体可分为国家资本金、法人资本金、个人资本金和外商资本金等。资本金合计包括企业各种投资主体注册的全部资本金。

总资产 指企业拥有或控制的全部资产。包括流动资产、长期投资、固定资产、无形及递延资产、其他长期资产、递延税项等，即为企业资产负债表的资产总计项。

(1) **流动资产** 指企业可以在一年内或者超过一年的一个生产周期内变现或耗用的资产合计。包括现金及各种存款、短期投资、应收及预付款项、存货等。

(2) **固定资产** 指企业固定资产净值、固定资产清理、在建工程、待处理固定资产损失所占用的资金合计。

(3) 无形资产 指企业长期使用而没有实物形态的资产。包括专利权、非专利技术、商标权、著作权、土地使用权、商誉等。

总负债 指企业承担并需要偿还的全部债务。包括流动负债和长期负债、递延税项等，即为企业资产负债表的负债合计项。

(1) **流动负债** 指企业在一年内或者超过一年的一个营业周期内需要偿还的债务合计，其中包括短期借款、应付及预收款项、应付工资、应交税金和应交利润等。

(2) **长期负债** 指企业在一年以上或者超过一年的一个生产周期以上需要偿还的债务合计，其中包括长期借款、应付债务、长期应付款项等。

所有者权益 指企业投资人对企业净资产的所有权。企业净资产等于企业全部资产减去全部负后的余额，其中包括投资者对企业的最初投入，以及资本公积金、盈余公积金和未分配利润。对股份制企业即为股东权益。

工业企业能源消费 工业企业能源消费指独立核算的法人工业企业在报告期内实际使用的能源数量。能源消费数量分别用价值量和实物量表示。

能源消费 能源消费指独立核算的法人企业在报告期内实际使用的能源的数量，包括主营活动和附营活动实际使用能源数量；并包括由本企业（作为投资单位）代填的乡镇建筑企业为完成本企业建筑项目而实际使用的能源数量。能源消费数量用价值量和实物量表示。

消费的核算原则："谁消费谁统计"，即能源在哪个企业使用，就由哪个企业统计消费。

消费的核算方法：能源进入第一道生产工序，改变了原来的形态或性能，或者已经实际投入使用，即作消费统计。

能源库存 能源库存是指独立核算法人企业在报告期初、期末实际结存的能源的数量和价值。

库存的核算原则："谁支配谁统计"，即凡是本企业有权支配动用的能源，不论存放何处，都应作本企业库存统计；反之，本企业无权支配动用的能源，即使存本在本企业仓库，也不能作为本企业库存统计。

库存的核算方法：凡属本企业有权支配动用的某一时点实际结存的能源，都应作本企业库存统计。

1998年工业月度统计做了很大地变动。近年来，随着经济体制改革的深化和经济发展水平的不断提高，工业领域出现了许多新的变化，目前按隶属关系划分工业统计范围，不符合抓大放小的原则，一些企业的隶属关系往往难以界定。过去工业月度按乡及乡以上范围统计，不能把有一定规模和影响的村办工业、私营工业等包括进去。而量大而广的小型企业，虽然企业数众多，但在经济总量中所占份额却很小，难以取得准确的资料，与市场经济的新形势不相适应。为了提高统计数据质量，同时为抽样调查创造条件，国家统计局决定，将1998年工业定期报表的统计范围，从按隶属关系划分改为按企业规模划分，同时根据国务院抓国有企业扭亏增盈工作的需要，具体变动如下：

1. 统计范围：工业月度统计为辖区内全部国有工业企业和年产品销售收入在500万元及以上的非国有工业企业（含村及村以下工业；城镇合作、城镇个体工业；工业活动单位）。工业活动单位以年现价总产值500万元以上为界定。全国统一按1997年底企业的实际规模划定。对已核定的企业，如报告期内企业年产品销售收入或现价工业总产值500万元以下，年内不做调整变动；如上年末低于500万元，但报告期上升到500万元以上，年内也不做调整变动，但对新投产的超过500万元（按月度数折算）的企业则应纳入报告期统计范围。对一些大中型企业或实际规模在500万元以上的企业，因为暂时的停工、停产等原因，1997 年产品销售收入暂未达到 500 万元以上的，可以将其纳入报告期统计范围。全国、全省均按 500 万元以上的统一标准发布月度分地区的数据。

2. 工业产品产量的统计范围原则上与上述范围一致，但有些较为重要，而集中度又较低的产品，可放宽统计范围，但一经确定，年内保持不变。

3. 对总量指标的分组进行调整，将原来月报中的“其他经济”细分为股份制经济、外商及港澳台投资经济、其他经济、取消乡办工业分组。

4. 非国有工业企业继续免报不变价工业总产值，仍采用国有工业不变价产值与现价产值的比例系数进行折算。

5.1998 年定期报表《工业生产、销售总量及主要产品产量》月报中，工业总产值的计量单位为了与年报一致，综合表和基层表的计量单位改为千元。

解释　1. 国有绝对控股企业：指在混合经济的企业（单位）中，国有经济成份股份或资金占企业全部股份（资金）总额的 50% 以上（不含 50%）的企业（单位）。

2. 国有相有控股企业：指在混合经济的企业（单位）中，国有经济成份股份或资金在企业全部股份（资金）中相对于其他各经济成份股份（资金）比例最大的企业（单位）。

1999 年工业统计工作做了重大改革　根据《国务院办公厅转发国家统计局、国家经贸委关于做好工业统计制度改革意见的通知》的要求，1999 年，工业统计工作要进行两项重大改革，一是建立 5 000 家工业企业的联网直接报送制度；二是改变“工业企业主要经济指标月报”的报送方式，由上报综合汇总表改为上报分企业资料。

一、建立 5 000 家企业联网直报制度

5 000 家大型工业企业联网直报制度，是利用现代信息技术，在国家经济管理部门和信息部门与企业之间建立起一条全新的信息互通渠道。使国家有关部门可以直接从企业快速、便捷地搜集反映经济运行动态的各种信息资料，及时了解企业发展以至经济发展中出现的新情况、新问题。为国家制定政策，进行宏观调控提供依据。同时，该制度的建立，将打破长期以来企业只有单向报送报表义务的模式、将增加入网企业查询反馈信息资料的权利。入网企业可以通过网络，及时、准确地了解国家宏观经济形势、相关行业的经济运行情况以及各类经济政策等大量经济信息，增强企业在市场经济中科学决策的能力。

5 000 家企业的选取重点突出“大”和“强”、体现其在国民经济中的支柱作用。为保证所选企业其有较强的代表性，在选取过程中，先按照企业销售收入，总资产和利税等指标综合排序选取，然后再根据所选企业在各行业中的覆盖率进行调整。

5 000 家企业联网直报制度的报送内容，覆盖企业生产经营的全过程。具体包括 4 个方面：首先是企业的基本情况及主要经济指标，如产值、销售收入、资产、利润、税金和资金使用等主要财务指标；第二是企业的生产、销售、库存及订货指标，如主要产品生产量、销售量、产品价格、库存量、订货量和出口量等，第三是企业的投资、科技开发及劳动情况，如基建投资、技改投资、科技投入及产出和劳动工资情况等；第四是问卷调查，将针对工业经济发展中的热点和难点问题，组织定期或不定期的问卷调查。

5 000 家企业联网直报制度的建立，是以统计系统现有数据通讯网络为基础，通过一定的硬件和软件投入，实现与重点企业的网络联接工作。企业的联网方式，可以有以下几种选择：对已上 Interner 国际互联网的企业，通过 HTTP 电子邮件等方式，利用专用加密传输软件，与国家统计信息网互联；对未上 Interner 国际互联网的企业，可以加入统计 Interner 网，采用电话拨号的方式，通过所在地区统计局与国家统计信息网互联；企业也可通过中国电信 163/169 或 2263 网络，直接与国家统计信息网互联。

根据计划按排，该直报系统将从 1999 年下半年开始正式运转。

二、工业经济主要指标月报实行超级汇总

工业经济主要财务指标的上报，始于 1975 年。之后的 20 多年里，上报内容虽然屡次改变，但报送形式一直没有改变过、一直采取逐级汇总上报的形式报送。这种报送形式，是和当时的信息传输技术和计算机处理技术相适应的。

随着信息传输技术和计算机处理技术的飞速发展，目前，在技术上已经提供了迅速传送和集中处理巨量数据信息的可能性。这就为工业经济主要指标上报分企业资料提供了技术基础。同时，近年来，逐级上报汇总表的方法所存在的问题和不足越来越突出，一是不利于数据质量的控制，难以排除人为因素的干扰；二是数据分组有限，难以满足宏观经济管理的需求。这在种背景下，工业企业主要经济指标上报分企业资料，由国家统计局实行超级汇总的方案就正式出台了。1999 年 3 月份，首次试报工作顺利完。按照原计划，在 1999 年下半年，将取消综合汇总表的上报，超级级汇总制度将独立运作。

超级汇总方案的出台和付诸实施，将提高国家统计局对数据质量的控制能力，有利于减少人为因素对统计数据的干扰。同时，该方法的实施，为数据信息的深加工提供了可能性，极大地提高了月度统计数据的开发利用价值，将有利于国家统计局为宏纲经济管理提供更加详实、准确和及时的决策依据。

全国工业经济效益综合指数标准

单位：%

总资产贡献率	资本保值增值率	资产负债率	流动资产周转率（次）	成本费用利润率	劳动生产率（元/人）	产品销售率	新综合指数
10.7	120	≤60	1.52	3.71	16 500	96.0	—

十一、建　筑　业

CONSTRUCTION

本篇内容包括：

1. 建筑业企业生产情况
2. 建筑业企业财务状况

资料整理

李曰曰

施工房屋建筑面积

1999年 573.91 万平方米

2000年 593.04 万平方米

增长 3.3 %

竣工房屋建筑面积

1999年 182.80 万平方米

2000年 240.50 万平方米

增长 31.6 %

11—1 建 筑 业 企

(200

	企业个数（个）	建筑业总产值（万元）	在外省完成	装修装饰	按构成分的建筑 建筑工程	安装工程
总　　计	**116**	**381 072**	**38 105**	**6 110**	**298 433**	**77 060**
#一、二级企业	35	302 976	37 020	6 110	225 744	74 378
国有及国有控股	49	267 160	37 020	3 946	190 567	73 065
按登记注册类型分						
内 资 企 业	116	381 072	38 105	6 110	298 433	77 060
国 有 企 业	48	265 750	37 020	3 946	190 279	72 356
集 体 企 业	58	105 371		2 164	100 457	2 916
股份合作企业	3	3 095			3 095	
有限责任公司	3	3 552			2 430	709
其他有限责任公司	3	3 552			2 430	709
股份合作企业	2	2 224	464		2 171	
股份有限公司	2	1 077	621			1 077
私 营 企 业	2	1 077	621			1 077
私营股份有限公司						
按经济组织类型分	106	371 122	37 020	6 110	290 736	75 273
独 资 企 业	48	265 750	37 020	3 946	190 279	72 356
国 有 企 业	58	105 371		2 164	100 457	2 916
集 体 企 业	3	3 095			3 095	
合作、合伙企业	3	3 095			3 095	
股份有限公司	4	3 302	1 085		2 171	1 077
股份有限公司(内资)	2	2 224	464		2 171	
私营股份有限公司	2	1 077	621			1 077
有限责任公司	3	3 552			2 430	709
其他有限责任公司	3	3 552			2 430	709
按国民经济行业分						
土木工程建筑业	108	370 076	36 448	6 110	293 523	72 105
#房　　屋	96	279 393	25 902	6 110	266 320	9 054

业 生 产 情 况

0年)

业总产值(万元)		竣工产值(万元)	单位工程施工个数(个)				单位工程竣工个数(个)	优良单位工程个数	房屋建筑施工面积(万平方米)
房屋构筑物修理	非标准备制造			本年新开工个数	实行投标承包个数	本年新开工			
2 985	**2 593**	**299 445**	**2 655**	**1 607**	**1 842**	**1 209**	**1 511**	**754**	**695**
708	2 144	239 746	1 985	1 189	1 501	991	1 160	613	428
970	2 557	217 233	1 763	1 094	1 264	847	1 065	522	329
2 985	2 593	299 445	2 655	1 607	1 842	1 209	1 511	754	695
970	2 144	215 908	1 753	1 086	1 264	847	1 057	522	329
1 961	35	76 656	820	470	541	336	405	212	352
		2 302	24	5	7	4	18	6	4
	413	2 587	21	18	10	7	14	6	5
	413	2 587	21	18	10	7	14	6	5
53		1 631	34	26	19	14	17	8	6
		360	3	2	1	1			
		360	3	2	1	1			
2 932	2 180	292 564	2 573	1 556	1 805	1 183	1 462	734	680
970	2 144	215 908	1 753	1 086	1 264	847	1 057	522	329
1 961	35	76 656	820	470	541	336	405	212	352
		2 302	24	5	7	4	18	6	4
		2 302	24	5	7	4	18	6	4
53		1 991	37	28	20	15	17	8	6
53		1 631	34	26	19	14	17	8	6
		360	3	2	1	1			
	413	2 587	21	18	10	7	14	6	5
	413	2 587	21	18	10	7	14	6	5
2 985	1 461	294 450	2 491	1 524	1 799	1 189	1 453	747	690
2 985	1 033	201 856	2 103	1 218	1 558	1 000	1 164	570	684

	本年新开工面积	实行投标承包的面积	本年新开工面积	房屋建筑竣工面积（万平方米）	优良工程竣工面积	自有机械设备年末总台数（台）
总计	**282**	**478**	**232**	**298**	**137**	**20 603**
#一、二级企业	182	360	165	179	114	11 535
国有及国有控股	130	259	104	132	76	13 188
按登记注册类型分						
内资企业	282	478	232	298	137	20 603
国有企业	130	259	104	132	76	12 985
集体企业	139	204	118	160	60	6 843
股份合作企业	4	4	2	1	0.2	62
有限责任公司	3	5	3	3	0.3	456
其他有限责任公司	3	5	3	3	0.3	456
股份有限公司	6	6	5	2	0.6	186
私营企业						71
私营股份有限公司						71
按经济组织类型分						
独资企业	269	463	222	292	136	19 828
国有企业	130	259	104	132	76	12 985
集体企业	139	204	118	160	60	6 843
合作、合伙企业	4	4	2	1	0.2	62
股份合作企业	4	4	2	1	0.2	62
股份有限公司	6	6	5	2	0.6	257
股份有限公司(内资)	6	6	5	2	0.6	186
私营股份有限公司						71
有限责任公司	3	5	4	3	0.3	456
其他有限责任公司	3	5	4	3	0.3	456
按国民经济行业分						
土木工程建筑业	279	477	231	297	137	19 306
#房屋	277	471	229	296	137	14 803

0 年）

自有机械设备年末总功率（千瓦）	施工机械功率	自有机械设备年末净值（万元）	计算劳动生产率的平均人数（人）	期末从业人数（人）	工程技术人员	企业总产值（万元）	对内销售产值	年末拖欠工程款（万元）	竣工拖欠
263 522	**175 111**	**32 391**	**75 425**	**73 541**	**8 520**	**405 014**	**3 592**	**42 635**	**29 960**
212 163	135 475	27 010	51 647	49 966	6 308	314 369	3 592	40 496	28 749
213 042	135 114	27 229	44 861	43 008	5 789	278 384	3 412	37 819	25 448
263 522	175 111	32 391	75 425	73 541	8 520	405 014	3 592	42 635	29 960
209 666	131 738	27 005	44 575	42 720	5 764	276 974	3 412	37 819	25 448
48 007	38 004	3 885	28 633	28 621	2 415	118 090	180	4 686	4 433
1 184	1 062	463	688	695	143	3 095			
3 789	3 749	868	781	775	77	3 552		32	13
3 789	3 749	868	781	775	77	3 552		32	13
555	460	123	571	562	97	2 224		98	66
321	98	44	177	168	24	1 077			
321	98	44	177	168	24	1 077			
257 673	169 742	30 891	73 208	71 341	8 179	395 064	3 592	42 505	29 881
209 666	131 738	27 005	44 575	42 720	5 764	276 974	3 412	37 819	25 448
48 007	38 004	3 885	28 633	28 621	2 415	118 090	180	4 686	4 433
1 184	1 062	463	688	695	143	3 095			
1 184	1 062	463	688	695	143	3 095			
876	558	167	748	730	121	3 302		98	66
555	460	123	571	562	97	2 224		98	66
321	98	44	177	168	24	1 077			
3 789	3 749	868	781	775	77	3 552		32	13
3 789	3 749	868	781	775	77	3 552		32	13
253 778	169 448	31 700	72 758	71 438	7 975	393 887	3 545	39 590	28 839
175 541	120 953	13 682	61 224	60 346	6 761	299 616	2 318	17 657	10 351

	企业个数（个）	建筑业总产值（万元）	在外省完成	装修装饰	按构成分的 建筑工程	安装工程
铁路公路隧道桥梁	2	12 401	5 621		12 401	
堤坝电站码头	1	27 919			2 157	25 762
其他土木工程	9	50 362	4 924		12 644	37 289
线路管道设备安装业	7	10 635	1 656		4 909	4 594
设备安装业	7	10 635	1 656		4 909	4 594
装修装饰业	1	360				360
按法人批准机关或登记注册						
工商行政管理部门	116	381 072	38 105	6 110	298 433	77 060
按国有经济控股情况分						
国有绝对控股	49	267 160	37 020	3 946	190 567	73 065
其 他 国 有	6	7 182	464		7 128	
按隶属关系分						
中 央	10	123 872	18 547	893	56 616	66 170
省	30	88 821	8 116		80 232	6 589
市	23	89 451	8 174	5 216	86 902	2 017
县	20	36 033	2 646		34 141	572
镇	11	6 066			6 066	
乡	16	33 535			32 335	557
其 他	6	3 292	621		2 139	1 152
按企业资质等级分						
一 级	14	203 149	30 895	5 755	148 253	52 724
二 级	21	99 826	6 124	354	77 491	21 654
三 级	40	54 207	1 085		50 666	2 058
四 级	41	23 888			22 023	623

0 年）

建筑业总产值（万元）		竣工产值（万元）	单位工程施工个数（个）				单位工程竣工个数（个）		房屋建筑施工面积（万平方米）
房屋构筑物修理	非标准备制造			本年新开工个数	实行投标承包个数	本年新开工		优良单位工程个数	
		19 414	14	8	14	8	8	5	
		32 507	155	131	151	131	135	135	
	428	40 672	219	167	76	50	146	37	6
	1 131	4 635	164	83	43	20	58	7	5
	1 131	4 635	164	83	43	20	58	7	5
		360							
2 985	2 593	299 445	2 655	1 607	1 842	1 209	1 511	754	695
970	2 557	217 233	1 763	1 094	1 264	847	1 065	522	329
53		5 036	67	40	35	24	40	19	14
16	1 068	101 784	587	413	421	303	472	364	36
490	1 508	86 813	944	565	659	469	528	85	142
531		59 722	420	208	288	140	211	115	268
1 303	15	24 986	340	190	256	147	160	108	120
		28 072	62	43	32	26	29	10	14
642		20 936	284	177	176	118	102	69	109
		2 396	18	11	10	6	9	3	6
28	2 144	159 357	1 303	754	1 002	683	785	410	226
680		80 389	682	435	499	308	375	203	202
1 070	413	47 083	414	243	199	120	210	97	189
1 207	35	12 616	256	175	142	98	141	44	78

	本年新开工面积	实行投标承包的面积	本年新开工面积	房屋建筑竣工面积（万平方米）	优良工程竣工面积	自有机械设备年末总台数（台）
铁路公路隧道桥梁						556
堤坝电站码头						1 025
其他土木工程	2	6	2	2		2 922
线路管道设备安装业	2	1	1	1		1 285
设备安装业	2	1	1	1		1 285
装修装饰业						12
按法人批准机关或登记注册						
工商行政管理部门	282	478	232	298	137	20 603
按国有经济控股情况分						
国有绝对控股	130	259	104	132	76	13 188
其他国有	12	14	9	5	1	491
按隶属关系分						
中央	19	34	13	16	10	5 257
省	63	92	46	71	35	5 767
市	92	189	80	97	50	2 667
县	45	83	39	64	21	3 303
镇	7	7	5	7	2	1 645
乡	53	69	46	42	18	1 773
其他	3	5	3	2	0.3	191
按企业资质等级分						
一级	78	188	75	78	54	8 193
二级	104	173	90	102	60	3 342
三级	55	66	27	81	16	7 095
四级	45	51	40	38	7	1 973

0 年）

自有机械设备年末总功率（千瓦）	施工机械功率	自有机械设备年末净值（万元）	计算劳动生产率的平均人数（人）	期末从业人数（人）	工程技术人员	企业总产值（万元）	对内销售产值	年末拖欠工程款（万元）	竣工拖欠
21 819	16 942	3 311	1 729	1 275	264	12 567		834	667
21 955	5 764	5 104	4 069	3 578	397	27 919		16 000	16 000
34 463	25 789	9 602	5 736	6 239	553	53 784	1 227	5 099	1 820
9 694	5 663	650	2 623	2 059	542	10 766	47	3 045	1 120
9 694	5 663	650	2 623	2 059	542	10 766	47	3 045	1 120
50		40	44	44	3	360			
263 522	175 111	32 391	75 425	73 541	8 520	405 014	3 592	42 635	29 960
213 042	135 114	27 229	44 861	43 008	5 789	278 384	3 412	37 819	25 448
1 931	1 714	1 141	1 577	1 573	273	7 182		130	79
95 567	60 288	11 093	14 366	12 999	1 700	125 757	1 162	19 549	17 578
78 853	51 908	11 272	21 272	19 154	2 992	95 116	870	8 989	2 848
32 255	22 715	4 636	17 293	17 734	1 766	90 983	1 495	9 012	7 791
33 006	23 428	4 038	10 994	11 563	1 159	50 262	65	4 095	1 414
5 368	4 108	355	2 249	2 169	179	6 066		160	120
17 359	12 267	635	8 489	9 284	629	33 535		223	208
1 114	397	360	762	638	95	3 292		604	
156 375	93 771	18 777	32 556	32 438	4 028	214 230	3 474	31 687	24 300
55 788	41 704	823	19 091	17 528	2 280	100 139	118	8 809	4 449
33 779	28 244	3 710	15 509	14 884	1 593	66 717		695	454
17 580	11 392	1 670	8 269	8 691	619	23 927		1 443	756

11—2 建 筑 业 企

(200

	年					末
	流动资产小计	存货	在建工程	长期投资	固定资产小计	固定资产原价
总 计	**470 567**	**218 388**	**176 269**	**12 899**	**119 997**	**164 515**
#一、二级企业	375 413	176 577	141 512	12 360	102 630	142 023
国有及国有控股	367 744	163 976	139 238	12 403	98 010	136 794
按登记注册类型分						
内资企业	470 567	218 388	176 269	12 899	119 997	164 515
国有企业	367 562	163 852	139 139	12 403	97 585	136 212
集体企业	96 300	52 148	35 294	220	19 780	25 299
股份合作企业	2 592	470	155	275	768	883
有限责任公司	2 597	1 527	1 490		1 162	1 327
其他有限责任公司	2 597	1 527	1 490		1 162	1 327
股份有限公司	777	163	83		455	552
私营企业	738	227	106		246	240
私营股份有限公司	738	227	106		246	240
按经济组织类型分						
独资企业	463 862	216 000	174 433	12 623	117 365	161 511
国有企业	367 562	163 852	139 139	12 403	97 585	136 212
集体企业	96 300	52 148	35 294	220	19 780	25 299
合作、合伙企业	2 592	470	155	275	768	883
股份合作企业	2 592	470	155	275	768	883
股份有限公司	1 516	390	190		702	793
股份有限公司(内资)	777	163	83		455	552
私营股份有限公司	738	227	106		246	240
有限责任公司	2 597	1 527	1 490		1 162	1 327
其他有限责任公司	2 597	1 527	1 490		1 162	1 327
按国民经济行业分						
土木工程建筑业	460 517	215 018	174 302	12 858	111 679	154 931
#房屋	384 198	207 503	171 190	10 955	75 282	101 639

业　　财　　务　　状　　况

0 年)　　　　单位:万元

资	产	负	债						
生产经营用	累计折旧	本年折旧	专项工程	无形及递延资产小计	无形资产	资产合计	流动负债小计	长期负债小计	负债合计
90 306	**55 026**	**7 147**	**5 875**	**10 133**	**8 272**	**624 827**	**446 595**	**41 529**	**488 124**
76 428	48 409	6 275	5 348	7 549	6 376	508 423	370 221	33 925	404 147
72 828	47 994	6 193	5 203	7 949	6 117	496 433	362 934	36 484	399 419
90 306	55 026	7 147	5 875	10 133	8 272	624 827	446 595	41 529	488 124
72 246	47 838	6 081	5 203	7 949	6 117	495 826	362 809	36 484	399 293
15 488	6 692	847	496	2 165	2 141	119 191	81 147	3 477	84 625
770	144	51		1		3 637	735	1 557	2 293
1 327	165	115				3 759	1 406		1 406
1 327	165	115				3 759	1 406		1 406
312	99	23	137	3		1 374	394	10	404
161	87	28	38	14	14	1 037	102		102
161	87	28	38	14	14	1 037	102		102
87 735	54 530	6 929	5 699	10 114	8 258	615 018	443 956	39 961	483 918
72 246	47 838	6 081	5 203	7 949	6 117	495 826	362 809	36 484	399 293
15 488	6 692	847	496	2 165	2 141	119 191	81 147	3 477	84 625
770	144	51		1		3 637	735	1 557	2 293
770	144	51		1		3 637	735	1 557	2 293
473	186	51	175	17	14	2 412	496	10	506
312	99	23	137	3		1 374	394	10	404
161	87	28	38	14	14	1 037	102		102
1 327	165	115				3 759	1 406		1 406
1 327	165	115				3 759	1 406		1 406
87 228	52 506	6 928	4 689	10 116	8 258	605 215	437 797	38 517	476 315
58 005	31 412	4 172	3 383	8 038	6 742	484 041	358 366	32 273	390 640

	年末资产负债					
	所有者权益合计	实收资本				
		合计	国家资本	集体资本	法人资本	个人资本
总计	**136 702**	**92 082**	**52 644**	**25 760**	**11 350**	**2 326**
#一、二级企业	104 276	62 820	46 317	9 052	7 450	
国有及国有控股	97 014	60 009	52 533		7 475	
按登记注册类型分						
内资企业	136 702	92 082	52 644	25 760	11 350	2 326
国有企业	96 533	59 900	52 424		7 475	
集体企业	34 566	27 761		25 251	2 509	
股份合作企业	1 343	1 242	111		621	510
有限责任公司	2 353	1 328	109	509		710
其他有限责任公司	2 353	1 328	109	509		710
股份有限公司	970	940			433	506
私营企业	935	910			310	600
私营股份有限公司	935	910			310	600
按经济组织类型分						
独资企业	131 099	87 661	52 424	25 251	9 985	
国有企业	96 533	59 900	52 424		7 475	
集体企业	34 566	27 761		25 251	2 509	
合作、合伙企业	1 343	1 242	111		621	510
股份合作企业	1 343	1 242	111		621	510
股份有限公司	1 906	1 850			744	1 106
股份有限公司(内资)	970	940			433	506
私营股份有限公司	935	910			310	600
有限责任公司	2 353	1 328	109	509		710
其他有限责任公司	2 353	1 328	109	509		710
按国民经济行业分						
土木工程建筑业	128 900	87 677	49 907	25 002	11 040	1 726
#房屋	93 400	63 301	30 380	25 002	6 191	1 726

0 年）

单位:万元

损	益	及	分	配			
工程结算收入	工程结算成本	工程结算税金及附加	工程结算利润	其他业务收入	其他业务利润	管理费用	税金
341 215	**300 844**	**11 397**	**28 972**	**7 053**	**460**	**27 219**	**445**
281 492	246 810	8 871	25 811	6 812	251	24 100	334
260 475	227 027	8 228	25 218	6 411	125	23 328	359
341 215	300 844	11 397	28 972	7 053	460	27 219	445
260 238	226 824	8 228	25 184	6 411	125	23 327	359
73 334	67 023	2 941	3 369	627	332	3 587	78
2 944	2 675	95	172			129	
2 164	2 026	63	73			45	1
2 164	2 026	63	73			45	1
1 790	1 661	43	85			58	5
743	633	24	85	13	2	71	1
743	633	24	85	13	2	71	1
333 572	293 847	11 170	28 554	7 038	457	26 914	437
260 238	226 824	8 228	25 184	6 411	125	23 327	359
73 334	67 023	2 941	3 369	627	332	3 587	78
2 944	2 675	95	172			129	
2 944	2 675	95	172			129	
2 534	2 294	68	171	14	2	130	6
1 790	1 661	43	85			58	5
743	633	24	85	13	2	71	1
2 164	2 026	63	73			45	1
2 164	2 026	63	73			45	1
333 410	293 688	111 140	28 582	6 755	383	26 877	442
259 756	232 695	8 811	18 249	3 830	1 084	17 541	304

	损益及					
	财产保险费	劳动、待业保险费	财务费用	利息支出	营业利润	利润总额(亏损为-)
总计	**337**	**6 409**	**1 946**	**2 028**	**267**	**-634**
#一、二级企业	323	6 143	1 796	1 863	166	-660
国有及国有控股	320	5 945	1 746	1 784	269	-556
按登记注册类型分						
内资企业	337	6 409	1 946	2 028	267	-634
国有企业	320	5 944	1 746	1 784	236	-590
集体企业	14	422	196	239	-82	-166
股份合作企业	2	15	1	3	42	50
有限责任公司	1	4	2	2	26	27
其他有限责任公司	1	4	2	2	26	27
股份有限公司		5			27	27
私营企业		16			16	17
私营股份有限公司		16			16	17
按经济组织类型分						
独资企业	334	6 367	1 943	2 023	154	-757
国有企业	320	5 944	1 746	1 784	236	-590
集体企业	14	422	196	239	-82	-166
合作、合伙企业	2	15	1	3	42	50
股份合作企业	2	15	1	3	42	50
股份有限公司		22			44	44
股份有限公司(内资)		5			27	27
私营股份有限公司		16			16	17
有限责任公司	1	4	2	2	26	27
其他有限责任公司	1	4	2	2	26	27
按国民经济行业分						
土木工程建筑业	335	6 309	1 790	1 921	298	-587
#房屋	320	3 118	1 606	1 706	185	-239

0 年）

单位:万元

分配		工资指标利费				增加值	亏损企业个数	亏损额
应交所得税	应付利润	本年应付工资总额	主营业务应付工资总额	本年应付福利费总额	主营业务应付福利费总额			
783	**638**	**59 955**	**52 900**	**5 563**	**4 724**	**111 996**	**41**	**－4 152**
689	572	47 044	40 506	4 728	4 095	92 038	15	－3 648
639	573	41 733	35 289	4 748	4 110	85 346	22	－3 551
783	638	59 955	52 900	5 563	4 724	111 996	41	－4 152
639	573	41 455	35 011	4 726	4 088	84 898	22	－3 551
136	35	17 087	16 503	707	512	24 675	18	－593
	14	468	468	40	40	844		
		481	474	36	36	769	1	－8
		481	474	36	36	769	1	－8
	6	375	357	39	34	555		
6	8	87	85	12	12	254		
6	8	87	85	12	12	254		
775	608	58 543	51 514	5 434	4 600	109 574	40	－4 144
639	573	41 455	35 011	4 726	4 088	84 898	22	－3 551
136	35	17 087	16 503	707	512	24 675	18	593
	14	468	468	40	40	844		
	14	468	468	40	40	844		
7	15	462	442	52	47	809		
	6	375	357	39	34	555		
6	8	87	85	12	12	254		
		481	474	36	36	769	1	－8
		481	474	36	36	769	1	－8
750	608	58 188	51 134	5 414	4 576	109 113	38	－4 030
547	503	45 093	40 834	3 695	3 226	78 716	33	－2 011

	年					末
	流动资产小计	存货	在建工程	长期投资	固定资产小计	固定资产原价
铁路公路隧道桥梁	20 758	1 770	1 151	1	6 054	10 856
堤坝电站码头	27 530	876	153	1 820	9 475	15 466
其他土木工程	28 031	4 869	1 807	82	20 866	26 969
线路管道设备安装业	9 718	3 360	1 965	41	8 234	9 548
设备安装业	9 718	3 360	1 965	41	8 234	9 548
装修装饰业	331	9	1		84	36
按法人批准机关或登记注册						
工商行政管理部门	470 567	218 388	176 269	12 899	119 997	164 515
按国有经济控股情况分						
国有绝对控股	367 744	163 976	139 238	12 403	98 010	136 794
其 他 国 有	5 234	1 725	1 329	275	1 867	2 087
按隶属关系分						
中 央	99 456	15 592	6 295	9 576	34 170	52 544
省	95 363	14 549	9 074	1 758	46 754	61 219
市	179 437	144 347	134 847	1 353	18 924	24 889
县	54 029	27 671	18 723	104	12 196	15 183
镇	2 564	787	324		1 368	1 606
乡	31 619	13 999	5 740	1	5 836	8 175
其 他	7 797	1 440	1 264	105	747	897
按企业资质等级分						
一 级	294 227	137 553	128 724	12 168	74 982	105 697
二 级	81 185	39 023	12 788	191	27 648	36 325
三 级	61 334	27 991	23 244	486	11 252	15 729
四 级	33 820	13 820	11 512	52	6 115	6 762

0 年）

单位:万元

资产						负债			
生产经营用	累计折旧	本年折旧	专项工程	无形及递延资产小计	无形资产	资产合计	流动负债小计	长期负债小计	负债合计
172	5 117	888	186	1 375	1 375	28 381	21 069		21 069
15 016	6 145	617				39 502	29 265	2 479	31 744
14 033	9 831	1 250	1 119	702	141	53 291	29 096	3 765	32 861
3 066	2 514	212	1 185	17	14	19 196	8 697	3 012	11 710
3 066	2 514	212	1 185	17	14	19 196	8 697	3 012	11 710
12	6	6				415	99		99
90 306	55 026	7 147	5 875	10 133	8 272	624 827	446 595	41 529	488 124
72 828	47 994	6 193	5 203	7 949	6 117	496 433	362 934	36 484	399 419
1 734	251	77	137	4		7 521	2 281	1 568	3 849
40 334	19 740	2 857	1 366	2 916	2 484	151 130	113 713	2 647	116 361
23 568	21 642	2 630	3 807	3 581	3 486	152 040	88 362	21 563	109 925
14 543	6 905	882	395	812	291	201 924	163 379	8 736	172 115
5 756	3 720	372	211	2 442	1 670	69 008	46 879	4 910	51 789
1 012	389	45				3 932	1 497	259	1 757
4 594	2 339	300	57	337	325	38 059	28 823	1 350	30 174
496	290	58	38	42	14	8 731	3 939	2 061	6 001
55 822	36 518	4 904	5 172	5 004	4 030	396 237	290 801	28 434	319 236
20 605	11 891	137	175	2 544	2 346	112 186	79 420	5 491	84 911
10 504	5 108	657	482	1 875	1 230	75 662	49 072	3 950	53 022
3 373	1 508	215	44	708	666	40 741	27 301	3 653	30 955

	年末资产负债					
	所有者权益合计	实收资本				
		合计	国家资本	集体资本	法人资本	个人资本
铁路公路隧道桥梁	7 311	5 057	4 988		69	
堤坝电站码头	7 758	3 513	3 513			
其他土木工程	20 430	15 806	11 026		4 779	
线路管道设备安装业	7 486	4 095	2 737	758		600
设备安装业	7 486	4 095	2 737	758		600
装修装饰业	315	310			310	
按法人批准机关或登记注册						
工商行政管理部门	136 702	92 082	52 644	25 760	11 350	2 326
按国有经济控股情况分						
国有绝对控股	97 014	60 009	52 533		7 475	
其他国有	3 671	2 892	111		1 054	1 726
按隶属关系分						
中央	34 768	21 742	15 220	80	6 441	
省	42 115	24 673	19 705	2 770	1 187	1 010
市	29 808	17 476	8 014	7 731	1 013	716
县	17 219	16 429	8 565	7 703	160	
镇	2 174	2 129		2 129		
乡	7 885	7 072		4 835	2 237	
其他	2 730	2 558	1 138	509	310	600
按企业资质等级分						
一级	77 001	41 640	33 036	3 291	5 311	
二级	27 275	21 180	13 280	5 761	2 138	
三级	22 639	20 302	4 579	10 335	3 060	2 326
四级	9 786	8 960	1 748	6 372	839	

0 年）

单位:万元

损益及分配							
工程结算收入	工程结算成本	工程结算税金及附加	工程结算利润	其他业务收入	其他业务利润	管理费用	税金
14 783	14 398	407	-22		-29	1 663	6
27 919	22 448	919	4 552		-501	3 376	48
30 951	24 146	1 001	5 803	2 925	-170	4 296	83
7 768	7 132	256	379	297	76	333	3
7 768	7 132	256	379	297	76	333	3
36	24	1	10			8	
341 215	300 844	11 397	28 972	7 053	460	27 219	445
260 475	227 027	8 228	25 218	6 411	125	23 328	359
6 402	5 926	194	281			206	6
107 799	88 009	3 538	16 251	2 000	-700	13 602	178
87 166	80 424	2 569	4 172	1 664	358	5 884	111
91 814	83 069	3 256	5 488	2 089	495	4 451	69
26 464	23 632	1 038	1 793	1 284	71	1 881	67
5 666	5 261	186	218			169	1
19 464	17 990	714	759		212	877	12
2 839	2 456	93	289	13	23	351	5
208 930	183 014	6 570	19 345	6 272	-257	17 887	220
72 562	63 796	2 301	6 465	539	509	6 22	114
39 309	35 582	1 651	2 074	227	173	2 119	89
20 413	18 451	874	1 087	12	35	999	21

	损		益			及
	财产保险费	劳动、待业保险费	财务费用	利息支出	营业利润	利润总额（亏损为 -）
铁路公路隧道桥梁		12	145	146	-1 861	-2 000
堤坝电站码头	3	1 009	-121	-121	796	790
其他土木工程	12	2 180	158	190	1 178	862
线路管道设备安装业	2	98	157	107	-33	-55
设备安装业	2	98	157	107	-33	-55
装修装饰业		1			2	9
按法人批准机关登记注册						
工商行政管理部门	337	6 409	1 946	2 028	267	-634
按国有经济控股情况分组						
国有绝对控股	320	5 945	1 746	1 784	269	-556
其他国有	2	23	3	5	71	79
按隶属关系分						
中央	36	4 184		-10	1 948	1 488
省	248	401	1 063	1 052	-2 417	-2 596
市	43	1 342	570	666	961	630
县	4	432	226	269	-243	-148
镇		6	18	5	29	18
乡		23	56	38	37	26
其他	3	18	10	6	-49	-51
按企业资质等级分						
一级	293	5 095	1 497	1 555	-297	-1 055
二级	30	1 047	299	307	463	394
三级	10	228	75	124	52	-21
四级	4	37	74	40	48	48

0 年）

单位:万元

分配		工资指标利费				增加值	亏损企业个数	亏损额
应交所得税	应付利润	本年应付工资总额	主营业务应付工资总额	本年应付福利费总额	主营业务应付福利费总额			
	8	1 078	18	107	2	1 302	2	－200
79	24	6 352	5 523	889	773	13 441		
124	71	5 664	4 758	722	575	15 653	3	－17
32	21	1 753	1 751	146	144	2 846	3	－122
32	21	1 753	1 751	146	144	2 846	3	－122
	8	14	14	2	2	37		
783	638	59 955	52 900	5 563	4 724	111 996	41	－4 152
639	573	41 733	35 289	4 748	4 110	85 346	22	－ 3551
1	21	1 002	976	81	76	1 635		
222	385	18 730	17 124	2 655	2 430	46 565	2	－320
318	100	14 423	11 431	1 462	1 135	22 451	10	－3 233
166	111	12 783	10 950	673	596	22 584	8	－157
27	11	5 711	5 156	534	349	9 210	10	－249
11	2	1 341	1 328	58	58	1 844	2	－22
30	17	6 536	6 482	131	117	8 410	5	－99
6	8	428	426	48	36	929	4	－69
430	239	33 181	27 037	3 777	3 222	66 395	6	－2 947
259	333	13 863	13 469	950	873	25 642	9	－700
66	40	8 272	7 839	602	415	12 956	16	－405
26	24	4 638	4 553	232	212	7 002	10	－990

11—3 建筑业企业房屋竣工面积

（2000 年） 单位：平方米

	本年竣工的房屋建筑面积
总　　计	**2 981 408**
厂　　房	175 732
住　　宅	1 975 267
办公用房	255 785
商业、居民服务业用房	196 774
文化教育用房	181 798
医疗用房	34 603
科研用房	17 441
其他用房	144 008

主 要 统 计 指 标 解 释

建筑施工企业　指从事房屋、构筑物和设备安装生产活动的独立施工单位，分为建筑安装企业和自营施工单位两种组织形式。建筑安装企业是指行政上有独立组织、经济上实行独立核算的企业。一般称为建筑公司、安装公司、工程公司、工程局(处)等。自营施工单位是指附属于现有生产企业、事业内部或行政单位的，为建造和修理本单位固定资产而自行组织的。并同时具备下述条件：(1)对内独立核算；(2)有固定组织和施工队伍；(3)全年施工期在半年以上。

建筑业总产值　是指建筑安装企业或单位在一定时期内所完成的以货币表现的建筑生产成果总量指标。按现行报表制度规定，具体包括 施工产值、建安附属构件厂外销构件产值、建安附属勘察设计单位向外提供勘察设计工作的产值。

建筑业增加值　是指建筑安装企业和自营施工单位在一定时期内建筑施工活动最终成果的货币表现。计算方法有分配法和生产法，分配法即是把投入生产的要素各项收入相加求得，它包括工资、职工福利基金、利润、税金、支付给个人的费用、支付给本企业的费用、固定资产折旧，大修理基金等。

年末自有机械设备价值　指年末本单位自有施工机械、生产设备、运输设备的全部机械价值，分别按原值和净值计算，不包括非生产用的机械设备价值。

利润总额　指建筑施工企业在一定时期内所实现的利润。它包括工程结算利润、产品销售利润、作业销售利润、材料销售利润及其他销售利润、营业外收支差额，此外，在实行产值工资含量包干的企业，应扣除工资含量包干节余。

工程结算收入　是本企业承包工程实现的工程价额结算收入以及向发包单位收取的除工程价款以外按规定列作营业收入的各种款项，如临时设施费、劳动保险费、施工机构调迁费等以及向发包单位收取的各种索赔款。

十二、运输和邮电

TRANSPORTATION, POSTS AND TELECOMMUNICATIONS SERVICES

本篇内容包括：

1. 交通运输资料。主要有：运输设备拥有量；各种运输方式完成的货物运输量和旅客运输量；独立核算运输企业基本情况
2. 邮电通信业资料。主要有：全市邮局及邮路情况；邮电业务完成情况

资料整理

焦　安

许卫群

交　　通

(2000)

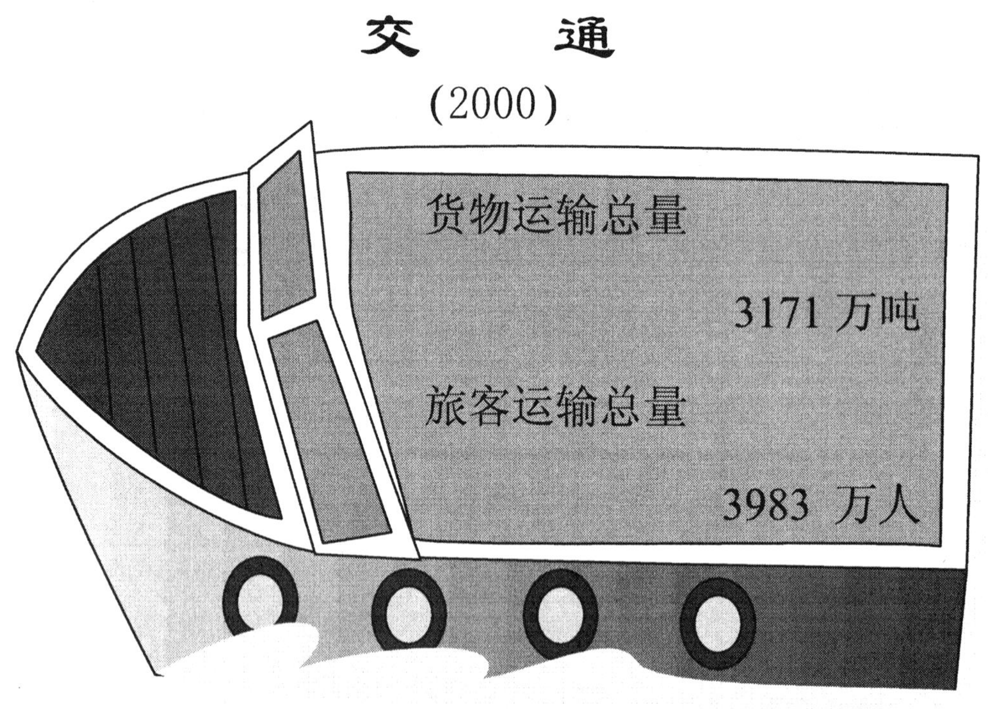

邮电业务总量

(90不变价)

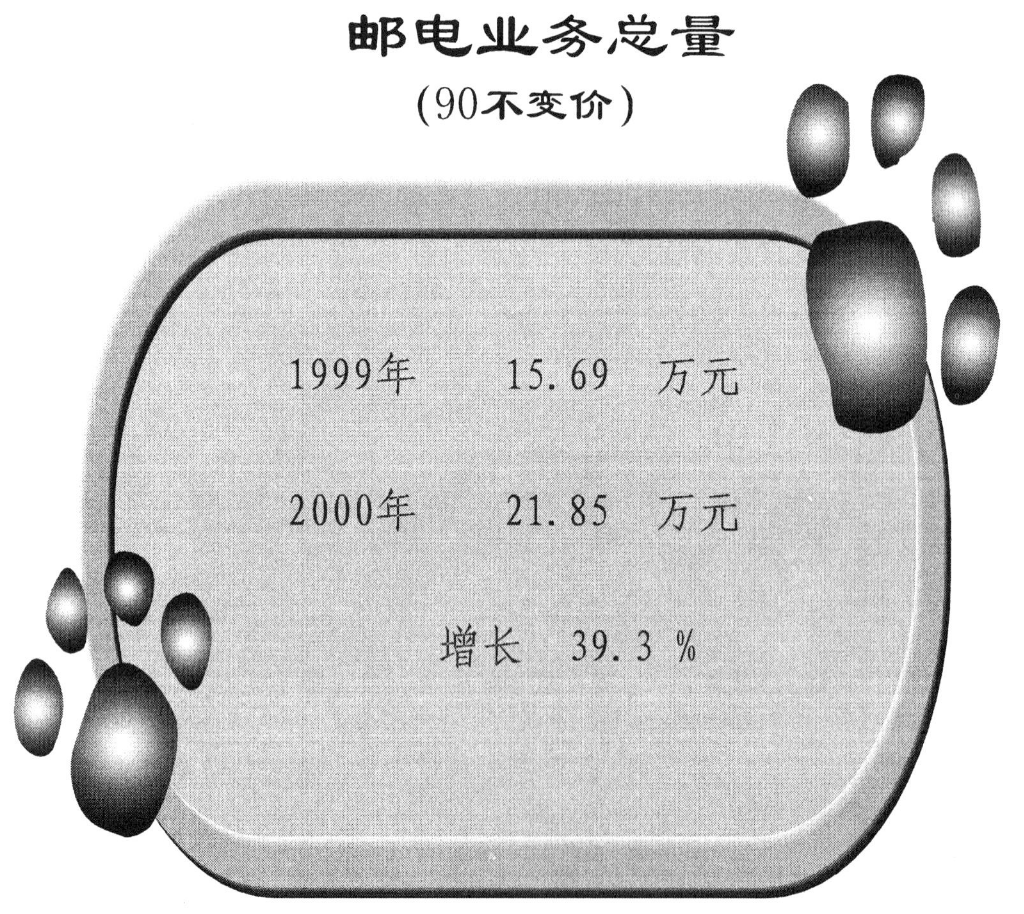

12—1 主要年份交通运输工具

项目	1978	1980	1985	1992	1995	1996	1997	1998	1999	2000
一、汽车（辆）	**9 183**	**10 551**	**14 953**	**25 373**	**24 697**	**26 801**	**29 176**	**32 559**	**36 558**	**41 707**
载货汽车	5 808	7 395	10 719	12 290	11 688	12 695	13 990	16 338	18 836	20 827
载客汽车	2 588	3 020	3 758	10 710	10 829	12 059	13 130	14 021	15 267	18 280
特种汽车	787	136	476	2 373	2 172	2 047	2 056	2 200	2 455	2 600
二、其他机动车（辆）	**2 733**	**3 178**	**9 636**	**13 428**	**31 733**	**38 011**	**44 209**	**63 569**	**86 288**	**118 248**
摩托车	988	1 255	2 837	10 342	23 936	30 297	36 085	54 742	76 203	102 505
拖拉机	1 745	1 923	5 144	3 086	3 833	4 101	4 101	4 101	4 101	9 314
三、船舶（艘）										
# 机动船	207	225	505	860	800	765	801	449	425	334
客货轮	14	13	12	11	11	21	13	11	8	6
推拖船	51	51	54	57	40	43	40	59	53	29
驳船	125	153	240	211	161	160	134	118	95	141
四、汽车挂车（辆）			**389**		**455**	**306**	**128**	**122**	**118**	**114**
附：年末汽车驾驶员（万人）					**7.12**	**7.67**	**8.83**	**10.98**	**12.23**	**13.74**

12—2 主要年份旅客运输量及周转量

项目	1978	1980	1985	1990	1995	1997	1998	1999	2000
、旅客运输总量（万人）			**1 733**	**3 297**	**3 101**	**3 171**	**3 417**	**3 674**	**3 983**
1. 民航			4	8	75	69	66	68	78
2. 铁路			680	517	625	706	803	931	906
3. 公路			955	2 720	2 357	2 358	2 511	2 649	2 978
交通部门			955	1 114	719	356	439	505	558
非交通部门				1 606	1 638	2 002	2 072	2 144	2 420
4. 水运	150	96	94	52	44	37	37	26	20
交通部门	150	96	94	50	31	24	31	20	15
非交通部门				2	13	14	6	6	5
二、旅客运输周转量（万人公里）				**239 480**	**314 305**	**415 479**	**389 964**	**428 383**	**609 103**
1. 民航			1 133	7 306	38 608	40 000	50 811	51 372	86 356
2. 铁路				113 319	153 674	216 631	172 846	200 538	325 371
3. 公路			12 607	115 521	118 451	155 962	162 689	173 890	195 477
交通部门			12 607	61 649	48 667	60 041	63 414	32 470	79 393
非交通部门				53 871	69 784	95 921	99 275	141 420	116 084
4. 水运	15 661	5 077	5 292	3 335	3 572	2 885	3 618	2 583	1 899
交通部门	15 661	5 077	5 292	3 255	3 227	2 518	3 514	2 483	1 811
非交通部门				80	345	367	104	100	88

12—3 主要年份货物运输量及周转量

项目	1978	1980	1985	1990	1995	1997	1998	1999	2000
一、货物运输总量（万吨）			**606**	**2 821**	**3 074**	**3 169**	**3 247**	**3 188**	**3 171**
1. 民航			0.07	0.07	0.74	0.66	0.67	0.67	0.95
2. 铁路			235	221	201	174	216	203	224
3. 公路	125	257	262	2 298	2 541	2 722	2 839	2 826	2 784
#交通部门	125	257	262	194	91	39	49	45	23
非交通部门				2 104	2 450	2 683	2790	2 806	2 761
4. 水运	87	77	109	301	331	272	191	158	163
#交通部门	87	77	109	71	61	47	37	35	35
非交通部门				230	271	225	154	123	128
二、货物运输周转总量（万吨公里）				**218 157**	**223 886**	**233 692**	**226 940**	**233 772**	**282 129**
1. 民航			19	56	423	4 431	253	834	1 697
2. 铁路				65 573	61 491	68 983	58 527	55 097	99 691
3. 公路	2 245	3 503	12 607	96 686	116 418	124 649	138 311	150 007	148 211
#交通部门	2 245	3 503	12 607	15 007	9 452	6 490	6 029	8 710	7 710
非交通部门				81 679	106 966	118 159	132 282	141 470	140 501
4. 水运	4 266	17 314	39 174	55 843	45 554	35 629	29 850	27 834	32 531
#交通部门	4 266	17 314	39 174	41 313	33 457	25 642	21 109	20 596	21 330
非交通部门				14 530	12 097	9 987	8 741	7 238	11 201

注：民航货物运输总量1992年及以前年份为发送量。

12—4 独立核算运输企业财务状况

（2000 年）　　单位：万元

项　　目	总　计	按经济类型分		按专业类型分	
		国有经济	集体经济	公路运输	水上运输
企业单位数（个）	23	9	14	15	8
#亏损企业	13	5	8	7	6
资本金合计	19 503	15 811	3 692	16 450	3 053
流动资产合计	23 134	18 875	4 259	20 189	2 945
#存　　货	1 204	1 144	60	943	261
长期投资	2 186	2 143	43	2 186	
固定资产合计	42 464	37 153	5 311	37 496	4 968
固定资产原价合计	56 331	48 896	7 435	48 501	7 830
#生产经营用	49 141	43 150	5 990	42 689	6 452
累计折旧	16 852	14 225	2 627	13 319	3 532
#本年折旧	2 155	1 940	216	2 126	30
无形及递延资产合计	2 450	1 441	1 009	2 418	32
#无形资产	1 994	1 215	779	1 962	32
资产合计	70 234	59 613	10 622	62 290	7 945
流动负债合计	30 674	24 023	6 651	26 423	4 251
长期负债合计	7 158	5 275	1 883	6 134	1 024
负债合计	37 832	29 298	8 534	32 557	5 275
所有者权益合计	32 402	30 315	2 088	29 733	2 670
#股　　本	13 930	13 930		12 845	1 085
营运业务收入	23 400	19 708	3 692	21 188	2 212
营运业务成本	18 164	15 386	2 779	16 618	1 546
营运费用	525	298	228	514	11
营运税金及附加	531	393	139	454	78
营运业务利润	4 179	3 632	547	3 602	577
管理费用	4 194	3 631	563	3 414	780
#税　　金	73	44	28	63	10
财产保险费	31	1	30	30	
劳动、待业保险金	860	859	1	531	329
财务费用	433	428	5	408	25
利息支出	86	85	1	60	25
营业利润	849	887	-38	971	-122
利润总额（亏损为—）	1 156	1 251	-95	1 339	-183
应交所得税	394	394		394	
转作奖金的利润					
应付利润	87	87		87	
#已分配股利					
本年应付工资总额	1 638	1 479	159	1 514	124
本年应付福利费总额	210	165	45	187	22

12—5 独立核算运输企业财务状况

（交通系统内，2000年）

单位：万元

项目	总计	按经济类型分		按专业类型分	
		国有经济	集体经济	公路运输	水上运输
企业单位数（个）	18	5	13	12	6
#亏损企业	10	2	8	5	5
资本金合计	17 788	14 105	3 683	15 628	2 160
流动资产合计	22 031	17 791	4 241	19 265	2 766
#存货	975	915	60	721	254
长期投资	2 104	2 062	43	2 104	
固定资产合计	39 914	34 608	5 306	36 462	3 452
固定资产原价合计	53 311	45 881	7 429	47 116	6 195
#生产经营用	47 314	41 328	5 987	42 316	4 998
累计折旧	15 912	13 286	2 626	12 962	2 950
#本年折旧	2 117	1 902	216	2 093	25
无形及递延资产合计	2 394	1 386	1 009	2 394	
#无形资产	1 962	1 183	779	1 962	
资产合计	66 444	55 846	10 598	60 226	6 219
流动负债合计	28 650	22 006	6 644	25 618	3 033
长期负债合计	6 630	4 759	1 871	5 620	1 011
负债合计	35 280	26 765	8 515	31 237	4 043
所有者权益合计	31 164	29 081	2 083	28 989	2 175
#股本	13 930	13 930		12 845	1 085
营运业务收入	22 730	19 137	3 593	20 824	1 906
营运业务成本	17 516	14 831	2 685	16 204	1 312
营运费用	520	292	228	511	9
营运税金及附加	506	370	136	449	57
营运业务利润	4 188	3 644	544	3 661	528
管理费用	3 990	3 431	559	3 332	658
#税金	63	35	28	59	5
财产保险费	30		30	30	
劳动、待业保险金	784	783	1	487	297
财务费用	411	406	5	411	
利息支出	3	3		3	
营业利润	987	1 023	-36	1 109	-122
利润总额（亏损为—）	1 349	1 444	-95	1 444	-95
应交所得税	394	394		394	
转作奖金的利润					
应付利润	87	87		87	
#已分配股利					
本年应付工资总额	1 512	1 357	156	1 483	29
本年应付福利费总额	190	146	44	184	6

12—6　主要年份电信网络及主要设备拥有量

项　目	1978	1980	1985	1992	1993
电报电路总数（路）	57	65	81	210	204
长话业务电路总数（路）	197	248	419	3 710	5 495
自备火车邮箱（辆）	6	3	13	16	16
邮政汽车车辆数（辆）	25	26	38	57	66
市内电话交换机总容量（万门）	0.69	0.73	1.45	6.24	9.91
#自动交换机容量			1.40	6.24	9.91
市内电话总数（万部）	0.99	1.54	2.30	8.58	10.47
#接入邮局交换机的话机	0.50	0.61	0.93	5.04	6.78

项　目	1994	1995	1997	1998	1999	2000
电报电路总数（路）	283	287	162	112	109	92
长话业务电路总数（路）	10 393	15 105	26 562	27 143	40 863	51 791
自备火车邮箱（辆）	20	18	20	13		10
邮政汽车车辆数（辆）	73	87	94	108		281
本地电话中继电路（路）			42 603	41 374	42 357	37 841
市内电话交换机总容量（万门）	33.29	52.64	71.3	83.75	91.09	100.31
市内电话总数（万部）	18.04	26.99	43.12	47.20	61.66	81.58
#接入邮局交换机的话机（万部）	12.28	21.22	36.11	45.58	55.52	74.08
无线寻呼系统容量（万户）		25.00	57.00	72.00	80	
无线寻呼用户数（万户）			27.06	30.10	25.68	28.15
移动通信交换机容量（万户）			10.50	21.00	94.5	105
#数字蜂窝移动交换机容量（万户）			4.5	15.00	88.50	99
移动电话用户数（万户）			6.96	15.65	26.76	42.73
因特网用户数（万户）						7.09

12—7 主要年份邮电业务量

项目	1978	1980	1985	1994	1995	1997	1998	1999	2000
一、邮电业务总量（1990年不变价，万元）	**469**	**596**	**3 262**	**27 605**	**42 100**	**83 155**	**116 544**	**156 946**	**218 524**
二、邮电业务量									
函件（万件）	1 332	1 742	5 205	6 862	5 642	4 098	3 768	3 329	3 016
包件（万件）	19	22	36	147	185	48	52	58	60
汇票（万件）	56	61	82	71	74	66	63	58	57
报纸累计（万份）	34 539	30 658	13 207	6 676	7 044	6 793	6 409	7 383	7 468
杂志累计（万份）	121	586		413	9 778	354	332	558	802
电报（万件）	51	59	105	19	43	16	12	9	7
机要文件（万件）	0.58	0.64	16.02	12.74	15.50	13.92	16.91	12	12
长途电话（万个）	60	77	152	2 761	4 401	6 658	8 006	10 371	9 804
城乡电话用户数（户）	5 847	6 458	14 121	112 685	195 781	343 449	447 957	555 174	740 813
#市话年末到达户数（户）	4 930	5 547	12 598	112 685	195 781	318 827	394 692	472 309	603 010
#农话年末到达户数（户）	917	911	1 523			24 622	53 265	82 865	137 803

注：1998年起，市辖县的邮政业务统计由市电信局转为市邮政局。

12—8 主要年份邮电局、所及邮路

项目	1978	1980	1985	1993	1994	1995	1997	1998	1999	2000
一、邮路总条数（条）	**90**	**116**	**213**	**164**	**165**	**177**	**236**	**327**	**78**	**100**
#一级邮路									20	51
二、邮路单程总长度（公里）	**11 269**	**10 769**	**8 021**	**11 299**	**15 756**	**10 637**	**18 228**	**19 413**	**23 376**	**85 324**
1. 航空	321	321	481	4 318	8 493	3 788	12 489	13 931	18 090	73 487
2. 铁路	3 871	3 170	4 895	5 461	5 826	5 262	4 247	3 686	3 686	3 351
3. 汽车	2 013	2 574	1 614	881	970	1 104	1 213	1 739	1 543	8 470
4. 水路邮路	234	269	275	140	140	140				
5. 摩托			4							
6. 其他邮路	4 830	4 423	751	499	327	343	279	57	57	16
三、农村投递路线单程长度（公里）				**5 430**	**5 292**	**7 985**	**7 984**	**7 988**	**8 211**	**8 564**

主 要 统 计 指 标 解 释

铁路营业里程　指办理客货运输业务的铁路正线总长度。凡是全线或部分建成双线及以上的线路，以第一线的实际长度计算：复线、站线、线管线、岔线和特别用途线以及不计算运费的联络线都不计算营业里程。铁路线营业里程是反映铁路运输业基础设施发展水平的重要指标，也是计算客货周转量、运输密度和机车车辆运用效率指标的基础资料。

公路里程　也称**“公路通车里程”，**是指实际达到交通部制定的公路工程技术标准规定的等级的公路长度。它包括大中城市的郊区公路以及通过小城镇街道的公路里程，也包括桥梁、渡口的长度、但不包括城市的街道以及厂矿、林区和农业生产用道的里程，两条或多条公路共同经由同一路段，只计算一次，不重复计算里程长度。公路里程是反映公路建设发展规模的重要指标，也是计算运输网密度等指标的基础资料。

内河航道里程　也称**“内河通航里程”**，是指在枯水季节水深在0.3米及以上，能通航运输船舶及排筏的天然河流、湖泊水库、运河及通航渠道的长度。包括全年季节性通航累计三个月以上的航道，但不包括仅供零散流放竹木排的河道。内河航道里程是反映内河水运网规模，水平和发展情况的主要指标。

货（客）运量　指运输业实际运送的货物（旅客）数量。货运按吨计算，客运按人计算。货物不论运输距离长短，货物类别，均按实际重量统计：旅客不论行程远近或票价多少、均按一人一次作为客运量统计。半票价、小孩票，也按一人统计。货（客）运量是反映运输业为国民经济和人民生活服务的数量指标，也是制定和检查运输生产计划、研究运输发展规模和速度的重要指标。

货物（旅客）周转量　指运输业运送的货物（旅客）数量与其相应运输距离的乘积之总和，常以吨公里和人公里为计算单位。计算货物周转量通常按发出站与到达站之间的最短距离，也就是计算费距离计算。它是反映运输业生产总成果的重要指标，也是编制和检查运输生产计划、计算运输效率、劳动生产率以及核算运输单位成本的主要基础资料。

邮电业务总量　指以货币表现的邮电部门为用户传递信息和提供其他邮电服务的总量。它用各种邮电分类业务量，如函件件数、电报份数、长话张数、市内电话和农村电话的年均户数、订销报刊累计份数等，分别乘以相应的平均单价（1990年不变价格）加总后再加上出租电路和设备的收入、代用户维护电话交换机和线路等设备的收入、其他业务收入求得。邮电业务量综合反映了一定时期邮电工作的总成果，是研究邮电业务量构成和发展趋势的重要指标。

十三、国 内 贸 易

DOMESTIC TRADE

本篇内容包括：

1. 全市社会消费品零售总额
2. 限额以上批发零售贸易企业商品购进、销售及库存
3. 限额以下批发零售贸易业商品销售总额
4. 餐饮业销售额
5. 限额以上批发零售贸易、餐饮企业财务状况
6. 个体工商业及私营企业基本情况
7. 商品交易市场概况及成交额

资料整理

钟　秀
褚艳红
刘　程

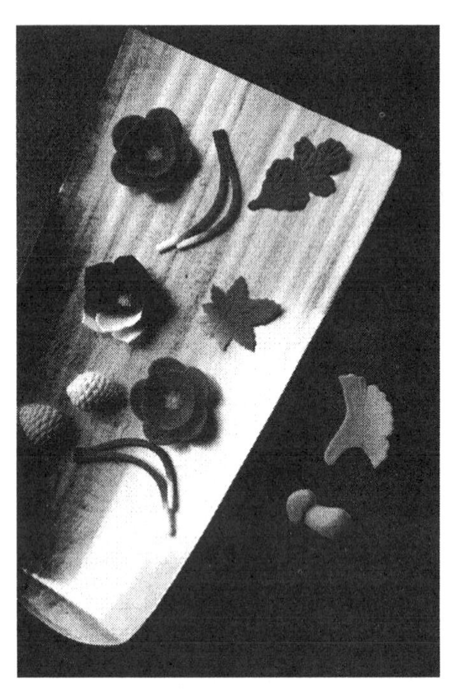

消费品零售总额

1999年　　130.77　亿元

2000年　　144.41　亿元

增长　　10.4 %

个体贸易、餐饮业机构人员

(2000)

个体批发零售贸易业:

2.88 万户　　6.91 万人

个体餐饮业:

0.78 万户　　1.76 万人

13—1 社会消费品零售总额

单位：万元

项目	1999	2000	2000年比上年增长(%)
社会消费品零售总额	**1 307 748**	**1 444 136**	**10.4**
按销售地区分			
市	1 079 572	1 202 920	11.4
县	110 168	113 657	3.2
县以下	118 008	127 559	8.1
按行业分			
批发零售贸易业	852 603	947 915	11.2
餐饮业	95 774	107 184	11.9
制造业	65 781	73 304	11.4
农业生产者	287 626	309 547	7.6
其它	5 964	6 186	3.7
按地区分			
市区	1 079 572	1 202 920	11.4
#东湖区	20 552	81 841	
西湖区	22 225	66 251	
青云谱区	9 354	32 000	
湾里区	8 182	9 095	
郊区	17 851	35 385	
南昌县	77 449	82 170	6.1
新建县	45 831	48 086	4.9
进贤县	73 824	78 595	6.5
安义县	31 072	32 365	4.2

注：1999年五区社会消费品零售总额中未包括个体贸易业和个体餐饮业零售额。

13—2 市区及各县社会消费品零售总额

(2000年)

单位：万元

项目	全市	市区	南昌县	新建县	进贤县	安义县
社会消费品零售总额	**1 444 136**	**1 202 920**	**82 170**	**48 086**	**78 595**	**32 365**
按销售地区分						
市	1 202 920	1 202 920				
县	113 657		35 110	20 483	44 107	13 957
县以下	127 559		47 060	27 603	34 488	18 408
按行业分						
批发零售贸易业	947 915	817 977	41 909	17 346	46 754	23 929
餐饮业	107 184	96 204	3 871	1 226	4 970	913
制造业	73 304	60 256	5 959	3 038	3 387	664
农业生产者	309 547	224 212	29 350	25 822	23 372	6 791
其它	6 186	4 271	1 081	654	112	68

13—3 历 年 社 会 消

年份	社会消费品零售总额	按销售单位所在地分	
		市区	县及县以下
1949	5 142	3 019	2 123
1950	6 464	3 911	2 553
1951	8 703	5 973	2 730
1952	9 922	6 561	3 361
1953	12 751	8 567	4 184
1954	13 307	8 860	4 447
1955	14 844	9 727	5 117
1956	18 320	12 603	5 717
1957	19 068	13 209	5 859
1958	21 686	15 126	6 560
1959	27 795	19 704	8 091
1960	31 760	23 497	8 263
1961	28 939	21 073	7 866
1962	32 217	24 290	7 927
1963	30 602	22 026	8 576
1964	30 675	22 175	8 500
1965	30 647	21 305	9 342
1966	33 632	22 959	10 673
1967	33 298	22 306	10 992
1968	33 769	23 514	10 255
1969	34 231	20 276	13 955
1970	33 100	22 019	11 081
1971	37 916	23 458	14 458
1972	38 091	25 233	12 858
1973	42 973	28 913	14 060
1974	43 409	28 628	14 781
1975	45 824	30 093	15 731
1976	46 948	30 567	16 382
1977	48 948	31 699	17 249
1978	52 647	34 235	18 412
1979	60 984	39 486	21 498
1980	74 920	51 698	23 222
1981	93 178	67 663	25 515
1982	99 691	71 506	28 185
1983	106 802	76 189	30 613
1984	125 508	91 050	34 458
1985	152 853	110 289	42 564
1986	169 491	119 812	49 679
1987	193 187	138 579	54 608
1988	236 106	171 641	64 465
1989	260 467	190 070	70 397
1990	263 645	196 331	67 314
1991	299 652	224 992	74 660
1992	352 049	266 131	85 918
1993	446 635	339 136	107 499
1994	582 412	445 036	137 376
1995	736 419	571 231	165 188
1996	920 925	729 862	191 063
1997	1 096 094	889 575	206 519
1998	1 199 107	981 158	217 949
1999	1 307 748	1 079 572	228 176
2000	1 444 136	1 202 920	241 216

费 品 零 售 总 额

单位：万元

按	行	业	分	
批发零售贸易业	餐 饮 业	制 造 业	农业生产者	其 它
4 022	257	396	406	61
5 068	304	522	503	67
6 685	434	820	672	92
7 628	497	984	695	118
10 190	571	1 150	704	136
10 817	618	965	740	167
12 184	731	1 005	721	203
15 118	855	1 354	704	289
15 754	947	1 290	764	313
18 192	925	1 293	931	345
24 132	1 158	1 187	1 002	316
27 528	1 258	1 241	1 262	471
23 885	1 474	1 385	1 570	625
26 079	1 991	1 661	1 826	600
25 458	1 766	1 432	1 300	640
26 212	1 569	2 356	961	577
25 617	1 501	1 347	770	412
28 513	1 605	2 296	784	434
28 325	1 753	1 856	785	579
28 627	1 829	1 977	788	548
30 322	1 698	1 167	739	305
29 829	1 177	1 107	723	264
32 332	1 835	2 010	751	988
33 024	1 712	986	838	1 531
38 838	1 688	1 261	998	188
39 017	1 791	773	1 101	727
41 030	1 821	1 012	1 398	563
41 585	1 894	1 273	1 455	742
43 778	1 813	1 228	1 411	718
46 242	2 253	2 007	1 479	666
51 409	2 304	2 885	2 356	2 030
61 881	2 683	5 931	3 061	1 364
72 251	2 906	9 409	5 971	26 41
77 365	2 939	10 807	5 821	2 759
81 037	3 171	15 507	5 084	2 003
96 198	3 581	14 918	7 548	3 263
111 760	4 633	18 791	14 928	2 741
120 281	4 991	18 458	23 585	2 176
133 030	5 511	17 490	35 194	1 962
159 257	7 492	21 477	44 354	3 526
179 371	8 381	19 278	49 525	3 912
176 416	10 306	22 716	48 870	5 337
205 145	10 633	18 828	59 290	5 756
236 499	12 981	21 962	73 499	7 108
295 072	21 753	24 772	97 152	7 886
381 595	27 412	35 853	130 049	7 503
477 058	35 977	44 423	171 156	7 805
599 184	51 914	50 286	211 756	7 785
704 064	73 607	59 859	250 883	7 681
773 257	83 553	62 040	274 920	5 337
852 603	95 774	65 781	287 626	5 964
947 915	107 184	73 304	309 547	6 186

13—4 社会消费品零

(200

	一月	二月	三月	四月	五月
社会消费品零售总额	**137 443**	**120 543**	**108 683**	**100 765**	**108 942**
按销售地区分					
市	117 249	101 635	91 277	83 300	91 984
县	10 463	9 079	8 727	8 763	8 615
县以下	9 731	9 829	8 679	8 702	8 343
按行业分					
批发、零售贸易业	93 131	87 982	79 119	70 246	74 278
#限额以上	20 465	19 820	17 918	14 472	15 654
限额以下及个体户	72 666	68 162	61 201	55 774	58 624
餐饮业	7 730	5 516	6 064	6 231	6 729
制造业	6 733	4 581	3 926	4 302	4 337
农业生产者	29 215	21 636	19 053	19 478	23 145
其他	634	828	521	508	453

13—5 县区社会消费

(200

	一月	二月	三月	四月	五月
全市	**137 443**	**120 543**	**108 683**	**100 765**	**108 942**
南昌县	7 019	5 781	6 250	6 669	5 965
新建县	4 199	4 414	3 229	3 410	3 313
进贤县	6 243	5 980	5 860	5 450	5 548
安义县	2 733	2 845	2 067	1 801	1 832
东湖区	7 660	7 599	6 376	6 322	7 056
西湖区	5 533	5 675	5 517	5 437	5 537
青云谱区	2 756	2 796	2 571	2 570	2 752
湾里区	703	1 126	775	695	688
郊区	2 736	2 853	3 152	2 756	3 062

售总额分月数

0年）

单位：万元

六月	七月	八月	九月	十月	十一月	十二月	全年
106 858	**104 052**	**100 221**	**118 902**	**138 779**	**143 091**	**155 857**	**1 444 136**
90 419	88 234	82 841	98 429	117 150	115 896	124 506	1 202 920
8 049	6 638	8 073	9 340	9 382	11 838	14 690	113 657
8 390	9 180	9 307	11 133	12 247	15 357	16 661	127 559
72 514	69 190	64 197	70 120	85 306	89 242	92 590	947 915
15 394	16 380	13 771	16 707	23 274	24 428	25 022	223 305
57 120	52 810	50 426	53 413	62 032	64 814	67 568	724 610
7 468	8 139	8 532	12 034	12 704	12 763	13 274	107 184
4 773	6 028	6 620	7 184	6 890	6 933	10 997	73 304
21 411	20 012	20 529	28 969	33 538	33 841	38 720	309 547
692	683	343	595	341	312	276	6 186

品零售总额分月数

0年）

单位：万元

六月	七月	八月	九月	十月	十一月	十二月	全年
106 858	**104 052**	**100 221**	**118 902**	**138 779**	**143 091**	**155 857**	**1 444 136**
5 715	5 824	6 452	6 910	7 475	8 276	9 834	82 170
3 512	2 960	3 293	3 791	4 146	4 836	6 983	48 086
5 658	4 991	5 637	6 820	7 297	8 941	10 170	78 595
2 017	2 043	1 998	2 952	2 711	3 455	5 911	32 365
6 502	6 492	6 584	6 775	7 247	6 574	6 654	81 841
5 235	4 993	4 829	5 020	5 343	6 455	6 677	66 251
2 620	2 503	2 565	2 768	2 782	2 587	2 730	32 000
693	629	665	830	777	751	763	9 095
2 863	3 012	2 941	2 759	2 874	3 102	3 275	35 385

13—6 批发零售贸易业商品

（限额以上，

	法人企业数（个）	活动单位数（个）	购进总额
总　　计	**138**	**140**	**1 407 131**
#国有及国有控股	114	114	1 304 024
按登记注册类型分			
内资企业	137	139	1 406 285
国有企业	95	97	1 042 932
集体企业	8	8	48 107
股份合作企业	7	7	58 295
联营企业	3	3	10 776
#国有联营企业	3	3	10 776
有限责任公司	12	12	67 554
#其他有限责任公司	12	12	67 554
股份有限公司	8	8	173 689
私营企业	4	4	4 932
#私营合伙企业	1	1	453
私营有限责任公司	3	3	4 479
其他企业			
港、澳、台商投资企业	1	1	846
合资经营企业（港或澳、台资）	1	1	846
按国民经济行业分			
（一）批发业	108	108	1 226 386
食品、饮料、烟草批发业	17	17	325 195
#粮食、食用油批发业	1	1	158 169
烟草及其制品批发业	6	6	125 186
棉、麻、土畜产品批发业	5	5	87 927

购进、销售、库存总额

2000年）

单位：万元

进口	销售总额	批发	出口	零售	年末库存总额
58 243	**1 413 251**	**1 189 292**	**587 090**	**223 959**	**113 248**
52 104	1 298 058	1 120 546	582 098	177 512	100 424
58 243	1 412 272	1 188 371	587 090	223 901	112 991
51 447	1 026 769	979 278	572 513	47 491	68 619
6 140	58 362	58 049		313	4 076
	60 214	32 457		27 757	6 266
	10 611	8 846		1 765	1 153
	10 611	8 846		1 765	1 153
657	71 337	26 286	14 577	45 050	8 933
657	71 337	26 286	14 577	45 050	8 933
	179 748	83 456		96 292	22 858
	5 233			5 233	1 087
	809			809	100
	4 424			4 424	987
	979	921		58	257
	979	921		58	257
58 243	1 226 335	1 160 721	587 090	65 613	74 837
1 164	343 111	342 009	177 138	1 102	8 642
507	160 706	160 706	160 706		
	135 113	134 703		410	5 584
9 108	79 300	79 300	72 728		2 920

13—6 续表 （限额以上，

	法人企业数（个）	活动单位数（个）	购进总额
纺织品、服装和鞋帽批发业	13	13	186 322
日用百货批发业	4	4	45 489
日用杂品批发业	1	1	121
五金、交电、化工批发业	7	7	9 266
药品及医疗器械批发业	5	5	85 160
能源批发业	9	9	135 365
#石油及制品批发业	7	7	131 707
煤炭及制品批发业	2	2	3 658
化工材料批发业	5	5	48 388
矿产品批发业	1	1	697
金属材料批发业	9	9	43 131
机械、电子设备批发业	11	11	77 157
汽车、摩托车及零配件批发业	8	8	30 196
#汽车批发业	8	8	30 196
再生物资回收批发业	3	3	12 919
工艺美术批发业	1	1	4 243
图书报刊批发业	1	1	72 374
农业生产资料批发业	6	6	41 005
其他类未包括的批发业	2	2	21 429
（二）零 售 业	30	2	180 745
食品、饮料和烟草零售业	2		3 600
#粮油食品零售业	1		545
副食品零售业	1		3 055
日用百货零售业	13		133 353
#百货零售业	12		126 678
纺织品、服装和鞋帽零售业	2		825
五金、交电、化工零售业	3		4 095
药品及医疗器械零售业	1		7 510
图书报刊零售业	8	2	30 599
其他零售业	1		763

2000年）

单位：万元

进口	销售总额	批发	出口	零售	年末库存总额
25 402	170 085	170 085	166 073		8 746
1 310	43 697	43 688	14 134	9	3 135
	128	96		32	661
	9 944	9 429	5 102	515	779
155	88 586	53 177	44 999	35 409	6 655
	136 904	110 323	1 571	26 581	12 449
	133 021	106 440		26 581	12 325
	3 883	3 883	1 571		123
2 571	46 842	46 804	27 197	38	3 548
	699	699			30
1 922	41 293	40 265	23 054	1 029	4 528
5 851	83 467	82 916	35 418	551	5 207
	30 363	30 197	4 479	166	3 361
	30 363	30 197	4 479	166	3 361
	9 084	8 999		85	1 882
	4 677	4 677	4 677		32
	70 749	70 749			5 520
6 140	45 934	45 837		97	5 005
4 620	21 471	21 471	10 521		1 742
	186 916	28 571		158 346	38 411
	3 277	1 082		2 195	1 212
	430			430	152
	2 847	1 082		1 765	1 060
	142 046	17 123		124 923	19 621
	133 716	17 116		116 599	18 187
	1 249	153		1 096	188
	4 099	1 040		3 060	1 158
	9 169			9 169	2 784
	26 213	9 173		17 040	13 355
	863			863	95

13—7 批发零售贸易业商品销售类值

（限额以上）

单位：万元

	合计		批发		零售	
	1999	2000	1999	2000	1999	2000
合　　计	**1 352 243**	**1 412 345**	**1 134 109**	**1 189 040**	**218 135**	**223 305**
食 品 类	129 437	188 971	115 467	173 720	13 970	15 251
# 肉禽蛋类	26 700	22 164	25 547	20 018	1 153	2 146
饮 料 类	12 887	11 310	10 591	7 892	2 296	3 418
烟 酒 类	101 365	170 208	91 668	165 126	9 697	5 082
服装、鞋帽类	114 396	90 300	94 481	75 721	19 915	14 579
针、纺织品类	126 060	124 253	111 191	120 994	14 869	3 259
化 妆 品 类	29 190	24 622	26 706	22 132	2 484	2 490
金银珠宝类	5 930	8 915	1 322	351	4 608	8 564
日 用 品 类	28 199	19 813	8 670	7 516	19 529	12 297
# 洗涤用品类	2 342	5 276	1 362	2 461	980	2 815
五金、电料类	16 793	5 891	12 949	5 274	3 844	617
体育、娱乐用品类	3 439	5 097	1 115	4 071	2 324	1 026
书报杂志类	100 988	95 812	84 069	83 568	16 919	12 244
电子出版物及音像制品类	1 252	885	763	353	489	532
家用电器和音像器材类	71 086	80 754	35 330	18 727	35 756	62 027
中西药品类	83 768	111 476	49 438	68 583	34 330	42 893
文化办公用品类	4 247	5 299	3 363	3 486	884	1 813
家 具 类	1 349	546	1 339	545	10	1
通讯器材类	5 486	4 477	4 747	3 814	739	663
煤炭及制品类	12 325	2 997	10 408	2 607	1 917	390
木材及制品类	1 398	817	1 388	817	10	
石油及制品类	94 704	140 278	82 247	111 590	12 457	28 688
化工材料类	115 585	81 280	114 737	81 107	848	173
金属材料类	62 421	38 918	62 421	38 918		
建筑及装璜材料类	13 733	2 552	11 958	2 552	1 775	
机电产品及设备类	105 238	94 314	92 793	92 014	12 445	2 300
# 农 机 类	3 214	2 520	2 066	2 520	1 148	
种子饲料类	9 960	523	9 960	523		
棉麻土畜类	28 460	6 920	28 460	6 920		
其 他 类	77 184	95 117	66 520	90 119	6 020	4 998

13—8 批发零售贸易业商品销售数量

（限额以上）

	合计		批发		零售	
	1999	2000	1999	2000	1999	2000
粮　　食(吨)	273 366	610 990	268 933	608 838	4 433	2 152
(千元)	513 763	808 498	504 036	805 122	9 727	3 376
食用植物油(吨)	1 536	1 845			1 536	1 845
(千元)	11 460	14 110			11 460	14 110
食　　糖(吨)	2 562	858	2 516	853	46	5
(千元)	7 177	2 598	6 770	2 584	407	14
棉　　花(吨)	3 107	5 099	3 107	5 051		48
(千元)	21 867	54 651	21 867	54 502		149
电 视 机(台)	77 274	87 888	20 935	8 798	56 339	79 090
(千元)	167 130	144 496	32 514	16 664	134 616	127 832
组合音响(台)	408	3 594			408	3 594
(千元)	672	3 626			672	3 626
摄 像 机(台)		42				42
(千元)		203				203
录 像 机(台)	116	1			116	1
(千元)	141	3			141	3
影 碟 机(台)	27 356	21 565	12 267		15 089	21 565
(千元)	18 707	19 578	2 731		15 976	19 578
家用电冰箱(台)	55 245	60 638	24 707	22 833	30 538	37 805
(千元)	113 953	119 041	45 059	43 766	68 894	75 275
家用洗衣机(台)	72 506	46 044	47 829	15 287	24 677	30 757
(千元)	150 086	71 478	109 774	21 069	40 312	50 409
房间空调器(台)	28 390	43 483	10 142	17 622	18 248	25 861
(千元)	114 947	164 685	33 119	60 039	81 828	104 646
微 波 炉(台)	17 025	21 215	3 103	3 947	13 922	17 268
(千元)	15 172	15 940	2 579	2 871	12 593	13 069
微型计算机(台)	667	1 853	554	1 125	113	728
(千元)	3 864	12 414	2 936	8 178	928	4 236
普通电话机(部)	28 517	8 228	22 594		5 923	8 228

13—8 续表

	合计		批发		零售	
	1999	2000	1999	2000	1999	2000
普通电话机(千元)	2 316	1 987	779		1 537	1 987
煤　　炭(吨)	32 888	211 861	30 961	211 861	1 927	
(千元)	4 242	32 926	3 853	32 926	389	
木　　材(立方米)	286	148	286	148		
(千元)	953	702	953	702		
汽　　油(吨)	146 242	130 627	111 155	81 147	35 087	49 480
(千元)	338 758	423 163	252 427	246 480	86 331	176 683
柴　　油(吨)	224 742	298 511	224 742	219 353		79 158
(千元)	504 736	847 375	504 736	639 589		207 786
化学肥料(吨)	543 470	366 158	543 470	366 158		
农用簿膜(吨)	390	202	390	202		
(千元)	2 578	1 639	2 578	1 639		
化学农药(吨)	1 232	1 858	1 232	1 858		
(千元)	5 638	30 572	5 638	30 572		
钢　　材(吨)	145 917	86 167	144 631	82 827	1 286	3 340
(千元)	321 746	221 143	319 113	207 396	2 633	13 747
铜　　(吨)	78	17	78	17		
(千元)	1 126	291	1 126	291		
汽　　车(辆)	6 670	5 777	5 479	5 080	1 191	697
#轿　车(辆)	1 428	1 887	1 045	1 320	383	567
(千元)	135 528	133 690	114 302	115 089	21 226	18 601
摩托车(辆)	8 412	4 674	5 442	2 407	2 970	2 267
(千元)	30 040	22 835	17 738	12 300	12 302	10 535
拖拉机(台)	169	339	169	339		
(千元)	6 652	3 581	6 652	3 581		

13—9 批发零售贸易业商品销售总额

（限额以下，2000年）　　单位：万元

	销售总额	交易市场内	交易市场外
总　　计	**1 663 109**		
一、限额以下批发零售业合计	**801 163**	**6 024**	**795 139**
#零　售　额	335 190	3 185	332 005
按商品类值分			
食品、饮料、烟酒类	201 899	1 256	200 643
服装、鞋帽、针、纺织品类	30 610	902	29 708
化 妆 品 类	2 438		2 438
日 用 品 类	39 878	729	39 149
五金、电料类	54 156	182	53 974
体育、娱乐用品类	844		844
书报杂志类	1 398		1 398
家用电器和音像器材类	15 556	420	15 136
中西药品类	22 724		22 724
文化办公用品类	18 315	475	17 840
家　具　类	5 736		5 736
木材及制品类	7 072		7 072
化工材料及制品类	41 184	778	40 406
建筑及装璜材料类	43 677	838	42 839
机电产品及设备类	70 911		70 911
其　他　类	244 765	444	244 321
二、个　　体	**861 946**		
#零　售　额	389 420		

13—10 批发零售贸易

（限额以上，

	企业数（个）	亏损企业	年 流动资产小计	存货	长期投资
批发、零售贸易企业总计	**138**	**68**	**597 076**	**119 778**	**64 254**
一、批发企业	**108**	**52**	**528 257**	**93 096**	**59 465**
#国有及国有控股	108	52	528 257	93 096	59 465
（一）按登记注册类型分					
内资企业	107	51	527 024	92 876	59 220
国有企业	82	44	408 437	68 666	58 371
集体企业	6	2	69 679	6 729	611
股份合作企业	2	1	5 426	2 808	20
联营企业	2	1	473	93	
#国有联营企业	2	1	473	93	
有限责任公司	9	2	28 878	5 791	46
#其他有限责任公司	9	2	28 878	5 791	46
股份有限公司	6	1	14 131	8 789	172
港、澳、台商投资企业	1	1	1 233	220	245
合资经营企业（港或澳、台资）	1	1	1 233	220	245
（二）按国民经济行业分					
食品、饮料、烟草批发业	17	4	89 539	16 825	14 909
#粮食、食用油批发业	1		45 805	8 633	10 835
烟草及其制品批发业	6		11 186	4 856	2 443
棉、麻、土畜产品批发业	5	3	43 527	5 966	3 505
纺织品、服装和鞋帽批发业	13	7	78 716	12 387	16 053
日用百货批发业	4	3	14 899	4 494	198
日用杂品批发业	1		2 797	609	4
五金、交电、化工批发业	7	5	5 559	729	728
药品及医疗器械批发业	5	1	36 950	6 217	123
能源批发业	9	4	22 636	9 595	607
#石油及制品批发业	7	3	18 861	9 368	479
煤炭及制品批发业	2	1	3 774	227	128
化工材料批发业	5	2	17 697	3 524	697
矿产品批发业	1		3 173	1 781	204
金属材料批发业	9	5	51 640	6 037	2 655
机械、电子设备批发业	11	6	53 569	6 665	12 829
汽车、摩托车及零配件批发业	8	4	11 029	4 514	1 294
#汽车批发业	8	4	11 029	4 514	1 294
再生物资回收批发业	3	2	5 699	448	72
工艺美术批发业	1	1	3 042	32	3 756

企　业　财　务　状　况

2000年）　　　　　　　　　　　　　　　　　　　　单位：万元

末资产负债							
固定资产小计	固定资产原价	生产经营用	累计折旧	本年折旧	无形及递延资产小计	无形资产	资产总计
140 399	**146 949**	**104 593**	**34 395**	**5 712**	**7 124**	**2 575**	**862 555**
104 619	**111 855**	**71 292**	**28 856**	**4 804**	**5 378**	**2 204**	**748 503**
104 619	111 855	71 292	28 856	4 804	5 378	2 204	748 503
104 374	111 655	71 287	28 766	4 714	5 155	1 992	746 557
90 987	95 526	59 197	24 224	3 983	4 269	1 811	579 343
7 615	7 901	6 099	1 640	242	153	5	110 460
1 253	1 474		298	26	19	18	6 718
13	37		24	5			486
13	37		24	5			486
702	983	751	294	70	72	72	29 887
702	983	751	294	70	72	72	29 887
3 804	5 734	5 240	2 286	389	642	86	19 663
246	200	5	91	91	223	213	1 946
246	200	5	91	91	223	213	1 946
31 734	35 984	18 578	8 250	940	966	341	137 751
7 844	10 073	844	2 564	333	291	110	64 775
2 321	3 085	1 232	892	230	121	121	16 573
7 705	9 025	5 748	1 692	221	137		87 272
10 073	8 747	5 115	1 812	273	95	6	105 302
2 021	2 668	1 140	724	53	292	292	17 627
404	511	464	107		1		3 207
2 145	2 687	718	678	131	224	213	8 656
705	1 024	595	332	98	3	2	37 970
12 495	17 160	13 401	6 542	2 329	428	139	37 901
11 075	14 930	11 566	5 733	2 249	426	139	32 287
1 420	2 229	1 835	809	80	2		5 614
3 146	2 506	2 316	779	48	14		21 553
986	1 215	1 215	229	15			4 431
4 592	5 840	3 631	1 506	121	2 024	728	65 841
9 956	5 437	4 361	1 969	195	269	126	84 458
5 355	6 675	5 373	1 336	106	752	184	18 601
5 355	6 675	5 373	1 336	106	752	184	18 601
3 337	3 745	1 858	620	27	64	64	9 345
229	314		85	25	106	106	9 198

	企业数（个）	亏损企业	年 流动资产小计	存货	长期投资
图书报刊批发业	1		10 654	3 224	317
农业生产资料批发业	6	4	70 212	7 773	424
其他类未包括的批发业	2	1	6 921	2 275	1 089
二、零售企业	**30**	**16**	**68 819**	**26 682**	**4 789**
#国有及国有控股	17	6	48 070	20 669	4 786
（一）按登记注册类型分					
内资企业	30	16	68 819	26 682	4 789
国有企业	13	4	13 461	8 565	525
集体企业	2	1	1 383	395	4
股份合作企业	5	3	12 818	2 911	
联营企业	1	1	1 442	1 175	
#国有联营企业	1	1	1 442	1 175	
有限责任公司	3	3	2 952	1 758	
#其他有限责任公司	3	3	2 952	1 758	
股份有限公司	2		32 429	10 791	4 261
私营企业	4	4	4 335	1 088	
#私营合伙企业	1	1	135	100	
私营有限责任公司	3	3	4 200	988	
（二）按国民经济行业分					
食品、饮料和烟草零售业	2	2	2 350	1 364	
#粮油食品零售业	1	1	908	188	
副食品零售业	1	1	1 442	1 175	
日用百货零售业	13	8	51 834	16 246	4 264
#百货零售业	12	8	50 705	16 040	4 264
纺织品、服装和鞋帽零售业	2	2	329	194	
五金、交电、化工零售业	3	2	3 365	1 158	
药品及医疗器械零售业	1		1 009	956	
图书报刊零售业	8	1	9 186	6 668	525
其他零售业	1	1	746	96	
（三）按经营方式分					
连锁商店	9	6	9 360	4 609	
非连锁商店	21	10	59 459	22 073	4 789
（四）按零售业态分					
百货商店	10	6	47 753	14 619	4 264
超级市场	3	3	4 394	2 597	
专业（专卖）商店	17	7	16 672	9 467	525

2000年）　　　　单位：万元

末资产负债							
固定资产小计	固定资产原价	生产经营用	累计折旧	本年折旧	无形及递延资产小计	无形资产	资产总计
5 137	3 868	3 868	1 004	137			16 108
3 619	3 098	1 776	819	52	5	5	74 284
982	1 355	1 135	373	35			9 001
35 779	**35 094**	**33 301**	**5 539**	**908**	**1 746**	**371**	**114 052**
29 112	27 221	25 660	4 326	621	338	11	82 749
35 779	35 094	33 301	5 539	908	1 746	371	114 052
6 613	6 422	5 003	1 027	172	120	11	21 162
20	239	215	219	8	823		2 230
2 579	3 242	3 239	663	200	136		15 534
2 599	2 743	2 743	145	6	218		4 258
2 599	2 743	2 743	145	6	218		4 258
996	1 023	815	28	26	137	48	6 467
996	1 023	815	28	26	137	48	6 467
19 897	18 053	17 914	3 154	444			56 587
3 076	3 372	3 372	304	53	312	312	7 813
95	100	100	5	4			321
2 981	3 272	3 272	299	50	312	312	7 492
3 535	3 857	2 743	327	16	218		6 103
936	1 114		183	11			1 844
2 599	2 743	2 743	145	6	218		4 258
26 836	25 950	25 571	4 209	695	1 115	48	86 520
25 956	24 702	24 322	3 840	605	1 115	48	84 511
108	121	121	14	4			527
2 081	1 492	1 451	213	33			5 447
131	163	163	32	10	48		1 188
2 720	2 963	2 705	560	107	54	11	12 840
369	547	547	185	42	312	312	1 427
5 798	6 756	5 440	970	184	708	360	17 946
29 982	28 338	27 861	4 569	724	1 039	11	96 106
25 173	23 899	23 724	3 820	585	985		78 657
3 381	3 546	3 341	165	26	348	48	10 112
7 225	7 649	6 236	1 554	297	414	323	25 283

	年末资产				
	流动负债小计	长期负债小计	负债合计	所有者权益合计	实收资本
批发、零售贸易企业总计	**732 708**	**92 578**	**833 099**	**29 455**	**97 533**
一、批发企业	**661 296**	**83 910**	**753 019**	**－4 517**	**70 822**
#国有及国有控股	661 296	83 910	753 019	－4 517	70 822
（一）按登记注册类型分					
内资企业	658 448	83 910	750 171	－3 615	70 171
国有企业	537 141	51 545	593 038	－13 695	64 614
集体企业	74 146	30 537	104 712	5 748	3 128
股份合作企业	4 584	1 451	6 035	683	525
联营企业	454	－31	423	63	215
#国有联营企业	454	－31	423	63	215
有限责任公司	28 631		28 642	1 245	1 116
#其他有限责任公司	28 631		28 642	1 245	1 116
股份有限公司	13 493	408	17 322	2 342	573
港、澳、台商投资企业	2 848		2 848	－902	651
合资经营企业（港或澳、台资）	2 848		2 848	－902	651
（二）按国民经济行业分					
食品、饮料、烟草批发业	99 941	3 570	103 511	34 239	13 698
#粮食、食用油批发业	42 571	141	42 712	22 063	3 967
烟草及其制品批发业	6 624		6 624	9 949	1 924
棉、麻、土畜产品批发业	95 989	32 189	128 178	－40 907	3 253
纺织品、服装和鞋帽批发业	86 037	28 373	114 410	－9 108	5 343
日用百货批发业	31 122	1 019	32 141	－14 513	1 024
日用杂品批发业	4 354	1	4 355	－1 148	481
五金、交电、化工批发业	8 553	483	9 037	－381	1 776
药品及医疗器械批发业	36 007	5 857	41 876	－3 906	1 586
能源批发业	25 139	3 483	32 039	5 862	3 530
#石油及制品批发业	21 544	3 483	28 444	3 843	2 121
煤炭及制品批发业	3 595		3 595	2 019	1 410
化工材料批发业	15 692	4 437	20 129	1 425	1 397
矿产品批发业	2 296	107	2 403	2 028	691
金属材料批发业	69 907	441	70 351	－4 510	7 949
机械、电子设备批发业	71 195	－425	70 773	13 685	21 028
汽车、摩托车及零配件批发业	17 395	1 015	18 410	191	2 630
#汽车批发业	17 395	1 015	18 410	191	2 630
再生物资回收批发业	7 658	997	8 654	691	1 166
工艺美术批发业	5 612	1 847	7 460	1 738	884

2000 年）　　　　单位：万元

负债			损益及分配					
国家资本	港澳台资本	外商资本	商品销售收入	商品销售收入净额	商品销售成本	经营费用	运杂装卸费	商品销售税金及附加
72 804			**1 382 155**	**1 361 960**	**1 266 459**	**44 151**	**6 703**	**1 799**
61 205			**1 215 865**	**1 198 838**	**1 120 195**	**36 930**	**6 063**	**1 190**
61 205			1 215 865	1 198 838	1 120 195	36 930	6 063	1 190
60 755			1 214 944	1 197 917	1 119 272	36 876	6 059	1 190
59 692			984 893	968 342	903 614	30 515	4 584	890
			68 189	68 189	63 923	1 649	589	62
418			27 260	27 253	26 555	690	56	19
180			7 764	7 764	7 625	17		
180			7 764	7 764	7 625	17		
365			50 727	50 258	45 829	1 391	201	164
365			50 727	50 258	45 829	1 391	201	164
100			76 112	76 112	71 727	2 614	630	56
451			921	921	923	54	4	
451			921	921	923	54	4	
13 098			339 138	339 138	310 518	11 832	666	494
3 967			166 394	166 394	154 327	8 866		50
1 924			132 586	132 586	120 751	684	402	173
1 479			73 456	73 456	69 262	2 862	301	45
5 320			186 440	186 237	176 289	4 565	521	43
982			39 252	39 246	38 247	924	245	20
			116	116	98	40	4	6
1 467			9 860	9 860	9 537	332	46	2
1 560			87 184	86 650	80 925	1 760	382	174
3 090			130 220	130 220	121 823	5 156	1 179	162
1 721			125 876	125 876	118 245	4 762	1 095	137
1 370			4 344	4 344	3 578	394	84	25
1 323			43 814	43 814	41 606	1 170	314	12
691			4 867	4 867	4 565	83	51	2
7 750			40 457	40 457	37 603	1 907	143	29
18 552			84 880	84 880	80 252	2 167	937	29
2 217			30 378	30 378	29 387	547	110	6
2 217			30 378	30 378	29 387	547	110	6
249			8 746	8 746	8 712	91	25	10
884			4 677	4 677	4 174	70	14	

	年末资产				
	流动负债小计	长期负债小计	负债合计	所有者权益合计	实收资本
图书报刊批发业	5 972	155	6 127	9 981	585
农业生产资料批发业	67 118	694	72 189	2 095	2 327
其他类未包括的批发业	11 311	– 333	10 978	– 1 977	1 475
二、零售企业	**71 412**	**8 668**	**80 080**	**33 972**	**26 711**
# 国有及国有控股	52 981	8 300	61 282	21 467	11 125
（一）按登记注册类型分					
内资企业	71 412	8 668	80 080	33 972	26 711
国有企业	14 026	2 646	16 672	4 490	1 620
集体企业	2 638	252	2 891	– 660	36
股份合作企业	8 213	116	8 329	7 205	7 497
联营企业	1 452		1 452	2 807	3 000
# 国有联营企业	1 452		1 452	2 807	3 000
有限责任公司	2 625		2 625	3 842	4 660
# 其他有限责任公司	2 625		2 625	3 842	4 660
股份有限公司	36 762	5 655	42 416	14 171	6 505
私营企业	5 696		5 696	2 118	3 393
# 私营合伙企业	278		278	43	100
私营有限责任公司	5 418		5 418	2 075	3 293
（二）按国民经济行业分					
食品、饮料和烟草零售业	1 875	1 485	3 360	2 742	3 171
# 粮油食品零售业	424	1 485	1 909	– 65	171
副食品零售业	1 452		1 452	2 807	3 000
日用百货零售业	54 740	6 324	61 064	25 456	21 324
# 百货零售业	54 077	6 324	60 401	24 109	20 564
纺织品、服装和鞋帽零售业	292	116	408	119	186
五金、交电、化工零售业	5 356	619	5 975	– 528	310
药品及医疗器械零售业	1 056		1 056	132	59
图书报刊零售业	6 634	125	6 759	6 081	1 068
其他零售业	1 458		1 458	– 31	593
（三）按经营方式分					
连锁商店	8 834	1 485	10 319	7 627	8 884
非连锁商店	62 578	7 183	69 761	26 344	17 827
（四）按零售业态分					
百货商店	51 508	6 324	57 832	20 825	16 564
超级市场	4 021		4 021	6 091	7 000
专业（专卖）商店	15 883	2 344	18 227	7 056	3 148

单位：万元

负债			损益及分配					
国家资本	港澳台资本	外商资本	商品销售收入	商品销售收入净额	商品销售成本	经营费用	运杂装卸费	商品销售税金及附加
585			62 610	47 369	42 620	1 813	254	55
484			49 816	49 816	46 686	951	545	97
1 475			19 951	18 910	17 892	662	326	6
11 599			**166 290**	**163 122**	**146 264**	**7 221**	**639**	**609**
10 808			123 756	120 840	107 796	4 714	465	379
11 599			166 290	163 122	146 264	7 221	639	609
1 620			28 347	25 678	20 277	2 301	308	67
			313	313	268	13		
760			27 612	27 376	24 771	846	19	127
3 000			2 847	2 601	2 388	227		4
3 000			2 847	2 601	2 388	227		4
31			10 143	10 126	9 294	1 112	5	12
31			10 143	10 126	9 294	1 112	5	12
6 187			91 796	91 796	84 464	2 127	156	308
			5 233	5 233	4 801	596	151	91
			809	809	621	132		87
			4 424	4 424	4 180	464	151	4
3 171			3 277	3 031	2 803	291	2	4
171			430	430	415	64	2	
3 000			2 847	2 601	2 388	227		4
7 220			129 443	129 387	118 523	4 315	175	449
6 460			122 304	122 249	112 864	3 775	170	338
			1 185	1 185	946	171	5	88
109			4 288	4 099	4 074	68		2
59			7 886	7 886	5 631	857	255	23
1 039			19 349	16 671	13 522	1 347	57	42
			863	863	765	172	146	2
3 991			32 694	32 250	27 441	2 882	408	237
7 608			133 596	130 871	118 823	4 339	231	372
6 460			113 064	113 017	104 271	2 879	170	329
3 000			12 087	11 833	10 982	1 124		13
2 139			41 140	38 273	31 011	3 218	469	267

	损		益		
	商品销售利润	代购代销收入	主营利润	其他业务利润	管理费用
批发、零售贸易企业总计	**49 551**	**1 905**	**51 456**	**4 821**	**37 142**
一、批 发 企 业	**40 522**	**1 905**	**42 428**	**4 145**	**27 841**
#国有及国有控股	40 522	1 905	42 428	4 145	27 841
（一）按登记注册类型分					
内 资 企 业	40 579	1 905	42 484	4 145	27 776
国 有 企 业	33 324	1 882	35 206	3 629	23 428
集 体 企 业	2 555		2 555	230	1 659
股份合作企业	-11		-11	291	163
联 营 企 业	122		122		111
#国有联营企业	122		122		111
有限责任公司	2 874	23	2 897	-61	1 163
#其他有限责任公司	2 874	23	2 897	-61	1 163
股份有限公司	1 716		1 716	56	1 252
港、澳、台商投资企业	-57		-57		65
合资经营企业（港或澳、台资）	-57		-57		65
（二）按国民经济行业分					
食品、饮料、烟草批发业	16 294	53	16 347	1 071	7 057
#粮食、食用油批发业	3 151	23	3 174	988	2 622
烟草及其制品批发业	10 978		10 979	2	1 933
棉、麻、土畜产品批发业	1 288	7	1 295	129	1 789
纺织品、服装和鞋帽批发业	5 340	633	5 974	157	4 190
日用百货批发业	55	39	94	291	665
日用杂品批发业	-27		-27	103	111
五金、交电、化工批发业	-11	7	-3	47	201
药品及医疗器械批发业	3 790	7	3 797	-60	1 526
能源批发业	3 079	628	3 708	34	1 897
#石油及制品批发业	2 732	628	3 360	34	1 632
煤炭及制品批发业	348		348		265
化工材料批发业	1 027	129	1 156	48	951
矿产品批发业	218		218	158	343
金属材料批发业	919	298	1 216	308	1 619
机械、电子设备批发业	2 432	49	2 481	1 773	2 856
汽车、摩托车及零配件批发业	438		438	82	875
#汽车批发业	438		438	82	875
再生物资回收批发业	-66		-66	5	702
工艺美术批发业	434		434		247

及	分	配				
税金	财产保险	劳动待业险	财务费用	利息支出	营业利润	补贴收入
670	**335**	**3 204**	**19 710**	**12 578**	**2 524**	**1 249**
499	**273**	**2 452**	**18 093**	**11 129**	**2 894**	**1 248**
499	273	2 452	18 093	11 129	2 894	1 248
499	271	2 452	17 956	10 992	3 153	1 248
373	239	1 989	15 288	8 313	2 433	647
78		195	1 928	1 928	-479	560
14			136	135	-18	20
			22	22	-12	
			22	22	-12	
6	8	220	553	555	736	22
6	8	220	553	555	736	22
28	24	48	28	39	493	
	2		137	137	-258	
	2		137	137	-258	
58	144	1 021	1 426	1 186	8 621	247
	47	157	1 044	740	494	206
45	84	204	19	68	8 703	
77		138	3 307	551	-3 444	
38	19	217	2 830	2 250	-703	
15	3	25	1 128	194	-123	53
2	3	72	1	1	-27	
3	2	4	165	164	-326	
12	37	241	1 154	1 154	651	28
70	34	79	280	287	1 473	120
56	34	79	145	146	1 532	120
14			135	141	-59	
4	9	71	438	273	126	
13		54	15	15	17	
69		84	1 638	1 664	-1 708	
29	7	89	2 680	526	-977	35
19	11	64	409	279	-503	10
19	11	64	409	279	-503	10
		42	50	1	-283	195
3	2	12	154	143	23	

	损		益		
	商品销售利润	代购代销收入	主营利润	其他业务利润	管理费用
图书报刊批发业	2 882		2 882		1 189
农业生产资料批发业	2 083		2 083		1 164
其他类未包括的批发业	349	55	404		458
二、零 售 企 业	**9 029**		**9 029**	**677**	**9 302**
# 国有及国有控股	7 952		7 952	391	6 704
（一）按登记注册类型分					
内 资 企 业	9 029		9 029	677	9 302
国 有 企 业	3 033		3 033	315	2 936
集 体 企 业	33		33	1	44
股份合作企业	1 632		1 632	128	1 522
联 营 企 业	－19		－19	6	71
# 国有联营企业	－19		－19	6	71
有限责任公司	－292		－292	107	780
# 其他有限责任公司	－292		－292	107	780
股份有限公司	4 897		4 897	70	3 664
私 营 企 业	－255		－255	50	284
# 私营合伙企业	－31		－31	1	29
私营有限责任公司	－224		－224	49	256
（二）按国民经济行业分					
食品、饮料和烟草零售业	－68		－68	7	117
# 粮油食品零售业	－49		－49	1	45
副食品零售业	－19		－19	6	71
日用百货零售业	6 101		6 101	359	6 236
# 百货零售业	5 272		5 272	231	5 776
纺织品、服装和鞋帽零售业	－20		－20	1	44
五金、交电、化工零售业	－45		－45	138	236
药品及医疗器械零售业	1 375		1 375	－7	1 186
图书报刊零售业	1 760		1 760	172	1 396
其他零售业	－75		－75	7	87
（三）按经营方式分					
连 锁 商 店	1 691		1 691	282	2 606
非连锁商店	7 338		7 338	394	6 696
（四）按零售业态分					
百 货 商 店	5 538		5 538	129	5 047
超 级 市 场	－286		－286	107	800
专业（专卖）商店	3 776		3 776	440	3 455

单位：万元

及	分	配				
税　　金	财产保险	劳动待业险	财务费用	利息支出	营业利润	补贴收入
78		174	－41		1 734	
5		36	2 060	2 060	－1 105	560
5	1	30	399	380	－552	
171	**62**	**751**	**1 618**	**1 449**	**－370**	
142	17	689	1 208	1 181	1 275	
171	62	751	1 618	1 449	－370	
60	8	300	24	46	811	
7		26	－1		－10	
13	44	49	273	198	－35	
12					－84	
12					－84	
4	1	4	13	13	－977	
4	1	4	13	13	－977	
70	8	364	1 174	1 125	549	
5		9	134	67	－624	
					－59	
5		9	134	67	－565	
12		14	－3		－174	
		14	－3		－90	
12					－84	
104	54	510	1 541	1 409	－998	
95	40	510	1 553	1 422	－1 507	
					－63	
3			30	28	－172	
3		161	17	17	165	
48	8	66	－29	－5	1 088	
			62		－217	
27	14	175	74	13	－707	
144	48	576	1 544	1 436	336	
95	40	485	1 544	1 413	－603	
12		26	9	10	－988	
64	22	241	64	27	1 221	

	损益及分配			本年应付工资总额
	利润总额	应交所得税	应付利润	
批发、零售贸易企业总计	**972**	**3 391**	**2 056**	**16 053**
一、批发企业	**1 894**	**2 931**	**1 720**	**11 588**
#国有及国有控股	1 894	2 931	1 720	11 588
（一）按登记注册类型分				
内资企业	2 143	2 931	1 720	11 546
国有企业	－322	2 335	760	9 523
集体企业	196	205	24	744
股份合作企业	2	1	2	164
联营企业	－12			19
#国有联营企业	－12			19
有限责任公司	1 080	16	49	240
#其他有限责任公司	1 080	16	49	240
股份有限公司	1 199	374	885	856
港、澳、台商投资企业	－250			43
合资经营企业（港或澳、台资）	－250			43
（二）按国民经济行业分				
食品、饮料、烟草批发业	8 918	1 023	750	3 049
#粮食、食用油批发业	623	170		763
烟草及其制品批发业	8 922	742	750	662
棉、麻、土畜产品批发业	－3 470	43		843
纺织品、服装和鞋帽批发业	－711	252		1 396
日用百货批发业	－1 965	1	2	385
日用杂品批发业				72
五金、交电、化工批发业	－325			150
药品及医疗器械批发业	984	140	49	375
能源批发业	2 344	575	885	1 599
#石油及制品批发业	2 403	533	885	1 447
煤炭及制品批发业	－60	42		152
化工材料批发业	－248	3	10	390
矿产品批发业	21	9		100
金属材料批发业	－1 727	1		747
机械、电子设备批发业	－1 645	56	24	823
汽车、摩托车及零配件批发业	－733	4		333
#汽车批发业	－733	4		333
再生物资回收批发业	－59			180
工艺美术批发业	－29			54

2000年）

单位：万元

工资福利及增值税						连锁店门店数（个）
主业付工资	本年应付福利费总额	主业福利费	本年应交增值税总额	本年进项税额	本年销项税额	
15 352	**2 291**	**2 092**	**7 791**	**158 814**	**124 003**	**189**
11 200	**1 868**	**1 696**	**5 723**	**136 937**	**100 074**	
11 200	1 868	1 696	5 723	136 937	100 074	
11 158	1 862	1 690	5 678	136 885	99 978	
9 159	1 429	1 379	4 694	109 044	72 414	
744	148	148	136	2 563	2 698	
164	21	21		4 750	4 580	
19	3	3	3	1 277	1 320	
19	3	3	3	1 277	1 320	
216	144	23	668	6 938	6 749	
216	144	23	668	6 938	6 749	
856	117	117	178	12 313	12 218	
43	6	6	44	52	96	
43	6	6	44	52	96	
2 975	327	317	2 073	33 884	25 429	
763	103	103		7 952	84	
662	107	107	1 598	20 939	22 538	
728	87	82	115	5 969	2 042	
1 337	212	194	35	24 577	7 214	
385	43	43	8	4 418	4 245	
72			3	11	9	
150	20	20	48	849	853	
375	159	42	730	10 662	6 716	
1 599	196	196	1 083	21 937	21 989	
1 447	179	179	1 070	21 473	21 642	
152	17	17	12	463	347	
378	66	60	115	2 797	2 654	
100	57	57		678	661	
747	93	93	86	7 390	6 276	
783	141	134	456	9 279	8 565	
264	50	44	61	4 359	4 305	
264	50	44	61	4 359	4 305	
180	21	21	296	969	1 264	
35	8	5		467		

	损益及分配			
	利润总额	应交所得税	应付利润	本年应付工资总额
图书报刊批发业	1 682	604		353
农业生产资料批发业	-581	201		494
其他类未包括的批发业	-561	20		245
二、零售企业	**-922**	**460**	**337**	**4 465**
#国有及国有控股	559	294		3 364
（一）按登记注册类型分				
内资企业	-922	460	337	4 465
国有企业	374	228		1 192
集体企业	-10			94
股份合作企业	-41	166	337	481
联营企业	-83			50
#国有联营企业	-83			50
有限责任公司	-796			381
#其他有限责任公司	-796			381
股份有限公司	268	66		2 122
私营企业	-634			147
#私营合伙企业	-59			50
私营有限责任公司	-575			97
（二）按国民经济行业分				
食品、饮料和烟草零售业	-173			50
#粮油食品零售业	-90			
副食品零售业	-83			50
日用百货零售业	-995	232	337	3 221
#百货零售业	-1 498	66		2 909
纺织品、服装和鞋帽零售业	-63			54
五金、交电、化工零售业	-182			112
药品及医疗器械零售业	148			
图书报刊零售业	560	228		1 012
其他零售业	-217			18
（三）按经营方式分				
连锁商店	-551	166	337	797
非连锁商店	-372	294		3 668
（四）按零售业态分				
百货商店	-782	66		2 567
超级市场	-799			391
专业（专卖）商店	659	394	337	1 507

2000 年）　　　　单位：万元

工资福利及增值税						连锁店门店数（个）
主业付工资	本年应付福利费总额	主业福利费	本年应交增值税总额	本年进项税额	本年销项税额	
353	216	216	552	5 596	6 148	
494	141	141		219	191	
245	33	33	62	2 877	1 511	
4 151	**424**	**396**	**2 068**	**21 877**	**23 929**	**189**
3 156	375	347	1 525	15 344	16 877	172
4 151	424	396	2 068	21 877	23 929	189
984	151	123	606	2 828	3 443	169
94	7	7	5	36	53	
481	39	39	426	4 278	4 646	6
50	5	5	63	330	393	3
50	5	5	63	330	393	3
287	3	3	100	1 543	1 640	
287	3	3	100	1 543	1 640	
2 122	219	219	856	12 093	12 949	
135			12	770	804	11
50						
85			12	770	804	11
50	5	5	63	351	412	71
				21	19	68
50	5	5	63	330	393	3
3 091	274	272	1 360	17 951	19 342	5
2 779	252	249	1 118	16 957	18 107	
54			9	55	64	
112	13	13	31	731	705	3
			237	1 061	1 299	101
829	131	106	358	1 627	1 995	
17			11	102	112	9
703	28	28	655	4 533	5 129	189
3 449	396	368	1 413	17 345	18 799	
2 531	252	249	1 045	15 563	16 641	
298	5	5	136	1 724	1 858	3
1 323	167	141	888	4 590	5 429	186

13—11 餐　饮　企　业

（限额以上，

	企业数（个）	亏损企业（个）	年 流动资产小计	存货	长期投资
总　计	**20**	**9**	**3 453**	**1 045**	**111**
#国有及国有控股	1	1	29	25	
一、按登记注册类型分					
内资企业	15	8	2 375	735	111
国有企业	1	1	29	25	
集体企业	2	2	181	22	
股份合作企业	5	2	597	362	
有限责任公司	1	1	139	38	
#其他有限责任公司	1	1	139	38	
股份有限公司	2	1	1 075	254	11
私营企业	4	1	354	34	100
#私营独资企业	1		61	21	100
私营合伙企业	2		7	6	
私营有限责任公司	1	1	287	7	
港、澳、台商投资企业	3	1	733	87	
#合资经营企业（港或澳、台资）	3	1	733	87	
外商投资企业	2		345	223	
#中外合资经营企业	1		57	48	
外资企业	1		287	176	
二、按国民经济行业分					
正　餐	17	8	3 037	813	111
快　餐	3	1	416	232	

财　务　状　况

2000年）　　　　单位：万元

末	资	产	负	债			
固定资产小计	固定资产原价	生产经营用	累计折旧	本年折旧	无形及递延资产小计	无形资产	资产总计
5 641	**7 317**	**7 289**	**1 877**	**453**	**1 331**	**5**	**10 643**
14	32	32	17	6			43
4 409	5 167	5 140	947	279	789		7 735
14	32	32	17	6			43
33	54	54	20	4			214
888	1 192	1 170	304	62	68		1 553
1 697	2 019	2 019	323	134			1 886
1 697	2 019	2 019	323	134			1 886
561	399	393	27	7	455		2 102
1 215	1 471	1 471	256	66	267		1 937
574	665	665	91	61			735
22	27	27	5	5	142		171
619	779	779	160		125		1 031
459	1 064	1 063	616	99	60	5	1 302
459	1 064	1 063	616	99	60	5	1 302
772	1 087	1 087	314	75	482		1 607
339	642	642	304	64			396
434	444	444	11	11	482		1 211
5 081	6 654	6 626	1 774	430	791		9 120
560	663	663	103	24	540	5	1 523

	年末资产				
	流动负债小计	长期负债小计	负债合计	所有者权益合计	实收资本
总计	**5 015**	**-235**	**5 204**	**5 439**	**5 978**
#国有及国有控股	32		32	11	20
一、按登记注册类型分					
内资企业	3 875	-235	3 689	4 046	4 589
国有企业	32		32	11	20
集体企业	126		175	39	28
股份合作企业	1 034		1 034	519	785
有限责任公司	1 181		1 181	705	1 000
#其他有限责任公司	1 181		1 181	705	1 000
股份有限公司	1 338		1 338	765	1 260
私营企业	164	-235	-71	2 008	1 496
#私营独资企业	12		12	723	180
私营合伙企业	152		152	19	16
私营有限责任公司		-235	-235	1 266	1 300
港、澳、台商投资企业	397		772	530	730
#合资经营企业（港或澳、台资）	397		772	530	730
外商投资企业	744		744	863	660
#中外合资经营企业	101		101	295	370
外资企业	643		643	568	290
二、按国民经济行业分					
正餐	4 143	-235	4 333	4 788	5 546
快餐	872		872	651	432

2000年）　　　　单位：万元

负　　债			损　益　及　分　配				
国家资本	港澳台资本	外商资本	营业收入	营业成本	营业费用	营业税金及附加	经营利润
250	**439**	**290**	**15 911**	**9 058**	**3 792**	**833**	**2 228**
20			196	141	54	11	－10
20			11 422	6 424	2 983	608	1 408
20			196	141	54	11	－10
			693	343	243	45	63
			3 738	2 360	905	213	260
			244	109	81	20	34
			244	109	81	20	34
			1 495	780	517	70	128
			5 057	2 691	1 183	251	932
			3 049	1 477	628	126	818
			1 190	699	373	72	46
			818	516	181	53	68
230	320		2 561	1 807	439	128	187
230	320		2 561	1 807	439	128	187
	119	290	1 927	827	370	97	633
	119		384	250		19	115
		290	1 543	577	370	78	518
178	400		14 199	8 402	3 353	746	1 697
72	40	290	1 712	656	439	87	531

（限额以上，

	损	益			及
	管理费用	税 金	财产保险	待业保险	财务费用
总 计	**1 328**	**28**	**10**	**21**	**120**
# 国有及国有控股					
一、按登记注册类型分					
内资企业	932	8	10	21	95
国有企业					
集体企业	32	2			
股份合作企业	216	7	4	3	23
有限责任公司	140			4	
#其他有限责任公司	140			4	
股份有限公司	153		1	2	44
私营企业	392		5	12	28
#私营独资企业	276		4	11	
私营合伙企业	45		1		
私营有限责任公司	72				28
港、澳、台商投资企业	155				29
#合资经营企业（港或澳、台资）	155				29
外商投资企业	241	19			－4
#中外合资经营企业	117	19			
外资企业	125				－4
二、按国民经济行业分					
正 餐	1 185	28	10	21	120
快 餐	144				

2000年）

单位：万元

分	配				工资福利及增值税			
利息支出	营业利润	利润总额	应交所得税	应付利润	本年应付工资总额	主营应付	本年应付福利费总额	主营应付
105	**780**	**741**	**171**	**255**	**1 017**	**993**	**109**	**109**
	－10	－10			15	15		
78	380	339	48	－24	766	744	64	64
	－10	－10			15	15		
	31	－4	14		89	89	12	12
14	22	16	26	9	327	304	32	32
	－106	－105	5		19	19		
	－106	－105	5		19	19		
36	－68	－68			144	144	9	9
28	512	511	2	－33	173	173	10	10
	543	543			22	22	8	8
	1			1	42	42	3	3
28	－32	－32	2	－34	109	109		
27	4	3	4		127	127	44	44
27	4	3	4		127	127	44	44
	396	399	119	278	124	123	2	2
	－1	1			21	20	1	1
	397	397	119	278	103	103	1	1
101	393	353	52	－24	858	834	106	106
4	388	388	119	278	159	159	3	3

13—12 餐饮业销售额

（2000年）

单位：万元

	营业总收入	总计	食品类	饮料类	烟酒类	其他商品类
总计	**109 125**	**107 184**				
1. 限额以上企业（单位）	28 304	28 116	21 610	3 247	2 662	597
#正餐	26 194	26 006	19 960	2 787	2 662	597
快餐	2 110	2 110	1 650	460		
2. 限额以下企业（单位）	20 410	19 974				
3. 个体	60 411	59 094				

13—13 城乡个体工商业基本情况

（2000 年）

项目	户数（户）	城镇	从业人员（人）	城镇	注册资金（万元）	城镇	总产值（万元）	城镇	销售总额或营业收入（万元）	城镇
合计	**55 260**	**35 189**	**131 610**	**86 944**	**78 109**	**46 306**	**10 000**	**7 872**	**487 912**	**450 318**
一、农、林、牧、渔业	92	20	308	42	114	37	1 338	130	1 106	150
二、制造业	4 299	2 368	14 234	8 269	8 610	5 008	8 562	7 692		
三、建筑业	27	23	187	181	508	505	100	50		
四、交通运输仓储业	2 454	1 234	4 510	2 181	3 481	1 948			12 370	5 580
# 交通运输业	2 218	816	4 031	1 306	3 091	499			11 208	4 021
五、批发零售贸易业	28 840	20 877	69 128	52 497	31 938	28 042			366 163	360 943
六、餐饮业	7 773	6 663	17 605	15 698	8 741	7 244			89 260	67 556
七、社会服务业	5 736	3 717	13 631	7 542	4 084	3 188			18 627	15 703
# 理发及美容化妆业	1 629	959	3 483	1 716	722	583			2 291	1 869
沐浴业	21	15	55	50	27	21			30	30
日用品修理业	1 324	894	2 286	1 464	566	565			1 240	985
旅馆业	97	71	413	197	98	37			47	23
娱乐服务业	751	617	1 601	1 098	1 176	961			4 142	4 032
信息咨询服务业	193	119	548	243	333	294			6 340	6 340
计算机应用服务业	184	124	535	315	190	151			731	721
八、其它行业	6 039	287	12 007	534	20 633	334			386	386

13—14 城乡私营企业基本情况

(2000年)

项目	户数(户)	城镇	雇工人数(人)	城镇	注册资本金(万元)	城镇
合计	**7 439**	**6 879**	**79 771**	**71 630**	**436 219**	**400 173**
一、农、林、牧、渔业	49	9	468	73	3 152	355
二、采掘业	13		114		150	
三、制造业	1 472	1 242	24 327	19 213	69 633	54 769
四、建筑业	13	11	250	246	1 758	1 678
五、交通运输、仓储业	59	53	439	386	2 098	1 814
#交通运输业	50	48	379	314	1 446	1 266
六、批发零售贸易业	4 023	3 933	29 246	28 557	212 351	199 732
七、餐饮业	188	146	12 226	11 814	10 769	16 033
八、社会服务业	327	281	2 891	2 452	16 951	15 312
#理发及美容化妆业	28	19	364	205	404	358
日用品修理业	18	3	145	25	313	11
旅馆业	15	15	197	197	5 356	5 356
娱乐服务业	68	52	716	594	5 037	3 674
信息咨询服务业	122	117	874	793	3 534	3 528
计算机应用服务业	51	48	429	417	1 252	1 235
九、其它行业	1 295	1 204	9 810	8 889	119 357	110 480

13—14 续表 1 (2000 年)

	总产值（万元）	城镇	销售总额或营业收入（万元）	城镇	按注册资本分（户）		
					100—500万元	500—1000万元	1000万元以上
合计	**295 368**	**254 249**	**333 236**	**314 792**	**779**	**180**	**12**
一、农、林、牧、渔业	8 068		2 388		8	1	
二、采掘业	60	59					
三、制造业	286 200	253 630			109	13	7
四、建筑业	1 040	560			4		
五、交通运输、仓储业			3 915	3 115	4		
#交通运输业			3 005	2 555	1		
六、批发零售贸易业			303 325	290 834	343	23	1
七、餐饮业			10 440	8 008	62	5	
八、社会服务业			4 762	4 447	14	1	
#理发及美容化妆业			107	105			
日用品修理业			12	7			
旅馆业			184	184			
娱乐服务业			760	760	1		
信息咨询服务业			1 636	1 636	7		
计算机应用服务业			882	882	1		
九、其它行业			8 406	8 388	235	137	4

资料来源：南昌市工商局。

13—14 续表2 （2000年）

	有限责任公司				股份有限公司			
	户 数（户）	投资者人 数（人）	雇工人数（人）	注册资金（万元）	户 数（户）	投资者人 数（人）	雇工人数（人）	注册资金（万元）
合 计	**5 499**	**16 431**	**61 923**	**391 955**	**45**	**184**	**352**	**502**
一、农、林、牧、渔业	25	69	230	2 161				
二、采 掘 业								
三、制 造 业	819	2 659	15 658	54 621	6	19	54	42
四、建 筑 业	12	36	242	1 750				
五、交通运输、仓储业	51	167	364	2 054				
#交通运输业	46	138	344	1 412				
六、批发零售贸易业	3 303	9 641	24 818	194 208	6	19	84	43
七、餐 饮 业	77	191	10 874	7 347	18	85	91	262
八、社会服务业	179	5228	1 568	14 009	15	61	123	155
#理发及美容化妆业	3		61	116				
日用品修理业								
旅 馆 业	7	25	106	5 110				
娱乐服务业	37	110	431	4 285				
信息咨询服务业	89	257	579	3 269	8	27	70	75
计算机应用服务业	36	105	331	1 119	7	34	53	80
九、其 它 行 业	1 033	3 146	8 169	115 805				

13—14 续表 3

	独资企业				合伙企业			
	户　数（户）	投资者人　数（人）	雇工人数（人）	注册资金（万元）	户　数（户）	投资者人　数（人）	雇工人数（人）	注册资金（万元）
合　　计	**220**	**246**	**1 806**	**3 987**	**1 675**	**5 388**	**15 690**	**39 775**
一、农、林、牧、渔业	11	11	119	589	13	40	119	402
二、采　掘　业					13	25	114	150
三、制　造　业	74	85	688	1 847	573	1 855	7 927	13 123
四、建　筑　业					1	3	8	8
五、交通运输、仓储业					8	27	75	44
#交通运输业					4	15	35	34
六、批发零售贸易业	96	96	721	1 189	618	1 898	3 623	16 911
七、餐　饮　业	10	18	86	54	83	152	1 175	3 106
八、社会服务业	17	24	130	96	116	319	1 070	2 691
#理发及美容化妆业	4	4	50	26	21	49	253	262
日用品修理业					18	44	145	313
旅　馆　业	1	1	8	2	7	20	83	244
娱乐服务业	2	2	16	5	29	81	269	747
信息咨询服务业	1	1	8	10	24	77	217	180
计算机应用服务业	6	6	27	33	2	6	18	20
九、其它行业	12	12	62	212	250	1 069	1 579	3 340

13—15 个体商业、餐饮业机构和人员

	户数（户）		从业人员（人）	
	1999	2000	1999	2000
个体批发零售贸易业、餐饮业	**39 997**	**36 613**	**101 675**	**86 733**
一、个体批发零售贸易业	**28 106**	**28 840**	**75 161**	**69 128**
#市　　区	14 835	16 908	45 899	45 074
南昌县	5 488	5 078	14 843	12 324
新建县	2 933	2 935	4 850	4 528
进贤县	3 427	2 728	6 846	4 650
安义县	1 423	1 191	2 723	2 552
二、个体餐饮业	**11 891**	**7 773**	**26 514**	**17 605**
#市　　区	10 262	6 273	21 422	13 264
南昌县	670	763	2 700	2 797
新建县	138	91	274	312
进贤县	552	392	1 816	894
安义县	269	254	302	338

13—16 私营商业、餐饮业机构和人员

	户数（户）		从业人员（人）	
	1999	2000	1999	2000
私营批发零售贸易业、餐饮业	**3 390**	**4 211**	**36 159**	**41 472**
私营批发零售贸易业	3 253	4 023	34 134	29 246
私营餐饮业	137	188	2 025	12 226

资料来源：南昌市工商局。

13—17 商品交易市场

（2000年） 单位：个

项目	合计	城市	农村
合计	**268**	**138**	**130**
一、消费品市场	243	118	125
（一）消费品综合市场	20	8	12
（二）农副产品市场	199	88	111
1. 农副产品综合市场	184	83	101
2. 农副产品专业市场	15	5	10
（三）工业消费品市场	23	21	2
1. 工业消费品综合市场	12	11	1
2. 工业消费品专业市场	11	10	1
（四）其他	1	1	
1. 工业消费品旧货市场	1	1	
二、生产资料市场	21	16	5
三、生产要素市场	4	4	

13—18 商品交易市场成交额

（2000年） 单位：万元

项目	合计	城市	农村
合计	**157.69**	**130.53**	**27.16**
一、消费品市场	136.27	113.97	22.30
（一）消费品综合市场	48.95	30.60	18.35
（二）农副产品市场	31.64	28.73	2.91
1. 农副产品综合市场	24.05	22.41	1.64
2. 农副产品专业市场	7.59	6.32	1.27
（三）工业消费品市场	54.28	53.24	1.04
1. 工业消费品综合市场	1.79	1.71	0.08
2. 工业消费品专业市场	52.49	51.53	0.96
（四）其他	1.40	1.40	
1. 工业消费品旧货市场	1.40	1.40	
二、生产资料市场	20.42	15.56	4.86
三、生产要素市场	1.0	1.0	

资料来源：南昌市工商局。

13—19　商品交易市场农副产品成交量

（2000年）　　单位：吨

	合　　计	城　　市	农　　村
一、消　费　品			
1. 粮　食　类	111 790	58 590	53 200
#大　　米	111 790	58 590	53 200
小　　麦			
2. 油脂油料类	24 900	7 200	17 700
3. 棉 烟 麻 类			
4. 肉食禽蛋类	815 587	738 779	76 808
#猪　　肉	740 010	698 600	41 410
牛　　肉	12 678	1 990	10 688
羊　　肉			
鲜　　蛋	37 550	23 780	13 770
家　　禽	25 349	14 409	10 940
5. 水 产 品 类	153 680	135 980	17 700
6. 蔬　菜　类	790 535	678 755	111 780
7. 干 鲜 果 类	172 144	120 344	51 800
8. 大 牲 畜 类	91 850		91 850
9. 家畜幼禽类	10 678		10 678
#克　郎　猪	5 598		5 598
仔　　猪	5 080		5 080

资料来源：南昌市工商局。

13—20 商品交易市场主要指标

（亿元以上，2000年）　　单位：万元

	市场成交总额	市场管理费总额	营业面积（平方米）	市场摊位容量（个）
南昌市洪城大市场	709 990	1 942	107 500	7 500
南昌深圳农产品中心批发市场	185 882	263	81 600	520
佛塔生猪交易批发市场	63 901	34	13 600	23
南昌长运商贸城	12 051	157	26 025	400
南昌市万寿宫商城	62 494	160	50 000	3 800
江西省装潢建材大市场	183 500	1 111	42 722	607
南昌市果品交易批发市场	52 735	43	35 000	160
贤士湖农副产品批发市场	12 155	59	20 000	158
洪都集贸市场	10 875	112	8 271	1 580
墩子塘集贸市场	13 073	90	3 145	400
南昌市摩托车市场	11 503	84	4 800	213
南昌市建材大市场	28 300	30	70 000	1 400
南昌县莲塘综合市场	18 640	410	7 600	710
新建县集贸中心市场	23 600	90	19 000	665
进贤县凤凰街市场	11 030	30	6 300	321
进贤县集贸中心市场	4 355	22	7 000	731
安义县商城	6 345	30	20 000	850

13—21 零售企业商品销售收入排序

（2000年）

序号	单位名称
1	南昌百货大楼股份有限公司
2	南昌洪城大厦股份有限公司
3	江西新洪客隆工贸发展总公司
4	北京华联（江西）综合超市有限公司
5	南昌市黄庆仁栈药店
6	江西省新华书店图书音像批销中心
7	南昌亨得利钟表眼镜公司
8	江西省南昌市新华书店
9	江西良友超级市场有限责任公司
10	江西天马电器空调有限公司
11	江西金阳光时尚购物有限公司
12	江西省南昌县新华书店
13	江西外贸空调设备有限公司
14	江西省进贤县新华书店
15	江西省新建县新华书店
16	江西省迪豪工贸实业有限公司
17	江西省外文书店
18	南昌石化销售公司
19	江西新宝购物中心有限公司百信鞋业分公司
20	南昌百家福实业有限公司
21	江西洪都钢厂京海购物中心
22	江西省安义县新华书店
23	江西良友连锁经营有限公司
24	江西省南昌东方书城有限公司
25	南昌劳动防护用品公司
26	江西省九州商厦
27	南昌市阳明路商场
28	南昌三泰商场
29	南昌市洪都百货大楼
30	南昌市电子器材公司

13—22 市场成交额排序

（亿元交易市场，2000年）

序号	市场名称
1	南昌市洪城大市场
2	南昌深圳农产品中心批发市场
3	江西省装璜建材大市场
4	南昌市佛塔生猪交易批发市场
5	南昌市万寿宫商城
6	南昌市果品交易批发市场
7	南昌市建材大市场
8	新建县集贸中心市场
9	南昌县莲塘综合市场
10	南昌市墩子塘集贸市场
11	南昌市贤士湖农副产品批发市场
12	南昌长远商贸城
13	南昌市摩托车交易市场
14	进贤县凤凰街市场
15	南昌市洪都集贸市场

主 要 统 计 指 标 解 释

社会消费品零售总额 指各种经济类型的批发零售贸易业、餐饮业、制造业和其他行业对城乡居民和社会集团的消费品零售额和农民对非农业居民零售额的总和。这个指标反映通过各种商品流通渠道向居民和社会集团供应的生活消费品来满足他们生活需要，是研究人民生活、社会消费品购买力、货币流通等问题的重要指标。社会消费品零售额包括：(1) 售给城乡居民作为生活用的商品和修建房屋用的建筑材料；(2) 售给机关、团体、学校、部队、企业、事业单位的职工食堂和旅店（招待所）附设专门供本店旅客食用，不对外营业的食堂的各种食品、燃料；企业、单位和国营农场直接售给本单位职工和职工食堂的自己生产的产品；(3) 售给部队干部、战士生活用的粮食、副食品、衣着品、日用品、燃料；(4) 售给来华的外国人、华侨、港澳台同胞的消费品；(5) 居民自费购买的中、西药品、中药材及医疗用品；(6) 报社、出版社直接售给居民和社会集团的报纸、图书、杂志、集邮公司出售的新、旧纪念邮票、特种邮票、首日封、集邮册、集邮工具等；(7) 旧货寄售商店自购、自销部分的商品；(8) 煤气公司、液化石油气站售给居民和社会集团的煤气灶具和罐装液化石油气；(9) 农民售给非农业居民和社会集团的商品。不包括售给国民经济各部门企业、事业单位（包括国有经济的农场）生产经营用的各种原材料、燃料、设备、工具等和售给批发零售贸易业、餐饮业作为转卖用的商品、旧货寄售商店受托寄售卖出的商品、服务业的营业收入、邮局出售邮票的收入、自来水、电力、煤气生产（供应）单位的产品供应收入，也不包括农民之间的商品销售。

（一）按行业分的社会商品零售额

1. 批发零售贸易业零售额：指专门从事商品转买业务的各种经济类型独立核算的批发零售贸易企业和其他行业附营的批发零售贸易单位直接售给居民和社会集团的消费品零售额。

2. 餐饮业零售额：指专门从事食品的烹饪、调制并直接零售给居民饮食的各种饭馆、酒馆、茶馆等餐饮业的零售额。包括各种企业单位附设对外营业的饭馆、火车餐车、轮船餐厅、车站食堂、机场餐厅的零售额。

3. 制造业零售额：指各种经济类型的制造业（工业）生产单位（包括乡办、村办工业）直接售给居民（包括本企业职工）和社会集团的消费品。

4. 其他行业零售额：指批发零售贸易业、餐饮业、工业制造业以外的其他行业的直接零售额。包括各种经济类型的农业（不包括农民）、交通运输业、建筑业、服务业、公用事业、出版社等行业的零售额。

5. 农民对非农业居民的零售额：指农民在集市和集市外售给非农业居民和社会集团的消费品。

（二）按销售地区分的社会消费品零售额

1. 市的零售额：指设立在中央直辖市、省、地辖市的市区和郊区以及县级市的市区的各行业消费品零售额，不包括市属县的消费品零售额。

2. 县的零售额：指设立在县城关区的各行业消费品零售额。

3. 县以下的零售额：指设立在县城关区以外及县级市的市区以外的集镇和农村的各行业消费品零售额。但不包括分布在农村的独立工矿、林区的商品零售额，该部分零售额，凡属市直辖的列入“市的零售额”中，凡属县直辖的列入“县的零售额”中。

批发零售贸易业商品购、销、存总额 指以各种经济类型的批发、零售贸易业（不包括个体）为总体的商品购、销、存。

商品购进总额 指从本企业（单位）以外的单位和个人购进（包括从国外直接进口）作为转卖或加工后转卖的商品。这个指标反映批发零售贸易业从国内、国外市场上购进商品的总量。商品购进总额包括：(1) 从工农业生产者购进的商品；(2) 从出版社、报社的出版发行部门购进的图书、杂志和报纸；

（3）从各种经济类型的批发零售贸易企业（单位）购进的商品；（4）从其他单位购进的商品，如从机关、团体、企业、单位购进的剩余物资，从餐饮业、服务业购进的商品，从海关、市场管理部门购进的缉私和没收的商品，从居民收购的废旧商品等；（5）从国（境）外直接进口的商品。不包括企业（单位）为自身经营用，和未通过买卖行为而收入的商品以及销售退回、商品升溢等。

商品销售总额 指对本企业（单位）以外的单位和个人出售（包括对国（境）外直接出口）的商品。这个指标反映批发零售贸易业在国内市场上销售商品以及出口商品的总量。商品销售总额包括：（1）售给城乡居民和社会集团消费用的商品；（2）售给工业、农业、建筑业、运输邮电业、批发零售贸易业、餐饮业、服务业等作为生产、经营作用的商品；（3）售给批发零售贸易业作为转卖或加工后转卖的商品；（4）对国（境）外直接出口的商品。不包括：出售本企业（单位）自用的废旧包装用品，未通过买卖行为付出的商品，经本单位介绍，由买卖双方直接结算，本单位只收取手续费的业务，购货退出的商品以及商品损耗和损失等。

批发零售贸易业年末库存 指年末各种经济类型的批发零售贸易企业（单位）已取得所有权的商品。它反映各地区、各批发零售贸易企业（单位）的商品库存情况，和对市场商品供应的保证程度。期末库存包括：（1）存放在批发零售贸易业经营单位（如门市部、批发站、经营处）仓库、货场、货柜和货架中的商品；（2）挑选、整理、包装中的商品；（3）已记入购进而尚未运到本单位的商品，即发货单或银行承兑凭证已到而货未到部分；（4）寄放他处的商品，如因购货方拒绝承付而暂时存放在购货方的商品和已办完加工成品收回手续而未提回的商品；（5）委托其他单位代销（未作销售或调出）尚未售出的商品；（6）代其他单位购进尚未交付的商品。不包括所有权不属于本单位的商品、拨付除批发零售贸易业以外的其他行业所属独立核算加工厂等加工生产尚未收回成品的商品、代国家物资储备部门保管的商品等。期末库存总额计算方法是：农副产品采购单位按购进价计算，批发单位按进货价计算，零售单位按什么价格核算就按什么价格计算。

城乡集市贸易成交总额 指在农村集市和城镇集市上买卖双方（包括农民、非农业居民、机关、团体、工商企业、个体商贩）成交的全部商品金额。

贸易粮 粮食的收购量和销售量都是按贸易粮计算的。贸易粮计算方法是按规定标准将原粮折合成大米。

十四、科技、教育、文化

SCIENCE, EDUCATION AND CULTURE

本篇内容包括：

1. 专业技术人员及其行业分布
2. 大中型工业企业科技活动情况
3. 教育事业情况
4. 文化事业情况

资料整理

谢晓灿
瞿世英
刘颜生

在校学生数

1999年 84.76 万人

2000年 86.59 万人

教职员工数

1999年 6.4 万人

2000年 6.5 万人

报纸、图书数

（2000）

报纸 3.48 亿份

图书 2.11 亿册

14—1 各类专业技术人员

（市属国有单位，2000年）　　单位：人

项　　目	合　　计	女　　性
总　　计	**73 336**	**29 303**
按层次分		
地　　市	37 467	15 230
县　　（区）	34 299	13 440
乡　　（镇）	1 570	633
按职称分		
高级职称	3 711	1 116
中级职称	23 908	9 069
初级职称	43 486	18 061
未　　聘	2 231	1 057
按类别分		
工程技术人员	11 367	2 167
农业技术人员	1 350	197
科学研究人员	205	60
卫生技术人员	8 771	5 536
教学人员	33 429	14 533
经济人员	7 108	1 256
会计人员	5 154	3 344
统计人员	998	663
翻译人员	30	19
图书、档案、文博人员	645	437
新闻出版人员	239	92
律师、公证人员	97	29
播音人员	61	37
工艺美术人员	78	19
体育人员	73	25
艺术人员	407	158
政工人员	3 324	731

14—2 专业技术人员学历状况

（市属国有单位，2000年） 单位：人

项目	合计	研究生	大学本科	大学专科	中专	高中	初中及以下
总计	**73 336**	**95**	**12 856**	**26 349**	**24 338**	**5 861**	**3 837**
按层次分							
地市	37 467	90	9 236	14 173	7 559	4 088	2 321
县（区）	34 299	5	3 543	11 711	15 946	1 650	1 444
乡（镇）	1 570		77	465	833	123	72
按类别分							
工程技术人员	11 367	38	3 989	3 986	2 660	528	166
农业技术人员	1 350	1	168	399	630	92	60
科学研究人员	205	2	159	37	5	2	
卫生技术人员	8 771	22	1 557	1 965	4 606	352	269
教学人员	33 429	26	5 630	12 104	13 412	1 188	1 069
经济人员	7 108	3	503	3 256	1 042	1 186	1 118
会计人员	5 154	1	286	2 196	1 131	1 155	385
统计人员	998		34	329	192	315	128
翻译人员	30		11	18	1		
图书、档案、文博人员	645	1	128	353	75	66	22
新闻出版人员	239	1	122	96	5	11	4
律师、公证人员	97		43	47	6	1	
播音人员	61		10	24	18	6	3
工艺美术人员	78		17	30	10	14	7
体育人员	73		4	51	11	5	2
艺术人员	407		16	68	133	55	135
政工人员	3 324		179	1 390	401	885	469

14—3 专业技术人员年龄状况

（市属国有单位，2000年）　　单位：人

项　　目	合　　计	35岁及以下	36岁～45岁	46岁～54岁	55岁及以上
总　　计	**73 336**	**29 704**	**21 739**	**16 930**	**4 963**
按层次分					
地　　市	37 467	14 206	12 089	8 734	2 438
县　　（区）	34 299	14 660	9 356	7 854	2 429
乡　　（镇）	1 570	838	294	342	96
按类别分					
工程技术人员	11 367	5 501	3 358	1 810	698
农业技术人员	1 350	710	306	257	77
科学研究人员	205	103	61	33	8
卫生技术人员	8 771	4 091	2 307	1 909	464
教学人员	33 429	14 307	9 047	7 559	2 516
经济人员	7 108	1 434	2 624	2 461	589
会计人员	5 154	2 216	1 757	1 024	157
统计人员	998	233	463	252	50
翻译人员	30	21	7	2	
图书、档案、文博人员	645	245	232	156	12
新闻、出版人员	239	115	69	43	12
律师、公证人员	97	52	29	15	1
播音人员	61	43	13	5	
工艺美术人员	78	24	33	15	6
体育人员	73	44	23	4	2
艺术人员	407	138	118	146	5
政工人员	3 324	427	1 292	1 239	366

14—4 专业技术人

（市属国有单位，

项目	合计	农林牧渔业	制造业	电力、煤气及水的生产供应业	建筑业	地质勘察水利管理业
总计	**73 336**	**4 504**	**14 643**	**439**	**1 368**	**4470**
工程技术人员	11 367	843	5 935	175	772	308
农业技术人员	1 350	1 305	6			1
科学研究人员	205	5				
卫生技术人员	8 771	226	625	7	42	3
教学人员	33 429	430	640		18	1
经济人员	7 108	556	3 777	83	200	12
会计人员	5 154	573	1 642	97	187	57
统计人员	998	111	491	16	20	1
翻译人员	30		20	1	4	
图书、档案、文博人员	645	3	125	10	5	
新闻出版人员	239	4	15	1	1	
律师、公证人员	97		1	1	2	
播音人员	61		5			
工艺美术人员	78	2	42	2	1	
体育人员	73					
艺术人员	407		1			
政工人员	3 324	446	1 318	46	116	64

员行业分布

2000年）

单位：人

交通运输仓储及邮电业	批发零售和贸易餐饮业	金融保险业	房地产业	社会服务业	卫生、体育和社会福利业	教育、文化艺术及广播电影电视业	科学研究和综合技术服务业	其他行业
2 059	**2 410**	**5**	**78**	**2 140**	**8 160**	**33 743**	**767**	**2 573**
394	249		38	848	52	161	527	1 065
1	5			1			15	16
	1				3	92	104	
81	22		2	50	7 565	100	1	47
16	11		6	41	80	32 132	2	52
623	866		11	394	38	50	40	458
432	728	5	11	404	231	134	45	608
103	106		1	45	22	3	1	78
				1	1	2	1	
7	6			46	58	356	15	14
	1			2	5	209		1
1	1		1	81				9
				5		51		
3	9			5		8	1	5
				4	69			
					3	402		1
398	405		8	213	33	43	15	219

14—5 大中型工业企业基本情况

（2000年）

	企业数（个）	有科技活动企业数	从业人员年平均人数（人）	工程技术人员（人）	从业人员劳动报酬（万元）
总　计	**113**	**55**	**146 975**	**15 103**	**129 835**
按企业规模分					
大型企业	37	27	101 507	10 371	97 194
中型企业	76	28	45 468	4 732	32 640
按登记注册类型分					
内资企业	104	51	128 141	13 020	110 170
国　有	72	32	64 672	6 745	54 868
集　体	9		4 117	412	1 726
股份合作	2	2	5 419	262	4 108
国有联营	1	1	663	280	441
国有独资公司	4	4	31 364	3 239	33 162
其他有限责任公司	12	8	18 245	1 319	12 099
股份有限公司	4	4	3 661	763	3 764
港澳台商投资	6	2	1 307	166	1 305
外商投资	3	2	17 527	1 917	18 360
按工业行业大类分					
食品加工业	5	2	3 351	428	2 978
食品制造业	5	1	1 953	311	1 227
饮料制造业	1		66	6	27
烟草加工业	1	1	1 728	146	3 638
纺织业	8	1	10 500	511	7 194
服装及其他纤维制品制造业	2		1 160	91	505
皮革、毛皮、羽绒及其制品业	1		310		194
造纸及纸制品业	3	1	5 142	403	4 018
印刷业、记录媒介的复制	4	1	4 136	210	6 013

14—5 续表 (2000年)

	企业数(个)	有科技活动企业数	从业人员年平均人数(人)	工程技术人员(人)	从业人员劳动报酬(万元)
化学原料及化学制品制造业	7	4	7 176	1 058	4 934
医药制造业	10	6	10 900	1 594	8 706
化学纤维制造业	3	3	5 062	335	3 624
橡胶制品业	1	1	550	62	556
塑料制品业	2		1 012	32	268
非金属矿物制品业	6		1 885	133	989
黑色金属冶炼及压延加工业	2	2	14 182	704	16 825
有色金属冶炼及压延加工业	2	2	1 834	302	1 614
金属制品业	3	1	1 049	100	512
普通机械制造业	9	6	10 616	866	6 440
专用设备制造业	6	4	4 795	377	1 825
交通运输设备制造业	10	5	37 500	4 194	38 946
武器弹药制造业	1	1	1 063	71	818
电气机械及器材制造业	9	5	7 924	1 075	5 087
电子及通信设备制造业	4	2	3 207	584	1 094
仪器仪表及文化办公用机械制造业	2	1	697	79	387
其他制造业	1	1	1 266	46	732
电力、蒸汽、热水的生产和供应业	4	4	6 266	1 255	8 891
自来水的生产和供应业	1		1 645	130	1 781
按隶属关系分					
中央	10	9	26 136	3 459	34 266
省	33	15	41 154	4 497	37 055
市	56	23	68 753	6 040	48 838
县	9	4	7 063	275	5 651
其他	5	4	3 869	832	4 023

14—6 大中型工业企业科技活动人员情况

（2000年）

单位：人

	科技活动人员合计	全时人员	非全时人员	高中级技术职称人员	无高中级技术职称的大学本科及以上学历人员	研究与试验发展人员
总　　计	**16 091**	**4 888**	**11 203**	**5 714**	**2 191**	**9 377**
按企业规模分						
大型企业	14 355	4 248	10 107	5 006	1 908	8 800
中型企业	1 736	640	1 096	708	283	577
按登记注册类型分						
内资企业	15 088	4 248	10 840	5 254	1 893	8 554
国　　有	2 600	938	1 662	1 173	355	935
股份合作	390	355	35	195	19	
国有联营	57	47	10	32		57
国有独资公司	10 443	2 002	8 441	3 002	1 270	7 003
其他有限责任公司	1 147	581	566	590	140	236
股份有限公司	451	325	126	262	109	323
港澳台商投资	28	18	10	6	12	
外商投资	975	622	353	454	286	823
按工业行业大类分						
食品加工业	127	75	52	38	20	85
食品制造业	94	31	63	34	27	46
烟草加工业	20	10	10	4	6	20
纺织业	24	10	14	16	0	3
造纸及纸制品业	350	350		185	15	
印刷业、记录媒介的复制	50	29	21	19	13	
化学原料及化学制品制造业	629	165	464	308	85	198

（2000年）

单位：人

	科技活动人员合计	全时人员	非全时人员	高中级技术职称人员	无高中级技术职称的大学本科及以上学历人员	研究与试验发展人员
医药制造业	736	483	253	310	54	543
化学纤维制造业	446	102	344	211	23	87
橡胶制品业	20	18	2		10	
黑色金属冶炼及压延加工业	1 121	602	519	668	186	225
有色金属冶炼及压延加工业	110	52	58	41	7	48
金属制品业	36	16	20	24	4	
普通机械制造业	879	410	469	414	138	208
专用设备制造业	274	98	176	119	24	69
交通运输设备制造业	9 823	1 734	8 089	2 639	1 389	7 299
武器弹药制造业	28		28	12		28
电气机械及器材制造业	786	567	219	401	137	364
电子及通信设备制造业	232	39	193	103	3	142
仪器仪表及文化办公用机械制造业	15	3	12	12	3	
其他制造业	40	5	35	10	4	
电力、蒸汽、热水的生产和供应业	251	89	162	146	43	12
按隶属关系分						
中　　央	9 227	1 307	7 920	2 338	1 201	6 653
省	2 937	1 376	1 561	1 436	329	974
市	3 385	1 801	1 584	1 630	553	1 433
县	114	71	43	64	10	40
其　　他	428	333	95	246	98	277

14—7 大中型工业企业科技活动经费来源

（2000 年）

单位：万元

	科技活动经费筹集总额	企业资金	金融机构贷款	来自政府部门资金	来自国外的资金	其他资金
总计	**55 991**	**43 784**	**1 250**	**9 384**	**1 202**	**370**
按企业规模分						
大型企业	48 316	36 414	1 250	9 079	1 202	370
中型企业	7 675	7 370		305		
按登记注册类型分						
内资企业	39 669	28 913		9 334	1 202	220
国有	14 190	13 498		692		
股份合作	316	314		2		
国有联营	200	200				
国有独资公司	19 759	10 005		8 552	1 202	
其他有限责任公司	3 254	2 996		38		220
股份有限公司	1 947	1 897		50		
港澳台商投资	58	58				
外商投资	16 263	14 813	1 250	50		150
按工业行业大类分						
食品加工业	407	337		70		
食品制造业	748	698		50		
烟草加工业	335	335				
纺织业	19	19				

14—7 续表 (2000年) 单位：万元

	科技活动经费筹集总额	企业资金	金融机构贷款	来自政府部门资金	来自国外的资金	其他资金
造纸及纸制品业	284	284				
印刷业、记录媒介的复制	160	160				
化学原料及化学制品制造业	6 014	5 955		59		
医药制造业	4 297	4 188		109		
化学纤维制造业	171	171				
橡胶制品业	51	51				
黑色金属冶炼及压延加工业	3 200	3 200				
有色金属冶炼及压延加工业	2 115	2 045		70		
金属制品业	3	3				
普通机械制造业	1 430	1 210				220
专用设备制造业	237	237				
交通运输设备制造业	31 496	20 331	1 250	8 562	1 202	150
武器弹药制造业	98	98				
电气机械及器材制造业	3 163	3 125		38		
电子及通信设备制造业	483	204		279		
仪器仪表及文化办公用机械制造业	7	7				
其他制造业	32	30		2		
电力、蒸汽、热水的生产和供应业	1 235	1 090		145		
按隶属关系分						
中　　央	19 903	10 080		8 621	1 202	
省	13 239	12 665		574		
市	20 407	18 600	1 250	187		370
县	1 098	1 096		2		
其　　他	1 341	1 341				

14—8 大中型工业企业科

(200

	科技活动经费支出总　额	内部支出合　计	劳务费	原材料费	非基建项目购买和自制设备支出	其　他
总　计	**51 643**	**42 044**	**12 758**	**10 905**	**9 031**	**9 349**
按企业规模分						
大型企业	46 108	36 883	11 805	8 996	7 298	8 782
中型企业	5 534	5 161	953	1 908	1 732	566
按登记注册类型分						
内资企业	36 320	34 014	12 045	8 798	4 766	8 403
国　有	11 746	10 510	1 922	4 231	3 404	953
股份合作	314	314	294	6	10	4
国有联营	180	90	60	10		20
国有独资公司	19 572	19 271	8 583	3 397	875	6 414
其他有限责任公司	3 015	2 414	652	903	342	515
股份有限公司	1 491	1 413	533	249	134	496
港澳台商投资	38	36	23	10		2
外商投资	15 284	7 993	689	2 096	4 264	943
按工业行业大类分						
食品加工业	353	351	116	180	42	12
食品制造业	293	252	50	71	123	6
烟草加工业	335	315	50	60	200	5
纺织业	19	19	12	1		5
造纸及纸制品业	284	284	284			
印刷业、记录媒介的复制	160	160	129		21	9
化学原料及化学制品制造业	5 505	5 478	423	3 022	1 863	168

技活动经费支出

0年)　　　　　　　　　　　　　　　　　　　　　　　　　　单位：万元

内部支出中研究与试验发展经费支出	内部支出中新产品开发经费支出	外部支出 合计	对国内独立研究院所支出	对国内高等学校支出	对国内其他企业支出	对国外机构支出	用于科研的基建经费支出
31 418	**20 682**	**9 598**	**1 939**	**381**	**1 084**	**6 193**	**1 222**
28 709	17 693	9 225	1 783	312	951	6 178	942
2 709	2 988	373	156	69	132	15	280
23 452	15 647	2 305	1 740	305	245	15	520
3 699	4 115	1 236	992	107	135		203
							16
90	90	90	60	30			
18 084	9 118	301	300	1			5
505	1 302	601	338	161	102		146
1 074	991	77	49	5	7	15	150
	5	2	2				4
7 966	5 029	7 290	197	76	838	6 178	697
255	140	2	2				
144	47	40	12	5	7	15	150
315	315	20	10	10			
19	19						
							1
780	1 175	27	7	20			41

	科技活动经费支出总额	内部支出合计	劳务费	原材料费	非基建项目购买和自制设备支出	其他
医药制造业	3 889	2 028	884	281	248	615
化学纤维制造业	171	171	131	14	18	8
橡胶制品业	31	31	20	10		1
黑色金属冶炼及压延加工业	3 043	2 993	1 016	567	1 288	121
有色金属冶炼及压延加工业	476	460	70	310	50	30
金属制品业	19	19	15	1	2	1
普通机械制造业	1 314	1 220	429	372	375	43
专用设备制造业	230	216	118	69	14	14
交通运输设备制造业	30 515	23 344	7 846	4 426	3 869	7 202
武器弹药制造业	98	88	18	2		68
电气机械及器材制造业	3 163	3 036	701	1 164	627	544
电子及通信设备制造业	470	469	80	251	128	9
仪器仪表及文化办公用机械制造业	7	7	3	2	1	1
其他制造业	30	30	10	6	10	4
电力、蒸汽、热水的生产和供应业	1 231	1 065	348	90	149	478
按隶属关系分						
中　　央	19 529	18 412	7 834	2 945	894	6738
省	10 547	10 113	2 301	4 109	3 291	411
市	19 154	11 650	1 977	3 626	4 768	1 277
县	1 089	583	93	19	38	431
其　　他	1 321	1 284	552	204	37	490

0 年）

单位：万元

内部支出中研究与试验发展经费支出	内部支出中新产品开发经费支出	外部支出合计	对国内独立研究院所支出	对国内高等学校支出	对国内其他企业支出	对国外机构支出	用于科研的基建经费支出
1 762	1 278	1 861	1 527	232	102		15
99	118						
1 655	210	50	50				
360	350	16	10	6			110
	18						
540	1 096	94	75	18	1		128
151	196	13	2	7	4		
22 767	12 917	7 170	197	76	718	6 178	697
86	86	10	5	5			
1 956	2 112	127	7		120		
469	469	1		1			60
	6						
	30						15
55	94	165	34		130		
17 201	10 072	1 116	910	75	131		18
3 680	1 802	434	393	16	9	15	325
9 324	7 262	7 504	339	146	840	6 178	859
282	507	505	260	143	102		15
929	1 036	37	37				4

14—9 大中型工业企业新产品工程准备和产出情况

（2000年）

单位：万元

	新产品工程准备和试生产费用支出	为生产新产品和应用新工艺发生的培训费支出	新产品试销费用	新产品产值	新产品销售收入	出口	新产品销售利润
总计	**16 221**	**217**	**1 080**	**380 499**	**384 612**	**39 841**	**64 016**
按企业规模分							
大型企业	15 811	177	909	348 517	355 316	33 379	59 778
中型企业	410	39	171	31 982	29 296	6 461	4 237
按登记注册类型分							
内资企业	15 032	167	496	167 604	167 932	39 841	27 821
国有	8 345	60	162	65 534	61 295	27 939	6 246
股份合作	35	1		35	32	30	65
国有独资公司	6 017	74	270	81 645	87 278	11 744	19 765
其他有限责任公司	112	13	44	9 311	8 382	128	136
股份有限公司	523	18	19	11 078	10 943		1 608
港澳台商投资	60	10		1 000	1 000		110
外商投资	1 128	39	584	211 895	215 680		36 085
按工业行业大类分							
食品加工业	31	4	11	8 045	7 625		1 287
食品制造业	5			234	141		6
烟草加工业	20	1	20	6 619	6 619		970
纺织业	6 930	1		22 777	21 507	21 507	338
化学原料及化学制品制造业	500	15	34	1 326	1 725		63

(2000年)

单位：万元

	新产品工程准备和试生产费用支出	为生产新产品和应用新工艺发生的培训费支出	新产品试销费用	新产品产值	新产品销售收入	出口	新产品销售利润
医药制造业	20	12	100	3 896	3 836		1 204
化学纤维制造业	83	2	9	5 145	5 039	960	615
橡胶制品业	60	10					
黑色金属冶炼及压延加工业	210	7	24	8 577	8 465		949
有色金属冶炼及压延加工业	155	2	5	6 268	58 20	5 471	1 431
金属制品业	3	5		1 081	134		13
普通机械制造业	598	31	63	2 922	2 611		357
专用设备制造业	19	1	22	1 404	1 124		183
交通运输设备制造业	7 005	92	734	290 915	300 398	11 744	54 753
武器弹药制造业			3	26	25		9
电气机械及器材制造业	518	28	50	19 547	18 611	128	1 665
电子及通信设备制造业	25	3	2	1 678	894		101
仪器仪表及文化办公用机械制造业	1						
其他制造业	35	1		35	32	30	65
按隶属关系分							
中　　央	6 348	81	212	85 735	91 457	11 744	19 634
省	508	34	149	31 780	28 718	5 471	5 317
市	8 712	71	693	250 187	251 743	22 596	37 214
县	43	1	15	1 665	1 468	30	253
其　　他	608	28	10	11 130	11 224		1 597

14—10 大中型工业企业科技项目和专利情况

（2000年）

	全部科技项目数（项）			全部科技项目参加人员合计（人）			全部科技项目经费内部支出合计（万元）		专利申请数（件）		拥有发明专利数（件）
		新产品开发项目数	研究与试验发展项目		高中级技术职称人员	无高中级技术职称的大学本科及以上学历人员		研究与试验发展项目支出		发明专利数	
总　　计	**721**	**419**	**399**	**10 914**	**3 119**	**1 372**	**36 129**	**26 765**	**33**	**9**	**29**
按企业规模分											
大型企业	542	293	318	9 881	2 628	1 144	31 114	24 060	25	6	21
中型企业	179	126	81	1 033	491	228	5 015	2 704	8	3	8
按登记注册类型分											
内资企业	595	330	286	10 188	2 806	1 091	28 321	18 982	27	9	27
国　　有	311	187	113	1 878	896	280	9 833	3 387	14	6	11
股份合作	5	1		43	19	9	48				
国有联营	4	4	4	57	32		90	90	2	1	
国有独资公司	132	36	129	7 384	1 539	609	14 701	13 942	1		2
其他有限责任公司	124	91	32	482	229	84	2 274	504	3		14
股份有限公司	19	11	8	344	91	109	1 373	1 058	7	2	
港澳台商投资	1	1		8	6	2	5				
外商投资	125	88	113	718	307	279	7 802	7 782	6		2
按工业行业大类分											
食品加工业	38	26	28	127	38	20	351	255			1
食品制造业	8	4	4	94	31	27	252	144			
烟草加工业	3	3	3	20	4	6	315	315			
纺织业	8	8	8	24	16		19	5			
造纸及纸制品业	4			23	9	5	18				
印刷业、记录媒介的复制	14			46	18	13	127				
化学原料及化学制品制造业	51	13	14	606	290	73	5 476	778			

（2000 年）

	全部科技项目数（项）	新产品开发项目数	研究与试验发展项目	全部科技项目参加人员合计（人）	高中级技术职称人员	无高中级技术职称的大学本科及以上学历人员	全部科技项目经费内部支出合计（万元）	研究与试验发展项目支出	专利申请数（件）	发明专利	拥有发明专利（件）
医药制造业	62	48	29	541	224	45	1 839	1 469	8	5	4
化学纤维制造业	40	30	12	231	106	10	162	99			
黑色金属冶炼及压延加工业	76	7	66	648	312	120	2 973	1 655			
有色金属冶炼及压延加工业	14	11	2	66	35	5	450	360			2
金属制品业	1	1		32	20	4	18				
普通机械制造业	66	55	11	374	173	87	1 078	537	8	2	16
专用设备制造业	14	12	9	114	71	18	196	150	3		
交通运输设备制造业	208	137	165	7 225	1 480	775	18 524	18 447	7		6
武器弹药制造业	5	4	4	28	12		88	86			
电气机械及器材制造业	67	46	31	360	114	125	3 010	1 940	7	2	
电子及通信设备制造业	9	9	9	146	43	3	463	463			
仪器仪表及文化办公用机械制造业	2	1		15	12	3	7				
其他制造业	1	1		20	10	4	30				
电力、蒸汽、热水的生产和供应业	30	3	4	174	101	29	725	55			
按隶属关系分											
中　　央	126	51	77	6 756	1 302	590	13 353	12 774	12	6	4
省	231	95	126	2 079	933	245	10 017	3 675			5
市	313	229	189	1 721	754	443	11 025	9 118	11	1	16
县	23	20	3	93	64	10	583	282	3		
其　　他	28	24	4	265	66	84	1 149	913	7	2	4

14—11 大中型工业企业技术改造、技术获取及减免税情况

（2000 年）　　　　单位：万元

	技术改造经费支出	技术引进经费支出	引进技术资料及关键设备的支出	消化吸收经费支出	购买国内技术经费支出	享受各级政府对技术开发的减免税
总　　计	**49 392**	**170 83**	**14 066**	**117**	**1 850**	**11**
按企业规模分						
大型企业	43 477	13 128	10 373	100	406	
中型企业	5 914	3 954	3 693	17	1 444	11
按登记注册类型分						
内资企业	32 524	9 282	6 267	17	1 800	11
国　　有	11 775	8 001	5 005	17	1 584	
集　　体		981	981			
国有独资公司	17 224	300	280		150	
其他有限责任公司	444				62	11
股份有限公司	3 081				4	
港澳台商投资	50	41	40			
外商投资	16 818	7 759	7 759	100	50	
按工业行业大类分						
食品制造业	305					
烟草加工业	1 223	1 793	1 532	15	902	
纺织业	2 802	4 128	1 393			
印刷业、记录媒介的复制	3 777	1 881	1 881			
化学原料及化学制品制造业	328				150	

 (2000年) 单位：万元

	技术改造经费支出	技术引进经费支出	引进技术资料及关键设备的支出	消化吸收经费支出	购买国内技术经费支出	享受各级政府对技术开发的减免税
医药制造业	100	1 200	1 180		150	
化学纤维制造业	121	41				
橡胶制品业	50		40			
黑色金属冶炼及压延加工业	14 129				528	
有色金属冶炼及压延加工业	582					
金属制品业		57	57			
普通机械制造业	479				56	
专用设备制造业	148				10	
交通运输设备制造业	19 525	7 759	7 759	100	54	
电气机械及器材制造业	3 964					
电子及通信设备制造业	100					11
电力、蒸汽、热水的生产和供应业	1 755	223	223	2		
按隶属关系分						
中　央	9 025	2 693	2 432	15	902	
省	17 245	1 480	1 460	2	680	
市	20 140	12 869	10 134	100	268	11
县	148					
其　他	2 831	41	40			

14—12 大 中 型 工 业 企

（200

	机构数（个）	机构内参加项目人员（人）	高中级技术职称人员	无高中级技术职称的大学本科及以上学历人员
总　　计	**46**	**3 823**	**2 019**	**555**
按企业规模分				
大型企业	25	3 178	1 700	434
中型企业	21	645	319	121
按登记注册类型分				
内资企业	39	3 455	1 865	455
国　　有	26	915	429	165
股份合作	2	370	195	19
国有独资公司	3	1 112	621	103
其他有限责任公司	6	709	396	86
股份有限公司	2	349	224	82
港澳台商投资	1	8	6	2
外商投资	6	360	148	98
按工业行业大类分				
食品加工业	3	37	18	15
烟草加工业	1	20	4	6
纺织业	1	24	16	
造纸及纸制品业	1	350	185	15
印刷业、记录媒介的复制	1	21	12	5
化学原料及化学制品制造业	2	198	42	30
医药制造业	4	197	106	45
化学纤维制造业	2	168	80	5
黑色金属冶炼及压延加工业	1	11	9	1

业 办 科 技 机 构

0年)

博士毕业	硕士毕业	本科毕业	研究与试验发展人员	科技经费内部支出（万元）	研究与试验发展经费	年末固定资产原价（万元）	仪器设备
9	**51**	**1 960**	**2 364**	**28 280**	**20 438**	**66 094**	**26 177**
8	46	1 715	2 122	24 887	18 487	35 589	17 929
1	5	245	242	3 392	1 950	30 505	8 247
8	45	1 732	2 034	23 348	15 817	60 788	24 016
6	24	422	469	3 604	2 422	23 192	6 438
		204		314		25	22
5	15	665	1 112	16 281	12 043	21 884	12 047
	2	255	176	2 001	422	14 605	5 229
	4	186	277	1 146	929	1 080	280
1	2	3		5		1 648	62
	4	225	330	4 925	4 620	3 658	2 097
1	2	23	22	243	204	1 648	62
		10	20	315	315	800	600
		14	3	19	19	135	135
		200		284			
		12		73		277	277
	1	59	198	778	778	1 066	806
6	8	107	151	1 227	936	6 907	1 684
		45	9	98	45	365	110
			11	486	383	120	32

	机构数（个）	机构内参加项目人员（人）	高中级技术职称人员	无高中级技术职称的大学本科及以上学历人员
有色金属冶炼及压延加工业	3	37	17	2
金属制品业	1	16	8	4
普通机械制造业	5	385	253	58
专用设备制造业	2	43	39	3
交通运输设备制造业	9	1 497	775	224
电气机械及器材制造业	5	627	337	112
电子及通信设备制造业	1	12	10	
仪器仪表及文化办公用机械制造业	1	15	12	3
其他制造业	1	20	10	4
电力、蒸汽、热水的生产和供应业	2	145	86	23
按学科分				
自然科学	4	65	30	21
农业科学	2	358	191	17
医药科学	4	197	106	45
工程与技术科学	36	3 203	1 692	472
按机构组成类型分				
与国内高校合办	5	316	101	69
单位自办	40	3 501	1 914	484
其他	1	6	4	2
按机构运营状况分				
有经常性开发任务	5	336	143	92
有稳定经济来源	5	336	143	92
有一定的测试条件	5	336	143	92

0年）

博士毕业	硕士毕业	本科毕业	研究与试验发展人员	科技经费内部支出（万元）	研究与试验发展经费	年末固定资产原价（万元）	仪器设备
		17	22	315	260	1 082	405
		4		15		267	130
		168	110	708	108	566	365
		24	18	86	41	2 278	6
2	21	907	1 440	19 766	15 305	26 701	14 011
	5	256	336	2 969	1 925	18 365	6 456
		10	12	60	60	15	15
		12		6		10	1
		4		30	00	25	22
	14	88	12	795	55	5 463	1 053
		28	22	283	204	292	152
1	2	203		290		1 648	62
6	8	107	151	1 227	936	6 907	1 684
2	41	1 622	2 191	26 479	19 298	57 246	24 277
6	10	133	250	1 488	1 453	4 408	2 620
3	41	1 821	2 109	26 789	18 982	61 676	23 555
		6	5	2	2	10	2
	4	214	306	3 965	3 660	2 437	1 838
	4	214	306	3 965	3 660	2 437	1 838
	4	214	306	3 965	3 660	2 437	1 838

14—13 各类全日制学校基本情况

（2000年） 单位：人

项　　目	学校数（个）	招生数	毕业生数	在校学生数	教职员工数	专任教师
合　　计	**1 695**	**233 963**	**205 632**	**867 506**	**64 777**	**46 137**
高等学校	12	28 489	12 580	78 252	15 325	5 461
中等学校	47	23 205	20 765	80 622	6 338	3 363
技工学校	34	6 880	9 681	18 826	3 232	2 076
普通中学	264	98 005	72 214	261 504	15 846	13 178
职业高中	28	6 725	5 758	17 967	1 225	928
小　　学	1 301	70 473	84 491	409 405	22 617	20 980
特教学校	9	186	143	930	194	151

14—14 高等学校基本情况

（2000年） 单位：人

院　　校	招生数	毕业生数	在校学生数	教职员工数						
					专任教师	正高级	副高级	中级	初级	无职称
合　　计	**28 489**	**12 580**	**78 252**	**15 325**	**5 461**	**580**	**1 650**	**1 737**	**1 260**	**233**
#女　　性	7 937	3 062	23 688	4 353	1 925					
南昌大学	6 533	3 051	17 761	2 944	1 211	203	450	349	177	32
华东交通大学	2 559	1 051	6 191	945	457	23	107	158	168	
南昌航空工业学院	2 557	1 193	7 063	1 510	418	20	133	159	93	13
江西农业大学	2 752	1 186	7 662	3 028	487	50	108	119	180	30
江西医学院	1 642	802	5 385	1 074	430	78	124	140	66	22
江西中医学院	751	125	2 169	1 071	278	32	111	80	48	7
江西师范大学	4 909	1 639	13 521	1 573	728	81	230	205	147	65
江西财经学院	2 983	1 538	8 703	1 472	651	74	200	244	113	20
南昌水利水电高等专科学校	900	603	2 088	456	190	2	51	73	49	15
江西公安专科学院	507	301	1 372	339	124		21	46	46	11
南昌高等专科学校	582	358	1 472	294	152		27	62	59	4
南昌市职业技术师范学校	1 814	733	4 865	619	335	17	88	102	114	14

14—15 高等学校学生分科情况

（2000年）

单位：人

类别	毕业生数	招生数	在校学生数
总计	**12 580**	**28 489**	**78 252**
按学科分			
工学	5 121	11 283	30 707
农学	560	919	2 823
医药	927	2 260	7 319
文学	1 299	4 409	10 493
理学	794	2 549	7 027
经济学	2 514	4 559	13 195
法学	657	1 337	3 516
教育	509	1 003	2 493
哲学	22	38	132
历史学	177	132	547
按层次分			
本科	8 763	21 039	61 556
专科	3 817	7 450	16 696

14—16 高等学校研究生情况

（2000年）

单位：人

院校	毕业生数	招生数	在校研究生
合计	**369**	**866**	**1 886**
南昌大学	113	298	640
南昌航空学院	6	24	43
江西农业大学	40	55	126
江西医学院	33	96	205
江西中医学院	30	50	115
江西师范大学	76	150	339
江西财经学院	54	162	366
华东交通大学	17	31	52

14—17　中等专业学校基本情况

（2000年）

单位：人

学校	招生数	毕业生数	在校学生数	教职员工数	专任教师
合计	**23 205**	**20 765**	**80 622**	**6 338**	**3 363**
#女性	13 269	10 045	42 711	2 480	1 418
南昌铁路机械学校	846	621	2 958	226	114
江西邮电学校		336	512	176	68
江西轻工业学校	490	707	2 507	142	76
江西电力工业学校	324	305	959	552	164
南昌有色金属工业学校	193	792	1 284	199	108
江西省建筑工程学校	512	424	1 772	189	117
江西省建材工业学校	1 152	516	3 381	146	73
江西省机械工业学校	820	669	3 478	152	91
江西省水利水电学校	444	522	2 286	103	54
江西省交通学校	783	334	2 359	238	107
江西省工业贸易学校	700	621	2 643	166	86
南昌市林业学校	320	551	1 365	160	101
江西省国防科技工业学校	638	760	3 478		
江西省化学工业学校	358	530	1 867	148	82
南昌市人民警察学校	299	105	448	47	33
江西省纺织工业学校	290	486	1 736		
南昌市城市建设学校	139	260	514	18	12
南昌气象学校	472	513	2 028	205	129
江西省畜牧水产学校	697	631	2 311	178	99
南昌铁路卫生学校	593	380	1 497	136	84
江西省卫生学校	1 300	725	3 227	216	117
南昌市卫生学校	1 122	594	2 538	144	77
江西省贸易学校	400	361	1 604	86	47

14—17 续表 （2000年） 单位：人

学 校	招生数	毕业生数	在校学生数	教职员工数	专任教师
江西广播电视学校	207	147	689	49	28
江西省团体中专班	208	454	1 287	164	74
江西省医药学校	530	523	1 926	78	57
江西省银行学校	375	95	762	245	95
江西省商业学校	886	532	2 574	171	94
江西省物资学校	323	302	1 274	84	50
江西省工商行政学校	170	220	707	59	36
江西省统计学校	313	357	1 410	99	57
江西省对外经贸学校	583	551	1 960	138	85
江西省税务学校		257	1 106	98	41
南昌保险学校		292	465	66	35
江西省人民武装学校	160	154	340	90	41
江西省信息工程学校	610	688	3 004		
江西省司法警官学校	1 702	935	3 717	213	106
江西省体育运动学校	756	510	1 985	155	80
南昌市体育运动学校	143	84	362	38	9
江西省文化艺术学校	886	691	2 647	362	275
江西省民政学校	596	255	1 582	49	25
南昌师范学校	251	626	1 216	146	73
南昌幼儿师范学校	223	201	832	89	61
南昌第二师范学校	338	489	1 086	108	75
江西省旅游学校	462	196	1 017	62	36
江西省新闻出版学校	370	131	1 012	72	45
南昌市农业专科学校	221	332	910	76	46

14—18 技工学校基本情况

（2000年）　　单位：人

学校	招生数	女性	毕业生数	在校学生数	教职员工数	女性	专任教师
合计	**6 880**	**2 767**	**9 681**	**18 826**	**3 232**	**1 078**	**2 076**
江西邮电技工学校			281		35	14	34
江西电力技工学校	147	66	139	476	207		106
江西机械技工学校	382	165	629	569	134	75	78
江西无线电技工学校	858	363	835	2 801	185	58	87
江西林业技工学校	65	29	214	236	135	58	44
江西建材技工学校	556	160	456	989	146	53	85
江西粮食技工学校	158	56	292	329	21	21	5
江西交通技工学校	421	155	469	1 211	293	112	118
江西建工技工学校	222	112	278	782	93	29	50
江西水利技工学校	72	38	196	388	96	35	58
江西中药材技工学校	228	107	210	539	68	16	47
南昌市化工技工学校	137	80	295	292	62	33	51
南昌市兵器技工学校	217	27	106	522	224	98	187
南昌钢铁厂技工学校	75	26	117	293	109		88
南昌飞机制造公司技工学校	104	44	101	237	54	19	23
核工业南昌技工学校	155	82	34	412	73	29	37
江西工程技工学校	166	57	154	369	83	32	49
江西矿冶技工学校			37		10	5	9
江西纺织技工学校	244	183	162	451	52	25	31
南昌市轻工技工学校	44	19	209	104	30	17	
江西二轻技工学校	210	103	236		40	15	32
江西化工技工学校	352	51	360	720	114	32	89
南昌市商业技工学校	84	48	297	321	32	20	26
江西石油技工学校	31	17	223	136	49	19	26
南昌市高级技工学校	422	120	540	1 372	48	9	41
南昌市技工学校	350	181	600	1 114	47	23	47
南昌市铁路运输技工学校	90	9	353	1 161	306	100	208
江西省城市建设技工学校	214	103	301	469	54	19	52
江西省制药厂技工学校	50	24	120	190	30	18	28
江西省煤炭技工学校	382	165	629	569	134	75	95
江西省供销社技工学校	140		213	385	174		168
江西省劳动技工学校	165	101	367	1 030	45		39
南昌市建工技工学校	80	25	120	300	31	12	22
南昌县技工学校	59	51	108	59	18	7	16

14—19 普通中学基本情况

（2000年）

单位：人

类别	学校数（个）	招生数	毕业生数	在校学生数	教职员工数	专任教师
合计	**264**	**98 005**	72 214	**261504**	**15 846**	**13 178**
#女性		43 532	32 800	116 123	5 876	5 047
按城乡分						
城市	69	26 429	19 163	72 447	5 340	4 197
县镇	100	37 882	27 476	100 958	5 883	4 981
农村	95	33 694	25 575	88 099	4 623	4 000
按层次分						
初中	199	81 302	61 170	219 922		10 638
城市	37	18 749	13 488	52 520		2 967
县镇	75	30 055	22 832	82 069		3 924
农村	87	32 498	24 850	85 333		3 747
高中	65	16 703	11 044	41 582		2 540
城市	32	7 680	5 675	19 927		1 230
县镇	25	7 827	4 644	18 889		1 057
农村	8	1 196	725	2 766		253
按地区分						
市区	113	36 443	25 417	97 232	7 204	5 747
南昌县	42	22 206	15 440	58 241	2 960	2 610
新建县	49	13 720	12 695	37 842	2 199	1 845
进贤县	45	18 268	13 127	48 340	2 625	2 200
安义县	15	7 368	5 535	19 849	858	776
按部门分						
教育部门和集体办	197	86 234	66 092	233 406	13 832	11 589
其他部门办	43	7 502	4 933	19 142	1 740	1 400
民办	24	4 269	1 189	8 956	274	189

14—20 职业高中基本情况

（2000年）

单位：人

类别	学校数（个）	招生数	毕业生数	在校学生数	教职员工数	专任教师
合计	**28**	**6 725**	**5 758**	**17 967**	**1 225**	**928**
#女性		3 523	2 905	9 589	494	372
按城乡分						
城市	19	4 866	4 444	13 749	854	621
县镇	9	1 572	1 109	3 579	321	257
农村		287	205	639	50	50
按部门分						
教育部门和集体办	16	3 890	3 368	10 499	973	782
其他部门办	2	277	448	954	106	74
民办	10	2 558	1 942	6 514	146	72

14—21 小学、特殊教育、工读学校基本情况

（2000 年）　　　　单位：人

类别	学校数（个）	招生数	毕业生数	在校学生数	教职员工数	专任教师
一、小　学	**1 301**	**70 473**	**84 491**	**409 405**	**22 617**	**20 980**
#女　性		32 721	40 214	191 626	11 005	10 443
按城乡分						
城　市	58	14 376	17 145	79 425	3 885	3 472
县　镇	487	27 713	31 099	155 231	8 748	8 116
农　村	756	28 384	36 247	174 749	9 984	9 392
按县、区分						
市　区	192	24 439	28 787	136 472	7 007	6 212
南昌县	329	16 849	20 293	99 236	6 111	5 964
新建县	322	13 866	13 028	67 637	3 723	3 425
进贤县	345	10 983	15 476	78 024	4 435	4 207
安义县	113	4 336	6 907	28 036	1 341	1 172
按部门分						
教育部门和集体办	1 280	63 525	77 277	373 375	20 724	19 233
其他部门办	16	6 460	6 676	33 169	1 762	1 623
民　办	5	488	538	2 861	131	124
二、特殊教育	**9**	**449**	**289**	**2 111**	**194**	**151**
#女　性		163	92	821	107	91
1. 特教学校	9	186	143	930	194	151
聋哑学校	6	130	95	397	115	87
盲　校	1	35	32	130	48	37
弱智儿童辅读校班	2	21	16	403	31	27
2. 普校附设及随班就读		263	146	1 181		
三、工读学校	**1**				**9**	**2**

附：适龄儿童小学入学率 99.6%。

14—22 幼 儿 园 基 本 情 况

（2000 年）

单位：人

类　　别	幼儿园数（个）	在园幼儿数	教职员工数	教　师
总　　计	**706**	**91 095**	**5 235**	**3 464**
#女　　性		43 059	4 908	3 228
按城乡分				
城　　市	203	31 236	2 942	1 786
县　　镇	285	34 904	1 662	1 159
农　　村	218	24 955	631	519
按部门分				
教育部门办	50	12 196	579	461
其他部门办	104	23 529	2 145	1 290
集体部门办	69	24 952	362	284
民　　办	483	30 418	2 149	1 429

14—23 成人教育基本情况

(2000年)　　　　　　　　　　　　　　单位：人

类　　别	学校数（个）	招生数	毕业生数	在校学生数	教职员工数	专任教师
总　　计	**539**	**89 823**	**126 799**	**131 122**	**4 466**	**2 178**
一、成人高等学校	**12**	**26 541**	**13 484**	**57 760**	**2 426**	**974**
职工高等学校	6	2 357	1 720	5 447	708	421
管理干部学院	2	949	825	2 281	975	174
教育学院	2	3 863	1 894	7 040	594	293
广播电视大学	2	2 143	1 732	5 354	149	86
普通高校举办成人教育		17 229	7 313	37 638		
#函授部	10	11 261	4 656	25 735		
夜大学	7	2 594	1 205	5 621		
成人脱产班	9	3 374	1 452	6 282		
二、成人中等学校	**24**	**2 269**	**5 759**	**10 224**	**1 053**	**583**
1.成人中等专业学校	18	2 119	5 434	9 877	976	531
#女　性		858	2 020	3 543	376	213
职工中专	11	1 531	1 297	4 428	454	255
函授中专	2	430	3 491	4 033	28	4
教师进修学校	7				199	139
2.成人中学	6	150	325	347	77	52
#女性		89	221	256		
三、成人初等学校	**47**	**5 564**	**48 276**	**5 589**	**83**	**65**
#女　性		4 308	32 372	4 331		
农民初等学校	47	5 564	48 276	5 589	83	65
#扫盲班	47	5 564	48 276	5 589	83	65
四、成人技术培训学校	**456**	**55 449**	**59 580**	**57 549**	**904**	**554**
职工技术培训学校	49	18 689	16 194	20 689	673	519
农民技术培训学校	407	36 760	43 386	36 860	231	35

14—24 广 播 电 视 情 况

（2000年）

项 目	2000
一、广 播	
1. 广播电台（座）	3
2. 中短波发射台和转播台（座）	3
3. 调频广播台和传输台（座）	87
4. 广播覆盖率（%）	95
二、电 视	
1. 电视台（座）	4
2. 电视转播发射台和差转台（座）	30
#一千瓦以上的发射台	3
3. 卫星电视地面站（个）	325
#收转境内	305
收转境外	20
4. 全年自制电视节目（小时）	4 166
5. 电视覆盖率（%）	96
6. 有线电视用户（万户）	33.54

注：1.“电视”含有线电视台，不含教育台。
2. 调频广播台和传输台包括了乡村的小调频台。

14—25 艺 术 剧 团 和 剧 院

（2000年）

项 目	合 计	省 级	市 级	县 区
一、艺术表演团体				
剧团个数（个）	12	6	4	2
职工人数（人）	1 268	800	384	84
演出场次（场）	1 356	902	178	276
观众人次（万人次）	197	137	25	35
当年创作首演剧目（个）	18	3	12	3
全年收入（万元）	1 888.8	1 378.8	421.7	88.3
#演出收入	137.7	119.8	10.2	7.7
全年支出（万元）	1 793.6	1 281.7	421.7	90.2
二、艺术表演场数				
表演场所（个）	8	4	4	
座席数（个）	5 338	3 114	2 224	
演映场次（场）	4 279	2 026	2 253	
观众人数（万人次）	46	35	11	

14—26 群众艺术馆和文化馆

（2000年）

项　目	合　计	省　级	市　级	县　区
群艺馆、文化馆数（个）	11	1	1	9
举办展览（个）	30	5	3	22
组织文艺活动次数（次）	128	8	12	108
举办训练班结业人数（人次）	2 246		950	1 296
录相放映场数（场次）	1 126			1 126
观众人数（万人次）	2.2			2.2
公用房屋建筑面积（平方米）	17 263		1 600	15 663
职工人数（人）	220	44	40	136

14—27 博物馆

（2000年）

项　目	合　计	省　级	市　级	县　区
博物馆（个）	8	2	4	2
公用房屋面积（平方米）	13 235	5 250	5 758	2 227
藏品件数（件）	62 607	62 604	2 262	787
陈列个数（个）	3		2	1
展览个数（个）	1			1
参观人次（万人次）	11.3	6.5	4.2	0.6
#外宾	0.2		0.2	
职工（人）	255	173	65	17

14—28 图书、报纸、杂志出版

（2000年）

项目	种数（种）	总印数（万册、份）	总印张数（千印张）
一、图书合计	**1 855**	**21 119**	**931 255**
书籍	1 688	10 628	338 858
课本	167	10 490	592 396
二、报纸合计	**39**	**34 843**	**607 879**
省级	18	21 181	428 755
市级	21	13 661	179 123
三、杂志合计	**167**	**9 059**	**189 092**

14—29 公共图书馆

（2000年）

项目	合计	省级	市级	县区
图书馆（个）	11	1	1	9
藏书（万册）	332	202	81	46
公用房屋建筑面积（平方米）	40 631	26 358	1 694	12 579
发放借书证（个）	14 004	1 500	6 050	6 454
总流通人次（万人次）	87.7	40.4	11.5	35.8
书刊外借册数（万册次）	72.3	20.2	25.2	26.9
经费支出合计（万元）	681.8	403.4	106.8	171.6
#购书支出	90.8	65.4	15	10.4
职工（人）	316	152	64	100

主 要 统 计 指 标 解 释

专业技术人员　指已取得科学技术职称，或大学、中专的理、工、农医科系毕业，以及国民经济各部门从工作实践中提拔，从事理、工、农、医等自然科学技术的研究、教学、生产的专业人员和在机关、企业、事业单位中从事科学技术业务管理工作的专业人员。

科技活动　指在所有科学技术领域内，即在自然科学、农业科学、医药科学、工程与技术科学、人文与社会科学中，与科技知识的产生、发展、传播和应用密切相关的全部有系统的活动。

研究与发展活动　指增加知识总量（包括人类、文化和社会方面的知识），以及运用这些知识去创造新的应用而进行的系统的创造性的工作。

企业办科技机构　指企业自办、或与外单位合办、管理上同生产系统相对独立的，或单独核算的专门技术开发机构（如企业办研究所、开发中心、开发部等专门技术开发机构）。

企业科研项目　指当年立项并开展研究工作的项目、以前年份立项当年仍继续进行的项目（课题）、当年完成及通过鉴定的项目（课题），包括年内研究开发工作已告失败的项目。

获奖成果　指企业在本年度内从地（市）及以上政府科技管理部门获得的各种科技成果奖。获奖成果分为：国家级奖、省部级奖和地市级奖。

新产品　指采用新技术原理，新设计构思研制、生产的全新产品或在结构、材质、工艺等某一方面比老产品有明显改进，从而显著提高了产品性能或扩大了使用功能的产品。

从事科技活动人员　指企业在报告期内，从事科技活动的时间（不包括加班时间）占全年工作时间10%及以上的工程技术人员、管理人员、工人及其他人员。

从事研究与发展活动人员　指报告期 参与研究与发展项目（课题）研究、管理和辅助工作的人员，具体包括直接参加研究与发展项目（课题）组人员，直接参与上述项目（课题）的行政管理人员和直接为上述项目（课题）活动提供服务的辅助人员。

工程技术人员　指负担工程技术和工程技术管理工作，并具有工程技术能力的人员。

高中级职称人员　指企业从业人员中具有高级职称和中级职称的人员数。高级职称指高级工程师、讲师、正、副教授，正、副研究员，高级统计师，高级会计师，高级经济师，以及相当于这一级的其他技术职务的人员。中级职称指工程师、讲师、助理研究员、技师、统计师、会计师、经济师，以及相当于这一级的其他技术职务的人员。

无高中级职称的大学本科及以上学历人员　指企业从业人员中具有大学本科及以上学历，但没有高中级职称的人员数。具体包括没有高中级职称的大学本科毕业生、硕士研究生、博士研究生、博士后研究生等。

普通高等学校　指按照国家规定的审批程序批准举办，通过全国统一招生考试，招收高中毕业生为主要培养对象，实施高等教育的全日制大学、独立设置的学院和高等，专科学校、短期职业大学。

成人高等学校　指按照国家有关规定审批，招收通过全国成人高教统一招生考试的具有高中毕业或同等学历的在职从业人员全脱产、半脱产、业余或函授等多种形式对其实施高等学历教育，培养高等教育专科或本科毕业水平的专门人才，修业年限、课程设置等均按高等学历教育要求付诸实施的学校。包括广播电视大学、职工高等学校、农民高等学校、管理干部学院、教育学院、独立设置的函授学院等。

小学学龄儿童入学率　指调查范围内已入小学学习的学龄儿童占校内外学龄儿童总数（包括弱智儿童在内，但不包括盲聋哑儿童）的比重。计算公式：

$$小学学龄儿童入学率=\frac{已入学的小学学龄儿童数}{校内外小学学龄儿童总数}\times 100\%$$

电影放映单位　指具有放映机器设备、固定或不固定的放映场所与专职或兼职的放映技术人员，经文化行政部门登记批准，经常为一定的观众对象放映电影的机构。包括经批准对外开放进行营业，并与电影发行放映管理机构分帐的专用放映单位。

电影观众人数 指各类型放映单位的观众人数，一个观众连续看了一部长片和短片专场规定的短片，为 2 人次。

艺术表演团体 指从事戏曲、音乐、舞蹈、杂技等专业艺术表演，有独立帐户、实行单独核算的团体。不包括半工半艺，半农半艺的业余剧团。

艺术表演观众人数（人次） 指售票、包场演出或民族地区免费演出的艺术表演观众人次数。不包括彩排审查和内部观摩演出的观看人次数。

十五、卫生、体育、其他

PUBLIC HEALTH, SPORTS AND OTHERS

本篇内容包括:

1. 医疗卫生事业情况
2. 体育事业
4. 婚姻情况
5. 民政事业
6. 司法情况
8. 交通事故、火灾事故、职工伤亡事故
9. 待业人员安置情况

资料整理

谢晓灿
张　宁
刘颜生
刘　斌

卫生机构、人员数

卫生机构数:

1999年 998 个

2000年 932 个

卫生人员数:

1999年 29729 人

2000年 29737 人

结婚、离婚数

结婚数:

1999年 25269 对

2000年 25486 对

离婚数:

1999年 2199 对

2000年 2610 对

15—1 卫生机构、床位、人员数

（2000年）

类别	机构数（个）	床位数（张）	人员数（人）	卫生技术人员	医生
总计	**932**	**15 130**	**29 737**	**22 477**	**9 527**
市	610	10 934	22 379	16 472	7 003
县	322	4 196	7 358	6 005	2 524
一、按部门分					
卫生部门	161	10 933	20 799	14 911	5 984
工业及其他部门	507	3 885	7 380	6 262	2 888
集体经济单位	38	312	1 282	1 028	455
个体	226		276	276	200
二、按机构类别分					
各类医院及医学教育科研机构	244	15 130	27 090	19 830	8 075
医院	79	12 524	18 458	14 220	5 433
县及县以上医院	79	12 524	18 458	14 220	5 433
#综合医院	56	6 872	10 020	7 864	3 028
中医医院	10	1 035	1 587	1 222	549
其他医院	13	4 617	6 851	5 134	1 856
卫生院	95	1 859	3 188	2 736	1 136
疗养院	2	220	118	75	29
门诊部	7	4	213	169	73
专科防治所、站	10	339	500	402	184
卫生防疫机构	15		1 205	960	608
妇幼保健机构	10	104	390	321	206
药品检验机构	7		217	130	2
医学科学研究机构	5	80	509	286	156
高等医学教育机构	2		1 599	209	99
中等医药教育机构	7		466	203	115
其他卫生事业机构	5		227	119	34
诊所、卫生保健所、医务室	688		2 647	2 647	1 452

15—2 卫生技术人员

（2000年）

单位：人

类别	合计	卫生部门	其他部门	市	县
总计	**22 477**	**14 811**	**7 666**	**16 472**	**6 005**
中医师	1 433	852	581	934	499
西医师	6 796	4 423	2 373	5 418	1 378
中西医结合医师	117	64	53	102	15
中药师	531	379	152	293	238
西药师	942	590	352	735	207
护师	5 021	3 524	1 497	4 085	936
检验技师	888	574	314	713	175
其他技师	729	587	142	629	100
中医士	156	65	91	75	81
西医士	990	579	411	447	543
中药剂士	192	127	65	93	99
西药剂士	394	261	133	274	120
护士	2 424	1 661	763	1 760	664
助产士	230	161	69	109	121
检验技士	311	226	85	194	117
其他技士	248	170	78	175	73
其他中医	35	1	34	27	8
中药剂员	45	23	22	7	38
西药剂员	44	26	18	10	34
护理员	191	102	89	115	76
检验员	61	25	36	32	29
其他	699	391	308	245	454

补充资料：2000年末，全市卫生机构中获得主治医师以上技术职称人数为7 835人，其中卫生部门6 213人，其他部门1 622人。

15—3 医院住院病人疾病死亡原因及构成

（2000年）

城市			农村		
序位	死亡原因	占死亡总人数的%	序位	死亡原因	占死亡总人数的%
1	肿瘤	26.36	1	损伤和中毒	32.22
2	循环系统疾病	25.98	2	循环系统疾病	23.33
3	消化系统疾病	10.15	3	肿瘤	18.89
4	损伤和中毒	9.92	4	消化系统疾病	7.78
5	传染病和寄生虫	7.65	5	呼吸系统	4.45
6	呼吸系统	7.42	6	神经系统和感觉器官疾病	4.45
7	泌尿生殖系统疾病	3.56	7	起源于围产期的情况	3.33
8	神经系统和感觉器官疾病	1.81	8	妊娠病、分娩病及产娠期并发症	2.22
9	内分泌、营养和代谢疾病及免疫病	1.66	9	传染病和寄生虫	1.11
10	先天异常	1.52	10	体征、病状和不明确情况	1.11
11	起源于围产期的情况	1.44	11	内分泌、营养和代谢疾病及免疫病	1.11
12	血液和造血器官疾病	0.91			
13	体征、病状和不明确情况	0.91			
14	肌肉、骨骼系统和结缔组织疾病	0.53			
15	妊娠病、分娩病及产娠期并发症	0.15			

15—4 体　　育　　事　　业

(2000年)

项　　　　目	2000
一、举办综合（单项）运动会次数（次）	28
参加运动会人数（百人次）	52
二、等级裁判员发展人数（人）	294
三、等级运动员发展人数（人）	96
四、“国家体育锻炼标准”发展人数（万人）	59.5
及　格　级	30.8
良　好　级	21
优　秀　级	7.7
五、参加省级及其以上和同等城市比赛次数（次）	17
参加比赛人数（人次）	602
获得奖牌数（枚）	
金　　牌	209
银　　牌	108

15—5 市属共青团组织情况

年　　份	基层团支部（个）	共青团员（人）	女团员	专职干部（人）
1981	5 278	96 017	39 108	451
1985	6 366	152 918	59 995	687
1986	6 162	156 769	57 567	679
1987	6 144	168 941	66 118	566
1988	6 288	154 217	55 081	690
1989	5 809	132 841	47 227	635
1990	5 809	133 041	47 227	644
1991	5 809	145 713	51 034	646
1992	5 232	144 709	53 956	713
1993	5 243	121 532	48 012	609
1994	5 478	126 645	46 222	1 100
1995	5 315	139 734	50 626	1 198
1996	5 362	141 483	48 581	1 198
1997	5 667	122 177	45 095	1 198
1998	5 867	113 818	47 481	1 392
1999	5 667	113 718	47 481	1 392
2000	5 636	113 758	47 461	1 402

15—6 1994—2000年妇联系统组织情况

单位：个

项目	1994	1995	1996	1997	1998	1999	2000
城镇街道基层妇代会	758	727	727	762	792	792	792
农村基层妇代会	1 197	1 192	1 144	874	1 088	1 088	1 197
乡镇（场）妇联	49	109	110	143	143	143	137
机关、事业单位妇委会	267	148	148	72	72	72	72

15—7 1995—2000年工会组织情况

项目	1995	1996	1997	1998	1999	2000
工会基层组织数（个）	2 171	2 102	1 620	1 721	1 593	1 713
已建工会组织的基层单位职工人数（万人）	47.02	58.22	37.08	37.15	36.90	37.01
# 女职工	20.16	24.09	15.33	15.47	14.89	15.41
已建工会组织的基层单位工会人数（万人）	41.83	52.42	33.68	33.52	32.14	33.01
# 女会员	18.26	21.81	13.77	13.81	12.98	13.21
工会专职人员数（人）	1 520	1 557	928	846	1 022	613

注：本表数据为南昌市市属单位数。其中1995年、1996年为抽样调查数。

15—8　历届南昌市人民代表大会的代表人数

单位：人

项　　目	一届 (1954)	二届 (1956)	三届 (1958)	四届 (1960)	五届 (1963)	六届 (1965)	七届 (1968)	八届 (1982)	九届 (1987)	十届 (1992)	十一届 (1998)
代表总数	**233**	**239**	**253**	**307**	**375**	**385**	**724**	**555**	**495**	**489**	**434**
代　表　中											
女　代　表	52	49	68	77	99			150	102	98	89
占代表总数%	22.3	20.5	27.0	25.1	26.4			27.0	20.6	20.0	20.5
代　表　中											
少数民族代表										8	7
占代表总数%										1.6	1.6

注：在文化大革命中，国家政治生活处于不正常的情况下。1968年2月18日成立了南昌市革命委员会。根据江西省人民代表大会常务委员会的规定，将革命委员会作为南昌市第七届人民代表大会。七届代表构成为革命委员会成员、人民解放军代表、群众组织推举的代表。

15—9　历届南昌市政治协商会议的委员人数

单位：人

项　　目	一届 (1955)	二届 (1958)	三届 (1959)	四届 (1962)	五届 (1963)	六届 (1965)	七届 (1982)	八届 (1987)	九届 (1992)	十届 (1998)
委员总数	**129**	**189**	**299**	**288**	**300**	**302**	**458**	**405**	**413**	**403**
委　员　中										
中国共产党代表	22	47	63	81	82	87	175	171	169	157
占代表总数%	17.05	24.87	21.07	28.13	27.33	28.81	38.21	42.22	40.92	38.9
委　员　中										
少数民族代表	3	3	3	3	4	4	6	8	10	11
占代表总数%	2.33	1.58	1.00	1.04	1.33	1.32	1.31	1.98	2.42	2.7
委　员　中										
女性代表	20	29	54	54	58	64	108	100	89	103
占代表总数%	15.50	15.34	18.06	18.75	19.33	21.19	21.19	24.69	20.09	25.6

15—10 民　政　事　业

项　目	1999	2000
一、年末抚优对象（万人）	11.58	8.9
#革命伤残人员（人）	1 847	1 834
优待总金额（万元）	599.9	1 100.1
二、社会福利机构个数（个）	113	90
#老年性福利机构个数	105	81
三、社会福利机构收养人数（个）	2 648	2 219
#老年性福利机构收养人数	1 405	963
四、社会福利企业（含乡办）（个）	176	115
年末职工人数（人）	8 050	6 665
#残疾人员	3 556	3 104
五、民政部门负担离退休人员（人）	2 015	1 514
六、社会困难救济数（人次）	38 374	30 549
固定定期定量救济人数（人）	5 430	6 296
集体补助（供给）金额（农村）（万元）	413.4	540.3
七、社会散居孤、老、残、幼人数（人）	13 262	13 093
#集体供养	6 959	6 513
集体供给金额（万元）	380.4	431.5
八、建立社会保险网络乡镇个数（个）	19	15
九、准于登记结婚人数（对）	25 269	25 486
准于登记离婚人数（对）	2 199	2 610
十、火化尸体（具）	10 654	11 773

15—11　1995—2000年优抚、救济对象享受国家定期抚恤补助、救济情况

单位：人

年　份	合　计	伤残抚恤	烈属抚恤	复退军人定期补助	社会散居残幼孤老定期补助	社会困难定期救济	精减退职老职工救济
1995	15 438	1 767	425	2 914	2 111	6 177	2 044
1996	15 677	1 782	424	3 022	2 171	6 233	2 045
1997	15 838	1 788	410	3 236	2 172	6 174	2 058
1998	12 916	1 772	370	3 253	1 022	4 459	2 040
1999	11 275	1 847	385	3 301		3 729	2 013
2000	12 081	1 833	358	3 335		4 804	1 751

15—12 1985—2000年婚姻登记情况

单位：对

年份	结婚	复婚	离婚
1980	10 887	72	272
1985	23 594	63	549
1986	24 018	101	647
1987	26 904	100	660
1988	27 834	159	624
1989	32 164	262	773
1990	29 136	91	1 145
1991	26 574	136	935
1992	27 203	160	1 035
1993	23 812	142	1 080
1994	21 543	248	1 546
1995	22 583	116	1 481
1996	23 559	168	1 713
1997	24 190	220	2 096
1998	26 367	160	2 389
1999	25 269	189	2 199
2000	25 486	253	2 610

15—13 婚姻登记情况

（分县区，2000年）

单位：对

地区	结婚	复婚	离婚
总计	**25 486**	**253**	**2 610**
南昌县	4 827		109
新建县	3 850		132
进贤县	4 444	47	201
安义县	1 010	6	102
东湖区	3 142	60	809
西湖区	4 255	91	882
青云谱区	1 146	34	169
郊区	1 870	11	108
湾里	340	2	58
昌北开发区	602	2	40

15—14　律师、公证和人民调解基本情况

（市　　属）

项　　　　目	1999	2000
一、律师工作		
律师事务所（个）	26	29
律　　师（人）	376	250
#专　　职	186	149
兼　　职	123	101
聘请担任常年法律顾问的单位（处）	853	905
刑事诉讼辩护及代理（件）	895	859
民事诉讼代理（件）	2 621	2 657
非诉讼代法律事务（件）	1 453	1 476
解答法律咨询（件）	3 954	3 971
代理法律文书（件）	3 007	2 950
二、公证工作		
公　证　处（个）	11	11
公 证 人 员（人）	58	78
#公　证　员	35	49
助理公证员	23	29
办理公证文书（件）	26 356	17 167
#经济合同文书	6 422	6 422
三、人民调解工作		
专职司法助理员（人）	211	264
人民调解委员会（个）	2 539	2 362
调解工作人员（人）	11 560	10 120
调解民间纠纷（件）	5 538	5 848

15—15　产品和商品质量监督检查情况

（2000年）

项　　　目	产品质量			商品质量	
	监督检验企业数（个）	有不合格产品企业所占比例（%）	批次合格率（%）	检查商业企业数（个）	批次合格率（%）
全市总计	**746**	**43.70**	**68.1**	**3 211**	**66.4**
农用产品	89	25.84	80.2	519	81.7
加工食品和饮料	371	55.53	61.5	1 257	68.6
家用电器	9	100	33.3	113	47.9
轻工产品	111	35.14	77.0	314	62.8
纺织、鞋类产品	15	53.33	55.5	123	46.8
化工产品	31	41.94	43.8	51	75.3
建材产品	62	24.19	76.9	257	70.1
机电产品	13	38.46	60.0	342	59.8
冶金产品及金属制品	32	9.38	91.6	111	58.4
能源产品	2	50	50.0	29	35.1
医疗器械	11	36.36	60.0	95	63.7

说明：本表根据南昌市技术监督局提供的资料整理。

15—16　1991—2000年南昌市消协消费者投诉与处理情况

单位：件

项　　目	1991	1992	1993	1994	1995	1996	1997	1998	1999	2000
一、投诉案件数	**1 621**	**2 420**	**1 355**	**1 863**	**2 104**	**4 079**	**3 957**	**4 043**	**3 199**	**2 088**
按行业分										
家用电器类	250	253	204	300	206	371	348	642	386	140
家用机械类	97	216	116	203	219	269	233	278	350	110
日用百货类	204	624	336	467	608	818	694	532	589	345
食品类	435	605	291	419	532	1 362	1 659	1 042	732	1 005
药和医疗用品类	8	18	12	26	21	29	19	41	33	9
服务类	24	72	54	76	158	310	243	698	652	163
农用生产资料类	4	30	13	8	30	111	11	118	52	40
其它类	599	602	329	364	330	809	750	692	405	276
按内容分										
质量	594	1 180	849	848	878	1 289	915	1 746	1 833	964
价格	124	161	86	152	275	579	603	677	352	266
虚假广告	166	76	72	126	122	206	278	79	88	34
假冒商品	247	364	82	246	236	657	512	261	164	164
计量	179	199	54	128	121	339	664	330	168	466
欺诈					40	72	145	146	84	48
其它	311	440	212	363	432	937	840	804	510	146
二、当年解决件数	**1 598**	**2 296**	**1 274**	**1 774**	**2 005**	**3 958**	**3 805**	**3 973**	**3 199**	**2 047**
解决率（%）	98.58	94.88	94.02	95.22	95.29	97.03	96.16	98.27	100.00	98.00
三、消费者免受损失（万元）	**65.9**	**52.4**	**99.5**	**54.6**	**42.0**	**139.7**	**90.7**	**98.0**	**147.8**	**98.57**

15—17 南昌市消协受理投诉案件

（2000年） 单位：件

项目	合计	质量	价格	虚假广告	假冒商品	计量	欺诈骗销	其它
总计	**2 088**	**964**	**266**	**34**	**164**	**466**	**48**	**146**
一、家用电子电器类	**140**	**119**	**8**		**4**		**2**	**7**
#电视机	29	26						3
电冰箱、冰柜	9	9						
洗衣机	12	11						1
收录机、音响	7	5			2			
空调器	7	7						
二、家用机械类	**110**	**75**	**11**		**8**		**3**	**3**
#自行车、助力车	40	31	3		3		2	1
摩托车、残疾人用车	20	16					1	3
钟表	17	12	2					3
燃气热水器	14	8	2		2			2
三、日用百货类	**345**	**212**	**48**	**1**	**43**	**3**	**10**	**28**
#家俱	42	32	8					2
服装	82	35	19		10		5	13
鞋	133	101	13		13		3	3
化妆品	40	14	3	1	13		2	7
四、食品类	**1 005**	**220**	**150**	**5**	**99**	**460**	**15**	**56**
#烟、酒、饮料	268	112	58		43	30	5	20
鲜肉、禽、鱼	399	23				370	3	3
保健食品	100	18	32	5	30		5	10
五、药和医疗用品类	**9**	**6**						**3**
六、服务类	**163**	**103**	**25**	**6**	**1**	**1**	**4**	**23**
#美容	11	3	3	2				3
邮电	21	16						5
餐饮业	8	2		1				5
旅游、出租	21	9		2				10
修理、装修业	62	47	10	1	1	1	2	
七、农用生产资料类	**40**	**24**	**12**	**1**	**1**		**2**	
八、其它类	**276**	**205**	**12**	**21**	**8**	**2**	**12**	**16**
#邮购	55	35		14			6	
金银首饰、珠宝玉器	68	55	3	4	2	2	2	
房屋、建材	66	40	1	3	6			16

15—18 南昌“12315”受理举报申诉情况

单位：件

项　　目	1999.7—1999.12	2000
一、受理申诉	600	1 476
#商　品	419	903
服　务	181	573
二、申诉内容		
质　量	321	727
价　格	28	73
计　量	12	
售后服务	80	344
其　他	159	332
三、挽回损失（万元）	128	368

15—19 城镇失业人员情况

(2000年)

项目	2000
一、上年结转失业人数(万人)	2.0
二、本年新登记的失业人数(万人)	2.9
#女性	1.3
由就业转失业	0.4
三、本年失业人员数(万人)	2.8
# 国有企业	2.4
集体企业	0.4
四、年末实有登记失业人数(万人)	2.6
#女性	1.1
长期失业者	1.1
五、登记失业率(%)	2.99
六、就业培训中心个数(个)	7
七、就业训练人次数(万人)	1.3
#女性	0.3
八、就业训练结业人数(万人)	1.3
#失业人员	0.2

15—20 社会治安案件

(2000年)　　单位：件

项目	全市	市区
治安案件		
受理数	14 294	9 204
查处数	12 284	7 420

15—21 交通事故

(2000年)

项目	合计	市区	四县
一、交通事故次数（次）	7 036	5 916	1 120
二、死亡人数（人）	317	119	198
三、受伤人数（人）	1 896	960	936
四、经济损失（万元）	815.1	469	346.1

15—22 火灾事故

(2000年)

项目	合计	市区	四县
一、火灾次数（次）	1 033	801	232
二、死亡人数（人）	10	7	3
三、受伤人数（人）	18	7	11
四、经济损失（万元）	562.9	420.9	142

15—23　1997—2000年人民法院一审案件结案情况

单位：件

项　　目	1997	1998	1999	2000
合　　计	**11 687**	**11 458**	**12 870**	**11 723**
刑事案件	1 323	1 409	1 837	1 580
民事案件	7 613	6 910	7 882	7 758
经济纠纷案件	2 676	3 064	3 043	2 278
行政案件	75	75	108	107

15—24　职　工　伤　亡　事　故

单位：人

项　　目	死亡		重伤	
	1999	2000	1999	2000
总　　计	**15**	**18**	**9**	**10**
高处坠落	3	2	3	1
机械伤害	1	1	2	3
物体打伤		4	1	2
触　　电	2	4		
淹　　溺		1		
车辆伤害		2		1
起重伤害	1	1	1	2
爆　　燃	1			
灼　　烫	1			
其　　他	6	3	2	1

主 要 统 计 指 标 解 释

医院 指名称为医院，设有固定床位能收容病人住院并能为病人提供医疗、护理服务的医疗机构。包括县及县以上医院、农村乡卫生院、其他医院三部份。按所属性质分为卫生部门、工业及其他部门、集体所有制三类。其中县及县以上医院按业务性质分为综合医院和专科医院。

卫生技术人员 指卫生事业机构支付工资的全部固定职工和合同制职工中现任职务为卫生技术工作人员。包括中医师、西医师、中西医结合高级医师、护师、中药师、西药师、检验师、其他技师、中医士、西医士、护士、助产士、中药剂士、西药剂士、检验士、其他技士、其他中医、护理员、中药剂员、西药剂员、检验员、其他初级卫生技术人员。

医生 指经卫生部门审查合格，从事医疗工作的专业人员。分为中医医生和西医医生、包括卫生技术人员中的中医师、西医师、中西医结合高级医师、中医士、西医士和其他中医。

等级运动员人数 指经考核正式批准授予等级运动员称号的人数。运动员等级分为国际级运动健将、运动健将、一级运动员、二级运动员、三级运动员、少年级运动员。

等级裁判员人数 指经考核正式批准授予等级裁判员称号的人数。裁判员等级分为国际裁判、国家级裁判、一级裁判、二级裁判、三级裁判。

体育场 指有400米跑道（中心含足球场）和固定道牙，跑道6条以上，并有固定看台的田径场地。以看台容纳观众人数分：甲级25 000人以上，乙级15 000—25 000人，丙级5 000—15 000人，丁级5 000以下，共四级。

律师 指受聘参加法律顾问处工作，提任法律顾问、刑（民）事代理人、刑事辩护人，办理非诉讼事件、解答法律询问，代写法律事务文书等主要从事律师业务的专职法律工作者和兼职律师。

公证人员 指在国家公证机关依法办理公证事务的司法人员。包括公证员、助理公证员和公证处工作的其他人员。

办理公证文书 指公证处一定时期内办结的公证文书件数。公证文书系按司法部规定或批准的格式制作。包括国内公证和涉外公证两部分。其中国内公证分为经济合同公证和民事法律机系公证两大类。

调解人员 在人民调解委员会担负调解民间一般民事纠纷和轻微违法行为所引起的纠纷的工作人员。包括调解委员会的委员和调解小组的调解员。

调解民间纠纷 指调解委员会依照法律规定，根据自愿原则，用说服教育的方法调解民间发生的有关民事权利和义务的争执，促成当事双方达到协议和谅解，解决纠纷。包括婚姻家庭纠纷，财产权益纠纷等。包括法院管埋调解的民事案件数。

社会福利事业单位 指集中收养社会孤、老、残、幼的机构。包括由民政部门管理的社会福利院、儿童福利院、精神病人福利院和城镇集体办的福利院，以及农村集体举办的敬老院。

社会福利事业单位收养人数 包括民政部门管理的和城镇及农村集体举办的社会福利事业单位中收养的老人、少年儿童、缺乏生活自理能力的残疾人员和精神病人。

一审案件 指人民法院按照诉讼级别管辖按第一审程序审理的案件。

十六、企业景气调查和现代企业制度

ENTERPRISE PROSPERITY INVESTIGATION AND MODERN ENTERPRISE SYSTEM

本篇内容包括：

1. 宏观经济景气总指数
2. 建立现代企业制度企业主要经济指标

资料整理

黄　珺
胡素强

企业经济景气总指数

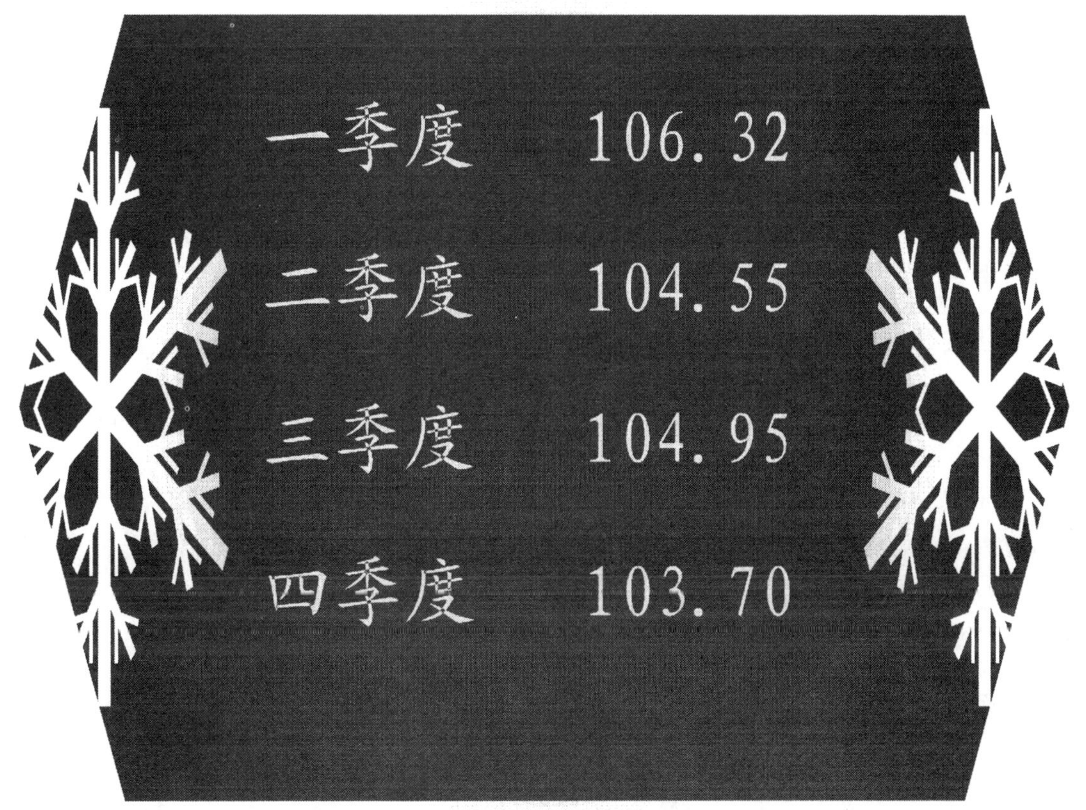

16—1 宏　观　经　济

（200

项　目	一季度				二季	
	上　升	持　平	下　降	景气指数	上　升	持　平
经济景气总指数	**26.34**	**53.63**	**20.03**	**106.31**	**30.76**	**43.03**
各行业企业景气指数						
工业企业	23.65	57.14	19.21	104.44	30.53	42.23
#采掘业		100.0		100.0	100.0	
制造业	25.59	53.80	20.61	104.98	31.57	39.32
电力、煤气及水的生产和供应	32.42	67.58		132.42	94.77	5.23
建筑业	14.92	59.00	26.08	88.84	24.18	48.54
交通运输仓储及邮电通讯业	63.07	27.84	9.09	153.98	53.98	27.84
批发和零售贸易、餐饮业	17.19	50.61	32.20	84.99	20.43	40.99
房地产业	29.17	66.66	4.17	125.00	27.27	72.73
社会服务业	37.50	50.00	12.50	125.00	37.50	50.00

景　　气　　总　　指　　数

0年）　　　　　　　　　　　　　　　　　　　　　　　　　　　　单位：%

度		三	季	度		四	季	度	
下　降	景气指数	上　升	持　平	下　降	景气指数	上　升	持　平	下　降	景气指数
26.21	**104.55**	**29.67**	**45.61**	**24.72**	**104.95**	**27.34**	**49.02**	**23.64**	**103.7**
27.24	103.29	29.13	46.10	24.77	104.36	26.17	51.62	22.21	103.96
	200.0	100.0			200.0	100.0			200.0
29.11	102.46	28.01	45.61	26.38	101.63	25.41	50.90	23.69	101.72
	194.77	94.77	5.23		194.77	94.77	5.23		194.77
27.28	96.90	6.96	70.89	22.15	84.81	6.96	64.95	28.09	78.87
18.18	135.80	53.98	18.75	27.27	126.71	59.37	20.63	20.00	139.37
38.58	81.85	23.98	36.69	39.33	84.65	18.54	42.91	38.55	79.99
	127.27	55.00	45.00		155.00	45.00	55.00		145.00
12.50	125.00	37.50	56.25	6.25	131.25	37.50	50.00	12.50	125.00

16—2 企业景

（按经济类型

类别	一季度				二季	
	上升	持平	下降	景气指数	上升	持平
国有经济	25.40	52.97	21.63	103.77	29.50	40.74
集体经济	21.74	59.31	18.95	102.79	20.83	61.01
股份合作企业	33.33	50.00	16.67	116.66	40.00	40.00
有限责任公司	34.31	41.52	24.17	110.14	30.87	52.69
股份有限公司	20.00	80.00		120.00	57.06	29.68
私营企业			100.00	200.0		100.00
外商及港澳台投资企业	25.00	50.00	25.00	100.0	8.33	75.00

16—3 企业景

（按规模分，

类别	一季度				二季	
	上升	持平	下降	景气指数	上升	持平
大型	24.34	70.79	4.87	119.47	52.80	33.97
中型	28.80	47.20	24.00	104.80	25.40	49.20
小型	16.33	57.14	26.53	89.80	16.67	50.00

16—4 企业经营状

（200

类别	一季度				二季	
	上升	持平	下降	景气指数	上升	持平
企业综合经营	27.58	46.49	25.93	101.65	28.95	37.17
生产	46.54	24.52	28.94	117.6	42.25	29.22
税后利润	26.55	35.79	37.66	88.89	24.87	33.93
流动资金	8.14	35.61	56.25	51.89	11.35	29.12
用工	6.58	51.26	42.16	64.42	9.40	61.76
固定资产	23.30	49.25	27.45	95.85	28.44	51.02

气　　指　　数

分，2000 年）　　　　单位：%

度		三	季	度		四	季	度	
下降	景气指数	上升	持平	下降	景气指数	上升	持平	下降	景气指数
29.76	99.74	31.68	42.35	25.97	105.71	26.44	47.31	26.25	100.19
18.16	102.67	24.02	58.19	17.39	106.63	25.11	56.71	18.18	106.93
20.00	120.00	80.00	20.00		180.00	60.00	40.00		160.00
16.44	114.43	41.98	30.01	28.01	113.97	43.60	35.50	20.90	122.7
13.26	143.80	23.75	66.25	10.00	113.75	30.02	69.98	20.90	109.12
	100.00		50.00	50.00	50.00		100.00		100.0
16.67	91.66	20.00	79.02	0.98	119.02	33.33	55.56	11.11	122.22

气　　指　　数

2000 年）　　　　单位：%

度		三	季	度		四	季	度	
下降	景气指数	上升	持平	下降	景气指数	上升	持平	下降	景气指数
13.23	139.57	33.49	54.05	12.46	121.03	35.74	51.99	12.27	123.47
25.40	100.0	30.08	44.72	25.20	104.88	25.00	51.67	23.33	101.67
33.33	83.34	30.43	41.31	28.26	102.17	27.91	41.86	30.23	97.68

况　景　气　指　数

0 年）　　　　单位：%

度		三	季	度		四	季	度	
下降	景气指数	上升	持平	下降	景气指数	上升	持平	下降	景气指数
33.88	95.07	28.67	44.83	26.50	102.17	30.07	39.91	30.02	100.05
28.53	113.72	45.02	30.08	24.90	120.12	44.75	27.60	27.65	117.10
41.20	83.67	22.87	35.09	42.04	80.83	33.10	30.45	36.45	96.65
59.53	51.82	13.09	28.83	58.08	55.01	9.53	35.13	55.34	54.19
28.84	80.56	8.51	59.27	32.22	76.29	11.13	60.00	28.87	82.26
20.54	107.90	21.55	60.82	17.63	103.92	25.30	52.60	22.10	103.20

16—5 建立现代企业制度企业从业人员和劳动报酬

(2000年)

项目	从业人员(人)	在岗职工	其他人员	离职人员(人)	从业人员劳动报酬(万元)	在岗职工	其他人员	离职人员生活费(万元)
总计	**173 883**	**163 886**	**9 997**	**26 404**	**331 468**	**313 839**	**17 629**	**7 235**
按改制主管部门分								
国家体改委	57	57		142	60	60		39
省经贸委	28 549	27 767	782	3 957	27 556	26 382	1 174	1 789
省体改委	62 633	60 197	2 436	3 922	227 643	216 296	11 347	639
企业主管部门	73 871	67 163	6 708	16 742	68 919	63 869	5 049	4 665
其他	8 773	8 702	71	1 641	7 288	7 229	58	101
按行业类别分								
制造业	119 144	115 985	3 159	23 890	104 786	102 393	2 393	6 677
电气水的生产和供应业	3 430	3 221	209		4 329	4 245	84	
建筑业	11 823	9 069	2 754	588	14 399	11 416	2 982	120
运输邮电业	1 864	1 858	6	574	3 612	3 609	3	63
批零贸餐业	32 826	29 662	3 164	392	200 290	188 739	11 551	104
房地产业	491	434	57	25	321	277	43	3
其他	4 305	3 657	648	935	3 729	3 159	570	265
按控股情况分								
国有绝对控股	160 382	150 492	9 890	24 902	321 867	304 333	17 533	7 028
国有相对控股	3 440	3 440		735	2 310	2 310		155
集体绝对控股	70	70			43	43		
集体相对控股	70	70			38	38		
其他	9 921	9 814	107	767	7 210	7 114	95	51
按企业规模分								
特大型	27 467	25 533	1 934		195 691	184 635	11 056	
大型	117 001	112 176	4 825	17 993	112 516	109 416	3 100	5 639
中型	23 448	20 550	2 898	6 772	18 857	15 567	3 289	1 433
小型	3 246	2 921	325	1 238	2 217	2 051	165	107
其他	2 721	2 706	15	401	2 185	2 168	17	54
按登记注册类型分								
国有企业	100 546	93 851	6 695	14 076	269 714	253 418	16 296	4 787
国有独资公司	34 326	32 411	1 915	6 203	31 979	31 271	708	1 293
其他有限公司	25 128	24 756	372	4 507	18 293	18 067	226	990
股份有限公司	9 341	8 326	1 015	975	8 703	8 304	399	124
中外合资企业	2 220	2 220		643	1 617	1 617		39
港澳台合资企业	294	294			276	276		
其他	2 028	2 028			884	884		

16—6 建立现代企业制度企业主要经济指标

（2000 年） 单位：万元

项目	单位数（个）	年末资产总计	累计对外投资	流动资产年平均余额	主营业务收入	出口额	主营业务成本	主营业务税金及附加
总计	**91**	**4 344 035**	**147 078**	**1 775 648**	**2 763 384**	**230 021**	**1 867 477**	**94 264**
按改制主管部门分								
国家体改委	1	1 358	440	631	426		271	40
省经贸委	6	853 441	23 509	395 539	579 380	8 428	410 874	6 304
省体改委	13	1 339 110	35 640	461 610	828 511	11 170	555 309	3 359
企业主管部门	47	1 775 272	65 622	799 336	1 140 176	201 886	817 821	81 412
其他	24	374 852	21 867	118 530	214 889	8 537	83 200	3 149
按行业类别分								
制造业	57	3 154 831	120 930	1 419 110	1 603 880	61 399	1 145 016	84 462
电气水的生产和供应业	2	193 749	8 785	38 252	260 635		21 033	682
建筑业	5	219 039	1 820	80 409	100 165		88 731	2 970
运输邮电业	4	51 956	1 246	17 988	87 009		41 853	2 361
批零贸餐业	12	610 492	12 149	189 089	681 588	168 622	553 368	2 612
房地产业	6	66 252	2 054	22 353	6 565		2 896	448
其他	5	47 713	93	8 446	23 541		14 579	726
按控股情况分								
国有绝对控股	66	4 031 974	129 324	1 641 661	2 494 642	223 484	1 696 111	90 022
国有相对控股	3	82 617	2 708	35 095	24 206	435	15 875	704
集体绝对控股	2	4 491		515	7 159		5 707	74
集体相对控股	1	1 397		685	1 455		1 265	30
其他	19	223 555	15 046	97 692	235 922	6 102	148 519	3 433
按企业规模分								
特大型	1	369 236		75 929	305 491	4 951	232 389	1 022
大型	32	3 247 435	125 282	1 431 336	1 946 253	208 671	1 328 082	15 609
中型	29	517 870	1 888	171 319	369 210	13 013	187 382	76 466
小型	23	57 848	2 826	20 924	47 197	424	39 432	773
其他	6	151 645	17 081	76 139	95 231	2 962	80 191	394
按登记注册类型分								
国有企业	38	2 524 136	85 928	1 016 675	1 667 831	194 972	1 129 094	85 683
国有独资公司	7	1 022 534	31 235	393 257	450 283	21 033	269 203	1 184
其他有限公司	21	357 819	1 723	154 110	277 441	4 952	187 469	2 059
股份有限公司	12	355 996	27 726	174 773	309 200	2 962	237 631	4 058
中外合资企业	7	65 073		28 722	17 884		10 886	291
港澳台合资企业	2	9 259		4 372	17 011		13 325	61
其他	4	9 215	465	3 737	23 732	6 102	19 867	927

项　　　目	年末负债合计	流动负债	权益合计	股本	固定资产投资完成额
总　　计	**2 887 423**	**2 118 602**	**1 456 612**	**946 434**	**117 869**
按改制主管部门分					
国家体改委	574	541	784	421	
省经贸委	589 518	402 497	263 922	134 793	20 938
省体改委	881 335	643 069	457 775	505 500	27 871
企业主管部门	1 232 871	953 874	542 401	230 285	37 465
其　　他	183 124	118 621	191 728	75 434	31 594
按行业类别分					
制造业	2 051 968	1 415 870	1 102 863	487 439	76 422
电气水的生产和供应业	83 384	33 870	110 364	312 016	31 146
建筑业	197 176	171 590	21 863	7 509	3 836
运输邮电业	23 601	17 303	28 355	20 245	
批零贸餐业	453 219	415 715	157 273	94 072	5 735
房地产业	43 090	35 348	23 162	12 965	729
其　　他	34 983	28 903	12 730	12 187	
按控股情况分					
国有绝对控股	2 740 029	1 995 385	1 291 945	867 401	117 519
国有相对控股	45 360	33 152	37 257	26 832	
集体绝对控股	3 715	2 861	776	754	
集体相对控股	720	720	677	260	
其　　他	97 598	86 483	125 956	51 186	350
按企业规模分					
特大型	274 067	236 523	95 169	57 561	
大　型	2 109 305	1 443 688	1 138 130	772 176	107 272
中　型	408 114	352 681	109 756	71 933	9 843
小　型	29 649	25 722	28 198	15 590	
其　他	66 287	59 987	85 358	29 173	753
按登记注册类型分					
国有企业	1 746 563	1 293 238	777 573	370 630	80 288
国有独资公司	671 727	454 973	350 806	404 961	25 375
其他有限公司	233 705	164 652	124 114	74 481	5 072
股份有限公司	170 185	152 952	185 811	79 972	5 735
中外合资企业	56 078	44 543	8 994	10 757	1 048
港澳台合资企业	4 882	4 882	4 377	3 570	
其　　他	4 280	3 360	4 935	2 061	350

0 年）

单位：万元

研究开发费用	存货跌价损失和营业管理财务费用合计	其他业务收入	投资收益	营业外收入	利润总额	应缴增值税
23 048	**436 898**	**108 696**	**8 770**	**6 070**	**218 477**	**113 359**
	134	25	3		5	
4 986	149 796	3 243	672	876	14 654	33 630
4 336	128 567	100 835	3 215	2 558	13 443	34 778
13 692	138 556	3 109	4 594	2 000	76 088	35 202
34	19 844	1 482	285	635	114 286	9 747
22 910	300 726	106 478	6 225	4 791	69 607	89 812
	6 407	77	33	62	107 285	8 841
	6 518	1 997	103	60	896	7
	6 170	63	70	115	34 656	
138	94 236	44	2 123	918	4 546	14 676
	1 507	1	214	58	1 662	14
	21 332	34		64	– 176	8
23 013	361 507	107 255	8 564	5 214	198 555	95 954
	2 989	4	199	172	4 552	1 168
	172	3			227	8
	8				85	22
35	72 220	1 433	6	683	15 057	16 206
	68 190	385	1 362	790	4 146	13 030
21 281	309 276	103 653	6 591	4 176	164 125	73 728
1 603	43 202	3 463	549	574	42 017	24 766
25	7 244	541	65	51	517	644
138	8 985	1 422	203	478	7 672	1 190
9 374	263 253	107 081	3 158	3 533	169 359	78 905
12 075	58 294	– 1 928	3 058	1 195	– 4 195	10 454
325	82 372	1 982	533	471	7 010	20 510
138	23 642	1 563	2 020	675	45 717	2 613
1 100	7 303	– 10		19	– 594	205
	1 600	8		175	210	
35	432				970	669

企 业 景 气 调 查 简 介

企业景气调查是为适应我国社会主义市场经济需要，借鉴西方国家的成功经验而建立起来的一种新的统计调查制度。它通过对企业家进行定期的问卷调查，并根据他们对企业经营情况及宏观经济状况的判断和预期来编制企业景气指数，由此反映企业的经营状况和经济运行情况，预测未来经济发展的变化趋势，为党政领导进行宏观管理，企业家制定经营决策提供参考依据。景气指数又称景气度，它是对企业景气调查中定性指标的量化描述，其最大的特点是具有信息超前性和预测功能，可靠性较强。景气指数的数值介于0和200%之间，一般地讲，当景气指数为100，即临界值时，则说明经济处于景气与不景气的边缘；大于100时，则表示经济处于景气状态，越接近200%状态越好；小于100时，则表示经济处于不景气状态，越接近0，状态越差。

南昌企业调查队根据国家统计局的统一部署，开展了南昌企业景气调查工作。企业景气调查每年调查四次，逢2、5、8、11月份进行。企业景气调查为季度性资料，调查企业涉及采掘业、制造业、电力、煤气及水的生产和供应业、建筑业、交通运输、仓储及邮电通信业、批发和零售贸易业、餐饮业、房地产业和社会服务业8个国民经济行业门类。

景气指数的计算方法

在计算景气指数过程中，对不同规模的企业，采用不同的加权方法计算。首先对大型企业依据上年销售收入进行加权（中小企业不加权），然后通过大型企业与中小型企业的样本比例再进行加权，总加权后得到景气指数。计算景气指数的基本方法是：用选择“上升”的企业比例减去选择“下降”的企业比例，所得的值即为景气指数。

宏观景气总指数的计算方法如下：

第一、分别计算工业、建筑业、交通运输、仓储及邮电通信业、批发和零售贸易餐饮业、房地产业和社会服务业的景气指数；

第二、计算各行业上年增加值占这些行业增加值之和的比重；

第三、利用各行业的景气指数，以各行业上年增加值占这些行业增加值之和的比重为权数计算宏观景气总指数。

现代企业制度与企业集团简要说明

一、根据国家统计局《关于印发<企业集团统计报表制度>的通知》（国统字［1998］233号）和《关于印发〈建立现代企业制度企业跟踪监测统计制度〉的通知》（国统字［1998］234号）文件精神，南昌企业调查队对全市企业集团和建立现代企业制度试点企业进行定期统计调查。

二、统计范围：

1. 企业集团：一是由国务院及国务院主管部门批准的国家试点企业集团；二是由省政府及省直主管部门批准的企业集团；三是已在各地工商部门登记注册的企业集团。企业内部的统计范围包括企业集团的母公司、全资子公司、绝对控股子公司和相对控股子公司。不包括参股企业、协作企业和子公司下属的二级公司。

2. 建立现代企业制度企业：一是全省首批建立现代企业制度试点企业；二是国家重点联系企业；三是省级调查企业集团的母公司（即核心企业）；四是已在工商部门登记的公司制企业；五是地市级调查企业集团的母公司（即核心企业）。

三、企业集团：以一个实力雄厚的大型企业为核心，以产权联结为主要纽带，并以产品、技术、经济、契约等多种纽带把多个企业、事业单位联结在一起，具有多层次结构的以母子公司为主体的多法人经济联合体。

四、现代企业制度：适应市场经济要求，产权明晰、责权明确、政企分开、管理科学的制度。产权明晰是指企业中国有资产所有权属于国家，企业拥有全部法人财产权；责权明确是指出资者按投入企业的资本额享有资产受益、重大决策审定、选择管理者等权利，同时以其出资额为限，对企业债务承担有限责任，企业以其全部法人财产为限，对企业债务承担有限责任，并依法自主经营、自负盈亏、照章纳税，企业对出资者承担资产保值增值责任；政企分开是指企业以提高生产力和经济效益为目的，按照市场需求组织生产经营，政府不再直接干预企业生产经营活动；管理科学是指有科学的企业领导体制和组织管理制度，调节所有者、经营者和职工之间的关系，并形成激励和约束相结合的机制。

主要统计指标解释

主营业务收入：一律按各行业会计制度或报表定义的口径进行填报，其中农业企业是指“主营业务收入”；工业企业是指“产品销售收入”；交通运输企业指“主营业务收入”；建筑企业指“工程结算收入”；批发零售贸易企业指“商品销售收入”；房地产企业指“房地产经营收入”；其他企业指“经营（营业）收入”。企业集团本项指标应按各成员企业相加汇总的数据填报。

注册资本合计：指企业集团各成员企业在工商行政管理部门登记注册资金的合计。包括国家资本、集体资本、法人资本、个人资本以及外商资本等。

主营行业：指本企业集团生产经营活动的主要行业性质。企业集团往往从事多种生产经营活动，一般应根据集团内获得营业收入份额最大的三项产品或活动确定其主要行业性质。主营业务如果是工业或农业应填报其主要产品的产量（实物量），非工业和农业应填报主营业务的营业收入（价值量）。

登记注册类型：是指在工商行政管理机关登记注册的具有法人资格的各类企业。其中：①国有企业：是指企业全部资产归国家所有，并按《中华人民共和国企业法人登记管理条例》规定登记注册的非公司制的经济组织。不包括有限责任公司中的国有独资公司；②国有独资公司：是指国家授权的投资机构或者国家授权的部门单独投资设立的有限责任公司；③其他有限责任公司：是指根据《中华人民共和国公司登记管理条例》规定登记注册，由两个以上，五十个以下的股东共同出资，每个股东以其所认缴的出资额对公司承担有限责任，公司以其全部资产对其债务承担责任的经济组织。其他有限责任公司不包括国有独资公司；④股份有限公司：是指根据《中华人民共和国公司登记管理条例》规定登记注册，其全部汼册资本由等额股份构成并通过发行股票筹集资本，股东以其认购的股份对公司承担有限责任，公司以其全部资产对其债务承担责任的经济组织。

控股情况：指按所有制性质和控股状况划分的企业情况，包括：①国有绝对控股：指在企业的全部资本中，国家资本（股本）所占比例大于50%的企业；②国有相对控股：指在企业的全部资本中，国家资本（股本）所占的比例虽未大于50%，但相对大于企业中的其他经济成分所占比例的企业；或者虽不大于其他经济成分，但根据协议规定，由国家拥有实际控制权的企业（协议控制）；③集体绝对控股：指在企业的全部资本中，集体资本（股本）所占比例大于50%的企业；④集体相对控股：指在企业的全部资本中，集体资本（股本）所占的比例虽未大于50%，但相对大于企业中的其他经济成分所占比例的企业；或者虽不大于其他经济成份，但根据协议规定，由集体拥有实际控制权的企业（协议控制）；⑤其他：指国有绝对控股、国有相对控投、集体绝对控股和集体相对控股以外的控股情况。

从业人员：指在企业（企业集团包括母公司和子公司，下同）工作并领取工资或其他形式的劳动报酬的全部人员数，包括在岗职工、再就业的离退休人员以及在企业集团中工作的外方人员和港澳台方人员、兼职人员、借用的外单位人员和第二职业者。不包括离开本企业（集团）仍保留劳动关系的职工。

离职人员：指离开本企业（集团）仍保留劳动关系的职工。

确定企业改制工作的主管部门：指确定建立现代企业制度试点企业的主管部门，分为国家经贸委、国家体改委、省（自治区、直辖市）经贸委、省（自治区、直辖区）体改委、企业主管部门以及其他部门。

企业规模：指企业按某一数量指标进行的分类，如工业企业按产品生产能力或生产经营用固定资产进行的分类。工业企业规模的确定，应按全国统一制订的《大中小型企业划分标准》中的具体划分规定执行，非工业企业规模的确定，应暂按统计上使用的《大中小型非工业企业划分标准》中的具体划分规定执行。没有划分标准的非工业企业填报“其他”项。

附　　录

APPENDIX

本篇内容包括：

1. 国家 2000 年国民经济和社会发展统计公报
2. 全国主要经济指标
3. 主要城市主要经济指标
4. 江西省 2000 年国民经济和社会发展统计公报
5. 江西各地主要经济指标

资料整理

张　宁

余　飞

熊慧平

中华人民共和国2000年
国民经济和社会发展统计公报

中华人民共和国国家统计局

2001年2月28日

2000年，在党中央、国务院的正确领导下，各地区、各部门认真贯彻落实扩大内需、实施积极的财政政策和稳健的货币政策等一系列方针政策，努力加强社会主义精神文明建设，在全国各族人民的共同努力下，取得了国民经济和社会发展的新成就，实现了发展和改革的各项预期目标，全面完成了“九五”计划的主要任务。

一、综　　合

经济增长加快，综合实力增强。初步统计，全年国内生产总值为89 404亿元，按可比价格计算，比上年增长8.0%，增速加快0.9个百分点。其中第一产业增长2.4%，第二产业增长9.6%，第三产业增长7.8%。按现行汇率计算，国内生产总值突破1万亿美元。

市场物价止降转稳。全年居民消费价格总水平上涨0.4%，改变了1998年以来连续两年下降的局面。分项目看，服务项目上涨14.1%，居住上涨4.8%，食品中除水产品、蔬菜价格上涨外，其他继续下降。另外，受国际石油价格上涨的影响，工业品出厂价格上涨2.8%，能源、原材料、动力购进价格上涨5.1%。

劳动就业工作进一步加强。年末全国从业人员71 150万人，比上年末增加564万人。其中城镇从业人员21 274万人，增加260万人。再就业工程取得新进展。2000年末国有企业下岗职工为657万人，比上年末增加4.7万人。全年通过多种途径使361万人实现了再就业。年末城镇登记失业率为3.1%。

国际收支形势良好，外汇储备继续增加，利用外资规模较为稳定，全年实际利用外商直接投资407亿美元，比上年增加4亿美元。外贸顺差有所缩小，全年进出口顺差241亿美元，比上年减少51亿美元。国家外汇储备继续增加，年末国家外汇储备1 656亿美元，比年初增加109亿美元。人民币汇率保持稳定。年末1美元8.2781元人民币，人民币比上年末升值12个基本点。

经济效益明显改善，运行质量进一步提高。税收在连续几年较高增长的基础上继续保持较快增长，全年完成税收总额12 660亿元，比上年增收2 348亿元，增长22.8%。工业企业利润大幅度增长，全年规模以上工业企业实现利润4 262亿元，达到90年代以来的最高水平，比上年增长86.2%，特别是国有及国有控股企业利润增长更快，实现利润2 392亿元，增长1.4倍。国有及国有控股亏损企业亏损额比上年下降26.7%。全年工业企业经济效益综合指数为117.8，比上年提高16.1点，是1992年以来的最高值。

国民经济和社会发展中存在的主要问题是：经济回升的基础尚不稳固，社会需求持续增长机制还没有完全形成，结构性矛盾比较突出；农民收入增长缓慢，就业压力增大，部分群众生活仍比较困难，企业技术创新能力及适应市场能力还不高，部分企业经营困难，国有企业转换经营机制任务仍相当艰巨：重大安全事故频繁发生，制售假冒伪劣商品等问题尚未得到根本解决，社会经济秩序有待进一步整治。

二、农　　业

农业生产结构调整力度加大，针对“九五”前四年粮食生产连年丰收、总量供求基本平衡、丰年有余的现状，各地区根据市场需求对农作物种植结构进行了较大力度的调整。经济作物种植面积扩大，占农作物总播种面积的比重首次上升到30%以上。

粮食产量较大幅度减产，品种结构进一步优

化。受严重旱灾和种植面积调减的影响，全年粮食产量46 251万吨，比上年减产9%。其中夏粮产量10 750万吨，减产9.3%；早稻产量3 747万吨，减产8.5%；秋粮产量31 754万吨，减产9%。

主要经济作物中：棉花油料增产、糖料减产。由于国内纺织业生产明显好转，棉花需求增加，市场棉花价格回升，农民种棉积极性提高，棉花种植面积比上年增加30万公顷，增长8.1%；全年产量435万吨，比上年增长13.6%。油料产量2 950万吨，比上年增长13.4%。糖料种植面积减少，全年产量7 450万吨，比上年下降10.6%。

蔬菜生产在结构调整中增长较快。全年种植面积达1 470万公顷，比上年增长10.1%。蔬菜生产的品种结构进一步优化，名优、新特、精细品种增加。

畜牧业生产稳步发展。由于饲料价格较大幅度下降，而生猪价格自1999年下半年回升后，相对保持平稳，波动较小，农民养猪效益提高，生猪生产稳定发展。牛、羊和家禽生产继续保持快速发展。全年肉类总产量达6 270万吨，比上年增长5.4%。

渔业生产平稳发展，全年水产品产量达到4 290万吨，比上年增长4.1%。

林业在国家启动天然林资源保护工程和加大中西部地区退耕还林（草）力度的情况下呈现较快的发展势头。全年完成造林面积516万公顷，其中退耕还林71万公顷，分别比上年增长5.3%和9.2%。

农田水利建设进一步加强，全年新增有效灌溉面积80多万公顷。

三、工业和建筑业

工业生产呈现快速增长。全年全部工业增加值39 570亿元，比上年增长9.9%。其中，国有及国有控股工业企业及年产品销售收入500万元以上的非国有工业企业（以下简称规模以上工业企业）增加值23 685亿元，增长11.4%。在规模以上工业企业中，国有及国有控股企业增加值14 032亿元，增长10.1%，是1994年以来增长最快的一年；集体企业3 301亿元，增长7.4%；股份制企业4 954亿元，增长14.5%；外商及港澳台投资企业5 333亿元，增长14.6%。分轻重工业看，全年轻工业增加值9 506亿元，增长9.5%；重工业增加值14 179亿元，增长13%。产销衔接状况继续改善，全年规模以上工业企业产品销售率97.71%，比上年提高0.46个百分点。

工业结构调整取得积极进展。技术含量高、附加值大的高新技术产品快速发展，工业新产品生产比上年增长26.3%，电子及通信设备制造业已成为工业经济的第一支柱。装备工业生产能力有所提高，新建城市轨道交通项目约70%的装备在国内采购，环保设施陆续采用国产装备，金属切削机床比上年增长34.3%，电动工具增长37.1%，冶炼设备增长9.2%，化工设备增长4.4%，大气污染防治设备增长6.2%。煤炭行业关井压产成果进一步显现，价格出现稳中有升的趋势，煤炭行业全年大幅度减亏。冶金行业总量控制取得积极进展，全年钢产量低速增长，价格回升，行业利润显著提高。连续四年亏损的制糖行业通过优化种植区域结构，调整和压缩落后制糖生产能力，共关闭糖厂150家，淘汰生产能力273万吨，实现了扭亏为盈。纺织行业经过前三年的调整，在上年整体扭亏的基础上，2000年实现盈利大幅度增加。

国有企业改革与脱困三年目标基本实现。大多数国有大中型企业初步建立了现代企业制度，特别是一批大型企业和企业集团按照国际惯例进行了兼并重组，在国际资本市场上成功上市。通过改组、联合、兼并等多种形式，促进了国有小企业经营机制的转换和经营状况的改善。全国31个省（自治区、直辖市）国有工业都实现了整体扭亏或盈利增加，国家重点监测的14个主要行业，到2000年底已有12个行业实现了整体扭亏或继续增盈。1997年底亏损的6 599户国有大中型工业企业到2000年底已减少了70%以上。

建筑业生产稳定增长，企业经济效益进一步好转。全社会建筑业完成增加值5 918亿元，比上年增长6.2%。全国四级及四级以上建筑业企业实现利润166亿元，增长7.0%；税金总额358亿元，增长5.4%。施工工程个数为680 716个，其中投标承包工程311 924个，占全部施工工程个数的45.8%；施工面积155 175万平方米，比上年增加 7 913 万平方米；房屋竣工面积 73 835 万平方米，减少 89.8 万平方米。亏损企业个数 9 553 个，比上年减少 134 个，亏损面为 19.2%，比上年减少了 1.3 个百分点。

国土资源调查及地质勘查新发现大中型矿产地 249 处，有 38 种矿产新增探明（预测）储量。其中，石油 7.62 亿吨，天然气 4 931 亿立方米，原煤 14.59 亿吨。全国地质环境监测站 31 个，成功预报地质灾害 83 起。

四、固定资产投资

固定资产投资保持了较快增长。在国家继续实行积极的财政政策和其他扩大内需政策的推动下，固定资产投资扭转了上年增速回落较多的局面，呈现较快增长的态势。全年全社会完成固定资产投资 32 619 亿元，比上年增长 9.3%。按经济类型划分，国有及其他经济类型投资 23 284 亿元，增长 9.2%；集体经济投资 4 739 亿元，增长 9.2%；城乡居民个人投资 4 596 亿元，增长 9.5%。按投资管理渠道划分，基本建设投资 13 215 亿元，比上年增长 6.1%；更新改造投资 5 077 亿元，增长 13.2%；房地产开发投资 4 902 亿元，增长 19.5%；其他投资 9 425 亿元，增长 7%。

投资结构有所调整。基础产业、基础设施投资中的农林牧渔水利业投资 893 亿元，比上年增长 8.0%；交通运输邮电通信业投资 5 392 亿元，增长 7.2%；工业投资增速加快，全年完成投资 7 699 亿元，增长 9.3%；信息技术、生物技术和新材料等领域安排了 6 项高技术产业化重大专项工程，总投资达到 131 亿元。

在国家实施西部大开发战略政策的积极推动下，西部地区投资增速加快。全年东部和中部地区投资分别为 14 015 亿元和 5 432 亿元，比上年增长 8.3% 和 13.8%；西部地区投资 3 943 亿元，增长 14.4%，分别高于东部和中部 6.1 和 0.6 个百分点。

财政贴息等优惠政策促进了企业更新改造投资增长加快和结构优化。全年更新改造投资占全社会投资的比重由上年的 15.0% 提高到 15.6%。更新改造投资中，用于节约能源、原材料等的投资比重由 4.4% 上升到 4.9%，用于提高产品质量的投资比重由 5.8% 上升到 7.0%。

全国基本建设投资新增主要生产能力：原煤开采1 595万吨，天然原油开采1 961万吨，天然气开采33亿立方米，大中型发电机组容量1 884万千瓦，11万伏及以上变电设备能力6 931万千伏安，新建铁路主线正线交付运营里程153公里，增建铁路复线交付运营里程662公里，新建公路32 115公里，其中高速公路4 562公里，新扩建万吨级港口码头年吞吐量2 946万吨，新增局用交换机容量2 566万门，新增光缆线路长度30万公里，新增数字蜂窝移动电话交换机容量5 099万户。

五、教育和科学技术

2000 年教育事业在改革调整中加快发展。高等教育快速发展，管理体制改革取得突破性进展。全国普通高等学校 1 041 所，本专科招生 221 万人，在校生 556 万人；成人高等学校 772 所，本专科招生 156 万人，在校生 354 万人。全国研究生培养单位 738 个，招生 12.9 万人，在校生 30.1 万人。高中阶段教育规模进一步扩大。全国普通高中 1.46 万所，招生 473 万人，在校生1 201万人。各类中等职业技术教育学校招生 425 万人，在校生 1 295 万人。基本普及九年义务教育和基本扫除青壮年文盲的目标初步实现。普及九年义务教育人口覆盖率达 85%，青壮年文盲率下降到 5%以下。全国初中学校招生 2 296 万人，在校生 6 256 万人，初中毛入学率达88.6%。普通小学招生 1 946 万人，在校生 13 013 万人，小学学龄儿童入学率达 99.1%。普通初中和小学辍学率分别为 3.21% 和 0.55%。特殊教育学校招生 5.3 万人，在校生 37.8 万人。幼儿园在园幼儿 2 244 万人。全国成人技术培训学校培训学员 9 642 万人次。全国共扫除文盲 258 万人。

科技队伍稳步发展。2000 年末国有企事业单位共有各类专业技术人员 2 926 万人，比上年末增长 0.75%。从事科技活动人员 281 万人，其中科学家和工程师 156 万人。

技术创新工作取得新进展。2000 年国家组织了 280 项重点技术创新项目和 1 329 项重点新产品试产，完成了 101 项重大技术装备的研制及鉴定验收。企业、高校、研究机构之间的合作进一步加强，全年参加产学研合作的单位40万个（次），参加人数460万人，达成合作项目14万项。

科学研究和技术开发取得新的成果。全年共取得省部级以上重大科技成果30 260项。其中：基础理论成果2 420项，应用技术成果26 020项，软科学成果820项，获国家奖励的成果近300项。全年受理国内外专利申请170 690件，授权专利105 344件，分别比上年增长27.2%和5.2%。技术市场更加活跃。全国共签订技术合同26.5万项，技术合同成交金额630亿元，比上年增长20%。

空间技术取得新成果。全年6次成功发射卫星。

质量、标准化、计量建设和天气预报等项服务进一步加强。全国共有产品质量检验机构5 500个，其中国家检测中心230个。国家监督抽查了8 142家企业235类9 705种产品。全国有质量认证机构59个，其中产品认证机构23个，已完成对全国13 194个企业的产品认证。全国共有法定计量技术机构4 505个，全年强制检定计量器具4 069万台件。制定、修订国家标准1 087项，其中强制性国家标准196项，新制定国家标准605项。全国共有城乡天气预报警报服务网发射站点951个，卫星云图接收站点315个。全国共有地震台站1 234个，遥测台网27个。全国共有927个海洋观测、监测站点，共获得2 070万组海洋数据。测绘部门公开出版地图1 150种，图书364种。

六、交通、邮电和旅游

交通客货运输需求平稳增长，邮电通信业持续快速增长。全年交通运输和邮电通信业完成增加值4 919亿元，比上年增长9.4%。

全年各种运输方式完成货物运输周转量43 359亿吨公里，比上年增长7.1%。其中：铁路13 624亿吨公里，增长6.1%；公路5 973亿吨公里，增长4.4%；水运23 061亿吨公里，增长8.5%；民航48.5亿吨公里，增长14.6%。

完成旅客运输周转量12 188亿人公里，比上年增长7.9%。其中：铁路4 488亿人公里，增长8.5%；公路6 600亿人公里，增长6.5%；水运104亿人公里，下降3.1%；民航996亿人公里，增长16.2%。

沿海主要港口完成货物吞吐量12.8亿吨，比上年增长21.7%，其中外贸货物吞吐量达5.2亿吨，比上年增长33.9%。

邮电通信业完成邮电业务总量4 725亿元，比上年增长41.9%。年末局用交换机总容量已达到1.79亿门。移动电话户数达到8 526万户，比上年增加4 197万户。全国电话普及率达到20.1部/百人，其中城市电话普及率达到39部/百人。互联网用户达到900万户（不含科技和教育网）。

国内旅游保持较快增长，春节、“五一”和“十一”三个长假期的拉动作用突出。全年全国出游74 445万人次，比上年增长3.5%；国内旅游收入3 176亿元，增长12.1%。

国际旅游稳步发展。全年海外入境游客人数8 344万人次，比上年增长14.6%。其中：外国游客1 016万人次，增长20.5%；港、澳、台胞7 321万人次，增长13.9%。国际旅游外汇收入162亿美元，增长15.1%。全年出境人数1 047万人次，比上年增长13.4%，其中因私出境人数563万人次，增长32%。

七、国内贸易

随着国民经济增长的加快和国家扩大内需政策的拉动，消费者信心进一步增强，国内市场商品销售稳定增长。全年社会消费品零售总额34 153亿元，比上年增长9.7%，考虑价格因素，实际增长11.4%。其中：城市消费品零售额21 110亿元，县及县下消费品零售额13 043亿元，分别增长10.6%和8.3%。分行业看，批发零售贸易业增长12.1%，餐饮业增长17.3%，其他行业下降0.3%。

生产资料市场交易继续趋向活跃，全国限额以上批发零售贸易企业生产资料销售总额15 808亿元，比上年增长23.7%。

限额以上批发零售贸易企业经济效益状况有所改观，1—11月份实现商品销售收入净额23 982亿元，比上年同期增长17.3%，其中批发业增长18.5%，零售业增长11.6%；实现利润总额248亿元，比上年同期增加1.2倍，其中批发业增加

1.3倍，零售业增长25.6%。但由于企业销售成本上升，毛利率仅7.93%，比上年下降0.4个百分点，企业主营业务利润仅增长14.2%。

八、对外经济

由于国内外经济快速增长以及鼓励出口等一系列政策的推动，对外贸易持续高速增长。全年进出口总额达4 743亿美元，比上年增长31.5%。其中：出口总额2 492亿美元，增长27.8%；进口总额2 251亿美元，增长35.8%；进出口相抵，顺差241亿美元。在出口中，国有企业出口1 165亿美元，增长18.2%，外商投资企业出口1 194亿美元，增长34.8%，一般贸易出口1 052亿美元，增长32.9%，进料加工贸易出口965亿美元，增长28.5%；机电产品出口1 053亿美元，增长36.9%，高新技术产品出口370亿美元，增长50%。在进口中，资源型产品快速增长，机电产品和高新技术产品进口增长也明显加快，分别增长32.6%和39.7%。

利用外资形势好转。全年新批外商投资项目22 347个，比上年增长32.1%；合同投资额624亿美元，增长51.3%；实现利用外商直接投资额407亿美元，增长1.0%。

对外承包工程、劳务合作和设计咨询业务继续保持增长势头。全年对外签约149亿美元，比年增长15%；完成营业额113亿美元，增长1.0%，带动出口9亿美元，增长35%。

九、金融、证券和保险业

货币供应量适度增长，货币流动性有所增强。中央银行继续实行稳健的货币政策，综合运用多种货币政策工具，适当增加货币供应量。年末广义货币供应量（M_2）余额为13.5万亿元，比上年末增长12.3%；狭义货币供应量（M_1）余额为5.3万亿元，增长16%；流通中现金（M_0）余额为1.47万亿元，增长8.9%。存贷款稳定增加。全部金融机构各项存款余额12.38万亿元，增长13.8%，增幅比上年末略有提高。其中，企业存款余额4.4万亿元，增长18.6%；城乡居民储蓄存款余额6.43万亿元，增长7.9%，全部金融机构各项贷款余额9.94万亿元，按可比口径计算，增长13.4%。其中，中长期贷款增加3 793亿元，比上年多增加303亿元。金融监管工作进一步加强，中小金融机构风险化解取得初步成效。

证券市场在规范中发展。全年在上海、深圳证券交易所发行A股（包括增发）154只，配股162只，共筹资1 499亿元，比上年增加625亿元；发行B股，H股和红筹股共18只，筹资208亿美元；发行A股可转换债券28.5亿元。全年通过发行、配售股票共筹集资金3 249亿元，年末境内上市公司（A、B股）数量由上年末的949家增加到1 088家，市价总值达到48 091亿元，比上年末增长82%。全年共发行内债4 657亿元。比上年增加642亿元。

保险事业不断发展壮大。全年保费收入1 596亿元（含外资机构），比上年增长14.5%。其中，财产险保费收入598亿元，寿险保费收入851亿元，健康险和意外伤害险保费收入146亿元。支付各类赔款及给付527亿元，其中财产险和短期人身险赔款351亿元，寿险给付176亿元。

十、文化、卫生和体育

文化事业较快发展。年末全国共有艺术表演团体2 622个，文化馆2 911个，公共图书馆2 769个，博物馆1 373个。中、短波广播发射台和转播台732座，广播综合人口覆盖率92.1%，一千瓦以上电视发射台和转播台1 313座，电视综合人口覆盖率93.4%。全国有线电视用户7 920万户。全年出版全国性和省级报纸203亿份，各类杂志28.5亿册，图书63.5亿册（张）。年末全国共有档案馆3 816个，已开放各类档案4 430万卷（件）。

卫生事业不断进步。年末全国共有卫生机构（含诊所）32.5万个，床位318万张，其中医院、卫生院221万张。卫生技术人员449万人，其中医生208万人，护师、护士127万人。全国共有卫生防疫、防治机构5 441个，卫生技术人员21.1万人。妇幼保健机构（不包括妇幼保健院）2 598个，卫生技术人员7.5万人。农村乡（镇）共有卫生院4.9万个，床位73.5万张，卫生技术人员103万人。农村有医疗点的村数占总村数的89.8%，乡村医生和卫生员132万人。

体育事业蓬勃发展。全民健身活动进一步开

展。在第27届奥运会上，我国运动员取得了重大突破，夺得28枚金牌、16枚银牌和15枚铜牌，列居第三位。全年在国内外的各项比赛中，我国运动健儿共获得了110个世界冠军；14人2队30次创22项世界纪录；19人37次创22项亚洲纪录；49人11队73次创60项全国纪录。

十一、环境保护

环境保护意识增强，环保事业加快发展。年末全国环境保护系统共有12.8万人，各级环境监测站2 204个，环境监测人员4万人。自然保护工作取得了新的成就，生态示范区建设试点单位总数已达213个，全国自然保护区达到1 227个，其中国家级自然保护区达到155个，自然保护区总面积9 821万公顷，占国土总面积的9.9%。环境法制建设取得新进展，执法力度进一步加大。到年末，已制定各类环境保护标准438项。年内设立的建设项目环境影响评价制度执行率达91.5%，当年投产的建设项目同时建设防治污染设施的占98%。全年完成环境污染限期治理项目38 101个，总投资208亿元。全国537个城市建成了2 718个烟尘控制区，面积达1.8万平方公里；476个城市中建成了2 288个环境噪声达标区，面积达1.3万平方公里。

环境污染加剧的趋势得到初步控制。全国主要污染物排放总量继续减少，12项主要污染物2000年排放总量比1995年下降了10—15%。截至2000年10月底，全国23.8万家有污染的工业企业中，90%以上实现了达标排放。46个环境保护重点城市中，33个城市地面水环境质量和22个城市空气环境质量实现了按功能区达标，其中有18个城市的空气和地面水环境质量均实现按功能区达标，其他城市已接近达标。

重点环境保护项目取得积极进展。“三河三湖”（淮河、辽河、海河、太湖、滇池、巢湖）流域5 188家重点污染企业中，95%实现了污染物达标排放；流域内建成55座城市污水处理厂，111座正在建设，已建和在建的城市污水处理厂占计划建设总数的67%，“两控区”（酸雨控制区和二氧化硫控制区）大气污染防治取得初步成效。“两控区”内175个城市中，空气二氧化硫浓度达到二级标准的已达102个。截止2000年11月底，“两控区”内排放二氧化硫的4 678家重点污染企业，已有3 944家实现达标排放，达标率为84.3%。

十二、人民生活

城乡居民生活水平继续提高，总体上达到小康水平，随着经济增长加快，国家提高国有企业下岗职工基本生活保障、失业保险和城镇居民最低生活保障“三条保障线”水平和适当增加行政、事业单位人员的工资等政策措施的逐步落实，城镇居民收入水平明显提高。全年全国城镇居民人均可支配收入6 280元，比上年实际增长6.4%。由于粮食减产，多数农产品价格仍在低位运行，农民收入增长持续减缓。全年农民人均纯收入2 253元，比上年实际增长2.1%。其中，农民人均现金纯收入1 640元，实际增长4%。居民住房条件继续改善。全年城镇竣工住宅面积5.1亿平方米，农村竣工住宅面积8.5亿平方米。国家“八七”扶贫攻坚计划基本完成。

社会保障事业进一步巩固提高。年末全国参加失业保险职工人数为10 408万人，月平均领取失业保险金人数为137万人；有10 367万职工和3 173万离退休人员参加了基本养老保险；有4 332万职工参加了基本医疗保险。

社会福利事业继续发展。年末全国各类社会福利院床位达112万张，收养84.3万人。城镇建立起各种社区服务设施20.1万处，其中社区服务中心8 101个。全国城镇已全部建立了最低生活保障制度。共有701万城乡居民得到最低生活保障救济。全年销售社会福利彩票68.9亿元，筹集社会福利资金14.3亿元，接收社会捐赠32.7亿元。

注：1. 本公报为初步统计数。
2. 香港和澳门特别行政区统计数据未包括在本公报中，分别由香港和澳门特别行政区政府发布。
3. 各项统计数据均未包括台湾省。
4. 国内生产总值、各产业增加值绝对数按现价计算，增长速度按可比价计算。
5. 基本建设新增生产能力中天然原油开采、天然气开采、局用交换机容量、新增光缆线路长度及数字蜂窝移动电话交换机容量含更新改造增加的能力
6. 人口数据待第五次全国人口普查公报正式公布。

附表一：　　**2000年工农业主要产品产量**

产品名称	计量单位	绝对数	比上年增长%
一、农产品产量			
粮　　食	亿吨	4.63	-9.0
油　　料	万吨	2 950	13.4
花　生	万吨	1 450	14.7
油菜籽	万吨	1 140	12.5
棉　　花	万吨	435	13.6
黄红麻	万吨	13	-20.7
甘　　蔗	万吨	6 640	-11.1
甜　　菜	万吨	810	-6.2
烤　　烟	万吨	222	1.4
茶　　叶	万吨	68	持平
水　　果	万吨	6 120	-1.9
肉　　类	万吨	6 270	5.4
水产品	万吨	4 290	4.1
二、工业产品产量			
纱	万吨	657	16.0
布	亿米	277	10.9
化　　纤	万吨	694	15.7
糖	万吨	700	-18.7
卷　　烟	万箱	3 397	1.7
彩色电视机	万部	3 936	-7.7
家用电冰箱	万台	1 279	5.7
能源生产总量	亿吨标准煤	10.8	-1.8
原　　煤	亿吨	9.98	-4.5
原　　油	亿吨	1.63	1.9
发电量	亿千瓦小时	13 556	9.4
钢	万吨	12 850	3.4
钢　　材	万吨	13 146	11.2
十种有色金属	万吨	775	14.0
水　　泥	亿吨	5.97	4.2
木　　材	万立方米	4 500	-10.9
硫　　酸	万吨	2 427	3.0
纯　　碱	万吨	834	8.9
乙　　烯	万吨	470	8.0
化肥(折100%)	万吨	3 186	-2.0
化学农药(折100%)	万吨	60.7	-2.9
发电设备	万千瓦	1 249	-8.8
汽　　车	万辆	207	12.9
轿　车	万辆	60.7	6.3
拖拉机	万台	4.1	-37.3
集成电路	亿块	58.8	41.7
程控交换机	万线	7 136	51.0
移动通信设备(不含移动电话)	万部(信道)	1 505	107.1
微型电子计算机	万部	672	66.0

附表二：　　**居民消费价格变动情况**

类　　别	指数（上年=100）1999	2000
居民消费价格总指数	**98.6**	**100.4**
一、分城乡		
城　　市	98.7	100.8
36个大中城市	99.2	101.3
农　　村	98.5	99.9
二、分类别		
食　　品	95.8	97.4
粮　　食	96.9	88.6
肉禽及其制品	90.7	98.5
蛋　　品	90.9	84.5
水产品	93.3	101.7
鲜　　菜	100.7	105.5
衣　　着	97.3	99.1
家庭设备及用品	97.7	97.7
医疗保健用品	100.9	100.3
交通和通讯工具	94.5	93.8
娱乐教育文化用品	96.8	97.4
居　　住	101.7	104.8
服务项目	110.6	114.1

全 国 国 内 生 产 总 值

（2000年）

单位：亿元

地区	国内生产总值	第一产业	第二产业	第三产业
全国	**89 422**	**14 212**	**45 506**	**29 703**
北京	2 461	90	936	1 435
天津	1 639	74	812	754
河北	5 076	825	2 552	1 700
山西	1 640	168	836	636
内蒙古	1 400	352	552	496
辽宁	4 668	510	2 307	1 851
吉林	1 820	400	800	620
黑龙江	3 255	353	1 908	994
上海	4 551	82	2 187	2 283
江苏	8 585	1 028	4 439	3 117
浙江	6 030	650	3 200	2 180
安徽	3 030	732	1 297	1 001
福建	3 920	638	1 711	1 571
江西	2 000	485	695	820
山东	8 542	1 269	4 227	3 047
河南	5 126	1 160	2 410	1 556
湖北	4 276	662	2 124	1 490
湖南	3 692	781	1 468	1 444
广东	9 506	990	4 853	3 663
广西	2 036	537	742	757
海南	519	197	102	220
重庆	1 590	283	657	650
四川	4 010	935	1 711	1 364
贵州	993	270	386	337
云南	1 955	436	840	679
西藏	117	36	27	54
陕西	1 661	279	732	650
甘肃	983	193	440	350
青海	263	39	113	112
宁夏	265	46	120	99
新疆	1 365	288	587	490

全国第五次人口普查大陆人口数

单位：万人

地　区	人口数	地　区	人口数
全　国	**126 583**	河　南	9 256
		湖　北	6 028
北　京	1 382	湖　南	6 440
天　津	1 001	广　东	8 642
河　北	6 744	广　西	4 489
山　西	3 297	海　南	787
内蒙古	2 376		
		重　庆	3 090
辽　宁	4 238	四　川	8 329
吉　林	2 728	贵　州	3 525
黑龙江	3 689	云　南	4 288
		西　藏	262
上　海	1 674		
江　苏	7 438	陕　西	3 605
浙　江	4 677	甘　肃	2 562
安　徽	5 986	青　海	518
福　建	3 471	宁　夏	562
江　西	4 140	新　疆	1 925
山　东	9 079	中国人民解放军现役军人	250

全国第五次人口普查主要数据

单位：万人

指　　标	人　口　数	指　　标	人　口　数
家庭户（万户）	34 837	汉　　族	115 940
家庭户人口	119 839	各少数民族	10 643
平均每个家庭户人口（人）	3.44		
男	65 355		
女	61 228	**接受教育**	
		大学教育	4 571
城镇人口	45 594		
乡村人口	80 739	高中教育	14 109
		初中教育	42 989
0—14 岁	28 979		
		小学教育	45 191
15—64	88 793		
65 岁以上	8 811	文　　盲	8 507

全国人民生活收入及储蓄额

（2000 年）

单位：元

地　区	城镇居民人均可支配收入	农民人均纯收入	城乡居民年末储蓄存款余额（亿元）
全　国	**6 280.0**	**2 253**	**64 300.00**
北　京	10 349.7	4 687	2 923.20
天　津	8 141.0	4 370	1 172.40
河　北	5 661.0	2 479	3 957.10
山　西	4 724.0	1 906	1 748.42
内蒙古	5 120.0	2 050	875.74
辽　宁	5 357.8	2 356	3 779.60
吉　林	4 810.0	2 023	1 515.84
黑龙江	4 913.0	2 148	2 285.50
上　海	11 718.0	5 565	2 524.05
江　苏	6 800.2	3 595	4 456.80
浙　江	9 279.0	4 254	3 594.70
安　徽	5 293.6	1 935	1 447.20
福　建	7 432.0	3 230	1 767.59
江　西	5 104.0	2 135	1 243.15
山　东	6 490.0	2 659	4 466.70
河　南	4 766.3	1 986	3 182.08
湖　北	5 524.5	2 269	1 908.80
湖　南	6 219.0	2 197	1 874.20
广　东	9 761.0	3 654	8 667.30
广　西	5 834.0	1 846	1 374.42
海　南	5 358.0	2 920	
重　庆	6 276.0	1 892	1 085.36
四　川	5 894.0	1 915	2 693.20
贵　州	5 122.0	1 375	539.49
云　南	6 324.6	1 479	1 138.22
西　藏	6 448.0	1 331	40.48
陕　西	5 124.2	1 470	
甘　肃	4 916.3	1 429	816.34
青　海	5 170.0	1 490	159.08
宁　夏	4 912.0	1 724	
新　疆	5 817.0	1 618	908.50

全国全社会固定资产投资

(2000年)　　　　单位：亿元

地区	固定资产投资	
	完成额	比上年增长%
全国	**32 619**	**9.3**
北京	1 297	10.8
天津	608	7.2
河北	1 847	3.8
山西	625	8.7
内蒙古	430	12.2
辽宁	1 266	13.2
吉林	583	16.9
黑龙江	869	7.6
上海	1 861	0.2
江苏	2 995	9.2
浙江	2 207	18.5
安徽	867	12.0
福建	1 110	2.3
江西	570	12.6
山东	2 545	14.5
河南	1 476	11.5
湖北	1 422	9.2
湖南	1 070	13.4
广东	3 206	7.9
广西	660	6.4
海南	193	1.5
重庆	656	16.5
四川	1 404	15.0
贵州	380	13.8
云南	700	-2.4
西藏	66	17.4
陕西	730	17.9
甘肃	443	15.4
青海	155	20.6
宁夏	161	23.1
新疆	612	14.5

全　国　工　业　增　加　值

（2000 年）　　　　单位：亿元

地　　区	工业增加值	#规模以上	#国有及国有控股
全　国	**39 570**	**23 685**	**14 032**
北　京	737		513
天　津	739	608	265
河　北	2 244	1 103	626
山　西	715	445	
内蒙古	450	280	232
辽　宁	2 075		
吉　林	656	499	
黑龙江	1 698	1 255	
上　海	1 992		
江　苏	3 847	2 559	771
浙　江	2 900		365
安　徽	1 101	547	360
福　建	1 470		270
江　西	456	270	218
山　东	3 723	2 524	1 244
河　南	2 075	1 154	693
湖　北		1 038	669
湖　南	1 236	547	369
广　东	4 295	3 276	
广　西	616	316	230
海　南	65		
重　庆	527		
四　川	1 404		
贵　州	309	217	175
云　南	697	517	460
西　藏	10		
陕　西	55		
甘　肃	328	263	
青　海	80	65	56
宁　夏	93		
新　疆	422		

注：* 为国有及国有控股企业和年销售收入 500 万元以上非国有工业企业数据。

全国社会消费品零售总额

（2000年）　　单位：亿元

地区	社会消费品零售总额	比上年增长（%）
全国	**34 153**	**9.7**
北京	1 443	11.1
天津	737	13.7
河北	1 614	10.6
山西	629	8.2
内蒙古	484	12.0
辽宁	1 847	10.7
吉林	811	12.8
黑龙江	1 094	7.7
上海	1 722	8.3
江苏	2 604	10.3
浙江	2 299	11.8
安徽	1 054	9.9
福建	1 373	11.4
江西	705	10.1
山东	2 546	10.2
河南	1 787	10.6
湖北	1 789	13.1
湖南	1 365	11.0
广东	4 072	11.5
广西	859	10.1
海南	172	9.4
重庆	644	7.9
四川	1 524	10.2
贵州	344	9.5
云南	583	10.9
西藏	43	13.0
陕西	607	9.1
甘肃	363	9.4
青海	82	9.2
宁夏	90	11.8
新疆	375	7.8

全 国 外 贸 进 出 口 值

（2000年）

地区	进出口总值（亿美元）		比上年增长（%）	
		出口		出口
全国	4 743	**2 492**	**31.5**	**27.8**
北京	496	120	44.4	20.9
天津	172	86	36.1	36.3
河北	52	37	14.3	18.8
山西	18	12	37.1	47.4
内蒙古	20	10	26.6	12.8
辽宁	190	109	38.5	32.3
吉林	26	12	15.2	21.8
黑龙江	30	15	36.3	52.7
上海	1 093	477	43.5	39.0
江苏	456	257	46.0	40.7
浙江	278	194	52.1	51.1
安徽	33	22	25.7	29.0
福建	212	129	20.5	24.7
江西	16	12		32.1
山东	250	155	36.8	34.1
河南	23	15	30.0	32.3
湖北	32	19	19.7	27.6
湖南	25	17	28.5	28.9
广东	1 701	919	21.2	18.3
广西	20	15	16.3	19.7
海南	13	8	5.7	7.3
重庆	18	10	47.5	103.1
四川	26	14	3.1	22.5
贵州	7	4	20.4	17.3
云南	18	12	9.2	13.6
西藏	1	1	-21.6	31.7
陕西	21		6.6	
甘肃	6	4	40.2	30.9
青海	2	1	48.1	28.9
宁夏	4	3	39.3	32.2
新疆	23	12	28.2	17.2

进出口额居前15位的国家和地区

（2000年）

国家（或地区）	出口额（亿美元）	占世界出口总额比重（%）	2000年排名	1999年排名	国家（或地区）	进口额（亿美元）	占世界进口总额比重（%）	2000年排名	1999年排名
世界总计	**63 680**	**100.0**			**世界总计**	**66 620**	**100.0**		
美国	7 824	12.3	1	1	美国	12 580	18.9	1	1
德国	5 510	8.7	2	2	德国	5 001	7.5	2	2
日本	4 793	7.5	3	3	日本	3 795	5.7	3	4
法国	2 981	4.7	4	4	英国	3 317	5.0	4	3
英国	2 801	4.4	5	5	法国	3 054	4.6	5	5
加拿大	2 772	4.4	6	6	加拿大	2 491	3.7	6	6
中国	**2 492**	**3.9**	**7**	**9**	意大利	2 333	3.5	7	7
意大利	2 346	3.7	8	7	**中国**	**2 251**	**3.4**	**8**	**10**
荷兰	2 117	3.3	9	8	中国香港	2 142	3.2	9	9
中国香港	2 024	3.2	10	11	荷兰	1 870	2.8	10	8
比利时	1 841	2.9	11	10	墨西哥	1 826	2.7	11	13
韩国	1 726	2.7	12	12	比利时	1 712	2.6	12	11
墨西哥	1 664	2.6	13	13	韩国	1 605	2.4	13	14
中国台湾	1 484	2.3	14	14	西班牙	1 535	2.3	14	12
新加坡	1 380	2.2	15	15	中国台湾	1 400	2.1	15	16

主 要 城 市 人 口

（2000年）　　　　单位：万人

城市	年末人口	非农业人口	市区人口
南昌	＊432.55	175.90	170.22
无锡	＊434.61	183.45	112.99
石家庄	889.80	213.50	166.70
太原			
呼和浩特	＊209.17	92.91	106.28
沈阳	685.10	434.50	485.00
大连	＊551.50	275.35	
长春	＊699.60	287.8	292.80
哈尔滨	941.30		348.10
南京	＊544.89	309.52	289.59
杭州	621.58		179.18
合肥	438.18	143.04	134.47
福州	589.23		148.49
厦门	＊131.27	66.22	
济南	562.72	207.7	
郑州	659.98		
武汉	＊746.40		
长沙	583.19	186.42	
广州	700.69		
深圳	432.94		
南宁	＊291.41		250.88
海口	＊57.34	48.40	
成都	1 013.35	345.90	335.86
贵阳	331.57	152.40	186.92
昆明	＊480.94		
西安	688.01	285.79	
兰州	290.68	159.75	181.54
西宁	＊174.47	76.36	73.17
银川	100.94	56.44	64.17
乌鲁木齐	164.38		148.52
拉萨	40.38	14.54	

注：＊为户籍人口数。

主 要 城 市 国 内 生 产 总 值

（2000年）　　单位:亿元

城　　市	国内生产总值	第一产业	第二产业	第三产业
南　昌	435	46	205	184
无　锡	1 200	48	683	469
石家庄	1 001	147	464	390
太　原	348	15	169	163
呼和浩特	179	25	78	76
沈　阳	1 116	71	495	550
大　连	1 111	105	517	488
长　春	824	121	365	338
哈尔滨	1 003	177	340	486
南　京	1 020	54	494	472
杭　州	1 380	101	712	567
合　肥	325	36	155	134
福　州	1 003	135	469	399
厦　门	501	21	264	216
济　南	952	95	419	439
郑　州	732	42	360	330
武　汉	1 207	81	534	592
长　沙	656	74	268	314
广　州	2 383	94	1 041	1 248
深　圳	1 665	18	874	773
南　宁	294	48	89	157
海　口	133	3	34	96
成　都	1 310	124	588	598
贵　阳	265	24	135	106
昆　明	625	51	295	279
西　安	689	46	330	313
兰　州	309	16	163	130
西　宁	92	8	40	44
银　川	95	10	42	43
乌鲁木齐	275	4	102	170
拉　萨	40	6	95	25

注:本表按当年价格计算。

主要城市国内生产总值增幅及构成

（2000年）

单位:%

地　　区	国内生产总值比上年增长				比　重　构　成		
		第一产业	第二产业	第三产业	第一产业	第二产业	第三产业
南　　昌	9.2	3.0	9.2	10.9	10.6	47.2	42.2
无　　锡	11.2	6.5	12.1	9.9	4.0	56.9	39.1
石 家 庄	10.5	5.0	11.8	10.2	14.7	46.4	39.0
太　　原	7.8	6.2	7.6	8.1	4.3	48.7	47.0
呼和浩特	14.4	11.7	16.1	12.9	14.0	43.8	42.2
沈　　阳	10.3	1.9	11.1	10.3	6.4	44.3	49.3
大　　连	11.8	2.4	13.0	12.5	9.5	46.5	44.0
长　　春		-5.1	17.4	14.0	14.7	44.3	41.0
哈 尔 滨	13.1	2.6	17.0	12.4	17.6	33.9	48.5
南　　京	12.4	6.0	12.0	13.1	5.3	48.4	46.3
杭　　州	12.2	5.4		11.8	7.3	51.6	41.1
	11.8						
合　　肥	10.3	1.0	10.7	12.6	11.1	47.7	41.2
福　　州	10.2	0.9	12.2	9.8	13.5	46.7	39.8
厦　　门	15.1	-5.8	17.8	12.2	43.2	52.7	43.1
济　　南	12.1	6.1	10.5	14.9	10.0	43.9	46.1
郑　　州	11.0	9.5	9.8	12.8	5.7	49.2	45.1
武　　汉	12.0	4.4	12.6	12.4	6.7	44.3	49.0
长　　沙	11.3	4.0	12.4	12.1	11.3	40.9	47.8
广　　州	13.6	1.7	12.4	16.0	4.0	43.7	52.4
深　　圳	14.2	8.5	17.3	9.9	1.1	52.5	46.4
南　　宁	9.3	1.1	9.0	12.4	16.3	30.3	53.4
海　　口	10.2	7.8	11.3	9.9	2.4	25.7	71.9
成　　都	10.8	3.1	11.5	11.7	9.5	44.9	45.6
贵　　阳	10.6	2.3	10.8	12.0	9.1	50.9	40.0
昆　　明	8.4	3.5	7.6	10.2	8.2	47.2	44.6
西　　安	13.1	3.2	15.9	12.5	6.7	47.9	45.4
兰　　州	8.8	4.0	8.2	10.4	5.1	52.7	42.2
西　　宁	10.0	-0.7	9.2	12.9	8.8	43.8	47.4
银　　川	9.5	1.0	9.0	12.7	11.1	43.8	45.1
乌鲁木齐	8.5	2.0	6.5	10.2	1.4	36.9	61.7
拉　　萨	17.9	7.9	18.8	22.9	14.0	23.7	62.3

注:本表增长速度按可比价格计算,构成按当年价格计算。

主要城市全社会固定资产投资

（2000年）　　单位:亿元

城市	投资总额	基本建设投资	更新改造投资	房地产开发投资	比上年增长（%）
南昌	80	29	12	13	12.2
无锡	350	53	32	45	12.6
石家庄	361	125	70	24	3.8
太原	105	44	33	16	14.2
呼和浩特	67	44	10	12	50.0
沈阳	262	118	52	64	9.2
大连	269				20.5
长春	235	87	38	107	16.7
哈尔滨	254	127	39	64	25.3
南京	412	144	75	99	104
杭州	514	174	76	100	18.0
合肥	131	71	18	23	5.5
福州	252	56	27	70	-3.6
厦门	175	60	23	62	-9.3
济南	306	107	55	51	13.1
郑州	258	78	28	34	8.5
武汉	462	149	104	101	7.1
长沙	202	73	32	33	22.7
广州	924	309	158	356	5.2
深圳	616	286	31	248	8.2
南宁	77	42	14	15	1.1
海口	64	45	7	9	-4.0
成都	476	228	49	129	13.6
贵阳	108	36	27	32	18.8
昆明	239				
西安	233				18.3
兰州	154	84	39	20	10.4
西宁	54	26	11	12	4.8
银川	47	20	6	12	
乌鲁木齐	121	61	14	43	16.7
拉萨	6	6		1	41.0

主 要 城 市 农 业 总 产 值

（2000年）

城　　　市	农业总产值	比上年增长%
南　昌	69	3.0
无　锡	91	3.0
太　原	25	6.9
大　连	193	2.6
哈尔滨	281	3.0
南　京	106	8.2
合　肥	64	
福　州	218	3.3
厦　门	34	-5.8
长　沙	117	4.7
广　州	163	2.0
深　圳	31	2.4
海　口	5	10.1
贵　阳	37	5.5
昆　明	85	7.7
西　安	74	4.3
西　宁		3.4
银　川	17	5.4
乌鲁木齐	8	12.4
拉　萨	4	5.7

注：本表价值指标按当年价格计算，增长率按可比价格计算。

主要城市工业增加值及总产值

(2000年)

单位:亿元

城市	全部工业增加值	比上年增长%	工业总产值	比上年增长%
南昌	*161	9.2	*250	14.2
无锡	629	12.2	2 854	14.4
石家庄	*247	148		
太原	*92	11	*304	12.0
呼和浩特	65	13.6		
沈阳	441	11.2		
大连	473	12		
长春	315	17.35	1 050	
哈尔滨	278	16.5	1 011	20.2
南京	412	12.8		
杭州	606	11.9		
合肥	133	10.9	*281	18.3
福州	389	14.3	1 365	14.3
厦门			775	23.2
济南	337	12.2		
郑州	310	10.2		
武汉	435	13.5		
长沙			621	12.0
广州	899	13.1	3 089	14.7
深圳	728	19.1	*2 518	22.8
南宁	68	10.6	*123	8.2
海口	*19		93	12.9
成都	485	11.3		
贵阳	112	10.5	369	16.4
昆明	240	8.8		
西安	273	16.5	986	
兰州	125	7.9		
西宁			80	8.4
银川	27	11.0	94	12.0
乌鲁木齐	70	5.3	260	7.9
拉萨	1	32.4	2	13.1

注:①*为国有及年销售收入500万元以上非国有。

②本表价值指标按当年价格计算,增长率按可比价格计算。

主要城市社会消费品零售总额

（2000年）

单位:亿元

城市	社会消费品零售总额	比上年增长%	批发零售贸易业	餐饮业
南昌	144	10.4	95	11
无锡	352	9.2	265	46
石家庄	331	11.5		
太原	148	8.5	83	14
呼和浩特	70	12.3	46	6
沈阳	566	9.7		
大连	489	9.1	359	64
哈尔滨	455	10.4		
南京	420	10.9		
杭州	404	12.5	254	36
合肥	148	10.3		
福州	352	11.7	283	42
厦门	170	5.3	117	28
济南	355	11.7	229	38
郑州	346	10.8	214	48
武汉	606	12.3	340	62
长沙	308	14.4	225	37
广州	1 121	12.0	784	208
深圳	538	15.1	423	106
南宁	150	9.1		
海口	74	9.0	42	7
成都	554	10.8		102
贵阳	109	11.8	83	14
昆明	240	10.1		
西安	329	10.2		
兰州	160	8.5	16	
西宁	53	10.8	39	6
银川	42	10.5		
乌鲁木齐	123	11.1		
拉萨	20	26.2		

主要城市对外经济贸易和旅游

(2000年)

城市	进出口总额(亿美元)			旅游外汇收入(万美元)
		出口	进口	
南昌	11	9	2	2 578
无锡	60	34	26	9 787
石家庄	8	5	3	812
太原	14	9	5	
呼和浩特	1	1	0.2	
沈阳	27	13	14	8 100
大连	102	52	50	23 400
长春	18	9	8	
哈尔滨	12	7	5	5 772
南京	41	18	23	22 100
杭州		70		29 200
合肥	19	13	6	2 065
福州		27		
厦门	101	59	42	
济南	14	6	9	3 152
郑州	9	6	3	4 653
武汉	13	6	6	9 847
长沙	16	11	6	11 900
广州	234	118	116	150 600
深圳	639	346	294	141 100
南宁	7	5	2	* 5 736
海口	5	2	3	
成都	15	8	7	8 108
贵阳	5	3	2	1 484
昆明	12	7	4	14 000
西安	17	11	7	27 000
兰州	4	2	1	
西宁	1	1	0.4	
银川	3	2	0.2	180
乌鲁木齐	11	8	3	* 32 000
拉萨				* 6 533

注:* 为人民币。

主要城市财政收支

（2000年）

单位：亿元

城市	财政总收入	比上年增长%	地方财政收入	比上年增长%	财政支出	比上年增长%
南昌	44.60	25.9	19.13	14.1	23.79	8.7
无锡	112.06	27.6	58.79	35.6	55.66	32.2
石家庄	61.70	6.2	37.71	7.0	49.06	8.9
太原	31.13	6.8	21.48	10.3	24.48	8.5
呼和浩特	20.45	7.8	13.07	23.6	19.78	15.5
沈阳	119.00		71.50	9.1	92.50	16.2
大连	130.00		77.60	14.2	95.10	12.2
长春	76.00	15.3	30.40	18.2	51.10	9.9
哈尔滨	85.30	11.5	53.80	15.1	77.10	12.4
南京	164.60	28.1	92.60			
杭州	142.85	39.2	69.19	53.9		
合肥	41.90	9.7	24.368	8.4	25.78	14.7
福州	74.88	11.4	49.26	11.7	54.04	
厦门	91.50	38.1	51.85	23.8	59.10	24.3
济南	169.80	11.8	49.05	10.5	54.72	10.4
郑州	8190		46.00	18.8	50.90	19.0
武汉	126.15	12.4	69.77	15.4	88.14	19.7
长沙	51.02	10.8	35.41	9.4	42.75	16.1
深圳			221.90	16.5	225.55	6.9
南宁	30.30	12.2	17.34	15.9	21.87	25.7
海口	17.90	19.9			11.13	18.6
成都	120.77	14.7	58.76		82.92	14.8
贵阳	55.98	11.9	24.15	23.2	32.24	20.9
昆明	119.40	7.7	56.30	7.5	70.30	11.5
西安	69.00	12.9	46.96	14.9	51.89	27.6
兰州	27.30	9.9	16.60	10.3	21.20	8.7
西宁	8.76	17.5	5.32	16.6	10.34	24.9
银川	23.41	16.2	8.85	18.5	10.80	33.4
乌鲁木齐	44.59	10.1	28.05	10.1	21.39	1.8
拉萨			1.85	12.0	5.92	10.2

主要城市金融机构存贷款

（2000年） 单位:亿元

城市	金融机构年末存款余额	金融机构年末贷款余额
南昌	670.03	435.48
无锡	1 078.35	712.39
石家庄	1 313.5	973.83
太原	866.24	
呼和浩特	311.57	261.19
沈阳	1 700.50	1 392.20
大连	1 374.70	1 162.50
长春	1 013.20	1 243.80
哈尔滨	1 256.70	1 050.40
南京	1 963.76	1 704.65
无锡	1 078.35	712.39
杭州	2 088.47	1 686.64
合肥	562.80	587.50
福州	1 033.85	883.05
厦门	544.90	452.84
济南	14 275.00	1 069.30
郑州	1 215.40	881.90
武汉	1 694.32	1 342.94
长沙	826.18	631.57
广州	5 545.19	3 895.49
深圳	3 169.00	2 292.18
南宁	619.40	443.50
海口	538.89	389.53
成都	1 890.40	1 487.10
贵阳	530.04	404.51
昆明	1 138.30	840.30
兰州	671.90	588.82
西宁	214.57	184.16
银川	208.02	194.05
乌鲁木齐	661.91	580.16
拉萨	94.46	57.41

主要城市职工人数和平均工资

（2000年）

城市	在岗职工	
	年末人数（万人）	平均工资（元）
南昌	58.77	8 756
无锡	55.64	11 985
石家庄	102.28	8 702
呼和浩特		7 548
沈阳	122.00	9 346
大连		11 901
哈尔滨	213.40	6 980
合肥		7 556
福州		11 000
厦门	50.14	
济南	81.90	10 475
郑州	109.30	9 017
武汉	190.00	7 630
长沙		10 133
广州	178.54	18 974
深圳	93.36	23 039
南宁	40.36	
海口	18.14	11 658
成都		8 925
贵阳	53.60	8 784
西安	111.00	9 179
西宁	23.93	8 965
银川	22.55	8 956
拉萨	2.48	11 868

主要城市居民收支、储蓄和住房

(2000年)

城市	城镇居民人均可支配收入(元)	农民人均纯收入(元)	城乡居民储蓄存款年末余额(亿元)	人均居住面积(平方米)	
				城镇	农村
南昌	5 734	2 390	276.89	10.40	28.60
无锡	8 603	5 256	553.94	9.81	
石家庄	6 443	3 158	751.49		
太原	6 019	2 643	375.88	10.13	26.00
呼和浩特	5 582	2 538	52.50		
沈阳	5 850	3 135	958.10	8.37	21.80
大连	6 861	3 740	777.60	13.86	
长春	5 550	2 420	533.70	9.50	
哈尔滨	5 632	2 477	714.10	9.02	18.40
南京	8 233	4 062	596.70	10.10	
杭州	9 668	4 496	788.56	10.60	
合肥	6 389	1 975	183.95		34.25
福州	7 944	3 860	484.47	11.20	36.38
厦门	10 813	4 030	218.46	14.52	
济南	8 471	3 047	463.00	10.50	32.70
郑州	5 935	2 912	565.80	19.80	31.82
武汉	6 763	2 995	659.44	9.00	
长沙	7 985	3 005	373.22		30.60
广州	13 967	6 086	2 239.86	13.32	
深圳	21 626	9 270	1 082.64	17.40	
南宁	7 448		241.04		49.40
海口	7 103	3 435	164.19	16.40	34.80
成都	7 649	2 926	831.00	11.60	25.03
贵阳	6 453	2 104	197.66	12.93	26.00
昆明	7 563	2 220	443.80	17.00	
西安	6 364	2 344	675.80	10.10	16.59
兰州	5 850	2 005	297.99	8.74	
西宁	5 299	1 512	102.55		27.26
银川	5 622	2 712	88.48	10.10	
乌鲁木齐	7 252	3 398	254.86		
拉萨	7 300	1 666	20.39		

江西省2000年国民经济和社会发展统计公报

江西省统计局

2001年3月18日

2000年，全省人民在省委、省政府的领导下，认真贯彻党中央、国务院的方针政策，进一步扩大内需，大力调整经济结构，积极推进各项改革，继续扩大对外开放，努力加快经济和社会各项事业发展，国民经济稳定增长，社会各项事业全面进步，胜利完成了“九五”计划的主要任务。

一、综　　合

国民经济稳定增长。2000年，全省国内生产总值2 000亿元，按可比价格诸，比上年增长8.0%。其中，第一产业增加值485亿元，增长6.6%；第二产业增加值695亿元，增长6.6%；第三产业增加值820亿元，增长10.4%。经济结构不断调整。第一、第二、第三产业增加值在国内生产总值中的构成比例，由上年的25.1∶35.0∶39.9调整为24.2∶34.8∶41.0。公有制经济在改革开放中稳定发展，混合所有制经济和个体、私营经济发展迅速。市场物价持续下降的势头趋缓，全年全省商品零售物价总水平比上年下降1.5%；居民消费价格总水平比上年上升0.3%。

财政收入继续增长。全省财政总收入170.9亿元，比上年增长10.3%，其中地方财政收入完成111.2亿元，增长5.8%。

国民经济和社会发展中存在的主要问题是：经济增长的基础尚不稳固，经济结构不合理；企业总体竞争能力弱，非公有制经济发展水平低，农民增收难度大，财政收支平衡困难，就业和再就业压力加大。

二、农　　业

农业生产实现了稳定增长。全省农业总产值760亿元，按可比价格计算，比上年增长3.0%。农作物结构性调整力度加大。全年粮食播种面积3 322千公顷，减少226千公顷，其中早稻1 173千公顷，减少10.3%。全年粮食总产量1 614.6万吨，下降6.8%，其中早稻产量590.7万吨，下降6.9%；油料总产量96.7万吨，增长2.5%，其中油菜籽产量53.0万吨，减少3.0%；水果总产量42.3万吨，减少39.8%；棉花产量6.8万吨，增长7.3%；苎麻产量1.1万吨，增长17.6%；烟叶产量1.8万吨，增长4.0%。甘蔗生产受国家糖业生产宏观调控政策及制糖业效益不佳影响，面积下降15.7%，产量136.8万吨，减少20.5%。

林业生产加快发展。全省各地高度重视培育森林资源，进一步加快了植树造林、国土绿化和低产林改造的步伐，森林面积扩大，覆盖率提高，林木蓄积量增加；主要林产品产量增长较多。全年完成造林面积3.5万公顷。

畜牧业生产平稳发展。全年全省生猪出栏1 992.3万头，减少3.5%；生猪存栏1 473.5万头，减少5.2%；牛出栏57.5万头，增长1.4%；家禽出笼2.85亿羽，增长11.5%；牛奶产量5.6万吨，增长9.0%；鲜蛋产量33.5万吨，减少0.5%。

水产品生产继续增长。全省水产品总产量达127.1万吨，增加5.0万吨，增长4.1%。

农业生产条件进一步改善。全省农业机械总动力达902.3万千瓦，比上年增长5.8%；农用排灌动力机械213.2万千瓦，增长6.6%；全年化肥施用量（折纯）106.9万吨，减少8.3%；农村用电量35.3亿千瓦小时，增长5.2%。全年有效灌溉面积1 903.4千公顷，增加2.3千公顷。

三、工业和建筑业

工业生产增长加快。全年全省完成全部工业增加值455.99亿元，比上年增长8.4%。其中，国有及年产品销售收入500万元以上的非国有工业企业（以下简称规模以上工业企业）增加值269.59亿元，增长10.5%。在规模以上工业企业中，国有及国有控股企业增加值218.09亿元，增长9.8%；集体企业24.36亿元，增长2.8%；股份制企业51.07亿元，增长10.6%；外商及港澳台投资企业23.08亿元，增长15.5%。分轻重工业看，全年轻工业增加值100.78亿元，增长13.4%；重工业增加值168.81亿元，增长8.7%。产销衔接状况继续改善，全年规模以上工业企业产品销售率97.82%，比上年提高0.22个百分点。

工业产品结构得到调整和优化。食品工业保持强劲的发展势头，大多数食品产量增势良好，其中乳制品增长21.0%，罐头增长4.9%，卷烟增长23.8%，食用值物油增长4.5%；纺织行业经过一年多的压锭调整重组，市场空间相对增大，加上棉花降价，出口退税率提高，主要纺织产品增长，布增长2.5%，纱增长25.8%；冶金行业由于国家扩大内需的政策，生产快速发展，生铁增长22.7%，，钢和钢材分别增长19.8%和24.0%；原煤由于实施国家关井压产的政策，产量下降7.2%；耐用消费品中，彩电下降34.7%，电冰箱增长18.1%。

工业产品产销率稳定提高，经济效益全面回升。全省工业销售产值完成904.99亿元，增长14.5%；全年产品销售率为97.82%，比上年同期提高0.22个百分点。全省工业企业已实现整体扭亏为盈，全年实现利润总额为12.8亿元，同比增加14.53亿元，其中国有控股企业实现利润7.32亿元，同比增加13.45亿元。全省盈利企业利润为31亿元，增长40.93%；亏损企业的亏损额为18.20亿元，同比减亏23.31%。全省工业经济效益综合指数为80.76%，比上年增加11.37个百分点，国有企业改革与脱困三年目标基本实现。

地质勘查工作取得新的进展。全年共安排地质勘查项目16项，完成钻探工作量2 495米。

建筑业继续增长。全年资质等级四级以上的建筑施工企业完成建筑业总产值102.12亿元，增长12.5%。施工房屋建筑面积2 259.0万平方米，增长1.4%；竣工房屋建筑面积1 109.4万平方米，增长8.1%；实现利税3.32亿元，增长2.2%。

四、固定资产投资

固定资产投资增长较快。全年全社会完成固定资产投资570亿元，增长12.6%。全省国有及其他经济类型固定资产投资322亿元(不包括城镇集体、私营个体、城镇和工矿区私人建房投资，下同)，同比增长12.0%，其中基本建设完成投资194亿元，增长12.0%；更新改造投资75亿元，增长8.2%；房地产开发完成投资38亿元，增长23.9%；其他完成投资15亿元，增长5.5%。

投资结构有所改善。基本建设投资成为建设领域投资的主力军，全年全省基本建设投资占整个投资额的60.2%。基础产业和基础设施建设仍是建设领域投资的重点。全年全省农林水利业完成投资28.45亿元，比去年同期增长48.8%；其中：水利业完成投资26.46亿元，增长60.8%。能源工业完成投资52.56亿元，增长47.3%；其中：电力完成投资50.03亿元，增长50.0%。交通运输及邮电业完成投资81.39亿元，占整个基本建设和更新改造投资的30.3%，其中邮电通讯业完成投资41.16亿元，比去年同期增长7.0%。

房地产开发投资增长迅速。全年我省房地产开发投资比去年同期增长23.9%，大力高于全省投资的平均增幅，成为我省建设领域投资的一大亮点。在房地产开发投资中用于商品住宅的投资23.87亿元，比去年同期增长14.5%，占房地产开发投资的比重达63.1%。全年全省商品房屋销售建筑面积174.72万平方米，占房屋竣工面积的71.4%；商品房屋销售额18.03亿元，比去年同期增长12.7%。

全省国有单位基本建设和更新改造新增加的主要生产能力；市内电话自动交换机(含接入网设备容量)65万门，长途自动电话交换机容量4.22万路端，新建公路360公里，改建公路1 930公里，城市自来水供水能力15.2万吨/日等。

五、科学技术和教育

科技事业蓬勃发展。科技队伍进一步扩大，全省地方国有事业企业单位专业技术人员共69.4万人，比上年增长2.0%。

科技活动日渐活跃。全年技术贸易机构发展到853个，签订各类技术合同5 068项，成交额69 299.29万元。

全年全省共获2项国家级科技进步奖和国家技术发明奖，其中："常温闪烁炼铜技术"获国家科技进步一等奖。全年专利申请数为 1 557 项，专利授权数为 1 072 项。

质量检验标准化建设和天气预报服务水平有了新的提高。社会科学研究取得一批成果，部分已被有关部门采纳，产生了良好的效益和经济效益。

教育事业取得新的进展。高等教育发展加快，全年全省招收研究生 966 人，比上年增加 305 人，在校研究生 2 118 人，增加 545 人；普通高等学校招收学生 56 892 人，增加 13 306 人，在校学生 144 293 人，增加 33 420 人，毕业生 24 449 人，减少 608 人。中等教育发展较快。普通中等专业学校在校学生 160 022人，减少 1 733 人；职业高中在校学生 107 203人，相当于普通中学高中阶段在校学生总数 385 287 人的 27.82%。普及义务教育有新进展。全省普通中学初中在校学生220.69万人；小学在校学生 422.68 万人，小学适龄儿童入学率达到 99.58%。在托儿童62.06万人。成人教育取得新成绩。成人高等学校在校学生 8.6 万人；成人中等专业学校在校学生 2.69 万人。全年参加高、中等教育自学考试的人员达 354 876 人，获得单科合格证334 715科次数，获得本科、大专毕业证书的分别为 3 790 人和 8 025 人。

六、交通邮电和旅游

交通运输发展迅速。网络结构进一步朝着适应市场需求的方向调整。全年完成货物周转量 749.92 亿吨公里，比上年增长 5.87%。其中：铁路增长 4.35%，公路增长 11.69%，水运增长 6.48%。完成旅客周转量 453.07 亿人公里，增长 15.65%。其中：铁路增长 17.06%，公路增长 11.93%。

邮电通信事业发展加快，新型业务不断出现。全省邮电业务总量完成 81.36 亿元，比上年增长 34.5%。住宅电话发展迅速，年末全省市内住宅电话用户 191.39 万户，比上年末增加44.55万户；移动电话全年新增用户63.29万户。计算机互联网用户达到26.92万户，增长7.8倍。全省电话普及率12部/百人。邮电通信服务质量有了明显提高。

旅游业继续保持快速增长。全年全省国内旅游人数 2 537.38 万人次，比上年增长 21.2%；累计实现国内旅游收入 129.55 亿元，同比增长 21.0%。全年接待国际旅游者共计 163 057 人次，比上年增长 17.6%；全年旅游外汇收入 6 234.23 万美元，增长 23.8%。

七、国 内 贸 易

国内消费品销售稳步增长，假日消费日趋活跃。全年实现社会消费品零售总额 704.9 亿元，增长 8.4%，扣除价格因素，实际增长 10.1%。

分城乡看，城市消费品零售额 333.70 亿元，比上年增长 10.3%；县及县以下消费品零售额 371.2 亿元，增长 6.7%，扣除价格因素实际分别增长 12.0%和 8.4%。分行业看，批发零售贸易业实现 433.2 亿元，增长 8.9%；餐饮业实现 60.1 亿元，增长 13.5%；制造业实现 48.2 亿元，增长 2.1%；农业生产者实现 139.6 亿元，增长 7.0%。

全省生产资料市场交易由清淡转向活跃。全年累计成交 64.9 亿元，比上年增长 11.4 亿元，增长 21.3%。

八、对 外 经 济

在对外贸易方面，进口、出口实现同步上升。全年海关进出口贸易总额达 162 399 万美元，其中，出口总额 119 736 万美元，比上年增长 32.1%，进口总额 42 663 万美元，增长 4.6%。利用外资下降。当年实际利用外资 32 781 万美元，比上年下降 42.3%。全年新签利用外资项目 274 项，增长 9.6%，签约外资金额 26 568 万美元，下降 30.3%。

全年全省新登记注册的“三资”企业 247 家，全部为外商独资企业。年末实有“三资”企业 2 246 家。全年对外承包工程、劳务合作和设计咨询新签合同金额 9 503 万美元，比上年减少 18.0%；实际完成营业额 10 949 万美元，增长 28.0%。

九、金融和保险业

金融形势保持稳定。年末，全省金融机构各项存款余额为 1 966.78 亿元，比上年末增加 178.27 亿元，增长 9.97%，其中：企业存款余额为 526.90 亿元，比上年末增加 59.87 亿元，增长 12.82%。城乡居民储蓄存款余额达 1 243.15 亿元，比上年末增加 80.66 亿元，增长 6.94%。全省金融机构各项贷款余额1 739.87亿元，比上年末增加160.44亿元，增长10.12%，其中短期贷款余额为61 208.69亿元，增长8.98%，中长期贷款余额为470.65亿元，增长

12.06%。全年金融机构现金收入4 792.03亿元,增长14.4%,金融机构现金支出4 661.37亿元,增长13.7%,收支相抵,净回笼货币130.66亿元。

保险事业继续发展。全年全省保费收入28.16亿元,增长9.37%。其中:财产险保费收入10.84亿元;人身险保费收入17.32亿元。财产险赔款金额5.39亿元,人身险给付金额4.78亿元。参加社会保险职工人数增加。年末全省已有326.4万名在职职工和离退休人员参加了社会养老保险。

十、文化、卫生和体育

文化事业健康发展。年末全省共有各类电影放映单位424个,艺术表演团体79个,文化馆、群艺馆113个,公共图书馆104个,博物馆81个。全省共有无线广播电台10座,中短波广播发射台和转播台15座,广播人口覆盖率89.49%;电视台12座,电视发射台和转播台493座,电视人口覆盖率92.67%。全年共出版各种图书、杂志、报纸2 510种,共印图书、杂志44 612万册,报纸39 929万份。坚持以"五个一工程"为龙头,推动精神文明产品生产,一批优秀文艺、广播影视作品在国内外获奖。

卫生事业不断进步。年末全省共有各类医疗卫生机构8 048个(包括个体机构),其中:医院599个,农村卫生院1 683个,疗养院(所)14个,门诊部33个,卫生防疫站117个,妇幼保健所、站102个,诊所、卫生保健所、医务室5 083个。各类卫生技术人员12.32万人,其中:医生5.44万人,护师、护士3.62万人。医院病床6.25万张。

体育事业取得新的成绩。全年我省体育健儿在国际、国内重大比赛中,获得金牌25枚,银牌27枚,铜牌19枚。群众参与体育事业建设积极性明显提高,全民健身运动再掀高潮。

十一、环境保护

环境保护意识增强,环保事业加快发展。年末全省环境保护系统共有3 338人,环境监测站90个,环境监测人员1 076人。全省已建成自然保护区55个,风景名胜区20个,森林公园52个。全省完成环境污染限期治理项目646个,总投资9 875万元。在19个城市中(含县级市)建成了93个烟尘控制区,面积达358平方公里,并建成了51个环境噪声达标区,面积达164平方公里。

环境污染得到有效控制,环境质量进一步改善。全省主要污染物排放总量继续减少,12项主要污染物排放总量完成"九五"期间总量控制计划指标数。

十二、人民生活

城镇居民收入水平继续提高。由于提高了离退休人员、下岗职工、失业人员和城镇贫困人口保障水平,增加了机关事业单位干部职工工资和补贴,使城镇居民收入水平明显提高。全省城镇居民平均每人年可支配收入达5 104元,比上年增长8.1%,扣除价格因素,实际增长5.9%。农村居民人均纯收入2 135元,比上年增长0.3%,扣除价格因素,实际增长2.6%。

劳动领域的改革步伐进一步加快。全省城镇失业人员被安排就业人数16.1万人。妥善安置了退伍军人的生活和就业。城镇个体劳动者61.6万人。国有企业下岗职工基本生活得到保障。但随着结构调整和企业改革的深化。多年积累的劳动就业矛盾逐渐显露,劳动就业和再就业压力增大。年末全省登记失业率2.9%,比上年底上升0.3个百分点。

社会福利事业有较大发展。年末全省有社会福利事业单位2 318个,收养人数5.6万人,城乡各种社会救济对象得到国家定期定量救济的达13.6万人,临时救济困难户达31.8万人次。全省各县(市)已建立最低生活保障制度。

注:(1)公报中所列国内生产总值和各产业增加值指标按当年价格计算,增长速度按可比价格计算。

(2)国内生产总值和各产业增加值主要包括劳动者报酬、利润、税金和固定资产折旧等价值,不包括能源、原材料等各种中间消耗价值。表示一年内生产的可用于社会最终消费的物质产品和服务价值的总和。

(3)人口数据待第五次全国人口普查公报正式公布。

(4)个别数字与年初的年报数略有差距,以正式公报数为准。

附表1:2000年工农业主要产品产量

产品名称	计量单位	绝对数	比上年增长%
一、农产品产量			
粮　食	万吨	1 614.6	-6.8
棉　花	万吨	6.8	7.3
油　料	万吨	96.7	2.5
甘　蔗	万吨	136.8	-20.5
苎　麻	万吨	1.1	17.6
烤　烟	万吨	1.5	6.6
茶　叶	万吨	1.6	-8.3
水　果	万吨	42.3	-39.8
肉　类	万吨	192.3	-3.0
其中:猪牛羊肉	万吨	157.3	-5.4
牛　奶	万吨	5.6	9.0
蚕　茧	万吨	0.3	10.4
水产品产量	万吨	127.1	4.1
二、工业产品产量			
纱	万吨	12.57	25.8
布	亿米	2.80	2.5
机制纸	万吨	17.73	0.5
白　酒	万吨	10.92	2.9
啤　酒	万吨	45.56	9.4
卷　烟	万箱	50.99	23.8
彩色电视机	万部	19.56	-34.7
家用电冰箱	万台	32.88	18.1
原　煤	万吨	1 813.76	-7.2
原油加工量	万吨	327.62	16.8
发电量	亿千瓦时	201.06	7.1
钢	万吨	319.86	19.8
成品钢材	万吨	282.90	24.0
生　铁	万吨	304.69	22.7
木　材	万立方米	85.85	5.4
水　泥	万吨	1 463.04	11.5
硫　酸	万吨	79.92	28.4
烧　碱	万吨	16.24	66.9
农用化肥(折纯)	万吨	45.01	-24.0
交流电动机	万千瓦	61.73	19.0
工业锅炉	蒸发量吨	718.30	52.8
金属切削机床	台	3 600	33.3
汽　车	万辆	13.36	12.3
小型拖拉机	万台	0.50	-40.8

附表2:市场价格变动情况

类　　别	指数(上年=100)	
	1999年	2000年
1. 居民生活费用价格	98.6	100.3
其中:城　市	99.1	102.1
农　村	98.1	99.1
其中:食　品	96.2	97.2
粮　食	99.9	85.9
肉禽及其制品	92.8	99.1
油脂类	96.1	84.2
蛋　类	92.3	85.9
水产品	96.4	98.6
鲜　菜	94.8	111.3
衣　着	95.5	97.1
家庭设备及用品	97.1	97.4
医疗保健用品	101.9	102.8
交通和通讯用品	94.0	92.0
娱乐教育文化用品	96.9	97.8
居住	102.2	104.6
服务项目	114.0	116.2
2. 商品零售价格	96.8	98.5
其中:城　市	97.3	98.6
农　村	96.3	98.5
3. 农业生产资料零售价格	93.8	95.9
4. 农产品收购价格	90.2	97.5
5. 工业品出厂价格	96.1	101.0
6. 固定资产投资价格	98.6	101.4

江西省人口

（2000年） 单位:万人

地区	指标值
全省	**4 148.54**
南昌市	433.87
景德镇市	148.04
萍乡市	176.11
九江市	448.83
新余市	107.95
鹰潭市	104.13
赣州市	785.21
吉安市	452.02
宜春市	514.20
上饶市	366.40
抚州市	611.78

江西省国内生产总值

（2000年） 单位:亿元

地区	国内生产总值	第一产业	第二产业	第三产业
全省	**2 000.00**	**485.00**	**695.00**	**820.00**
南昌市	435.10	45.98	205.32	183.80
景德镇市	95.27	10.89	48.18	36.20
萍乡市	99.49	14.39	53.98	31.12
九江市	213.07	40.45	97.96	74.66
新余市	64.94	13.33	28.40	23.21
鹰潭市	53.90	10.84	22.31	20.75
赣州市	268.07	93.03	78.52	96.52
吉安市	155.55	58.00	48.81	48.74
宜春市	190.99	67.94	64.00	59.05
抚州市	125.14	45.28	45.62	34.24
上饶市	179.05	58.84	56.20	64.01

江西省农业总产值

单位:万元

地区	1999	2000	2000年比上年增长%
全省	**7 502 895**	**7 602 670**	**2.8**
南昌市	688 289	694 437	3.0
景德镇市	153 949	153 577	4.4
萍乡市	235 515	241 770	3.4
九江市	596 186	619 902	3.0
新余市	210 760	214 668	0.5
鹰潭市	176 642	180 042	1.5
赣州市	1 394 442	1 383 585	1.6
吉安市	957 756	953 317	-3.7
宜春市	1 251 389	1 214 452	-1.3
抚州市	836 878	824 628	-0.9
上饶市	985 354	957 294	-2.2

注:本表绝对数按当年价格计算,增长速度按可比价格计算。

江西省工业增加值

(2000年)

单位:亿元

地区	增加值	比上年增长%	其中:市属企业	
			增加值	比上年增长%
全省	**269.59**	**10.5**	**142.23**	**7.0**
南昌市	62.54	10.7	36.09	11.3
景德镇市	27.10	11.0	9.64	9.0
萍乡市	10.20	8.1	3.72	8.5
九江市	37.81	16.3	12.76	16.8
新余市	12.25	7.9	4.63	12.4
鹰潭市	14.93	22.9	2.73	14.0
赣州市	19.09	13.5	16.12	12.9
宜春市	17.49	9.2	11.38	3.1
抚州市	13.81	6.4	12.73	6.5
上饶市	18.69	4.5	14.86	3.6
吉安市	12.00	9.8	9.22	9.6

江 西 省 工 业 产 品 销 售 率

（2000年）

单位:%

地区	工业产品销售率		其中:市属企业	
	指标值	比上年增减百分点(个)	指标值	比上年增减百分点(个)
全省	**97.82**	**0.22**	**97.33**	**0.89**
南昌市	97.04	0.28	98.06	1.17
景德镇市	96.89	-3.05	97.08	0.19
萍乡市	99.78	2.21	97.34	2.44
九江市	99.77	2.24	96.11	-0.63
新余市	99.53	-0.17	97.25	-1.00
鹰潭市	97.18	-4.43	95.12	2.96
赣州市	96.76	0.53	96.68	1.26
吉安市	97.22	-0.06	97.56	-0.24
宜春市	97.64	2.39	97.67	1.63
抚州市	96.64	-0.32	96.85	-0.03
上饶市	97.36	1.05	97.46	2.11

江西省工业经济效益综合指数

（2000年）

单位:%

地区	工业经济效益综合指数	比上年增减百分点(个)
全省	**80.76**	**11.37**
南昌市	105.99	14.69
景德镇市	82.79	9.25
萍乡市	96.62	41.57
九江市	58.17	0.18
新余市	76.80	25.27
鹰潭市	93.16	12.64
赣州市	72.10	13.62
吉安市	61.51	10.36
宜春市	55.68	23.43
抚州市	70.69	2.44
上饶市	78.88	4.16

江西省社会消费品零售总额

单位:万元

地区	1999	2000	2000年比上年增长%
全省	**6 504 678**	**7 048 677**	**8.4**
南昌市	1 307 748	1 444 136	10.4
景德镇市	255 638	280 897	9.9
萍乡市	316 318	347 977	10.0
九江市	589 259	631 791	7.2
新余市	240 062	260 358	8.5
鹰潭市	177 270	191 062	7.8
赣州市	829 787	900 602	8.5
吉安市	552 013	591 883	7.2
宜春市	832 867	902 064	8.3
抚州市	600 619	636 049	5.9
上饶市	767 097	812 858	6.0

江西省地方财政收支

(2000年)

单位:万元

地区	财政收入	财政支出
全省	**1 115 536**	**2 234 722**
南昌市	183 011	237 688
景德镇市	43 615	70 967
萍乡市	45 221	79 550
九江市	105 040	207 506
新余市	37 582	58 847
鹰潭市	29 540	47 679
赣州市	151 444	272 503
吉安市	90 718	170 400
宜春市	107 852	178 246
抚州市	67 328	132 703
上饶市	105 255	218 733

注:本表财政收入不含上交中央两税收入和基金收入。

江西省固定资产投资(一)

(2000年)　　单位:万元

地区	国有单位投资	基本建设	更新改造	房地产
全省	**3 324 152**	**1 986 098**	**753 789**	**423 705**
南昌市	543 334	287 138	120 545	131 968
景德镇市	133 237	78 219	32 711	22 160
萍乡市	93 057	44 916	22 961	23 827
九江市	420 050	322 922	45 830	50 609
新余市	86 488	50 907	29 113	6 391
鹰潭市	68 273	43 449	5 988	18 536
赣州市	294 025	197 913	41 816	52 003
吉安市	271 648	205 226	36 134	22 598
宜春市	174 842	100 732	28 953	44 187
抚州市	158 724	103 575	30 140	23 790
上饶市	136 298	69 932	37 530	27 636
未分地区	944 176	481 169	322 068	

江西省固定资产投资(二)

(2000年)　　单位:万元

地区	城镇集体	城镇工矿区私人建房
全省	**40 448**	**359 544**
南昌市	80 93	10 392
景德镇市	38 06	10 337
萍乡市	9 976	10 169
九江市	1 731	19 751
新余市	2 520	9 633
鹰潭市	98	4 309
赣州市	3 108	89 018
吉安市	3 836	19 141
宜春市	3 301	79 645
抚州市	3 118	24 673
上饶市	861	33 669

江西省海关进出口总额

单位:亿美元

地区	1999		2000	
	进出口总额	#出口	进出口总额	#出口
全省	**13.14**	**9.06**	**16.24**	**11.97**
南昌市	9.87	7.14	11.16	8.87
景德镇市	0.27	0.24	0.52	0.37
萍乡市	0.04	0.03	0.07	0.07
九江市	0.59	0.19	0.91	0.35
新余市	0.23	0.09	0.52	0.26
鹰潭市	0.74	0.24	1.41	0.71
赣州市	0.70	0.57	0.72	0.60
吉安市	0.16	0.15	0.18	0.17
宜春市	0.42	0.31	0.53	0.39
抚州市	0.10	0.07	0.19	0.17
上饶市	0.03	0.02	0.04	0.03

江西省在岗职工平均工资

(2000年)

地区	职工人数(万人)	平均工资(元/人)	
			#国有
全省	**291.60**	**7 014**	**7 249**
南昌市	56.77	8 581	9 134
景德镇市	15.95	5 989	6 396
萍乡市	13.12	7 185	7 915
九江市	35.25	6 236	6 521
新余市	11.04	7 864	7 220
鹰潭市	8.84	8 296	8 517
赣州市	33.18	6 608	6 782
吉安市	25.03	6 237	6 446
宜春市	29.68	6 241	6 380
抚州市	22.39	6 094	6 299
上饶市	31.72	5 662	5 888

江西省城镇居民人均可支配收入

(2000年)

单位:元

地区	指标值	比上年增长%
全省	**5 104**	**8.1**
南昌市	5 734	8.4
景德镇市	5 097	12.3
萍乡市	5 081	8.7
九江市	5 081	11.1
新余市	5 604	11.6
鹰潭市	5 343	1.2
赣州市*	4 811	4.6
宜春市*	4 794	2.1
上饶市*	4 897	12.2
吉安市*	4 704	9.8
抚州市*	5 006	6.6

*为市政府所在区资料。

江西省农民人均纯收入

单位:元

地区	1999	2000	2000年比上年增长%
全省	**2 129.45**	**2 135.30**	**0.27**
南昌市	2 306.86	2 390.10	3.61
景德镇市	2 330.55	2 379.44	2.10
萍乡市	2 404.04	2 435.13	1.29
九江市	1 819.95	1 851.38	1.73
新余市	2 451.00	2 491.33	1.65
鹰潭市	2 349.22	2 380.15	1.32
赣州市	2 095.31	2 100.47	0.25
吉安市	2 127.87	2 106.40	-1.01
宜春市	2 449.82	2 451.85	0.08
抚州市	2 153.65	2 155.10	0.07
上饶市	2 033.45	2 038.49	0.25

江　西　省　物　价　指　数

（2000 年）　　（上年 = 100）

地　　区	居民消费价格指数	商品零售价格指数
全　　省	**100.3**	**98.5**
南 昌 市	102.6	97.8
景德镇市	102.3	99.6
萍 乡 市	101.4	97.7
九 江 市	104.1	101.2
新 余 市	101.1	99.4
鹰 潭 市	102.6	97.2
赣 州 市*	99.3	97.5
宜 春 市*	100.4	98.8
上 饶 市*	102.4	101.6
吉 安 市*	101.1	99.0
抚 州 市*	100.6	100.1

* 为市政府所在区资料。

江西省城乡居民储蓄存款余额

（2000 年）　　单位：万元

地　　区	合　　计	活　　期	定　　期
全　　省	**12 431 536**	**3 578 545**	**8 852 991**
南 昌 市	2 768 864	806 153	1 962 711
景德镇市	577 641	163 447	414 194
萍 乡 市	484 178	161 924	322 254
九 江 市	1 151 526	327 654	823 872
新 余 市	501 131	141 470	359 661
鹰 潭 市	391 153	106 380	284 773
赣 州 市	1 670 654	570 189	1 100 465
吉 安 市	1 204 219	328 536	875 683
宜 春 市	1 364 954	389 402	975 552
抚 州 市	1 002 499	271 877	730 622
上 饶 市	1 317 750	311 552	1 006 198

汉藏人才的摇篮

南昌市第十七中学

校长：杨浩森

党支部书记：柏燎原

南昌十七中位于城东地区上海路中段，是江西省唯一开办内地西藏初中班的完全中学。它创办于1957年，现有教学班45个，其中包括初中班21个，高中班16个，西藏班8个，共有汉藏教职工186人，汉藏学生2509人。

南昌十七中环境幽雅，校园里花木成行，绿树成荫，占地60余亩，有巍峨的教学大楼和实验大楼，有规模宏大的运动场和50米泳道标准游泳池。学校有微机室、语音室、电化教室、多功能形体训练室，还有音乐、美术、劳技、航模专用教室，学校布局合理，宽敞明净，是南昌市的窗口学校。

1985年9月，南昌十七中根据中央指示，受省市重托，开办内地西藏初中班，揭开“智力援藏”新的一页。16年来，在党和政府的亲切关怀以及社会各界的广泛支持下，该校民族教育得到蓬勃发展，在全国内地西藏班中产生了很大影响，曾两度被评为江西省民族团结进步先进集体和德育工作先进学校，1998年被国家民委评为民族团结进步模范单位，1999年，被国务院评为民族团结进步模范单位。1989年12月原全国政协副主席，国家民委主任，现国务委员司马义、艾买提曾亲临学校视察，并挥毫题词“为各民族团结进步，培养一代新人”。1996年春节，中共江西省委书记吴官正来校与西藏班师生共度新年，挥毫题词：“呕心沥血育藏苗，众手浇开民族花”。对该校西藏班工作给予高度评价。

南昌十七中党政领导班子团结开拓，务实进取，学校管理走上了科学化、民主化的轨道。学校被评为目标管理一等奖，南昌市文明学校。学校师资阵容强大，教职工涌现出全国教育系统劳动模范，全国优秀教师，优秀教育工作者，省市优秀班主任，优秀教师多人。一大批青年教师在市优质课大赛中脱颖而出，学校管理科学、纪律严明、教风严谨、学风浓厚、教学质量上乘、教改成果显著。2000年学校夺得连续第十个高考丰收年，蝉联市属普通中学高考六连冠。为此，市教委委托该校自办高中重点班。学校被市教委评为教学管理、教学常规优级学校。

团结务实的领导班子

南昌十七中一贯重视学生素质教育。学校在全市率先推出语文选修课，经两轮试验在省、市推广。校航模活动小组坚持活动20年，成绩斐然，首创无人驾驶气象探测飞机（鸭式机），填补我国气象科学一项空白，校风筝队在全国青少年风筝赛中获全国高中组冠军。校航模组发明的无人驾驶农林多用飞行平台在全国青少年科学发明大赛中获一等奖。校田径队已成为市中学生一支体坛劲旅。校杜鹃雪莲花艺术团在省市文艺调演和市中学生文艺表演中独领风骚。

在新的世纪，南昌十七中全体师生更加豪情满怀，决心引千道清泉为祖国新世纪育桃李，倾一腔热血为汉藏新一代铸灵魂，让杜鹃和雪莲永远并蒂开放在这片民族教育的肥田沃土上。

西藏班食堂综合楼

校实验楼

地址：南昌市上海路244号
电话：8333438(校　部)
8334143(西藏部)

南昌县莲塘镇

距省府南昌市区中心仅15公里的莲塘镇，是南昌县人民政府所在地，全县的政治、经济、文化中心，面积12平方公里，人口总数八万，下辖七个村，一个农场、六个居委会。

地理位置优越，交通便利，通讯发达。以镇中心为半径的15公里范围内有南昌机场，南昌港，江南最大的向西火车编组站，浙赣、京九铁路，105、316国道穿境而过，是通往闽、浙、湘、粤的交通要冲之地。全镇现已开通程控电话数万门，可直拔180多个国家和地区。

经济发展，市场繁荣，文化生活丰富多彩。镇、村办企业40多家，二ＯＯＯ年工业产值突破了肆亿元。驻镇省、市、县属单位200多家，其中省、市大中型企业20多家。镇区设有各类大型综合市场四个，从业个体工商总数2200多户，年成交额3亿元以上，是全县商品集散交易中心。城区基础设施完备，文化娱乐场所密布，服务门类齐全。

镇领导班子

政策优惠，手续简便。位于昌九工业走廊上的莲塘经济门发区，总面积24平方公里，规划成机械、电子、轻工、纺织、针织、服装，食品、医药、饮料，新型建材四个开发片，建成经济、文化、科技信息高度发展的卫星城，对开发区内投资的客商，在税收、征地、用汇、贷款、奖励上将享受比省、市，比沿海特区更为优惠的政策。

地址：南昌县莲塘镇向阳路85号
电话：5712292
邮编：330200

南昌县小蓝乡人民政府

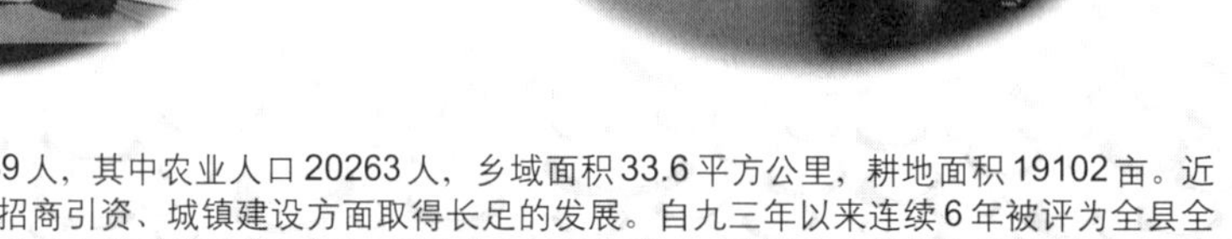

小蓝乡有7个村委会，22939人，其中农业人口20263人，乡域面积33.6平方公里，耕地面积19102亩。近年我乡在种养业、个私企业、招商引资、城镇建设方面取得长足的发展。自九三年以来连续6年被评为全县全面先进单位，二０００年工农业总产值达92312万元，财政收入1132万元，农民人均纯收入2578元。

全乡现有蔬菜种植面积3600亩，主要以种“南昌香芹”为主，兼种芥菜、萝卜、白菜、莲藕等。九四年被市委市 政府授予“禽蛋生产贡献大乡”称号，现在工厂化家禽养殖已成为全乡支柱产业。现有养殖专业户1680多户，其中养鸭专业户1200户，年家禽发展数300万羽，其中蛋鸭260万羽，年产禽蛋16000吨。

全乡有集体企业36家，个私企业1200家，形成了纺织、机械、化工、建材、饲料加工、食品加工六大工业支柱，近年来，招商引资取得较大成绩，先后有汇仁集团、凯利集团、江铃铸造、新远铜业公司、达味饲料厂、星明辉娱乐有限公司、华联超市、新东方农机大市场、洪城汽配城、中外合资兴腾实业有限公司、洪达纺织、兴业纺织等20多家大中型企业来乡落户。1999年，引进资金36140万元，其中境外资金600万美元。

全乡现已实现村村通水泥公路，99年又投资近千万元建设了乡振兴大道、开发路、澄湖北路，连通了南井公路和南高公路。全乡现有4个村乡农贸市场，一个木材旧货市场，99年又通过招商引资等多种投资建设了小蓝禽蛋批发综合市场二期工程、江西新东方农机大市场、江西洪城汽车配件城、华联大型超市，通过市场网络的形成，已使全乡成为商品的重要集散地，基本形成大生产、大流通的格局。

南昌市东郊重镇——麻丘

麻丘镇地处江西省南昌市中心往东直线里程13公里处。全镇辖区象一匹彩缎，自北向南铺展在昌东最大的天然湖泊——瑶湖的东岸。区内面积65.5平方公里，耕地面积42650亩，人口43000，内设1个居民委员会，16个村民委员会。1997年2月经省民政部门批准撤乡设镇。

2000年，在县委、县政府正确领导下，我们紧紧围绕全年工作总的要求和奋斗目标，按照“夯实基础，优化结构，主攻市场，大兴企商”的发展思路，抢抓机遇，迎难而上，开拓进取，扎实工作，全镇经济建设和社会事业取得新的成绩，各项工作取得新进展。全镇工农业总产值达25894万元，比上年增长6%，其中工业总产值完成20144万元，比上年增长7%；农业总产值完成5750万元；比上年增长2.7%；企业总产值达36847万元，比上年增长10.7%；财政收入完成388.3万元；农民人均纯收入达到2393元，比上年增长1.89%。

荣获市委组织部“全市基层组织先进乡镇”，县委“全县创先争优先进党委”，司法部“模范人民调解委员会”。

地址：南昌县麻丘街27号　　**邮编：**330212

电话：5971001　　**传真：**5971005

党委书记：姜润根　　**镇长：喻竹如**

正大集团

南昌正大畜禽有限公司

南昌正大畜禽有限公司是世界著名的正大集团与南昌顺外农工商联合公司共同投资兴建的中外合作企业,是江西省规模最大的集约化经营的现代化农牧企业。公司全部设备从美国 HOUGH 公司、WEM 公司、瑞典 MATADOR 公司及荷兰、法国等国公司引进,具有世界领先水平。公司现有占地面积 130 亩,年产 36 万吨的现代化饲料厂;占地 200 亩,年产 1200 万羽商品代艾维菌鸡苗的种鸡场和孵化场;省内首家集畜禽疫病监测、诊治,兼营动物药品的现代化动物保健中心。

南昌正大畜禽有限公司秉承泰国正大集团七十多年的宝贵经验,公司工艺精湛,产品品质优良。为带动本省及周边省份畜牧业跨入高质、高产、高效的快车道,与世界接轨,公司投巨资引进了具有世界先进水平的丹麦 MATADOR 公司膨化饲料成套生产设备,在江西省独家推出猪、鸡、鸭膨化饲料,填补了江西省的空白。公司鸡、猪、鸭、鱼、鹌鹑系列产品畅销省内外,饮誉大江南北。公司相继获得江西省系列荣誉称号:96、97、98、99 年外贸厅确认为“外商投资先进技术企业”;96、97、98、99 年被评为“AAA 级信用企业”;97、98、99 年被评为“全省外商投资纳税大户企业”;98 年被评为“两个密集型企业”、“最佳信用企业”。公司产品也连续被江西省技术质量监督局指定为免检产品。

南昌正大畜禽有限公司聚集着 200 多名素质优良、才能卓越的管理及专业技术人才。其中,大专以上学历的占 80%。且专业对口,学有专长。一批身怀绝技的兽医、技术人员更是广大养殖户的坚强后盾。

公司奉行**“领导持续创新、创造名牌精品、奉献真诚服务、繁荣农牧事业、共创美好生活”**为质量方针,实施“饲料产品出厂合格率 100%,鸡苗出场质量合格率 100%、计量合格率 100%、客户投诉率 <3‰”为质量目标,全面系统持续地贯彻 ISO9000 质量管理体系,推行制度化管理,并使公司销供产管理全面实现了电脑网络化。

南昌正大始终把客户利益放在首位,以“客户至上、质优价廉、真诚服务”为宗旨,创办一流企业为己任,立足江西,繁荣农牧。

进贤县李渡出口花炮厂

我厂建于 1974 年。1980 年濒临倒闭。1981 年，在新的班子领导下，当年扭亏为盈。1982 年，确立厂训："诚信、敬业、严谨、创新"，实施"不断改革、苦炼内功、力创名牌、冲出国门、走向世界、铸造辉煌"发展战略，特别在科研和创新上大做文章。1986 年，开发出礼花弹，江西首创，并使之成为"中国乡镇企业名牌"、"江西省名牌"和"中国名牌"。凭着礼花弹这一拳头产品不断开拓了国际市场，1990 年成为国家贸工农联合出口商品生产基地企业。从 1993 年起，大搞技术改造，实现了机械化和半机械化生产；建起了设备齐全的产品检测和技术开发中心。1997 年实行股份合作制，取得了自营进出口权；1998 年初步建立和实行 ISO9000 质量体系，加速了企业的发展。

目前，我厂有 6 个分厂，1 个烟花艺术燃放公司，占地面积 3000 多亩，厂房布局合理，绿树葱茏，花开四季，亭榭点缀，美似花园。资产 7200 多万元，员工 1400 多人，年生产能力 33 万多箱，是全国最大的花炮企业。2000 年产值 9400 万元，纳税 1334 万元。自 1991 年以来，荣获江西省先进企业、明星企业、文明单位、最佳经济效益企业和全国乡镇企业出口创汇先进企业、技术创新示范单位、管理先进企业等称号。

我厂产品名目繁多，1700 多个花色品种，品质优良。艺术燃放公司具有 A 级资质，设备先进，技术精湛，于国内数百场大型燃放均受到赞誉和好评。在全国"八运会"独家燃放，获主办单位"李渡烟花，八运生辉"赠匾；在 99 昆明世博会燃放，获主办单位"贺信"，评价为"打出中国一流水平"；在首都建国 50 周年大庆首创配乐——《走进新时代》烟花燃放，受到观众高度赞扬；在北京庆澳门回归燃放，获主办单位"夜空如画、共庆回归"赠匾；在上海迎千禧年晚会燃放，获主办单位"李渡艺术烟花，海上流光溢彩"赠匾；在大连新世纪迎春会燃放，获主办单位"2001 年中国大连烟花爆竹迎春会烟火燃放优秀表演奖"。

参加国际比赛多次获奖：1987 年西班牙第 24 届国际烟花节比赛获集体二等奖；1994 年德国汉堡国际音乐烟花大赛获冠军；1996 年加拿大赫尔市国际音乐烟花大赛获金奖；1998 年西班牙塔拉戈纳烟花节大赛获冠军、意大利圣·莱莫世界烟花大赛和澳门国际烟花大赛分别获季军；1999 年西班牙塔拉戈纳国际烟花"王中王"大赛获季军。产品 95% 以上出口，销往美、意、法、英、德、日等 60 多个国家和地区。

电话：5638888　　**邮编**：331725　　**法人代表**：邓庆茂

杭州天堂伞业集团有限公司南昌销售分公司

经营产品：杭州天堂牌雨具系列产品（雨伞、雨披、雨衣、天堂锁）

地　　址：南昌市孺子路 361 号

联系电话：0791－6638309　6617278

江西省农业科学院土壤肥料研究所

江西省农科院土壤肥料研究所主要从事作物营养及施肥理论与技术研究，化肥、有机肥、微肥、专用肥、叶面肥、环保型肥料新品种开发研制与应用技术研究；红壤农业区域综合治理与持续发展研究，土壤综合改良利用技术研究，水土保持应用研究，节水农业研究；种植结构调整及耕作制度研究，避灾抗灾农业综合技术研究，中低产田综合改造技术研究，农作物优质高产高效栽培技术研究；作物土壤调理剂、拌种剂、种衣剂等新型农化制剂系列产品的研制与开发研究；绿色食品环境检测及农化分析，绿色食品生产技术研究，新肥料、新产品试生产，成果转达化及推广。

自 1984 年建所以来，共获得国家、省、部级科研成果 40 余项。近年来，为配合江西省种子产业化工程的实施，成功研制出水稻种衣剂，解决了在浸种、催芽过程中，种衣不脱落，有效成份缓慢释放药效的技术难题，引起了有关部门的极大关注。随着生态农业的发展，成立了绿色食品环境检测中心，具备绿色食品环境质量和农化分析 98 个测试项目的检测能力。在对外交流与合作方面，先后与加拿大、美国、德国、日本、法国等十多个国家就钾硫及相关专业开展了合作研究，有力地增强了国际合作与交流。先后编写和出版专著 10 部、发表科技论文 500 余篇。其中国家刊物 150 多篇、国际学术刊物 80 余篇。

近期可提供开发的成果、技术及产品有：1、育秧肥；2、科惠；3 号水稻种衣剂；3、作物专用有机、无机肥复混肥；4、农业环境检测技术服务，土壤、大气、水质、植株检测分析；5、中低产田综合改造技术技术服务与咨询；6、红壤综合开发与生态农业园区建设技术咨询服务；7、测土配方施肥技术。

南昌市白蚁防治研究所

"千里之堤，溃于蚁穴"，小小白蚁，如同无牙老虎，给我们人类带来无可估量的损失。

我市地处长江中下游，气候温暖，雨量充沛，植被丰富，适宜白蚁孳生繁殖，是蚁害重灾区，因此白蚁防治尤为重要。然而随着现代城市高层建筑的增多，人们脑中可能渐渐产生这种认识："白蚁是吃木头的，砖木结构老房屋发生白蚁危害在情理之中，但现在的房子都是钢筋混凝土结构，应该不会有蚁害吧？"真是这样吗？我们的回答是："错，钢筋混凝土房屋同样会发生白蚁危害。"在南昌市近两年蚁害调查统计中，钢混结构的房屋及一些现代高层建筑发生蚁害的例子不在少数，且呈上升趋势。比较典型的如：我市高层大楼、省新华书店、某机关食堂、宾馆等都发现了白蚁。因此，我们不能掉以轻心，忽视白蚁对现代建筑的危害。

我所创建于一九五八年，是全省唯一的白蚁防治科研单位，负责南昌地区的白蚁防治管理工作。据调查我市目前的新建房屋蚁害率在 40% 以上，每年造成的损失也在千万余元以上。而进行了白蚁预防处理的新建房屋蚁害率为零。如我市的"八一"起义纪念馆原受多种白蚁危害，每年造成的损失巨大，后经我所进行彻底预防，到目前近 30 年未再发生白蚁危害。

作为白蚁防治专业机构，希望各单位在建房或居室装修时及时与我所联系白蚁预防处理事宜，相信我们的竭诚服务，能让您拥有一个不受白蚁入侵的美丽家园，使现代化城市建设不留隐患。

江西城建专修学院

江西建设技术学院是经江西省人民政府有关部门批准成立的公办学校，由江西省建设厅主管。1999年被劳动部批准为国家级重点学校，是建设部首批德国“双元制”教学试点院校，我院是江西省建设系统(行业)的教育基地，后又经江西省人事厅批准为江西省继续教育培训基地。院校设有行业高级技术人才的培训鉴定和职业鉴定站，可进行建设行业高级技术人才的培训鉴定和发证工作，形成了“招生、培训、鉴定、发证、就业”一体化的职业技术教育体系。学院的目标是为社会主义生产和发展、为社会主义市场经济培养高级技术人才。注重培养学生的创新思维和实践能力。

学院办学条件优越。师资雄厚，我院拥有教师185名，其中，有中、高级职称的占80%以上，学院领导和教师已分批参加了建设部赴德国“双元制”教学考察、学习，教师理论水平高，实践经验多，能保证教学质量；地理位置优越，学院位于南昌市庐山南大道，交通便利，院校门口设有多路公共汽车站；教学设施先进，建院校以来已投放办学资金2000多万元，建有宽敞明亮的教室、全新的语音室、微机房、多媒体教学设备及建筑建材展示室，建有标准的学生宿舍，每间住房均装有程控电话和电风扇，还建有良好的食堂、医务室、浴室、商店，教学、生活设施一应俱全；学院环境优雅、园林景观布满校园，是一所花园式的院校。学院可满足1500余名学生需要，是理想的学习场所。

我院办学目标明确，从严治校，规范管理制度，培养良好校风，确保教学质量、稳定教学秩序、保证学生安全，创建文明院校，培养高素质人才。并广开学生就业门路，保证学生就业，做到“学生满意、家长放心、用人单位欢迎、社会好评”。

地址:南昌市庐山南大道599号 **邮编:330013**

电话:3805758 3805708 3803754(招办)

传真:0791-3807224 **联系人:何日华**

南昌十二中

南昌第十二中学创办于1957年。地处城西朝阳洲的抚生路上，西临赣江，东葦抚河，占地约30亩，是一所完全中学。

经过四十多年的创业，学校已初具规模。现有29个教学班，130多名教职员工，1200多名学生。除初中部外，还设有艺术、幼儿师范中专部和普通高中部。为了保证教学质量，学校拥有一支乐于奉献、勇于探索、专业基础扎实、实践经验丰富的教师队伍。其中，高级教师19名、中级教师50名。

学校校园环境优美，绿树成荫，被评为南昌市绿化先进单位。同时，各类教学设施齐全。有新建的六层教学大楼，还有实验楼、微机房、多媒体教室、语音室、舞蹈练功房、电子琴房、图书馆等。为实施素质教育，培养全面发展人才奠定了硬件基础。学校现为南昌市幼师教研中心和南昌市职业技术师范学院实习基地。

40多年来，学校为国家输送了上万名合格人才。其中有省“五一”劳动奖章获得者、有部队文艺骨干、人民大会堂服务员，还有大批学生在高校艺术专业深造，去年艺术中专学生百分之百考取大学。

学校始终坚持办学“有质量，有特色”，不断开拓进取，教育、教学质量逐年提高。这些年来，教学质量一直处于市属中学中上水平，得到教委的充分肯定。1998年，学位被市教委授予“双文明先进学校”的光荣称号。

新的世纪已到来，在邓小平理论的指引下，南昌十二中将迈出新的改革步伐，不断发展，不断前进！

地址:南昌市抚生路6号 **电话:6516347**

南昌市市容环境卫生管理局

2000年，市容环境卫生管理工作以深入开展创卫生城市和创优秀旅游城市活动为主线，全系统五千余名干部职工发扬“宁愿一人脏，换来万家洁”奉献精神，在平凡的工作岗位上取得了丰硕的成果。被中共南昌市委、市人民政府授予“创卫创优先进单位”；被市政府授予“拥军优属先进单位”、“人大代表建议政协委员提案办理工作先进单位”、“发展个体私营经济工作先进单位”等等。市市容局还加强了精神文明建设，机关被评为市直机关“文明单位”、“东湖区文明单位”、“南昌市文明单位”；被省、市、区爱卫会三级授予“卫生庭院”单位和“卫生先进单位”。

特别是在创建优秀旅游城市活动，市容局以出色地工作成绩，圆满地完成了市委、市政府交给的各项工作任务，为南昌市获得国家优秀旅游城市称号做出了贡献。

地址：南昌市渊明北路147号

电话：(0791)6771401

开拓创新的南昌电信分公司

江西省南昌电信分公司是江西省固定网络通信的枢纽和指挥调度中心。现拥有程控交换网、公用分组交换数据网、DDN数据通信网、Internet网、传真存储转发系统、光缆传输系统等现代化的通信装备和强大的通信网络，具有世界先进水平的综合通信能力，为促进南昌地区国民经济建设，改善投资环境、推进信息化进程起了积极作用。今年，南昌电信分公司又推出了投资1.2个亿建设面向新世纪的宽带IP网，为社会各界提供视频点播、远程教学和医疗等更为便捷、高效的网络服务，为实现“网上江西”作出应有的贡献。

南昌电信分公司拥有一流的设备，先进的科技人才，科学的管理方式，优质的服务水平，曾连续多次被评为“全国实施用户满意工程先进单位”，全省“优秀先进企业”，连续七届14年保持了省级“文明单位”称号。去年他们在政府举办的“民主评议行风”活动中成绩优良，得到社会各界的充分肯定和赞誉。在新的世纪里，南昌电信分公司本着用户至上的原则，促进南昌电信向数字化、综合化、宽带化、智能化方向发展，构建起融语音、数据、图象为一体的新一代公众电信网，为新世纪的南昌铺架起更宽阔、更快捷的信息高速公路。

宣传口号：用户至上　用心服务

地址：南昌市孺子路36号　　电话：0791－6224151

江西省电力燃料有限公司

由江西省电力公司和江西省投资公司共同投资注册的江西省电力燃料有限公司，拥有南昌、九江、景德镇、新余、丰城、贵溪等6个分公司，上海、郑州、萍乡3个办事处，丰城昌源选煤和赣电燃料技术产业2个子公司，主要经营煤炭的生产、加工、销售、石油及制品，机械、电子设备、金属、建筑材料等业务。公司制订"以煤为本、精煤加工、煤电联营、工贸并举、多业发展"的经营发展战略，为江西电网及社会广大用户提供优质可靠的燃料供应和服务，发展工贸结合型现代化大型企业集团，为经济与社会的可持续发展积极努力。

董事长:罗伟华　　　　总经理:白洪昌

电话:(0791)6248721

地址:南昌市下正街 45 号

江西赣电燃料技术产业有限公司

由江西省电力燃料有限公司投资组建，位于南昌国家高新开发区，以发展绿色环保产业为己任，从事洁净煤、粉煤灰、污水处理及节能环保产品的开发、生产、销售。公司被江西省科委认定为高新技术企业。生产的洁净煤通过洗选、配煤、加入复合固硫剂、炉前成型等工艺组合，实现煤质互补，降低二氧化硫与烟尘排放，经权威机构检测证明具有高效固硫、降尘、提高锅炉热效率、节能降耗等特点，有着良好的经济、环境与社会效益。公司拥有现代化生产线，采用密封车配送，承担二氧化硫超标排污费，以优良的产品和服务大展宏图伟业，共享碧水蓝天。

公司地址:南昌市高新开发区火炬大街 68 号创业大楼

电话:(0791) 8101887 8101094

传真:(0791)8100054

江西南昌医药(集团)有限责任公司

江西南昌医药（集团）有限责任公司系原江西省医药公司和南昌市医药公司通过资产重组，于一九九八年二月组建而成。下属5个县级医药公司(南昌县、新建县、进贤县、安义县、庐山),4个中成药厂(南昌制药厂、南昌瑞祥制药厂、安义制药厂、中药饮片厂)。公司按照市场经济要求，逐步形成了立足本省、辐射全国,具有现代化经营规模的医药集团。现有固定资产5800余万元,职工1380余人,经营范围主要有化学药、中药材、中成药、新特药(进口药品)、医疗器械、化学试剂、玻璃仪器、营养保健品等八大类商品,经营品种约10000种。2000年商品销售实现6亿元,工业总产值5800万元,利税1500万元,排名位于全国医药商业前50位。

公司设有配送中心、新药分公司、器化玻分公司、化玻站和黄庆仁栈药店(连锁)等经营单位。其中配送中心实施“代理配送制”,下辖11个经营部门,销售网点遍布全省各地;素有“豫章药业第一家”美誉百年老店黄庆仁栈药店实行连锁经营,在品牌、标志、配送、价格、核算、经营管理、质量标准、服务规范等方面做到八统一,从而增加了新的内涵,焕发出新的生机。药店于98年11月通过国家GSP验收,被授予“医药商品质量管理全国示范药店,在江西省独树一帜,目前,药店在南昌市连锁分店发展到102家,经营品种达4000余种,销售额1亿元,市场优势日趋明显。

江西南昌医药(集团)有限责任公司始终坚持“信誉第一、质量至上”的经营宗旨,倡导“服务健康,创新图强”的企业宗旨,充分发挥“品种齐全、质量优等、价格合理、服务周到”的整体优势,竭诚为社会各界提供优质服务,一如既往地与医药工商界同仁为振兴医药经济、发展医药事业做出应有的贡献。

董事长:熊和平　　总经理:李　其　　党委书记:孟宪礼

电　话:0791-6623013　6624279　　传真:0791-6623013

地址:江西南昌市象山南路230号　　邮编:330009

江西省农科院植保所

江西省农科院植保所于1975年建所，位于南昌县莲塘伍农岗，为省属独立科研事业单位。下设机构有:植物病理研究室、农业害虫研究室、农药研究室、植保技术服务部、植物医院、灭鼠技术研究中心和科技开发部。全所现有职工31人,其中专业技术人员21人,科研辅助人员10人;专业技术人员中有高级专业技术人员9人(其中博士1人,硕士5人)。

该所主要从事农作物病、虫、草、鼠害应用基础及综合防治技术研究、新农药研制及其使用与推广、农作物病虫抗药机理及对策研究与推广、生物技术在植物保护上的应用研究、农作物主要病虫害预测预报研究。

该所获科研成果奖45项，其中获全国科学大会奖1项；国家科技进步一等奖1项、二等奖1项；省科技进步一等奖2项、二等奖4项、三等奖19项。在国内外学术期刊上发表论文250余篇。可供开发的项目有:25%对氯杀虫酯乳油、20%唑威乳油、40%胺沙乳油、32%菌杀清可湿性粉剂以及植物杀虫剂益母草素等。可承接的对外服务项目有:农作物主要病虫害综合防治技术承包与服务,高效低毒复配农药生产技术及配方,城乡灭鼠技术承包与服务。该所在全国第二次农业科研机构科研开发能力综合评估中名列全省第一。

地址:南昌县莲塘镇农科院内　　电话:0791-5739047　　法人代表:汪笃栋

进贤县供电有限责任公司

进贤县地处鄱阳湖畔,素有“鱼米之乡”之称,全县人口71万,乡(镇)27个,县城面积1971平方公里。

进贤县供电有限责任公司于一九九九年四月八日正式挂牌营运,注册资本为2000万元人民币(其中省电力公司投资比例为60%),注册资产3500万元,现有资产6900万元,现有职工人数655人(其中在职工613人)。

全县有220KV变电站1座,110KV变电站1座,35KV变电站7座,10KV线路长1600余公里,低压配电线路8700余公里,低压配电容量14万KVA。2000年实现供电量1.269亿KWH,售电量1.22万亿KWH,现有注册客户10.8万户。

多年来,公司曾获得过进贤县先进企业、省水利系统明星企业,南昌市文明单位等荣誉称号。目前公司上下已形成一种“团结鼓劲,廉洁高效,勤政务实,开拓创新”的企业精神,以安全管理为基础,以农网改造为重点,以优质服务为动力,努力实现“内强素质抓管理,外树形象增效益”的目的,使企业两个文明建设推向一个新起点。

愿与各兄弟单位,仁人志士携手并进,共创电力事业的美好未来!

总经理:梁齐家 **党委书记:陈文才**

地址:进贤县进贤大道609号 **电话:**5665205

江西省建筑工程学校

江西省建筑工程学校是隶属于省建设厅的中等专业学校。学校创办于1958年,1978年复办。经过20多年创业,已形成江西省建筑工程学校、江西省南昌城市建设学校、江西省建筑工程职工中等专业学校三校合一格局。学校占地114亩,建筑面积4.5万平方米。学校现有教职工205人,其中教师125人,国家一级注册建筑师1人,国家一级注册结构工程师2人,国务院有突出贡献专家1人,建设部中专教学指导委员会委员2人。学校先后开办的专业近20个,有工业与民用建筑、建筑企业经济管理、建筑装饰等。学校固定资产近2000万元,藏收12万册。学校实验室能开设各专业所需的各种实验,语音教室、多媒体教室、会计电算教室以及工民建实习工厂和水暖实习工厂为学生们提供了良好的实践训练场所,能满足各种教学需要。拥有300余台微机的计算机中心。学校还拥有宽敞的教室和学生宿舍、影剧院、食堂、含400米跑道的标准运动场、风雨球场等齐全的教学、生活设施,为学生全面发展提供了较好条件。我校82年毕业生吴培立同志1993年获华南理工大学工学硕士学位。91届毕业生赖志敏同志1998年9月被录取为云南工业大学建筑学硕士研究生。86届毕业生刘宗斌考取中国人民大学研究生。81届毕业生鲁维莎获国家发明专利。81届毕业生高光虎任上海冶金设计研究院建筑分院院长。目前我校毕业生已在江西省建筑行业中唱主角、挑大梁,而且还有一部分毕业生分布在新疆、宁夏、四川等十一个省、市、自治区。

学校各方面工作取得很大成绩,我校党政班子建设经验在江西省建设系统中推广,并受到了省委书记舒惠国同志的肯定。1991年—1999年连续9年被江西省建设厅评为先进单位,1995年2000年两次获得建设部教育系统先进单位称号。98年被评为省A等中专学院,2000年被国家教育部评为全国首批重点中专学校。我校的函授站分别被同济大学、天津大学、武汉城建学院授予先进函授站称号。我校计算机中心被劳动部授予99年度国家计算机信息高新技术考试站先进单位,被江西省劳动厅授予98年度职业技能培训优秀单位。总之,江西省建筑工程学校是有志青年投身建筑行业的阶梯,是莘莘学子提高素质、增长才干的基地。学校校风建设的目标是:严谨、勤奋、求实、创新。学校的奋斗目标是:创一流学校,衣建设英才。

地址:南昌市昌北红谷滩 **邮编:**330038 **电话:**0791-3854965

传真:0791-3854945 **党委书记:高浪** **校长:丁卿**

南昌水利设备厂

南昌水利设备厂位于南昌市北郊乐化镇，距南昌昌北机场仅 1.5 公里，紧靠 105 国道，昌九高速公路、大京九铁路乐化火车站，属乡镇企业。1990 年被省政府授予江西省乡镇一级称号，1993 年被农业部授予全面质量管理达标单位，1994 年被经委授予全面质量管理先进单位。

我厂于 1958 年投资兴建，至今已有 43 年历史。目前，工厂占地面积 30000 平方米，建筑面积 12000 平方米。企业资产总值 500 多万元，职工总人数 218 人，主要生产设备 75 台套，年生产能力达 5000 台套。

工厂下设了启闭机装配、金工期、锻压、钣金、铸造、热处理等 6 个车间及化验室。

我厂主要生产手电两用螺杆式水利启闭机，铸铁及钢制闸门。产品有 1T、2T、3T、5T、10T、15T、25T、30T 九种规格的螺杆式启闭机及各种双吊点启闭机，φ200MM—2000MM 系列铸铁平形和拱形闸门以及各种规格的钢制闸门。2000 年，产品通过了水利部、省水利厅的检测验收，获得了水利部颁发的《水利系统启闭机产品使用许可证》和江西工业产品生产许可证办公室颁发的《生产许可证》。同时产品通过了国家商标局的审批，注册了“名铜”牌产品商标。

我厂启闭机和闸门产品主要销往全省各大、中、小型水库、河道、堤坝等地，产品覆盖率达 85%，并向周边省市辐射。

“用户至上，质量第一”是我们的办厂宗旨，让客户满意，是我们不懈的追求，我们将一如继往为大家提供质优价廉的产品，竭诚欢迎广大新老客户光临、惠顾。

地址：江西省南昌市北郊乐化镇　**邮编：**330114　**电话：**(0791)3110017
手机：13907082186　**传真：**(0791)3112999　**邮箱：**Mingtong@ ncslsbc. com

南昌市赣江输送机械厂

1970 年 1 月 1 日，南昌市赣江输送机械厂正式成立，主要以修理修配从事生产经营，无主打产品。数年之后，由厂长方金平主持，引进先进的科学技术，改变陈旧的产品结构使企业有了飞速的发展，现在企业已生产有 GX 型、LS 型螺旋输送机，D、HL、PL、NE 型斗式提升机，TH 型环链双通道高效斗式提升机，反击式、锤式、颚式、细颚式破碎机，PCL 型立轴锤式破碎机，TD75 型固定式胶带输送机，B500 轻型链板、链斗输送机，FU 型链式、HP 型刮板拉链输送机，自定中心振动筛、刚性叶轮给料机，DK、DB 园盘喂料机及铸件等几十种产品以及上百种配件，在 1993 年，企业对于 φ1000 × 700 单转子反击式破碎机转子体结构改造获市科技进步三等奖，1994 年获国家农业部颁发的“全面质量管理达标证书”，1995 年获南昌市人民政府“最佳奉献奖”、1997 年获全国工业普查先进集体，1997 年到 2000 年连续四年被省农行评为“AAA 级信用企业”，而且连续数年被南昌市人民政府评为“重合同守信用”单位。

地址：南昌市郊扬子洲路 18 号　**邮编：**330048
电话：0791 - 8670921　**联系人：**方金平

江西造船有限责任公司

江西造船有限责任公司（原江西造船厂）始建于 1950 年，系江西省最大的地方国有造船企业。唯一具有“壹级船舶制造”和“甲级船舶设计”双重资质，拥有固定资产净值 5000 余万元。产品遍布长江系及沿海各大港口，多次荣获部、省嘉奖、先进企业、优秀新产品和科技成果奖。

公司投资 4000 万元技改的新厂位于南昌大桥上游（东岸）老观洲，拥有承载重量为 600 吨的机械化弧形滑道和 7000 余平方能同时建造 16 艘 500 吨以上船舶的船台（其中一个三千吨级、两个 5000 吨的室内船台），具有先进的计算机辅助设计。已具备设计建造 3000 吨、1500 千瓦、1000 客位的各类内河、沿海船舶，各类钢结构厂房、钢质桥梁、交通设施制安和大型机械加工能力。

公司始终以“务实创新、以诚取信”为发展战略，以“优良的质量、满意的周期、合理的造价、一流的服务”为企业宗旨，热忱欢迎海内外新老客户的合作。

地址：中国南昌滨江南路　**电话：**0791 - 6522182　6506942

南昌市洪都中医院

洪都中医院是目前南昌市市属唯一一所全民所有制中医院，也是我省成立最早的中医院之一，至今建院已四十多年。医院地处南昌市市区中心，位于民德路与象山路交界处的民德路264号，现有职工355人，离退休职工92人，其中卫技人员268人，具有高级专业技术人员32人，中级专业技术人员104人，初级专业技术人员132人。医院建筑面积25950.69平方米，其中业务用房面积11556.4平方米，固定资产总值1980万元，编制床位300张，医院设有内科、外科、儿科、妇科、骨伤科、针灸科、眼科、耳鼻喉科、口腔科等临床科室和检验科、功能科、药剂科、CT室、B超室、内窥镜室、脑血流图室等医技科室，医疗设备先进，是全市中医学教研中心，也是江西骨伤医疗中心。

法定代表人：黄安安　　**地址：**南昌市民德路264号

电话：0791－6781658　　**邮编：**330008

中国嘉陵集团

中国嘉陵机器厂始建于1875年，1979年军转民后，开始从事民用摩托车开发生产，同年生产出了中国人民自己的摩托车，当时被誉为争气车，在北京天安门广场（10月1日）向党中央献礼，从此中国人民有了自己生产的摩托车。

中国嘉陵经过20多年的发展，引导和促进了中国摩托车行业的形成和发展，取得了显著的业绩。嘉陵集团被誉为中国摩托车之王、中国摩托车动力之神、全国一级企业、全国质量效益型先进企业、全国用户满意企业、资信等级AAA级。最近中国嘉陵摩托品牌又被国家认定为中国最有价值品牌之一。其品牌价值再创新高，达28.6亿，居行业榜首。中国嘉陵是全国摩托行业首家被列为中国摩托车第一品牌的企业和中国驰名商标。“嘉陵摩托”时尚、亮丽、大方，更有日本本田先进的技术作支撑，以卓尔不凡的品质成为爱车族的首选。二十一年来一直雄居国内中高档摩托车销量榜首。是摩托车行业中唯一获得了中华人民共和国银质奖，这是中国摩托车行业迄今为止唯一最高质量奖。率先通过国家ISO9002质量体系认证，ISO14001环境体系认证企业，被评为2001年“3.15”绿色环保消费车辆。

站在21世纪的入海口，中国嘉陵集团将秉承“以人为本，报效社会”，“质量第一，用户至上”的宗旨，以维持消费者合法权利为已任，依靠科技进步，与你共创未来，与时代和社会共同成长。

地址：洪都南大道48－1号　　**电话：**0791－8207883　8207782　　**传真：**0791－8207883

南昌市八一阀门厂

企业状况：该厂始建于一九八八年十月，系国家机电部和江西省机械厅定点生产各类阀门的专业厂家。该厂有新老两个厂区，老厂区地处风景秀丽的梅岭脚下磨盘山北路，占地60余亩，拥有铸造车间，大、小件金加工车间、热处理装配车间和机修车间及理化实验室，制造工艺先进，加工设备精良，检测设备齐全，质量保证体系完善，所生产的产品在国内市场有较高的声誉。该厂一班人十分注重科学管理，狠抓企业内部各项规章制度的完善配套，同时视产品质量为企业生命。近年来，众多的阀门行业由于诸多的原因，步履维艰，处于停产半停产状态，而该厂一靠科学管理，二靠狠抓产品质量，三靠产品品牌成为同行业的佼佼者，产品销往全国各地。

生产能力：拥有各类机械动力设备148台，年生产各类阀门1500吨，产值：1400万元。

经营范围：主营各类高、中、低阀门

兼营金属切削、加工、铸造

主导产品：高、中、低压截止阀、止回阀、球阀、闸阀、疏水阀、柱塞阀、蝶阀、电动截止阀共50多个系列340余个品种。

地址：江西省南昌市湾里区磨北路28号　　**法人代表：**熊志坚

电话：（0791）3760045　3760196　　**传真：**3760045

进贤县前途镇人民政府

前途镇地处进贤县西南部，距省会南昌仅40公里，距南昌机场50公里，316国道横贯全境、京九铁路、320国道、温厚高速公路擦肩而过，交通便利。全镇辖9个行政村、1个居委会，总人口1.7万余人，区域总面积31平方公里，其中：耕地面积13000亩，林地8700亩，果园700亩，可养水面3600亩。

前途镇是遐迩闻名的江南毛笔之乡，境内山灵水秀，进贤县佛教圣地静乐寺就座落在镇内罗岭西麓，有许多优美的人文景观和自然景观。沐浴改革开放的春风，前途镇各项事业得到迅速发展，经济繁荣，社会稳定。2000年全镇工农业总产值达3.16亿元，财政收入303万元，农民人均纯收入2405元。现拥有乡镇企业23家，个体私营企业1755家，形成了文化用品、医疗器械、皮毛加工、建筑建材四大优势产业。良种猪、獭兔养殖已成为当地农民增收新亮点。

前途镇正在着手改善投资环境，加大力度，为客商提供优质服务，热情欢迎各界人士投资开发，共创前途美好的明天。

书记：夏国平　　镇长：徐印根　　地址：江西进贤前途镇　电话：5520541

南昌市育新学校

创办于1952年的南昌市育新学校，是一所由小学至初中的九年一贯制学校，素有"花园、学园、乐园"之美誉，是省、市对外开放的窗口单位。

它座落在英雄城南昌市中心，这里绿树葱郁，繁花似锦。学校拥有59个教学班，学生4000余名，教职员工180余人，教学设备、设施齐全，均达省一类标准。为全面推行素质教育，学校领导齐心协力，带领全校教职工在创一流成绩、办特色学校的道路上迈出了坚实的步伐，逐步形成了学校工作科研化，教学手段现代化，少先队工作自主化，科技教育普及化，艺术教育特色化，校园建设童趣化，对外交流多样化的新格局，取得了可喜的成绩。

省、市政府授予学校"文明单位"、"群众体育工作先进单位"、"德育示范校"等光荣称号。1998年教育部确认该校为"全国中小学现代教育技术实验学校"，并评为"全国电教先进单位"殊荣，1999年又获"全国精神文明先进单位"。

春华秋实，硕果飘香，育新人正以崭新的风貌去迎接新的辉煌。

地址：南昌市北京西路287号　　　电话：0791－6215641

南昌广联实业有限公司

南昌广联实业有限公司是与加拿大外商合资兴办的年产三十六万吨的大型现代化饲料生产企业，是江西省最大的饲料生产企业之一。公司座落在南昌经济技术开发区枫林大街，毗邻昌九高速公路，交通便利、环境优雅、景色怡人。公司总投资4600万元，占地面积80亩。公司引进国内外先进的饲料生产设备和技术，与国内知名科研机构建立了合作关系，技术力量十分雄厚。

地址：江西南昌经济技术开发区枫林大道　电话：0791－3819100　3812478　**传真：**0791－3812478

江西省南昌赣丰化工农药厂

主要产品：40%赣丰铃霸乳油、40%赣丰螟克乳油、40%久敌乳油、12%卵虫净乳油

地址：江西省新建县建设路308号　　邮编：330100

办公室电话：0791－3759272　　电话：0791－3755434

法人代表：杨根海　　传真：3755129

企业性质：集体所有制　　行业：农药

成立日期：1978年6月　　销售收入：2600万元

资产总额：800万　　净资产：600万元

职工人数：160人

南昌市毛纺产品采购供应站

勤奋、求实、创新、发展

南昌市毛纺产品采购供应站，始建于1988年的民营企业，在位于南昌市胜利路南口与中山路的交汇处，拥有万寿宫商城经营面积20000多平方米的房产，供2000多家业户从事批零兼营的商业活动，主要经营项目和品种有：日用百货、化妆用品、各类服装、面料、布匹、窗帘、针织品、床上用品、童装、鞋帽、五金、电器、灯饰、炊具、文具、玩具、花卉、钟表、挂历等万余种。

2000年3月，本站根据省、市政府的部署，筹资近千万元对万寿宫商城进行全面消防整改，经过六个月奋战，安装了自动消防报警、自动喷淋灭火，自动指挥控制中心等先进消防设施，从而使商城经营更加繁荣，业户、顾客更加安全放心。

法人代表：吴有保　　**地址：**南昌市中山路396号万寿宫商城六楼

电话：0791－6621873　　**邮编：**330008

江西远东建材有限责任公司

江西远东建材有限责任公司是专业生产各种彩色人行道板的企业，生产的产品具有品种全、规格多、质量好等特点，其产品产量均领先我省同类产品的生产企业，公司一贯追求"质量第一、用户至上"的宗旨，受到用户的一致好评。

公司先后承建了南昌市八一大道、沿江路、象山路、福州路等路段的彩色人行道板的铺设。近年，公司又推出新的产品——光亮人行道板，已在南昌市的胜利路、省政府大院、九江城防大堤、进贤文港镇文港大道的施工铺设。成为城市一道亮丽的风景线，取得了良好的社会效益和经济效益。

热忱欢迎新老用户到公司指导，洽谈业务！

地址：江西南昌市朝阳洲团结路10号　　**邮编：**330009　　**电话：**0791－6510402

南昌洪城大厦股份有限公司

洪城大厦股份有限公司是江西省第一家进入全国商业百强并获得"商品售后服务全国用户满意服务"称号的企业，连续七年雄居江西同行业第一名，2000年主营销售收入4.5亿元，属工商银行江西省分行重点支持的全省大企业之一，是集商业零售批发、电子商务与开发、房地产开发、广告经营、宾馆餐饮、电脑工程于一体的综合型、多元化发展的大型商业企业。

地址：南昌市北京西路156号　　**电话：**6223398　6266025

传真：6223264　　**法人代表：**周勤生

南昌摩擦材料总厂

南昌摩擦材料总厂始建于1969年，是汽车用摩擦材料和钢片总成专业生产企业，全国重点生产厂、江西省同行业生产厂"龙头"企业。具有三十多年生产历史，年产1500吨摩擦材料和20万套钢片总成生产能力，技术力量雄厚，拥有省内唯一齐全的产品性能检测设备。产品获"省优"、"市优"、"省免检产品"和"全国名牌摩擦材料产品"称号，五次经国家监督抽查合格，荣登"国家质量龙虎榜"。

工厂地处省会城市、交通便利、占地30601M2，建筑面积9816M2，专业生产汽车用制动刹车片离合器面片、离合器钢片总成三大系列产品、注册商标"百花"牌、产品销售遍布全国各地、并批量打入国际市场，远销17个国家，深受国内外用户赞誉。

厂址：南昌市湾里区竹山路19号　　**电话：**0791－3760658　3760643

电挂：9158　　**传真：**0791－3760658　　**厂长：**胡德长

中国统计出版社最新资料书简目

中国统计年鉴—2001
中国统计摘要—2001
中国城市统计年鉴—2001
中国农村统计年鉴—2001
中国劳动统计年鉴—2001
中国人口统计年鉴—2001
中国市场统计年鉴—2001
中国建筑业统计年鉴—2001
中国固定资产投资统计年鉴—2001
中国物价及城镇居民家庭收支调查统计年鉴—2001
国际统计年鉴—2001
中国对外经济贸易统计年鉴—2001
中国基本单位统计年鉴—2000
中国食品工业年鉴—2000
如何使用统计年鉴
北京统计年鉴—2001
天津统计年鉴—2001
河北经济年鉴—2001
山西统计年鉴—2001
内蒙古统计年鉴—2001
辽宁统计年鉴—2001
吉林统计年鉴—2001
黑龙江统计年鉴—2001
上海统计年鉴—2001
江苏统计年鉴—2001
浙江统计年鉴—2001
安徽统计年鉴—2001
福建统计年鉴—2001
江西统计年鉴—2001
山东统计年鉴—2001
河南统计年鉴—2001
湖北统计年鉴—2001
湖南统计年鉴—2001
广东统计年鉴—2001
广西统计年鉴—2001
贵州统计年鉴—2001
云南统计年鉴—2001
海南统计年鉴—2001
四川统计年鉴—2001
重庆统计年鉴—2001
西藏统计年鉴—2001
陕西统计年鉴—2001
甘肃年鉴—2001
青海统计年鉴—2001
宁夏统计年鉴—2001
新疆统计年鉴—2001
新疆生产建设兵团统计年鉴—2001
石家庄统计年鉴—2001
唐山统计年鉴—2001
廊坊统计年鉴—2001
邯郸统计年鉴—2001
衡水统计年鉴—2001
张家口统计年鉴—2001
邢台经济统计年鉴—2001
临汾年鉴—2001
呼和浩特经济统计年鉴—2001
沈阳年鉴—2001
吉林市社会经济统计年鉴—2001
四平统计年鉴—2001
延吉统计年鉴—2001
哈尔滨统计年鉴—2001
齐齐哈尔经济统计年鉴—2001
双鸭山社会经济统计年鉴—2001
黑龙江垦区统计年鉴—2001
上海浦东新区统计年鉴—2001
宝山年鉴—2001
苏州统计年鉴—2001
无锡统计年鉴—2001
常州统计年鉴—2001
徐州统计年鉴—2001
南通统计年鉴—2001
杭州统计年鉴—2001
宁波统计年鉴—2001
绍兴统计年鉴—2001
嘉兴统计年鉴—2001
台州统计年鉴—2001
舟山统计年鉴—2001
金华统计年鉴—2001
温州统计年鉴—2001
福州年鉴—2001
厦门经济特区年鉴—2001
福州经济开发区年鉴—2001
南昌经济社会统计年鉴—2001
九江统计年鉴—2001
济南统计年鉴—2001
青岛统计年鉴—2001
潍坊统计年鉴—2001
泰安统计年鉴—2001
德州统计年鉴—2001
日照统计年鉴—2001
郑州统计年鉴—2001
洛阳统计年鉴—2001
开封统计年鉴—2001
三门峡统计年鉴—2001
平顶山统计年鉴—2001
南阳经济统计年鉴—2001
武汉统计年鉴—2001
宜昌统计年鉴—2001
广州统计年鉴—2001
深圳统计信息年鉴—2001
惠州统计年鉴—2001
珠海统计年鉴—2001
东莞统计年鉴—2001
南宁统计年鉴—2001
南宁地区统计年鉴—2001
桂林经济社会统计年鉴—2001
柳州经济统计年鉴—2001
柳州地区统计年鉴—2001
贵阳统计年鉴—2001
海口统计年鉴—2001
成都统计年鉴—2001
广安统计年鉴—2001
攀枝花统计年鉴—2001
西安统计年鉴—2001
兰州年鉴—2001
西宁统计年鉴—2001
乌鲁木齐统计年鉴—2001
巴音郭楞统计年鉴—2001
吐鲁番统计年鉴—2001
石河子统计年鉴—2001
伊犁统计年鉴—2001
巴州年鉴—2001
河北农村统计年鉴—2001
广东农村统计年鉴—2001
福建农村统计年鉴—2001
湖北农村统计年鉴—2001
河南农村统计年鉴—2001
山东城市统计年鉴—2001
湖北工交统计年鉴—2001